Glossar „Naturheilkunde“

VERLAG

Wenn Sie einen wichtigen Begriff vermissen sollten, teilen Sie dies der Redaktion bitte mit, damit sie ihn in die nächste Auflage des Handbuches einarbeiten kann. Wir haben von Verben aus Fremdsprachen üblicherweise die Grundform und diejenige aufgenommen, aus der die Ableitung stammt, meist das Partizip Perfekt. (Abkürzungen: frz. französisch; gem. gemeint; gr. griechisch; lat. lateinisch; Mz. Mehrzahl)

Ampulle	von lat. ampulla Flasche; rundum geschlossenes kleines Glasgefäß für flüssige Arzneien
anabol	von gr. ana- auf, hinauf, und ballein werfen; aufbauend
Analgetikum, Mz. **-a**	von gr. algos Leid; Mittel gegen Schmerzen
Antacidum, Mz. **-a**	von lat. acidus sauer; Mittel gegen Übersäuerung des Magens
Anthelminthikum, Mz. **-a**	von gr. helmis, helminthos Wurm; Wurmmittel
Antiallergikum, Mz. **-a**	von gr. allos anders, ergazesthai wirken (Allergie: Unverträglichkeit gegenüber einzelnen Stoffen); Mittel, um allergische Erscheinungen einzudämmen
Antianämikum, Mz. **-a**	von gr. haima Blut; Mittel gegen Blutarmut
Antiarrhythmikum, Mz. **-a**	von gr. rhythmos Zeitmaß; Mittel, um dem Herzen zu helfen, gleichmäßig zu schlagen
Antiarteriosklerotikum, Mz. **-a**	von gr. arteria Ader, skleros dürr, rauh; Mittel gegen Aderverkalkung
Antiasthmatikum, Mz. **-a**	von gr. asthma Keuchen; Mittel gegen Asthma
Antidepressivum, Mz. **-a**	von lat. de von, hinab, premere, pressum drücken; Mittel gegen Schwermut
Antidiabetikum, Mz. **-a**	von gr. dia hindurch, bainein gehen; gem. über die Nierenschwelle; Mittel gegen Zuckerkrankheit
Antidiarrhoikum, Mz. **-a**	von gr. dia hindurch, rhoe Flut; Mittel gegen Durchfall
Antiemetikum, Mz. **-a**	von gr. emein speien, emetos Speien; Mittel gegen Erbrechen und Brechreiz
Antiepileptikum, Mz. **-a**	von gr. epi darauf, vielleicht lambanein nehmen und epileptos ergriffen; Mittel gegen Fallsucht
Antihypertensivum, Mz. **-a**	von lat. tendere, tensum, dehnen, -sivus zu etwas neigend; Mittel gegen Bluthochdruck
Antihypotonikum, Mz. **-a**	von gr. tonos Spannung; Mittel gegen Blutdruckabfall
Antimykotikum, Mz. **-a**	von gr. mykes Pilz; Mittel gegen Pilzbefall
Antiphlogistikum, Mz. **-a**	von gr. phlogizein leuchten, brennen; Entzündungshemmer
Antirheumatikum, Mz. **-a**	von gr. rhein fließen, rheuma Strömung; Mittel gegen „Rheuma“
Antitussivum, Mz. **-a**	von lat. tussis Husten; Hustenmittel
Antivertiginosum, Mz. **-a**	von lat. vertere drehen, vertigo, vertiginis, Schwindel; Mittel gegen Schwindel
Aromatherapie	von gr. aroma Gewürzkraut; Duftstoffe sollen zur Aktivierung von Selbstheilungskräften anstoßen
Auszug	Wirkstoffgemisch; wässrig, ätherisch oder alkoholisch
Ayurveda	altindisch ayur langes Leben, veda Wissen; indische Volksmedizin seit 5000 Jahren, heute noch in Indien gebräuchlich
Bach-Blüten	nach dem walisischen Arzt Edward Bach; Präparate zur Behandlung von Gemütszuständen

Balneotherapeutikum, Mz. **-a**	von gr. balaneion Bad; Mittel (Präp.), die beim Bad eingesetzt werden
Blutegel	Ringelwürmer, die von Blut leben; auf die Haut aufgesetzt, saugen sie schädliche Stoffe aus
Bronchospasmolytikum, Mz. **-a**	von gr. spasma Reißen; Mittel zur Lösung von Krämpfen der glatten Muskulatur der Luftwege
Carminativum, Mz. **-a**	von lat. carminare, carminatum reinigen; ein Mittel zur Anregung des Verdauungssaftflusses
Chinesische Arzneimittel	aus der Traditionellen Chinesischen Medizin übernommen, meist pflanzlicher, aber auch tierischer Herkunft
Cholagogum, Mz. **-a**	von gr. chole Gallenflüssigkeit, agoge Führung; gallenflussanregende Mittel
Cholinergikum, Mz. **-a**	Mittel, die wie Acetylcholin auf den Organismus des Menschen wirken
Depot-Arznei	von frz. dépôt Ablage; Arznei, deren Wirkstoffe erst nach und nach freigesetzt werden – z.B. mit fein durchlöcherter Hülle, so dass immer wenig in die Umgebung abgegeben werden kann, oder mit besonderer chemischer Zurichtung
Dermatikum, Mz. **-a**	von gr. derma, dermatos, Haut, Fell; Mittel zur Behandlung der Haut
Diagnostikum, Mz. **-a**	von gr. dia durch, gignoskein erkennen; Mittel, die bei der Diagnosestellung helfen
Diätetikum, Mz. **-a**	von gr. diaita Lebensweise (allgemein, nicht nur Ernährung); Mittel zur Stoffwechselsteuerung
Diuretikum, Mz. **-a**	von gr. dia auseinander, ouresis Harnlassen; harntreibende Mittel
Dosis	gr. Gabe; Menge, die jeweils ein einzelnes Mal angewandt werden soll
Dragee	von frz. dragée in Zucker gehüllte Mandel; Arznei in Tablettenform mit wohlschmeckender äußerer Schicht
Droge	getrocknete Pflanze, aus der Arznei gewonnen werden soll
enteral	von gr. enteron Darm; die Eingeweide betreffend
Enuresis	gr. en- hinein-, ouresis Wasserlassen; Einnässen
Expektorans, Mz. **-tia**	von lat. ex aus, pectus pectoris, Brust; Mittel, die das Abhusten erleichtern
Externum, Mz. **-a**	von lat. externus zur Außenwelt gehörig; äußerlich anwendbare Mittel
Extrakt	von lat. extrahere, extractum ausziehen; flüssiger oder (eingedampft) trockener Pflanzenauszug
Fibrinolytikum, Mz. **-a**	von lat. fibra Faser, Fibrin Hauptstoff der Blutgerinnung; Mittel zur Auflösung von Blutgerinnseln
Gegenanzeige	Grund, eine ganz bestimmte Arznei im jeweiligen Fall nicht anzuwenden
Geriatrikum, Mz. **-a**	von gr. geras Greis, iatros Arzt; Arznei für Menschen im hohen Lebensalter
Globulus, Mz. **-i**	Verkleinerung von lat. globus Kugel; trockene Form homöopathischer Arznei (auf Zucker)
Gynäkologikum, Mz. **-a**	von gr. gyne Weib; Mittel bei Erkrankungen der weiblichen Geschlechtsorgane
Homöopathikum, Mz. **-a**	von gr. homoios ähnlich, pathos Leiden, Gefühl homöopathisches Arzneimittel, in der Regel Einzelmittel, im Gegensatz zum Komplexmittel
Hypnotikum, Mz. **-a**	von gr. hypnos Schlaf; Schlafmittel
Immunsystem	von lat. immunis Gefreiter, gr. systema Vereinigung; Gesamtheit der Abwehrkräfte

Indikation	von lat. indicare, indicatum anzeigen; Grund, ein bestimmtes Mittel oder Verfahren anzuwenden
Infektion	von lat. inficere, infectum hineintun; Erkrankung, die durch Eindringen von Mikroorganismen, Ansteckung ausgelöst wird
Inhalation	von lat. in ein, gr. hals, halos Salz(korn); Einatmen künstlich bereiteter Nebel, auch ohne Salz
Injektion	von lat. inicere, iniectum hineinwerfen; Einspritzen flüssiger Arzneien über Hohlnadeln
Internum, Mz. **-a**	von lat. internus innerlich; Mittel zur inneren Anwendung
Kapsel	von lat. cappa Mantel, verkleinert capsula; Arznei in Kapseln wird nach Auflösung einer äußeren Hülle freigesetzt, z.B. nach dem Durchgang durch den Magen erst im Dünndarm
Kardiakum, Mz. **-a**	von gr. kardia Herz, Gemüt, Magen; Mittel mit Hauptwirkung auf das Herz
katabol	von gr. kata- herab und ballein werfen; abbauend
Komplex	von lat. complexus umfassen; zusammengesetztes Mittel, z.B. homöopathische Komplexmittel
Kontraindikation	von lat. contra gegen, indicare anzeigen; Grund gegen den Einsatz eines Mittels; es gibt absolute Kontraindikationen, die einen Einsatz verbieten, und relative, die durch Gegengründe aufgewogen werden können
Koronarien	von lat. corona Kranz, Krone; Blutgefäße, die die Herzwurzel wie ein offener Kranz umfassen
Laxans, Mz. **-tia**	von lat. laxare lockern; Abführmittel
Lebertherapeutikum, Mz. **-a**	von gr. therapeuein dienen; Mittel zur Behandlung der Leber
Lösungsmittel	Flüssigkeit, die Gase, Flüssigkeiten und Feststoffe aufnimmt, ohne sie chemisch umzusetzen
Lymphatikum, Mz. **-a**	von gr. lymphe Quell; Lymphe, Gewebswasser; Mittel für das Gewebswassersystem
-lytikum, Mz. **-a**	von gr. lysis Trennung; Mittel zum Lösen
Migräne	umstrittene Herkunft, vielleicht von gr. hemi halb, lat. cranium Schädel; starker, oft pulsierender Kopfschmerz, der meist halbseitig und wiederholt auftritt
Miktion	von lat. mingere, mictum Wasser lassen; Vorgang des Wasserlassens
Mineralstoff	anorganischer Bestandteil pflanzlicher oder tierischer Gewebe
Nebenwirkung	erwünschte oder unerwünschte Wirkung einer Arznei außer der Hauptwirkung
Nephrologikum, Mz. **-a**	von gr. nephros Niere, logos Wort, Vernunft, Kunde; Mittel zur Nierenbehandlung
Neuraltherapeutikum, Mz. **-a**	von gr. neura Sehne, therapeuein dienen; Mittel, die durch gezielte Injektion von Lokalanästhetika Krankheiten behandeln
Ophthalmikum, Mz. **-a**	von gr. ophthalmos Augapfel; Mittel zur Behandlung der Augen
Orthomolekulare Mittel	von gr. orthos richtig, lat. mola Masse; körpereigene Stoffe, überwiegend Vitamine und Mineralstoffe, aber auch Aminosäuren, Enzyme und andere Substanzen
Osteoporose	von gr. osteon Gebein, poros Durchgang; Knochenabbau/-schädigung
Otologikum, Mz. **-a**	von gr. ous, otos Ohr; Mittel zur Behandlung der Ohren

Pankreas	von gr. pan alles, kreas Fleisch; Bauchspeicheldrüse (= Pankreas)
parenteral	gr. para neben, enteron Darm; den Darm umgehend, oft (aber nicht ausschließlich) Adern als Zugangsweg für Arzneimittel nutzend, z.B. bei einer Injektion
Pharmakon, Mz. **-a**	gr. für Zauber, Zaubertrank; erst später sowie im heutigen Verständnis: Arzneimittel
Pulver	von lat. pulvis, pulveris Staub; zerriebener trockener Arzneistoff
Psychopharmakon, Mz. **-a**	von gr. psyche Seele; Heilmittel für die Seele, z.B. Antidepressivum
Rekonvaleszenz	von lat. re- wieder, zurück, con- (verstärkend), valescere gesunden; Genesung(szeit)
Rhinologikum, Mz. **-a**	von gr. rhis, rhinos Nase; Mittel zur Nasenbehandlung
Roborans, Mz. **-tia**	von lat. robur, roboris Kraft; Stärkungsmittel
Sauerstofftherapie	Behandlung mit Sauerstoff, auch außerhalb der Luftwege, z.B. in Adern, Darm
Sedativum, Mz. **-a**	von lat. sedare, sedatum beruhigen; Beruhigungsmittel
Sekretolytikum, Mz. **-a**	von lat. secernere, secretum abscheiden; Schleimlöser
Spagyrikum, Mz. **–a**	Heilmittel in hoher Verdünnung; Ähnlichkeiten mit Homöopathika und Phytopharmaka, Ursprünge in der Alchemie
Spasmolytikum, Mz. **-a**	von gr. spasma Reißen; Mittel zur Krampflösung in dem Willen nicht unterworfener Muskulatur
Stimulans, Mz. **-tia**	von lat. stimulus Stachel, Reiz; anregendes Mittel, z.B. Immunstimulans
Suppositorium, Mz. **-ien**	von lat. sub unter, ponere, positum legen; Zäpfchen zum Einführen in After oder Scheide
Tablette	von lat. tabula Tisch, Tafel; frz. Verkleinerung; trockene feste Arzneiform
Tinktur	von lat. tingere, tinctum färben; alkoholischer oder ätherischer Auszug aus Drogen
Tonikum, Mz. **-a**	von gr. tonos Spannung; Mittel zur Steigerung der Spannkraft
topisch	von gr. topos Ort; Mittel, die am „Erkrankungsort" anzuwenden sind, wie bei Hautausschlag
Tranquilizer	englische Ableitung aus lat. tranquillus ruhig; Beruhigungsmittel
Trockensubstanz	Rückstand eines wasserhaltigen Ausgangsstoffes nach Entwässerung
Tropfen	flüssige Arzneiform, wässrig oder alkoholisch
Umstimmung	Anstoß für den Organismus, anlagebedingte Schwäche zu überwinden
Urologikum, Mz. **-a**	von gr. ouron Harn; Mittel zur Behandlung harnbereitender oder -ableitender Organe
Urtinktur	unverdünnte Tinktur mit Wirkstoffen, aus der homöopathische Mittel weiterverarbeitet werden
Verdauungsenzym	von gr. en- hinein-, zymoein in Gärung setzen; in den Darm abgegebene Eiweißkörper
Virustatikum, Mz. **-a**	von lat. virus Gift, stare stehen, staticum was aufhält; Mittel, das die Vermehrung eines Virus eindämmt
Vitamin	aus lat. vita Leben, Amin, Stickstoffverbindung; Stoffe, die der menschliche Körper nicht selbst aufbauen kann und die ihm deshalb in geringen Mengen zugeführt werden müssen
Wechselwirkung	zugleich eingesetzte Arzneien können aufeinander und unerwartet auf den Organismus wirken

Alphabetisches Herstellerverzeichnis

VERLAG

A

Agenki
Agenki GmbH
Boschstr. 10, 73734 Esslingen am Neckar, DEUTSCHLAND
Telefon: +49 711 93278660
Telefax: +49 711 93278669
E-Mail: info@agenki.de
Internet: www.agenki.de

Arcana Arzneimittel-Herstellung
Arcana Arzneimittel-Herstellung GmbH & Co. KG
Austernbrede 7–9, 33330 Gütersloh, DEUTSCHLAND
Telefon: +49 5241 93010
Telefax: +49 5241 930150
E-Mail: info@arcana.de
Internet: www.arcana.de

athenstaedt
athenstaedt GmbH & Co KG
Am Beerberg 1, 35088 Battenberg, DEUTSCHLAND
Telefon: +49 6452 929420
Telefax: +49 6452 9294215
E-Mail: customer-services@athenstaedt.de
Internet: www.athenstaedt.de

B

BerryPharma
BerryPharma GmbH
Weidboden 1, 83339 Chieming, DEUTSCHLAND
Telefon: +49 8664 7568100
E-Mail: office@berrypharma.com
Internet: www.berrypharma.com

Biofrid-Cosmetic
Biofrid-Cosmetic GmbH & Co. KG
Hasseler Steinweg 9, 27318 Hoya, DEUTSCHLAND
Telefon: +49 4251 9352395
Telefax: +49 4251 9352290
E-Mail: info@biofrid.de
Internet: www.biofrid.de

Präparateliste Naturheilkunde 2026

Das Nachschlagewerk für Heilpraktiker, Ärzte und Apotheker

ML
VERLAG

46. Auflage

Ihre Ansprechpartner

Produktmanagement
Ramona Kretschmann
Tel.: 09221 949-235
r.kretschmann@mgo-fachverlage.de

Anzeigen und Einträge
Jessica Jaschke
Tel.: 09221 949-315
j.jaschke@mgo-fachverlage.de

46. Auflage 2026

mgo fachverlage GmbH & CO. KG
E.-C.-Baumann-Straße 5 · 95326 Kulmbach
Tel.: 09221 949-311 · Fax: 09221 949-377
natur@mgo-fachverlage.de
www.praeparateliste-naturheilkunde.de

Druck: Appel & Klinger Druck und Medien GmbH, Schneckenlohe
Titelbild: © sea and sun – stock.adobe.com

Die Präparateliste Naturheilkunde erscheint jährlich. Diese Ausgabe ist für den Einzelpreis von 49,95 Euro (inkl. MwSt. und Versandkosten) beim Verlag zu beziehen.

ISBN: 978-3-96474-799-0

Online-Datenbank unter grüne-liste.de

Wichtige Hinweise für den Benutzer der Präparateliste

Stetig entwickeln sich die Erkenntnisse in der Medizin durch Forschung und klinische Erfahrungen weiter. Daher hat der Verlag in diesem Werk ein besonderes Augenmerk auf die Aktualität der therapeutischen Angaben gelegt. Alle Informationen – wie Indikation, Dosierung oder unerwünschte Nebenwirkungen – entsprechen dem derzeitigen Wissensstand.

Dennoch ist der Anwender dieses Nachschlagewerkes verpflichtet, anhand der Fachinformation die Angaben selbst auf mögliche Abweichungen hin zu überprüfen und seine Verordnung in eigener Verantwortung zu treffen bzw. einen Arzt oder Apotheker zu konsultieren.

Die Produktinformationen und Health Claims wurden ausschließlich vom jeweiligen Hersteller zusammengestellt. Somit sind die Unternehmen für die Inhalte der Präparateeinträge und Anzeigen selbst verantwortlich. Eine Haftung des Verlages und der Redaktion ist daher ausgeschlossen.

Sind Überempfindlichkeiten oder Unverträglichkeiten gegenüber Wirk- und/oder Hilfsstoffen oder sonstigen Bestandteilen bekannt, darf dieses nicht angewendet werden.

Die aufgeführten Preise beziehen sich auf den Abgabepreis nach Lauer Taxe.

Hinweis: Sofern Probleme bei der Medikation auftreten, nehmen Sie bitte Kontakt mit Ihrem Arzt auf. Zu Risiken und Nebenwirkungen lesen Sie die Packungsbeilage und fragen Sie einen Arzt oder Apotheker.

Anregungen und Kritik zur Präparateliste

Wenn Sie Fragen oder Anregungen haben, können Sie sich gerne an uns wenden. Wir freuen uns auf den Kontakt mit Ihnen.

So erreichen Sie uns:
ML Verlag
E.-C.-Baumann-Straße 5 · 95326 Kulmbach
Tel.: 09221 949-311 · Fax: 09221 949-377
E-Mail: kundenservice@mgo-fachverlage.de
mgo-fachverlage.de

Liebe Leserin, lieber Leser,

herzlich willkommen zur 46. aktualisierten Auflage der **Präparateliste Naturheilkunde – DIE GRÜNE LISTE**. Dieses umfangreiche Nachschlagewerk unterstützt seit vielen Jahren Heilpraktiker, Ärzte, Apotheker sowie weitere naturheilkundlich tätige Therapeutinnen und Therapeuten im Praxisalltag – zuverlässig, übersichtlich und nah an der Anwendung.

Ob Sie ein spezielles Produkt suchen oder sich zunächst einen Überblick verschaffen möchten: Der klar strukturierte Aufbau führt Sie schnell und zielgerichtet zu den gewünschten Informationen.

Die Präparate sind übersichtlich nach Indikationen und indikationsübergreifenden Kategorien geordnet. Das Indikationsverzeichnis orientiert sich am in der Praxis gebräuchlichen Sprachgebrauch von Heilpraktikern und Apothekern und umfasst Produkte sowohl mit als auch ohne Zulassung. Deshalb wurde das Verzeichnis um nicht-medizinische Indikationen wie z. B. „Nährstoffmangel“ oder „Umwelt- und Schwermetallbelastung“ ergänzt – so lassen sich beispielsweise auch Nahrungsergänzungsmittel schnell finden. Nahrungsergänzungsmittel/Lebensmittel sind durch Zusatz kenntlich gemacht. Die Struktur dient ausschließlich der besseren Auffindbarkeit der Produkte für Nutzerinnen und Nutzer in der Praxis. Ein separater Abschnitt zu medizinischem Bedarf ergänzt das Verzeichnis.

Diese redaktionellen Sonderteile dieser Auflage ummanteln den Praxisbezug:

- Informationen aus der Arzneimittelkommission der deutschen Heilpraktiker
- Adressverzeichnis „Naturheilkunde“
- „Giftpflanzen im Garten“ – kompakt erklärt und praxisnah
- Hintergründe aus der Medizingeschichte
- Tabellarium zu chinesischen Heilpflanzen

Tipp: Registrieren Sie sich kostenlos unter **www.grüne-liste.de**, um Zugriff auf die digitale Version des Verzeichnisses zu erhalten!

Wir wünschen Ihnen viel Freude beim Entdecken der einzelnen Präparate und ihrer Eigenschaften.

Herzliche Grüße
Ramona Kretschmann
Produktmanagerin ML Verlag

Inhaltsverzeichnis

Finden Sie schnell und einfach, wonach Sie suchen.

Ihnen ist das Präparat bekannt? →	**Alphabetisches Produktverzeichnis ab Seite 27**
Ihnen ist die Indikation/ Präparategruppe bekannt? →	**Indikationsverzeichnis ab Seite 13 oder Präparate nach Indikationen ab Seite 39**
Sie suchen indikationsübergreifende Präparate, wie Komplexmittel, Mikrobiotika oder Vitalpilze? →	**Indikationsübergreifende Präparate ab Seite 321**
Sie suchen medizinische Hilfsmittel oder Geräte? →	**Medizinischer Bedarf ab Seite 337**
Sie suchen ein Präparat eines bestimmten Herstellers? →	**Alphabetisches Herstellerverzeichnis ab Seite 497**

Noch schneller: Nutzen Sie unsere kostenfreie Onlinedatenbank unter

www.grüne-liste.de

Rezepte in der naturheilkundlichen Praxis

Ein privates Rezept dient als formalisierte Empfehlung für nicht verschreibungspflichtige (OTC-)Arzneimittel. Es wird häufig von Ärzt:innen ausgestellt kann jedoch auch von Heilpraktiker:innen und Therapeut:innen als Empfehlungshilfe genutzt werden, um Patient:innen eine gezielte, nachvollziehbare Selbstmedikation zu ermöglichen und die Beratung zu dokumentieren.

Wann findet das Privatrezept Anwendung?
Das Privatrezept wird eingesetzt zur fachlichen Empfehlung von z.B. pflanzlichen, homöopathischen oder OTC-Präparaten oder auch Teemischungen. Es dient als Orientierungshilfe für Patient:innen, unterstützt die Kommunikation mit Apotheken und kann in manchen Fällen auch als Nachweis für steuerliche Zwecke oder bei bestimmten Krankenkassen zur (teilweisen) Kostenerstattung genutzt werden.

Ausstellung und formale Anforderungen

- Form: Diese Dokument (oft in grün oder blau gehalten) ist kein amtliches, sondern ein privates Formular. Es gibt standardisierte Vordrucke (oft in DIN A6), die für private Praxen angeboten werden. Alternativ kann jedoch genauso ein individuelles, gut lesbares Formular verwendet werden – auch ein weißes Blatt ist möglich, sofern alle relevanten Angaben enthalten sind.
- Pflichtangaben:
  - Name und Anschrift der Praxis/des Ausstellers und Berufsbezeichnung, z. B. Heilpraktiker
  - Name, Geburtsdatum und ggf. Adresse des Patienten
  - Bezeichnung des empfohlenen Präparats (Handelsname, Wirkstoff, ggf. Darreichungsform und Packungsgröße)
  - Dosierungsanleitung und ggf. Hinweise zur Anwendung
  - Ausstellungsdatum
  - Unterschrift des Ausstellers (handschriftlich)
- Optionale Angaben:
  - Diagnose oder Indikation
  - Dauer der Anwendung
  - Stempel der Praxis
  - Hinweis auf mögliche Kostenerstattung durch die Kasse

Tipp: Nutzen Sie vorzugsweise eigene Formulare oder Vordrucke für einen professionellen Auftritt. Achten Sie auf vollständige, gut lesbare Angaben – so unterstützen Sie Ihre Patient:innen optimal bei der sicheren Selbstmedikation.

Dr. med.
Max Mustermann

Dorfstraße 123 · 12345 Musterhausen
Telefon (01 23) 45 67 · Fax (01 23) 45 67

Rp. am

Name des Präparats 1.2.2016

Präparatname Tropfen
5 Einzeldosisbehältnisse à 0,5 ml
PZN 1448174

für Michaela Musterfrau, geb. 01.01.2000

Mustermann

Dr. med. Max Mustermann
Arzt für Allgemeinmedizin
Dorfstraße 123
12345 Musterhausen
Telefon (01 23) 45 67

MUSTER

Inscriptio
Verordner, Adresse, Ort und Datum

Recipiantur (Rp.)
„es sei vorgeschrieben“

Ordinatio
Vorschrift
(Mengen in Gramm)

Subscriptio
Unterschrift,
hier im Sinne von
„Herstellungsanweisung“

Patient
Informationen
zum Empfänger

Signatura
Beschriftung

Nomen medici
Namen und Unterschrift des Verordners
Stempel

Präparategruppenverzeichnis

Abkürzungsverzeichnis

Abkürzung	Bedeutung
aa.	ana partes aequales
ad.	adde
ähnl.	ähnlich
Amp.	Ampullen
anfängl.	anfänglich
Anwend.	Anwendungen
anw.	anwenden
aquos.	aquosum
ärztl.	ärztlich
ausr.	ausreichend
BE	Broteinheiten
bzw.	beziehungsweise
ca.	circa
chron.	chronisch
comp.	compositus
d. h.	das heißt
enth.	enthält
entspr.	entspricht
Erkrank.	Erkrankung
Erw.	Erwachsener
et al.	et alii / und andere
etc.	et cetera
etw.	etwas
Farbst.	Farbstoffe
Filmtbl.	Filmtabletten
g	Gramm
gg.	gegen
ggf.	gegebenenfalls
gtt	guttae
HAB	Homöopathisches Arzneibuch
Hinw.	Hinweise
homöopath.	homöopathisch
i.c.	intracutan
I.d.R.	In der Regel
i.m.	intramuskulär
insb.	insbesondere
i.v.	intravenös
J.	Jahr/en
jod.	jodiert

Abkürzung	Bedeutung
Kdr.	Kinder
Kleinkdr.	Kleinkinder
Kps.	Kapsel
Lebensj.	Lebensjahr
liq	liquidus
Lsg.	Lösung
mds. / m.d.s.	misce, da, signa
med.	medizinischen
mg	Milligramm
mind.	mindestens
ml	Milliliter
mögl.	möglich
Nr.	Nummer
NRV	nutrient reference values
Pat.	Patient
Ph. Eur.	Pharmacopoea Europaea
plv	pulvis
Rp.	recipe
s. c.	subcutan
s. o.	siehe oben
Schwang.	Schwangerschaft
sonst.	sonstige
Std.	Stunde
Stillz.	Stillzeit
Stör.	Störungen
Str.	Straße
Supp.	Suppositorium
tgl.	täglich
Tbl.	Tabletten
Tr.	Tropfen
u. a.	unter anderem
u. U.	unter Umständen
ungt.	unguentum
veränd.	verändern
Vol.-%	Volumen-Prozent
v.	von
Wo.	Woche
z. B.	zum Beispiel
zzgl.	zuzüglich

Indikationen und Produktgruppen

VERLAG

Indikationen und Produktgruppen

A

E

G

H

I

K

N

O

P

R

S

U

V

Alphabetisches Produktverzeichnis

VERLAG

Alle Informationen zu den Präparaten basieren auf den Angaben des jeweiligen Herstellers. Eine Haftung ist ausgeschlossen.

A

B

C

D

E

J

K

L

M

N

O

P

Q

R

S

T

U

V

W

Z

Präparate nach Indikationen

ML VERLAG

INTERNA
(Adipositas)

Neurolab GmbH

7 Kräuter Elixier

flüssig/alkoholischer Extrakt

Nahrungsergänzungsmittel mit alkoholischem Extrakt aus 7 Kräutern mit bitterem Geschmack.

siehe Magen-Darm-Beschwerden

NutraMedix Deutschland

Glucomedix NutraMedix Tropfen

siehe Stoffwechselstörung

BerryPharma

rubyni® MUCOSA

Pulver

Nahrungsergänzungsmittel mit Vitaminen, Mineral- und Pflanzenstoffen sowie Ballaststoffen für Darmschleimhaut und Mikrobiom

siehe Magen-Darm-Beschwerden

SymbioPharm GmbH

SymbioLife® Satylia®

Kapseln

Nahrungsergänzungsmittel mit den aktiven Hafnia alvei HA4597®-Bakterien und den Mineralstoffen Chrom und Zink.

siehe Stoffwechselstörung

INTERNA
(Allergie)

MensSana AG

BetaGlucan+ immun MensSana

Granulat

siehe Nährstoffmangel

MensSana AG

Biotic pure MensSana

Granulat

Eigenschaften

Veganes Nahrungsergänzungsmittel mit insgesamt 2x 10^9 koloniebildenden Einheiten pro Tagesdosis (= 1 Sachet) aus 14 vermehrungsfähigen Bakterienstämmen. Enthält zusätzlich wertvolle Akazienfaser als Präbiotikum. Fertig dosiertes, geschmacksneutrales Getränkepulver. Frei von Laktose, Fruktose, Aromen. Ohne Gentechnik. Glutenfrei.

Zusammensetzung

Akazienfaser, Reisstärke, B. animalis, B. bifidum, B. breve, B. lactis, B. longum, L. acidophilus, L. casei, L. helveticus, L. paracasei, L. plantarum, L. rhamnosus, L. salivarius, Lactococcus lactis, S. thermophilus

Verzehrempfehlung

1 Sachet täglich abends oder vor dem Frühstück in Leitungswasser, stillem Wasser oder Milch auflösen und sofort verzehren.

Weitere Hinweise zum Produkt finden Sie unter www.menssana.de.

Packungsgrößen und Preise

10 Sachets (PZN 19208051) .... Euro 17,95
30 Sachets (PZN 19208068) .... Euro 45,95

Sanum-Kehlbeck

Luffasan®

Tropfen

Wirkstoff: Luffa operculata D4 dil.

Zusammensetzung
30 ml flüssige Verdünnung enthalten: Wirkstoff: 30 ml Luffa operculata D4 dil. (HAB, Vorschriften 4a, 5a). Enthält 51 Vol.-% Alkohol. 1 ml entspricht 41 Tropfen.

Anwendungsgebiete
Erfahrungsgemäß unterstützend angewendet bei:

- allergischer Rhinitis wie Fließschnupfen, Niesattacken, Stockschnupfen, juckenden, brennenden oder tränenden Augen
- Sinusitis
- zur Ausleitung bei Stauungen von entzündlichen Prozessen, Ödemen.

Eigenschaften
Luffasan® wird aus den reifen, getrockneten Früchten von Luffa operculata, einem Kürbisgewächs, hergestellt. In der Volksmedizin Brasiliens ist Luffa ein universelles Heilmittel bei Verstopfung, Ödemen und auch bei Geschwülsten. Luffasan® wird als Ausleitungsmittel vor allem bei Stauungen eingesetzt, die durch entzündliche Prozesse hervorgerufen werden.

Dosierung
1 – 3-mal täglich je 5 – 10 Tropfen einnehmen.

Nebenwirkungen
Keine bekannt.

Wechselwirkungen
Keine bekannt.

Gegenanzeigen
Nicht anwenden bei bekannter Überempfindlichkeit gegenüber Luffa operculata.

Ggf. Besonderheiten bei Kindern, Schwangeren, Stillenden
Da keine ausreichend dokumentierten Erfahrungen zur Anwendung in der Schwangerschaft und in der Stillzeit vorliegen, sollte das Arzneimittel nur nach Rücksprache mit dem Therapeuten angewendet werden. Zur Anwendung dieses Arzneimittels bei Kindern liegen keine ausreichend dokumentierten Erfahrungen vor. Es soll deshalb bei Kindern unter 12 Jahren nur nach Rücksprache mit dem Therapeuten angewendet werden.

Packungsgrößen und Preise
30 ml (PZN 10392981) .... Euro 13,82

Apothekenpflichtig.

Sanum-Kehlbeck

Luffasan®

Nasenspray

Wirkstoff: Luffa operculata Dil. D4 aquos.

Zusammensetzung
20 ml Nasentropfen enthalten: Wirkstoff: 20 ml Luffa operculata Dil. D4 aquos. (HAB, Vorschrift 4a mit Ethanol 62 % (m/m)). 1 Sprühstoß entspricht 0,11 ml.

Anwendungsgebiete
Erfahrungsgemäß unterstützend angewendet bei:

- allergischer Rhinitis wie Fließschnupfen, Niesattacken, Stockschnupfen, juckenden, brennenden oder tränenden Augen
- Sinusitis
- zur Ausleitung bei Stauungen von entzündlichen Prozessen, Ödemen.

Eigenschaften
Luffasan® wird aus den reifen, getrockneten Früchten von Luffa operculata, einem Kürbisgewächs, hergestellt. In der Volksmedizin Brasiliens ist Luffa ein universelles Heilmittel bei Verstopfung, Ödemen und auch bei Geschwülsten. Luffasan® wird als Ausleitungsmittel vor allem bei Stauungen eingesetzt, die durch entzündliche Prozesse hervorgerufen werden.

Dosierung
Erwachsene und Kinder ab 12 Jahre: 2 – 3 mal täglich, 1 Sprühstoß in jede Nasenöffnung sprühen. Vor der Anwendung der Nasentropfen sollten Sie die Nase gründlich schnäuzen. Aus hygienischen Gründen und zur Vermeidung einer Ansteckung sollten die Nasentropfen immer nur von einer Person benutzt werden.

Nebenwirkungen
Keine bekannt.

Wechselwirkungen
Keine bekannt.

Gegenanzeigen
Nicht anwenden bei Überempfindlichkeit gegenüber Luffa operculata.

Ggf. Besonderheiten bei Kindern, Schwangeren, Stillenden
Da keine ausreichend dokumentierten Erfahrungen vorliegen, sollte Luffasan® in der Schwangerschaft und Stillzeit nur nach Rücksprache mit dem Arzt oder Therapeuten angewendet werden.

Zur Anwendung dieses Arzneimittels bei Kindern liegen keine ausreichend dokumentierten Erfahrungen vor. Es soll deshalb bei Kindern unter 12 Jahren nur nach Rücksprache mit dem Arzt oder Therapeuten angewendet werden.

Vorsichtsmaßnahmen
Dieses Arzneimittel enthält weniger als 1 mmol Natrium (23 mg) pro Sprühstoß, d.h. es ist nahezu „natriumfrei".

Packungsgrößen und Preise
20 ml (PZN 14162189) .... Euro 16,15
Apothekenpflichtig.

Sanum-Kehlbeck

Luffasan®

Tabletten

Wirkstoff: Luffa operculata D4

Zusammensetzung
1 Tablette enthält: Wirkstoff: 250 mg Luffa operculata trit. D4.

Sonstige Bestandteile: Kartoffelstärke, Magnesiumstearat (Ph. Eur.).

Anwendungsgebiete
Die Anwendungsgebiete entsprechen dem homöopathischen Arzneimittelbild. Dazu gehören: Heuschnupfen, Schnupfen.

Eigenschaften
Luffasan® wird aus den reifen, getrockneten Früchten von Luffa operculata, einem Kürbisgewächs, hergestellt. In der Volksmedizin Brasiliens ist Luffa ein universelles Heilmittel bei Verstopfung, Ödemen und auch bei Geschwülsten.

Luffasan® wird als Ausleitungsmittel vor allem bei Stauungen eingesetzt, die durch entzündliche Prozesse hervorgerufen werden.

Dosierung
Jugendliche ab 12 Jahren und Erwachsene nehmen bei akuten Zuständen alle halbe bis ganze Stunde, höchstens 6-mal täglich, je 1 Tablette ein.

Bei chronischen Verlaufsformen 1 – 3-mal täglich je 1 Tablette einnehmen.

Luffasan® unzerkaut mit ausreichend Flüssigkeit einnehmen. Die Einnahme kann unabhängig von der Mahlzeit erfolgen. Überdosierung: Bei der Einnahme größerer Mengen des Arzneimittels kann es bei Personen mit Milchzuckerunverträglichkeiten (Lactoseintoleranz) zu Magen-Darm-Beschwerden kommen oder eine abführende Wirkung auftreten.

Nebenwirkungen
Keine bekannt.

Gegenanzeigen
Luffasan® darf nicht eingenommen werden, wenn Sie überempfindlich (allergisch) gegen Luffa operculata oder einen der sonstigen Bestandteile sind. Nicht anwenden bei Kindern unter 12 Jahren.

Ggf. Besonderheiten bei Kindern, Schwangeren, Stillenden
Da keine ausreichend dokumentierten Erfahrungen zur Anwendung in der Schwangerschaft und Stillzeit vorliegen, sollte das Arzneimittel nur nach Rücksprache mit dem Arzt angewandt werden.

Wechselwirkungen
Keine bekannt.

Sonstige Hinweise
Enthält Lactose. Bitte nehmen Sie Luffasan® erst nach Rücksprache mit Ihrem Arzt ein, wenn Ihnen bekannt ist, dass Sie unter einer Zuckerunverträglichkeit leiden.

Packungsgrößen und Preise

80 Tabletten (PZN 01581542)	Euro 11,11
3-mal 80 Tabletten (PZN 01581559)	Euro 32,64

Apothekenpflichtig.

NutraMedix Deutschland

Nattokinase NutraMedix Kapseln

siehe Entzündungen

BerryPharma

rubyni® Schwarze Johannisbeere

Kapseln

Nahrungsergänzungsmittel (hochrein).

siehe Augenbeschwerden

NutraMedix Deutschland

Samento NutraMedix Tropfen

siehe Immunsystemerkrankungen und -schwäche

NutraMedix Deutschland

Serrapeptase NutraMedix Kapseln

siehe Entzündungen

Laves-Arzneimittel GmbH

Synerga®

Flüssigkeit

Zusammensetzung
Zellfreies Fermentationsfiltrat aus *Escherichia coli* Stamm Laves 1931, **Lactose**, Wasser, Ethanol, Zinkcitrat.

Eigenschaften
Nahrungsergänzungsmittel mit zellfreiem Fermentationsfiltrat aus *Escherichia coli*, Stamm Laves 1931 und Zink.

Zink trägt zu einer normalen Funktion des Immunsystems bei.

Hinweise
Enthält 4,8 Vol.-% Alkohol.

Die angegebene empfohlene tägliche Verzehrmenge darf nicht überschritten werden. Nahrungsergänzungsmittel sind kein Ersatz für eine abwechslungsreiche und ausgewogene Ernährung sowie eine gesunde Lebensweise. Außerhalb der Reichweite von kleinen Kindern aufbewahren.

Verzehrempfehlung
1 – 3x täglich 5 ml 1/2 Stunde vor den Mahlzeiten einnehmen.

Für die Einnahme bitte den beigefügten Messbecher verwenden. Messbecher nach jedem Gebrauch säubern und trocknen. Nicht aus der Flasche trinken. Nach der Entnahme Flasche gut verschließen.

Packungsgrößen und Preise
1x 100 ml (PZN 16755226) ...... Euro 53,06

EXTERNA
(Allergie - Heuschnupfen)

Weleda AG

Visiodoron Euphrasia
Augentropfen

siehe Augenbeschwerden

Weleda AG

Visiodoron Euphrasia
Augentropfen in Monodosen

siehe Augenbeschwerden

INTERNA

Weber & Weber

Heuschnupfen-Weliplex® S
Mischung

Zusammensetzung
Wirkstoffe: 10 g (entspr. 10,7 ml) Mischung enth.: Acidum arsenicosum Dil. D6 2 g; Aralia racemosa Dil. D3 2 g; Sinapis nigra (HAB 34) Dil. D3 [HAB, V4a, Ø mit Ethanol 86 % (m/m)] 2 g; Schoenocaulon officinale Dil. D4 2 g. Sonst. Bestandteile: Glycerol; Gereinigtes Wasser.

Anwendungsgebiete
Die Anwendungsgebiete leiten sich von den homöopath. Arzneimittelbildern ab. Dazu gehört: Besserung der Beschwerden bei Heuschnupfen.

Gegenanzeigen
Keine bekannt.

Nebenwirkungen
Keine bekannt.

Sonstige Hinweise
Enthält 74 mg Alkohol (Ethanol) pro 5 Tropfen (Einzeldosis). Packungsbeilage beachten.

Dosierung und Art der Anwendung
Bei **akuten Zuständen** alle halbe bis ganze Std., höchstens 6x tgl., je 5 Tr. einnehmen. Eine über 1 Wo. hinausgehende Anwend. sollte nur nach Rücksprache mit einem homöopath. erfahrenen Therapeuten erfolgen. Bei **chron. Verlaufsformen** 1 – 3x tgl. je 5 Tr. einnehmen. Bei Besserung der Beschwerden ist die Häufigkeit der Anwend. zu reduzieren.

Packungsgrößen und Preise
50 ml (PZN 04377397) .... Euro 19,33

Apothekenpflichtig.

nutrimmun GmbH

MUCOZINK®
Pulver

siehe Nährstoffmangel - Mikronährstoffe

nutrimmun GmbH

MyBIOTIK®PUR
Pulver

siehe Mikrobiologische Therapien

INJEKTIONEN
(Asthma und Bronchitis)

Sanum-Kehlbeck

Cerivikehl® D3
Injektionslösung

Wirkstoff: Cetraria islandica Dil. D3

Zusammensetzung
Der Wirkstoff ist: 2 ml flüssige Verdünnung zur Injektion enthalten: 2 ml Cetraria islandica Dil. D3

Anwendungsgebiete
Erfahrungsgemäß unterstützend angewendet bei:

- Atemwegserkrankungen, Sinusitis, Laryngitis, Bronchitis, trockener Husten
- Appetitlosigkeit.

Eigenschaften
Cerivikehl®, ein pflanzliches Arzneimittel aus der Flechte „Isländisch Moos", wird allgemein zur Durchblutungsförderung der Schleimhäute eingesetzt. Ein bestimmter Teil der Flechtensäuren entfaltet speziell gegenüber Erregern von Mund-, Rachen-, und Darminfektionen eine milde antibiotische Wirkung, wobei es weder zur Entwicklung von antibiotikaresistenten Keimen noch zu allergischen Reaktionen kommt.

Gegenanzeigen
Cerivikehl® darf nicht angewendet werden, wenn Sie allergisch gegen Cetraria islandica sind.

Ggf. Besonderheiten bei Kindern, Schwangeren, Stillenden
Da keine ausreichend dokumentierten Erfahrungen zur Anwendung in der Schwangerschaft und Stillzeit vorliegen, sollte das Arzneimittel nur nach Rücksprache mit dem Arzt angewendet werden.

Zur Anwendung dieses Arzneimittels bei Kindern liegen keine ausreichend dokumentierten Erfahrungen vor. Es soll deshalb bei Kindern unter 12 Jahren nicht angewendet werden.

Wechselwirkungen
Keine bekannt.

Nebenwirkungen
Keine bekannt.

Dosierung
Erwachsenen und Jugendlichen ab 12 Jahren: 1 - 2 ml täglich i.m. oder s.c. injizieren.

Cerivikehl® enthält Natrium, aber weniger als 1 mmol (23 mg) Natrium pro 1 ml, d.h., es ist nahezu „natriumfrei".

Packungsgrößen und Preise

1 Amp. à 2 ml (PZN 03563152)	. Euro	5,91
10 Amp. à 2 ml (PZN 03563169)	. Euro	14,77
50 Amp. à 2 ml (PZN 03563175)	. Euro	58,49

Apothekenpflichtig.

INTERNA

Sanum-Kehlbeck

Cerivikehl® Urtinktur

Tropfen

Wirkstoff: Cetraria islandica Urtinktur

Zusammensetzung
10 ml enthalten: Wirkstoff: 10 ml Cetraria islandica Urtinktur (HAB, Vorschrift 4a).

Anwendungsgebiete
Erfahrungsgemäß unterstützend angewendet bei:

- Atemwegserkrankungen, Sinusitis, Laryngitis, Bronchitis, trockener Husten
- Appetitlosigkeit.

Eigenschaften
Cerivikehl®, ein pflanzliches Arzneimittel aus der Flechte „Isländisch Moos", wird allgemein zur Durchblutungsförderung der Schleimhäute eingesetzt. Ein bestimmter Teil der Flechtensäuren entfaltet speziell gegenüber Erregern von Mund-, Rachen-, und Darminfektionen eine milde antibiotische Wirkung, wobei es weder zur Entwicklung von antibiotikaresistenten Keimen noch zu allergischen Reaktionen kommt.

Gegenanzeigen
Siehe unter „Ggf. Besonderheiten bei Kindern, Schwangeren, Stillenden" und „Warnhinweise".

Nebenwirkungen
Keine bekannt.

Ggf. Besonderheiten bei Kindern, Schwangeren, Stillenden
Da keine ausreichend dokumentierten Erfahrungen zur Anwendung in der Schwangerschaft und Stillzeit vorliegen, sollte das Arzneimittel nur nach Rücksprache mit dem Arzt angewendet werden. Zur Anwendung dieses Arzneimittels bei Kindern liegen keine ausreichend dokumentierten Erfahrungen vor. Es soll deshalb bei Kindern unter 12 Jahren nicht angewendet werden.

Warnhinweise
Dieses Arzneimittel enthält 70 Vol.-% Alkohol.

Wechselwirkungen
Keine bekannt.

Dosierung
Bei akuten Zuständen alle halbe bis ganze Stunde, höchstens 6-mal täglich, je 5 Tropfen einnehmen. Bei chronischen Verlaufsformen 1 – 3-mal täglich je 5 Tropfen einnehmen.

Packungsgrößen und Preise
10 ml (PZN 03563123) .... Euro 9,66
30 ml (PZN 03563146) .... Euro 13,82

Apothekenpflichtig.

SymbioPharm GmbH

SYMBIOFLOR® 1

Tropfen

siehe Atemwegsbeschwerden

INTERNA (Atemwegsbeschwerden)

SymbioPharm GmbH

SYMBIOFLOR® 1

Tropfen

Zusammensetzung
1 ml (= 12 Tropfen) Suspension enthalten: Bakterienkultur (1,0 ml) mit Enterococcus faecalis Bakterien (DSM 16440, Zellen und Autolysat) entsprechend 1,5-4,5x10^7 lebenden Zellen.

Sonstige Bestandteile
Lactose-Monohydrat, Cystin, Natriumcarbonat-Decahydrat, Natriumchlorid, Magnesiumsulfat-Heptahydrat, Kaliumchlorid, Calciumchlorid-Dihydrat, Magnesiumchlorid-Hexahydrat, gereinigtes Wasser, Standard-I-Nährbouillon (Pepton [aus Casein], Hefe-Trockenextrakt, Natriumchlorid, Glucose-Monohydrat, gereinigtes Wasser).

Anwendungsgebiete
Zur Verminderung der Rezidivrate bei wiederkehrenden Infektionen der oberen und unteren Atemwege, besonders bei Entzündungen der Nebenhöhlen (Sinusitis) und der Bronchien (Bronchitis).

Gegenanzeigen
Überempfindlichkeit gegen den Wirkstoff oder einen der sonstigen Bestandteile.

Nebenwirkungen
Sehr selten: Hautreaktionen (Urticaria, Pruritus, Exantheme), Angioödem, Kopfschmerz, Mundtrockenheit, Magenschmerzen, Übelkeit, Erbrechen, Diarrhoe.

Wechselwirkungen
Antibiotika können die Enterococcus faecalis-Bakterien hemmen und somit die Wirksamkeit dieses Arzneimittels abschwächen.

Warnhinweise
Symbioflor® 1 ist nicht zur symptomatischen Therapie akuter Atemwegserkrankungen geeignet. Symbioflor® 1 sollte nicht während einer Antibiotika-Behandlung oder innerhalb von 5 Tagen nach ihrem Abschluss eingenommen werden. An Patienten unter 18 Jahren und über 65 Jahren liegen keine kontrollierten Studien vor. Patienten mit der seltenen hereditären Galactose-Intoleranz, völligem Lactase-Mangel oder Glucose-Galactose-Malabsorption sollten Symbioflor® 1 nicht einnehmen.

Dosierung
Erwachsene ab 18 Jahren: 3-mal täglich werden 30 Tropfen (morgens nach dem Aufstehen, mittags vor dem Essen und abends vor dem

Schlafen gehen) eingenommen, ca. 1 Minute im Mund behalten und vor dem Schlucken damit gurgeln.

Packungsgrößen und Preise (UVP)

1x 50 ml (N1) (PZN 00996086) ... Euro 19,99
2x 50 ml (N2) (PZN 08636223) ... Euro 35,02
3x 50 ml (N3) (PZN 08636246) ... Euro 48,61

EXTERNA
(Augenbeschwerden)

Sanum-Kehlbeck

Mucokehl® D5
Augentropfen

Wirkstoff: Mucor racemosus e volumine mycelii (lyophil., steril) Dil. D5

Zusammensetzung

5 ml Augentropfen enthalten: Wirkstoff: 4999,95 mg Mucor racemosus e volumine mycelii (lyophil., steril.) Dil. D5 nach (HAB, V. 5 a, Lsg. D1 mit gereinigtem Wasser). Sonstige Bestandteile: 0,05 mg Chlorhexidindiacetat, 1 molare Natriumhydroxid-Lösung und/oder 2 molare Salzsäure (zur ph-Wert-Einstellung).

Anwendungsgebiete

Erfahrungsgemäß unterstützend angewendet bei:

Glaukom, Katarakt, Konjunktivitis.

Eigenschaften

In der SANUM-Therapie wird Mucokehl® als Therapeutikum für alle Krankheiten eingesetzt, die sich am Blut- und Gefäßsystem des Menschen abspielen oder hier ihre Ursache haben (Stauungskrankheiten).

Gegenanzeigen

Nicht anwenden bei:

- bekannter Überempfindlichkeit gegenüber Schimmelpilzen (Mucor racemosus)
- Autoimmunerkrankungen
- Kindern unter 12 Jahren
- Schwangerschaft und Stillzeit.

Vorsichtsmaßnahmen für die Anwendung und Warnhinweise

Zur Dosierung und Dauer der Anwendung befragen Sie Ihren homöopathisch erfahrenen Therapeuten.

Wechselwirkungen

Immunsuppressiv wirkende Arzneimittel können die Wirksamkeit von Mucokehl® D5 beeinträchtigen. Vor und nach der Behandlung mit oral verabreichten Lebendimpfstoffen ist ein Abstand von 4 Wochen einzuhalten.

Nebenwirkungen

Aufgrund des Gehaltes von Mucokehl® D5 an spezifischen organischen Bestandteilen können Überempfindlichkeitsreaktionen, hauptsächlich in Form von Hautreaktionen, auftreten und eine Allergie gegen den Bestandteil Mucor racemosus ausgelöst werden. Das Arzneimittel ist dann abzusetzen und ein Arzt aufzusuchen.

Art und Dauer der Anwendung

Zur Anwendung am Auge.

Nach längstens 4 Wochen Therapiedauer sollte Mucokehl® D5 abgesetzt werden.

Packungsgrößen und Preise

1-mal 5 ml (PZN 03206736) .... Euro 9,02
10-mal 5 ml (PZN 03206742) .... Euro 72,13

Apothekenpflichtig.

Sanum-Kehlbeck

Mucokehl® D5 sine
Augentropfen

Wirkstoff

Mucor racemosus e volumine mycelii (lyophil., steril.) Dil. D5 aquos.

Zusammensetzung

1 Einzeldosisbehältnis à 0,5 ml Augentropfen enthält:

Wirkstoff: 0,5 ml Mucor racemosus e volumine mycelii (lyophil., steril.) Dil. D5 aquos. (HAB, Vorschrift 5b, Lsg. D1 mit Wasser für Injektionszwecke). Sonstige Bestandteile: 1-molare NaOH-Lösung (zur pH-Wert-Einstellung)

Anwendungsgebiete
Erfahrungsgemäß unterstützend angewendet bei

- Glaukom
- Katarakt
- Konjunktivitis
- Sicca-Syndrom

Eigenschaften
In der SANUM-Therapie wird Mucokehl® als Therapeutikum für alle Krankheiten eingesetzt, die sich am Blut- und Gefäßsystem des Menschen abspielen oder hier ihre Ursache haben (Stauungskrankheiten).

Gegenanzeigen
Nicht anwenden bei

- bekannter Überempfindlichkeit gegenüber Schimmelpilzen (Mucor racemosus)
- Autoimmunerkrankungen*
- bei Kindern unter 12 Jahren*
- Schwangerschaft und Stillzeit*

*Da ausreichend dokumentierte Erfahrungen fehlen.

Vorsichtsmaßnahmen
Keine bekannt.

Warnhinweise
Keine bekannt.

Wechselwirkungen
Keine bekannt.

Nebenwirkungen
Aufgrund des Gehaltes von Mucokehl® D5 sine an spezifischen organischen Bestandteilen können Überempfindlichkeitsreaktionen, hauptsächlich in Form von Hautreaktionen, auftreten und eine Allergie gegen den Bestandteil Mucor racemosus ausgelöst werden. Das Arzneimittel ist dann abzusetzen und ein Arzt aufzusuchen.

Art und Dauer der Anwendung
Zum Einträufeln in den Bindehautsack.

Auch homöopathische Arzneimittel sollten ohne ärztlichen Rat nicht über längere Zeit angewendet werden.

Mucokehl® D5 sine enthält kein Konservierungsmittel. Geöffnete Einzeldosisbehältnisse dürfen deshalb nicht aufbewahrt werden. Die nach der Anwendung im Einzeldosisbehältnis verbleibende Restmenge ist zu verwerfen.

Packungsgrößen und Preise
10 Einzeldosisbehältnisse à 0,5 ml Augentropfen zur Anwendung am Auge (PZN 1876174) Euro 14,23

Apothekenpflichtig.

Weleda AG

Visiodoron Calendula
Augentropfen

Zusammensetzung
10,2 g (= 10 ml) enth.: Calendula officinalis 2a Dil. D4 10 g.

Sonstige Bestandteile: Borsäure, Natriumtetraborat.

Mit Kaliumnitrat isotonisiert.

Anwendungsgebiete
Gemäß der anthroposophischen Menschen- und Naturerkenntnis.

Dazu gehört eitrige Bindehautentzündung.

Gegenanzeigen
Keine bekannt.

Nebenwirkungen
Selten tritt nach dem Einträufeln im Auge ein vorübergehendes Brennen auf.

Dosierung
Soweit nicht anders verordnet, 1- bis 5-mal täglich 1 Tropfen in den Bindehautsack träufeln.

Packungsgrößen und Preise
10 ml (PZN 01572371) .... Euro 16,99

Apothekenpflichtig.

Weleda AG

Visiodoron Euphrasia

Augentropfen

Zusammensetzung
10,1 g (= 10 ml) enth.: Euphrasia 3c Dil. D3 10 g.

Sonstige Bestandteile: Borsäure, Natriumtetraborat. Mit Kaliumnitrat isotonisiert.

Anwendungsgebiete
Gemäß der anthroposophischen Menschen- und Naturerkenntnis.

Dazu gehören: Katarrhalische Entzündungen am Auge, die mit vermehrter Tränenabsonderung einhergehen; Lidödeme, vor allem auf allergischer Grundlage.

Gegenanzeigen
Keine bekannt.

Nebenwirkungen
Es können Reizungen der Augen auftreten, wie z. B. Brennen, Rötung, Juckreiz, Schwellung oder vermehrter Tränenfluss (Häufigkeit unbekannt).

Dosierung
Soweit vom Arzt nicht anders verordnet, 3-mal täglich 1 Tropfen in den Bindehautsack des betroffenen Auges träufeln.

Sonstige Hinweise
Euphrasia D3 Augentropfen sind generell mit Kontaktlinsen verträglich. Hinweise der Linsen-Hersteller bitte ggf. beachten.

Packungsgrößen und Preise
10 ml (PZN 01572649) .... Euro 15,48
Apothekenpflichtig.

Weleda AG

Visiodoron Euphrasia

Augentropfen in Monodosen

Zusammensetzung
1 Einzeldosisbehältnis enthält:
Euphrasia 3c Dil. D3 0,4 ml.

Sonstige Bestandteile: Natriumchlorid, Natriumcitrat, Citronensäuremonohydrat.

Anwendungsgebiete
Gemäß der anthroposophischen Menschen- und Naturerkenntnis.

Dazu gehören: Katarrhalische Entzündungen am Auge, die mit vermehrter Tränenabsonderung einhergehen; Lidödeme, vor allem auf allergischer Grundlage.

Gegenanzeigen
Allergie gegen Euphrasia (Augentrost) oder einen der sonstigen Bestandteile.

Nebenwirkungen
Es können Reizungen der Augen auftreten, wie z. B. Brennen, Rötung, Juckreiz, Schwellung oder vermehrter Tränenfluss (Häufigkeit unbekannt).

Besonderheiten bei Kindern
Anwendung bei Kindern unter 4 Jahren nach Rücksprache mit dem Arzt.

Dosierung
Soweit vom Arzt nicht anders verordnet, ist die übliche Dosis für Säuglinge, Kinder und Erwachsene: 3-mal täglich 1 Tropfen in den Bindehautsack des betroffenen Auges träufeln.

Packungsgrößen und Preise
10x 0,4 ml (PZN 11046063) ..... Euro 11,97
20x 0,4 ml (PZN 00529100) ..... Euro 16,47

Apothekenpflichtig.

Weleda AG

Visiodoron Euphrasia comp.

Augensalbe

Zusammensetzung

1 g enth.: Echinacea Rh Ø (HAB, V. 21) 0,03 g / Euphrasia Rh Ø (HAB, V. 21) 0,05 g / Calendula officinalis e floribus cum calycibus Paraffinum liquidum (HAB, V. 57) 0,05 g.

Salbengrundlage: Weißes Vaselin, Dickflüssiges Paraffin, Cholesterol, Wasser für Injektionszwecke.

Anwendungsgebiete

Ggemäß der anthroposophischen Menschen- und Naturerkenntnis.

Dazu gehören: Bindehautentzündung und Gerstenkorn (Hordeolum).

Gegenanzeigen

Überempfindlichkeit gegen einen der Bestandteile oder gegen Korbblütler.

Nebenwirkungen

Es können auftreten: Lokale Überempfindlichkeits- und Unverträglichkeitsreaktionen am Auge, z. B. Brennen, Schmerzen, vermehrter Tränenfluss, Bindehautrötung, Lidschwellung, Juckreiz. Allgemeine immunologische Reaktionen: Hautausschlag, Juckreiz.

Dosierung

Soweit nicht anders verordnet, mehrmals täglich in den Bindehautsack einbringen.

Warnhinweise

Die Augensalbe bildet einen fettartigen Film auf der Hornhaut, daher kann unmittelbar nach Anwendung eine vorübergehende Beeinträchtigung des Sehvermögens auftreten. In diesem Zeitraum: nicht aktiv am Straßenverkehr teilnehmen und keine Maschinen bedienen!

Packungsgrößen und Preise

5 g (PZN 01312931) .... Euro 17,98

Apothekenpflichtig.

Weleda AG

Visiodoron Malva® / Visiodoron Malva® Intense

Augentropfen

Zusammensetzung

Visiodoron Malva®: 0,15 % Natriumhyaluronat, 0,5 % Extrakt aus Malvenblüten (Malva sylvestris L.), Natriumchlorid, Natriumcitrat, Citronensäure, Wasser für Injektionszwecke.

Visiodoron Malva® Intense: 0,3 % Natriumhyaluronat, 0,5 % Extrakt aus Malvenblüten (Malva sylvestris L.), Natriumchlorid, Natriumcitrat, Citronensäure, Wasser für Injektionszwecke.

Anwendungsgebiete

Visiodoron Malva®: Zur Befeuchtung, Beruhigung und Erfrischung von trockenen und gereizten Augen.

Visiodoron Malva® Intense: Intensive Befeuchtung und Schutz für alle Formen des trockenen Auges (z.B. Dry Eye Syndrom mit Symptomen wie Fremdkörpergefühl, juckende, gereizte, gerötete oder brennende Augen. Auch bei starkem und chronischem Trockenheitsgefühl.

Gegenanzeigen

Überempfindlichkeit gegen einen der Bestandteile sowie bei infizierten oder verletzten Augen.

Dosierung

3-5 mal täglich 1-2 Tropfen in das Auge einbringen.

Packungsgrößen und Preise

Visiodoron Malva® (PZN 20 Monodosen 08864740) ... Euro 15,99
Visiodoron Malva® (PZN 10 ml 17582696) ... Euro 16,99
Visiodoron Malva® Intense (PZN 10ml 19422034) ... Euro 17,99

Medizinprodukt.

INTERNA

BerryPharma

rubyni® Schwarze Johannisbeere

Kapseln

Nahrungsergänzungsmittel (hochrein).

Inhaltsstoffe
Johannisbeerenextrakt aus Schwarzen Johannisbeeren der Sorte Blackdown, pflanzliche Kapselhülle aus Hydroxypropylmethylcellulose.

Eine Kapsel enthält 445 mg Johannisbeerenextrakt, davon 48,9 mg Anthocyane.

Eigenschaften
Die Schwarze Johannisbeere gehört seit Ewigkeiten zur täglichen Ernährung des Menschen. Allerdings können durch die Verarbeitung zu Säften und Aufstrichen wertvolle Stoffe zerstört werden. Im Fall von rubyni® bleiben alle Inhaltsstoffe in ihrer natürlichen Zusammensetzung erhalten, allen voran die wertvollen Polyphenole, Anthocyane und Antioxidantien.

Die verwendeten Schwarzen Johannisbeeren stammen von einer Kooperative aus dem französischen Loire-Tal. Die Verarbeitung zum Extrakt erfolgt lösungsmittelfrei.

Anwendungsgebiete
- Antioxidativ
- Augen- und Sehkraft
- Gehirn und Kognition
- Nerven
- Körperliche Leistung/Sportperformance
- Herz-Kreislauf und Blutgefäße

Verzehrempfehlung
Erwachsene nehmen täglich 1 Kapsel unzerkaut und mit ausreichend Flüssigkeit ein. Die empfohlene tägliche Verzehrmenge darf nicht überschritten werden.

Nahrungsergänzungsmittel sollten nicht als Ersatz für eine ausgewogene und abwechslungsreiche Ernährung dienen und ersetzen keine gesunde Lebensweise.

Sonstige Hinweise
rubyni® mit Schwarzer Johannisbeere ist von Natur aus vegan, laktose- und glutenfrei. Auf Füll- und Konservierungsstoffe wird bewusst verzichtet.

Weiterführende Informationen
www.rubyni.com

www.currantcraft.info
(Johannisbeerenextrakt CurrentCraft®)

Packungsgrößen und Preise

Glas mit 60 Kapseln	Euro 59,90
Glas mit 90 Kapseln	Euro 79,90

Herstellerangaben
BerryPharma GmbH | Weidboden 1 | 83339 Chieming | www.rubyni.com

Die Familie Philipp, die hinter BerryPharma® steht, hat sich seit Generationen ganz der Verarbeitung qualitativ hochwertiger Beeren und Früchte verschrieben. In den Produkten von BerryPharma® kommen nur natürliche Extrakte und Inhaltsstoffe zum Einsatz, die in ihrer Wirkung durch Studien belegt sind. Eine ideale Ergänzung für die tägliche Ernährung.
SO PURE. SO YOU.

Stand:
17.11.2023

BerryPharma

rubyni® VISION

Kapseln

Nahrungsergänzungsmittel mit Vitaminen, Mineral- und Pflanzenstoffen für Augen und Sehkraft.

Inhaltsstoffe
Buchweizenkeimpulver, schwarzes Johannisbeerenextrakt (aus Früchten von Ribes nigrum, 11 % Anthocyane), Acerola-Fruchtpulver, Überzugsmittel Hydroxypropylmethylcellulose (Kapselhülle), astaxanthinreiches Oleoresin aus der Alge Haematococcus pluvialis, D-alpha-Tocopherol, Maquibeerenextrakt (aus Früchten

von Aristotelia chilensis, 35 % Anthocyane), Studentenblumenextrakt (aus Tagetes erecta, 25 % Lutein, 5 % Zeaxanthin).

Eigenschaften
In rubyni® VISION finden sich neben dem Fruchtextrakt CurrantCraft®, das auch in rubyni® mit Schwarzer Johannisbeere steckt, weitere konzentrierte Inhaltsstoffe, die einen Beitrag zum Erhalt der natürlichen Sehkraft und der normalen Augenfunktion leisten können - zum Beispiel MaquiBright®, ein hochwertiges Extrakt aus Maquibeeren, die für ihre antioxidativen Schutzstoffe bekannt sind. Dazu kommen die Spurenelemente Zink und Kupfer sowie weitere pflanzliche Mikronährstoffe.

Alle verwendeten Inhaltsstoffe sind handverlesen und verfügen über eine eigene wissenschaftliche Studienlage im Bereich der Augengesundheit.

Anwendungsgebiete

- Augen- und Sehkraft
- Antioxidativ

Verzehrempfehlung
Erwachsene nehmen täglich 4 Kapseln unzerkaut und mit ausreichend Flüssigkeit ein. Die empfohlene tägliche Verzehrmenge darf nicht überschritten werden. Auf den Verzehr weiterer zinkhaltiger Nahrungsergänzungsmittel ist zu verzichten. Nahrungsergänzungsmittel sollten nicht als Ersatz für eine ausgewogene und abwechslungsreiche Ernährung dienen und ersetzen keine gesunde Lebensweise.

Sonstige Hinweise
rubyni® VISION ist von Natur aus vegan, laktose- und glutenfrei.

Weiterführende Informationen
www.rubyni.com

Packungsgrößen und Preise
Glas mit 140 Kapseln .... Euro 79,90

Herstellerangaben
BerryPharma GmbH | Weidboden 1 | 83339 Chieming | www.rubyni.com

Die Familie Philipp, die hinter BerryPharma® steht, hat sich seit Generationen ganz der Verarbeitung qualitativ hochwertiger Beeren und Früchte verschrieben. In den Produkten von BerryPharma® kommen nur natürliche Extrakte und Inhaltsstoffe zum Einsatz, die in ihrer Wirkung durch Studien belegt sind. Eine ideale Ergänzung für die tägliche Ernährung.
SO PURE. SO YOU.

Stand:
17.11.2023

BerryPharma

rubyni® Wildheidelbeere

Kapseln

Nahrungsergänzungsmittel mit reiner Wildheidelbeere.

siehe Entzündungen

INTERNA
(Blutung)

Sanum-Kehlbeck

Calvakehl® D3

Tropfen

Wirkstoff: Calvatia gigantea e sporibus Dil. D3

Zusammensetzung
10 ml flüssige Verdünnung enthalten: Wirkstoff: 10 ml Calvatia gigantea e sporibus Dil. D3 (HAB, Vorschrift 4 a, Lsg. D1 mit Ethanol 62 % (m/m).

Anwendungsgebiete
Erfahrungsgemäß unterstützend angewendet bei:

Blutungsneigung, wie Nasenbluten; Gebärmutterblutung; Herz-Kreislauf-Schwäche mit Blutstauung; Sauerstoffmangel im Blut; Hautausschlägen; Magenschmerzen; Durchfall.

Eigenschaften
Calvakehl® wird gewonnen aus dem Pilz Riesenbovist (Calvatia gigantea). Schon im 16. Jahrhundert war die Anwendung des „Bubenfist" als blutstillendes und wundheilendes Mittel in der Volksheilkunde bekannt. Aufgrund der im Riesenbovist enthaltenen gefäß- und kapillarwirksamen Inhaltsstoffe ist Calvakehl® ein ausgezeichnetes Hämostatikum bei atonischen Blutungen.

Dosierung
1 – 3-mal täglich 5 - 10 Tropfen einnehmen.

Nebenwirkungen
Keine bekannt.

Wechselwirkungen
Keine bekannt.

Gegenanzeigen
Siehe unter „Ggf. Besonderheiten bei Kindern, Schwangeren, Stillenden" und „Warnhinweise".

Bei Alkohol- oder Leberkranken sollte aufgrund des Alkoholgehaltes das Arzneimittel nur nach Rücksprache mit dem Arzt angewendet werden.

Ggf. Besonderheiten bei Kindern, Schwangeren, Stillenden
Da keine ausreichend dokumentierten Erfahrungen zur Anwendung in der Schwangerschaft und Stillzeit vorliegen, sollte das Arzneimittel nur nach Rücksprache mit dem Arzt angewendet werden. Zur Anwendung dieses Arzneimittels bei Kindern liegen keine ausreichend dokumentierten Erfahrungen vor. Es soll deshalb bei Kindern unter 12 Jahren nicht angewendet werden.

Warnhinweise
Dieses Präparat enthält 70 Vol.-% Alkohol (Ethanol). Bei Beachtung der Dosierungsanleitung werden bei jeder Einnahme (entsprechend 10 Tropfen) bis zu 0,11 g Alkohol zugeführt. Ein gesundheitliches Risiko besteht u. a. bei Leberkranken, Alkoholkranken, Epileptikern, Hirngeschädigten, Schwangeren und Kindern. Die Wirkung anderer Arzneimittel kann beeinträchtigt oder verstärkt werden.

Packungsgrößen und Preise

10 ml (PZN 07339167)	Euro 9,66
30 ml (PZN 07339173)	Euro 13,82

Apothekenpflichtig.

Sanum-Kehlbeck

Calvakehl® D4

Tabletten

Wirkstoff: Calvatia gigantea e sporibus Trit. D4

Zusammensetzung
1 Tablette enthält: Wirkstoff: 250 mg Calvatia gigantea e sporibus Trit. D4 (HAB, Vorschriften 4a mit Ethanol 62 % (m/m), 7 mit Lactose, 6 mit Lactose).

Sonstige Bestandteile: Kartoffelstärke, Magnesiumstearat.

Anwendungsgebiete
Erfahrungsgemäß unterstützend angewendet bei:

Blutungsneigung, wie Nasenbluten; Gebärmutterblutung; Herz-Kreislauf-Schwäche mit Blutstauung; Sauerstoffmangel im Blut; Hautausschlägen; Magenschmerzen; Durchfall.

Eigenschaften
Calvakehl® wird gewonnen aus dem Pilz Riesenbovist (Calvatia gigantea). Schon im 16. Jahrhundert war die Anwendung des „Bubenfist" als blutstillendes und wundheilendes Mittel in der Volksheilkunde bekannt. Aufgrund der im Riesenbovist enthaltenen gefäß- und kapillarwirksamen Inhaltsstoffe ist Calvakehl® ein ausgezeichnetes Hämostatikum bei atonischen Blutungen.

Gegenanzeigen
Siehe unter „Ggf. Besonderheiten bei Kindern, Schwangeren, Stillenden" und „Warnhinweise".

Ggf. Besonderheiten bei Kindern, Schwangeren, Stillenden
Da keine ausreichend dokumentierten Erfahrungen in der Schwangerschaft und Stillzeit vorliegen, sollte das Arzneimittel nur nach Rücksprache mit dem Arzt angewendet werden. Zur Anwendung dieses Arzneimittels bei Kindern liegen keine ausreichend dokumentierten Erfahrungen vor. Es soll deshalb bei Kindern unter 12 Jahren nicht angewendet werden.

Warnhinweise
Enthält Lactose. Bitte nehmen Sie Calvakehl® D4 daher erst nach Rücksprache mit Ihrem Arzt ein, wenn Ihnen bekannt ist, dass Sie unter einer Unverträglichkeit gegenüber bestimmten Zuckern leiden.

Nebenwirkungen
Keine bekannt.

Wechselwirkungen
Keine bekannt.

Dosierung
1 – 3-mal täglich 1 Tablette mit ausreichend Flüssigkeit einnehmen.

Packungsgrößen und Preise

	(PZN	
80 Tabletten	00571990)	.... Euro 11,11
3-mal 80 Tabletten	(PZN 00572009)	.... Euro 32,64

Apothekenpflichtig.

Johannes Bürger Ysatfabrik GmbH

Styptysat 400 mg überzogene Tabletten

Starke Menstruationsblutungen.

siehe Gyn. Erkrankungen & Frauenbeschwerden

EXTERNA
(Dermatitis & Hautbeschwerden)

Johannes Bürger Ysatfabrik GmbH

Chamo® Bürger

reiner Kamillenpuder

Kosmetikum zur Behandlung der Haut bei Entzündungen und Affektionen.

Zusammensetzung
Talkum, Chamomilla Recutita Flower Extract (Extrakt aus Kamillenblüten), Chamomilla Recutita Oil (Kamillenblauöl).

Anwendungsgebiete
Entsprechend der therapeutischen Möglichkeiten: Dermatitis (Bestrahlungsschäden, Sonnenbrand, Verbrennungen), Wundbehandlung (Dekubitus, Ulcus cruris), Intertrigio (Wundsein in Hautfalten), juckende Affektionen (Altershaut), Säuglingspflege (Windeldermatitis), Infektionskrankheiten (Windpocken, Gürtelrose, Masern), Wundheilung (Riss-, Kratz-, Schürfwunden), sowie bei Hand-, Fuß- und Achselschweiß.

Anwendung
Mehrmals täglich bei Bedarf gleichmäßig auftragen.

Nach dem Baden oder Duschen auf die Haut aufgetragen, gibt er ein besonders frisches, trockenes und weiches Hautgefühl.

Sonstige Hinweise
Puder nicht auf offene Wunden auftragen und Augenkontakt vermeiden. Nicht einatmen.

Eigenschaften
Leichte Hautentzündungen können mit Kamille erfolgreich behandelt werden. Die in den Kamillenblüten enthaltenen Wirkstoffe Chamazulen und Bisabolol entfalten nicht nur einen entzündungshemmenden, kühlenden Effekt auf der Haut, sondern wirken auch antibakteriell

und pilzhemmend. Außerdem besitzen sie juckreizlindernde und desodorierende Eigenschaften.
Chamo® Bürger reiner Kamillenpuder in pharmazeutischer Qualität ist bei vielen Reizzuständen der Haut infolge mechanischer, thermischer oder chemischer Einwirkung unterstützend angezeigt. Eine weitere Option ist die adjuvante Behandlung von entzündlichen, allergischen oder infektionsbedingten Hauterscheinungen.

Packungsgrößen und Preise
75 g Puder (PZN 09739480) ..... Euro 25,88

Apothekenpflichtig.

Agenki

DemoDerm® Rosacea Basis Pflege

Detox-Creme

Unterstützende Pflege bei Rosacea, Akne und seborrhoischem Ekzem. Leben ohne Trigger: Frei von Rosacea mit dem ganzheitlichen DemoDerm Hautkonzept.

Tag- und Nacht-Creme

Zusammensetzung
Aqua, Propylene glycol, Stearyl alcohol, Sulfur, Zinc oxide, Glycerin, Isopropyl palmitate, Palmitic acid, Stearic acid, Petrolatum, Glyceryl stearate, Dimethicone, Menthol, Lanolin, Sorbitan stearate, Polysorbate 80, Triticum vulgare (wheat) germ oil, Phenoxyethanol, Sodium hypochlorit, Salicylic acid, Benzyl alcohol, Sodium lauryl sulfate.

Anwendungsgebiete
Detoxing und Regeneration bei dauerhaft geröteter Haut, unreiner oder fettiger Haut, Mitessern, erweiterten Poren, Pickel, Pusteln, Rosacea, Akne und seborrhoischem Ekzem.

Dosierung
Morgens und abends sparsam auf die betroffenen Hautbereiche auftragen.

Anwendungsdauer
Sollte über einen längeren Zeitraum angewendet werden, mindestens 6 bis 12 Wochen.

Besonderheit
Eine vorübergehende Verschlechterung (Bsp.: Röte, Pickel, trockene und schuppende Haut) der Haut kann wirkspezifisch sein und dauert im Schnitt 14 Tage.

Packungsgrößen und Preise
30 g (PZN 16882640) .... Euro 54,00

Laves-Arzneimittel GmbH

Dermabiogen®

Mikrobiotische Hautpflege.

Dermabiogen® Mikrobiotische Intensivcreme enthält ein Milchsäurebakterien-Extrakt vom *Lactobacillus brevis* DSM17250, wertvolle Öle aus Mandel, Jojoba und Borretsch sowie Sheabutter und Vitamin E.

Anwendungsgebiete
Ergänzende Pflege bei Neurodermitis, Schuppenflechte, Rosazea, Ekzem, Akne.

Zusammensetzung
Aqua, Simmondsia Chinensis (Jojoba) Seed Oil, Cetearyl Alcohol, Glyceryl Stearate Citrate, Prunus Amygdalus Dulcis (Sweet Almond) Oil, Glycerin, Lactobacillus Extract Filtrate, Borago Officinalis Seed Oil, Sorbitol, Butyrospermum Parkii (Shea) Butter, Benzyl Alcohol, Saccharide Isomerate, Propylene Glycol, Sodium Stearoyl Glutamate, Xanthan Gum, Benzoic Acid, Tocopherol, Sorbic Acid, Lactic Acid, Citric Acid, Sodium Citrate.

Dermabiogen® Mikrobiotische Hauttinktur ist in der praktischen Applikatorflasche besonders gut für fettige Haut und behaarte Körperstellen geeignet. Enthält zusätzlich den Wirkstoff Allantoin, der feuchtigkeitsbindende und hautberuhigende Eigenschaften hat.

Anwendungsgebiete
Ölfreie Spezialhautpflege für die Kopfhaut und behaarte Körperstellen bei Neurodermitis, Schuppenflechte, Schuppen, Rosazea, Ekzem, Akne.

Zusammensetzung
Aqua, Glycerin, Lactobacillus Extract Filtrate, Sorbitol, Propylene Glycol, Potassium Sorbate, Sodium Benzoaet, Allantoin, Lactic Acid, Arginine, Xanthan Gum, Biotin.

Packungsgrößen und Preise

Creme 50 ml (PZN Airlessspender 18186212)	Euro 29,80
Tinktur 50 ml (PZN Applikationsflasche 18186229)	Euro 28,20

Weber & Weber

Ekzevowen® derma

Creme

Zusammensetzung
Wirkstoffe: 10 g Creme enth.: Centella asiatica ∅ 0,5 g; Mahonia aquifolium ∅ 0,5 g; Viola tricolor ∅ 0,5 g. Sonst. Bestandteil: DAC-Basiscreme (Glycerolmonostearat 60, Cetylalkohol, Mittelkettige Triglyceride, Weißes Vaselin, Macrogol-20-glycerolmonostearat, Propylenglycol, Gereinigtes Wasser).

Anwendungsgebiete
Die Anwendungsgebiete leiten sich von den homöopath. Arzneimittelbildern ab. Dazu gehört: Besserung der Beschwerden bei Hauterkrank. mit Juckreiz. Bei anhaltenden, unklaren oder neu auftretenden Beschwerden sollte ein Arzt aufgesucht werden, da es sich um Erkrank. handeln kann, die einer ärztl. Abklärung bedürfen.

Gegenanzeigen
Keine bekannt.

Nebenwirkungen
Keine bekannt.

Sonstige Hinweise
Enth. 90 mg Alkohol (Ethanol) und 85 mg Propylenglycol pro 1 g Creme (entsprechend 5 cm Cremestrang) sowie Cetylalkohol.

Ethanol kann auf geschädigter Haut ein brennendes Gefühl hervorrufen. Propylenglycol und Cetylalkohol können Hautreizungen (z. B. Kontaktdermatitis) hervorrufen.

Bei Babys unter 4 Wo. nicht ohne Rücksprache mit dem Arzt od. Apotheker anw., insbesondere bei offenen Wunden od. großflächigen Hautverletzungen od. -schäden (wie Verbrennungen).

Bei der Behandlung mit Ekzevowen® derma im Genital- oder Analbereich kann es wegen des Hilfsstoffes Vaseline bei gleichzeitiger Anwend. von Kondomen aus Latex zu einer Verminderung der Reißfestigkeit und damit zu einer Beeinträchtigung der Sicherheit von Kondomen kommen.

Dosierung und Art der Anwendung
Zur Anwend. auf der Haut. Creme 1 – 3x tgl. auf die betroffenen Stellen auftragen.

Eine über 1 Wo. hinausgehende Anwend. sollte nur nach Rücksprache mit einem in der Homöopathie erfahrenen Arzt oder Heilpraktiker erfolgen. Bei Besserung der Beschwerden ist die Häufigkeit der Anwend. zu reduzieren.

Packungsgrößen und Preise
30 g Creme (PZN 03707013) .... Euro 16,26

Apothekenpflichtig.

Sanum-Kehlbeck

Notakehl® D3

Salbe

Wirkstoff: Penicillium chrysogenum e volumine mycelii (lyophil., steril.) Dil. D3

Zusammensetzung
1g Salbe enthält: Wirkstoff: 0,10 g Penicillium chrysogenum e volumine mycelii (lyophil., steril.) Dil. D3 (HAB, Vorschrift 5a, D1 mit gereinigtem Wasser).

Sonstige Bestandteile: Wollwachsalkoholsalbe, Mittelkettige Triglyceride, Glycerolmonostearat 40 - 55, Propylenglycol, Magnesiumsulfat-Heptahydrat, Milchsäure, gereinigtes Wasser.

Anwendungsgebiete

Erfahrungsgemäß unterstützend angewendet bei:

- bakteriellen Erkrankungen allgemeiner Art wie Angina tonsillaris, Laryngitis, Otitis
- Infekten des Urogenitaltraktes wie Zystitis, Prostatitis, Endometritis
- Erkrankungen der Atemwege wie Asthma-Bronchitis, Bronchitis, Sinubronchitis
- Neuritis, Neuralgien, HWS-, LWS-Syndrom
- Eiterungen, Akne, nach Zahnextraktionen.

Eigenschaften

Notakehl® wird gewonnen aus dem Schimmelpilz Penicillium chrysogenum und erfahrungsgemäß angewendet bei allen bakteriellen Erkrankungen. Notakehl® ist kein Antibiotikum und produziert keine antibiotischen Substanzen. Deshalb treten die bei einer Antibiotika-Behandlung möglichen Begleiterscheinungen, wie Allergien, Leberschäden, Zerstörung der Darmflora und Bildung penicillinresistenter Stämme nicht auf.

Gegenanzeigen

Nicht anwenden bei:

- bekannter Überempfindlichkeit gegenüber Schimmelpilzen (Penicillium chrysogenum)
- Autoimmunerkrankungen
- Kindern unter 12 Jahren
- Schwangerschaft und Stillzeit.

Vorsichtsmaßnahmen

Cetylstearylalcohol und Wollwachs (Bestandteile der Wollwachsalkoholsalbe) können örtlich begrenzt Hautreizungen (z. B. Kontaktdermatitis) hervorrufen. Propylenglycol kann Hautreizungen hervorrufen.

Wechselwirkungen

Immunsuppressiv wirkende Arzneimittel können die Wirksamkeit von Notakehl® D3 beeinträchtigen. Vor und nach der Behandlung mit oral verabreichten Lebendimpfstoffen ist ein Abstand von 4 Wochen einzuhalten.

Nebenwirkungen

Aufgrund des Gehaltes von Notakehl® D3 an spezifischen organischen Bestandteilen können Überempfindlichkeitsreaktionen, hauptsächlich in Form von Hautreaktionen, auftreten und eine Allergie gegen den Bestandteil Penicillium chrysogenum ausgelöst werden. Das Arzneimittel ist dann abzusetzen und ein Arzt aufzusuchen.

Dosierung

1 – 3-mal täglich dünn auf die betroffenen Hautpartien auftragen. Nach längstens 4 Wochen Therapiedauer sollte Notakehl® D3 abgesetzt werden.

Packungsgrößen und Preise

1 Tube à 30 g	(PZN 03685748)	.... Euro 15,67
10 Tuben à 30 g	(PZN 03685754)	.... Euro 130,65

Apothekenpflichtig.

Institut AllergoSan Deutschland (privat) GmbH

OMNi-BiOTiC SKiN® Intensiv-Fußbad

Pulver zum Auflösen

Endlich wieder unten ohne.

Anwendungsgebiete

Fußgeruch oder Schweißfüße belasten viele Menschen und sind vielfach nicht durch einfache Maßnahmen wie z. B. das häufige Wechseln von Schuhen oder Socken zu reduzieren. Liegt die Ursache für den Geruch in einer Störung des Haut-Mikrobioms der Füße, dann muss dieses wieder ins Gleichgewicht gebracht werden.

OMNi-BiOTiC SKiN® Intensiv-Fußbad enthält den patentierten Bakterienkomplex Baplexin® 621 aus 9 speziell ausgewählten und wissenschaftlich intensiv untersuchten probiotischen Bakterienstämmen in aktiver, lebender Form. Diese stellen das Gleichgewicht des Haut-Mikrobioms auf natürliche Weise wieder her und reduzieren & beseitigen unangenehmen Fußgeruch.

Zusammensetzung
Inulin, Kaolin-Ton, Maltodextrin, Natriumbicarbonat, Tri-Magnesium-di-citrat, Natürliches Zitronengrasaroma, Bakterienstämme (min. 18 Milliarden Keime pro 1 Portion = 10 g).

Kosmetisches Mittel

Weitere Informationen erhalten Sie unter:
www.omni-biotic.com/skin

Institut AllergoSan Deutschland (privat) GmbH

OMNi-BiOTiC SKiN® Intensiv-Hautbad

Pulver zum Auflösen

Bye-bye Juckreiz.

Anwendungsgebiete
Bei Neurodermitis ist die Vielfalt der nützlichen Organismen in unserem Haut-Mikrobiom reduziert – es besteht ein Ungleichgewicht (= Dysbiose). Dies macht es pathogenen Keimen – wie z. B. Staphylococcus aureus – einfacher, sich auszubreiten.

OMNi-BiOTiC SKiN® Intensiv-Hautbad enthält den patentierten Bakterienkomplex Baplexin® 621 aus 9 aktiven, speziell ausgewählten und wissenschaftlich erforschten probiotischen Bakterienstämmen, die das dermale Mikrobiom wieder ins Gleichgewicht bringen. Die Haut wird aktiv gepflegt und das Erscheinungsbild der Haut sowie der Juckreiz werden nach wenigen Tagen verbessert. Ideal in Kombination mit OMNi-BiOTiC SKiN® Intensiv-Pflegesalbe.

Zusammensetzung
Inulin, Maltodextrin, Bakterienstämme (min. 4,5 Milliarden Keime pro 1 Portion = 2,5 g).

Kosmetisches Mittel

Weitere Informationen erhalten Sie unter:
www.omni-biotic.com/skin

Institut AllergoSan Deutschland (privat) GmbH

OMNi-BiOTiC SKiN® Intensiv-Pflegesalbe

Salbe zum Eincremen

Bye-bye Juckreiz.

Anwendungsgebiete
Bei Neurodermitis ist die Vielfalt der nützlichen Organismen in unserem Haut-Mikrobiom reduziert – es besteht ein Ungleichgewicht (= Dysbiose). Dies macht es pathogenen Keimen – wie z. B. Staphylococcus aureus – einfacher, sich auszubreiten.

OMNi-BiOTiC SKiN® Intensiv-Pflegesalbe enthält den patentierten Bakterienkomplex Baplexin® 621 aus 9 aktiven, speziell ausgewählten und wissenschaftlich erforschten probiotischen Bakterienstämmen die das dermale Mikrobiom wieder ins Gleichgewicht bringen. Die Haut wird aktiv gepflegt und das Erscheinungsbild der Haut sowie der Juckreiz werden nach wenigen Tagen klar verbessert. Ideal in Kombination mit OMNi-BiOTiC SKiN® Intensiv-Hautbad.

Zusammensetzung
Helianthus Annuus (Sonnenblume) Seed Oil, Hydrogenated Vegetable Oil, Simmondsia Chinensis (Jojoba) Seed Oil, Tocopherol, Ethyl

Ferulate, Humulus Lupulus (Hopfen) Extract, Calendula Officinalis Flower (Ringelblume) Extract, Lactobacillus ferment lysat, Bakterienstämme (min. 300 Mio. Keime pro 1 Portion = 1 ml).

Kosmetisches Mittel

Weitere Informationen erhalten Sie unter: www.omni-biotic.com/skin

Sanum-Kehlbeck

Sanuvis® D1

Salbe

Wirkstoff: Acidum L(+)-lacticum Dil. D1

Zusammensetzung
1 g Salbe enthält: Wirkstoff: 0,10 g Acidum L(+)-lacticum Dil. D1 (HAB, Vorschrift 5a, D1 mit gereinigtem Wasser).

Sonstige Bestandteile: Wollwachsalkoholsalbe, Mittelkettige Triglyceride, Glycerolmonostearat 40 - 55, Propylenglycol, Magnesiumsulfat - Heptahydrat, Wasser für Injektionszwecke.

Anwendungsgebiete
Erfahrungsgemäß unterstützend angewendet bei:

- Störungen des pH-Gleichgewichts im Körper
- Erkrankungen des Bewegungsapparates wie Muskelschmerzen, rheumatischen Beschwerden, Gelenkerkrankungen
- Herz-Kreislaufbeschwerden wie Durchblutungsstörungen
- Hauterkrankungen wie Verbrennungen, Psoriasis

Eigenschaften
Sanuvis® ist ein Präparat aus L(+)-Milchsäure, mit dem sich Stoffwechselstörungen beeinflussen lassen.

Gegenanzeigen
Keine bekannt. Siehe unter „ Ggf. Besonderheiten bei Kindern, Schwangeren, Stillenden“ und „Vorsichtsmaßnahmen“.

Ggf. Besonderheiten bei Kindern, Schwangeren, Stillenden
Da keine ausreichend dokumentierten Erfahrungen zur Anwendung in der Schwangerschaft und Stillzeit vorliegen, sollte das Arzneimittel nur nach Rücksprache mit dem Arzt angewendet werden.

Zur Anwendung dieses Arzneimittels bei Kindern liegen keine ausreichend dokumentierten Erfahrungen vor. Es sollte deshalb bei Kindern unter 12 Jahren nicht angewendet werden.

Vorsichtsmaßnahmen
Cetylstearylalkohol (Bestandteil der Wollwachsalkoholsalbe) kann örtlich begrenzt Hautreizungen (z. B. Kontaktdermatitis) hervorrufen. Propylenglycol kann ebenfalls Hautreizungen hervorrufen.

Wechselwirkungen
Keine bekannt.

Nebenwirkungen
Keine bekannt.

Dosierung
1 – 3-mal täglich dünn auf die betroffenen Hautpartien auftragen.

Packungsgrößen und Preise

1 Tube à 30 g (PZN 03690040) .... Euro 14,71
10 Tuben à 30 g (PZN 03690057) .... Euro 120,94

Apothekenpflichtig.

Ruehe Healthcare GmbH

Sorion® Repair Creme Sensitive

Salbe

Die pflanzliche Alternative bei Hautirritationen, Neurodermitis, Schuppenflechte und Juckreiz: Intensiv pflegende Repair Creme mit ayurvedischem Heilpflanzenkomplex, speziell abgestimmt auf die Bedürfnisse akut und chronisch gereizter, juckender und schuppiger Haut auf Basis einer sanften Öl-in-Wasser-Emulsion mit wertvollem Kokosöl und kaltgepresster Sheabutter. Frei von Mineralöl, Paraffinen, Parabenen sowie zusätzlichen Farb- und Duftstoffen. Hautverträglichkeit dermatologisch bestätigt.

Zusammensetzung

Aqua, Cocos Nucifera Oil (Kokosnussöl), Glycerin, Stearic Acid, Cetyl Palmitate, Glyceryl Stearate, Butyrospermum Parkii Butter (Shea Butter), Cetyl Alcohol, Polysorbate 80, Cetearyl Alcohol, Azadirachta Indica Bark And Leaf Extracts (Neem), Curcuma Longa Rhizome Extract (Kurkuma), Rubia Cordifolia Root And Stem Extracts (Färberwurzel), Wrightia Tinctoria Leaf Oil (Sweet Indrajao), Phenoxyethanol, Ethylhexylglycerin, Dimethicone, BHA, BHT

Anwendungsgebiete

Zur therapiebegleitenden Pflege bei akuten und chronischen Hautirritationen, Neurodermitis, Schuppenflechte, Herpes, Juckreiz und Ekzemen; aber auch bei Alltagsproblemen wie leichten Verbrennungen, Windelausschlag, Mückenstichen, sonnen- und umweltstrapazierter Haut. Für Körper, Gesicht und den äußeren Intimbereich sowie für alle Hauttypen, Kleinkinder und Schwangere geeignet.

Wechsel- und Nebenwirkungen

Keine bekannt.

Dosierung

3 – 4x täglich dünn auf die betroffenen Stellen auftragen. Bei stark gereizter Haut die Creme nur sanft auftragen, nicht einreiben.

Packungsgrößen und Preise

Sorion® Repair Creme Sensitive
50 ml (PZN 16225592) .... Euro 21,90

Sorion® Repair Creme
12 ml (Probe) (PZN 10708970) ... Euro 6,90
60 ml (PZN 10132866) ... Euro 18,90
150 ml (PZN 12907857) ... Euro 39,90

Sorion® Repair Head Fluid
50 ml (PZN 10708993) .... Euro 22,90

Sorion® Repair Shampoo
200 ml (PZN 10709001) .... Euro 24,90

Sorion® Forte Plus
60 Kps. (28 g) (PZN 14327058) .. Euro 44,90

Sorion® Repair Soap
2x 100 g (PZN 13965182) .... Euro 16,90

INTERNA

nutrimmun GmbH

MUCOZINK®

Pulver

siehe Nährstoffmangel - Mikronährstoffe

nutrimmun GmbH

MyBIOTIK®PUR

Pulver

siehe Mikrobiologische Therapien

BerryPharma

rubyni® MUCOSA

Pulver

Nahrungsergänzungsmittel mit Vitaminen, Mineral- und Pflanzenstoffen sowie Ballaststoffen für Darmschleimhaut und Mikrobiom

siehe Magen-Darm-Beschwerden

Volopharm GmbH Deutschland

SanDermin®plus Kapseln

SanDermin®*plus* ist die natürliche Kapsel gegen Akne, Hautunreinheiten und ölige Haut. Die Inhaltsstoffe Lactoferrin, Vitamin E und Zink wirken antientzündlich, antibakteriell und reduzieren zudem die Talgproduktion der Haut um bis zu 30%.

Zusammensetzung
1 Kapsel enthält 200 mg Lactoferrin, 15 mg (22 IU) Vitamin E und 10 mg Zink.

Anwendungsgebiete
SanDermin®*plus* wird eingesetzt:

- bei unkomplizierten Infektionen der Haut (Akne vulgaris, leichte bis mittelschwere Formen)
- bei übermäßiger Talgproduktion (öliger Haut)

Dosierung
Eine Kapsel SanDermin®*plus* pro Tag vor oder zu einer Mahlzeit einnehmen. Die empfohlene Einnahmedauer beträgt zumindest 8-12 Wochen.

Packungsgröße
28 Kapseln PZN (17438628) . . . .

In Apotheken und online unter www.volopharm.com/de erhältlich.

INTERNA
(Diabetes)

Dr. Jacob's Medical GmbH

Dr. Jacob's Basenpulver

Pulver

Nahrungsergänzungsmittel mit Kalium-, Calcium- und Magnesium-Citrat - Multitalent mit über 30 belegten Gesundheitswirkungen (u.a. für Muskeln, Knochen, Nerven, weniger Erschöpfung, Herz und normalen Blutdruck).

siehe Übersäuerung

Institut AllergoSan Deutschland (privat) GmbH

OMNi-BiOTiC® METAtox

Sachets

Zucker & Fett im Griff

Anwendungsgebiete
Ein ungünstiger Lebensstil spiegelt sich bei vielen in den Fett- und Zuckerwerten wider. Ausgangspunkt dafür ist häufig der Darm. Denn durch ungesunde Ernährung und Bewegungsmangel werden jene kommensalen Bakterien reduziert, die für die Aufrechterhaltung einer intakten Darmbarriere notwendig sind. Aufgabe dieser ist es, nur ausgewählte Stoffe aus dem Darminneren in den Körper durchzulassen. Dafür benötigt der Darm allerdings eine ausreichende Anzahl und Vielfalt an nützlichen Bakterien. OMNi-BiOTiC® METAtox unterstützt das Darmmikrobiom und somit die Darmbarriere mit neun spezifisch kombinierten Bakterienstämmen. Darüber hinaus unterstützt Chrom den normalen Stoffwechsel von Makronährstoffen und trägt zu einem normalen Blutzuckerspiegel bei.

Zusammensetzung
Maisstärke, Maltodextrin, Kaliumchlorid, Bakterienstämme (mind. 7,5 Milliarden Keime pro 1 Portion = 3 g), pflanzliches Eiweiß (Reis), Magnesiumsulfat, Enzyme (Amylasen), Chrompicolinat, Mangansulfat

Nahrungsergänzungsmittel mit hochaktiven Darmsymbionten und Chrom.

Weitere Informationen erhalten Sie unter: omni-biotic.com

BerryPharma

rubyni® Aronia

Kapseln

Nahrungsergänzungsmittel mit reiner Aronia.

siehe Herz- und Kreislaufbeschwerden

BerryPharma

rubyni® Wildheidelbeere

Kapseln

Nahrungsergänzungsmittel mit reiner Wildheidelbeere.

siehe Entzündungen

SymbioPharm GmbH

SymbioLife® Blutzucker*

Kapseln

Nahrungsergänzungsmittel mit Chrom zur Unterstützung eines normalen Blutzuckerspiegels*

***Chrom trägt zur Aufrechterhaltung eines normalen Blutzuckerspiegels bei.**

siehe Stoffwechselstörung

INJEKTIONEN
(Durchblutungsstörung)

Sanum-Kehlbeck

Ginkgobakehl® D4

Injektionslösung

Wirkstoff: Ginkgo biloba e foliis sicc. D4 Dil.

Zusammensetzung
Der Wirkstoff ist: 2 ml flüssige Verdünnung zur Injektion enthalten: 2 ml Ginkgo biloba e foliis. sicc. D4 Dil. (Lsg. D1 mit Ethanol 62 % (m/m) nach HAB, Vorschrift 4a).

Anwendungsgebiete
Erfahrungsgemäß unterstützend angewendet bei:

- Durchblutungsstörungen im Kopfbereich wie Tinnitus, cerebrale Durchblutungsstörungen
- zur Verbesserung der Sauerstoffaufnahme

Eigenschaften
Bereits 3000 Jahre v. Chr. haben die Chinesen Heilmittel aus dem Ginkgobaum (Ginkgo biloba) gewonnen, um verschiedene Krankheiten zu lindern: Durchblutungsstörungen, verschiedene toxische Belastungen.

Gegenanzeigen
Ginkgobakehl® D4 darf nicht angewendet werden, wenn Sie allergisch gegen Ginkgo biloba sind.

Ggf. Besonderheiten bei Kindern, Schwangeren, Stillenden
Da keine ausreichend dokumentierten Erfahrungen zur Anwendung in der Schwangerschaft und Stillzeit vorliegen, sollte das Arzneimittel nur nach Rücksprache mit dem Arzt angewendet werden.

Zur Anwendung dieses Arzneimittels bei Kindern liegen keine ausreichenden Erfahrungen vor. Es soll deshalb bei Kindern unter 12 Jahren nicht angewendet werden.

Nebenwirkungen
Sehr selten leichte Magen-Darm-Beschwerden, Kopfschmerzen oder allergische Hautreaktionen. Darüber hinaus wurde bei Langzeitanwendungen über Einzelfälle von Blutungen berichtet, deren ursächlicher Zusammenhang mit der Einnahme von Ginkgo-Zubereitungen nicht gesichert ist.

Wechselwirkungen
Die Wirkung von gerinnungshemmenden Arzneimitteln kann verstärkt werden. Beachten Sie bitte, dass diese Angaben auch gelten können, wenn die Einnahme wenige Stunden oder Tage zurückliegt.

Dosierung
Erwachsenen und Jugendlichen ab 12 Jahren täglich 2 ml entweder intramuskulär, subcutan oder intracutan injizieren. Ginkgobakehl® D4 enthält Natrium, aber weniger als 1 mmol (23 mg) Natrium pro 1 ml, d h., es ist nahezu „natriumfrei“.

Packungsgrößen und Preise

1 Amp. à 2 ml (PZN 04525863) . Euro 5,91
10 Amp. à 2 ml (PZN 04525886) . Euro 14,77
50 Amp. à 2 ml (PZN 04525892) . Euro 58,49

Apothekenpflichtig.

Sanum-Kehlbeck

Mucokehl® D5/D6/D7

Injektionslösung

Wirkstoff: Mucor racemosus e volumine mycelii (lyophil., steril.) Dil. D5/D6/D7 aquos.

Zusammensetzung

Der Wirkstoff ist: 1 ml flüssige Verdünnung zur Injektion enthält: 1 ml Mucor racemosus e volumine mycelii (lyophil., steril.) Dil. D5 (bzw. Mucor racemosus e volumine mycelii (lyophil., steril.) Dil. D6 bzw. Mucor racemosus e volumine mycelii (lyophil., steril.) Dil. D7) aquos. (Lsg. D1 mit Wasser für Injektionszwecke nach HAB, Vorschrift 5b).

Anwendungsgebiete

Erfahrungsgemäß unterstützend angewendet bei:

- chronischen, latenten und akuten Beschwerden des Blutgefäßsystems, wie Thrombosen, Embolien, Postinfarktgeschehen, Angina pectoris, Bluthochdruck
- Durchblutungsstörungen und gestörter Wundheilung, wie Raucherbein, diabetisches Gangrän, Neurodermitis
- Venenleiden, wie Krampfadern, Hämorrhoiden
- Glaukom, Katarakt
- chronischem Schmerzsyndrom.

Eigenschaften

In der SANUM-Therapie wird Mucokehl® als Therapeutikum für alle Krankheiten eingesetzt, die sich am Blut- und Gefäßsystem des Menschen abspielen oder hier ihre Ursache haben (Stauungskrankheiten).

Gegenanzeigen

Mucokehl® D5/D6/D7 darf nicht angewendet werden,

- wenn Sie allergisch gegen Mucor racemosus sind
- bei Autoimmunerkrankungen
- bei Kindern unter 12 Jahren
- bei Schwangerschaft und Stillzeit.

Nebenwirkungen

Aufgrund des Gehaltes von Mucokehl® D5 bzw. Mucokehl® D6 bzw. Mucokehl® D7 an spezifischen organischen Bestandteilen können Überempfindlichkeitsreaktionen, hauptsächlich in Form von Hautreaktionen, auftreten und eine Allergie gegen den Bestandteil Mucor racemosus ausgelöst werden. Das Arzneimittel ist dann abzusetzen und ein Arzt aufzusuchen.

Dosierung

Erwachsenen und Jugendlichen ab 12 Jahren 2-mal wöchentlich 1 Ampulle zu 1 ml s.c. injizieren.

Nach längstens 4 Wochen Therapiedauer sollte Mucokehl® D5 bzw. Mucokehl® D6 bzw. Mucokehl® D7 abgesetzt werden.

Mucokehl® D5/D6/D7 enthält Natrium, aber weniger als 1 mmol (23 mg) Natrium pro 1 ml, d.h., es ist nahezu „natriumfrei“.

Vorsichtsmaßnahmen

Keine bekannt.

Warnhinweise
Keine bekannt.

Wechselwirkungen
Immunsuppressiv wirkende Arzneimittel können die Wirksamkeit von Mucokehl® D5 bzw. Mucokehl® D6 bzw. Mucokehl® D7 beeinträchtigen. Vor und nach der Behandlung mit oral verabreichten Lebendimpfstoffen ist ein Abstand von 4 Wochen einzuhalten.

Packungsgrößen und Preise

D5

1 Amp. à 1 ml	(PZN 03206630)	Euro 7,72
10 Amp. à 1 ml	(PZN 03206647)	Euro 53,97
50 Amp. à 1 ml	(PZN 03206653)	Euro 230,16

D6

1 Amp. à 1 ml	(PZN 03206601)	Euro 7,00
10 Amp. à 1 ml	(PZN 03206618)	Euro 47,62
50 Amp. à 1 ml	(PZN 03206624)	Euro 196,86

D7

1 Amp. à 1 ml	(PZN 03206570)	Euro 5,91
10 Amp. à 1 ml	(PZN 03206587)	Euro 38,37
50 Amp. à 1 ml	(PZN 03206593)	Euro 158,35

Apothekenpflichtig.

INTERNA

Queisser Pharma (Doppelherz Pharma GmbH)

Ginkgo DoppelherzPharma 120 mg

Filmtabletten

Für Erwachsene.
Ginkgo-biloba-Blätter Trockenextrakt.

Anwendungsgebiete
Ginkgo DoppelherzPharma 120 mg ist ein pflanzliches Arzneimittel zur Verbesserung einer altersbedingten kognitiven Beeinträchtigung und der Lebensqualität bei leichter Demenz.

Art der Anwendung
Ginkgo DoppelherzPharma 120 mg sollte oral genommen werden. Die Filmtabletten nicht auf dem Rücken liegend einnehmen. Die Filmtabletten sollten unzerkaut mit Flüssigkeit, am besten mit einem Glas Trinkwasser, geschluckt werden. Die Einnahme kann unabhängig von den Mahlzeiten erfolgen.

Anwendungsdauer
Die Behandlung soll mindestens 8 Wochen betragen. Wenn nach 3 Monaten keine Besserung der Symptome eingetreten ist oder sich die Krankheitssymptome verstärken, ist vom Arzt zu überprüfen, ob die Weiterführung der Behandlung noch gerechtfertigt ist.

Dosierung
Die empfohlene Dosis beträgt für Erwachsene und ältere Patienten 1 Ginkgo DoppelherzPharma 120 mg Filmtablette zweimal täglich.
Die zweimal tägliche Einnahme sollte morgens und abends erfolgen.
Die Filmtablette kann in gleiche Dosen geteilt werden.

Besondere Patientengruppen
Es existieren keine Daten zur Dosierung im Falle eingeschränkter Nieren- oder Leberfunktion.

Gegenanzeigen
Ginkgo DoppelherzPharma 120 mg darf nicht eingenommen werden,

- wenn Sie allergisch gegen Ginkgo-biloba Trockenextrakt oder einen der sonstigen Bestandteile dieses Arzneimittels sind.
- in der Schwangerschaft

Ggf. Besonderheiten bei Kindern, Schwangeren, Stillenden
Wenn Sie schwanger sind oder stillen, oder wenn Sie vermuten, schwanger zu sein oder beabsichtigen, schwanger zu werden, fragen Sie vor der Einnahme dieses Arzneimittels Ihren Arzt oder Apotheker um Rat.

Da es einzelne Hinweise darauf gibt, dass Ginkgo-haltige Präparate die Blutungsbereitschaft erhöhen könnten, darf dieses Arzneimittel während der Schwangerschaft nicht eingenommen werden.

Dieses Arzneimittel soll während der Stillzeit nicht angewendet werden, da keine ausreichenden Untersuchungen vorliegen. Es ist nicht bekannt, ob die Inhaltsstoffe des Extraktes in die Muttermilch übergehen.

Kinder und Jugendliche
Es gibt keine relevante Indikation für Kinder und Jugendliche.

Nebenwirkungen
Wie alle Arzneimittel kann auch dieses Arzneimittel Nebenwirkungen haben, die aber nicht bei jedem auftreten müssen.

Sehr häufig (kann mehr als 1 von 10 Behandelten betreffen): Kopfschmerzen

Häufig (kann bis zu 1 von 10 Behandelten betreffen): Schwindel, Durchfall, Bauchschmerzen, Übelkeit, Erbrechen

Nicht bekannt (Häufigkeit auf Grundlage der verfügbaren Daten nicht abschätzbar): Blutung an einzelnen Organen (Augen, Nase, Hirn- und gastrointestinale Blutungen), Überempfindlichkeitsreaktionen (allergischer Schock), allergische Hautreaktionen (Hautrötung, Ödem, Jucken und Ausschlag), Herzrhythmusstörungen, Palpitationen (Gefühl von schnelleren oder stärkeren oder unregelmäßigen Herzschlägen).

Vorsichtsmaßnahmen
Dieses Produkt enthält Lactose und Glucose. Bitte nehmen Sie Ginkgo DoppelherzPharma 120 mg erst nach Rücksprache mit Ihrem Arzt ein, wenn Ihnen bekannt ist, dass Sie unter einer Unverträglichkeit gegenüber bestimmten Zuckern leiden.

Verkehrstüchtigkeit und Fähigkeit zum Bedienen von Maschinen

Ihr Arzt wird Ihnen sagen, ob Ihre Krankheit es Ihnen erlaubt zu fahren und Maschinen zu bedienen.

Es wurden keine ausreichenden Studien zu den Auswirkungen auf die Verkehrstüchtigkeit und das Bedienen von Maschinen durchgeführt.

Warnhinweise
Bitte sprechen Sie mit Ihrem Arzt oder Apotheker, bevor Sie Ginkgo DoppelherzPharma 120 mg einnehmen,

- wenn Sie eine krankhaft erhöhte Blutungsneigung haben (hämorrhagische Diathesis), sowie bei gleichzeitiger Behandlung mit blutverdünnenden Medikamenten
- wenn bei Ihnen ein Krampfleiden (Epilepsie) bekannt ist
- wenn eine Operation in den nächsten 3 bis 4 Tagen geplant ist
- wenn Sie Efavirenz nehmen
- wenn Sie von Ihrem Arzt mitgeteilt bekommen haben, dass Sie unter einer Unverträglichkeit gegenüber bestimmten Zuckern leiden.

Bitte sprechen Sie mit Ihrem Arzt oder Apotheker, wenn sich die Symptome während der Einnahme von Ginkgo DoppelherzPharma 120 mg verschlechtern.

Wechselwirkungen
Informieren Sie Ihren Arzt oder Apotheker, wenn Sie andere Arzneimittel einnehmen/anwenden, kürzlich andere Arzneimittel eingenommen/angewendet haben oder beabsichtigen, andere Arzneimittel einzunehmen/anzuwenden. Das schließt auch Arzneimittel ein, die Sie ohne Verschreibung gekauft haben.

Ginkgo kann die Wirkungsweise anderer Arzneimittel beeinflussen. Nehmen Sie dieses Arzneimittel daher nicht ein, bevor Sie Ihren Arzt konsultiert haben:

- Wenn Sie blutgerinnungshemmende Arzneimittel (z. B. Phenprocoumon und Warfarin) oder Thrombozytenaggregationshemmer (z. B. Clopidogrel, Acetylsalicylsäure und andere nicht-steroidale entzündungshemmende Arzneimittel) einnehmen

- Wenn Sie Dabigatran einnehmen
- Wenn Sie Nifedipin einnehmen

Die gleichzeitige Einnahme von Ginkgo-biloba Präparaten und Efavirenz wird nicht empfohlen; Plasmakonzentrationen von Efavirenz können verringert sein.

Aufbewahrungshinweise
Nicht über 30°C lagern.

Bewahren Sie dieses Arzneimittel für Kinder unzugänglich auf.

Zusammensetzung
Was Ginkgo DoppelherzPharma 120 mg Filmtabletten enthalten: Der Wirkstoff ist Ginkgo-biloba-Blätter Trockenextrakt.

Eine Filmtablette enthält 120 mg quantifizierten, raffinierten Trockenextrakt aus Ginkgo-biloba-Blättern (35 – 67 : 1).

Der Extrakt ist quantifiziert auf
26,4 mg – 32,4 mg Flavonoide, berechnet als Flavonolglykoside,
3,36 mg – 4,08 mg Ginkgolide A, B und C,
3,12 mg – 3,84 mg Bilobalid.
Der Extrakt enthält höchstens 5 ppm Ginkgolsäuren.
Auszugsmittel: Aceton 60% (m/m).

Die sonstigen Bestandteile sind:
Tablettenkern:
Croscarmellose-Natrium
Hochdisperses Siliciumdioxid
Lactose-Monohydrat
Magnesiumstearat (Ph. Eur.) [pflanzlich]
Mikrokristalline Cellulose
Sprühgetrockneter Glucose-Sirup (Ph. Eur.)
Filmüberzug:
Macrogol 3350
Poly(vinylalkohol)
Talkum, Titandioxid (E171)
Eisen(III)-hydroxid-oxid x H_2O (E172)

Aussehen und Verpackung
Ginkgo DoppelherzPharma 120 mg Filmtabletten sind gelbe, ovale Filmtabletten mit einer Bruchkerbe auf beiden Seiten (Tablettengröße: ca. 16,9 mm x 9,0 mm). Die Filmtabletten sind in PVC/PVdC/Aluminium-Blisterpackungen mit Umkarton verpackt.

Queisser Pharma (Doppelherz Pharma GmbH)

Ginkgo DoppelherzPharma 240 mg

Filmtabletten

Für Erwachsene.
Ginkgo-biloba-Blätter Trockenextrakt.

Anwendungsgebiete
Ginkgo DoppelherzPharma 240 mg ist ein pflanzliches Arzneimittel zur Verbesserung einer altersbedingten kognitiven Beeinträchtigung und der Lebensqualität bei leichter Demenz.

Art der Anwendung
Ginkgo DoppelherzPharma 240 mg sollte oral genommen werden. Die Filmtabletten nicht auf dem Rücken liegend einnehmen. Die Filmtabletten sollten unzerkaut mit Flüssigkeit, am besten mit einem Glas Trinkwasser, geschluckt werden. Die Einnahme kann unabhängig von den Mahlzeiten erfolgen.

Anwendungsdauer
Die Behandlung soll mindestens 8 Wochen betragen. Wenn nach 3 Monaten keine Besserung der Symptome eingetreten ist oder sich die Krankheitssymptome verstärken, ist vom Arzt zu überprüfen, ob die Weiterführung der Behandlung noch gerechtfertigt ist.

Dosierung
Die empfohlene Dosis beträgt für Erwachsene und ältere Patienten 1/2 Ginkgo DoppelherzPharma 240 mg Filmtablette zweimal täglich.
Die zweimal tägliche Einnahme sollte morgens und abends erfolgen.
Die Filmtablette kann in gleiche Dosen geteilt werden.

Besondere Patientengruppen
Es existieren keine Daten zur Dosierung im Falle eingeschränkter Nieren- oder Leberfunktion.

Gegenanzeigen
Ginkgo DoppelherzPharma 240 mg darf nicht eingenommen werden,
- wenn Sie allergisch gegen Ginkgo-biloba Trockenextrakt oder einen der sonstigen Bestandteile dieses Arzneimittels sind.
- in der Schwangerschaft

Ggf. Besonderheiten bei Kindern, Schwangeren, Stillenden
Wenn Sie schwanger sind oder stillen, oder wenn Sie vermuten, schwanger zu sein oder beabsichtigen, schwanger zu werden, fragen Sie vor der Einnahme dieses Arzneimittels Ihren Arzt oder Apotheker um Rat.
Da es einzelne Hinweise darauf gibt, dass Ginkgo-haltige Präparate die Blutungsbereitschaft erhöhen könnten, darf dieses Arzneimittel während der Schwangerschaft nicht eingenommen werden.
Dieses Arzneimittel soll während der Stillzeit nicht angewendet werden, da keine ausreichenden Untersuchungen vorliegen. Es ist nicht bekannt, ob die Inhaltsstoffe des Extraktes in die Muttermilch übergehen.

Kinder und Jugendliche
Es gibt keine relevante Indikation für Kinder und Jugendliche.

Nebenwirkungen
Wie alle Arzneimittel kann auch dieses Arzneimittel Nebenwirkungen haben, die aber nicht bei jedem auftreten müssen.

Sehr häufig (kann mehr als 1 von 10 Behandelten betreffen): Kopfschmerzen

Häufig (kann bis zu 1 von 10 Behandelten betreffen): Schwindel, Durchfall, Bauchschmerzen, Übelkeit, Erbrechen

Nicht bekannt (Häufigkeit auf Grundlage der verfügbaren Daten nicht abschätzbar): Blutung an einzelnen Organen (Augen, Nase, Hirn- und gastrointestinale Blutungen), Überempfindlichkeitsreaktionen (allergischer Schock), allergische Hautreaktionen (Hautrötung, Ödem, Jucken und Ausschlag), Herzrhythmusstörungen, Palpitationen (Gefühl von schnelleren oder stärkeren oder unregelmäßigen Herzschlägen).

Vorsichtsmaßnahmen
Dieses Produkt enthält Lactose und Glucose. Bitte nehmen Sie Ginkgo DoppelherzPharma 240 mg erst nach Rücksprache mit Ihrem Arzt ein, wenn Ihnen bekannt ist, dass Sie unter einer Unverträglichkeit gegenüber bestimmten Zuckern leiden.

Verkehrstüchtigkeit und Fähigkeit zum Bedienen von Maschinen

Ihr Arzt wird Ihnen sagen, ob Ihre Krankheit es Ihnen erlaubt zu fahren und Maschinen zu bedienen.

Es wurden keine ausreichenden Studien zu den Auswirkungen auf die Verkehrstüchtigkeit und das Bedienen von Maschinen durchgeführt.

Warnhinweise
Bitte sprechen Sie mit Ihrem Arzt oder Apotheker, bevor Sie Ginkgo DoppelherzPharma 240 mg einnehmen,
- wenn Sie eine krankhaft erhöhte Blutungsneigung haben (hämorrhagische Diathesis), sowie bei gleichzeitiger Behandlung mit blutverdünnenden Medikamenten
- wenn bei Ihnen ein Krampfleiden (Epilepsie) bekannt ist
- wenn eine Operation in den nächsten 3 bis 4 Tagen geplant ist
- wenn Sie Efavirenz nehmen
- wenn Sie von Ihrem Arzt mitgeteilt bekommen haben, dass Sie unter einer Unverträglichkeit gegenüber bestimmten Zuckern leiden.

Bitte sprechen Sie mit Ihrem Arzt oder Apotheker, wenn sich die Symptome während der Einnahme von Ginkgo DoppelherzPharma 240 mg verschlechtern.

Wechselwirkungen
Informieren Sie Ihren Arzt oder Apotheker, wenn Sie andere Arzneimittel einnehmen/ anwenden, kürzlich andere Arzneimittel eingenommen/ angewendet haben oder beabsichtigen, andere Arzneimittel einzunehmen/

anzuwenden. Dies schließt auch Arzneimittel ein, die Sie ohne Verschreibung gekauft haben.

Ginkgo kann die Wirkungsweise anderer Arzneimittel beeinflussen.
Nehmen Sie dieses Arzneimittel daher nicht ein, bevor Sie Ihren Arzt konsultiert haben:

- Wenn Sie blutgerinnungshemmende Arzneimittel (z. B. Phenprocoumon und Warfarin) oder Thrombozytenaggregationshemmer (z. B. Clopidogrel, Acetylsalicylsäure und andere nicht-steroidale entzündungshemmede Arzneimittel) einnehmen
- Wenn Sie Dabigatran einnehmen
- Wenn Sie Nifedipin einnehmen

Die gleichzeitige Einnahme von Ginkgo-biloba Präparaten und Efavirenz wird nicht empfohlen; Plasmakonzentrationen von Efavirenz können verringert sein.

Aufbewahrungshinweise
Nicht über 30°C lagern.

Bewahren Sie dieses Arzneimittel für Kinder unzugänglich auf.

Zusammensetzung
Was Ginkgo DoppelherzPharma 240 mg Filmtabletten enthalten: Der Wirkstoff ist Ginkgo-biloba-Blätter Trockenextrakt.

Eine Filmtablette enthält 240 mg quantifizierten, raffinierten Trockenextrakt aus Ginkgo-biloba-Blättern (35 – 67 : 1).

Der Extrakt ist quantifiziert auf

52,8 mg – 64,8 mg Flavonoide, berechnet als Flavonolglykoside
6,72 mg – 8,16 mg Ginkgolide A, B und C,
6,24 mg – 7,68 mg Bilobalid.
Der Extrakt enthält höchstens 5 ppm Ginkgolsäuren.
Auszugsmittel: Aceton 60 % (m/m).

Die sonstigen Bestandteile sind:

Tablettenkern:

Croscarmellose-Natrium
Hochdisperses Siliciumdioxid
Lactose-Monohydrat
Magnesiumstearat (Ph. Eur.) [pflanzlich]
Mikrokristalline Cellulose
Sprühgetrockneter Glucose-Sirup (Ph. Eur.)
Filmüberzug:
Macrogol 3350
Poly(vinylalkohol)
Talkum
Titandioxid (E171)
Eisen(III)-hydroxid-oxid x H_2O (E172).

Aussehen und Verpackung
Ginkgo DoppelherzPharma 240 mg Filmtabletten sind gelbe, längliche Filmtabletten mit einer Bruchkerbe auf beiden Seiten (Tablettengröße: ca. 19,2 mm x 8,2 mm). Die Filmtabletten sind in PVC/PVdC/Aluminium-Blisterpackungen mit Umkarton verpackt.

Sanum-Kehlbeck

Ginkgobakehl® D4
Tropfen

Wirkstoff: Ginkgo biloba e foliis sicc. Dil. D4

Zusammensetzung
10 ml enthalten: Wirkstoff: 10 ml Ginkgo biloba e foliis sicc. Dil. D4 nach Vorschrift 4a HAB, Lsg. D1 mit Ethanol 62 % (m/m).

Anwendungsgebiete
Erfahrungsgemäß unterstützend angewendet bei:

- Durchblutungsstörungen im Kopfbereich wie Tinnitus, cerebrale Durchblutungsstörungen
- zur Verbesserung der Sauerstoffaufnahme

Eigenschaften
Bereits 3000 Jahre v. Chr. haben die Chinesen Heilmittel aus dem Ginkgobaum (Ginkgo biloba) gewonnen, um verschiedene Krankheiten zu lindern: Durchblutungsstörungen, verschiedene toxische Belastungen.

Gegenanzeigen
Ginkgobakehl® D4 darf nicht eingenommen werden:

- bei bekannter Überempfindlichkeit gegenüber Ginkgo biloba,
- in der Schwangerschaft.

Bei Alkohol- oder Leberkranken sollte aufgrund des Alkoholgehaltes das Arzneimittel nur nach Rücksprache mit dem Arzt angewendet werden.

Ggf. Besonderheiten bei Kindern, Schwangeren, Stillenden
Da keine ausreichend dokumentierten Erfahrungen zur Anwendung in der Stillzeit vorliegen, sollte das Arzneimittel in der Stillzeit nicht angewendet werden.

Zur Anwendung dieses Arzneimittels bei Kindern und Jugendlichen liegen keine ausreichend dokumentierten Erfahrungen vor. Es soll deshalb bei Kindern und Jugendlichen unter 18 Jahren nicht angewendet werden.

Vorsichtsmaßnahmen
Patienten mit einer krankhaft erhöhten Blutungsneigung (hämorrhagische Diathese) und gleichzeitiger Einnahme von gerinnungshemmenden Mitteln (Antikoagulantien) und Medikamenten, welche die Verklumpung von Blutplättchen hemmen (Thrombozytenaggregationshemmer) sollten Ginkgobakehl® D4 nur nach Rücksprache mit dem Arzt anwenden. Zubereitungen aus Ginkgo können zu einer Verstärkung der Blutungsneigung führen, die Einnahme von Ginkgobakehl® D4 sollte deshalb 3 bis 4 Tage vor einer Operation vorsichtshalber beendet werden.

Nebenwirkungen
Es wurden nach der Einnahme von Ginkgobakehl® Magen-Darm-Beschwerden, Fieber, Kopfschmerzen, Überempfindlichkeitsreaktionen oder allergische Hautreaktionen (Rötung, Schwellung, Juckreiz) beobachtet. Darüber hinaus wurde bei Langzeitanwendung sehr selten über Blutungen berichtet, deren ursächlicher Zusammenhang mit der Einnahme von Ginkgo-Zubereitungen nicht gesichert ist. In diesem Fall sollten Sie die Anwendung unterbrechen und den Arzt aufsuchen.

Wechselwirkungen
Wird das Arzneimittel gleichzeitig mit gerinnungshemmenden Arzneimitteln (Antioagulantien) angewendet, kann deren Wirkung verstärkt werden. Bei der Anwendung von Medikamenten, welche die Verklumpung von Blutplättchen hemmen (Thrombozytenaggregationshemmer und andere nicht steroidale Antiphlogistika), kann deren Effekt beeinflusst werden.

Dosierung
Soweit nicht anders verordnet ist die übliche Dosis für Erwachsene: Bei akuten Zuständen alle halbe bis ganze Stunde, höchstens 6-mal täglich, je 5 Tropfen einnehmen. Bei chronischen Verlaufsformen
1 – 3-mal täglich je 5 Tropfen einnehmen.

Warnhinweise

Dieses Präparat enthält 52 Vol.-% Alkohol (Ethanol). Bei Beachtung der Dosierungsanleitung werden bei jeder Einnahme (entsprechend 5 Tropfen) bis zu 0,05 g Alkohol zugeführt. Ein gesundheitliches Risiko besteht u. a. bei Leberkranken, Alkoholkranken, Epileptikern, Hirngeschädigten, Schwangeren und Kindern. Die Wirkung anderer Arzneimittel kann beeinträchtigt oder verstärkt werden.

Packungsgrößen und Preise

10 ml (PZN 04113735)	....	Euro 9,66
30 ml (PZN 04113741)	....	Euro 13,82
100 ml (PZN 04113758)	....	Euro 22,54

Apothekenpflichtig.

Sanum-Kehlbeck

Mucokehl® D3

Zäpfchen

Wirkstoff: Mucor racemosus e volumine mycelii (lyophil., steril.) Trit. D3

Zusammensetzung
1 Zäpfchen enthält: Wirkstoff: 0,2 g Mucor racemosus e volumine mycelii (lyophil., steril.) Trit. D3 nach Vorschrift 6 HAB.

Sonstiger Bestandteil: Hartfett.

Anwendungsgebiete
Erfahrungsgemäß unterstützend angewendet bei:

- chronischen, latenten und akuten Beschwerden des Blutgefäßsystems, wie Thrombosen, Embolien, Postinfarktgeschehen, Angina pectoris, Bluthochdruck
- Durchblutungsstörungen und gestörter Wundheilung, wie Raucherbein, diabetisches Gangrän, Neurodermitis
- Venenleiden, wie Krampfadern, Hämorrhoiden, Fissura ani
- Entzündlichen Erkrankungen der Organe und des Bindegewebes im kleinen Becken, wie Endometritis, Prostatitis, Colitis-Syndrom, Diverticulitis
- Prostataadenom, Präkanzerosen
- Lymphostase
- chronischem Schmerzsyndrom.

Eigenschaften
In der SANUM-Therapie wird Mucokehl® als Therapeutikum für alle Krankheiten eingesetzt, die sich am Blut- und Gefäßsystem des Menschen abspielen oder hier ihre Ursache haben (Stauungskrankheiten).

Gegenanzeigen
Nicht anwenden bei:

- bekannter Überempfindlichkeit gegenüber Schimmelpilzen (Mucor racemosus).
- Autoimmunerkrankungen
- Kindern unter 12 Jahren
- Schwangerschaft und Stillzeit.

Wechselwirkungen
Immunsuppressiv wirkende Arzneimittel können die Wirksamkeit von Mucokehl® D3 beeinträchtigen. Vor und nach der Behandlung mit oral verabreichten Lebendimpfstoffen ist ein Abstand von 4 Wochen einzuhalten.

Nebenwirkungen
Aufgrund des Gehaltes von Mucokehl® D3 an spezifischen organischen Bestandteilen können Überempfindlichkeitsreaktionen, hauptsächlich in Form von Hautreaktionen, auftreten und eine Allergie gegen den Bestandteil Mucor racemosus ausgelöst werden. Das Arzneimittel ist dann abzusetzen und ein Arzt aufzusuchen.

Dosierung
Erwachsene und Jugendliche ab 12 Jahren führen einmal täglich 1 Zäpfchen vor dem Schlafengehen in den After ein. Nach längstens 4 Wochen Therapiedauer sollte Mucokehl® D3 abgesetzt werden.

Sonstige Hinweise
Enthält Lactose.

Vorsichtsmaßnahmen
Keine bekannt.

Warnhinweise
Keine bekannt.

Packungsgrößen und Preise

10 Zäpfchen (PZN 03206707) .... Euro 17,58
10-mal 10 Zäpfchen (PZN 03206713) .... Euro 144,97

Apothekenpflichtig.

Sanum-Kehlbeck

Mucokehl® D4

Kapseln

Wirkstoff: Mucor racemosus e volumine mycelii (lyophil., steril.) Trit. D4

Zusammensetzung

1 Kapsel enthält: Wirkstoff: 330 mg Mucor racemosus e volumine mycelii (lyophil., steril.) Trit. D4 (HAB, V. 6).

Sonstiger Bestandteil: Kapselhülle: Hypromellose.

Anwendungsgebiete

Erfahrungsgemäß unterstützend angewendet bei:

- chronischen, latenten und akuten Beschwerden des Blutgefäßsystems, wie Thrombosen, Embolien, Postinfarktgeschehen, Angina pectoris, Bluthochdruck
- Durchblutungsstörungen und gestörter Wundheilung, wie Raucherbein, diabetisches Gangrän, Neurodermitis
- Venenleiden, wie Krampfadern, Hämorrhoiden
- Glaukom, Katarakt
- chronischem Schmerzsyndrom.

Eigenschaften

In der SANUM-Therapie wird Mucokehl® als Therapeutikum für alle Krankheiten eingesetzt, die sich am Blut- und Gefäßsystem des Menschen abspielen oder hier ihre Ursache haben (Stauungskrankheiten).

Gegenanzeigen

Nicht anwenden bei:

- bekannter Überempfindlichkeit gegenüber Schimmelpilzen (Mucor racemosus)
- Autoimmunerkrankungen
- Kindern unter 12 Jahren
- Schwangerschaft und Stillzeit.

Vorsichtsmaßnahmen

Dieses Arzneimittel enthält Lactose. Bitte nehmen Sie Mucokehl® D4 daher erst nach Rücksprache mit Ihrem Arzt ein, wenn Ihnen bekannt ist, dass Sie unter einer Unverträglichkeit gegenüber bestimmten Zuckern leiden.

Nebenwirkungen

Aufgrund des Gehaltes von Mucokehl® D4 an spezifischen organischen Bestandteilen können Überempfindlichkeitsreaktionen, hauptsächlich in Form von Hautreaktionen, auftreten und eine Allergie gegen den Bestandteil Mucor racemosus ausgelöst werden. Das Arzneimittel ist dann abzusetzen und ein Arzt aufzusuchen.

Wechselwirkungen

Immunsuppressiv wirkende Arzneimittel können die Wirksamkeit von Mucokehl® D4 beeinträchtigen. Vor und nach der Behandlung mit oral verabreichten Lebendimpfstoffen ist ein Abstand von 4 Wochen einzuhalten.

Dosierung

1 – 3-mal täglich je 1 Kapsel vor den Mahlzeiten mit ausreichend Flüssigkeit (vorzugsweise ein Glas Trinkwasser) einnehmen. Nach längstens 4 Wochen Therapiedauer sollte Mucokehl® D4 abgesetzt werden.

Packungsgrößen und Preise

20 Kapseln	(PZN 04413408)	Euro 32,49
10-mal 20 Kapseln	(PZN 04413414)	Euro 285,36

Apothekenpflichtig.

Sanum-Kehlbeck

Mucokehl® D5

Tabletten

Wirkstoff: Mucor racemosus e volumine mycelii (lyophil., steril.) Trit. D5

Zusammensetzung

1 Tablette enthält: Wirkstoff: 250 mg Mucor racemosus e volumine mycelii (lyophil., steril.) Trit. D5 nach Vorschrift 6 HAB. Sonstige Bestandteile: Kartoffelstärke, Magnesiumstearat.

Anwendungsgebiete
Erfahrungsgemäß unterstützend angewendet bei:

- chronischen, latenten und akuten Beschwerden des Blutgefäßsystems, wie Thrombosen, Embolien, Postinfarktgeschehen, Angina pectoris, Bluthochdruck
- Durchblutungsstörungen und gestörter Wundheilung, wie Raucherbein, diabetisches Gangrän, Neurodermitis
- Venenleiden, wie Krampfadern, Hämorrhoiden
- Glaukom, Katarakt
- chronischem Schmerzsyndrom.

Eigenschaften
In der SANUM-Therapie wird Mucokehl® als Therapeutikum für alle Krankheiten eingesetzt, die sich am Blut- und Gefäßsystem des Menschen abspielen oder hier ihre Ursache haben (Stauungskrankheiten).

Gegenanzeigen
Nicht anwenden bei:

- bekannter Überempfindlichkeit gegenüber Schimmelpilzen (Mucor racemosus)
- Autoimmunerkrankungen
- Kindern unter 12 Jahren
- Schwangerschaft und Stillzeit.

Vorsichtsmaßnahmen
Keine bekannt.

Warnhinweise
Keine bekannt.

Wechselwirkungen
Immunsuppressiv wirkende Arzneimittel können die Wirksamkeit von Mucokehl® D5 beeinträchtigen. Vor und nach der Behandlung mit oral verabreichten Lebendimpfstoffen ist ein Abstand von 4 Wochen einzuhalten.

Nebenwirkungen
Aufgrund des Gehaltes von Mucokehl® D5 an spezifischen organischen Bestandteilen können Überempfindlichkeitsreaktionen, hauptsächlich in Form von Hautreaktionen, auftreten und eine Allergie gegen den Bestandteil Mucor racemosus ausgelöst werden. Das Arzneimittel ist dann abzusetzen und ein Arzt aufzusuchen.

Dosierung
1 – 3-mal täglich 1 Tablette mit ausreichend Flüssigkeit einnehmen. Nach längstens 4 Wochen Therapiedauer sollte Mucokehl® D5 abgesetzt werden.

Sonstige Hinweise
Enthält Lactose. Bitte nehmen Sie Mucokehl® D5 daher erst nach Rücksprache mit Ihrem Arzt ein, wenn Ihnen bekannt ist, dass Sie unter einer Unverträglichkeit gegenüber bestimmten Zuckern leiden.

Packungsgrößen und Preise

20 Tabletten	(PZN 04548953)	Euro 15,27
10-mal 20 Tabletten	(PZN 04603899)	Euro 126,47

Apothekenpflichtig.

Sanum-Kehlbeck

Mucokehl® D5

Tropfen

Wirkstoff: Mucor racemosus e volumine mycelii (lyophil., steril.) Dil. D5

Zusammensetzung
10 ml flüssige Verdünnung enthalten: Wirkstoff: 10 ml Mucor racemosus e volumine mycelii (lyophil., steril.) Dil. D5 (HAB, Vorschrift 5a, Lsg. D1 mit gereinigtem Wasser).

Anwendungsgebiete
Erfahrungsgemäß unterstützend angewendet bei:

- chronischen, latenten und akuten Beschwerden des Blutgefäßsystems, wie Thrombosen, Embolien, Postinfarktgeschehen, Angina pectoris, Bluthochdruck
- Durchblutungsstörungen und gestörter Wundheilung, wie Raucherbein, diabetisches Gangrän, Neurodermitis

- Venenleiden, wie Krampfadern, Hämorrhoiden
- Glaukom, Katarakt
- chronischem Schmerzsyndrom.

Eigenschaften
In der SANUM-Therapie wird Mucokehl® als Therapeutikum für alle Krankheiten eingesetzt, die sich am Blut- und Gefäßsystem des Menschen abspielen oder hier ihre Ursache haben (Stauungskrankheiten).

Gegenanzeigen
Nicht anwenden bei:

- bekannter Überempfindlichkeit gegenüber Schimmelpilzen (Mucor racemosus)
- Autoimmunerkrankungen
- Kindern unter 12 Jahren
- Schwangerschaft und Stillzeit.

Vorsichtsmaßnahmen
Keine bekannt.

Warnhinweise
Keine bekannt.

Wechselwirkungen
Immunsuppressiv wirkende Arzneimittel können die Wirksamkeit von Mucokehl® D5 beeinträchtigen.

Vor und nach der Behandlung mit oral verabreichten Lebendimpfstoffen ist ein Abstand von 4 Wochen einzuhalten.

Nebenwirkungen
Aufgrund des Gehaltes von Mucokehl® D5 an spezifischen organischen Bestandteilen können Überempfindlichkeitsreaktionen, hauptsächlich in Form von Hautreaktionen, auftreten und eine Allergie gegen den Bestandteil Mucor racemosus ausgelöst werden. Das Arzneimittel ist dann abzusetzen und ein Arzt aufzusuchen.

Dosierung
Zum Einnehmen: Erwachsene und Jugendliche ab 12 Jahren nehmen 1 – 2-mal täglich je 5 Tropfen ein.

Zum Einreiben: Erwachsene und Jugendliche ab 12 Jahren reiben 1-mal täglich 5 - 10 Tropfen in die Ellenbeuge ein.

Nach längstens 4 Wochen Therapiedauer sollte Mucokehl® D5 abgesetzt werden.

Packungsgrößen und Preise

10 ml (PZN 03206676)	.. Euro	13,82
10-mal 10 ml (PZN 03207256)	.. Euro	107,05

Apothekenpflichtig.

NutraMedix Deutschland

Nattokinase NutraMedix Kapseln

siehe Entzündungen

BerryPharma

rubyni® Aronia

Kapseln

Nahrungsergänzungsmittel mit reiner Aronia.

siehe Herz- und Kreislaufbeschwerden

BerryPharma

rubyni® NEURO

Kapseln

Nahrungsergänzungsmittel mit Vitaminen, Mineral- und Pflanzenstoffen sowie Citicolin für Gehirn und Nerven

siehe Neurologische Erkrankungen

Sanum-Kehlbeck

Sankombi® D5 Mischung

Tropfen

Wirkstoff: Mucor racemosus e volumine mycelii Dil. D5, Aspergillus niger e volumine mycelii Dil. D5

siehe Homöopathie - Komplexmittel

NutraMedix Deutschland

Serrapeptase NutraMedix Kapseln

siehe Entzündungen

franconpharm Arzneimittel

Strongus - Knoblauchkapseln

Kapseln

Zusammensetzung

Knoblauchzwiebelmazerat mit Rapsöl, Knoblauchzwiebelöl, Kapselhülle Gelatine, Feuchthaltemittel Glycerin, Wasser, Überzugsmittel: Schellack

Art der Anwendung

- antibakteriell (wirksam gegen Bakterien)
- antimykotisch (wirksam gegen Pilze)
- lipidsenkend (also die Blutfettwerte senkend)
- wirksam gegen die Bildung von Blutgerinnseln
- leicht blutdrucksenkend
- gefäßerweiternd und durchblutungsfördernd
- antioxidativ (Abfangen zellschädigender freier Radikale)

Inhaltsstoffe

Vitamine (wie Ascorbinsäure = Vitamin C), Mineralstoffe u. versch. schwefelhaltige Verbindungen wie Alliin, das im frischen Knobl. enth. ist u. sich bei Zerkleinerung od. Trocknung in Allicin umwandelt.

Verzehrempfehlung

1-2- Kapseln tägl. unzerkaut mit Flüssigkeit einnehmen, Anwendungsdauer ist prinzipiell unbegrenzt u. bei Kdr. ab 12 Jahren und Erw. geeignet, Tagesdosis von 2 Kapseln enthält 540 mg Knoblauchzubereitung mit 4,2 mg Knoblauch-Zwiebelöl.

Die angegebene empfohlene tägl. Verzehrmenge darf nicht überschritten werden.

Nebenwirkungen

Der Geruch von Haut und Atemluft kann sich verändern, sehr selten treten Beschwerden im Magen-Darmbereich auf.

Aufbewahrung

Trocken, nicht über 25°C und außerhalb der Reichweite von kleinen Kindern.

Packungsgrößen und Preise

90 Kps.	Euro 17,75
60 Kps.	Euro 12,75
30 Kps.	Euro 8,15

Herstellerangaben

Stand der Informationen : 2023-08-18

franconpharm Arzneimttel UG
Alexandrinenstr. 1
96450 Coburg
Telefon: 09561-20615
Telefax: 09561-20617
E-Mail: strongus@t-online.de

Biofrid-Cosmetic

Thrombosol aktiv®

Kapseln

Zusammensetzung

In 100 g sind enthalten: Wasserlösliches Tomatenkonzentrat (WSTC II, 49 g) Überzugsmittel Hydroxypropylmethylcellulose, Füllstoff Cellulose, Kartoffelstärke, Trennmittel Magnesiumsalze der Speisefettsäuren.

Health Claim

Fördert die normale Blutplättchenaggregation und trägt zu einem gesunden Blutfluss bei.

Eigenschaften

Thrombosol aktiv® ist ein Nahrungsergänzungsmittel mit einem wasserlöslichen Tomatenkonzentrat (WSTC II). Vielfältige Faktoren, wie z.B. Stress, Übergewicht oder auch ein zu hoher Cholesterinspiegel können die Blutplättchen leichter verklumpen lassen. Das Tomatenkonzentrat (WSTC II) der Thrombosol aktiv® Kapseln fördert die normale Blutplättchenag-

gregation und trägt zu einem gesunden Blutfluss bei. Ein bei Verletzungen erforderlicher Blutgerinnungsprozess wird jedoch nicht gestört.

Verzehrempfehlung
1-mal täglich 1 Kapsel (mit 150 mg Tomatenkonzentrat) mit einem Glas Wasser oder einer anderen Flüssigkeit einnehmen.

Sonstige Hinweise
Die angegebene empfohlene tägliche Verzehrmenge darf nicht überschritten werden. Nahrungsergänzungsmittel sollen nicht als Ersatz für eine ausgewogene und abwechslungsreiche Ernährung und eine gesunde Lebensweise verwendet werden. Bitte außerhalb der Reichweite von kleinen Kindern lagern.

Packungsgrößen und Preise
60 Kapseln (PZN 12551099) ..... Euro 37,96

INTERNA (Entzündungen)

Cellavent

Acurmin®

Kapseln

Nahrungsergänzungsmittel

Kurkuma-Präparate für verschiedene Anwendungsbereiche

Anwendungsgebiete
Entzündliche Prozesse, metabolisches Syndrom, Herzkreislauf-Erkrankungen, Lebergesundheit, Arthrose, rheumatische Erkrankungen, Reizdarm, chron.-entzündl. Darmerkrankungen, neurodegenerative Erkrankungen.

Acurmin® PLUS Kapseln
Kurkuma-Extrakt mit höchster Bioverfügbarkeit durch mizellare Darreichung. Für einen Langzeit-Curcumin-Spiegel über 24 Stunden im Blut.*

Zusammensetzung
Emulgator (Polysorbat 80), Kapselhülle: Gelatine (Rind. Halal und Kosher-zertifiziert), Feuchthaltemittel Glycerin, Kurkuma-Extrakt, Cholecalciferol (Vitamin D3).

Einnahme
2 Kapseln tägl. (je 55 mg Curcumin und 14 µg Vitamin D3 (560 I.E.)).

Packungsgröße und Preis
60 Stk./Monat (PZN 11875285) .. Euro 29,95

*Dauerhaft erhöhter Curcuminspiegel nach mehrwöchiger Einnahme.

Acurmin® Phytholistic
Bio-Vollspektrum-Kurkuma-Extrakt. 50 % Curcuminoide mit verbesserter Bioverfügbarkeit. Ohne tierische oder synthetische Zusatzstoffe.

Zusammensetzung
Bio-Kurkuma-Pulver, Bio-Kurkuma-Extrakte. Überzugsmittel (Kapselhülle): Hydroxypropylmethylcellulose (pflanzlich).

Einnahme
2 Kapseln tägl. (300 mg Curcuminoide).

Packungsgröße und Preis
60 Stk./Monat (PZN 17611038) .. Euro 26,95

Weleda AG

Bryophyllum 50 %
Pulver

siehe Stress, Unruhe und Schlafstörungen

NutraMedix Deutschland

Dandilion NutraMedix Tropfen

siehe Umwelt- und Schwermetallbelastung

Neurolab GmbH

Flexagil

Pulver

Für die Kollagenbildung, das Bindegewebe, die Knochen und die Knorpel.

siehe Rheuma

NutraMedix Deutschland

Houttuynia NutraMedix Tropfen

siehe Infektionen

NutraMedix Deutschland

ImmuneMedix NutraMedix Tropfen

siehe Immunsystemerkrankungen und -schwäche

Neurolab GmbH

InflaSan

Kapseln

Nahrungsergänzungsmittel mit Boswelliasäuren aus Weihrauch (Boswellia serrata), Curcuminoiden aus Kurkuma (Curcuma longa), OPC aus Traubenkernen, Harpagosid aus Teufelskralle, Silymarin aus Mariendistel und Bor.

Zusammensetzung
2 Kapseln enthalten: Weihrauch 425 mg (davon Boswelliasäure 255 mg), Kurkuma 300 mg (davon Curcuminoide 90 mg), Traubenkern 158 mg (davon Proanthocyanidine 150 mg), Teufelskralle 150 mg (davon Harpagosid 4 mg), Mariendistel 150 mg (davon Silymarin 120 mg), Bor 50 µg, Hydroxypropylmethylcellulose (pflanzliche Kapselhülle).

Verzehrempfehlung
2 Kapseln täglich mit ausreichend Flüssigkeit zu einer Mahlzeit verzehren.

Sonstige Hinweise
Beim Verzehr in der Schwangerschaft, Stillzeit oder im Kindesalter halten Sie bitte Rücksprache mit Ihrem Arzt, Heilpraktiker oder Apotheker.

Packungsgrößen und Preise
1 Dose à 60 Kapseln .... Euro 34,95

Jarfood GmbH

JARMINO Knochenbrühen-Konzentrat

Konzentrierte Bio-Brühe mit natürlichem Kollagen, Aminosäuren & Mineralien zum Auflösen im Wasser.

Zusammensetzung
Rinderknochen* (70%), Wasser, Salz, *aus kontrolliert ökologischem Anbau

Anwendungsgebiete
Darmerkrankungen, chronisch-entzündliche Darmerkrankungen (z.B. Morbus Crohn, Colitis Ulcerosa), Reizdarm-Syndrom, Leaky-Gut-Syndrom, Gelenkbeschwerden und chronisch-entzündliche Gelenkkrankheiten (z.B. Arthrose), Mineralstoffmangel, Kollagenmangel.

Dosierung
Täglich 1-3 Teelöffel (je ca. 10g).

Art der Anwendung
1-3 Teelöffel in eine Tasse geben und mit warmem Wasser aufgießen. Nachdem sich das Konzentrat vollständig aufgelöst hat trinken. Alternativ: in Speisen einrühren.

Gegenanzeigen
Keine.

Packungsgröße und Preis
220g (22Portionen) .... Euro 29,99
440g (44 Portionen) .... Euro 49,99

Volopharm GmbH Deutschland

KaRazym®

magensaftresistente Tabletten

KaRazym® ist ein bewährter Enzymkomplex aus Bromelain, Papain, Pankreatin und Rutin, der bei akuten und chronischen Entzündungen, bei Schwellungen sowie zur Beschleunigung der Regeneration eingesetzt wird.

Zusammensetzung
1 Tablette enthält 120 mg Papain, 90 mg Bromelain, 50 mg Pankreatin (enthält Trypsin, Chymotrypsin, Lipase und Amylase) und 50 mg Rutin.

Proteolytische Gesamtaktivität: mind. 1.800 FIP pro Tablette

Eigenschaften
Proteolytische Enzyme stellen die Balance zwischen pro- und anti-inflammatorischen Zytokinen wieder her und leiten somit das Abklingen der Entzündung ein. Dies führt wiederum dazu, dass die Schwellung im entzündeten Bereich rascher abnimmt und die Schmerzen nachlassen.

Dosierung
Die ersten drei Tage: 2 x 3 Tabletten (6 Tabletten) pro Tag; in weiterer Folge: 2 x 2 Tabletten (4 Tabletten) pro Tag.

Die Tabletten mindestens 30 Minuten vor oder 2 Stunden nach einer Mahlzeit mit reichlich Flüssigkeit (idealerweise ein großes Glas lauwarmes Wasser) einnehmen.

Packungsgrößen
KaRazym®
100 Tabletten (PZN 02512129) . . . .
KaRazym®
200 Tabletten (PZN 02512141) . . . .
KaRazym®
400 Tabletten (PZN 07360078) . . . .

In Apotheken und online unter www.volopharm.com/de erhältlich.

NutraMedix Deutschland

Nattokinase NutraMedix Kapseln

Zusammensetzung pro Kapsel
50 mg NSK-SD® Nattokinase (40.000 FU/g), entspricht 2.000 FU pro Kapsel) mikrokristalline Zellulose, vegetarische Kapselhülle, Magnesiumstearat aus pflanzlicher Quelle, Kieselsäure.

Enthält Soja! Frei von Gluten und Milchprodukten.

Anwendungsgebiete
Entzündl. Schmerzen/Verletzungen/Schwellung, Gelenkschmerzen, Wunden, Biofilmauflösung, Thromboseprophylaxe, Durchblutungsstörungen, Sinusitis, Krebs.

Wirkstoffeigenschaften
Proteolytisch, entzündungshemmend, abschwellend, analgetisch, firbinolytisch, antithrombotisch, Demaskierung von Tumorzellen, Biofilmauflösung, Reduzierung arteriosklerotischer Plaques.

Gegenanzeigen
Schwangerschaft und Stillzeit.

Nebenwirkungen
Erhöht die Blutungsneigung, v.a. in Kombination mit Antikoagulantien.

Dosierung und Art der Anwendung
Akute Indikationen: 4x tgl. 1 Kapsel.
Chronische Indikationen: 2x tgl. 1 Kapsel.

Packungsgrößen und Preise
60 Kapseln (PZN 19296032) . . . . . Euro 55,00

Bezug und weitere Informationen
NutraMedix Deutschland GmbH
www.nutramedix.de

NutraMedix Deutschland

Nutra-BBS NutraMedix Tropfen

siehe Parasiten

NutraMedix Deutschland

Nutra-BRL NutraMedix Tropfen

siehe Parasiten

NutraMedix Deutschland

Nutra-BRT NutraMedix Tropfen

siehe Parasiten

Weber & Weber

Odonton-Echtroplex®

Mischung

Zusammensetzung

Wirkstoffe: 10 ml enth.: Arnica montana Dil. D4 1 ml; Calendula officinalis Dil. D3 1 ml; Delphinium staphisagria Dil. D4 1 ml; Echinacea purpurea ∅ 2,5 ml; Hepar sulfuris Dil. D8 1 ml; Kalium bichromicum Dil. D8 1 ml; Kalium sulfuricum Dil. D8 1 ml; Symphytum officinale Dil. D6 1 ml. Sonst. Bestandteil: Ethanol 43 % (m/m).

Anwendungsgebiete

Die Anwendungsgebiete leiten sich von den homöopath. Arzneimittelbildern ab. Dazu gehört: Zur ausleitenden Begleittherapie bei operativen Entfernungen von Zahnherden.

Gegenanzeigen

Überempfindlichkeit gg. einen der Wirk- oder Hilfsstoffe oder gg. Korbblütler. Aus grundsätzlichen Erwägungen darf Odonton-Echtroplex® nicht eingenommen werden bei progredienten Systemerkrank. wie Autoimmunerkrank., Tuberkulose, Leukämie bzw. Leukämie-ähnl. Erkrank. (Leukosen), entzündlichen Erkrank. des Bindegewebes (Kollagenosen), Multipler Sklerose, AIDS-Erkrank., HIV-Infektion oder anderen chron. Virusinfektionen.

Nebenwirkungen

In Einzelfällen können Überempfindlichkeitsreaktionen auftreten. Für Arzneimittel mit Zubereitungen aus Sonnenhut (Echinacea) wurden Hautausschlag, Juckreiz, selten Gesichtsschwellung, Atemnot, Schwindel und Blutdruckabfall beobachtet.

Sonstige Hinweise

Enthält 79 mg Alkohol (Ethanol) pro 5 Tropfen (Einzeldosis). Packungsbeilage beachten.

Dosierung und Art der Anwendung

Bei **akuten Zuständen** alle halbe bis ganze Std., höchstens 6x tgl., je 5 Tr. einnehmen. Eine über 1 Wo. hinausgehende Anwend. sollte nur nach Rücksprache mit einem homöopath. erfahrenen Therapeuten erfolgen. Bei **chron. Verlaufsformen** 1 – 3x tgl. je 5 Tr. einnehmen. Bei Besserung der Beschwerden ist die Häufigkeit der Anwend. zu reduzieren.

Dauer der Anwend.: Odonton-Echtroplex® sollte ohne ärztl. Rat nicht länger als 8 Wo. angewendet werden.

Packungsgrößen und Preise

100 ml (PZN 03546751) .... Euro 25,00

Apothekenpflichtig.

Neurolab GmbH

PEAPlus (Palmitoylethanolamid)

Kapseln

Für das Nervensystem und den Energiestoffwechsel.

siehe Schmerzen akut/chronisch

BerryPharma

rubyni® MUCOSA

Pulver

Nahrungsergänzungsmittel mit Vitaminen, Mineral- und Pflanzenstoffen sowie Ballaststoffen für Darmschleimhaut und Mikrobiom

siehe Magen-Darm-Beschwerden

BerryPharma

rubyni® Wildheidelbeere

Kapseln

Nahrungsergänzungsmittel mit reiner Wildheidelbeere.

Inhaltsstoffe

Bio-Wildheidelbeerextrakt aus Früchten der Vaccinium myrtillus, Maltodextrin, pflanzliche Kapselhülle aus Hydroxypropylmethylcellulose.

Eine Kapsel enthält 410 mg Bio-Wildheidelbeerextrakt BilCraft®, davon 41 mg Anthocyane.

Eigenschaften

Wilde Heidelbeeren standen seit jeher auf dem Speiseplan des Menschen. Dass sie zu Recht auch ihren Platz in der Naturheilkunde verdient haben, wissen wir spätestens seit Hildegard von Bingen. Unsere heutigen Kulturheidelbeeren aus den Supermärkten haben dieses Potential allerdings fast gänzlich verloren. Nur Wildheidelbeeren bieten das volle Paket an wertvollen bioaktiven Stoffen, Polyphenolen und Anthocyanen.

Rubyni® verwendet Wildheidelbeeren aus dem Karapatenvorland, wo sie seit jeher frei von landwirtschaftlichen Eingriffen wachsen. Die Verarbeitung zum Extrakt erfolgt lösungsmittelfrei.

Anwendungsgebiete

- Antioxidativ
- Anti-Diabetes
- Entzündungen
- Herz-Kreislauf und Blutgefäße
- Augen- und Sehkraft
- Gehirn und Kognition

Verzehrempfehlung

Erwachsene nehmen täglich 1 – 2 Kapseln unzerkaut und mit ausreichend Flüssigkeit ein. Die empfohlene tägliche Verzehrmenge darf nicht überschritten werden.

Nahrungsergänzungsmittel sollten nicht als Ersatz für eine ausgewogene und abwechslungsreiche Ernährung dienen und ersetzen keine gesunde Lebensweise.

Sonstige Hinweise

rubyni® mit Wildheidelbeeren ist bio-zertifiziert und von Natur aus vegan, laktose- und glutenfrei. Auf Füll- und Konservierungsstoffe wird bewusst verzichtet.

Weiterführende Informationen

www.rubyni.com

Packungsgrößen und Preise

Glas mit 60 Kapseln .... Euro 59,90
Glas mit 90 Kapseln .... Euro 79,90

Herstellerangaben

BerryPharma GmbH | Weidboden 1 | 83339 Chieming | www.rubyni.com

Die Familie Philipp, die hinter BerryPharma® steht, hat sich seit Generationen ganz der Verarbeitung qualitativ hochwertiger Beeren und Früchte verschrieben. In den Produkten von BerryPharma® kommen nur natürliche Extrakte und Inhaltsstoffe zum Einsatz, die in ihrer Wirkung durch Studien belegt sind. Eine ideale Ergänzung für die tägliche Ernährung.
SO PURE. SO YOU.

Stand:
17.11.2023

NutraMedix Deutschland

Samento NutraMedix Tropfen

siehe Immunsystemerkrankungen und -schwäche

NutraMedix Deutschland

Serrapeptase NutraMedix Kapseln

Zusammensetzung pro Kapsel

Inulin und Serrapeptase (10000 IU), veg. Kapselhülle, Mg-Stearat aus pflanzl. Quelle.

Anwendungsgebiete
Entzündl. Schmerzen/Verletzungen/Schwellung, Gelenkschmerzen, Wunden, Biofilmauflösung, Thromboseprophylaxe, Durchblutungstörungen, Sinusitis, Krebs.

Wirkstoffeigenschaften
Proteolytisch, entzündungshemmend, abschwellend, analgetisch, firbinolytisch, antithrombotisch, Demaskierung von Tumorzellen, Biofilmauflösung, Reduzierung arteriosklerotischer Plaques.

Gegenanzeigen
Schwangerschaft und Stillzeit.

Nebenwirkungen
Erhöht die Blutungsneigung, v.a. in Kombination mit Antikoagulantien.

Dosierung und Art der Anwendung
Akute Indikationen: 4x täglich 3 Kapseln.

Chronische Indikationen: 2x täglich 2 Kapseln.

Packungsgrößen und Preise
60 Kapseln (PZN: 19296055) .. Euro 35,00
120 Kapseln (PZN 18040307) ... Euro 50,00

Bezug und weitere Informationen
NutraMedix Deutschland GmbH
www.nutramedix.de

NutraMedix Deutschland

Takuna NutraMedix Tropfen

siehe Infektionen

INJEKTIONEN (Erschöpfung und Müdigkeit)

Iscador AG

ISCADOR®

Injektionslösung

Wirkstoff: Fermentierter wässriger Auszug aus Mistel

siehe Krebserkrankungen

INTERNA

NutraMedix Deutschland

Adrenal NutraMedix Tropfen

Zusammensetzung
Wurzelextrakt von Astagalus, Rosenwurz, amer. Ginseng; Beerentraubenextrakt.
Mineralwasser, Ethanol (20 – 24%).

Anwendungsgebiete
Stressadaptation, Fatigue, Erschöpfung, Nebennierenrindenschwäche.

Wirkstoffeigenschaften
Adaptogen, energieaufbauend, antioxidativ.

Gegenanzeigen
Schwangerschaft und Stillzeit.

Nebenwirkungen
Keine bekannt.

Dosierung und Art der Anwendung
2 – 6x täglich 20 Tropfen in Wasser.

Kinder: 2 – 6x täglich 1/3 Tropfen pro kg KG.

Packungsgrößen und Preise
30 ml (PZN 18039876) .... Euro 30,00

Bezug und weitere Informationen
NutraMedix Deutschland GmbH
www.nutramedix.de

MensSana AG

B12 lingua MensSana

Tabletten

siehe Nährstoffmangel

Protina Pharmazeutische GmbH

Basica Compact®

Tabletten

Basische Tabletten. Nahrungsergänzungsmittel mit basischen Mineralstoffen und Spurenelementen.

siehe Nährstoffmangel

Protina Pharmazeutische GmbH

Basica Direkt®

Granulat

Basische Mikroperlen. Nahrungsergänzungsmittel mit basischen Mineralstoffen und Spurenelementen.

siehe Nährstoffmangel

Protina Pharmazeutische GmbH

Basica Instant®

Pulver

Basisches Trinkpulver. Nahrungsergänzungsmittel mit basischen Mineralstoffen und Spurenelementen.

siehe Nährstoffmangel

Protina Pharmazeutische GmbH

Basica Vital®

Granulat

Basisches Granulat. Nahrungsergänzungsmittel mit basischen Mineralstoffen und Spurenelementen.

siehe Nährstoffmangel

Protina Pharmazeutische GmbH

Basica® Pur

Pulver

Reines Basenpulver. Nahrungsergänzungsmittel mit basischen Mineralstoffen und Spurenelementen.

siehe Nährstoffmangel

NutraMedix Deutschland

Binder Plus NutraMedix Kapseln

siehe Magen-Darm-Beschwerden

Neurolab GmbH

Brain Force

Kapseln

Für die geistige Leistung, Energie und das Nervensystem

Nahrungsergänzungsmittel mit den Vitaminen Pantothensäure, B6, Folsäure und B12, Zink, Rosmarin, Heidelbeere mit Anthocyanidinen, Grüner Tee mit L-Theanin, Bacopa monnieri, Rhodiola rosea, Acetyl-L-Carnitin und Citicolin (CDP-Cholin).

Zusammensetzung

2 Kapseln enthalten: Pantothensäure 15 mg, Vitamin B6 10 mg, Zink 1,5 mg, Folsäure (5-MTHF) 200 µg, Vitamin B12 200 µg, Rosmarin 300 mg, Heidelbeere 200 mg (davon Anthocyanidine 50 mg), Grüner Tee 200 mg (davon L-Theanin 80 mg, Polyphenole 60 mg, EGCG 20 mg), Bacopa monnieri 150 mg, Rhodiola rosea 120 mg, Acetyl-L-Carnitin 150 mg, Citicolin 50 mg, Hydroxypropylmethylcellulose (pflanzliche Kapselhülle).

Verzehrempfehlung

2 Kapseln täglich mit ausreichend Flüssigkeit verzehren. Nicht morgens nüchtern verzehren.

Sonstige Hinweise

Beim Verzehr in der Schwangerschaft, Stillzeit und im Kindes- oder Jugendalter halten Sie bitte Rücksprache mit Ihrem Arzt, Heilpraktiker oder Apotheker. Eine Tagesdosis von 800 mg EGCG aus diesem und anderen Produkten darf nicht überschritten werden.

Packungsgrößen und Preise

1 Dose à 60 Kapseln . . . . Euro 42,90

Weleda AG

Bryophyllum Argento cultum D2

Flüssige Verdünnung

siehe Stress, Unruhe und Schlafstörungen

NutraMedix Deutschland

Burbur-Pinella NutraMedix Tropfen

siehe Umwelt- und Schwermetallbelastung

NutraMedix Deutschland

Cowden+ Support Programm (CSP+)

siehe Infektionen

NutraMedix Deutschland

Dandilion NutraMedix Tropfen

siehe Umwelt- und Schwermetallbelastung

Dr. Jacob's Medical GmbH

Dr. Jacob's Basenpulver

Pulver

Nahrungsergänzungsmittel mit Kalium-, Calcium- und Magnesium-Citrat - Multitalent mit über 30 belegten Gesundheitswirkungen (u.a. für Muskeln, Knochen, Nerven, weniger Erschöpfung, Herz und normalen Blutdruck).

siehe Übersäuerung

Dr. Jacob's Medical GmbH

Dr. Jacob's Vitamin D3K2 Öl

Tropfen

Nahrungsergänzungsmittel mit den Vitaminen D3 und K2 (all-trans MK-7).

siehe Nährstoffmangel - Vitamine

MensSana AG

Ferro MensSana

Granulat

siehe Nährstoffmangel

NutraMedix Deutschland

Hormonal Balance NutraMedix Tropfen

siehe Gyn. Erkrankungen & Frauenbeschwerden

NutraMedix Deutschland

ImmuneMedix NutraMedix Tropfen

siehe Immunsystemerkrankungen und -schwäche

MensSana AG

Magnesium-Citrat + D direkt MensSana

Granulat

siehe Nährstoffmangel

NutraMedix Deutschland

Natural Boost NutraMedix Tropfen

siehe Sexualstörungen

Weleda AG

Neurodoron

Tabletten

siehe Stress, Unruhe und Schlafstörungen

Institut AllergoSan Deutschland (privat) GmbH

OMNi-BiOTiC® POWER

Sachets

Mehr Power bei starker Belastung

Anwendungsgebiete
Hohe Belastung im Alltag kann Darm und Energiehaushalt beeinträchtigen und erhöhte Anfälligkeit für Infekte mit sich bringen. OMNi-BiOTiC® POWER kombiniert 6 natürlich im menschlichen Darm vorkommende Bakterienstämme mit organischem, leicht vom Körper resorbierbarem Magnesium (Magnesiumcitrat), welches aufgrund seines Beitrags zu einer normalen Muskelfunktion und zur Verringerung von Müdigkeit und Ermüdung geschätzt wird – für einen energiegeladenen Tag!

Zusammensetzung
Maisdextrin, Magnesiumcitrat, Maisstärke, Kaliumchlorid, natürliches Blutorangen-Aroma, Bakterienstämme (mind. 10 Milliarden Keime pro 1 Portion = 4 g), pflanzliches Eiweiß (Reis), Magnesiumsulfat, Mangansulfat, Maltodextrin.

Nahrungsergänzungsmittel mit hochaktiven Darmsymbionten und Magnesium.

Weitere Informationen erhalten Sie unter: omni-biotic.com

NutraMedix Deutschland

Sealantro NutraMedix Tropfen

siehe Umwelt- und Schwermetallbelastung

SymbioPharm GmbH

SymbioLact® Mentale Balance*

Kapseln

Nahrungsergänzungsmittel mit Vitamin B6

*** Vitamin B6 trägt zu einer normalen Funktion des Nervensystems und zu einer normalen psychischen Funktion bei.**

siehe Stress, Unruhe und Schlafstörungen

MensSana AG

Vitaldrink MensSana

Saft

siehe Nährstoffmangel

INTERNA
(Gicht)

Cellavent

Cherry PLUS

Konzentrat / Kapseln

Nahrungsergänzungsmittel aus naturreinen Montmorency-Sauerkirschen

Anwendungsgebiete
Hyperurikämie, Rheuma, Gicht, Arthritis, Kardiovaskuläre Gesundheit, verbesserte Regeneration und Schlaf, Entzündungen.

Eigenschaften
Bestandteile der Sauerkirsche beeinflussen Produktion und Ausscheidung von Harnsäure. In verschiedenen Humanstudien konnten eine gesteigerte Ausscheidung von Harnsäure mit konsequent reduziertem Serum-Harnsäurespiegel und ein verringertes Risiko für Gichtanfälle beobachtet werden.

Cherry PLUS - Das Original
Konzentrat

Reine Montmorency-Sauerkirsche in einem schonenden Niedrigtemperaturverfahren aus 1.450 Kirschen pro Flasche gewonnen (Prunus Cerasus).

Zusammensetzung
100% Sauerkirschsaft-Konzentrat.

Einnahme
Täglich bis zu einer Dosierkappe (30 ml) in 250 ml stilles Wasser oder Saft einrühren.

Packungsgröße und Preis
500 ml (PZN 12529355) .... Euro 29,95

Cherry PLUS - Das Original
Kapseln

Reines Montmorency-Sauerkirsch-Pulver, aus ganzen Kirschen gewonnen und für Diabetiker geeignet (2 Kapseln = 0,04 BE pro Tag).

Zusammensetzung
Montmorency-Sauerkirsch-Pulver, Überzugsmittel (Kapselhülle): Hydroxypropylmethylcellulose (pflanzlich); Montmorency-Sauerkirsch-Pulver (mikronisiert).

Einnahme
Täglich 2 Kapseln mit ausreichend Flüssigkeit einnehmen (entspricht 1100 mg Montmorency-Sauerkirsch-Pulver).

Packungsgröße und Preis
60 Stk. / Monat (PZN 10312723) Euro 32,95

Cherry PLUS Forte
Weichkapseln

Kombination aus Montmorency-Sauerkirsch-Konzentrat und Sauerkirsch-Extrakt (75:1 konzentriert) mit Zink für einen normalen Säure-Basen-Haushalt. Mit standardisiertem Poylphenolgehalt von 43 mg pro Tagesdosis.

Zusammensetzung
Sauerkirschsaft-Konzentrat, Olivenöl nativ extra, Kapselhülle: Gelatine (Rind), Sauerkirsch-Extrakt, Zink-Bisglycinat, Kieselsäure, Lecithin.

Einnahme
Täglich 2 Kapseln mit ausreichend Flüssigkeit einnehmen.

Packungsgröße und Preis
60 Stk. / Monat (PZN 19438779) Euro 34,95

Cherry PLUS Forte
Konzentrat

Montmorency-Sauerkirsch Konzentrat mit Sauerkirsch-Extrakt, Vitamin C und Zink. Standardisierter Polyphenolgehalt: 45mg pro Tagesdosis.

Zusammensetzung
Montmorency-Sauerkirschsaft-Konzentrat, Sauerkirsch-Extrakt, Ascorbinsäure (Vitamin C), Zink-Bisglycinat.

Einnahme
Täglich 10ml Cherry PLUS Forte in stilles Wasser oder Saft einrühren.

Packungsgröße und Preis
500 ml (PZN 19908133) .... Euro 32,95

Cherry PLUS Silence
Kapseln

Schlafkomplex mit Montmorency- Sauerkirschen. Mit natürlichem Melatonin aus der Kirsche, Safran, den wertvollen Co-Faktoren Zink, Magnesium und Vit. B6.

Zusammensetzung
Montmorency-Sauerkirsch-Pulver (Konzentration 50:1), L-Tryptophan, Safran-Extrakt, Überzugsmittel (Kapselhülle): Hydroxypropylmethylcellulose (pflanzlich), Magnesiumoxid, Zinkgluconat, Pyridoxinhydrochlorid.

Einnahme
Kurz vor dem Zubettgehen 2 Kapseln mit ausreichend Flüssigkeit einnehmen.

Packungsgröße und Preis
60 Stk. / Monat (PZN 13331939) Euro 32,95

BerryPharma

rubyni® Sauerkirsche

Kapseln

Nahrungsergänzungsmittel mit reiner Sauerkirsche.

siehe Stress, Unruhe und Schlafstörungen

INJEKTIONEN
(Grippe, grippaler Infekt, Erkältung)

Sanum-Kehlbeck

Quentakehl® D5/D6

Injektionslösung

Wirkstoff: Penicillium glabrum e volumine mycelii (lyophil., steril.) Dil. D5/D6 aquos.

Zusammensetzung

Der Wirkstoff ist: 1 ml flüssige Verdünnung zur Injektion enthält: 1 ml Penicillium glabrum e volumine mycelii (lyophil., steril.) Dil. D5 bzw. D6 aquos. (Lsg. D1 mit Wasser für Injektionszwecke nach HAB, Vorschrift 5b).

Anwendungsgebiete

Erfahrungsgemäß unterstützend angewendet bei:

- akuten und latenten viralen Infektionen, wie Laryngitis, Bronchitis, Sinusitis, Pharyngitis, grippale Infekte, Warzen sowie Infektionen mit intrazellulären Bakterien und Spirochaeten
- allen Erkrankungen, die durch Mischinfektionen hervorgerufen werden, z. B. Herpes zoster, Windpocken
- Migräne, multiple Sklerose, Vertigo, Morbus Menière.

Eigenschaften

Quentakehl® wird gewonnen aus dem Schimmelpilz Penicillium glabrum und erfahrungsgemäß angewendet bei allen virusbedingten Erkrankungen. Quentakehl® ist kein Antibiotikum und produziert keine antibiotischen Substanzen. Deshalb treten die bei einer Antibiotika-Behandlung möglichen Begleiterscheinungen, wie Allergien, Leberschäden, Zerstörung der Darmflora und Bildung penicillinresistenter Stämme nicht auf.

Dosierung

Erwachsenen und Jugendlichen ab 12 Jahren 2-mal wöchentlich 1 Ampulle zu 1 ml s.c. injizieren. Nach längstens 4 Wochen Therapiedauer sollte Quentakehl® D5/D6 abgesetzt werden.

Quentakehl® D5/D6 enthält Natrium, aber weniger als 1 mmol (23 mg) Natrium pro 1 ml, d.h. es ist nahezu „natriumfrei".

Nebenwirkungen

Aufgrund des Gehaltes von Quentakehl® D5 bzw. Quentakehl® D6 an spezifischen organischen Bestandteilen können Überempfindlichkeitsreaktionen, hauptsächlich in Form von Hautreaktionen, auftreten und eine Allergie gegen den Bestandteil Penicillium glabrum ausgelöst werden. Das Arzneimittel ist dann abzusetzen und ein Arzt aufzusuchen.

Gegenanzeigen

Quentakehl® D5/D6 darf nicht angewendet werden,

- wenn Sie allergisch gegen Penicillium glabrum sind
- bei Autoimmunerkrankungen
- bei Kindern unter 12 Jahren
- bei Schwangerschaft und Stillzeit.

Vorsichtsmaßnahmen

Keine bekannt.

Warnhinweise

Keine bekannt.

Wechselwirkungen

Immunsuppressiv wirkende Arzneimittel können die Wirksamkeit von Quentakehl® D5 bzw. Quentakehl® D6 beeinträchtigen. Vor und nach der Behandlung mit oral verabreichten Lebendimpfstoffen ist ein Abstand von 4 Wochen einzuhalten.

Packungsgrößen und Preise

D5

1 Amp. à 1 ml	(PZN 04457009)	Euro 7,72
10 Amp. à 1 ml	(PZN 04457015)	Euro 53,97
50 Amp. à 1 ml	(PZN 04457021)	Euro 230,16

D6

1 Amp. à 1 ml	(PZN 00040815)	Euro 7,00
10 Amp. à 1 ml	(PZN 00040821)	Euro 47,62
50 Amp. à 1 ml	(PZN 00040838)	Euro 196,86

Apothekenpflichtig.

INTERNA

MensSana AG

BetaGlucan+ immun MensSana

Granulat

siehe Nährstoffmangel

MensSana AG

Biotic premium MensSana

Granulat

siehe Nährstoffmangel

Ceres Heilmittel GmbH

Ceres Echinacea-Erkältungs-Komplex

Tropfen

Homöopath. Arzneimittel

Zusammensetzung

1 ml Flüssigkeit (35 Tr.) enth.: Wirkstoffe: Echinacea purpurea (HAB) Ø 0,33 ml, Sambucus nigra (HAB) Ø 0,33 ml, Vincetoxicum hirundinaria (HAB) D8 0,33 ml. Hilfsstoffe: Alkohol (Ethanol), gereinigtes Wasser. Enth. 64 Vol.-% Alkohol.

Anwendungsgebiete

Dazu gehören: Erkältungskrankheiten.

Art der Anwendung

Mischung zum Einnehmen. Beipackzettel beachten.

Zulassung

Nur für Erwachsene.

Dosierung

Erw. 1 - 3 Mal tägl. 1 – 3 Tr. Bei Besserung der Beschwerden ist die Häufigkeit der Anwendung zu reduzieren.

Wechselwirkungen

Informieren Sie Ihren Arzt oder Apotheker, wenn Sie andere Arzneimittel einnehmen.

Gegenanzeigen

Überempfindlichkeit gegen Korbblütler.

Warnhinweise

Nicht einnehmen, wenn Sie alkoholkrank sind. Dieses Arzneimittel enth. 14 mg Alkohol (Ethanol) pro Tr.

Sonstige Hinweise

Auch homöopathische Arzneimittel sollten ohne ärztlichen Rat nicht über längere Zeit eingenommen werden. Bei fortdauernden Krankheitssymptomen während der Anwendung des Arzneimittels ist medizinischer Rat einzuholen.

Packungsgrößen und Preise

20 ml (PZN 19538073) .... Euro 26,95

Weber & Weber

Echtrosept®

Mischung

Zusammensetzung

Wirkstoffe: 10 ml enth.: Apis mellifica Dil. D2 0,1 ml; Bryonia Dil. D1 0,5 ml; Echinacea purpurea Ø 5 ml; Eupatorium perfoliatum Dil. D1 0,5 ml; Lachesis Dil. D8 0,5 ml. Thuja occidentalis Dil. D1 0,5 ml. Sonst. Bestandteil: Ethanol 15 % (m/m).

Anwendungsgebiete

Die Anwendungsgebiete leiten sich von den homöopath. Arzneimittelbildern ab. Dazu gehören: Erkältungskrankheiten.

Bei Fieber, das länger als 3 Tage bestehen bleibt od. über 39° C ansteigt, sollte ein Arzt aufgesucht werden. Bei anhaltenden, unklaren od. neu auftretenden Beschwerden sollte ein Arzt aufgesucht werden, da es sich um Erkrank. handeln kann, die einer ärztl. Abklärung bedürfen.

Gegenanzeigen
Überempfindlichkeit gg. Bienengift (Apis mellifica), einen der übrigen Wirk- oder Hilfsstoffe oder gg. Korbblütler. Aus grundsätzlichen Erwägungen darf Echtrosept® nicht eingenommen werden bei fortschreitenden Systemerkrank. wie Tuberkulose, Leukämie bzw. leukämieähnl. Erkrank., entzündlichen Erkrank. des Bindegewebes (Kollagenosen), Autoimmunerkrankg., Multipler Sklerose, AIDS-Erkrank., HIV-Infektion oder anderen chron. Viruserkrank.

Nebenwirkungen
In Einzelfällen können Überempfindlichkeitsreaktionen auftreten. Für Arzneimittel mit Zubereitungen aus Sonnenhut wurden Hautausschlag, Juckreiz, selten Gesichtsschwellung, Atemnot, Schwindel und Blutdruckabfall beobachtet. In seltenen Fällen kann Kreislaufschwäche auftreten.

Sonstige Hinweise
Enthält 75 mg Alkohol (Ethanol) pro 5 Tropfen (Einzeldosis). Packungsbeilage beachten.

Dosierung und Art der Anwendung
Alle halbe bis ganze Std., höchstens 6x tgl., je 5 Tr. einnehmen. Eine über 1 Wo. hinausgehende Anwend. sollte nur nach Rücksprache mit einem in der Homöopathie erfahrenen Arzt oder Heilpraktiker erfolgen. Bei **chron. Verlaufsformen** 1 – 3x tgl. je 5 Tr. einnehmen. Bei Besserung der Beschwerden ist die Häufigkeit der Einnahme zu reduzieren.

Packungsgrößen und Preise

50 ml (PZN 02750277)	Euro 18,56
100 ml (PZN 02750308)	Euro 25,09

Apothekenpflichtig.

MensSana AG

Immuno / Immuno akut MensSana

Kapseln

siehe Nährstoffmangel

Weleda AG

Infludo

Mischung

Zusammensetzung
10 g (= 11,1 ml) enth.: Aconitum napellus Dil. D3 1 g / Bryonia Dil. D2 0,6 g / Eucalyptus Dil. D2 0,5 g / Eupatorium perfoliatum Dil. D2 0,4 g / Phosphorus Dil. D4 1 g / Sabadilla Dil. D3 1 g.

Sonstige Bestandteile: Ethanol 94 % (m/m), Gereinigtes Wasser.

Anwendungsgebiete
Gemäß der anthroposophischen Menschen- und Naturerkenntnis. Dazu gehören: Grippale Infekte und fieberhafte Erkältungskrankheiten.

Gegenanzeigen
Alkoholkranke.

Nebenwirkungen
Bei empfindlichen Patienten können, insbesondere nach Abklingen des Fiebers, Kopfschmerzen, Unruhezustände und Schlaflosigkeit auftreten. Das Präparat sollte dann in der zweiten Tageshälfte geringer dosiert oder ausgesetzt werden.

Vorsichtsmaßnahmen
Leberkranke sollen Infludo wegen des Alkoholgehaltes nur nach Rücksprache mit dem Arzt einnehmen. Bei Fieber, das länger als 3 Tage bestehen bleibt und bei Atemnot ist die Rücksprache mit dem Arzt erforderlich.

Warnhinweise
Enthält 65 Vol.-% Alkohol.

Ggf. Besonderheiten bei Kindern, Schwangeren, Stillenden
Während Schwangerschaft und Stillzeit sowie bei Kleinkindern unter 6 Jahren wegen des Alkoholgehaltes und nicht ausreichend dokumentierter Erfahrungen nicht anwenden.

Dosierung
Infludo stets mit Wasser verdünnt einnehmen.

Im akuten Stadium nehmen Erw. alle 1 – 2 Stunden (max. 10x tgl.) 5 – 8 Tr. ein oder man gibt 60 – 80 Tr. auf 1 Glas Wasser und trinkt dieses schluckweise im Laufe des Tages. Wenn kein Fieber mehr besteht: 2 – 4x tgl. 5 – 8 Tr. bis zur vollständigen Genesung.

Bei Kindern ab 6 Jahren und Jugendlichen unter 18 Jahren richtet sich die Dosierung nach dem Körpergewicht (siehe Packungsbeilage).

Packungsgrößen und Preise

20 ml (PZN 00521118)	Euro 12,97
50 ml (PZN 00521124)	Euro 23,99

Apothekenpflichtig.

Weleda AG

Infludoron

Streukügelchen

Zusammensetzung
In 10 g Streukügelchen sind verarbeitet: Aconitum napellus Dil. D1 0,01 g / Bryonia Dil. D1 0,06 g / Eucalyptus Ø 0,05 g / Eupatorium perfoliatum Dil. D1 0,04 g / Ferrum phosphoricum Dil. D6 0,1 g / Sabadilla Ø 0,01 g.

Anwendungsgebiete
Gemäß der anthroposophischen Menschen- und Naturerkenntnis.

Dazu gehören: Grippale Infekte und fieberhafte Erkältungskrankheiten.

Gegenanzeigen
Keine bekannt.

Nebenwirkungen
Überempfindlichkeitsreaktionen (z. B. Juckreiz, Hautausschlag, Nesselsucht).

Vorsichtsmaßnahmen
Bei Fieber, das länger als 3 Tage besteht oder über 39° C ansteigt, sowie bei anhaltenden, unklaren oder neu auftretenden Beschwerden sollte ein Arzt aufgesucht werden.

Warnhinweise
Enthält Saccharose (Zucker).

Dosierung
Soweit nicht anders verordnet: Erwachsene und Jugendliche ab 12 J. alle 1 – 2 Std. 15 Streukügelchen, Kdr. von 6 – 11 J. alle 1 – 2 Std. 8 – 10 Streukügelchen, Kdr. von 1 – 5 J. 3- bis 4-mal tgl. 5 – 10 Streukügelchen, Säuglinge im 1. Lebensj. 3- bis 4-mal tgl. 3 – 5 Streukügelchen im Mund zergehen lassen.

Packungsgrößen und Preise

10 g (PZN 09647424)	Euro 12,97
50 g (PZN 09647430)	Euro 34,99

Apothekenpflichtig.

Jarfood GmbH

JARMINO Knochenbrühen-Konzentrat

Konzentrierte Bio-Brühe mit natürlichem Kollagen, Aminosäuren & Mineralien zum Auflösen im Wasser.

siehe Entzündungen

meta Fackler

metaglobiflu Erkältungsglobuli

Streukügelchen

Zusammensetzung
10 g enthalten: Aconitum napellus Dil. D3 10,0 mg, Atropa belladonna Dil. D6 0,1 mg, Cinchona pubescens Ø 10,5 mg, Drosera Dil. D3 10,0 mg, Echinacea Ø 10,5 mg, Phosphorus Dil. D6 9,0 mg. Sonst. Bestandt.: Saccharose.

Anwendungsgebiete
Diese leiten sich von den homöopathischen Arzneimittelbildern ab. Dazu gehören: Erkältungskrankheiten.

Dosierung
Soweit nicht anders verordnet: Akute Zustände: alle halbe bis ganze Std. höchstens 6-mal tgl.; bei länger andauernden Verlaufsformen 1-3-mal tgl.: Kdr. von 6-12 J. je 3 Globuli,

Jugendl. ab 12 u. Erw. je 5 Globuli. Bei Besserung der Beschwerden ist die Häufigkeit der Anwendungen zu reduzieren.

Gegenanzeigen
Allergie gg. Chinin, Korbblütler od. einen anderen Inhaltsstoff; fortschreitende Systemerkrankungen (z.B. Tuberkulose, Leukämie/Leukosen), Kollagenosen, Autoimmunerkrankungen, od. chronische Viruserkrankungen.

Vorsichtsmaßnahmen
Kdr. unter 6 J. sowie Schwangerschaft und Stillzeit (keine Erfahrungen/Rücksprache). Bei Unverträglichkeit gegenüber bestimmten Zuckern (Saccharose) und bei Einnahme länger als 2 Wochen (Echinacea): Rücksprache.

Nebenwirkungen
Einzelfälle: Überempfindlichkeitsreaktionen wie Hautausschlag, Juckreiz, selten Gesichtsschwellung, Atemnot, Schwindel und Blutdruckabfall (Echinacea) bzw. Hautallergien od. Fieber (Chinin); selten erhöhte Blutungsneigung durch Thrombozytopenie; Sensibilisierung gegen Chinin od. Chinidin möglich.

Packungsgrößen und Preise
10 g .... Euro 13,95

Apothekenpflichtig.

meta Fackler

metavirulent®

Mischung

Flüssige Verdünnung zur Injektion.

Zusammensetzung
Mischung: 10 g enthalten: Influencinum Nosode Dil. D30 1,0 g, Acidum L(+)-lacticum Dil. D15 0,3 g, Aconitum Dil. D4 0,2 g, Ferrum phosphoricum Dil. D8 5,0 g, Gelsemium sempervirens Dil. D4 0,3 g, Luffa operculata Dil. D12 1,0 g, Veratrum album Dil. D4 2,0 g, Gentiana lutea Ø 0,2 g. Sonst. Bestandt.: Ethanol, Ger. Wasser. Enthält 37 Vol.-% Alkohol. Ampullen: 1 Amp. enthält: Influencinum Nosode Dil. D30 200 mg, Acidum L(+)-lacticum Dil. D15 60 mg, Aconitum Dil. D4 40 mg, Ferrum phosphoricum Dil. D12 120 mg, Gelsemium sempervirens Dil. D4 60 mg, Luffa operculata Dil. D12 200 mg, Veratrum album Dil. D4 400 mg, Gentiana lutea Dil. D3 200 mg, Sonst. Bestandt.: Isotonische Natrumchloridlösung.

Anwendungsgebiete
Diese leiten sich von den homöopathischen Arzneimittelbildern ab. Dazu gehören: grippale Infekte. Hinw.: Bei Fieber, das länger als 3 Tage bestehen bleibt od. über 39°C ansteigt, sollte ein Arzt aufgesucht werden.

Dosierung
Erw. u. Jugendl. ab 12 J.: Mischung: Akute Zustände über 2 Tage, höchstens 12x tgl. je 5-10 Tr.; Bei Nachlassen der Beschwerden ist die Dosis zu reduzieren od. das Mittel abzusetzen. Ampullen: Individuelle Dos. durch homöopathisch erfahrenen Therapeuten.

Gegenanzeigen
Allergie gg. Inhaltsstoffe. Ampullen: Kinder unter 6 J.

Vorsichtsmaßnahmen
Schwangerschaft u. Stillzeit (Rücksprache)

Mischung: Kdr. unter 12 J., Ampullen: Kdr. von 6 - 12 J. (keine Erfahrungen/Rücksprache).

Nebenwirkungen
Keine bekannt.

Packungsgrößen und Preise
Mischung:
50 ml (N1) .... Euro 14,80
100 ml (N2) .... Euro 24,25

Ampullen:
5 Ampullen á 2 ml (N1) ...... Euro 9,77
50 Ampullen à 2 ml (N2) ...... Euro 68,15
100 Ampullen à 2 ml (N3) ...... Euro 116,89

nutrimmun GmbH

MUCOZINK®

Pulver

siehe Nährstoffmangel - Mikronährstoffe

nutrimmun GmbH

MyBIOTIK®IMMUGY

Pulver + Kapseln

Eigenschaften
Für Immunsystem und Energie.

Nahrungsergänzungsmittel mit einem speziellen Komplex aus aktiven Bakterienkulturen, Vitaminen, Mineralstoffen und Beta-Glucanen aus Hefe (*Saccharomyces cerevisiae*).

Zink, Selen, Vitamin C, Vitamin D, Vitamin B6, Vitamin B12 und Folsäure tragen zur normalen Funktion des Immunsystems bei. Vitamin B1, Vitamin B2, Vitamin B6, Vitamin B12, Niacin, Biotin, Pantothensäure und Vitamin C tragen zu einem normalen Energiestoffwechsel bei.

Zusammensetzung
Pulver: Bakterienkulturen *Bifidobacterium animalis subsp. lactis* (BB-12®) und *Lactobacillus rhamnosus* (LGG®)
Kapseln: Vitamin B1, Vitamin B2, Niacin, Pantothensäure, Vitamin B6, Biotin, Folsäure, Vitamin B12, Vitamin C, Vitamin D, Vitamin E, Selen, Zink und Beta-Glucane aus Hefe (*Saccharomyces cerevisiae*)

BB-12® und LGG® sind eingetragene Marken von Chr. Hansen A/S.

Sonstige Hinweise
Glutenfrei. Laktosefrei. Vegan. Ohne Aromen, Farb- und Süßstoffe. Haltbar bei Raumtemperatur. Langfristige Einnahme möglich.

Dosierung
1x tgl.: 1 Beutelinhalt (2 g) in ein leeres Glas füllen und unter Rühren in ca. 100 ml stillem Wasser auflösen. Auf leeren Magen mind. 15 Minuten vor einer Mahlzeit trinken. 2 Kapseln zu einer Mahlzeit mit etwas Flüssigkeit, z.B. einem Glas Wasser, einnehmen. Die Kapseln können bei Bedarf geöffnet werden.

Kinder von 4 – 10 Jahren: 1x täglich ½ Beutelinhalt (1 g, bitte abwiegen) und 1 Kapsel.

In Rücksprache mit gynäkologischem Fachpersonal auch für Schwangere und Stillende geeignet.

Packungsgrößen und Preise
15 Tagesport. (PZN 16537423) .. Euro 31,95
30 Tagesport. (PZN 16537475) .. Euro 53,95

nutrimmun GmbH

MyBIOTIK®SPORT

Pulver

siehe Mikrobiologische Therapien

NutraMedix Deutschland

Nattokinase NutraMedix Kapseln

siehe Entzündungen

nutrimmun GmbH

NUTRIGLUCAN®

Tabletten

siehe Nährstoffmangel - Mikronährstoffe

Sanum-Kehlbeck

Quentakehl® D3

Zäpfchen

Wirkstoff: Penicillium glabrum e volumine mycelii (lyophil., steril.) Trit. D3

Zusammensetzung
1 Zäpfchen enthält: Wirkstoff: 0,2 g Penicillium glabrum e volumine mycelii (lyophil., steril.) Trit. D3 nach Vorschrift 6 HAB.

Sonstiger Bestandteil: Hartfett.

Anwendungsgebiete
Erfahrungsgemäß unterstützend angewendet bei:

- akuten und latenten viralen Infektionen, wie Laryngitis, Bronchitis, Sinusitis, Pharyngitis, grippale Infekte, Warzen sowie Infektionen mit intrazellulären Bakterien und Spirochaeten
- allen Erkrankungen, die durch Mischinfektionen hervorgerufen werden, z. B. Herpes zoster, Windpocken
- Migräne, multiple Sklerose, Vertigo, Morbus Menière.

Eigenschaften
Quentakehl® wird gewonnen aus dem Schimmelpilz Penicillium glabrum und erfahrungsgemäß angewendet bei allen virusbedingten Erkrankungen. Quentakehl® ist kein Antibiotikum und produziert keine antibiotischen Substanzen. Deshalb treten die bei einer Antibiotika-Behandlung möglichen Begleiterscheinungen, wie Allergien, Leberschäden, Zerstörung der Darmflora und Bildung penicillinresistenter Stämme nicht auf.

Dosierung
Erwachsene und Jugendliche ab 12 Jahren führen 1-mal täglich 1 Zäpfchen vor dem Schlafengehen in den After ein. Nach längstens 4 Wochen Therapiedauer sollte Quentakehl® D3 abgesetzt werden.

Nebenwirkungen
Aufgrund des Gehaltes von Quentakehl® D3 an spezifischen organischen Bestandteilen können Überempfindlichkeitsreaktionen, hauptsächlich in Form von Hautreaktionen, auftreten und eine Allergie gegen den Bestandteil Penicillium glabrum ausgelöst werden. Das Arzneimittel ist dann abzusetzen und ein Arzt aufzusuchen.

Gegenanzeigen
Nicht anwenden bei bekannter Überempfindlichkeit gegenüber Schimmelpilzen (Penicillium glabrum), Autoimmunerkrankungen, Kindern unter 12 Jahren, Schwangerschaft und Stillzeit.

Vorsichtsmaßnahmen
Keine bekannt.

Warnhinweise
Keine bekannt.

Wechselwirkungen
Immunsuppressiv wirkende Arzneimittel können die Wirksamkeit von Quentakehl® D3 beeinträchtigen. Vor und nach der Behandlung mit oral verabreichten Lebendimpfstoffen ist ein Abstand von 4 Wochen einzuhalten.

Sonstige Hinweise
Enthält Lactose.

Packungsgrößen und Preise

10 Zäpfchen	(PZN 04457050)	Euro 17,58
10-mal 10 Zäpfchen	(PZN 04457067)	Euro 144,97

Apothekenpflichtig.

Sanum-Kehlbeck

Quentakehl® D4

Hartkapseln

Wirkstoff: Penicillium glabrum e volumine mycelii (lyophil., steril.) Trit. D4

Zusammensetzung
1 Hartkapsel enthält: Wirkstoff: 330 mg Penicillium glabrum e volumine mycelii (lyophil., steril.) Trit. D4 nach Vorschrift 6 HAB.

Sonstiger Bestandteil: Hartkapselhülle: Hypromellose.

Anwendungsgebiete
Erfahrungsgemäß unterstützend angewendet bei:

- akuten und latenten viralen Infektionen, wie Laryngitis, Bronchitis, Sinusitis, Pharyngitis, grippale Infekte, Warzen sowie Infektionen mit intrazellulären Bakterien und Spirochaeten

- allen Erkrankungen, die durch Mischinfektionen hervorgerufen werden, z. B. Herpes zoster, Windpocken
- Migräne, multiple Sklerose, Vertigo, Morbus Menière.

Eigenschaften
Quentakehl® wird gewonnen aus dem Schimmelpilz Penicillium glabrum und erfahrungsgemäß angewendet bei allen virusbedingten Erkrankungen. Quentakehl® ist kein Antibiotikum und produziert keine antibiotischen Substanzen. Deshalb treten die bei einer Antibiotika-Behandlung möglichen Begleiterscheinungen, wie Allergien, Leberschäden, Zerstörung der Darmflora und Bildung penicillinresistenter Stämme nicht auf.

Dosierung
Erwachsene und Jugendliche ab 12 Jahren nehmen täglich 1 - 3 Hartkapseln vor dem Frühstück oder abends vor dem Schlafengehen mit etwas Flüssigkeit ein. Nach längstens 4 Wochen Therapiedauer sollte Quentakehl® D4 abgesetzt werden.

Nebenwirkungen
Aufgrund des Gehaltes von Quentakehl® D4 an spezifischen organischen Bestandteilen können Überempfindlichkeitsreaktionen, hauptsächlich in Form von Hautreaktionen, auftreten und eine Allergie gegen den Bestandteil Penicillium glabrum ausgelöst werden. Das Arzneimittel ist dann abzusetzen und ein Arzt aufzusuchen.

Gegenanzeigen
Nicht anwenden bei:
- bekannter Überempfindlichkeit gegenüber Schimmelpilzen (Penicillium glabrum)
- Autoimmunerkrankungen
- Kindern unter 12 Jahren
- Schwangerschaft und Stillzeit.

Vorsichtsmaßnahmen
Dieses Arzneimittel enthält Lactose. Bitte nehmen Sie Quentakehl® D4 erst nach Rücksprache mit Ihrem Arzt ein, wenn Ihnen bekannt ist, dass Sie unter einer Unverträglichkeit gegenüber bestimmten Zuckern leiden.

Wechselwirkungen
Immunsuppressiv wirkende Arzneimittel können die Wirksamkeit von Quentakehl® D4 beeinträchtigen. Vor und nach der Behandlung mit oral verabreichten Lebendimpfstoffen ist ein Abstand von 4 Wochen einzuhalten.

Sonstige Hinweise
Enthält Lactose.

Packungsgrößen und Preise

20 Hartkapseln (PZN 04457038)	Euro 32,49
10-mal 20 Hartkapseln (PZN 04457044)	Euro 285,36

Apothekenpflichtig.

Sanum-Kehlbeck

Quentakehl® D5

Tropfen

Wirkstoff: Penicillium glabrum e volumine mycelii (lyophil., steril.) Dil. D5

Zusammensetzung
10 ml flüssige Verdünnung enthalten: Wirkstoff: 10 ml Penicillium glabrum e volumine mycelii (lyophil., steril.) Dil. D5 (HAB V. 5a, Lsg. D1 mit gereinigtem Wasser).

Anwendungsgebiete
Erfahrungsgemäß unterstützend angewendet bei:
- akuten und latenten viralen Infektionen, wie Laryngitis, Bronchitis, Sinusitis, Pharyngitis, grippale Infekte, Warzen sowie Infektionen mit intrazellulären Bakterien und Spirochaeten
- allen Erkrankungen, die durch Mischinfektionen hervorgerufen werden, z. B. Herpes zoster, Windpocken
- Migräne, multiple Sklerose, Vertigo, Morbus Menière.

Eigenschaften
Quentakehl® wird gewonnen aus dem Schimmelpilz Penicillium glabrum und erfahrungsgemäß angewendet bei allen virusbedingten Er-

krankungen. Quentakehl® ist kein Antibiotikum und produziert keine antibiotischen Substanzen. Deshalb treten die bei einer Antibiotika-Behandlung möglichen Begleiterscheinungen, wie Allergien, Leberschäden, Zerstörung der Darmflora und Bildung penicillinresistenter Stämme nicht auf.

Nebenwirkungen
Aufgrund des Gehaltes von Quentakehl® D5 an spezifischen organischen Bestandteilen können Überempfindlichkeitsreaktionen, hauptsächlich in Form von Hautreaktionen, auftreten und eine Allergie gegen den Bestandteil Penicillium glabrum ausgelöst werden. Das Arzneimittel ist dann abzusetzen und ein Arzt aufzusuchen.

Gegenanzeigen
Nicht anwenden bei:

- bekannter Überempfindlichkeit gegenüber Schimmelpilzen (Penicillium glabrum)
- Autoimmunerkrankungen
- Kindern unter 12 Jahren
- Schwangerschaft und Stillzeit.

Vorsichtsmaßnahmen
Keine bekannt.

Warnhinweise
Keine bekannt.

Wechselwirkungen
Immunsuppressiv wirkende Arzneimittel können die Wirksamkeit von Quentakehl® D5 beeinträchtigen. Vor und nach der Behandlung mit oral verabreichten Lebendimpfstoffen ist ein Abstand von 4 Wochen einzuhalten.

Dosierung
Zum Einnehmen: 1 – 2-mal täglich 5 Tropfen vor einer Mahlzeit.

Zum Einreiben: Einmal täglich 5 - 10 Tropfen in die Ellenbeuge einreiben.

Nach längstens 4 Wochen Therapiedauer sollte Quentakehl ® D5 abgesetzt werden.

Packungsgrößen und Preise

10 ml	(PZN 03207227) ..	Euro 13,82
10-mal 10 ml	(PZN 03207233) ..	Euro 107,05

Apothekenpflichtig.

BerryPharma

rubyni® Edelholunder

Kapseln

Nahrungsergänzungsmittel mit reinem Edelholunder für Abwehrkräfte und Immunsystem.

Inhaltsstoffe
Bio-Edelholunderbeerenextrakt aus dem Schwarzen Edelholunder der Sorte Haschberg, pflanzliche Kapselhülle aus Hydroxypropylmethylcellulose.

Eine Kapsel entspricht der Menge von mehr als 132 Holunderbeeren und enthält 60 mg Anthocyane.

Eigenschaften
Holunder gehört bereits seit Jahrtausenden zur Hausapotheke des Menschen. Heute wissen wir, dass das an den sekundären Pflanzstoffen des Holunders liegt: Anthocyane z. B. verleihen dem Schwarzen Holunder nicht nur seine charakteristische Farbe, sondern können auch antiviral wirken. Polysaccharide stimulieren das Immunsystem und unterstützen es in seiner normalen Funktion.

Der für rubyni® verwendete Edelholunder stammt ausschließlich aus der Steiermark und dem Burgenland in Österreich und wird per Hand geerntet. Die Verarbeitung zum Extrakt erfolgt lösungsmittelfrei.

Anwendungsgebiete

- Immunsystem
- Erkältung & Gripppe
- Antioxidativ
- Darmgesundheit

Verzehrempfehlung
Erwachsene nehmen täglich 1 – 2 Kapseln unzerkaut und mit ausreichend Flüssigkeit ein. Die empfohlene tägliche Verzehrmenge darf nicht überschritten werden.

Nahrungsergänzungsmittel sollten nicht als Ersatz für eine ausgewogenen und abwechslungsreiche Ernährung dienen und ersetzen keine gesunde Lebensweise.

Sonstige Hinweise
rubyni® mit Edelholunder ist bio-zertifiziert und von Natur aus vegan, laktose- und glutenfrei. Auf Füll- und Konservierungsstoffe wird bewusst verzichtet.

Weiterführende Informationen
www.rubyni.com

www.eldercraft.info
(Edelholunderbeerenextrakt ElderCraft®)

Packungsgrößen und Preise

Glas mit 60 Kapseln	Euro 59,90
Glas mit 90 Kapseln	Euro 79,90

Herstellerangaben
BerryPharma GmbH | Weidboden 1 | 83339 Chieming | www.rubyni.com

Die Familie Philipp, die hinter BerryPharma® steht, hat sich seit Generationen ganz der Verarbeitung qualitativ hochwertiger Beeren und Früchte verschrieben. In den Produkten von BerryPharma® kommen nur natürliche Extrakte und Inhaltsstoffe zum Einsatz, die in ihrer Wirkung durch Studien belegt sind. Eine ideale Ergänzung für die tägliche Ernährung.
SO PURE. SO YOU.

Stand:
17.11.2023

NutraMedix Deutschland

Serrapeptase NutraMedix Kapseln

siehe Entzündungen

Weber & Weber

Sinuvowen®

Mischung

Zusammensetzung
Wirkstoffe: 10 ml enth.: Hydrargyrum sulfuratum rubrum Dil. D8 3,33 ml; Kalium bichromicum Dil. D4 3,33 ml; Luffa operculata Dil. D6 3,33 ml.

Anwendungsgebiete
Die Anwendungsgebiete leiten sich von den homöopath. Arzneimittelbildern ab. Dazu gehören: Entzündungen der Nasennebenhöhlen (Sinusitis) mit Schnupfen.

Hinw.: Bei anhaltenden, unklaren und wiederkehrenden Beschwerden ist eine ärztl. Abklärung erforderlich.

Gegenanzeigen
Chromüberempfindlichkeit; Alkoholkranke; Kinder unter 12 J. Zur Anwend. des Arzneimittels bei Kindern liegen keine ausreichend dokumentierten Erfahrungen vor. Es soll deshalb bei Kindern unter 12 J. nicht angewendet werden.

Nebenwirkungen
Es können Hautreaktionen auftreten; ferner kann nach der Anwendung erneut Speichelfluss auftreten. Das Mittel ist dann abzusetzen.

Sonstige Hinweise
Enthält 59 mg Alkohol (Ethanol) pro 5 Tropfen (Einzeldosis). Packungsbeilage beachten.

Dosierung und Art der Anwendung
Soweit nicht anders verordnet: **Erwachsene und Jugendliche ab 12 J.:** Bei **akuten Zuständen** alle halbe bis ganze Std., höchstens 6x tgl., je 5 Tr. einnehmen. Eine über 1 Wo. hinausgehende Anwend. sollte nur nach Rücksprache mit einem homöopath. erfahrenen Therapeuten erfolgen. Bei **chron. Verlaufsformen** 1 – 3x tgl. je 5 Tr. einnehmen. Bei Besserung der Beschwerden ist die Häufigkeit der Anwend. zu reduzieren.

Packungsgrößen und Preise

30 ml (PZN 03298879) .... Euro 12,59
50 ml (PZN 06143611) .... Euro 18,34

Apothekenpflichtig.

franconpharm Arzneimittel

Strongus - Knoblauchkapseln

Kapseln

siehe Durchblutungsstörung

NutraMedix Deutschland

Takuna NutraMedix Tropfen

siehe Infektionen

MensSana AG

Vitaldrink MensSana

Saft

siehe Nährstoffmangel

MensSana AG

Zink + C MensSana

Tabletten

siehe Nährstoffmangel

INTERNA

(Grippe, grippaler Infekt, Erkältung - Fieber)

Weleda AG

Infludo

Mischung

siehe Grippe, grippaler Infekt, Erkältung

Weleda AG

Infludoron

Streukügelchen

siehe Grippe, grippaler Infekt, Erkältung

INJEKTIONEN

(Grippe, grippaler Infekt, Erkältung - Husten)

Sanum-Kehlbeck

Larifikehl® D5

Injektionslösung

Wirkstoff: Laricifomes officinalis e volumine mycelii Dil. D5 aquos.

Zusammensetzung

1 ml flüssige Verdünnung enthält: Wirkstoff: Laricifomes officinalis e volumine mycelii (lyophil., steril.) Dil. D5 aquos. nach Vorschrift 5b HAB.

Anwendungsgebiete

Erfahrungsgemäß unterstützend angewendet bei:

Fieber, Frösteln und Hitzewellen, nächtlichem starken Schwitzen, Bronchitis, Asthma und Husten, Lungenkrankheiten, Entzündungen der Verdauungsorgane, Arthrose, primär chronischer Polyarthritis.

Eigenschaften

Larifikehl® ist ein aus dem Pilz Laricifomes officinalis (Lärchenschwamm) hergestelltes Arzneimittel. In der Volksmedizin wurde er vorwiegend gegen Nachtschweiß bei Lungenkranken, gegen Asthma, Husten sowie als Abführmittel eingesetzt.

Dosierung

Erwachsenen und Jugendlichen ab 12 Jahren 2-mal wöchentlich 1 Ampulle zu 1 ml s.c. injizieren. Nach längstens 4 Wochen Therapiedauer sollte Larifikehl® D5 abgesetzt werden.

Vor Anwendung beachten: Larifikehl® D5 enthält Natrium, aber weniger als 1 mmol (23 mg) Natrium pro 1 ml, d.h., es ist nahezu „natriumfrei“.

Nebenwirkungen

Aufgrund des Gehaltes von Larifikehl® D5 an spezifischen organischen Bestandteilen können in seltenen Fällen Überempfindlichkeits-

reaktionen, hauptsächlich in Form von Hautreaktionen, auftreten und eine Allergie gegen den Bestandteil Laricifomes officinalis ausgelöst werden. Das Arzneimittel ist dann abzusetzen und ein Arzt aufzusuchen.

Gegenanzeigen
Nicht anwenden bei:

- bekannter Überempfindlichkeit gegenüber Laricifomes officinalis
- Autoimmunerkrankungen
- Kindern unter 12 Jahren
- Schwangeren und Stillenden.

Vorsichtsmaßnahmen
Keine bekannt.

Warnhinweise
Keine bekannt.

Wechselwirkungen
Immunsuppressiv wirkende Arzneimittel können die Wirksamkeit von Larifikehl® D5 beeinträchtigen. Vor und nach der Behandlung mit oral verabreichten Lebendimpfstoffen ist ein Abstand von 4 Wochen einzuhalten.

Packungsgrößen und Preise

1 Amp. à 1 ml (PZN 04548976)	Euro	7,72
10 Amp. à 1 ml (PZN 04548982)	Euro	53,97
50 Amp. à 1 ml (PZN 04548999)	Euro	230,16

Apothekenpflichtig.

Sanum-Kehlbeck

Relivora® Komplex

Injektionslösung

Wirkstoff: Drosera D3, Echinacea D4, Juglans D4

Zusammensetzung
Der Wirkstoff ist: 2 ml flüssige Verdünnung zur Injektion enthalten: 50,0 µl Drosera D3 Dil. (Lsg. D1 mit Ethanol 43 % (m/m) nach HAB, Vorschrift 2a), 500,0 µl Echinacea D4 Dil. (Lsg. D1 mit Ethanol 62 % (m/m) nach HAB, Vorschrift 3a), 500,0 µl Juglans regia D4 Dil. (Lsg. D1 mit Ethanol 62% (m/m) nach HAB, Vorschrift 3a)

Anwendungsgebiete
Erfahrungsgemäß unterstützend angewendet bei:

- Anregung körpereigener Abwehrkräfte, Fieberprozesse
- entzündlichen Prozessen der Atemwege (harter, trockener Husten), Bronchitis, Keuchhusten.

Eigenschaften
Den einzelnen Extrakten von Relivora® Komplex kommen folgende Bedeutungen zu: Extrakte aus Drosera rotundifolia wirken broncholytisch, sekretolytisch und spasmolytisch. Die medizinische Anwendung von Echinacea angustifolia ist angezeigt und bewährt bei Allgemeininfekten zur Steigerung der unspezifischen, eigenen Abwehrleistung, bei Resistenz gegen Antibiotika, rezidivierenden Infekten und entzündlichen Prozessen im Bereich des Urogenitalsystems, der HNO-Heilkunde und der Dermatologie. Juglans regia wird infolge ihres hohen Gerbstoffgehaltes als Antiscrophulosum eingesetzt. Sie wird vornehmlich extern angewendet bei Hautleiden, Akne, Ekzemen, Pyodermien und Geschwüren. Das ätherische Öl wirkt antifungisch, während der wässrige Extrakt antivirale Wirkungen in Gewebekulturen zeigt. Mit dem Komplexpräparat Relivora® ist erstmals eine fein abgestimmte Kombination von naphthochinonhaltigen Drogen (Drosera und Juglans) mit den immunstimulierenden Faktoren aus Echinacea gelungen.

Gegenanzeigen
Relivora® Komplex darf nicht angewendet werden,

- wenn Sie allergisch gegen einen der Wirk- oder Hilfsstoffe, gegen Echinacea (Sonnenhut) oder andere Korbblütler sind
- wenn Sie schwanger sind

- bei Kindern unter 1 Jahr
- Aus grundsätzlichen Erwägungen ist Relivora® Komplex nicht anzuwenden bei fortschreitenden Systemerkrankungen (wie Tuberkulose, Sarkoidose), systemischen Erkrankungen des weißen Blutzellsystems (z.B. Leukämie bzw. Leukämie-ähnlichen Erkrankungen), Autoimmunerkrankungen (z.B. entzündlichen Erkrankungen des Bindegewebes (Kollagenosen), multipler Sklerose), Immundefizienz (AIDS/HIV-Infektionen), Immunsuppression (z.B. nach Organ- oder Knochenmarktransplantation, Chemotherapie bei Krebserkrankungen), chronischen Viruserkrankungen sowie bei Diabetes mellitus.

Ggf. Besonderheiten bei Kindern, Schwangeren, Stillenden

Da keine ausreichend dokumentierten Erfahrungen zur Anwendung in der Stillzeit vorliegen, sollte das Arzneimittel nur nach Rücksprache mit dem Arzt angewendet werden. Zur Anwendung dieses Arzneimittels bei Kindern liegen keine ausreichenden Erfahrungen vor. Es soll deshalb bei Kindern unter 12 Jahren nicht angewendet werden.

Vorsichtsmaßnahmen

Bei Patienten mit atopischen Erkrankungen besteht möglicherweise ein erhöhtes Risiko eines anaphylaktischen Schocks. Deshalb sollte Relivora® Komplex von Patienten mit atopischen Erkrankungen nur nach Rücksprache mit dem Arzt angewendet werden.

Wechselwirkungen

Keine bekannt.

Nebenwirkungen

Für Arzneimittel mit Zubereitungen aus Sonnenhut (Echinacea) wurden Hautauschlag, Juckreiz, selten Gesichtsschwellung, Atemnot, Schwindel und Blutdruckabfall, anaphylaktischer Schock, Stevens-Johnson-Syndrom beobachtet. Bei Patienten mit atopischen Erkrankungen können allergische Reaktionen ausgelöst werden. In diesen Fällen sollten Sie das Arzneimittel absetzen und Ihren Arzt aufsuchen. Die Anwendung von Arzneimitteln mit Zubereitungen aus Sonnenhut wird mit dem Auftreten von Autoimmunerkrankungen in Verbindung gebracht. Bei Langzeitanwendung (länger als 8 Wochen) können Blutbildveränderungen auftreten.

Dosierung

Erwachsene und Jugendliche ab 12 Jahren: 1-mal täglich 2 ml entweder intramuskulär, subcutan oder intracutan injizieren. Relivora® Komplex sollte ohne ärztlichen Rat nicht länger als 10 Tage angewendet werden.

Relivora® Komplex enthält Natrium, aber weniger als 1 mmol (23 mg) Natrium pro 1 ml, d.h., es ist nahezu „natriumfrei".

Überdosierung: Von den homöopathischen Bestandteilen sind keine Vergiftungserscheinungen zu erwarten.

Packungsgrößen und Preise

1 Amp. à 2 ml (PZN 03826290)	.	Euro 7,00
10 Amp. à 2 ml (PZN 03826309)	.	Euro 17,70
50 Amp. à 2 ml (PZN 03826315)	.	Euro 72,60

Apothekenpflichtig.

INTERNA

Queisser Pharma (Doppelherz Pharma GmbH)

HUSTENLÖSER EFEU 8,25 mg/ml Sirup

Zur Anwendung bei Erwachsenen, Jugendlichen und Kindern ab 2 Jahren.

Wirkstoff: Efeublätter-Trockenextrakt

Anwendungsgebiete
HUSTENLÖSER EFEU 8,25 mg/ml Sirup enthält Efeublätter-Trockenextrakt (*Hedera helix* L., folium) (4-8:1), Auszugsmittel Ethanol 30% (m/m).

HUSTENLÖSER EFEU ist ein pflanzliches Arzneimittel zur Schleimlösung bei produktivem Husten.

Art der Anwendung
Zum Einnehmen.

Dosierung
Die empfohlene Dosis beträgt:

Jugendliche, Erwachsene und ältere Patienten:
6 ml Sirup zweimal täglich;

Kinder von 6 bis 11 Jahren:
4 ml Sirup zweimal täglich;

Kinder von 2 bis 5 Jahren:
2 ml Sirup zweimal täglich.

Der beigefügte Messbecher ermöglicht eine einfache Dosierung.

Patienten mit einer Nieren- oder Lebererkrankung

Wegen fehlender Daten ist eine Dosierungsempfehlung nicht möglich.

Flasche vor Gebrauch schütteln.

Gegenanzeigen
- wenn Sie allergisch gegen den Wirkstoff (Efeublätter-Trockenextrakt), andere Pflanzen aus der Familie der *Araliaceae* (Efeu) oder einen der sonstigen Bestandteile dieses Arzneimittels sind.
- bei Kindern unter 2 Jahren aufgrund des allgemeinen Risikos einer Verschlimmerung der Atemwegsbeschwerden durch schleimlösende Arzneimittel.

Ggf. Besonderheiten bei Kindern, Schwangeren, Stillenden
Wenn Sie schwanger sind oder stillen, oder wenn Sie vermuten, schwanger zu sein oder beabsichtigen, schwanger zu werden, fragen Sie vor der Einnahme dieses Arzneimittels Ihren Arzt oder Apotheker um Rat.

Die Sicherheit von HUSTENLÖSER EFEU in der Schwangerschaft und Stillzeit wurde nicht untersucht.

Da keine ausreichenden Daten vorliegen, wird die Einnahme während der Schwangerschaft und Stillzeit nicht empfohlen.

Daten zur Auswirkung des Arzneimittels auf die Fortpflanzungsfähigkeit liegen nicht vor.

Bei Kindern unter 2 Jahren darf HUSTENLÖSER EFEU nicht angewendet werden.

Nebenwirkungen
Wie alle Arzneimittel kann auch dieses Arzneimittel Nebenwirkungen haben, die aber nicht bei jedem auftreten müssen.

Nebenwirkungen, die während der Behandlung mit HUSTENLÖSER EFEU auftreten können:

Es wurde von Magen-Darm-Beschwerden (Übelkeit, Erbrechen, Durchfall) berichtet. Die Häufigkeit ist nicht bekannt (Häufigkeit auf Grundlage der verfügbaren Daten nicht abschätzbar).

Es wurde von allergischen Reaktionen (Nesselsucht, Hautausschlag, Atemnot, anaphylaktische Reaktionen) berichtet. Die Häufigkeit ist nicht bekannt (Häufigkeit auf Grundlage der verfügbaren Daten nicht abschätzbar).

Wenn Sie andere Nebenwirkungen bemerken, die oben nicht genannt sind, wenden Sie sich an Ihren Arzt oder Apotheker.

Vorsichtsmaßnahmen

HUSTENLÖSER EFEU enthält Sorbitol

Dieses Arzneimittel enthält Sorbitol-Lösung 70% (nicht kristallisierend) (Ph. Eur.) entsprechend 469 mg Sorbitol pro ml.

Sorbitol ist eine Quelle für Fructose. Sprechen Sie mit Ihrem Arzt bevor Sie (oder Ihr Kind) dieses Arzneimittel einnehmen oder erhalten, wenn Ihr Arzt Ihnen mitgeteilt hat, dass Sie (oder Ihr Kind) eine Unverträglichkeit gegenüber einigen Zuckern haben oder wenn bei Ihnen eine hereditäre Fructoseintoleranz (HFI) – eine seltene angeborene Erkrankung, bei der eine Person Fructose nicht abbauen kann – festgestellt wurde.

Verkehrstüchtigkeit und Fähigkeit zum Bedienen von Maschinen

Es wurden keine Untersuchungen zur Wirkung auf die Verkehrstüchtigkeit und die Fähigkeit zum Bedienen von Maschinen durchgeführt.

Warnhinweise

Bitte sprechen Sie mit Ihrem Arzt oder Apotheker, bevor Sie HUSTENLÖSER EFEU einnehmen.

Beim Auftreten von Atemnot, Fieber oder eitrigem Auswurf wenden Sie sich bitte an Ihren Arzt oder Apotheker.

Bei Patienten mit Magenschleimhautentzündung (Gastritis) oder Magengeschwür ist Vorsicht geboten.

Wenn die Beschwerden während der Einnahme dieses Arzneimittels länger als 7 Tage bestehen bleiben, wenden Sie sich bitte an Ihren Arzt oder Apotheker.

Kinder

Bei Kindern von 2 bis 4 Jahren mit anhaltendem oder wiederkehrendem Husten muss vor der Behandlung eine medizinische Diagnose gestellt werden.

Wechselwirkungen

Informieren Sie Ihren Arzt oder Apotheker, wenn Sie andere Arzneimittel einnehmen, kürzlich andere Arzneimittel eingenommen haben oder beabsichtigen, andere Arzneimittel einzunehmen.

Über einen Einfluss von HUSTENLÖSER EFEU auf die Wirkungen anderer Arzneimittel ist bisher nicht berichtet worden. Es wurden keine Studien zu Wechselwirkungen durchgeführt.

Aufbewahrungshinweise

Bewahren Sie dieses Arzneimittel für Kinder unzugänglich auf.

Nach dem ersten Öffnen nicht über 25 °C lagern. Nach dem ersten Öffnen kann das Arzneimittel 3 Monate lang eingenommen werden.

Zusammensetzung

Der Wirkstoff ist: Efeublätter-Trockenextrakt.

1 ml (entsprechend 1,18 g) HUSTENLÖSER EFEU Sirup enthält 8,25 mg Trockenextrakt aus Efeublättern (*Hedera helix* L., folium) (4-8:1). Auszugsmittel: Ethanol 30 % (m/m).

Die sonstigen Bestandteile sind:
Sorbitol-Lösung 70% (nicht kristallisierend) (Ph. Eur.) (E420),
Kaliumsorbat (Ph. Eur.) (E202),
Xanthangummi (E415),
Citronensäure (E330),
Gereinigtes Wasser.

Aussehen und Verpackung

HUSTENLÖSER EFEU ist eine braune, opaleszierende Flüssigkeit mit süßem Geschmack und möglichem leichten Bodensatz.

Das Behältnis von HUSTENLÖSER EFEU ist eine braune Glasflasche, die 100 ml oder 200 ml Sirup enthält, mit beigefügtem Messbecher.

Sanum-Kehlbeck

Larifikehl® D4

Kapseln

Wirkstoff: Laricifomes officinalis e volumine mycelii (lyophil., steril.) Trit. D4

Zusammensetzung

1 Kapsel enthält: Wirkstoff: 330 mg Laricifomes officinalis e volumine mycelii (lyophil., steril) Trit. D4 nach Vorschrift 6 HAB.

Sonstiger Bestandteil: Kapselhülle: Hypromellose.

Anwendungsgebiete

Erfahrungsgemäß unterstützend angewendet bei:

Fieber, Frösteln und Hitzewellen, nächtlichem starken Schwitzen, Bronchitis, Asthma und Husten, Lungenkrankheiten, Entzündungen der Verdauungsorgane, Arthrose, primär chronischer Polyarthritis.

Eigenschaften

Larifikehl® ist ein aus dem Pilz Laricifomes officinalis (Lärchenschwamm) hergestelltes Arzneimittel. In der Volksmedizin wurde er vorwiegend gegen Nachtschweiß bei Lungenkranken, gegen Asthma, Husten sowie als Abführmittel eingesetzt.

Dosierung

Erwachsene und Jugendliche ab 12 Jahren nehmen täglich 1 - 3 Kapseln vor dem Frühstück oder abends vor dem Schlafengehen mit etwas Flüssigkeit ein.

Nach längstens 4 Wochen Therapiedauer sollte Larifikehl® D4 abgesetzt werden.

Nebenwirkungen

Aufgrund des Gehaltes von Larifikehl® D4 an spezifischen organischen Bestandteilen können in seltenen Fällen Überempfindlichkeitsreaktionen, hauptsächlich in Form von Hautreaktionen, auftreten und eine Allergie gegen den Bestandteil Laricifomes officinalis ausgelöst werden. Das Arzneimittel ist dann abzusetzen und ein Arzt aufzusuchen.

Gegenanzeigen

Nicht anwenden bei:

- bekannter Überempfindlichkeit gegenüber Laricifomes officinalis
- Autoimmunerkrankungen
- Kindern unter 12 Jahren
- Schwangeren und Stillenden

Vorsichtsmaßnahmen

Dieses Arzneimittel enthält Lactose. Bitte nehmen Sie Larifikehl® D4 erst nach Rücksprache mit Ihrem Arzt ein, wenn Ihnen bekannt ist, dass Sie an einer Unverträglichkeit gegenüber bestimmten Zuckern leiden.

Wechselwirkungen

Immunsuppressiv wirkende Arzneimittel können die Wirksamkeit von Larifikehl® D4 beeinträchtigen. Vor und nach der Behandlung mit oral verabreichten Lebendimpfstoffen ist ein Abstand von 4 Wochen einzuhalten.

Packungsgrößen und Preise

20 Kapseln	(PZN 04549036)	Euro 32,49
10-mal 20 Kapseln	(PZN 04549042)	Euro 285,36

Apothekenpflichtig.

Sanum-Kehlbeck

Larifikehl® D5

Tropfen

Wirkstoff: Laricifomes officinalis e volumine mycelii (lyophil., steril.) Dil. D5

Zusammensetzung

10 ml flüssige Verdünnung enthalten: Wirkstoff: 10 ml Laricifomes officinalis e volumine mycelii (lyophil., steril.) Dil. D5 nach Vorschrift 5a HAB, Lsg. D1 mit gereinigtem Wasser.

Anwendungsgebiete

Erfahrungsgemäß unterstützend angewendet bei:

Fieber, Frösteln und Hitzewellen, nächtlichem starken Schwitzen, Bronchitis, Asthma und Husten, Lungenkrankheiten, Entzündungen der Verdauungsorgane, Arthrose, primär chronischer Polyarthritis.

Eigenschaften
Larifikehl® ist ein aus dem Pilz Laricifomes officinalis (Lärchenschwamm) hergestelltes Arzneimittel. In der Volksmedizin wurde er vorwiegend gegen Nachtschweiß bei Lungenkranken, gegen Asthma, Husten sowie als Abführmittel eingesetzt.

Dosierung
Zum Einnehmen: Erwachsene und Jugendliche ab 12 Jahren nehmen 1-mal täglich 8 Tropfen vor einer Mahlzeit ein.

Zum Einreiben in die Haut: Erwachsene und Jugendliche ab 12 Jahren reiben zweimal wöchentlich 5 - 10 Tropfen am Ort der Erkrankung oder in die Ellenbeugen ein.

Nach längstens 4 Wochen Therapiedauer sollte Larifikehl® D5 abgesetzt werden.

Nebenwirkungen
Aufgrund des Gehaltes von Larifikehl® D5 an spezifischen organischen Bestandteilen können in seltenen Fällen Überempfindlichkeitsreaktionen, hauptsächlich in Form von Hautreaktionen, auftreten und eine Allergie gegen den Bestandteil Laricifomes officinalis ausgelöst werden. Das Arzneimittel ist dann abzusetzen und ein Arzt aufzusuchen.

Gegenanzeigen
Nicht anwenden bei bekannter Überempfindlichkeit gegenüber Laricifomes officinalis, Autoimmunerkrankungen, Kindern unter 12 Jahren, Schwangeren und Stillenden.

Vorsichtsmaßnahmen
Keine bekannt.

Warnhinweise
Keine bekannt.

Wechselwirkungen
Immunsuppressiv wirkende Arzneimittel können die Wirksamkeit von Larifikehl® D5 beeinträchtigen. Vor und nach der Behandlung mit oral verabreichten Lebendimpfstoffen ist ein Abstand von 4 Wochen einzuhalten.

Packungsgrößen und Preise
10 ml (PZN 04549007) .. Euro 13,82
10-mal 10 ml (PZN 04549013) .. Euro 107,05
Apothekenpflichtig.

meta Fackler

metatussolvent® Hustentropfen

Mischung

Zusammensetzung
10 g enthalten: Coccus cacti Dil. D4 0,93 g, Cuprum aceticum Dil. D6 1,97 g, Drosera Dil. D4 1,97 g, Hyoscyamus Dil. D6 1,97 g. Sonst. Bestandt.: Ger. Wasser. Enthält 37 Vol.-% Alkohol.

Anwendungsgebiete
Diese leiten sich von den homöopathischen Arzneimittelbildern ab. Dazu gehören: Besserung der Beschwerden bei Infekten der oberen Atemwege mit Husten.

Dosierung
Soweit nicht anders verordnet: Erw. u. Jugendl. ab 12 J.: akut: 5 Tr. (halb-)stündl. bis 6x tgl., chronisch: 5 Tr. 1-3x tgl.; Kinder (6-11 J.): 3-4 Tr. (halb-)stündl. bis 6x tgl; Kleinkinder (1-5 J.): 2-3 Tr. (halb-)stündl. bis 6x tgl.; Säuglinge (bis 1. Lebensj.) nach Rücksprache mit dem Arzt: 1-2 Tr. (halb-)stündl. bis 6x tgl.; Bei Besserung d. Beschwerden ist die Häufigkeit der Anwend. zur reduzieren.

Gegenanzeigen
Keine bekannt.

Vorsichtsmaßnahmen
Kinder unter 12 J. sowie Schwangerschaft u. Stillzeit (keine Erfahrungen/Rücksprache).

Nebenwirkungen
Keine bekannt.

Packungsgrößen und Preise

50 ml	Euro 14,80
100 ml	Euro 24,25

Apothekenpflichtig

Weber & Weber

Pectovowen®

Mischung

Zusammensetzung
Wirkstoffe: 10 ml enth.: Drosera Dil. D1 0,05 ml; Echinacea purpurea Ø 0,4 ml; Kalium iodatum Dil. D4 0,4 ml; Lobelia inflata Dil. D4 0,8 ml; Pinus sylvestris Ø 0,3 ml. Sonst. Bestandteil: Ethanol 43 % (m/m).

Anwendungsgebiete
Die Anwendungsgebiete leiten sich von den homöopath. Arzneimittelbildern ab. Dazu gehören: Erkrankungen der Atemwege.

Bei Fieber, eitrigem oder blutigem Auswurf, Atemnot sowie bei anhaltenden, unklaren oder neu auftretenden Beschwerden sollten Sie Ihren Arzt aufsuchen.

Gegenanzeigen
Alkoholkranke, Überempfindlichkeit gg. einen der Wirk- oder Hilfsstoffe oder gg. Korbblütler. Aus grundsätzlichen Erwägungen darf Pectovowen® außerdem nicht eingenommen werden bei fortschreitenden Systemerkrank. wie Tuberkulose, Leukämie bzw. leukämieähnl. Erkrank. (Leukosen), entzündlichen Erkrank. des Bindegewebes (Kollagenosen), Autoimmunerkrank., Multipler Sklerose, AIDS-Erkrank., HIV-Infektion oder anderen chron. Viruserkrank.

Nebenwirkungen
In Einzelfällen können Überempfindlichkeitsreaktionen auftreten. Für Arzneimittel mit Zubereitungen aus Sonnenhut (Echinacea) wurden Hautausschlag, Juckreiz, selten Gesichtsschwellung, Atemnot, Schwindel und Blutdruckabfall beobachtet.

Sonstige Hinweise
Enthält 133 mg Alkohol (Ethanol) pro 10 Tropfen (max. Einzeldosis).
Packungsbeilage beachten.

Dosierung und Art der Anwendung
Bei **akuten Zuständen** alle halbe bis ganze Std., höchstens 12x tgl., je 5 – 10 Tr., bei **chron. Verlaufsformen** 1 – 3x tgl. 5 – 10 Tr. einnehmen.

Dauer der Anwend.: Pectovowen® sollte ohne ärztl. Rat nicht länger als 8 Wo. eingenommen werden.

Packungsgrößen und Preise

50 ml (PZN 03298939)	Euro 18,04

Apothekenpflichtig.

Sanum-Kehlbeck

Relivora® Komplex

Tropfen

Wirkstoff: Drosera D3, Echinacea D2, Juglans D4

Zusammensetzung
10 ml enthalten an Wirkstoffen: Drosera D3 dil. 0,25 ml, Echinacea D2 dil. 0,025 ml, Juglans (HAB 1934) D4 dil. 2,5 ml nach Vorschrift 3a HAB.

Sonstige Bestandteile: Ethanol 30 % (m/m), gereinigtes Wasser.

Anwendungsgebiete
Erfahrungsgemäß unterstützend angewendet bei:
- Anregung körpereigener Abwehrkräfte, Fieberprozesse
- entzündlichen Prozessen der Atemwege (harter, trockener Husten), Bronchitis, Keuchhusten.

Eigenschaften
Den einzelnen Extrakten von Relivora® Komplex kommen folgende Bedeutungen zu: Extrakte aus Drosera rotundifolia wirken bronchol-

ytisch, sekretolytisch und spasmolytisch. Die medizinische Anwendung von Echinacea angustifolia ist angezeigt und bewährt bei Allgemeininfekten zur Steigerung der unspezifischen, eigenen Abwehrleistung, bei Resistenz gegen Antibiotika, rezidivierenden Infekten und entzündlichen Prozessen im Bereich des Urogenitalsystems, der HNO-Heilkunde und der Dermatologie. Juglans regia wird infolge ihres hohen Gerbstoffgehaltes als Antiscrophulosum eingesetzt. Sie wird vornehmlich extern angewendet bei Hautleiden, Akne, Ekzemen, Pyodermien und Geschwüren. Das ätherische Öl wirkt antifungisch, während der wässrige Extrakt antivirale Wirkungen in Gewebekulturen zeigt. Mit dem Komplexpräparat Relivora® ist erstmals eine fein abgestimmte Kombination von naphthochinonhaltigen Drogen (Drosera und Juglans) mit den immunstimulierenden Faktoren aus Echinacea gelungen.

Gegenanzeigen

Relivora® Komplex darf nicht angewendet werden bei Überempfindlichkeit gegen einen der Wirk- oder Hilfsstoffe, bei Überempfindlichkeit gegen Echinacea oder andere Korbblütler, in der Schwangerschaft und bei Kindern unter 1 Jahr. Aus grundsätzlichen Erwägungen ist Relivora® Komplex nicht anzuwenden bei fortschreitenden Systemerkrankungen (wie Tuberkulose, Sarkoidose), systemischen Erkrankungen des weißen Blutzellsystems (z. B. Leukämie bzw. Leukämie-ähnlichen Erkrankungen), Autoimmunerkrankungen (z. B. entzündlichen Erkrankungen des Bindegewebes (Kollagenosen), multipler Sklerose), Immundefizienz (AIDS/HIV-Infektionen), Immunsuppression (z. B. nach Organ- oder Knochenmarktransplantation, Chemotherapie bei Krebserkrankungen), sowie chronischen Viruserkrankungen.

Ggf. Besonderheiten bei Kindern, Schwangeren, Stillenden

Da keine ausreichend dokumentierten Erfahrungen zur Anwendung in der Stillzeit vorliegen, sollte das Arzneimittel nur nach Rücksprache mit dem Arzt angewendet werden. Das Arzneimittel darf bei Kindern unter 1 Jahr nicht angewendet werden.

Vorsichtsmaßnahmen

Bei Patienten mit atopischen Erkrankungen besteht möglicherweise ein erhöhtes Risiko eines anaphylaktischen Schocks. Deshalb sollte Relivora® Komplex von Patienten mit atopischen Erkrankungen nur nach Rücksprache mit dem Arzt angewendet werden. Wegen des Alkoholgehaltes soll Relivora® Komplex bei Leberkranken, Epileptikern und bei Personen mit organischen Erkrankungen des Gehirns nur nach Rücksprache mit dem Arzt angewendet werden.

Warnhinweise

Dieses Arzneimittel enthält 28 Vol.-% Alkohol (Ethanol).

Wechselwirkungen

Keine bekannt.

Nebenwirkungen

Für Arzneimittel mit Zubereitungen aus Sonnenhut (Echinacea) wurden Hautausschlag, Juckreiz, selten Gesichtsschwellung, Atemnot, Schwindel und Blutdruckabfall, anaphylaktischer Schock, Stevens-Johnson-Syndrom beobachtet. Bei Patienten mit atopischen Erkrankungen können allergische Reaktionen ausgelöst werden. In diesen Fällen sollten Sie das Arzneimittel absetzen und Ihren Arzt aufsuchen. Die Einnahme von Arzneimitteln mit Zubereitungen aus Sonnenhut wird mit dem Auftreten von Autoimmunerkrankungen in Verbindung gebracht. Bei Langzeitanwendung (länger als 8 Wochen) können Blutbildveränderungen auftreten.

Dosierung

Erwachsene und Kinder ab 12 Jahren nehmen bei akuten Zuständen alle halbe bis ganze Stunde, höchstens 6-mal täglich, je 5 Tropfen ein. Bei chronischen Verlaufsformen nehmen Erwachsene und Jugendliche ab 12 Jahren 1 – 3-mal täglich je 5 Tropfen ein. Kinder zwischen

dem 6. und 12. Lebensjahr erhalten nicht mehr als zwei Drittel der Erwachsenendosis. Kleinkinder ab 1 Jahr bis zum 6. Lebensjahr erhalten nicht mehr als die Hälfte der Erwachsenendosis. Die Tropfen sind unverdünnt einzunehmen und einige Zeit im Mund zu belassen. Die Einnahme ist unabhängig von den Mahlzeiten. Relivora® Komplex sollte ohne ärztlichen Rat nicht länger als 10 Tage angewendet werden.

Überdosierung: Von den Bestandteilen sind keine Vergiftungserscheinungen zu erwarten. Nur für 100 ml Packung: Die Einnahme größerer Mengen des Arzneimittels kann insbesondere bei Kleinkindern zu einer Alkoholvergiftung führen; in diesem Fall besteht Lebensgefahr, weshalb unverzüglich ein Arzt aufzusuchen ist.

Packungsgrößen und Preise

30 ml (PZN 03569568) .... Euro 15,67
100 ml (PZN 03569574) .... Euro 29,40

Apothekenpflichtig.

Weber & Weber

Tussovowen®

Mischung

Zusammensetzung

Wirkstoffe: 10 ml enth.: Aralia racemosa Dil. D2 1,25 ml; Cephaelis ipecacuanha Dil. D4 1,25 ml; Cetraria islandica Dil. D3 1,25 ml; Drosera Dil. D2 1,25 ml; Grindelia robusta Dil. D3 1,25 ml; Inula helenium (HAB 34) Dil. D3 (HAB, V3a) 1,25 ml; Sanguinaria canadensis Dil. D3 1,25 ml; Solanum dulcamara Dil. D4 1,25 ml.

Anwendungsgebiete

Die Anwendungsgebiete leiten sich von den homöopath. Arzneimittelbildern ab. Dazu gehört: Besserung der Beschwerden bei Atemwegsinfekten.

Gegenanzeigen

Schwangerschaft und Stillzeit sowie Überempfindlichkeit gg. Korbblütler und Alant (Inula helenium).

Nebenwirkungen

Keine bekannt.

Sonstige Hinweise

Enthält 72 mg Alkohol (Ethanol) pro 5 Tropfen. Packungsbeilage beachten.

Dosierung und Art der Anwendung

Alle halbe bis ganze Std. höchstens die folgenden Einzeldosen einnehmen: **Erwachsene und Jugendliche** bis zu 6x tgl. 5 Tr., **Kinder zwischen 6 und 12 J.** bis zu 6x tgl. 3 - 4 Tr. (maximal 20 Tr.), **Kinder von 1 bis 6 J.** bis zu 6x tgl. 2 - 3 Tr. (maximal 15 Tr.). Eine über 1 Wo. hinausgehende Anwend. sollte nur nach Rücksprache mit einem in der Homöopathie erfahrenen Arzt oder Heilpraktiker erfolgen.
Bei chron. Verlaufsformen die folgenden Dosen einnehmen: **Erwachsene und Jugendliche** 1 – 3x tgl. 5 Tr., **Kinder zwischen 6 und 12 J.** 1 – 3x tgl. 3 Tr., **Kinder von 1 bis 6 J.** 1 – 3x tgl. 2 Tr. Bei Besserung der Beschwerden ist die Häufigkeit der Anwend. zu reduzieren.

Packungsgrößen und Preise

30 ml (PZN 03298885) .... Euro 12,95
50 ml (PZN 06143628) .... Euro 18,56

Apothekenpflichtig.

INTERNA

(Grippe, grippaler Infekt, Erkältung - Schnupfen)

SymbioPharm GmbH

SYMBIOFLOR® 1

Tropfen

siehe Atemwegsbeschwerden

INTERNA
(Gyn. Erkrankungen & Frauenbeschwerden)

MensSana AG

Ferro MensSana

Granulat

siehe Nährstoffmangel

NutraMedix Deutschland

Hormonal Balance NutraMedix Tropfen

Zusammensetzung
Extrakt aus Epimedium-Blätter, Tribulus-Früchte, Jatropha-Stängel, Muira Puama Rinde, Maca Wurzel, Eurycoma Wurzel und Eustephia-Rinde, Mineralwasser, Ethanol (20 – 24 %).

Anwendungsgebiete
Zur Unterstützung des hormonellen Gleichgewichts bei Frauen.

Wirkstoffeigenschaften
Kombinationspräparat aus sieben Pflanzenextrakten der ayurvedischen, südamerikanischen und traditionell chinesischen Medizin.

Gegenanzeigen
Schwangerschaft und Stillzeit.

Nebenwirkungen
Keine bekannt.

Dosierung und Art der Anwendung
2 – 3x täglich 20 – 30 Tropfen in Wasser.

Packungsgrößen und Preise
60 ml (PZN 19433227) . . . . Euro 40,00

Bezug und weitere Informationen
NutraMedix Deutschland GmbH
www.nutramedix.de

Volopharm GmbH Deutschland

KaRaDol®

magensaftresistente Kapseln

siehe Schmerzen akut/chronisch

Institut AllergoSan Deutschland (privat) GmbH

OMNi-BiOTiC® PANDA

Sachets, Tropfen

Ein guter Start für Mutter und Kind

siehe Magen-Darm-Beschwerden

Institut AllergoSan Deutschland (privat) GmbH

OMNi-BiOTiC® WOMAN

Sachets

Was Frau wirklich braucht

Anwendungsgebiete
Die Vaginalflora wird von Milliarden unterschiedlicher nützlicher Laktobazillen gebildet. Das natürliche Gleichgewicht der Scheidenflora kann jedoch ins Wanken geraten. Grund dafür können Medikamente (z. B. Antibiotika) oder hormonelle Veränderungen sein. Dadurch werden die wichtigen Laktobazillen in Anzahl und Vielfalt verändert. In Folge können sich Keime und Pilze leicht vermehren.

OMNi-BiOTiC® WOMAN ergänzt die Scheidenflora ganz natürlich – einfach trinken!

Zusammensetzung
Maltodextrin, Fructooligosaccharide (FOS), Bakterienstämme (mind. 5 Milliarden Keime pro 1 Portion = 2 g).

Nahrungsergänzungsmittel mit hochaktiven Laktobazillen.

Weitere Informationen erhalten Sie unter: omni-biotic.com

Johannes Bürger Ysatfabrik GmbH

Salvysat® 300 mg Filmtabletten

Zum Einnehmen.

Zusammensetzung
1 Filmtablette enthält 300 mg Trockenextrakt aus Salbeiblättern (4-7:1); Auszugsmittel: Wasser. Sonstige Bestandteile: Mikrokristalline Cellulose, Lactose-Monohydrat, Maisstärke, hochdisperses Siliciumdioxid, Magnesiumstearat (Ph. Eur.) [pflanzlich], Hypromellose, Macrogol 4000, Titandioxid (E171), Eisen(III)-hydroxid-oxid x H_2O (E172)

Anwendungsgebiete
Bei vermehrter Schweißbildung.

Gegenanzeigen
Überempfindlich (allergisch) gegen Salbeiblätter und -zubereitungen oder einen der sonstigen Bestandteile.
Kinder und Jugendliche unter 18 Jahren, Schwangerschaft, Stillzeit.

Nebenwirkungen
Häufigkeit nicht bekannt: Überempfindlichkeitsreaktionen (Hautausschläge, Hautjucken, Nesselsucht, Schwellungen) sind aufgetreten. Bei den ersten Anzeichen einer Überempfindlichkeitsreaktion darf Salvysat® 300 mg nicht nochmals eingenommen werden.

Wechselwirkungen
Keine bekannt.

Warnhinweise
Wenn die Beschwerden länger als eine Woche andauern oder wenn unklare, anhaltende Beschwerden, wie z. B. Nachtschweiß, erhöhte Temperatur oder Gewichtsverlust auftreten, ist ein Arzt aufzusuchen.

Verkehrstüchtigkeit und das Bedienen von Maschinen: Keine Einschränkungen bekannt.

Dosierung
3 mal täglich 1 Filmtablette mit etwas Wasser einnehmen.

Überdosierung
Möglicherweise treten die oben aufgeführten Nebenwirkungen verstärkt auf.

Sonstige Hinweise
Salvysat 300 mg enthält Lactose. Bitte nehmen Sie Salvysat 300 mg daher erst nach Rücksprache mit Ihrem Arzt ein, wenn Ihnen bekannt ist, dass Sie unter einer Unverträglichkeit gegenüber bestimmten Zuckern leiden.

Packungsgrößen und Preise

30 Stück	(PZN 16508083) ...	Euro 14,30
2 x 30 Stück	(PZN 16508108) ...	Euro 27,30
90 Stück	(PZN 16508114) ...	Euro 38,95

Stand der Information: 12/2021

Apothekenpflichtig.

Johannes Bürger Ysatfabrik GmbH

Salvysat® Flüssigkeit

Zum Einnehmen.

Zusammensetzung
Auszug aus Salbeiblättern (1 : 2,9 – 3,1) 80,0 g/100 g. Auszugsmittel: Wasser; Salbeiöl 0,1 g/100 g. Sonstige Bestandteile Ethanol 96% (V/V), Macrogolglcerolhydroxystearat

Anwendungsgebiete
Bei übermäßiger Schweißabsonderung und zur Spülung bei Entzündungen im Mund- und Rachenraum.

Gegenanzeigen
Überempfindlich (allergisch) gegen Salbei oder einen der sonstigen Bestandteile.
Alkoholkranke, Leberkranke, Kinder unter 12 Jahren, Schwangerschaft, Stillzeit.

Nebenwirkungen
Sehr selten (weniger als 1 von 10.000 Behandelten) sind Überempfindlichkeitsreaktionen (Hautausschläge, Hautjucken, Nesselsucht, Schwellungen) aufgetreten. Bei den ersten Anzeichen einer Überempfindlichkeitsreaktion darf Salvysat® Flüssigkeit nicht nochmals eingenommen werden.

Wechselwirkungen
Keine bekannt.

Warnhinweise
Dieses Arzneimittel enthält 22 Vol.-% Alkohol und Macrogolglycerolhydroxystearat.

Bei Beachtung der Dosierungsanleitung werden bei jeder Einnahme von 3 ml Salvysat® Flüssigkeit bis zu 0,6 g Alkohol zugeführt. Vorsicht ist geboten. Ein gesundheitliches Risiko besteht u.a. bei Leberkranken, Alkoholkranken, Epileptikern, Hirngeschädigten, Schwangeren und Kindern. Die Wirkung anderer Arzneimittel kann beeinträchtigt oder verstärkt werden.
Macrogolglycerolhydroxystearat kann Magenverstimmung und Durchfall hervorrufen.

Bei Beschwerden, die länger als eine Woche andauern, sowie bei allen unklaren, anhaltenden Beschwerden, wie z. B. Nachtschweiß, erhöhter Temperatur oder Gewichtsverlust, ist ein Arzt aufzusuchen.

Verkehrstüchtigkeit und das Bedienen von Maschinen:
Wegen des Alkoholgehalts kann Salvysat® Flüssigkeit einen mäßigen Einfluss auf die Verkehrstüchtigkeit und die Fähigkeit zum Bedienen von Maschinen haben.

Dosierung
Zur innerlichen Anwendung:
3 mal täglich 2 - 3 ml Salvysat® Flüssigkeit einnehmen.

Dauer der Anwendung
Aufgrund des Thujongehaltes sollten alkoholische Zubereitungen aus Salbeiblättern nicht länger als 14 Tage eingenommen werden.

Zur äußeren Anwendung
Zum Gurgeln und zum Spülen des Mund- und Rachenraumes: 5-10 ml Salvysat® Flüssigkeit auf ein halbes Glas Wasser (ca. 100 ml) mehrmals täglich gurgeln oder den Mund- und Rachenraum spülen.

Zu Pinselungen unverdünnt mit einem Wattestäbchen o. ä. mehrmals täglich auf die entzündete Mund- und Rachenschleimhaut auftragen.

Überdosierung
Die Einnahme größerer Mengen des Arzneimittels kann, insbesondere bei Kindern, zu einer Alkoholvergiftung führen. In diesem Fall besteht Lebensgefahr, weshalb unverzüglich ein Arzt aufzusuchen ist. Bei Einnahme des gesamten Flascheninhaltes werden folgende Mengen Alkohol aufgenommen: 30 ml: bis zu 6 g, 100 ml: bis zu 20 g.

Flaschen mit Gießring. Der Packung ist ein Messbecher mit 1-6 ml Graduierung beigelegt.

Packungsgrößen und Preise
30 ml Flüssigkeit (PZN 17147724) .... Euro 10,98
100 ml Flüssigkeit (PZN 17147730) .... Euro 29,85

Stand der Information: 11/2019
Apothekenpflichtig.

Johannes Bürger Ysatfabrik GmbH

Styptysat 400 mg überzogene Tabletten

Starke Menstruationsblutungen.

Zusammensetzung
1 überzogene Tablette enthält als Wirkstoff 400 mg Trockenextrakt aus Hirtentäschelkraut (Capsella bursa-pastoris (L.) Medikus, herba) (5-9:1) Auszugsmittel Ethanol 25% (V/V). Sonstige Bestandteile: Maltodextrin, Maisstärke, Crospovidon Typ A (Ph. Eur.), Cellulose-Pulver, hochdisperses Siliciumdioxid, Povidon K 25, Lactose-Monohydrat (154,22 mg), Siliciumdioxid-Hydrat, Magnesiumstearat (Ph.Eur.) [pflanzlich], mittelkettige Triglyceride, Macrogol 6000, Hypromellose, Titandioxid (E171), Talkum, mikrokristalline Cellulose, Stearinsäure (Ph.Eur.) [pflanzlich].

Anwendungsgebiete
Zur Verminderung starker Menstruationsblutungen bei Frauen mit regelmäßigen Menstruationszyklen, nachdem ernsthafte Erkrankungen ärztlicherseits ausgeschlossen wurden.
Das Arzneimittel ist ein traditionelles Arzneimittel, das ausschließlich auf Grund langjähriger Anwendung für das Anwendungsgebiet registriert ist.

Gegenanzeigen
Überempfindlichkeit gegen den Wirkstoff oder einen der sonstigen Bestandteile. Heranwachsende unter 18 Jahren (keine ausreichenden Daten). Schwangerschaft, Stillzeit.

Nebenwirkungen
Keine bekannt.

Wechselwirkungen
Keine Untersuchungen zu Wechselwirkungen durchgeführt.

Warnhinweise
Wenn sich die Symptome während der Anwendung des Arzneimittels verschlimmern, sollte ein Arzt oder medizinisches Fachpersonal um Rat gefragt werden.

Dieses Arzneimittel enthält Lactose. Patienten mit der seltenen hereditären Galactose-Intoleranz, Lactase-Mangel oder Glucose-Galactose-Malabsorption sollten Styptysat 400 mg nicht einnehmen.

Dosierung
Die empfohlene Dosierung beträgt: 3 mal täglich eine Tablette.

Die Tabletten unzerkaut mit 1 Glas Wasser einnehmen.

Für konkrete Dosierungsempfehlungen bei Nieren-/Leberinsuffizienz gibt es keine hinreichenden Daten.

Art und Dauer der Anwendung
Die Anwendung wird 3-5 Tage vor der Menstruation begonnen, während der Menstruationsblutung fortgesetzt und mit dem letzten Tag der Blutung beendet. Nach einer Einnahmepause beginnt die Anwendung wieder 3-5 Tage vor der Menstruation. Wenn die Symptome während der Anwendung des Arzneimittels fortbestehen oder sich verschlimmern, sollte ein Arzt oder medizinisches Fachpersonal um Rat gefragt werden.
Hält die Menstruationsblutung länger als 7 Tage an, muss auf jeden Fall ein Arzt aufgesucht werden.

Sonstige Hinweise
Nicht über 30° C aufbewahren.

Packungsgrößen und Preise

30 überzogene Tabletten	(PZN 18119598)	Euro 24,89
2x 30 überzogene Tabletten	(PZN 18196759)	Euro 44,99

Stand der Information: 03/2022

Apothekenpflichtig.

SymbioPharm GmbH

Symbiofem® Intim

Pulver

Nahrungsergänzungsmittel mit Biotin für die Vaginal- und Blasenschleimhaut*

***Biotin trägt zur Erhaltung normaler Schleimhäute bei.**

siehe Urogenitalerkrankungen

Sanum-Kehlbeck

Ustilakehl® D5

Tropfen

Wirkstoff: Ustilago zeae e volumine mycelii (lyophil., steril.) Dil. D5

Zusammensetzung
10 ml flüssige Verdünnung enthalten: Wirkstoff: 10 ml Ustilago zeae e volumine mycelii (lyophil., steril.) Dil. D5 nach Vorschrift 5a HAB, Lsg. D1 mit gereinigtem Wasser.

Anwendungsgebiete
Erfahrungsgemäß unterstützend angewendet bei:

Gebärmutterblutungen, membranöse Dysmenorrhoe, Menopausensyndrom, Menorrhagien, Metrorrhagien, menstruationsbedingten Kopfschmerzen, Migräne.

Eigenschaften
Ustilago zeae, der „Maisbrand" oder „Beulenbrand", ist ein parasitischer Pilz, der alle Teile der Maispflanze befallen kann und beulenartige, mit Sporenpulver gefüllte Auftreibungen bildet. Wie auch die Maispflanze selbst, kamen die ersten medizinischen Anwendungen der Droge aus Amerika. Dort wurde sie vor allem in der Volksheilkunde der farbigen Bevölkerung eingesetzt. Die ergotaminartige Wirkung des Maisbrandes am Uterus bedingt seine Hauptwirkung.

Dosierung
Soweit nicht anders verordnet gilt für Erwachsene und Jugendliche ab 12 Jahren:

Zum Einnehmen: 1-mal täglich 8 Tropfen vor einer Mahlzeit.

Zum Einreiben in die Haut: 2-mal wöchentlich 5 - 10 Tropfen in die Ellenbeuge einreiben.

Nach längstens 4 Wochen Therapiedauer sollte Ustilakehl ® D5 abgesetzt werden.

Nebenwirkungen
Aufgrund des Gehaltes von Ustilakehl® D5 an spezifischen organischen Bestandteilen können in seltenen Fällen Überempfindlichkeitsreaktionen, hauptsächlich in Form von Hautreaktionen, auftreten und eine Allergie gegen den Bestandteil Ustilago zeae ausgelöst werden. Das Arzneimittel ist dann abzusetzen und ein Arzt aufzusuchen.

Gegenanzeigen
Nicht anwenden bei:

- bekannter Überempfindlichkeit gegenüber Maisbrand (Ustilago zeae)
- Autoimmunerkrankungen
- Kindern unter 12 Jahren
- Schwangeren und Stillenden.

Vorsichtsmaßnahmen
Keine bekannt.

Warnhinweise
Keine bekannt.

Wechselwirkungen
Immunsuppressiv wirkende Arzneimittel können die Wirksamkeit von Ustilakehl ® D5 beeinträchtigen. Vor und nach der Behandlung mit oral verabreichten Lebendimpfstoffen ist ein Abstand von 4 Wochen einzuhalten.

Packungsgrößen und Preise

10 ml (PZN 04868646)	.. Euro	13,82
10-mal 10 ml (PZN 04868652)	.. Euro	107,05

Apothekenpflichtig.

Sanum-Kehlbeck

Ustilakehl® D5

Zäpfchen

Wirkstoff: Ustilago zeae e volumine mycelii (lyophil., steril.) Trit. D5

Zusammensetzung
1 Zäpfchen enthält: Wirkstoff: 0,2 g Ustilago zeae e volumine mycelii (lyophil., steril.) Trit. D5 nach Vorschrift 6 HAB.

Sonstiger Bestandteil: Hartfett.

Anwendungsgebiete
Erfahrungsgemäß unterstützend angewendet bei:

Gebärmutterblutungen, membranöse Dysmenorrhoe, Menopausensyndrom, Menorrhagien, Metrorrhagien, menstruationsbedingten Kopfschmerzen, Migräne.

Eigenschaften
Ustilago zeae, der „Maisbrand" oder „Beulenbrand", ist ein parasitischer Pilz, der alle Teile der Maispflanze befallen kann und beulenartige, mit Sporenpulver gefüllte Auftreibungen

bildet. Wie auch die Maispflanze selbst, kamen die ersten medizinischen Anwendungen der Droge aus Amerika. Dort wurde sie vor allem in der Volksheilkunde der farbigen Bevölkerung eingesetzt. Die ergotaminartige Wirkung des Maisbrandes am Uterus bedingt seine Hauptwirkung.

Dosierung
Erwachsene und Jugendliche ab 12 Jahren führen 1-mal täglich 1 Zäpfchen vor dem Schlafengehen in den After ein. Nach längstens 4 Wochen Therapiedauer sollte Ustilakehl® D5 abgesetzt werden.

Nebenwirkungen
Aufgrund des Gehaltes von Ustilakehl® D5 an spezifischen organischen Bestandteilen können in seltenen Fällen Überempfindlichkeitsreaktionen, hauptsächlich in Form von Hautreaktionen, auftreten und eine Allergie gegen den Bestandteil Ustilago zeae ausgelöst werden. Das Arzneimittel ist dann abzusetzen und ein Arzt aufzusuchen.

Gegenanzeigen
Nicht anwenden bei:

- bekannter Überempfindlichkeit gegenüber Maisbrand (Ustilago zeae)
- Autoimmunerkrankungen
- Kindern unter 12 Jahren
- Schwangeren und Stillenden.

Vorsichtsmaßnahmen
Keine bekannt.

Warnhinweise
Keine bekannt.

Wechselwirkungen
Immunsuppressiv wirkende Arzneimittel können die Wirksamkeit von Ustilakehl® D5 beeinträchtigen. Vor und nach der Behandlung mit oral verabreichten Lebendimpfstoffen ist ein Abstand von 4 Wochen einzuhalten.

Sonstige Hinweise
Enthält Lactose.

Packungsgrößen und Preise

10 Zäpfchen	(PZN 04868617)	Euro 17,58
10-mal 10 Zäpfchen	(PZN 04868623)	Euro 144,97

Apothekenpflichtig.

INTERNA
(Gyn. Erkrankungen & Frauenbeschwerden - Wechseljahre)

Neurolab GmbH

Safran
Kapseln

Für das Nervensystem und die psychische Funktion.

siehe Stress, Unruhe und Schlafstörungen

INTERNA
(Haarausfall)

Dr. Jacob's Medical GmbH

Dr. Jacob's Basenpulver
Pulver

Nahrungsergänzungsmittel mit Kalium-, Calcium- und Magnesium-Citrat - Multitalent mit über 30 belegten Gesundheitswirkungen (u.a. für Muskeln, Knochen, Nerven, weniger Erschöpfung, Herz und normalen Blutdruck).

siehe Übersäuerung

EXTERNA
(Herz- und Kreislaufbeschwerden)

Weleda AG

Aurum / Lavandula comp.
Creme

Zusammensetzung
10 g enth.: Aurum metallicum praeparatum Dil. D4 (D4 hergestellt mit Gereinigtem Wasser) 1 g / Lavandulae aetheroleum 0,03 g / Aetheroleum extractum e floribus recentibus Rosae damascenae et centifoliae (Blüte zu Extrakt ca. 500:1) 0,03 g.

Sonstige Bestandteile: Dickflüssiges Paraffin, Protegin® WX (Gelbes Vaselin, Ceresin, hydriertes Rizinusöl, Glycerolmonoisostearat, Polyglycerol-3-oleat), Gelbes Vaselin, Gereinigtes Wasser.

Anwendungsgebiete
Gemäß der anthroposophischen Menschen- und Naturerkenntnis.

Dazu gehören: vegetative Herz-Kreislauf-Störungen, Herzklopfen und Herzangst.

Gegenanzeigen
Überempfindlichkeit gegen Lavendelöl oder einen der sonstigen Bestandteile; Kinder unter 2 Jahren (Gefahr eines Kehlkopfkrampfes).

Nebenwirkungen
Bei entsprechend sensibilisierten Patienten kann Lavendelöl Überempfindlichkeitsreaktionen (einschließlich Atemnot) auslösen.

Warnhinweise
Enthält Lavendelöl.

Ggf. Besonderheiten bei Kindern, Schwangeren, Stillenden
Die Creme sollte bei Kindern von 2 bis 3 Jahren wegen nicht ausreichend dokumentierter Erfahrungen nicht angewendet werden.

Dosierung
Soweit nicht anders verordnet, reiben Erwachsene und Jugendliche ab 12 Jahren 1- bis 2-mal täglich (abends und ggf. morgens) einen Cremestrang von 2 – 3 cm Länge in der Herzgegend in die Haut ein. Bei Kindern von 3 – 11 Jahren wird 1- bis 2-mal täglich ein Cremestrang von 0,5 – 1 cm Länge in der Herzgegend in die Haut eingerieben.

Packungsgrößen und Preise

25 g (PZN 05486668)	Euro 15,49
70 g (PZN 05486674)	Euro 29,99

Apothekenpflichtig.

INTERNA

Weleda AG

Aurum / Hyoscyamus comp.
Mischung

Zusammensetzung
10 g (= 10,2 ml) enth.: Aurum metallicum praeparatum Dil. D10 [ab D8 mit Ethanol 15 % (m/m)] 3,34 g / Hyoscyamus Dil. D5 [D2 mit Ethanol 30 % (m/m); ab D3 mit Ethanol 15 % (m/m)] 3,34 g / Stibium metallicum praeparatum Dil. D6 [D6 mit Ethanol 15 % (m/m)] 3,34 g.

Anwendungsgebiete
Gemäß der anthroposophischen Menschen- und Naturerkenntnis.

Dazu gehören: Harmonisierung und Stabilisierung des Rhythmischen Systems, z. B. funktionelle Herzbeschwerden, auch mit Extrasystolie; Einschlafstörungen; psychovegetative Störungen.

Gegenanzeigen
Keine bekannt.

Nebenwirkungen
Keine bekannt.

Vorsichtsmaßnahmen
Herzrhythmusstörungen erfordern eine ärztliche Abklärung. Die Anwendung von Aurum / Hyoscyamus comp. ersetzt nicht andere vom Arzt diesbezüglich verordnete Arzneimittel.

Warnhinweise
Enthält 18 Vol.-% Alkohol.

Dosierung
Soweit nicht anders verordnet, nehmen Erwachsene und Jugendliche 2- bis 4-mal täglich 10 – 20 Tropfen, Kinder bei Einschlafstörungen oder psychovegetativen Störungen 2- bis 4-mal täglich eine Einzeldosis entsprechend ihrer Altersstufe:

Säuglinge im 1. Lebensjahr 3 – 5 Tropfen; Kleinkinder von 1 bis 5 Jahren 5 – 10 Tropfen; Kinder von 6 bis 11 Jahren 8 – 15 Tropfen mit Wasser verdünnt ein.

Packungsgrößen und Preise
50 ml (PZN 01612656) .... Euro 30,98

Apothekenpflichtig.

Weleda AG

Cardiodoron
Cardiodoron mite

Dilution

Zusammensetzung
Cardiodoron:
10 g (= 10,3 ml) enth.: Ethanol. Digestio (1:3,1) aus Onopordum acanthium, Flos rec., hergestellt mit 1 % Hyoscyamus niger, Herba rec. Ø (HAB, V. 2a) 1,0 g / ethanol. Digestio (1:3,1) aus Primula veris, Flos rec., hergestellt mit 1 % Hyoscyamus niger, Herba rec. Ø (HAB, V. 2a) 1,0 g. Sonstige Bestandteile: Ethanol 96 %, Gereinigtes Wasser.

Cardiodoron mite:
10 g (= 10,3 ml) enth.: Ethanol. Digestio (1:3,1) aus Onopordum acanthium, Flos rec., hergestellt mit 0,1 % Hyoscyamus niger, Herba rec. Ø (HAB, V. 2a) 1,0 g / ethanol. Digestio (1:3,1) aus Primula veris, Flos rec., hergestellt mit 0,1 % Hyoscyamus niger, Herba rec. Ø (HAB, V. 2a) 1,0 g. Sonstige Bestandteile: Ethanol 96 %, Gereinigtes Wasser.

Anwendungsgebiete
Gemäß der anthroposophischen Menschen- und Naturerkenntnis.

Dazu gehören: Störungen vegetativer Rhythmen und ihrer Koordination, vor allem Herzrhythmusstörungen; Schlafstörungen; Missempfindungen im Herzbereich (Dyskardien) und unregelmäßige Kreislauftätigkeit mit Blutdruckschwankungen (orthostatische Dysregulationen) sowie funktionelle Herz- und Kreislaufstörungen bei und nach Infektionskrankheiten.

Gegenanzeigen
Überempfindlichkeit gegen Primeln.

Nebenwirkungen
Keine bekannt.

Warnhinweise
Enthält 24 Vol.-% Alkohol.

Ggf. Besonderheiten bei Kindern, Schwangeren, Stillenden
Wegen nicht ausreichend dokumentierter Erfahrungen in Schwangerschaft und Stillzeit nicht anwenden.

Dosierung und Art der Anwendung
Soweit nicht anders verordnet: Erwachsene und Jugendliche ab 12 J. 1- bis 3-mal tgl. 15 – 20 Tropfen,

Kdr. von 6 bis 11 J. 1- bis 3-mal tgl. 8 – 10 Tr.,

Kleinkdr. bis zu 5 J. 1- bis 3-mal tgl. 3 – 8 Tr.,

Säuglinge bei Trinkschwäche vor jeder Mahlzeit 1 – 2 Tropfen.

Die Tropfen jeweils mit Wasser oder Tee verdünnt einnehmen.

Packungsgrößen und Preise
Cardiodoron

20 ml (PZN 01441522) .... Euro 19,99
50 ml (PZN 01441539) .... Euro 31,49
2x 50 ml (PZN 13893695) .... Euro 44,99
Verschreibungspflichtig.

Cardiodoron mite
50 ml (PZN 01441611) .... Euro 31,90

Apothekenpflichtig.

Weleda AG

Cardiodoron / Aurum comp.

Dilution

Zusammensetzung
10 g (= 10,2 ml) enth.: Arnica, Planta tota Dil. D10 2,5 g / Aurum metallicum praeparatum Dil. D10 [HAB, V. 8a; ab D8 mit Ethanol 15 % (m/m)] 2,5 g / ethanol. Digestio (1:3,1) aus Onopordum acanthium, Flos rec., hergestellt mit 0,1 % Hyoscyamus niger, Herba rec. Ø (HAB, V. 2a) 0,05 g / ethanol. Digestio (1:3,1) aus Primula veris, Flos rec., hergestellt mit 0,1 % Hyoscyamus niger, Herba rec. Ø (HAB, V. 2a) 0,05 g / Formica Dil. D10 [HAB, SV 4b; D2 mit Ethanol 30 % (m/m), ab D3 mit Ethanol 15 % (m/m)] 2,5 g.

Sonstige Bestandteile: Ethanol 94 % (m/m), Gereinigtes Wasser.

Anwendungsgebiete
Gemäß der anthroposophischen Menschen- und Naturerkenntnis.

Dazu gehören: Störungen vegetativer Rhythmen und ihrer Koordination, z. B. hypotone Kreislaufregulationsstörungen und Missempfindungen im Herzbereich (Dyskardien).

Gegenanzeigen
Überempfindlichkeit gegen Primeln.

Nebenwirkungen
Keine bekannt.

Warnhinweise
Enthält 18 Vol.-% Alkohol.

Dosierung
Soweit nicht anders verordnet: Erwachsene und Jugendliche ab 12 Jahren 10 – 15 Tropfen, Schulkinder von 6 – 11 Jahren 5 – 10 Tropfen, Säuglinge und Kleinkdr. bis 5 J. 3 – 5 Tropfen.

Die Einnahme erfolgt 1- bis 3-mal täglich. Die Tropfen jeweils vor den Mahlzeiten mit Wasser oder Tee verdünnt einnehmen.

Packungsgrößen und Preise
2x 50 ml (PZN 15432917) .... Euro 43,98

Apothekenpflichtig.

Weleda AG

Cardiodoron Rh

Tabletten

Zusammensetzung
1 Tablette enthält: Antrocknung aus: Onopordum acanthium, Flos Rh Ø (HAB, V. 21) 5 mg / Primula veris, Flos Rh Ø (HAB, V. 21) 5 mg / Hyoscyamus niger, Herba Rh Ø (HAB, V. 21) 0,2 mg.

Sonstige Bestandteile: Lactose-Monohydrat, Weizenstärke, Calciumbehenat.

Anwendungsgebiete
Gemäß der anthroposophischen Menschen- und Naturerkenntnis.

Dazu gehören: Störungen vegetativer Rhythmen und ihrer Koordination, vor allem Herzrhythmusstörungen; Schlafstörungen; Missempfindungen im Herzbereich (Dyskardien) und unregelmäßige Kreislauftätigkeit mit Blutdruckschwankungen (orthostatische Dysregulationen) sowie funktionelle Herz- und Kreislaufstörungen bei und nach Infektionskrankheiten.

Gegenanzeigen
Überempfindlichkeit gegen Primeln oder Weizen.

Nebenwirkungen
Weizenstärke kann Überempfindlichkeitsreaktionen hervorrufen.

Warnhinweise
Enthält Lactose und Weizenstärke.

Dieses Arzneimittel gilt als glutenfrei und für Zöliakie-Patienten ist es sehr unwahrscheinlich, dass es Probleme verursacht. Eine Tablette enthält nicht mehr als 2,0 Mikrogramm Gluten.

Dosierung
Soweit nicht anders verordnet: Erwachsene und Jugendliche ab 12 J. 1- bis 3-mal tgl. 1 – 2 Tabletten,

Kinder von 6 bis 11 J. 1- bis 3-mal tgl. 1 Tbl.,

Kleinkdr. unter 6 J. 1- bis 3-mal tgl. 1/2 Tbl.,

Säuglinge bei Trinkschwäche vor jeder Mahlzeit 1/2 Tablette.

Tabletten vor den Mahlzeiten ggf. mit Wasser einnehmen; für Kinder und Säuglinge in etwas Tee oder Wasser auflösen.

Packungsgrößen und Preise
100 Tabletten (PZN 01894784) ... Euro 27,99
250 Tabletten (PZN 01894790) ... Euro 46,98

Verschreibungspflichtig.

Weleda AG

Crataegus comp.

Dilution

Zusammensetzung
10 g (= 10,2 ml) enth.: Aurum metallicum praeparatum Dil. D15 [ab D8 mit Ethanol 15 % (m/m)] 2 g / Cactus grandiflorus, ethanol. Digestio Dil. D4 2 g / ethanol. Digestio (1:3,1) aus Onopordum acanthium, Flos rec., hergestellt mit 0,1% Hyoscyamus niger, Herba rec. Ø (HAB, V. 2a) 0,2 g / ethanol. Digestio (1:3,1) aus Primula veris, Flos rec., hergestellt mit 0,1% Hyoscyamus niger, Herba rec. Ø (HAB, V. 2a) 0,2 g / Cor bovis Dil. D6 [HAB, V. 42a; ab D2 mit Ethanol 15 % (m/m)] 2 g / Crataegus, ethanol. Digestio Dil. D3 2 g.

Sonstige Bestandteile: Ethanol 96 %, Gereinigtes Wasser.

Anwendungsgebiete
Gemäß der anthroposophischen Menschen- und Naturerkenntnis.

Dazu gehören: Altersherz, Missempfindungen im Herzbereich; Unterstützung von Herz und Kreislauf, auch bei und nach fieberhaften Erkrankungen; Blutdruckschwankungen.

Gegenanzeigen
Überempfindlichkeit gegen einen der Bestandteile, gegen tierisches Eiweiß oder gegen Korbblütler.

Nebenwirkungen
In seltenen Fällen Überempfindlichkeitsreaktionen.

Warnhinweise
Enthält 19 Vol.-% Alkohol.

Besonderheiten bei Kindern
Sollte bei Kindern unter 12 Jahren wegen nicht ausreichend dokumentierter Erfahrungen nicht angewendet werden.

Dosierung
Soweit nicht anders verordnet, 3- bis 5-mal tgl. 15 – 25 Tr. mit Wasser verdünnt einnehmen.

Packungsgrößen und Preise
50 ml (PZN 01572595) .... Euro 30,98
2x 50 ml (PZN 15426845) .... Euro 43,98

Apothekenpflichtig.

Weber & Weber

Goldtropfen-W

Mischung

Zusammensetzung
Wirkstoffe: 10 ml enth.: Aurum chloratum Dil. D6 2 ml; Crataegus Ø 0,8 ml; Digitalis purpurea Dil. D4 1 ml. Sonst. Bestandteil: Ethanol 30 % (m/m).

Anwendungsgebiete
Die Anwendungsgebiete leiten sich von den homöopath. Arzneimittelbildern ab. Dazu gehört: Besserung des Befindens bei funktionellen Herz-Kreislauf-Störungen.

Gegenanzeigen
Keine bekannt.

Vorsichtsmaßnahmen
Bei Schmerzen in der Herzgegend, die in die Arme, den Oberbauch oder in die Halsgegend ausstrahlen können, sowie bei Atemnot ist eine ärztliche Abklärung zwingend erforderlich.

Bei Schwangerschaft und Stillzeit nur nach Rücksprache mit dem Arzt, bei Kindern unter 12 J. nicht anwenden.

Nebenwirkungen
Keine bekannt.

Sonstige Hinweise
Enthält 76 mg Alkohol (Ethanol) pro 5 Tropfen (Einzeldosis). Packungsbeilage beachten.

Dosierung und Art der Anwendung
Bei **akuten Zuständen** alle halbe bis ganze Std., höchstens 6x tgl., je 5 Tr. einnehmen. Eine über 1 Wo. hinausgehende Anwend. sollte nur nach Rücksprache mit einem homöopath. erfahrenen Therapeuten erfolgen. Bei **chron. Verlaufsformen** 1 – 3x tgl. je 5 Tr. einnehmen. Bei Besserung der Beschwerden ist die Häufigkeit der Anwendung zu reduzieren.

Packungsgrößen und Preise
50 ml (PZN 03317772) .... Euro 18,79

Apothekenpflichtig.

Volopharm GmbH Deutschland

Natur-Nahrung™

Weichkapseln

Natur-Nahrung™ stärkt mit Weißdorn, Mistel & Knoblauch das Herz-Kreislauf-System und beugt Gefäßverkalkungen vor. Die natürlichen Weichkapseln von Natur-Nahrung™ sind als Weißdorn-Monopräparat sowie als Kombination aus Weißdorn-Mistel-Knoblauch für Personen geeignet, die Herz und Kreislauf auf natürliche Weise unterstützen möchten.

Natur-Nahrung™ Herz:

Zusammensetzung: 1 Weichkapsel enthält 270 mg Weißdorn-Ölmazerat.

Dosierung: 1 - 3 Kapseln täglich

Natur-Nahrung™ Herz & Kreislauf:

Zusammensetzung: 1 Weichkapsel enthält 90 mg Weißdorn-Ölmazerat, 90 mg Mistel-Ölmazerat und 90 mg Knoblauch-Ölmazerat

Dosierung: 3x 1 Kapsel täglich

Natur-Nahrung™ Herz & Kreislauf 1x tgl.:

Zusammensetzung: 1 Weichkapsel enthält 120 mg Knoblauch-Ölmazerat, 90 mg Mistel-Extrakt und 85 mg Weißdorn-Extrakt.

Dosierung: 1 Kapsel täglich

Packungsgrößen
Natur-Nahrung™ Herz & Kreislauf 1x tgl. 105 Kps. (PZN 18295616) .
Natur-Nahrung™ Herz & Kreislauf 100 Kps. (PZN 18295622) .
Natur-Nahrung™ Herz & Kreislauf 300 Kps (PZN 18295639) .
Natur-Nahrung™ Herz 100 Kps. (PZN 18295645) .
Natur-Nahrung™ Herz 300 Kps. (PZN 18295651) .

In Apotheken und online unter www.volopharm.com/de erhältlich.

Johannes Bürger Ysatfabrik GmbH

Olivysat® Kapseln

Kapseln

Nahrungsergänzungsmittel zur vorbeugenden Unterstützung einer gesunden Herz-Kreislauf-Funktion.

Zusammensetzung

1 Kapsel enthält 250 mg Olivenblätterextrakt unter optimalem Zusatz von Vitamin C (48 mg), Vitamin B1 (0,65 mg) und Folsäure (120 µg).
Zutaten: Olivenblätterextrakt; Kapselhülle Hydroxypropylmethylcellulose; Vitamin C; Trennmittel Magnesiumsalze der Speisefettsäuren; Vitamin B1; Folsäure.

Anwendungsgebiete

Olivysat® Kapseln enthält neben Olivenblätterextrakt die Vitamine C, B1 und Folsäure, die das Herz-Kreislauf-System kräftigen und gleichzeitig die Elastizität der Gefäßwände verbessern, die Grundlage für eine normale Herzfunktion. Daraus resultiert ein höherer Energiestoffwechsel, der die allgemeine Leistungsfähigkeit stärkt.

Olivysat® Kapseln ergänzt die Ernährung unter stressbedingten und energiezehrenden Lebensumständen.

Verzehrempfehlung

Je 1 Kapsel täglich morgens und abends mit einem Glas Wasser zu den Mahlzeiten einnehmen.
Empfehlenswert ist eine Einnahmedauer von mindestens drei Monaten.

2 Kapseln ergänzen die tägliche Nahrungsaufnahme an bioaktiven Substanzen und an Vitaminen, die zur Unterstützung einer normalen Herzfunktion beitragen und Einfluss haben auf die Blutbildung und auf das Immunsystem.

Olivysat® Kapseln, mit seinen physiologisch wirksamen Substanzen aus dem Olivenblatt und den zugesetzten Vitaminen zum Ausgleich eventueller Mangelzustände, ist auch bei langfristiger Einnahme der empfohlenen Verzehrmenge gut verträglich.

Eigenschaften

Olivenblattextrakte besitzen durch das synergetische Zusammenspiel bioaktiver Substanzen aus physiologischer Sicht ein breites Profil für ein gesundes Herz und seine Funktionalität. Das betrifft auch die Gefäße und die Arterien, indem Sie auf deren Elastizität und Erweiterung Einfluss nehmen und dadurch die Blutdruckregulation beeinflussen, was die Begleiterscheinungen eines zu hohen Blutdruckes positiv beeinflusst. Zusätzlich werden die Fließeigenschaften des Blutes begünstigt. Vorbeugend greifen cholesterin- und lipidsenkende Effekte gegen eine allgemeine Gefäßverkalkung.
Hinzu kommen antioxidative Eigenschaften gegen freie Radikale.

Vitamin C (Ascorbinsäure) beeinflusst den Abbau und die Ausscheidung von Cholesterin. Es ist ein wesentlicher Vitalstoff mit antioxidativer Kapazität. Dem nützlichen HDL-Cholesterin, wie auch den Vitaminen Folsäure und Vitamin E, bietet es oxidativen Schutz. Vitamin C ist an der Kollagensynthese beteiligt und hilft so, die Innenwände der Blutgefäße zu stärken und zu glätten und kann so einer Arteriosklerose vorbeugen. Es stimuliert das Immunsystem und normalisiert den Energiehaushalt bei Müdigkeit.

Vitamin B1 (Thiamin, Aneurin) besitzt im menschlichen Körper nur eine geringe Speicherkapazität. Es muss dem Körper täglich zugeführt werden. Mangelzustände zeigen sich durch allgemeine Symptome wie Kurzatmigkeit, Herzklopfen, Herzschwäche oder auch periphere Durchblutungsstörungen. Defizite können zu Blutarmut führen.

Vitamin B1 ist hitzeempfindlich und wird durch Kochen zerstört. Vitamin B1 ist notwendig für eine gesunde Herztätigkeit und eine normale Funktion des Nervensystems.

Folsäure (Vitamin B9) ist ein sehr sensibles B-Vitamin. Es ist gegen Licht, Sauerstoff und Hitze empfindlich und kann wegen seiner guten Wasserlöslichkeit leicht ausgewaschen werden. Folsäure besitzt im menschlichen Kör-

per wichtige physiologische Funktionen. Es stärkt das Immunsystem und wirkt gegen Müdigkeit und Erschöpfung. Es nimmt Einfluss auf die Blutbildung, trägt zur normalen Zellteilung und einem normalen Homocysteinspiegel (Risikofaktor für Herzinfarkt, Schlaganfall und periphere Gefäßerkrankungen) bei. Sein Mangel führt zu unzureichender Bildung roter Blutkörperchen, gestörter Bildung weißer Blutkörperchen und verminderter Produktion von Blutplättchen.

Packungsgrößen und Preise
90 Stück (PZN 19800039) .... Euro 24,94

Apothekenpflichtig.

BerryPharma

rubyni® Aronia

Kapseln

Nahrungsergänzungsmittel mit reiner Aronia.

Inhaltsstoffe
Bio-Aroniaextrakt aus Früchten der Aronia melanocarpa, Maltodextrin, pflanzliche Kapselhülle aus Hydroxypropylmethylcellulose.

Eine Kapsel enthält 400 mg Bio-Aroniaextrakt AroniaCraft®, davon 20 mg Anthocyane.

Eigenschaften
Aroniabeeren waren schon bei den amerikanischen Ureinwohnern Teil der täglichen Ernährung. Nach Europa kamen sie erst um 1900. Aroniabeeren sind eine natürliche Quelle für eine Vielzahl einzigartiger Pflanzstoffe wie Polyphenole, Flavonoide und Polysaccharide, die unseren Körper dabei unterstützen können, uns jeden Tag und rund um die Uhr wertvolle Dienste zu leisten.

Die verwendeten Früchte stammen ausschließlich aus Polen, wo die Aronia eine lange Tradition hat und sogar als „heilige Pflanze“ gilt. Die Verarbeitung zum Extrakt erfolgt lösungsmittelfrei.

Anwendungsgebiete
- Antioxidativ
- Herz-Kreislauf und Blutgefäße
- Anti-Diabetes
- Darmgesundheit
- Entzündungen
- Augen- und Sehkraft
- Gehirn und Kognition
- Nerven
- Sport Recovery
- Körperliche Leistung / Sportperformance

Verzehrempfehlung
Erwachsene nehmen täglich 1 – 2 Kapseln unzerkaut und mit ausreichend Flüssigkeit ein. Die empfohlene tägliche Verzehrmenge darf nicht überschritten werden.

Nahrungsergänzungsmittel sollten nicht als Ersatz für eine ausgewogene und abwechslungsreiche Ernährung dienen und ersetzen keine gesunde Lebensweise.

Sonstige Hinweise
rubyni® mit Aronia ist bio-zertifiziert und von Natur aus vegan, laktose- und glutenfrei. Auf Füll- und Konservierungsstoffe wird bewusst verzichtet.

Weiterführende Informationen
www.rubyni.com

www.aroniacraft.info
(Bio-Aroniaextrakt AroniaCraft®)

Packungsgrößen und Preise
Glas mit 60 Kapseln .... Euro 49,90
Glas mit 90 Kapseln .... Euro 69,90

Herstellerangaben
BerryPharma GmbH | Weidboden 1 | 83339 Chieming | www.rubyni.com

Die Familie Philipp, die hinter BerryPharma® steht, hat sich seit Generationen ganz der Verarbeitung qualitativ hochwertiger Beeren und Früchte verschrieben. In den Produkten von BerryPharma® kommen nur natürliche Extrakte und Inhaltsstoffe zum Einsatz, die in ihrer Wirkung durch Studien belegt sind. Eine ideale Ergänzung für die tägliche Ernährung.
SO PURE. SO YOU.

Stand:
17.11.2023

BerryPharma

rubyni® CARDIO

Kapseln

Nahrungsergänzungsmittel mit Vitaminen, Magnesium und Pflanzenstoffen für Herz-Kreislauf und Blutgefäße

Inhaltsstoffe
Quinoapulver (aus Keimlingen von Chenopodium quinoa), Magnesiumcitrat, Aroniabeerenextrakt (aus Aronia melanocarpa, Sorte Elliott, Maltodextrin), ÜberzugsmittelHydroxypropylmethylcellulose (Kapselnülle), Traubenkern- und Olivenextrakt (aus Vitis vinifera und Olea europea), Mangofruchtpulver (aus Mangifera indica), Ubichinol (reduziertes Coenzym Q10), Bio-Acerola-Fruchtpulver

Eigenschaften
In jeder Kapsel rubyni® CARDIO werden ein Bio-Extrakt aus der Aroniabeere sowie ein Traubenkern-Olivenextrakt und ein hochwertiges Mangefruchtpulver kombiniert. Das enthaltene natürliche Vitamin C trägt zu einer normalen Kollagenbildung für eine normale Funktion der Blutgefäße bei, die Vitamine B2, B6 und B12 unterstützen die normale Bildung der roten Blutkörperchen. Das natürliche Vitamin B1 des Quinoapulvers trägt zu einer normalen Herzfunktion, das Magnesium zu einer normalen Funktion des Herzmuskels bei.

Die Rezeptur wurde von Ernährungsmedizinerin Prof. Dr. Michaela Döll entwickelt. Alle verwendeten Inhaltsstoffe verfügen über eine eigene wissenschaftliche Studienlage im Bereich der Herzgesundheit, des Herz-Kreislauf-Systems und der Blutgefäße.

Anwendungsgebiete
- Herz-Kreislauf
- Blutgefäße
- Antioxidativ

Verzehrempfehlung
Erwachsene nehmen täglich bis zu 4 Kapseln unzerkaut und mit ausreichend Flüssigkeit ein. Die empfohlene tägliche Verzehrmenge darf nicht überschritten werden.

Nahrungsergänzungsmittel sollten nicht als Ersatz für eine ausgewogene und abwechslungsreiche Ernährung dienen und ersetzen keine gesunde Lebensweise.

Sonstige Hinweise
rubyni® CARDIO ist von Natur aus vegan, laktose- und glutenfrei.

Weiterführende Informationen
www.rubyni.com

Packungsgrößen und Preise
Glas mit 140 Kapseln .... Euro 84,90

Herstellerangaben
BerryPharma GmbH | Weidboden 1 | 83339 Chieming | www.rubyni.com

Die Familie Philipp, die hinter BerryPharma® steht, hat sich seit Generationen ganz der Verarbeitung qualitativ hochwertiger Beeren und

Früchte verschrieben, In den Produkten von BerryPharma kommen nur natürliche Extrakte und Inhaltsstoffe zum Einsatz, die in ihrer Wirkung durch Studien belegt sind. Eine ideale Ergänzung für die tägliche Ernährung.

SO PURE. SO YOU.

Stand:
25.09.2024

BerryPharma

rubyni® Sauerkirsche

Kapseln

Nahrungsergänzungsmittel mit reiner Sauerkirsche.

siehe Stress, Unruhe und Schlafstörungen

BerryPharma

rubyni® Schwarze Johannisbeere

Kapseln

Nahrungsergänzungsmittel (hochrein).

siehe Augenbeschwerden

franconpharm Arzneimittel

Strongus - Knoblauchkapseln

Kapseln

siehe Durchblutungsstörung

Sanum-Kehlbeck

Strophanthus D4 Sanum

Tabletten

Wirkstoff: Strophanthus gratus Trit. D4

Zusammensetzung
1 Tablette enthält: Wirkstoff: 250 mg Strophanthus gratus Trit. D4. Sonstige Bestandteile: Kartoffelstärke, Magnesiumstearat.

Anwendungsgebiete
Die Anwendungsgebiete entsprechen dem homöopathischen Arzneimittelbild. Dazu gehören: Herzschwäche, Erwartungsangst.

Eigenschaften
Strophanthin, auch bekannt unter dem Namen Ouabain, wurde von den Ureinwohnern Afrikas schon lange als Pfeilgift benutzt. Es wird aus einer Milchsaft produzierenden Schlingpflanze gewonnen, es ist aber zugleich auch ein körpereigenes Hormon des Menschen, das in der Zona fasciculata der Nebenniere gebildet wird und an der Regulation des Salz- und Wasserhaushaltes beteiligt ist. Im menschlichen Hypothalamus ist ebenfalls g-Strophanthin enthalten. Das g-Strophanthin ist also ein körpereigener Stoff. Durch seinen Einfluss kann die Herzarbeit wesentlich entlastet werden. Bei einer Schwäche der Nebenniere, mit der in zunehmendem Alter gerechnet werden muss, können Gaben von g-Strophanthin die fehlende Funktion der Nebenniere auffangen und damit das schwache „Altersherz“ stützen.

Dosierung
Bei akuten Zuständen nehmen Erwachsene und Jugendliche ab 12 Jahren alle halbe bis ganze Stunde, höchstens 12-mal täglich, je 1 Tablette ein. Bei chronischen Verlaufsformen nehmen Erwachsene und Jugendliche ab 12 Jahren 1 – 3-mal täglich 1 Tablette ein. Die Tabletten sollen vor den Mahlzeiten mit ausreichend Flüssigkeit eingenommen werden. Überdosierung: Bei der Einnahme größerer Mengen des Arzneimittels kann es bei Personen mit Milchzuckerunverträglichkeit (Laktoseintoleranz) zu Magen-Darm-Beschwerden kommen oder eine abführende Wirkung auftreten.

Nebenwirkungen
Keine bekannt.

Gegenanzeigen
Keine bekannt. Siehe unter „Ggf. Besonderheiten bei Kindern, Schwangeren, Stillenden“.

Ggf. Besonderheiten bei Kindern, Schwangeren, Stillenden
Da keine ausreichend dokumentierten Erfahrungen zur Anwendung in der Schwangerschaft und Stillzeit vorliegen, sollte das Arzneimittel nur nach Rücksprache mit dem Arzt angewendet werden. Zur Anwendung dieses Arzneimittels bei Kindern liegen keine ausreichend dokumentierten Erfahrungen vor. Es sollte deshalb bei Kindern unter 12 Jahren nicht angewendet werden.

Wechselwirkungen
Keine bekannt.

Sonstige Hinweise
Dieses Arzneimittel enthält Lactose. Bitte nehmen Sie Strophanthus D4 Sanum erst nach Rücksprache mit Ihrem Arzt ein, wenn Ihnen bekannt ist, dass Sie unter einer Zuckerunverträglichkeit leiden.

Packungsgrößen und Preise

80 Tabletten	(PZN 04231564)	.... Euro 11,11
3-mal 80 Tabletten	(PZN 04231570)	.... Euro 32,64

Apothekenpflichtig.

Sanum-Kehlbeck

Strophanthus D4 Sanum Flüssige Verdünnung

Tropfen

Wirkstoff: Strophanthus gratus D4 dil.

Zusammensetzung
10 ml enthalten: Wirkstoff: 10 ml Strophanthus gratus D4 dil.

Anwendungsgebiete
Die Anwendungsgebiete entsprechen dem homöopathischen Arzneimittelbild. Dazu gehören: Herzschwäche, Erwartungsangst.

Eigenschaften
Strophanthin, auch bekannt unter dem Namen Ouabain, wurde von den Ureinwohnern Afrikas schon lange als Pfeilgift benutzt. Es wird aus einer Milchsaft produzierenden Schlingpflanze gewonnen, es ist aber zugleich auch ein körpereigenes Hormon des Menschen, das in der Zona fasciculata der Nebenniere gebildet wird und an der Regulation des Salz- und Wasserhaushaltes beteiligt ist. Im menschlichen Hypothalamus ist ebenfalls g-Strophanthin enthalten. Das g-Strophanthin ist also ein körpereigener Stoff. Durch seinen Einfluss kann die Herzarbeit wesentlich entlastet werden. Bei einer Schwäche der Nebenniere, mit der in zunehmendem Alter gerechnet werden muss, können Gaben von g-Strophanthin die fehlende Funktion der Nebenniere auffangen und damit das schwache „Altersherz" stützen.

Dosierung
Bei akuten Zuständen nehmen Erwachsene alle halbe bis ganze Stunde, höchstens 6-mal täglich, je 5 Tropfen ein. Bei chronischen Verlaufsformen 1 – 3-mal täglich je 5 Tropfen einnehmen. Die Tropfen sollen vor den Mahlzeiten eingenommen werden.

Überdosierung: Die Einnahme größerer Mengen des Arzneimittels kann insbesondere bei Kleinkindern zu einer Alkoholvergiftung führen, in diesem Fall besteht Lebensgefahr, weshalb unverzüglich ein Arzt aufzusuchen ist.

Nebenwirkungen
Keine bekannt.

Gegenanzeigen
Strophanthus D4 Sanum Flüssige Verdünnung darf nicht angewendet werden bei Kindern und Jugendlichen unter 18 Jahren sowie in der Schwangerschaft und Stillzeit. Nicht anwenden bei bestehender Niereninsuffizienz. Wegen des Alkoholgehaltes soll Strophanthus D4 Sanum Flüssige Verdünnung bei Leberkranken nur nach Rücksprache mit dem Arzt angewendet werden.

Vorsichtsmaßnahmen
Die Anwendung des Arzneimittels bei Herzschwäche sollte nicht ohne ärztlichen Rat erfolgen und ersetzt nicht die Einnahme anderer vom Arzt verordneter Arzneimittel. Bei Ein-

nahme weiterer herzwirksamer Glykoside (z.B. Digoxin, Digitoxin) sollte das Arzneimittel nicht angewendet werden.

Warnhinweise
Dieses Arzneimittel enthält 49 mg Alkohol (Ethanol) pro 5 Tropfen entsprechend 51 Vol.-%. Die Menge in 5 Tropfen dieses Arzneimittels entspricht weniger als 2 ml Bier oder 1 ml Wein. Die geringe Alkoholmenge in diesem Arzneimittel hat keine wahrnehmbaren Auswirkungen.

Wechselwirkungen
Keine bekannt.

Packungsgrößen und Preise

10 ml (PZN 04231535)	Euro 9,66
30 ml (PZN 04231541)	Euro 13,82
100 ml (PZN 04231558)	Euro 22,54

Apothekenpflichtig.

Weber & Weber

Vocorwen®

Mischung

Zusammensetzung
Wirkstoffe: 10 ml enth.: Camphora Dil. D1 2,4 ml; Convallaria majalis Ø 0,2 ml; Crataegus Ø 3,2 ml. Sonst. Bestandteil: Ethanol 43 % (m/m).

Anwendungsgebiete
Die Anwendungsgebiete leiten sich von den homöopath. Arzneimittelbildern ab. Dazu gehört: Besserung des Befindens bei Herz-Kreislauf-Störungen.

Gegenanzeigen
Säuglinge und Kleinkdr. bis zum 6. Lebensj. Bei Therapie mit Digitalisglycosiden und bei Kaliummangelzuständen sollte die Einnahme nur nach Rücksprache mit einem Arzt erfolgen.

Vorsichtsmaßnahmen
Bei Schmerzen in der Herzgegend, die in die Arme, den Oberbauch oder in die Halsgegend ausstrahlen können, bei Atemnot oder wenn die Beschwerden mit Angstzuständen, Übelkeit, Erbrechen oder Schweißausbrüchen verbunden sind und sich nicht innerhalb einer halben Stunde bessern, sowie bei Kollapszuständen ist ein Arzt aufzusuchen.

Besondere Vorsicht bei Erregungsleitungsstörungen und bei i.v. Calcium-Therapie.

Bei Schwangerschaft und Stillzeit nur nach Rücksprache mit dem Arzt, bei Kindern unter 12 J. nicht anwenden.

Wechselwirkungen
Bei gleichzeitiger Einnahme von Vocorwen® mit Chinidin, Calcium, Arzneimitteln zur Entwässerung, Abführmitteln und bei der Langzeittherapie mit cortisonhaltigen Arzneimitteln werden die Wirkung und Nebenwirkung verstärkt.

Nebenwirkungen
Keine bekannt.

Sonstige Hinweise
Enthält 73 mg Alkohol (Ethanol) pro 5 Tropfen (Einzeldosis). Packungsbeilage beachten.

Dosierung und Art der Anwendung
Bei **akuten Zuständen** alle halbe bis ganze Std., höchstens 6x tgl., je 5 Tr. einnehmen.

Eine über 1 Wo. hinausgehende Anwendung sollte nur nach Rücksprache mit einem homöopath. erfahrenen Therapeuten erfolgen.

Bei **chron. Verlaufsformen** 1 – 3x tgl. je 5 Tr. einnehmen.

Bei Besserung der Beschwerden ist die Häufigkeit der Anwend. zu reduzieren.

Packungsgrößen und Preise

30 ml (PZN 03300010)	Euro 14,07

Apothekenpflichtig.

Cellavent

WHITE OMEGA®

Weichkapseln

Nahrungsergänzungmittel mit hochwertigen Omega-3-Fettsäuren.

WHITE OMEGA® PLUS
Hochdosierte, reine Fischöl-Kapseln, hergestellt aus kleinen, unbelasteten Fischen (z. B. Anchovis) aus zertifiziertem Wildfang. Mit 400 mg EPA & 300 mg DHA pro Tagesdosis. In geschmacksneutraler Kapselhülle aus Fischgelatine und mit optimalem Oxidationsschutz für ein sicheres Produkt.

Zusammensetzung
WHITE OMEGA®-Anchovis-Fischöl; Überzugsmittel: Fischgelatine; Feuchthaltemittel: Glycerin; gemischte Tocopherole (Vitamin E).

Einnahme
1 Kapsel täglich zu einer Mahlzeit mit genügend Flüssigkeit einnehmen.

Packungsgröße und Preis
90 Stk. (PZN 15191980) .... Euro 34,95

HINWEIS
WHITE OMEGA® gibt es auch für Kinder ab 4 Jahren. Als Fisch- oder Algenöl, optimal dosiert und in kindgerechten Mini-Kapseln. Besonders sicher mit hervorragenden TOTOX-Werten.

INTERNA
(Herz- und Kreislaufbeschwerden - Hypertonie)

Biofrid-Cosmetic

Arginin-diet Biofrid

Tabletten

Zusammensetzung
1 Tablette enthält: 500 mg L-Arginin, 1 mg Vitamin B6, 133 µg Folsäure, 1,5 µg Vitamin B12. Sonstige Bestandteile: Stabilisator Sorbit, Trennmittel: Magnesiumsalze der Speisefettsäuren.

Anwendungsgebiete
Zum Diätmanagement bei Arteriosklerose und einem erhöhten Homocysteinspiegel durch Zufuhr von L-Arginin, Folsäure, Vitamin B6 und Vitamin B12.

Eigenschaften
Mit Hilfe von Folsäure und Vitamin B12 wird Homocystein entweder zu Methionin oder unter Beteiligung von Vitamin B6 zu der Aminosäure Cystein abgebaut.

Sonstige Hinweise
Arginin-diet Biofrid ist für Erwachsene bestimmt und muss als Lebensmittel für besondere medizinische Zwecke (bilanzierte Diät) unter ärztlicher Aufsicht verwendet werden. Arginin-diet Biofrid ist nicht einzunehmen bei schweren Herz-Kreislauf-Erkrankungen. Da keine Erfahrungen bei Schwangeren bzw. stillenden Frauen und Kindern vorliegen, ist dieser Personengruppe vom Verzehr abzuraten. Es ist nicht als einzige Nahrungsquelle geeignet. Kann bei übermäßigem Verzehr abführend wirken. Für kleine Kinder unzugänglich aufbewahren.

Da auf einen Überzug/Coating der Tabletten verzichtet wurde, sind die Tabletten lichtgeschützt im Blister aufzubewahren und erst unmittelbar vor dem Verzehr zu entnehmen.

Dosierung
3-mal täglich 2 Tabletten mit einer Mahlzeit verzehren.

Packungsgrößen und Preise
40 Tabletten (PZN 00877602) .. Euro 13,05
100 Tabletten (PZN 00877884) .. Euro 29,61

Dr. Jacob's Medical GmbH

Dr. Jacob's Basenpulver

Pulver

Nahrungsergänzungsmittel mit Kalium-, Calcium- und Magnesium-Citrat - Multitalent mit über 30 belegten Gesundheitswirkungen (u.a. für Muskeln, Knochen, Nerven, weniger Erschöpfung, Herz und normalen Blutdruck).

siehe Übersäuerung

Johannes Bürger Ysatfabrik GmbH

Olivysat® Kapseln

Kapseln

Nahrungsergänzungsmittel zur vorbeugenden Unterstützung einer gesunden Herz-Kreislauf-Funktion.

siehe Herz- und Kreislaufbeschwerden

BerryPharma

rubyni® CARDIO

Kapseln

Nahrungsergänzungsmittel mit Vitaminen, Magnesium und Pflanzenstoffen für Herz-Kreislauf und Blutgefäße

siehe Herz- und Kreislaufbeschwerden

INTERNA

(Herz- und Kreislaufbeschwerden - Hypotonie)

BerryPharma

rubyni® CARDIO

Kapseln

Nahrungsergänzungsmittel mit Vitaminen, Magnesium und Pflanzenstoffen für Herz-Kreislauf und Blutgefäße

siehe Herz- und Kreislaufbeschwerden

INTERNA

(Herz- und Kreislaufbeschwerden - Schwindel)

meta Fackler

metarubini N

Mischung

Zusammensetzung

10 g enthalten: Adonis vernalis Dil. D2 1,0 g, Cactus Dil. D2 0,5 g, Camphora Dil. D2 0,5 g, Crataegus Ø 1,0 g, Kalium carbonicum Dil. D2 1,0 g, Veratrum album Dil. D4 1,5 g. Sonst. Bestandt.: Ethanol, Ger. Wasser. Enth. 50 Vol.-% Alkohol.

Anwendungsgebiete

Registriertes homöopathisches Arzneimittel, daher ohne Angabe einer therapeutischen Indikation.

Dosierung

Soweit nicht anders verordnet, Erwachsene und Jugendl. ab 12 Jahren: Akute Zustände alle halbe bis ganze Std., höchstens 6x tgl., je 5 Tr.; Chronische Verlaufsformen 1 – 3x tgl. je 5 Tr.; Bei Besserung der Beschwerden ist die Häufigkeit der Einnahme zu reduzieren.

Gegenanzeigen

Allergie gg. Inhaltsstoffe; Säuglinge und Kinder bis zum 6. Lebensjahr.

Vorsichtsmaßnahmen

Kinder unter 12 Jahren (keine Erfahrungen/ Rücksprache), Schwangerschaft und Stillzeit (Rücksprache).

Nebenwirkungen

Keine bekannt.

Packungsgrößen und Preise

50 ml	Euro 15,27
100 ml	Euro 26,35

Apothekenpflichtig.

BerryPharma

rubyni® CARDIO

Kapseln

Nahrungsergänzungsmittel mit Vitaminen, Magnesium und Pflanzenstoffen für Herz-Kreislauf und Blutgefäße

siehe Herz- und Kreislaufbeschwerden

BerryPharma

rubyni® NEURO

Kapseln

Nahrungsergänzungsmittel mit Vitaminen, Mineral- und Pflanzenstoffen sowie Citicolin für Gehirn und Nerven

siehe Neurologische Erkrankungen

INTERNA (Hämorrhoiden)

nutrimmun GmbH

MyBIOTIK®PRAELASAN

Pulver

siehe Magen-Darm-Beschwerden - Verdauung

BerryPharma

rubyni® MUCOSA

Pulver

Nahrungsergänzungsmittel mit Vitaminen, Mineral- und Pflanzenstoffen sowie Ballaststoffen für Darmschleimhaut und Mikrobiom

siehe Magen-Darm-Beschwerden

INJEKTIONEN (Immunsystemerkrankungen und -schwäche)

Sanum-Kehlbeck

Sanukehl® Coli D7

Injektionslösung

Wirkstoff: Escherichia coli extractum cellulae (lyophil., steril.) Dil. D7 aquos.

Zusammensetzung

1 Ampulle enthält: Wirkstoff: 1 ml Escherichia coli extractum cellulae (lyophil. steril.) Dil. D7 aquos. nach Vorschrift 5b HAB.

Anwendungsgebiete

Erfahrungsgemäß unterstützend angewendet bei:

- unterstützend bei Infektionen mit Escherichia coli
- Cholangitis, Cholezystitis, Gastroenteritis, Colitis, chronischen Darmentzündungen, Pyelonephritis, Epididymitis, Zystitis, Prostatitis, Salpingitis, Metritis, Kolpitis, Bronchitis.

Eigenschaften

Sanukehl® Coli enthält in einem speziellen Extrakt Polysaccharidbestandteile des Erregers Escherichia coli. Die Wirkung beruht auf der Absorption der Erreger-Antigene bzw. -Toxine.

Dosierung

Erwachsenen und Jugendlichen ab 12 Jahren 1 – 3-mal wöchentlich 1 ml s.c. injizieren.

Nach längstens 4 Wochen Therapiedauer sollte Sanukehl® Coli D7 abgesetzt werden.

Nebenwirkungen

Aufgrund des Gehaltes von Sanukehl® Coli D7 an spezifischen organischen Bestandteilen können Überempfindlichkeitsreaktionen auftreten. In diesem Fall sollten Sie das Arzneimittel absetzen und Ihren Arzt befragen.

Gegenanzeigen
Nicht anwenden bei:

- bekannter Überempfindlichkeit gegenüber Escherichia coli
- Autoimmunerkrankungen
- Kindern unter 12 Jahren
- Schwangeren und Stillenden.

Wechselwirkungen
Immunsuppressiv wirkende Arzneimittel oder Therapien können die Wirksamkeit von Sanukehl® Coli D7 beeinträchtigen. Vor und nach der Behandlung mit oral verabreichten Lebendimpfstoffen ist ein Abstand von 4 Wochen einzuhalten.

Packungsgrößen und Preise

1 Amp. à 1 ml	(PZN 07709517)	Euro 13,28
10 Amp. à 1 ml	(PZN 07709523)	Euro 88,26
50 Amp. à 1 ml	(PZN 07709546)	Euro 359,52

Apothekenpflichtig.

INTERNA

Wellnest Pflanzenkraft

7 Kräuter-Kraft nach Bertrand Heidelberger

Tropfen

siehe Magen-Darm-Beschwerden

NutraMedix Deutschland

Banderol NutraMedix Tropfen

siehe Infektionen

Sanum-Kehlbeck

Bovisan® D5

Zäpfchen

Wirkstoff: Mycobacterium bovis (BCG) e muribus cellulae (lyophil., steril.) Trit. D5

Zusammensetzung
1 Zäpfchen enthält: Wirkstoff: 0,2 g Mycobacterium bovis (BCG) e muribus cellulae (lyophil., steril.) Trit. D5 nach Vorschrift 6 HAB.

Sonstiger Bestandteil: Hartfett.

Anwendungsgebiete
Erfahrungsgemäß unterstützend angewendet bei:

- chronisch entzündlichen Prozessen wie rheumatischen Beschwerden, Atemwegserkrankungen
- zur Immunmodulation.

Eigenschaften
Durch ein besonderes Kultur- und Aufbereitungsverfahren einer Stammlösung des Mycobacterium bovis wird ein für den Menschen apathogenes Präparat gewonnen, das jedoch seine immunmodulatorischen Fähigkeiten behalten hat.

Nebenwirkungen
Aufgrund des Gehaltes von Bovisan® D5 an spezifischen organischen Bestandteilen können in seltenen Fällen Überempfindlichkeitsreaktionen, hauptsächlich in Form von Hautreaktionen, auftreten und eine Allergie gegen den Bestandteil Mycobacterium bovis ausgelöst werden. Das Arzneimittel ist dann abzusetzen und ein Arzt aufzusuchen.

Wechselwirkungen
Immunsuppressiv wirkende Arzneimittel können die Wirksamkeit von Bovisan® D5 beeinträchtigen. Vor und nach der Behandlung mit oral verabreichten Lebendimpfstoffen ist ein Abstand von 4 Wochen einzuhalten.

Gegenanzeigen
Nicht anwenden bei bekannter Überempfindlichkeit gegenüber Mycobacterium bovis, Autoimmunerkrankungen, Kindern unter 12 Jahren, Schwangeren und Stillenden.

Dosierung
Erwachsene und Jugendliche ab 12 Jahren führen 1 mal täglich 1 Zäpfchen vor dem Schlafengehen in den After ein. Nach längstens 4 Wochen Therapiedauer sollte Bovisan® D5 abgesetzt werden.

Vorsichtsmaßnahmen
Keine bekannt.

Warnhinweise
Keine bekannt.

Sonstige Hinweise
Enthält Lactose.

Packungsgrößen und Preise

1 x 10 Zäpfchen (PZN 04868681) ... Euro 25,78
10 x 10 Zäpfchen (PZN 04868698) ... Euro 226,74

Apothekenpflichtig.

Sanum-Kehlbeck

Bovisan® D5

Hartkapseln

Wirkstoff: Mycobacterium bovis (BCG) e muribus cellulae (lyophil., steril.) Trit. D5

Zusammensetzung
1 Hartkapsel enthält: Wirkstoff: 330 mg Mycobacterium bovis (BCG) e muribus cellulae (lyophil., steril.) Trit. D5 nach Vorschrift 6 HAB.

Hartkapselhülle: Hypromellose.

Anwendungsgebiete
Erfahrungsgemäß unterstützend angewendet bei:

- chronisch entzündlichen Prozessen wie rheumatischen Beschwerden, Atemwegserkrankungen
- zur Immunmodulation.

Eigenschaften
Durch ein besonderes Kultur- und Aufbereitungsverfahren einer Stammlösung des Mycobacterium bovis wird ein für den Menschen apathogenes Präparat gewonnen, das jedoch seine immunmodulatorischen Fähigkeiten behalten hat.

Nebenwirkungen
Aufgrund des Gehaltes von Bovisan® D5 an spezifischen organischen Bestandteilen können in seltenen Fällen Überempfindlichkeitsreaktionen, hauptsächlich in Form von Hautreaktionen, auftreten und eine Allergie gegen den Bestandteil Mycobacterium bovis ausgelöst werden. Das Arzneimittel ist dann abzusetzen und ein Arzt aufzusuchen.

Gegenanzeigen
Nicht anwenden bei:

- Autoimmunerkrankungen
- Kindern unter 12 Jahren
- Schwangeren und Stillenden
- bekannter Überempfindlichkeit gegenüber Mycobacterium bovis.

Vorsichtsmaßnahmen
Dieses Arzneimittel enthält Lactose. Bitte nehmen Sie Bovisan® D5 erst nach Rücksprache mit Ihrem Arzt ein, wenn Ihnen bekannt ist, dass Sie unter einer Unverträglichkeit gegenüber bestimmten Zuckern leiden

Wechselwirkungen
Immunsuppressiv wirkende Arzneimittel können die Wirksamkeit von Bovisan® D5 beeinträchtigen. Vor und nach der Behandlung mit oral verabreichten Lebendimpfstoffen ist ein Abstand von 4 Wochen einzuhalten.

Dosierung
Bei Erwachsenen und Jugendlichen ab 12 Jahren wird mit einer mittleren Dosierung – entsprechend 1 Hartkapsel alle 2 Wochen – therapiert. Bei fehlender oder schwacher Reaktion kann die Einnahme in kürzeren Abständen erfolgen – maximal 2-mal 1 Hartkapsel wöchentlich. Die Hartkapseln morgens vor dem Frühstück oder abends vor dem Schlafengehen mit ausreichend Flüssigkeit einnehmen. Nach längstens 4 Wochen Therapiedauer sollte Bovisan® D5 abgesetzt werden.

Sonstige Hinweise
Enthält Lactose.

Packungsgrößen und Preise

1 x 5 Hartkps.	(PZN 04868669)	..... Euro 15,67
10 x 5 Hartkps.	(PZN 04868675)	..... Euro 130,65

Apothekenpflichtig.

Sanum-Kehlbeck

Bovisan® D6

Tropfen

Wirkstoff: Mycobacterium bovis (BCG) e volumine cellulae (lyophil., steril.) Dil. D6

Zusammensetzung
5 ml flüssige Verdünnung enthalten: Wirkstoff: 5 ml Mycobacterium bovis (BCG) e volumine cellulae (lyophil., steril.) Dil. D6 nach Vorschrift 5a HAB, Lsg. D1 mit gereinigtem Wasser.

Anwendungsgebiete
Erfahrungsgemäß unterstützend angewendet bei:
- chronisch entzündlichen Prozessen wie rheumatischen Beschwerden, Atemwegserkrankungen
- zur Immunmodulation.

Eigenschaften
Durch ein besonderes Kultur- und Aufbereitungsverfahren einer Stammlösung des Mycobacterium bovis wird ein für den Menschen apathogenes Präparat gewonnen, das jedoch seine immunmodulatorischen Fähigkeiten behalten hat.

Dosierung
Erwachsene und Jugendliche ab 12 Jahren:

Zum Einnehmen: 1-mal täglich 5 - 10 Tropfen vor einer Mahlzeit.

Zum Einreiben in die Haut: 1-mal täglich 5 - 10 Tropfen in die Ellenbeugen oder um den Nabel herum einreiben.

Nach längstens 4 Wochen Therapiedauer sollte Bovisan® D6 abgesetzt werden.

Gegenanzeigen
Nicht anwenden bei: bekannter Überempfindlichkeit gegenüber Mycobacterium bovis oder kreuzreagierender Komponenten, Autoimmunerkrankungen, Kindern unter 12 Jahren, Schwangeren und Stillenden.

Vorsichtsmaßnahmen
Keine bekannt.

Warnhinweise
Keine bekannt.

Nebenwirkungen
Aufgrund des Gehaltes von Bovisan® D6 an spezifischen organischen Bestandteilen können in seltenen Fällen Überempfindlichkeitsreaktionen auftreten. In diesem Fall sollten Sie die Anwendung unterbrechen und einen Arzt aufsuchen.

Wechselwirkungen
Immunsuppressiv wirkende Arzneimittel oder Therapien können die Wirksamkeit von Bovisan® D6 beeinträchtigen. Vor und nach der Behandlung mit oral verabreichten Lebendimpfstoffen ist ein Abstand von 4 Wochen einzuhalten.

Packungsgrößen und Preise

1-mal 5 ml (PZN 07709492)	... Euro 14,71
10-mal 5 ml (PZN 07709500)	... Euro 120,94

Apothekenpflichtig.

NutraMedix Deutschland

Burbur-Pinella NutraMedix Tropfen

siehe Umwelt- und Schwermetallbelastung

Ceres Heilmittel GmbH

Ceres Echinacea-Erkältungs-Komplex

Tropfen

Homöopath. Arzneimittel

siehe Gripppe, grippaler Infekt, Erkältung

NutraMedix Deutschland

Cowden+ Support Programm (CSP+)

siehe Infektionen

NutraMedix Deutschland

Dandilion NutraMedix Tropfen

siehe Umwelt- und Schwermetallbelastung

Dr. Jacob's Medical GmbH

Dr. Jacob's Vitamin D3K2 Öl

Tropfen

Nahrungsergänzungsmittel mit den Vitaminen D3 und K2 (all-trans MK-7).

siehe Nährstoffmangel - Vitamine

Sanum-Kehlbeck

Fomepikehl® D5

Tropfen

Wirkstoff: Fomitopsis pinicola e muribus mycelii (lyophil., steril.) dil. D5

Zusammensetzung
10 ml flüssige Verdünnung enthalten: Wirkstoff: 10 ml Fomitopsis pinicola e muribus mycelii (lyophil., steril.) dil. D5 nach HAB, Vorschrift 5a, Lsg. D1 mit gereinigtem Wasser.

Anwendungsgebiete
Erfahrungsgemäß unterstützend angewendet bei:
Intermittierendem, remittierendem und biliösem Fieber mit Kopfschmerz gelber Zunge, dauernder Übelkeit, Schwäche im Oberbauch und Verstopfung; Prostata-Adenom.

Eigenschaften
Polysaccarid-Extrakte aus Fomitopsis pinicola erwiesen sich als hochwirksame Immunmodulatoren. Außerdem haben sie vasodilatorische, hypotensive Wirkungen.

Dosierung
Zum Einnehmen: Erwachsene und Jugendliche ab 12 Jahren nehmen 1 – 2-mal tgl. je 5 Tropfen ein.

Zum Einreiben in die Haut: Erwachsene und Jugendliche ab 12 Jahren reiben zweimal wöchentlich 5 - 10 Tropfen in die Ellenbeuge ein.

Nach längstens 4 Wochen Therapiedauer sollte Fomepikehl® D5 abgesetzt werden.

Nebenwirkungen
Aufgrund des Gehaltes von Fomepikehl® D5 an spezifischen organischen Bestandteilen können in seltenen Fällen Überempfindlichkeitsreaktionen, hauptsächlich in Form von Hautreaktionen, auftreten und eine Allergie gegen den Bestandteil Fomitopsis pinicola ausgelöst werden. Das Arzneimittel ist dann abzusetzen und ein Arzt aufzusuchen.

Wechselwirkungen
Immunsuppressiv wirkende Arzneimittel können die Wirksamkeit von Fomipikehl® D5 Tropfen beeinträchtigen. Vor und nach der Behandlung mit oral verabreichten Lebendimpfstoffen ist ein Abstand von 4 Wochen einzuhalten.

Gegenanzeigen
Nicht anwenden bei: bekannter Überempfindlichkeit gegen Fomitopsis pinicola, Autoimmunerkrankungen, Kindern unter 12 Jahren und Schwangeren und Stillenden.

Vorsichtsmaßnahmen
Keine bekannt.

Warnhinweise
Keine bekannt.

Packungsgrößen und Preise
10 ml (PZN 03228086) .. Euro 13,82
10-mal 10 ml (PZN 03228100) .. Euro 107,05

Apothekenpflichtig.

NutraMedix Deutschland

Houttuynia NutraMedix Tropfen

siehe Infektionen

NutraMedix Deutschland

ImmuneMedix NutraMedix Tropfen

Zusammensetzung
Extrakt aus Noni-Frucht, Astragaluswurzel, Baikal-Helmkrautwurzel, Glänzende Liguster-Frucht, Poria cocos-Pilz, Goji-Beere, Kleine Braunelle, Weiße Pfingst-rosenwurzel, Reishi-Pilz, Cordyceps-Pilz, Samento (Uncaria tomentosa), Mineral-wasser, Auszugsmittel Ethanol (20-24%)

Anwendungsgebiete
Stärkung des Immunsystems, Verbesserung Funktion der NK-Zellen, v.a. bei Krebs und chronischen Infektionen.

Wirkstoffeigenschaften
Synergistische Mischung aus Pflanzen und Pilzen zur Unterstützung des angeborenen und erworbenen Immunsystems.

Gegenanzeigen
Schwangerschaft und Stillzeit.

Nebenwirkungen
Keine bekannt.

Dosierung und Art der Anwendung
2x täglich 40 - 80 Tropfen in Wasser.

Packungsgröße und Preise
120 ml (PZN 19902260) .... Euro 52,00

Bezug und weitere Informationen
NutraMedix Deutschland GmbH
www.nutramedix.de

MensSana AG

Immuno / Immuno akut MensSana

Kapseln

siehe Nährstoffmangel

Wellnest Pflanzenkraft

Kardenwurzel Bio Frischpflanzen Konzentrat

Tropfen

siehe Infektionen

Genericon Pharma Gesellschaft m.b.H.

MULTIvitDK®

Pumplösung

siehe Nährstoffmangel - Vitamine

NutraMedix Deutschland

Nattokinase NutraMedix Kapseln

siehe Entzündungen

NutraMedix Deutschland

Nutra-BBS NutraMedix Tropfen

siehe Parasiten

NutraMedix Deutschland

Nutra-BRL NutraMedix Tropfen

siehe Parasiten

NutraMedix Deutschland

Nutra-BRT NutraMedix Tropfen

siehe Parasiten

Institut AllergoSan Deutschland (privat) GmbH

OMNi-BiOTiC® Pro-Vi 5

Sachets

5 Bakterien-Profis plus Vitamin D

Anwendungsgebiete
Das Immunsystem und der Darm als dessen Zentrale sind täglich mit Herausforderungen wie Keimbelastung, ungünstiger Ernährung und daraus resultierenden Vitamin- und Nährstoffdefiziten konfrontiert. Dies kann sowohl eine Veränderung der Bakterienvielfalt als auch eine verminderte Schlagkraft des Immunsystems zur Folge haben. OMNi-BiOTiC® Pro-Vi 5 enthält eine innovative und weltweit einzigartige Kombination aus 5 speziell ausgesuchten, in vielen Studien bewährten Bakterienstämmen – ergänzt mit Vitamin D für das Immunsystem.

Zusammensetzung
Maltodextrin, hydrolysierte Kartoffelstärke, Inulin, Bakterienstämme (mind. 5 Milliarden Keime pro 1 Portion = 2 g), Vitamin D (Cholecalciferol).

Nahrungsergänzungsmittel mit hochaktiven Darmsymbionten und Vitamin D.

Weitere Informationen erhalten Sie unter: omni-biotic.com

BerryPharma

rubyni® Edelholunder

Kapseln

Nahrungsergänzungsmittel mit reinem Edelholunder für Abwehrkräfte und Immunsystem.

siehe Grippe, grippaler Infekt, Erkältung

BerryPharma

rubyni® MUCOSA

Pulver

Nahrungsergänzungsmittel mit Vitaminen, Mineral- und Pflanzenstoffen sowie Ballaststoffen für Darmschleimhaut und Mikrobiom

siehe Magen-Darm-Beschwerden

NutraMedix Deutschland

Samento NutraMedix Tropfen

Zusammensetzung
Uncaria tomentosa (Cat´s Claw) Extrakt; TOA-frei; Mineralwasser, Ethanol (20 – 24%).

Anwendungsgebiete
Autoimmunerkrankungen, Immunschwäche, Allergien, chronische Infektionen (Borreliose u.a.), entzündliche Systemerkrankungen, unterstützend bei Krebserkrankungen.

Wirkstoffeigenschaften
Immunmodulierend, antimikrobiell, entzündungshemmend, antioxidativ, antikarzinogen, neuroprotektiv.

Samento ist frei von TOA (tetrazyklischen Oxindol-Alkaloiden) und wirkt deshalb im Gegensatz zu anderen Cat´s Claw Präparaten als Immunsystemmodulator. Samento kann daher auch bei überschießenden Immunreaktionen (Autoimmunerkrankungen, Allergien) erfolgreich eingesetzt werden.

Wird häufig in Kombination mit Banderol NutraMedix und / oder Takuna NutraMedix bei der Behandlung akuter und chronischer Infektionen angewendet (Borreliose u.a.).

Gegenanzeigen
Schwangerschaft und Stillzeit.

Nebenwirkungen
Herxheimer-Reaktionen möglich.

Dosierung und Art der Anwendung
2x täglich 30 Tropfen in Wasser, vor den Mahlzeiten, schrittweise Dosis steigern.

Kinder: 2x täglich 1/2 Tropfen pro kg KG.

Packungsgrößen und Preise
30 ml (PZN 18040276) .... Euro 48,00
60 ml (PZN 18040282) .... Euro 75,00

Bezug und weitere Informationen
NutraMedix Deutschland GmbH
www.nutramedix.de

Sanum-Kehlbeck

Sanukehl® Acne D6

Tropfen

Wirkstoff: Propionibacterium acnes extractum cellulae (lyophil., steril.) Dil. D6

Zusammensetzung
10 ml flüssige Verdünnung enthalten: Wirkstoff: 10 ml Propionibacterium acnes extractum cellulae (lyophil., steril.) Dil. D6 (HAB, Vorschrift 5 a, Lsg. D1 mit gereinigtem Wasser).

Anwendungsgebiete
Erfahrungsgemäß unterstützend angewendet bei:

- unterstützend bei Infektionen mit Propionibacterium (Cutibacterium) acnes
- Acne conglobata, rheumatoider Arthritis, venösen und cerebralen Durchblutungsstörungen.

Eigenschaften
Sanukehl® Acne enthält in einem speziellen Extrakt Polysaccharidbestandteile des Erregers Propionibacterium acnes. Die Wirkung beruht auf der Absorption der Erreger-Antigene bzw. -Toxine.

Dosierung
Zum Einnehmen: Bei akuten Zuständen vor einer Mahlzeit 5 - 10 Tropfen alle 12 - 24 Stunden; bei chronischen Verlaufsformen 10 Tropfen jeden 2. Tag.

Zum Einreiben in die Haut: Alle 1 - 2 Tage 5 - 10 Tropfen in die Ellenbeugen.

Nach längstens 8 Wochen Therapiedauer sollte eine mehrmonatige Therapiepause eingelegt werden.

Gegenanzeigen
Keine bekannt. Siehe unter Besonderheiten bei Kindern, Schwangeren, Stillenden.

Nebenwirkungen
Aufgrund des Gehaltes von Sanukehl® Acne D6 an spezifischen organischen Bestandteilen können in seltenen Fällen Überempfindlichkeitsreaktionen auftreten. In diesem Fall sollten Sie die Anwendung unterbrechen und einen Arzt aufsuchen.

Ggf. Besonderheiten bei Kindern, Schwangeren, Stillenden
Da keine ausreichend dokumentierten Erfahrungen zur Anwendung in der Schwangerschaft und Stillzeit vorliegen, sollte das Arzneimittel in der Schwangerschaft nicht und in der Stillzeit nur nach Rücksprache mit dem Arzt angewendet werden.

Zur Anwendung dieses Arzneimittels bei Kindern unter 10 Jahren liegen keine ausreichend dokumentierten Erfahrungen vor. Es soll deshalb bei Kindern unter 10 Jahren nicht angewendet werden.

Wechselwirkungen
Immunsuppressiv wirkende Arzneimittel oder Therapien können die Wirksamkeit von Sanukehl ® Acne D6 beeinträchtigen. Vor und nach der Behandlung mit oral verabreichten Lebendimpfstoffen ist ein Abstand von 4 Wochen einzuhalten.

Packungsgrößen und Preise
10 ml (PZN 07402807) .. Euro 19,33
10-mal 10 ml (PZN 07402813) .. Euro 160,26

Apothekenpflichtig.

Sanum-Kehlbeck

Sanukehl® Cand D6

Tropfen

Wirkstoff: Candida albicans extractum cellulae (lyophil, steril.) Dil. D6

Zusammensetzung

10 ml flüssige Verdünnung enthalten: Wirkstoff: 10 ml Candida albicans extractum cellulae (lyophil, steril.) Dil. D6 (HAB, Vorschrift 5 a, Lsg. D1 mit gereinigtem Wasser).

Anwendungsgebiete

Erfahrungsgemäß unterstützend angewendet bei:

- unterstützend bei Infektionen mit verschiedenen Candida Spezies
- Erkrankungen des Mundes, wie Stomatitis, Gingivitis, Perlèche, Aphthen
- Dickdarmentzündung, Obstipation nach Behandlung mit Antibiotika
- allergischem Asthma
- Vaginalmykosen, Vulvaentzündung, Vulvovaginitis, Craurosis vulvae
- Dermatose, z. B. nach Behandlung mit Antibiotika
- Darmdysbiose

Eigenschaften

Sanukehl® Cand wird hergestellt aus den Serotypen A und B von Candida albicans, zu denen der weitaus größte Teil der beim Menschen isolierten Candidiasis-Erreger gehört. Sanukehl® Cand enthält in einem speziellen Extrakt Polysaccharidbestandteile des Erregers Candida albicans. Die Wirkung beruht auf der Absorption der Erreger-Antigene bzw. -Toxine.

Dosierung

Für Erwachsene und Jugendliche ab 12 Jahren gilt:

Zum Einnehmen: Bei akuten Zuständen vor einer Mahlzeit 5 - 10 Tropfen alle 12 - 24 Stunden; bei chronischen Verlaufsformen 10 Tropfen jeden 2. Tag.

Zum Einreiben in die Haut: Alle 1 - 2 Tage 5 - 10 Tropfen in die Ellenbeugen.

Nach längstens 4 Wochen Therapiedauer sollte Sanukehl® Cand D6 abgesetzt werden.

Nebenwirkungen

Aufgrund des Gehaltes von Sanukehl® Cand D6 an spezifischen organischen Bestandteilen können Überempfindlichkeitsreaktionen, hauptsächlich in Form von Hautreaktionen, auftreten und eine Allergie gegen den Bestandteil Candida albicans ausgelöst werden. Das Arzneimittel ist dann abzusetzen und ein Arzt aufzusuchen.

Gegenanzeigen

Nicht anwenden bei: bekannter Überempfindlichkeit gegenüber Candida albicans, Autoimmunerkrankungen, Kindern unter 12 Jahren, Schwangeren und Stillenden.

Wechselwirkungen

Immunsuppressiv wirkende Arzneimittel können die Wirksamkeit von Sanukehl® Cand D6 beeinträchtigen. Vor und nach der Behandlung mit oral verabreichten Lebendimpfstoffen ist ein Abstand von 4 Wochen einzuhalten.

Packungsgrößen und Preise

10 ml (PZN 07402859)	.. Euro	19,33
10-mal 10 ml (PZN 07402865)	.. Euro	160,26

Apothekenpflichtig.

Sanum-Kehlbeck

Sanukehl® Coli D6

Tropfen

Wirkstoff: Escherichia coli extractum cellulae (lyophil., steril.) Dil. D6

Zusammensetzung

10 ml flüssige Verdünnung enthalten: Wirkstoff: 10 ml Escherichia coli extractum cellulae (lyophil., steril.) Dil. D6 (HAB, Vorschrift 5 a, Lsg. D1 mit gereinigtem Wasser).

Anwendungsgebiete
Erfahrungsgemäß unterstützend angewendet bei:

- unterstützend bei Infektionen mit Escherichia coli
- Cholangitis, Cholezystitis, Gastroenteritis, Colitis, chronischen Darmentzündungen, Pyelonephritis, Epididymitis, Zystitis, Prostatitis, Salpingitis, Metritis, Kolpitis, Bronchitis.

Eigenschaften
Sanukehl® Coli enthält in einem speziellen Extrakt Polysaccharidbestandteile des Erregers Escherichia coli. Die Wirkung beruht auf der Absorption der Erreger-Antigene bzw. -Toxine.

Dosierung
Zum Einnehmen: Bei akuten Zuständen vor einer Mahlzeit 5 - 10 Tropfen alle 12 - 24 Stunden; bei chronischen Verlaufsformen 10 Tropfen jeden 2. Tag.

Zum Einreiben in die Haut: Alle 1 - 2 Tage 5 - 10 Tropfen in die Ellenbeugen.

Kinder zwischen dem 4. und 6. Lebensjahr erhalten nicht mehr als die Hälfte, Kinder zwischen dem 6. und 12. Lebensjahr erhalten nicht mehr als zwei Drittel der Erwachsenendosis.

Nach längstens 8 Wochen Therapiedauer sollte eine mehrmonatige Therapiepause eingelegt werden.

Nebenwirkungen
Aufgrund des Gehaltes von Sanukehl® Coli D6 an spezifischen organischen Bestandteilen können in seltenen Fällen Überempfindlichkeitsreaktionen auftreten. In diesem Fall sollten Sie die Anwendung unterbrechen und einen Arzt aufsuchen.

Gegenanzeigen
Keine bekannt. Siehe unter Besonderheiten bei Kindern, Schwangeren, Stillenden.

Ggf. Besonderheiten bei Kindern, Schwangeren, Stillenden
Da keine ausreichend dokumentierten Erfahrungen zur Anwendung in der Schwangerschaft und Stillzeit vorliegen, sollte das Arzneimittel in der Schwangerschaft nicht und in der Stillzeit nur nach Rücksprache mit dem Arzt angewendet werden.

Zur Anwendung dieses Arzneimittels bei Kindern unter 3 Jahren liegen keine ausreichend dokumentierten Erfahrungen vor. Es soll deshalb bei Kindern unter 3 Jahren nicht angewendet werden.

Wechselwirkungen
Immunsuppressiv wirkende Arzneimittel oder Therapien können die Wirksamkeit von Sanukehl® Coli D6 beeinträchtigen. Vor und nach der Behandlung mit oral verabreichten Lebendimpfstoffen ist ein Abstand von 4 Wochen einzuhalten.

Packungsgrößen und Preise

10 ml (PZN 07402871)	.. Euro	19,33
10-mal 10 ml (PZN 07402888)	.. Euro	160,26

Apothekenpflichtig.

Sanum-Kehlbeck

Sanukehl® Klebs D6

Tropfen

Wirkstoff: Klebsiella pneumoniae extractum cellulae (lyophil., steril.) Dil. D6

Zusammensetzung
10 ml enthalten: Wirkstoff: 10 ml Klebsiella pneumoniae extractum cellulae (lyophil., steril.) Dil. D6 (HAB, Vorschrift 5 a, Lsg. D1 mit gereinigtem Wasser).

Anwendungsgebiete
Erfahrungsgemäß unterstützend angewendet bei:

- unterstützend bei Infektionen mit Klebsiellen
- Atemwegserkrankungen, Dysbiose nach Antibiotika-Therapie.

Eigenschaften
Sanukehl® Klebs enthält in einem speziellen Extrakt Polysaccharidbestandteile des Erregers Klebsiella pneumoniae. Die Wirkung beruht auf der Absorption der Erreger-Antigene bzw. -Toxine.

Dosierung
Erwachsene und Jugendliche ab 12 Jahren nehmen bei akuten Erkrankungen vor einer Mahlzeit 5 - 10 Tropfen alle 12 - 24 Stunden ein; bei chronischen Verlaufsformen werden 10 Tropfen alle 2 Tage eingenommen.

Zum Einreiben: Erwachsene und Jugendliche ab 12 Jahren reiben alle 1 - 2 Tage 5 - 10 Tropfen am Ort der Erkrankung oder in die Ellenbeuge ein.

Nach längstens 4 Wochen Therapiedauer sollte Sanukehl® Klebs abgesetzt werden.

Nebenwirkungen
Aufgrund des Gehaltes von Sanukehl® Klebs D6 an spezifischen organischen Bestandteilen können in seltenen Fällen Überempfindlichkeitsreaktionen, hauptsächlich in Form von Hautreaktionen, auftreten. Das Auftreten einer Allergie gegen den Bestandteil Klebsiella pneumoniae kann nicht ausgeschlossen werden. Das Arzneimittel ist dann abzusetzen und ein Arzt aufzusuchen.

Gegenanzeigen
Nicht anwenden bei:

- bekannter Überempfindlichkeit gegenüber Klebsiellen-Arten oder Klebsiella pneumoniae
- Autoimmunerkrankungen
- Kindern unter 12 Jahren
- Schwangeren und Stillenden.

Vorsichtsmaßnahmen
Keine bekannt.

Warnhinweise
Keine bekannt.

Wechselwirkungen
Immunsuppressiv wirkende Arzneimittel oder Therapien können die Wirksamkeit von Sanukehl® Klebs D6 beeinträchtigen. Vor und nach der Behandlung mit oral verabreichten Lebendimpfstoffen ist ein Abstand von 4 Wochen einzuhalten.

Packungsgrößen und Preise

10 ml (PZN 07402894)	.. Euro	19,33
10-mal 10 ml (PZN 07402902)	.. Euro	160,26

Apothekenpflichtig.

Sanum-Kehlbeck

Sanukehl® Myc D6

Tropfen

Wirkstoff: Mycobacterium bovis (BCG) extractum cellulae (lyophil., steril.) Dil. D6

Zusammensetzung
10 ml flüssige Verdünnung enthalten: Wirkstoff: 10 ml Mycobacterium bovis (BCG) extractum cellulae (lyophil., steril.) Dil. D6 (HAB, Vorschrift 5 a, Lsg. D1 mit gereinigtem Wasser).

Anwendungsgebiete
Erfahrungsgemäß unterstützend angewendet bei:

- unterstützend bei Infektionen mit Mykobakterien
- Atemwegserkrankungen; chronisch-rezidivierenden Haut- und Schleimhauterkrankungen, z. B. Akne juvenilis, Urticaria, Hordeolum, Psoriasis; Lupus erythematodes; Arthritis; Osteochondrose; Cholezystitis; Enterocolitis; Ulcus ventriculi et duodeni; Kopfschmerzen; Metritis, Nephritis, Otitis.

Eigenschaften
Sanukehl® Myc enthält in einem speziellen Extrakt Polysaccharidbestandteile des Erregers Mycobacterium bovis. Die Wirkung beruht auf der Absorption der Erreger-Antigene bzw. -Toxine.

Dosierung
Zum Einnehmen: Bei akuten Zuständen vor einer Mahlzeit 5 - 10 Tropfen alle 12 - 24 Stunden; bei chronischen Verlaufsformen 10 Tropfen jeden 2. Tag.

Zum Einreiben in die Haut: Alle 1 - 2 Tage 5 - 10 Tropfen in die Ellenbeugen.

Nach längstens 8 Wochen Therapiedauer sollte eine mehrmonatige Therapiepause eingelegt werden.

Nebenwirkungen
Aufgrund des Gehaltes von Sanukehl® Myc D6 an spezifischen organischen Bestandteilen können in seltenen Fällen Überempfindlichkeitsreaktionen auftreten. In diesem Fall sollten Sie die Anwendung unterbrechen und einen Arzt aufsuchen.

Gegenanzeigen
Keine bekannt. Siehe unter Besonderheiten bei Kindern, Schwangeren, Stillenden.

Ggf. Besonderheiten bei Kindern, Schwangeren, Stillenden
Da keine ausreichend dokumentierten Erfahrungen zur Anwendung in der Schwangerschaft und Stillzeit vorliegen, sollte das Arzneimittel in der Schwangerschaft nicht und in der Stillzeit nur nach Rücksprache mit dem Arzt angewendet werden.

Zur Anwendung dieses Arzneimittels bei Kindern liegen keine aureichend dokumentierten Erfahrungen vor. Es soll deshalb bei Kindern unter 12 Jahren nicht angewendet werden.

Wechselwirkungen
Immunsuppressiv wirkende Arzneimittel oder Therapien können die Wirksamkeit von Sanukehl® Myc D6 beeinträchtigen. Vor und nach der Behandlung mit oral verabreichten Lebendimpfstoffen ist ein Abstand von 4 Wochen einzuhalten.

Packungsgrößen und Preise

10 ml (PZN 07402919)	.. Euro	19,33
10-mal 10 ml (PZN 07402925)	.. Euro	160,26

Apothekenpflichtig.

Sanum-Kehlbeck

Sanukehl® Prot D6

Tropfen

Wirkstoff: Proteus vulgaris extractum cellulae (lyophil., steril.) Dil. D6

Zusammensetzung
10 ml flüssige Verdünnung enthalten: Wirkstoff: 10 ml Proteus vulgaris extractum cellulae (lyophil., steril.) Dil. D6 (HAB, Vorschrift 5 a, Lsg. D1 mit gereinigtem Wasser).

Anwendungsgebiete
Erfahrungsgemäß unterstützend angewendet bei:

- unterstützend bei Infektionen mit Proteus
- Otitis, Osteomyelitis, Darmdysbiose nach Antibiotika-Therapie, Colitis ulcerosa, Angina tonsillaris, rheumatischen Beschwerden, chronisch-eitrigen Erkrankungen des Respirations- und Verdauungstraktes.

Eigenschaften
Sanukehl® Prot enthält in einem speziellen Extrakt Polysaccharidbestandteile des Erregers Proteus vulgaris. Die Wirkung beruht auf der Absorption der Erreger-Antigene bzw. -Toxine.

Dosierung
Zum Einnehmen: Bei akuten Zuständen nehmen Erwachsene und Jugendliche ab 12 Jahren vor einer Mahlzeit 5 - 10 Tropfen alle 12–24 Stunden ein; bei chronischen Verlaufsformen 10 Tropfen jeden 2. Tag.

Zum Einreiben in die Haut: Alle 1 - 2 Tage 5 - 10 Tropfen in die Ellenbeugen.

Nach längstens 4 Wochen Therapiedauer sollte Sanukehl® Prot D6 abgesetzt werden.

Nebenwirkungen
Aufgrund des Gehaltes von Sanukehl® Prot D6 an spezifischen organischen Bestandteilen können in seltenen Fällen Überempfindlichkeitsreaktionen, hautsächlich in Form von Hautreaktionen, auftreten und eine Allergie ge-

gen den Bestandteil Proteus vulgaris ausgelöst werden. Das Arzneimittel ist dann abzusetzen und ein Arzt aufzusuchen.

Gegenanzeigen
Nicht anwenden bei:

- bekannter Überempfindichkeit gegenüber Proteus-Arten
- Autoimmunerkrankungen
- Kindern unter 12 Jahren
- Schwangeren und Stillenden.

Vorsichtsmaßnahmen
Keine bekannt.

Warnhinweise
Keine bekannt.

Wechselwirkungen
Immunsuppressiv wirkende Arzneimittel oder Therapien können die Wirksamkeit von Sanukehl® Prot D6 beeinträchtigen. Vor und nach der Behandlung mit oral verabreichten Lebendimpfstoffen ist ein Abstand von 4 Wochen einzuhalten.

Packungsgrößen und Preise

10 ml (PZN 07402931)	Euro	19,33
10-mal 10 ml (PZN 07402948)	Euro	160,26

Apothekenpflichtig.

Sanum-Kehlbeck

Sanukehl® Pseu D6

Tropfen

Wirkstoff: Pseudomonas aeruginosa extractum cellulae (lyophil., steril.) Dil. D6

Zusammensetzung
10 ml enthalten: Wirkstoff: 10 ml Pseudomonas aeruginosa extractum cellulae (lyophil., steril.) Dil. D6 (HAB, Vorschrift 5a, Lsg. D1 mit gereinigtem Wasser).

Anwendungsgebiete
Erfahrungsgemäß unterstützend angewendet bei:

- unterstützend bei Infektionen mit Pseudomonaden, Viren
- Asthma bronchiale, Otitis, Sinusitis, Pharyngitis, chronischer Bronchitis, Psoriasis.

Eigenschaften
Sanukehl® Pseu enthält in einem speziellen Extrakt Polysaccharidbestandteile des Erregers Pseudomonas aeruginosa. Die Wirkung beruht auf der Absorption der Erreger-Antigene bzw. -Toxine.

Dosierung
Zum Einnehmen:

Erwachsene und Jugendliche ab 12 Jahren:

Bei akuten Krankheitszuständen werden vor einer Mahlzeit 5 - 10 Tropfen alle 12 - 24 Stunden eingenommen. Bei chronischen Verlaufsformen werden 10 Tropfen alle 2 Tage eingenommen.

Kinder ab 6 bis unter 12 Jahren:

Bei akuten Krankheitszuständen werden vor einer Mahlzeit 5 Tropfen alle 12 - 24 Stunden eingenommen; bei chronischen Verlaufsformen werden 5 Tropfen alle zwei Tage eingenommen.

Zum Einreiben in die Haut:

Erwachsene und Jugendliche ab 12 Jahren:
Alle 1 - 2 Tage werden 5 - 10 Tropfen in die Ellenbeugen oder um den Nabel herum eingerieben.

Kinder ab 6 bis unter 12 Jahren:

Alle 1 - 2 Tage werden 5 Tropfen in die Ellenbeugen oder um den Nabel herum eingerieben.

Kinder ab 2 bis unter 6 Jahren:

Alle 1 - 2 Tage werden höchstens 5 Tropfen in die Ellenbeugen oder um den Nabel herum eingerieben. Die allgemeine Empfehlung zur Dosierung ist 1 Tropfen pro Lebensjahr.

Nach längstens 4 Wochen Therapiedauer sollte Sanukehl® Pseu D6 abgesetzt werden.

Nebenwirkungen

Aufgrund des Gehaltes von Sanukehl® Pseu D6 an spezifischen organischen Bestandteilen können in seltenen Fällen Überempfindlichkeitsreaktionen, hauptsächlich in Form von Hautreaktionen, auftreten und eine Allergie gegen den Bestandteil Pseudomonas aeruginosa ausgelöst werden. Das Arzneimittel ist dann abzusetzen und ein Arzt aufzusuchen.

Gegenanzeigen

Nicht anwenden bei:

- bekannter Überempfindlichkeit gegenüber Pseudomonas aeruginosa
- Autoimmunerkrankungen
- Kindern unter 2 Jahren
- Schwangeren und Stillenden.

Wechselwirkungen

Immunsuppressiv wirkende Arzneimittel können die Wirksamkeit von Sanukehl® Pseu D6 beeinträchtigen. Vor und nach der Behandlung mit oral verabreichten Lebendimpfstoffen ist ein Abstand von 4 Wochen einzuhalten.

Packungsgrößen und Preise

10 ml (PZN 07402954)	.. Euro	19,33
10-mal 10 ml (PZN 07402960)	.. Euro	160,26

Apothekenpflichtig.

Sanum-Kehlbeck

Sanukehl® Salm D6

Tropfen

Wirkstoff: Salmonella enteritidis extractum cellulae (lyophil., steril.) Dil. D6

Zusammensetzung

10 ml flüssige Verdünnung enthalten: Wirkstoff: 10 ml Salmonella enteritidis extractum cellulae (lyophil., steril.) Dil. D6 (HAB, Vorschrift 5 a, Lsg. D1 mit gereinigtem Wasser).

Anwendungsgebiete

Erfahrungsgemäß unterstützend angewendet bei:
Rheumatischen Beschwerden, Wachstumshemmung, chronischer Pankreatitis, chronischer Gastroenteritis, Zoeliakie, rheumatischem Fieber.

Eigenschaften

Sanukehl® Salm enthält in einem speziellen Extrakt Polysaccharidbestandteile des Erregers Salmonella enteritidis. Die Wirkung beruht auf der Absorption der Erreger-Antigene bzw. -Toxine.

Dosierung

Für Erwachsene und Jugendliche ab 12 Jahren gilt:

Zum Einnehmen: Bei akuten Zuständen vor einer Mahlzeit 5 - 10 Tropfen alle 12 - 24 Stunden; bei chronischen Verlaufsformen werden 10 Tropfen alle 2 Tage eingenommen.

Zum Einreiben in die Haut: Alle 1 - 2 Tage 5 - 10 Tropfen in die Ellenbeugen.

Nach längstens 4 Wochen Therapiedauer sollte Sanukehl® Salm D6 abgesetzt werden.

Nebenwirkungen

Aufgrund des Gehaltes von Sanukehl® Salm D6 an spezifischen organischen Bestandteilen können Überempfindlichkeitsreaktionen, hauptsächlich in Form von Hautreaktionen, auftreten und eine Allergie gegen den Bestandteil Salmonella enteritidis ausgelöst werden. Das Arzneimittel ist dann abzusetzen und ein Arzt aufzusuchen.

Gegenanzeigen

Nicht anwenden bei: bekannter Überempfindlichkeit gegenüber Bakterienbestandteilen (Salmonella enteritidis). Autoimmunerkrankungen, Kindern unter 12 Jahren, Schwangeren und Stillenden.

Wechselwirkungen

Immunsuppressiv wirkende Arzneimittel können die Wirksamkeit von Sanukehl® Salm D6 beeinträchtigen. Vor und nach der Behandlung mit oral verabreichten Lebendimpfstoffen ist ein Abstand von 4 Wochen einzuhalten.

Packungsgrößen und Preise

10 ml (PZN 07402977)	.. Euro	19,33
10-mal 10 ml (PZN 07402983)	.. Euro	160,26

Apothekenpflichtig.

Sanum-Kehlbeck

Sanukehl® Staph D6

Tropfen

Wirkstoff: Staphylococcus aureus extractum cellulae (lyophil., steril.) Dil. D6

Zusammensetzung

10 ml flüssige Verdünnung enthalten: Wirkstoff: 10 ml Staphylococcus aureus extractum cellulae (lyophil., steril.) Dil. D6 (HAB, Vorschrift 5 a, Lsg. D1 mit gereinigtem Wasser).

Anwendungsgebiete

Erfahrungsgemäß unterstützend angewendet bei:

- unterstützend bei Infektionen mit Staphylokokken
- Follikulitis, Impetigo, Acne conglobata, Blepharitis, Enteritis, Hordeolum, Angina tonsillaris, Otitis, Sinusitis, Mastoiditis, Meningitis, Osteomyelitis, Nephritis.

Eigenschaften

Sanukehl® Staph enthält in einem speziellen Extrakt Polysaccharidbestandteile des Erregers Staphylococcus aureus. Die Wirkung beruht auf der Absorption der Erreger-Antigene bzw. -Toxine.

Dosierung

Zum Einnehmen: Bei akuten Zuständen vor einer Mahlzeit 5 - 10 Tropfen alle 12 - 24 Stunden; bei chronischen Verlaufsformen 10 Tropfen jeden 2. Tag.

Zum Einreiben in die Haut: Alle 1 - 2 Tage 5 - 10 Tropfen in die Ellenbeugen.

Nach längstens 8 Wochen Therapiedauer sollte eine mehrmonatige Therapiepause eingelegt werden.

Nebenwirkungen

Aufgrund des Gehaltes von Sanukehl® Staph D6 an spezifischen organischen Bestandteilen können in seltenen Fällen Überempfindlichkeitsreaktionen auftreten. In diesem Fall sollten Sie die Anwendung unterbrechen und einen Arzt aufsuchen.

Gegenanzeigen

Keine bekannt. Siehe unter Besonderheiten bei Kindern, Schwangeren, Stillenden.

Ggf. Besonderheiten bei Kindern, Schwangeren, Stillenden

Da keine ausreichend dokumentierten Erfahrungen zur Anwendung in der Schwangerschaft und Stillzeit vorliegen, sollte das Arzneimittel in der Schwangerschaft nicht und in der Stillzeit nur nach Rücksprache mit dem Arzt angewendet werden.

Zur Anwendung dieses Arzneimittels bei Kindern liegen keine ausreichend dokumentierten Erfahrungen vor. Es soll deshalb bei Kindern unter 12 Jahren nicht angewendet werden.

Wechselwirkungen

Immunsuppressiv wirkende Arzneimittel oder Therapien können die Wirksamkeit von Sanukehl® Staph D6 beeinträchtigen. Vor und nach der Behandlung mit oral verabreichten Lebendimpfstoffen ist ein Abstand von 4 Wochen einzuhalten.

Packungsgrößen und Preise

10 ml (PZN 07403008)	.. Euro	19,33
10-mal 10 ml (PZN 07403014)	.. Euro	160,26

Apothekenpflichtig.

Sanum-Kehlbeck

Sanukehl® Strep D6

Tropfen

Wirkstoff: Streptococcus pyogenes extractum cellulae (lyophil., steril.) Dil. D6

Zusammensetzung

10 ml flüssige Verdünnung enthalten: Wirkstoff: 10 ml Streptococcus pyogenes extractum cellulae (lyophil., steril.) Dil. D6 (HAB, Vorschrift 5 a, Lsg. D1 mit gereinigtem Wasser).

Anwendungsgebiete

Erfahrungsgemäß unterstützend angewendet bei:

- unterstützend bei Infektionen mit Streptokokken
- Angina tonsillaris, Ekzem, Endo-, Myo- und Perikarditis, Empyem, Mastitis puerpuralis, Osteomyelitis, Otitis, Sinubronchitis, Phlegmone, primär chronischer Polyarthritis.

Eigenschaften

Sanukehl® Strep enthält in einem speziellen Extrakt Polysaccharidbestandteile des Erregers Streptococcus pyogenes. Die Wirkung beruht auf der Absorption der Erreger-Antigene bzw. -Toxine.

Dosierung

Für Erwachsene und Jugendliche ab 12 Jahren gilt:

Zum Einnehmen: Bei akuten Zuständen vor einer Mahlzeit 5 - 10 Tropfen alle 12 - 24 Stunden; bei chronischen Verlaufsformen 10 Tropfen jeden 2. Tag.

Zum Einreiben in die Haut: Alle 1 - 2 Tage 5 - 10 Tropfen in die Ellenbeugen.

Nach längstens 4 Wochen Therapiedauer sollte Sanukehl® Strep D6 abgesetzt werden.

Nebenwirkungen

Aufgrund des Gehaltes von Sanukehl® Strep D6 an spezifischen organischen Bestandteilen können Überempfindlichkeitsreaktionen, hauptsächlich in Form von Hautreaktionen, auftreten und eine Allergie gegen den Bestandteil Streptococcus pyogenes ausgelöst werden. Das Arzneimittel ist dann abzusetzen und ein Arzt aufzusuchen.

Gegenanzeigen

Nicht anwenden bei: bekannter Überempfindlichkeit gegenüber Bakterienbestandteilen (Streptococcus pyogenes), Autoimmunerkrankungen, Kindern unter 12 Jahren, Schwangeren und Stillenden.

Wechselwirkungen

Immunsuppressiv wirkende Arzneimittel können die Wirksamkeit von Sanukehl® Strep D6 beeinträchtigen. Vor und nach der Behandlung mit oral verabreichten Lebendimpfstoffen ist ein Abstand von 4 Wochen einzuhalten.

Packungsgrößen und Preise

10 ml (PZN 07403020) ..	Euro 19,33
10-mal 10 ml (PZN 07403037) ..	Euro 160,26

Apothekenpflichtig.

Sanum-Kehlbeck

Sanukehl® Trich D6

Tropfen

Wirkstoff: Trichophyton verrucosum extractum cellulae (lyophil., steril.) Dil. D6

Zusammensetzung

10 ml flüssige Verdünnung enthalten: Wirkstoff: 10 ml Trichophyton verrucosum extractum cellulae (lyophil., steril.) Dil. D6 (HAB, Vorschrift 5 a, Lsg. D1 mit gereinigtem Wasser).

Anwendungsgebiete

Erfahrungsgemäß unterstützend angewendet bei:

- unterstützend bei Infektionen mit Dermatophytose (Trichophytie)
- Mykosen der Haare, Haut, Nägel; Tinea; Trichophytie, Haarausfall (Alopezie).

Eigenschaften
Sanukehl® Trich enthält in einem speziellen Extrakt Polysaccharidbestandteile des Erregers Trichophyton verrucosum. Die Wirkung beruht auf der Absorption der Erreger-Antigene bzw. -Toxine.

Dosierung
Zum Einnehmen: Erwachsene und Jugendliche ab 12 Jahren nehmen bei akuten Krankheitszuständen vor einer Mahlzeit 5 - 10 Tropfen alle 12 - 24 Stunden ein. Bei chronischen Verlaufsformen werden 10 Tropfen alle 2 Tage eingenommen.

Zum Einreiben in die Haut: Erwachsene und Jugendliche ab 12 Jahren alle 1 - 2 Tage 5 - 10 Tropfen am Ort der Erkrankung oder in die Ellenbeugen.

Nach längstens 4 Wochen Therapiedauer sollte eine mehrmonatige Therapiepause eingelegt werden.

Nebenwirkungen
Aufgrund des Gehaltes von Sanukehl® Trich D6 an spezifischen organischen Bestandteilen können in seltenen Fällen Überempfindlichkeitsreaktionen auftreten. In diesem Fall sollten Sie die Anwendung unterbrechen und einen Arzt aufsuchen.

Gegenanzeigen
Nicht anwenden bei bekannter Überempfindlichkeit gegenüber Trichophytonarten. Nicht anwenden bei Kindern unter 12 Jahren. Siehe unter „Ggf. Besonderheiten bei Kindern, Schwangeren, Stillenden„.

Ggf. Besonderheiten bei Kindern, Schwangeren, Stillenden
Da keine ausreichend dokumentierten Erfahrungen zur Anwendung in der Schwangerschaft und Stillzeit vorliegen, sollte das Arzneimittel nur nach Rücksprache mit dem Arzt angewendet werden.

Wechselwirkungen
Immunsuppressiv wirkende Arzneimittel oder Therapien können die Wirksamkeit von Sanukehl® Trich D6 beeinträchtigen. Vor und nach der Behandlung mit oral verabreichten Lebendimpfstoffen ist ein Abstand von 4 Wochen einzuhalten.

Packungsgrößen und Preise

10 ml (PZN 07403043) ..	Euro 19,33
10-mal 10 ml (PZN 07403066) ..	Euro 160,26

Apothekenpflichtig.

NutraMedix Deutschland

Sealantro NutraMedix Tropfen

siehe Umwelt- und Schwermetallbelastung

NutraMedix Deutschland

Serrapeptase NutraMedix Kapseln

siehe Entzündungen

NutraMedix Deutschland

Takuna NutraMedix Tropfen

siehe Infektionen

Sanum-Kehlbeck

Utilin® „H“ D5
Zäpfchen

Wirkstoff: Bacillus subtilis e muribus cellulae (lyophil., steril.) Trit. D5

Zusammensetzung
1 Zäpfchen enthält: Wirkstoff: 0,2 g Bacillus subtilis e muribus cellulae (lyophil., steril.) Trit. D5 nach Vorschrift 6 HAB.

Sonstiger Bestandteil: Hartfett.

Anwendungsgebiete
Erfahrungsgemäß unterstützend angewendet bei:

Subakuten und chronischen Entzündungen, Funktionsstörungen des Darmes, Störungen der Leber und Gallenblase, zur Immunmodula-

tion, zur Immunprophylaxe, Schilddrüsenüberfunktion (Basedow'sche Krankheit), Postmenopausensyndrom.

Eigenschaften
Utilin® „H" wird aus Bacillus subtilis (= DSM 5330), einem apathogenen Bacillus, hergestellt. Es ist ein mildes Reiztherapeutikum zur unspezifischen Immunmodulation.

Dosierung
Erwachsene und Jugendliche ab 12 Jahren führen 1 – 3-mal wöchentlich 1 Zäpfchen vor dem Schlafengehen in den After ein. Nach längstens 4 Wochen Therapiedauer sollte Utilin® „H" D5 abgesetzt werden.

Nebenwirkungen
Aufgrund des Gehaltes von Utilin® „H" D5 an spezifischen organischen Bestandteilen können in seltenen Fällen Überempfindlichkeitsreaktionen, hauptsächlich in Form von Hautreaktionen, auftreten und eine Allergie gegen den Bestandteil Bacillus subtilis ausgelöst werden. Das Arzneimittel ist dann abzusetzen und ein Arzt aufzusuchen.

Gegenanzeigen
Nicht anwenden bei:

- bekannter Überempfindlichkeit gegenüber Bacillus subtilis
- Autoimmunerkrankungen
- Kindern unter 12 Jahren
- Schwangeren und Stillenden.

Vorsichtsmaßnahmen
Keine bekannt.

Warnhinweise
Keine bekannt.

Wechselwirkungen
Immunsuppressiv wirkende Arzneimittel können die Wirksamkeit von Utilin® „H" D5 beeinträchtigen. Vor und nach der Behandlung mit oral verabreichten Lebendimpfstoffen ist ein Abstand von 4 Wochen einzuhalten.

Sonstige Hinweise
Enthält Lactose.

Packungsgrößen und Preise

10 Zäpfchen	(PZN 02100728)	.... Euro 25,78
10-mal 10 Zäpfchen	(PZN 02100734)	.... Euro 226,74

Apothekenpflichtig.

Sanum-Kehlbeck

Utilin® „H" D5 Kapseln

Kapseln

Wirkstoff: Bacillus subtilis e muribus cellulae (lyophil., steril.) Trit. D5

Zusammensetzung
1 Kapsel enthält: Wirkstoff: 330 mg Bacillus subtilis e muribus cellulae (lyophil., steril.) Trit. D5 nach Vorschrift 6 HAB.

Sonstiger Bestandteil: Kapselhülle: Hypromellose.

Anwendungsgebiete
Erfahrungsgemäß unterstützend angewendet bei:

Subakuten und chronischen Entzündungen, Funktionsstörungen des Darmes, Störungen der Leber und Gallenblase, zur Immunmodulation, zur Immunprophylaxe, Schilddrüsenüberfunktion (Basedow'sche Krankheit), Postmenopausensyndrom.

Eigenschaften
Utilin® H wird aus Bacillus subtilis (= DSM 5330), einem apathogenen Bacillus, hergestellt. Es ist ein mildes Reiztherapeutikum zur unspezifischen Immunmodulation.

Dosierung
Erwachsene und Jugendliche ab 12 Jahren nehmen 1 Kapsel alle 2 Wochen. Bei fehlender oder schwacher Reaktion kann die Einnahme in kürzeren Abständen erfolgen – maximal 2-mal wöchentlich 1 Kapsel. Die Kapseln mor-

gens vor dem Frühstück oder abends vor dem Schlafengehen mit etwas Flüssigkeit einnehmen.

Nach längstens 4 Wochen Therapiedauer sollte Utilin® „H“ D5 abgesetzt werden.

Nebenwirkungen
Aufgrund des Gehaltes von Utilin® „H“ D5 an spezifischen organischen Bestandteilen können in seltenen Fällen Überempfindlichkeitsreaktionen, hauptsächlich in Form von Hautreaktionen, auftreten und eine Allergie gegen den Bestandteil Bacillus subtilis ausgelöst werden. Das Arzneimittel ist dann abzusetzen und ein Arzt aufzusuchen.

Gegenanzeigen
Nicht anwenden bei:

- bekannter Überempfindlichkeit gegenüber Bacillus subtilis
- Autoimmunerkrankungen
- Kindern unter 12 Jahren
- Schwangeren und Stillenden.

Wechselwirkungen
Immunsuppressiv wirkende Arzneimittel können die Wirksamkeit von Utilin® „H“ D5 beeinträchtigen. Vor und nach der Behandlung mit oral verabreichten Lebendimpfstoffen ist ein Abstand von 4 Wochen einzuhalten.

Vorsichtsmaßnahmen
Dieses Arzneimittel enthält Lactose. Bitte nehmen Sie Utilin® „H“ D5 erst nach Rücksprache mit Ihrem Arzt ein, wenn Ihnen bekannt ist, dass Sie unter einer Unverträglichkeit gegenüber bestimmten Zuckern leiden.

Sonstige Hinweise
Enthält Lactose.

Packungsgrößen und Preise

5 Kapseln (PZN 02100705) .... Euro 15,67
10-mal 5 Kapseln (PZN 02100711) .... Euro 130,65

Apothekenpflichtig.

Sanum-Kehlbeck

Utilin® „H“ D6

Tropfen

Wirkstoff: Bacillus subtilis e volumine cellulae (lyophil., steril) Dil. D6

Zusammensetzung
1 ml (= 22 Tropfen) enthält: Wirkstoff: 1 ml Bacillus subtilis e volumine cellulae (lyophil., steril) Dil. D6 (HAB Vorschrift 5a, Lsg. D1 mit gereinigtem Wasser).

Anwendungsgebiete
Erfahrungsgemäß unterstützend angewendet bei:

Subakuten und chronischen Entzündungen, Funktionsstörungen des Darmes, Störungen der Leber und Gallenblase, zur Immunmodulation, zur Immunprophylaxe, Schilddrüsenüberfunktion (Basedow'sche Krankheit), Postmenopausensyndrom.

Eigenschaften
Utilin® H wird aus Bacillus subtilis (= DSM 5330), einem apathogenen Bacillus, hergestellt. Es ist ein mildes Reiztherapeutikum zur unspezifischen Immunmodulation.

Art und Dauer der Anwendung
Zum Einnehmen.

Nebenwirkungen
Keine bekannt.

Wechselwirkungen
Keine bekannt.

Gegenanzeigen

- bekannte Überempfindlichkeit gegenüber Bacillus subtilis
- Autoimmunerkrankungen
- Kinder unter 12 Jahren
- Schwangerschaft und Stillzeit

Vorsichtsmaßnahmen für die Anwendung und Warnhinweise
Zur Dosierung, Dauer und Art der Anwendung befragen Sie Ihren homöopathisch erfahrenen Therapeuten.

Packungsgrößen und Preise

5 ml (PZN 13660264)	Euro 14,71
10x 5 ml (PZN 13660270)	Euro 120,94

Apothekenpflichtig.

MensSana AG

Zink + C MensSana

Tabletten

siehe Nährstoffmangel

INJEKTIONEN
(Infektionen)

Sanum-Kehlbeck

Notakehl® D5/D6/D7

Injektionslösung

Wirkstoff: Penicillium chrysogenum e volumine mycelii (lyophil., steril.) Dil. D5/D6/D7 aquos.

Zusammensetzung
1 ml flüssige Verdünnung zur Injektion enthält: Wirkstoff: 1 ml Penicillium chrysogenum e volumine mycelii (lyophil., steril.) Dil. D5 bzw. Penicillium chrysogenum e volumine mycelii (lyophil., steril.) Dil. D6 bzw. Penicillium chrysogenum e volumine mycelii (lyophil., steril.) Dil. D7 aquos. (HAB, V. 5b).

Anwendungsgebiete
Erfahrungsgemäß unterstützend angewendet bei:

- bakteriellen Erkrankungen allgemeiner Art wie Angina tonsillaris, Laryngitis, Otitis
- Infekten des Urogenitaltraktes wie Zystitis, Prostatitis, Endometritis
- Infekten des Magen-Darm-Traktes wie Diarrhoe und Gastritis
- Erkrankungen der Atemwege wie Asthma-Bronchitis, Bronchitis, Sinubronchitis
- Neuritis, Neuralgien, HWS-, LWS-Syndrom
- Eiterungen, Akne, nach Zahnextraktionen.

Eigenschaften
Notakehl® wird gewonnen aus dem Schimmelpilz Penicillium chrysogenum und erfahrungsgemäß angewendet bei allen bakteriellen Erkrankungen. Notakehl® ist kein Antibiotikum und produziert keine antibiotischen Substanzen. Deshalb treten die bei einer Antibiotika-Behandlung möglichen Begleiterscheinungen, wie Allergien, Leberschäden, Zerstörung der Darmflora und Bildung penicillinresistenter Stämme nicht auf.

Nebenwirkungen
Aufgrund des Gehaltes von Notakehl® D5/D6/D7 an spezifischen organischen Bestandteilen können Überempfindlichkeitsreaktionen, hauptsächlich in Form von Hautreaktionen, auftreten und eine Allergie gegen den Bestandteil Penicillium chrysogenum ausgelöst werden. Das Arzneimittel ist dann abzusetzen und ein Arzt aufzusuchen.

Gegenanzeigen
Nicht anwenden bei:

- bekannter Überempfindlichkeit gegenüber Schimmelpilzen (Penicillium chrysogenum)
- Autoimmunerkrankungen
- Kindern unter 12 Jahren
- Schwangerschaft und Stillzeit.

Vorsichtsmaßnahmen
Keine bekannt.

Warnhinweise
Keine bekannt.

Wechselwirkungen
Immunsuppressiv wirkende Arzneimittel können die Wirksamkeit von Notakehl® D5/D6/D7 beeinträchtigen. Vor und nach der Behandlung mit oral verabreichten Lebendimpfstoffen ist ein Abstand von 4 Wochen einzuhalten.

Dosierung
2-mal wöchentlich 1 ml entweder intracutan, subcutan oder intramuskulär injizieren. Nach längstens 4 Wochen Therapiedauer sollte Notakehl® D5/D6/D7 abgesetzt werden.

Vor Anwendung beachten: Notakehl® D5/D6/D7 enthält Natrium, aber weniger als 1 mmol (23 mg) Natrium pro 1 ml, d.h., es ist nahezu „natriumfrei".

Packungsgrößen und Preise

D5		
1 Amp. à 1 ml (PZN 03207084)	Euro	7,72
10 Amp. à 1 ml (PZN 03207090)	Euro	53,97
50 Amp. à 1 ml (PZN 03207109)	Euro	230,16
D6		
1 Amp. à 1 ml (PZN 03207055)	Euro	7,00
10 Amp. à 1 ml (PZN 03207061)	Euro	47,62
50 Amp. à 1 ml (PZN 03207078)	Euro	196,86
D7		
1 Amp. à 1 ml (PZN 03207026)	Euro	5,91
10 Amp. à 1 ml (PZN 03207032)	Euro	38,37
50 Amp. à 1 ml (PZN 03207049)	Euro	158,35

Apothekenpflichtig.

INTERNA

NutraMedix Deutschland

Banderol NutraMedix Tropfen

Zusammensetzung
Otoba parvivolia Rinden-Extrakt, Mineralwasser, Ethanol (20 – 24%).

Anwendungsgebiete
Akute und chronische bakterielle, mykotische und parasitäre Infektionen.

Wirkstoffeigenschaften
Antibaketeriell, antimykotisch, antiparasitär, entzündungshemmend.

Wird häufig in Kombination mit Samento NutraMedix bei der Behandlung akuter und chronischer Infektionen angewendet (chron. Borreliose mit Co-Infektionen u.a.).

Gegenanzeigen
Schwangerschaft und Stillzeit.

Nebenwirkungen
Herxheimer-Reaktionen möglich.

Dosierung und Art der Anwendung
2x täglich 30 Tropfen in Wasser, vor den Mahlzeiten, schrittweise Dosis steigern.

Kinder: 2x täglich 1/2 Tropfen pro kg KG.

Packungsgrößen und Preise

30 ml (PZN 18039942)	Euro 40,00
60 ml (PZN 18039959)	Euro 65,00

Bezug und weitere Informationen
NutraMedix Deutschland GmbH
www.nutramedix.de

NutraMedix Deutschland

Burbur-Pinella NutraMedix Tropfen

siehe Umwelt- und Schwermetallbelastung

Ceres Heilmittel GmbH

Ceres Echinacea-Erkältungs-Komplex

Tropfen

Homöopath. Arzneimittel

siehe Grippe, grippaler Infekt, Erkältung

NutraMedix Deutschland

Cowden+ Support Programm (CSP+)

Zusammensetzung
Das Cowden-Support-Programm (CSP+) ist ein seit über 25 Jahren eingesetztes pflanzliches Anwendungsprotokoll zur Behandlung von Menschen mit chronischen Infektionen.

Das CSP+ verwendet verschiedene natürliche NutraMedix-Produkte, die im Wechsel eingenommen werden. Die Produkte sind in sechs einzelnen Monatspaketen verpackt, die in der vorgesehenen Reihenfolge eingenommen werden.

Enthaltene Präprate: Burbur-Pinella, Magnesium Malate, Dandelion, Takuna, Serrapeptase, Bromelain, Nutra-BRL, Nutra-BRT, Nutra-BBS+, GlucoMedix.

Anwendungsgebiete
Chronische Borreliose mit Co-Infektionen und andere bakterielle, virale, parasitäre oder mykotische Infektionserkrankungen.

Wirkstoffeigenschaften
Breitspektrum antimikrobiell, immunregulierend, entzündungshemmend, ausleitend, vitalisierend.

Gegenanzeigen
Schwangerschaft und Stillzeit.

Nebenwirkungen
Herxheimer-Reaktionen möglich, Beeinflussung der Stuhlkonsistenz.

Dosierung und Art der Anwendung
Entsprechend mitgeliefertem Einnahmeplan (auch abrufbar auf www.nutramedix.de).

Packungsgrößen und Preise
6 Monatspackung zu je 295,95 Euro pro Monat.

Bezug und weitere Informationen
NutraMedix Deutschland GmbH
www.nutramedix.de

NutraMedix Deutschland

Houttuynia NutraMedix Tropfen

Zusammensetzung
Houttuynia-Blatt-Extrakt, Mineralwasser, Ethanol (20 – 24 %).

Anwendungsgebiete
Bakterielle und virale Infekte, Candida, Stabilisierung der Darmflora, Immunschwäche.

Wirkstoffeigenschaften
Antibakteriell, antimykotisch, antiviral, entzündungshemmend, immunstärkend.

Gegenanzeigen
Schwangerschaft und Stillzeit.

Nebenwirkungen
Keine bekannt.

Dosierung und Art der Anwendung
2x täglich 30 Tropfen in Wasser.

Packungsgrößen und Preise
30 ml (PZN 18040129) .... Euro 40,00

Bezug und weitere Informationen
NutraMedix Deutschland GmbH
www.nutramedix.de

Neurolab GmbH

Immun Express

flüssig/alkoholischer Extrakt

Nahrungsergänzungsmittel mit Süßholz, Zistrose, Thymian, Propolis, Eukalyptus, schwarze Johannisbeere und Vitamin C.

Zusammensetzung
18 Sprühstöße enthalten: Vitamin C 40 mg, Süßholz 150 mg, Zistrose 60 mg, Thymian 50 mg, Propolis 20 mg, Eukalyptus 18 mg (davon ätherisches Öl 2 mg), Schwarze Johannisbeere 3 mg.

Verzehrempfehlung
6x täglich jeweils 3 Sprühstöße oder nach Bedarf in den Rachen sprühen (= 2 ml).

Sonstige Hinweise
Beim Verzehr in der Schwangerschaft, Stillzeit oder im Kindesalter halten Sie bitte Rücksprache mit Ihrem Arzt, Heilpraktiker oder Apotheker.

Wechselwirkungen
Blutdruckmedikamente.

Packungsgrößen und Preise
1 Sprühflasche à 30 ml .... Euro 29,90

Neurolab GmbH

Immunbiotic

Kapseln

mit 20 Mrd. KBE

Nahrungsergänzungsmittel mit Vitamin D3, Bifidobakterien, Laktobazillen und Streptococcus.

Zusammensetzung
2 Kapseln enthalten: Vitamin D 5 µg (200 I.E.), Bakterienkulturen 20 Mrd. KBE (B. bifidum, B. breve, B. lactis, B. longum, L. casei, L. paracasei, L. plantarum, L. rhamnosus, S. thermophilus), Füllstoff: Resistente Maisstärke, Hydroxypropylmethylcellulose (pflanzliche Kapselhülle).

Verzehrempfehlung
2 Kapseln täglich mit ausreichend Flüssigkeit kurz vor einer Mahlzeit verzehren.

Packungsgrößen und Preise
1 Dose à 60 Kapseln .... Euro 36,70

NutraMedix Deutschland

ImmuneMedix NutraMedix Tropfen

siehe Immunsystemerkrankungen und -schwäche

Wellnest Pflanzenkraft

Kardenwurzel Bio Frischpflanzen Konzentrat

Tropfen

Zusammensetzung
Kräuterbitter-Konzentrat aus Auszügen einjähriger Kardenwurzel (kbA in Deutschland), Bio-Alkohol 32 % Vol.

Anwendungsgebiete
Auszüge der Wilden Karde haben in der Naturheilkunde eine lange Geschichte. Traditionell finden Kardenextrakte bei Gelenkbeschwerden (Arthrose, Gicht, Rheuma) und Hautproblemen (Fisteln, Warzen, Akne) Beachtung. Weiterhin schreibt man der Kardenwurzel schweiß-, galle- und harntreibende sowie entschlackende und verdauungsfördernde Eigenschaften zu. Besonders effektiv ist der Kardeneinsatz bei Infektionen wie Borreliose: Da die Arzneipflanze den „inneren Arzt" und die Immunabwehr aktiviert, werden Kardenextrakte von Naturheilkundlern als pflanzliche Antibiotika-Alternative geschätzt. In diesem Kontext empfiehlt sich Kardenwurzel Bio Frischpflanzen Konzentrat zur Stärkung des Immunsystems, Mobilisierung der Selbstheilungskräfte und natürlichen Behandlung von Borreliose.

Eigenschaften
Zu den Wirksubstanzen der Wilden Karde gehören Gerbstoffe, Bitterstoffe, Iridoide, Saponine, organische Säuren sowie Inulin und Tannin. Ihr Zusammenspiel animiert den Körper zur Intensivierung der Abwehrkräfte. Gerade bei bakteriellen Infektionskrankheiten wie Borreliose kommen die Pflanzenstoffe zielgerichtet zur Geltung.

Dosierung
Täglich 2x 10 Tropfen mit ausreichend Flüssigkeit.

Nebenwirkungen
Keine bekannt.

Wechselwirkungen
Kardenwurzel Bio Frischpflanzen Konzentrat entfaltet in Kombination mit Katzenkralle (Cat's Claw) Konzentrat seine optimale Wirkung.

Warnhinweise
Enthält Alkohol (32 % Vol.).

Ggf. Besonderheiten bei Kindern, Schwangeren, Stillenden
In der Schwangerschaft und Stillzeit nur in Rücksprache mit dem Arzt einnehmen.

Sonstige Hinweise
Außerhalb der Reichweite von Kindern sowie trocken, licht- und wärmegeschützt lagern.

Weiterführende Informationen
Kardenwurzel Bio Frischpflanzen Konzentrat wird schonend nach überlieferter Handwerkstradition von einer heimischen Manufaktur in einem zweimonatigen Kaltauszug bei Raumtemperatur hergestellt. Verwendung finden einjährig geerntete Kardenfrischpflanzen (kbA) von einem brandenburgischen Biohof, energetisiertes Wasser und Bio-Alkohol. Das Kräuterbitter-Konzentrat bildet nicht zuletzt aufgrund des Ansatzverhältnisses 1:1,8 das pflanzliche Wirkstoff-Spektrum in konzentrierter Form vollständig ab und enthält somit ein Höchstmaß sekundärer P!anzenstoffe und ätherischer Öle. Gelöst werden sie vom Körper unmittelbar verwertet.

Packungsgrößen und Preise
100 ml (PZN 8458566) .... Euro 34,90
Stand: 01.11.2020

Wellnest Pflanzenkraft
LUMACELL Akut Konzentrat
Tropfen

Zusammensetzung
Kräuterbitter-Konzentrat aus Auszügen von Einjährigem Beifuß, Bio-Alkohol 32 % Vol.

Anwendungsgebiete
Der Einjährige Beifuß ist eine traditionelle Arzneipfanze der TCM, die in China seit Jahrtausenden gegen Fieber und Malaria eingesetzt wird. Dafür ist der Pflanzenstoff Artemisinin verantwortlich, der 1971 erstmals von der chinesischen Pharmakologin Tu Youyou isoliert wurde. 2002 erkannte die Weltgesundheitsorganisation WHO Artemisinin als Malariamittel an. Tu Youyou erhielt 2015 den Nobelpreis für Medizin. LUMACELL Akut Konzentrat basiert auf Auszügen zermahlener Beifußblätter, da nach aktuellen Forschungsergebnissen die Gesamtheit aller Pflanzenstoffe noch wirksamer gegen Infektionen ist, als der isolierte Wirkstoff Artemisinin. Somit empiehlt sich das Kräuterbitter-Konzentrat nicht allein zur Fieberlinderung und Malariabekämpfung, sondern generell gegen Erreger aller Art: Bei Viren, Bakterien, Pilzen und Parasiten stärkt LUMACELL Akut Konzentrat die Immunabwehr und mobilisiert die Selbstheilungskräfte. Mögliche Einsatzgebiete reichen von Erkältungen und Grippe über Corona und Malaria bis Borreliose. Unabhängig davon ist der Einjährige Beifuß dafür bekannt, Verdauungsbeschwerden wie Magenkrämpfe, Blähungen und Durchfälle zu lindern.

Eigenschaften
Artemisinin und dessen Derivate (zusammenfassend: „Artemisinine") sind nachweislich in der Lage, das Immunsystem gegen mehrere Krebsarten zu aktivieren. Im Zuge dessen attackieren die Artemisinine kranke Zellen von außen und zersetzen sie von innen. Sie zerstören demnach kranke Zellen wie Sprengstoff. Ferner regulieren Artemisinine alpha-Zellen in der Bauchspeicheldrüse was potenziell in der Diabetes-Therapie von Nutzen ist.

Dosierung
Täglich (mindestens) 2x 25 Tropfen mit ausreichend Flüssigkeit. Um eine Artemisinin-Resistenz zu vermeiden, gilt es die Einnahmeempfehlung strikt einzuhalten: Werden dauerhaft zu geringe Mengen des Kräuterbitter-Konzentrats eingenommen, kommt dessen Wirkkraft nicht mehr zur Geltung!

Nebenwirkungen
Keine bekannt.

Wechselwirkungen
Es gibt Hinweise, dass die Kombination von Beifuß-Auszügen und Eisenpräparaten wirksam gegen wuchernde Zellen sein kann: Zunächst lagert sich Eisen in den Zellen an und fungiert als Zielmarker für Artemisinine, dann intensiviert Eisen deren „zellsprengenden" Eigenschaften.

Warnhinweise
Enthält Alkohol (32 % Vol.).

Ggf. Besonderheiten bei Kindern, Schwangeren, Stillenden
In der Kinderwunschzeit und Schwangerschaft nicht einnehmen, da der Einjährige Beifuß den Pflanzenstoff Thujon enthält. Stillende sollten die Einnahme mit ihrem Arzt oder Therapeuten besprechen.

Sonstige Hinweise
Außerhalb der Reichweite von Kindern sowie trocken, licht- und wärmegeschützt lagern.

Weiterführende Informationen
Wellnest LUMACELL Akut Konzentrat wird schonend nach überlieferter Handwerkstradition von einer heimischen Manufaktur in einem zweimonatigen Kaltauszug bei Raumtemperatur hergestellt. Verwendung finden zermahlene Blätter des Einjährigen Beifuß aus regionalem Bio-Anbau, Bio-Alkohol und mit Aktivkohle gereinigtes und energetisiertes Wasser. Die Ur-Tinktur bildet das pflanzliche Wirkstoff-Spektrum in konzentrierter Form vollständig ab und enthält somit ein Höchstmaß sekundärer Pflanzenstoffe und ätherischer Öle. Gelöst werden sie vom Körper unmittelbar verwertet.

Packungsgrößen und Preise
100 ml (PZN 16686525) .... Euro 34,90
Stand: 01.11.2020

NutraMedix Deutschland

Nattokinase NutraMedix Kapseln

siehe Entzündungen

Sanum-Kehlbeck

Notakehl® D3

Zäpfchen

Wirkstoff: Penicillium chrysogenum e volumine mycelii (lyophil., steril.) Trit. D3

Zusammensetzung
1 Zäpfchen enthält: Wirkstoff: 0,2 g Penicillium chrysogenum e volumine mycelii (lyophil., steril.) Trit. D3 nach Vorschrift 6 HAB.

Sonstiger Bestandteil: Hartfett.

Anwendungsgebiete
Erfahrungsgemäß unterstützend angewendet bei:

- Infekten des Urogenitaltraktes wie Zystitis, Prostatitis, Endometritis
- Infekten des Magen-Darm-Traktes wie Diarrhoe und Gastritis
- Neuritis, Neuralgien, HWS-, LWS-Syndrom
- Eiterungen, Akne.

Eigenschaften
Notakehl® wird gewonnen aus dem Schimmelpilz Penicillium chrysogenum und erfahrungsgemäß angewendet bei allen bakteriellen Erkrankungen. Notakehl® ist kein Antibiotikum und produziert keine antibiotischen Substanzen. Deshalb treten die bei einer Antibiotika-Behandlung möglichen Begleiterscheinungen, wie Allergien, Leberschäden, Zerstörung der Darmflora und Bildung penicillinresistenter Stämme nicht auf.

Gegenanzeigen
Nicht anwenden bei:

- bekannter Überempfindlichkeit gegenüber Schimmelpilzen (Penicillium chrysogenum)
- Autoimmunerkrankungen
- Kindern unter 12 Jahren
- Schwangerschaft und Stillzeit.

Nebenwirkungen
Aufgrund des Gehaltes von Notakehl® D3 an spezifischen organischen Bestandteilen können Überempfindlichkeitsreaktionen, hauptsächlich in Form von Hautreaktionen, auftreten und eine Allergie gegen den Bestandteil Penicillium chrysogenum ausgelöst werden. Das Arzneimittel ist dann abzusetzen und ein Arzt aufzusuchen.

Dosierung
Erwachsene und Jugendliche ab 12 Jahren führen 1-mal täglich 1 Zäpfchen vor dem Schlafengehen in den After ein. Nach längstens 4 Wochen Therapiedauer sollte Notakehl® D3 abgesetzt werden.

Vorsichtsmaßnahmen
Keine bekannt.

Warnhinweise
Keine bekannt.

Wechselwirkungen
Immunsuppressiv wirkende Arzneimittel können die Wirksamkeit von Notakehl® D3 beeinträchtigen. Vor und nach der Behandlung mit oral verabreichten Lebendimpfstoffen ist ein Abstand von 4 Wochen einzuhalten.

Sonstige Hinweise
Enthält Lactose.

Packungsgrößen und Preise

10 Zäpfchen	(PZN 03207150)	Euro 17,58
10-mal 10 Zäpfchen	(PZN 03207167)	Euro 144,97

Apothekenpflichtig.

Sanum-Kehlbeck

Notakehl® D4

Hartkapseln

Wirkstoff: Penicillium chrysogenum e volumine mycelii (lyophil., steril.) Trit. D4

Zusammensetzung
1 Hartkapsel enthält: Wirkstoff: 330 mg Penicillium chrysogenum e volumine mycelii (lyophil., steril.) Trit. D4 nach Vorschrift 6 HAB.

Hartkapselhülle: Hypromellose (HPMC).

Anwendungsgebiete
Erfahrungsgemäß unterstützend angewendet bei:

- bakteriellen Erkrankungen allgemeiner Art wie Angina tonsillaris, Laryngitis, Otitis
- Infekten des Urogenitaltraktes wie Zystitis, Prostatitis, Endometritis
- Infekten des Magen-Darm-Traktes wie Diarrhoe und Gastritis
- Erkrankungen der Atemwege wie Asthma-Bronchitis, Bronchitis, Sinubronchitis
- Neuritis, Neuralgien, HWS-, LWS-Syndrom
- Eiterungen, Akne, nach Zahnextraktionen.

Eigenschaften
Notakehl® wird gewonnen aus dem Schimmelpilz Penicillium chrysogenum und erfahrungsgemäß angewendet bei allen bakteriellen Erkrankungen. Notakehl® ist kein Antibiotikum und produziert keine antibiotischen Substanzen. Deshalb treten die bei einer Antibiotika-Behandlung möglichen Begleiterscheinungen, wie Allergien, Leberschäden, Zerstörung der Darmflora und Bildung penicillinresistenter Stämme nicht auf.

Nebenwirkungen
Aufgrund des Gehaltes von Notakehl® D4 an spezifischen organischen Bestandteilen können Überempfindlichkeitsreaktionen, hauptsächlich in Form von Hautreaktionen, auftreten und eine Allergie gegen den Bestandteil Penicillium chrysogenum ausgelöst werden. Das Arzneimittel ist dann abzusetzen und ein Arzt aufzusuchen.

Gegenanzeigen
Nicht anwenden bei:

- bekannter Überempfindlichkeit gegenüber Schimmelpilzen (Penicillium chrysogenum)
- Autoimmunerkrankungen
- Kindern unter 12 Jahren
- Schwangerschaft und Stillzeit.

Vorsichtsmaßnahmen
Keine bekannt.

Warnhinweise
Keine bekannt.

Wechselwirkungen
Immunsuppressiv wirkende Arzneimittel können die Wirksamkeit von Notakehl® D4 beeinträchtigen. Vor und nach der Behandlung mit oral verabreichten Lebendimpfstoffen ist ein Abstand von 4 Wochen einzuhalten.

Sonstige Hinweise

Enthält Lactose. Bitte nehmen Sie Notakehl® D4 daher erst nach Rücksprache mit Ihrem Arzt ein, wenn Ihnen bekannt ist, dass Sie unter einer Unverträglichkeit gegenüber bestimmten Zuckern leiden.

Dosierung

1 – 3-mal täglich 1 Hartkapsel vor den Mahlzeiten mit ausreichend Flüssigkeit einnehmen. Nach längstens 4 Wochen Therapiedauer sollte Notakehl® D4 abgesetzt werden.

Packungsgrößen und Preise

20 Kapseln (PZN 04383222)	Euro 32,49
10-mal 20 Kapseln (PZN 04383239)	Euro 285,36

Apothekenpflichtig.

Sanum-Kehlbeck

Notakehl® D5

Tabletten

Wirkstoff: Penicillium chrysogenum e volumine mycelii (lyophil., steril.) Trit. D5

Zusammensetzung

1 Tablette enthält: Wirkstoff: 250 mg Penicillium chrysogenum e volumine mycelii (lyophil., steril.) Trit. D5 nach Vorschrift 6 HAB.

Sonstige Bestandteile: Kartoffelstärke, Magnesiumstearat.

Anwendungsgebiete

Erfahrungsgemäß unterstützend angewendet bei:

- bakteriellen Erkrankungen allgemeiner Art wie Angina tonsillaris, Laryngitis, Otitis
- Infekten des Urogenitaltraktes wie Zystitis, Prostatitis, Endometritis
- Infekten des Magen-Darm-Traktes wie Diarrhoe und Gastritis
- Erkrankungen der Atemwege wie Asthma-Bronchitis, Bronchitis, Sinubronchitis
- Neuritis, Neuralgien, HWS-, LWS-Syndrom
- Eiterungen, Akne, nach Zahnextraktionen.

Eigenschaften

Notakehl® wird gewonnen aus dem Schimmelpilz Penicillium chrysogenum und erfahrungsgemäß angewendet bei allen bakteriellen Erkrankungen. Notakehl® ist kein Antibiotikum und produziert keine antibiotischen Substanzen. Deshalb treten die bei einer Antibiotika-Behandlung möglichen Begleiterscheinungen wie Allergien, Leberschäden, Zerstörung der Darmflora und Bildung penicillinresistenter Stämme nicht auf.

Nebenwirkungen

Aufgrund des Gehaltes von Notakehl® D5 an spezifischen organischen Bestandteilen können Überempfindlichkeitsreaktionen, hauptsächlich in Form von Hautreaktionen, auftreten und eine Allergie gegen den Bestandteil Penicillium chrysogenum ausgelöst werden. Das Arzneimittel ist dann abzusetzen und ein Arzt aufzusuchen.

Gegenanzeigen

Nicht anwenden bei:

- bekannter Überempfindlichkeit gegenüber Schimmelpilzen (Penicillium chrysogenum)
- Autoimmunerkrankungen
- Kindern unter 12 Jahren
- Schwangerschaft und Stillzeit.

Vorsichtsmaßnahmen

Keine bekannt.

Warnhinweise

Keine bekannt.

Sonstige Hinweise

Enthält Lactose. Bitte nehmen Sie Notakehl® D5 daher erst nach Rücksprache mit Ihrem Arzt ein, wenn Ihnen bekannt ist, dass Sie unter einer Unverträglichkeit gegenüber bestimmten Zuckern leiden.

Wechselwirkungen

Immunsuppressiv wirkende Arzneimittel können die Wirksamkeit von Notakehl® D5 beeinträchtigen. Vor und nach der Behandlung mit oral verabreichten Lebendimpfstoffen ist ein Abstand von 4 Wochen einzuhalten.

Dosierung
1 – 3-mal täglich 1 Tablette mit ausreichend Flüssigkeit einnehmen. Nach längstens 4 Wochen Therapiedauer sollte Notakehl® D5 abgesetzt werden.

Packungsgrößen und Preise

20 Tabletten	(PZN 04426569)	Euro 15,27
10-mal 20 Tabletten	(PZN 04426575)	Euro 126,47

Apothekenpflichtig.

Sanum-Kehlbeck

Notakehl® D5

Tropfen

Wirkstoff: Penicillium chrysogenum e volumine mycelii (lyophil., steril.) Dil. D5

Zusammensetzung
10 ml flüssige Verdünnung enthalten: Wirkstoff: 10 ml Penicillium chrysogenum e volumine mycelii (lyophil., steril.) Dil. D5 (HAB, V. 5a, Lsg. D1 mit gereinigtem Wasser).

Anwendungsgebiete
Erfahrungsgemäß unterstützend angewendet bei:

- bakteriellen Erkrankungen allgemeiner Art wie Angina tonsillaris, Laryngitis, Otitis
- Infekten des Urogenitaltraktes wie Zystitis, Prostatitis, Endometritis
- Infekten des Magen-Darm-Traktes wie Diarrhoe und Gastritis
- Erkrankungen der Atemwege wie Asthma-Bronchitis, Bronchitis, Sinubronchitis
- Neuritis, Neuralgien, HWS-, LWS-Syndrom
- Eiterungen, Akne, nach Zahnextraktionen.

Eigenschaften
Notakehl® wird gewonnen aus dem Schimmelpilz Penicillium chrysogenum und erfahrungsgemäß angewendet bei allen bakteriellen Erkrankungen. Notakehl® ist kein Antibiotikum und produziert keine antibiotischen Substanzen. Deshalb treten die bei einer Antibiotika-Behandlung möglichen Begleiterscheinungen, wie Allergien, Leberschäden, Zerstörung der Darmflora und Bildung penicillinresistenter Stämme nicht auf.

Nebenwirkungen
Aufgrund des Gehaltes von Notakehl® D5 an spezifischen organischen Bestandteilen können Überempfindlichkeitsreaktionen, hauptsächlich in Form von Hautreaktionen, auftreten und eine Allergie gegen den Bestandteil Penicillium chrysogenum ausgelöst werden. Das Arzneimittel ist dann abzusetzen und ein Arzt aufzusuchen.

Gegenanzeigen
Nicht anwenden bei:

- bekannter Überempfindlichkeit gegenüber Schimmelpilzen (Penicillium chrysogenum)
- Autoimmunerkrankungen
- Kindern unter 12 Jahren
- Schwangerschaft und Stillzeit.

Vorsichtsmaßnahmen
Keine bekannt.

Warnhinweise
Keine bekannt.

Wechselwirkungen
Immunsuppressiv wirkende Arzneimittel können die Wirksamkeit von Notakehl® D5 beeinträchtigen. Vor und nach der Behandlung mit oral verabreichten Lebendimpfstoffen ist ein Abstand von 4 Wochen einzuhalten.

Dosierung
Zum Einnehmen: 1 – 2-mal täglich 5 Tropfen vor einer Mahlzeit.

Zum Einreiben: 1-mal täglich 5 - 10 Tropfen in die Ellenbeuge einreiben.
Nach längstens 4 Wochen Therapiedauer sollte Notakehl® D5 abgesetzt werden.

Packungsgrößen und Preise
10 ml (PZN 03207115) .. Euro 13,82
10-mal 10 ml (PZN 03207121) .. Euro 107,05

Apothekenpflichtig.

NutraMedix Deutschland

Nutra-BBS NutraMedix Tropfen

siehe Parasiten

NutraMedix Deutschland

Nutra-BRL NutraMedix Tropfen

siehe Parasiten

NutraMedix Deutschland

Nutra-BRT NutraMedix Tropfen

siehe Parasiten

NutraMedix Deutschland

Samento NutraMedix Tropfen

siehe Immunsystemerkrankungen und -schwäche

NutraMedix Deutschland

Sealantro NutraMedix Tropfen

siehe Umwelt- und Schwermetallbelastung

NutraMedix Deutschland

Serrapeptase NutraMedix Kapseln

siehe Entzündungen

NutraMedix Deutschland

Takuna NutraMedix Tropfen

Zusammensetzung
Ameisenbaum-Rinden-Extrakt, Mineralwasser, Ethanol (20 – 24%).

Anwendungsgebiete
Akute / chronische virale Infektionen, z.B. Influenza, Covid, EBV, Gürtelrose, Herpes.

Wirkstoffeigenschaften
Antiviral, entzündungshemmend.

Wird häufig in Kombination mit Samento NutraMedix bei der Behandlung akuter und chronischer viraler Infektionen angewendet.

Gegenanzeigen
Schwangerschaft und Stillzeit.

Nebenwirkungen
Herxheimer-Reaktionen möglich.

Dosierung und Art der Anwendung
2 – 4x täglich 30 Tropfen in Wasser, vor den Mahlzeiten, schrittweise Dosis steigern.

Kinder: 2 – 4x täglich 1/2 Tropfen pro kg KG.

Packungsgrößen und Preise
30 ml (PZN 18040359) .... Euro 40,00
60 ml (PZN 18040365) .... Euro 65,00

Bezug und weitere Informationen
NutraMedix Deutschland GmbH
www.nutramedix.de

INTERNA
(Karies und Parodontitis)

Dr. Jacob's Medical GmbH
Dr. Jacob's Basenpulver
Pulver

Nahrungsergänzungsmittel mit Kalium-, Calcium- und Magnesium-Citrat - Multitalent mit über 30 belegten Gesundheitswirkungen (u.a. für Muskeln, Knochen, Nerven, weniger Erschöpfung, Herz und normalen Blutdruck).

siehe Übersäuerung

INTERNA
(Kinderkrankheiten)

Genericon Pharma Gesellschaft m.b.H.
MULTIvitD3 Baby
Pumplösung

siehe Nährstoffmangel - Vitamine

nutrimmun GmbH
MyBIOTIK®BABY
Tropfen

siehe Mikrobiologische Therapien

Institut AllergoSan Deutschland (privat) GmbH
OMNi-BiOTiC® SR-9 Kids
Direkt-Stick

Gute Nerven in der Schule?

siehe Magen-Darm-Beschwerden - Verdauung

SymbioPharm GmbH
SymbioLact® Baby Tropfen
Tropfen

Nahrungsergänzungsmittel mit Bifidobacterium animalis subsp. lactis (BB-12®) und Bifidobacterium longum subsp. infantis (Bifin02™).

siehe Magen-Darm-Beschwerden - Verdauung

INJEKTIONEN
(Knochenschwund)

Sanum-Kehlbeck
Nigersan® D5/D6/D7
Injektionslösung

Wirkstoff: Aspergillus niger e volumine mycelii (lyophil., steril.) Dil. D5/D6/D7 aquos.

siehe Urogenitalerkrankungen

INTERNA

Dr. Jacob's Medical GmbH
Dr. Jacob's Basenpulver
Pulver

Nahrungsergänzungsmittel mit Kalium-, Calcium- und Magnesium-Citrat - Multitalent mit über 30 belegten Gesundheitswirkungen (u.a. für Muskeln, Knochen, Nerven, weniger Erschöpfung, Herz und normalen Blutdruck).

siehe Übersäuerung

Dr. Jacob's Medical GmbH

Dr. Jacob's Vitamin D3K2 Öl

Tropfen

Nahrungsergänzungsmittel mit den Vitaminen D3 und K2 (all-trans MK-7).

siehe Nährstoffmangel - Vitamine

Jarfood GmbH

JARMINO Knochenbrühen-Konzentrat

Konzentrierte Bio-Brühe mit natürlichem Kollagen, Aminosäuren & Mineralien zum Auflösen im Wasser.

siehe Entzündungen

Sanum-Kehlbeck

Nigersan® D3

Zäpfchen

Wirkstoff: Aspergillus niger e volumine mycelii (lyophil., steril.) Trit. D3

siehe Urogenitalerkrankungen

Sanum-Kehlbeck

Nigersan® D4

Hartkapseln

Wirkstoff: Aspergillus niger e volumine mycelii (lyophil., steril.) Trit. D4

siehe Urogenitalerkrankungen

Sanum-Kehlbeck

Nigersan® D5

Tabletten

Wirkstoff: Aspergillus niger e volumine mycelii (lyophil., steril.) Trit. D5

siehe Urogenitalerkrankungen

Sanum-Kehlbeck

Nigersan® D5

Tropfen

Wirkstoff: Aspergillus niger e volumine mycelii (lyophil., steril.) Dil. D5

siehe Urogenitalerkrankungen

Pflüger

Ranocalcin

Zusammensetzung

1 Tablette enthält: Wirkstoffe: Acidum silicicum Trit. D 2 40,0 mg, Calcium carbonicum Hahnemanni Trit. D 1 75,0 mg, Calcium fluoratum Trit. D 4 10,0 mg, Calcium phosphoricum Trit. D 1 75,0 mg, Ferrum phosphoricum Trit. D 2 10,0 mg, Zincum metallicum Trit. D 10 10,0 mg.

Anwendungsgebiete

Die Anwendungsgebiete leiten sich von den homöopathischen Arzneimittelbildern ab. Dazu gehören: Schwächezustände des Stütz- und Bindegewebes und der Knochen.

Nebenwirkungen

Bei der Anwendung eines homöopathischen Arzneimittels können sich die vorhandenen Beschwerden vorübergehend verschlimmern (Erstverschlimmerung). In diesem Fall sollten

Sie das Arzneimittel absetzen und Ihren Arzt befragen. Wenn Sie Nebenwirkungen beobachten, teilen Sie diese bitte Ihrem Arzt oder Apotheker mit.

Wechselwirkungen
Keine bekannt. Allgemeiner Hinweis: Die Wirkung eines homöopathischen Arzneimittels kann durch allgemein schädigende Faktoren in der Lebensweise und durch Reiz- und Genussmittel ungünstig beeinflusst werden. Falls Sie sonstige Arzneimittel einnehmen, fragen Sie Ihren Arzt.

Warnhinweise
Dieses Arzneimittel enthält Lactose. Bitte nehmen Sie Ranocalcin daher erst nach Rücksprache mit Ihrem Arzt ein, wenn Ihnen bekannt ist, dass Sie unter einer Unverträglichkeit gegenüber bestimmten Zuckern leiden.

Hinweis
Bei anhaltenden, unklaren oder neu auftretenden Beschwerden sollte ein Arzt aufgesucht werden, da es sich um Erkrankungen handeln kann, die einer ärztlichen Abklärung bedürfen. Fragen Sie vor Einnahme/Anwendung von allen Arzneimitteln Ihren Arzt um Rat.

Dosierung
Erwachsene und Kinder ab 12 Jahren nehmen bei akuten Zuständen alle halbe bis ganze Stunde, höchstens 12-mal täglich, je 1 Tablette ein. Eine über eine Woche hinausgehende Anwendung sollte nur nach Rücksprache mit einem homöopathisch erfahrenen Therapeuten erfolgen. Bei chronischen Verlaufsformen 1- bis 3-mal täglich 1 Tablette einnehmen. Bei Besserung der Beschwerden ist die Häufigkeit der Anwendung zu reduzieren. Die Akutdosierung bei Kindern bis 12 Jahren erfolgt halbstündlich bis stündlich bis zu 6-mal täglich, in chronischen Fällen 1- bis 3-mal täglich. Dazu wird jeweils 1 Tablette in 6 Teelöffeln Wasser aufgelöst. Von dieser Lösung erhalten - Säuglinge bis zum 1. Lebensjahr nach Rücksprache mit einem Arzt: 2 Teelöffel, - Kleinkinder bis unter 6 Jahren: 3 Teelöffel, - Kinder ab 6 bis unter 12 Jahren: 4 Teelöffel. Der Rest der Lösung ist jeweils wegzuschütten. Eine über eine Woche hinausgehende Anwendung sollte nur nach Rücksprache mit einem homöopathisch erfahrenen Therapeuten erfolgen. Bei Besserung der Beschwerden ist die Häufigkeit der Anwendung zu reduzieren. In Zweifelsfällen halten Sie bitte Rücksprache mit Ihrem homöopathisch erfahrenen Therapeuten. Auch homöopathische Arzneimittel sollten ohne ärztlichen Rat nicht über längere Zeit eingenommen werden.

Packungsgrößen und Preise
100 Tabletten (PZN 10098827) . . . Euro 19,55
(PZN 12521514)
200 Tabletten . . . . Euro 34,45
Apothekenpflichtig.

INJEKTIONEN
(Krebserkrankungen)

Iscador AG

ISCADOR®
Injektionslösung

Wirkstoff: Fermentierter wässriger Auszug aus Mistel

Zusammensetzung
Fermentierter wässriger Auszug aus *Viscum album* (Pflanze zu Auszug = 1 : 5) von den Wirtsbäumen Apfelbaum (M), Eiche (Qu), Kiefer (P)

und Ulme (U); teilweise auch mit Metallzusätzen. Sonstige Bestandteile: Natriumchlorid, Wasser für Injektionszwecke.

Anwendungsgebiete
Gemäß der anthroposophischen Menschen- und Naturerkenntnis. Dazu gehören bei Erwachsenen: Anregung von Form- und Integrationskräften zur Auflösung und Wiedereingliederung verselbständigter Wachstumsprozesse, z. B.:

- bei bösartigen Geschwulstkrankheiten auch mit begleitenden Störungen der blutbildenden Organe
- bei gutartigen Geschwulstkrankheiten
- bei definierten Präkanzerosen
- zur Rezidivprophylaxe nach Geschwulstoperationen

Dosierung und Art der Anwendung
Einleitungsphase:

Soweit nicht anders verordnet, wird, um Überreaktionen zu vermeiden, zu Beginn der Therapie mit Iscador eine einschleichende Dosierung mit der Serie 0 empfohlen, welche die niedrigsten Dosierungen in aufsteigender Stärke enthält. Es wird 2- bis 3-mal wöchentlich 1 ml Iscador subkutan injiziert in ansteigender Stärke entsprechend der Zusammenstellung der Serie. Wird die Serie 0 gut vertragen, kann bis zum Erreichen der individuellen Reaktionsdosis des Patienten auf Serie I bis eventuell Serie II gesteigert werden.

Die optimale Stärke bzw. Dosis muss individuell ermittelt werden. Hierzu sind nach heutigem Wissensstand folgende Reaktionen zu beachten, die einzeln oder in Kombination auftreten können.

a) Änderung des subjektiven Befindens

Eine Besserung des Allgemeinbefindens (Zunahme von Appetit und Gewicht, Normalisierung von Schlaf, Wärmeempfinden und Leistungsfähigkeit) und der psychischen Befindlichkeit (Aufhellung der Stimmungslage, Zunahme von Lebensmut und Initiativfähigkeit) sowie eine Linderung von Schmerzzuständen zeigen an, dass im optimalen Bereich dosiert wurde.

b) Temperaturreaktion

Temperaturreaktion in Form eines überdurchschnittlichen Anstiegs der Körpertemperatur wenige Stunden nach Injektion, einer Wiederherstellung der physiologischen Morgen-/Abend-Differenz von mindestens 0,5° C oder eines Anstiegs des mittleren Temperaturniveaus unter Behandlung.

c) Immunologische Reaktion

Zum Beispiel Anstieg der Leukozyten (vor allem der absoluten Lymphozyten- und Eosinophilenzahl), Besserung des zellulären Immunstatus bei Bestimmung der Lymphozyten-Subpopulationen.

d) Lokale Entzündungsreaktion

Lokale Entzündungsreaktion an der Einspritzstelle bis max. 5 cm Durchmesser.

Erhaltungsphase:

Soweit nicht anders verordnet:

Mit der so ermittelten optimalen individuellen Stärke bzw. Dosis wird die Behandlung fortgesetzt. Es wird entweder mit derjenigen Serie weitertherapiert, bei der die Reaktionsdosis die höchste Stärke darstellt, oder mit der entsprechenden Sortenpackung (Packung mit Ampullen einer Stärke). Zur Vermeidung von Gewöhnungseffekten empfiehlt sich eine rhythmische Anwendung.

Weitere Informationen zur Dosierung und der Art der Anwendung finden Sie in «ISCADOR – Empfehlung für die Behandlung in Deutschland».

Anzufordern über:
www.iscador.com/fachkreise

Gegenanzeigen

- Bekannte Allergie auf Mistelzubereitungen
- Akut entzündliche bzw. hoch fieberhafte Erkrankungen: die Behandlung sollte bis zum Abklingen der Entzündungszeichen unterbrochen werden

- Chronische granulomatöse Erkrankungen, floride Autoimmunerkrankungen und solche unter immunsuppressiver Therapie
- Hyperthyreose mit Tachykardie

Nebenwirkungen

Eine geringe Steigerung der Körpertemperatur und lokale entzündliche Reaktionen an der subkutanen Injektionsstelle treten zu Beginn der Therapie fast regelmäßig auf und sind Zeichen der Reaktionslage des Patienten. Ebenso unbedenklich sind vorübergehende leichte Schwellungen regionaler Lymphknoten. Bei Fieber über 38° C (evtl. mit Abgeschlagenheit, Frösteln, allgemeinem Krankheitsgefühl, Kopfschmerzen und kurzzeitigen Schwindelgefühlen) oder bei größeren örtlichen Reaktionen über 5 cm Durchmesser sollte die nächste Injektion erst nach Abklingen dieser Symptome und in reduzierter Stärke bzw. Dosis gegeben werden. Das durch Iscador-Injektionen hervorgerufene Fieber soll nicht durch fiebersenkende Arzneimittel unterdrückt werden. Bei länger als 3 Tage anhaltendem Fieber ist an einen infektiösen Prozess oder Tumorfieber zu denken. Übermäßige lokale Reaktionen lassen sich durch Anwendung einer geringeren Stärke des Präparates oder auch einer geringeren Menge von Iscador M vermeiden. In diesem Fall wird die Anwendung von 0,1 – 0,5 ml Iscador mit Hilfe einer skalierten 1 ml-Spritze empfohlen. Es können lokalisierte oder systemische allergische oder allergoide Reaktionen auftreten (gewöhnlich in Form von generalisiertem Juckreiz, Urtikaria oder Exanthem, mitunter auch mit Angioödem, Schüttelfrost, Atemnot und Bronchospastik, vereinzelt mit Schock oder als Erythema exsudativum multiforme), die das Absetzen des Präparates und die Einleitung einer ärztlichen Therapie erfordern. Eine Aktivierung vorbestehender Entzündungen sowie entzündliche Reizerscheinungen oberflächlicher Venen im Injektionsbereich sind möglich. Auch hier ist eine vorübergehende Therapiepause bis zum Abklingen der Entzündungsreaktion erforderlich. Es wurde über das Auftreten chronisch granulomatöser Entzündungen (Sarkoidose, Erythema nodosum) und von Autoimmunerkrankungen (Dermatomyositis) während einer Misteltherapie berichtet. Auch über Symptome einer Hirndruckerhöhung bei Hirntumoren/-metastasen während einer Misteltherapie wurde berichtet.

Sonstige Hinweise

Die Aufbewahrung von Iscador erfolgt im Kühlschrank bei Temperaturen zwischen + 2° C bis + 8° C.

Packungsgrößen und Preise
Serienpackungen

Iscador M, P, Qu, U c. Hg Serie 0: 7 Ampullen und 14 (2 x 7) Ampullen

Iscador M, M c. Arg., M c. Cu, M c. Hg, P, P c. Hg, Qu, Qu c. Arg. Qu c. Cu, Qu c. Hg, U c. Hg Serie I und Serie II: 14 (2 x 7) Ampullen

Sortenpackungen

Iscador M, P, Qu, U c. Hg 0,01 mg, 0,1 mg, 1 mg, 10 mg, 20 mg: 7 Ampullen

Iscador M c. Arg., M c. Cu, M c. Hg, Qu c. Arg., Qu c. Cu, Qu c. Hg, P c. Hg 1 mg, 10 mg, 20 mg: 7 Ampullen

Iscador M, Qu 5 mg spezial: 7 Ampullen

Preise

7 Ampullen (N1)	....	Euro 70,40
14 (2 x 7) Ampullen (N2)	....	Euro 134,89

Apothekenpflichtig.

Stand: März 2025

INTERNA

NutraMedix Deutschland

Adrenal NutraMedix Tropfen

siehe Erschöpfung und Müdigkeit

NutraMedix Deutschland

Burbur-Pinella NutraMedix Tropfen

siehe Umwelt- und Schwermetallbelastung

NutraMedix Deutschland

Dandilion NutraMedix Tropfen

siehe Umwelt- und Schwermetallbelastung

NutraMedix Deutschland

ImmuneMedix NutraMedix Tropfen

siehe Immunsystemerkrankungen und -schwäche

Volopharm GmbH Deutschland

KaRazym®

magensaftresistente Tabletten

Der Enzymkomplex KaRazym® eignet sich in der komplementären Onkologie zur Linderung der Nebenwirkungen von Chemo- und Strahlentherapie.
siehe Entzündungen

Wellnest Pflanzenkraft

LUMACELL Akut Konzentrat

Tropfen

siehe Infektionen

NutraMedix Deutschland

Nattokinase NutraMedix Kapseln

siehe Entzündungen

NutraMedix Deutschland

Samento NutraMedix Tropfen

siehe Immunsystemerkrankungen und -schwäche

NutraMedix Deutschland

Sealantro NutraMedix Tropfen

siehe Umwelt- und Schwermetallbelastung

NutraMedix Deutschland

Serrapeptase NutraMedix Kapseln

siehe Entzündungen

INTERNA
(Lebererkrankung)

Weber & Weber

Aranicyn Leber-Gallemittel

Mischung

Zusammensetzung
Wirkstoffe: 10 ml enth.: Berberis vulgaris Ø 0,03 ml; Cynara scolymus (HAB 34) Ø (HAB, V3a) 1 ml; Lycopodium clavatum Dil. D4 0,075 ml; Taraxacum officinale Ø 1 ml. Sonst. Bestandteil: Ethanol 43 % (m/m).

Anwendungsgebiete
Die Anwendungsgebiete leiten sich von den homöopath. Arzneimittelbildern ab. Dazu gehört: Besserung der Beschwerden bei Leber-Galle-Störungen.

Gegenanzeigen
Überempfindlichk. gg. Taraxacum officinale (Löwenzahn), Lycopodium clavatum (Bärlappsporen), einen d. weiteren Wirk- oder Hilfsstoffe oder gg. Korbblütler.

Verschluss der Gallenwege, Gallenblasenvereiterung und Darmverschluss. Bei Gallensteinleiden nur nach Rücksprache mit dem Arzt anw.

Nebenwirkungen
Keine bekannt.

Sonstige Hinweise
Enthält 74 mg Alkohol (Ethanol) pro 5 Tropfen. Packungsbeilage beachten.

Dosierung und Art der Anwendung
Bei **akuten Zuständen** alle halbe bis ganze Std., höchstens 6x tgl., je 5 Tr. einnehmen. Eine über 1 Wo. hinausgehende Anwend. sollte nur nach Rücksprache mit einem homöopath. erfahrenen Therapeuten erfolgen. Bei **chron. Verlaufsformen** 1 – 3x tgl. je 5 Tr. einnehmen. Bei Besserung der Beschwerden ist die Häufigkeit der Anwend. zu reduzieren.

Packungsgrößen und Preise
50 ml (PZN 02565166) .... Euro 21,52

Apothekenpflichtig.

NutraMedix Deutschland

Binder Plus NutraMedix Kapseln

siehe Magen-Darm-Beschwerden

NutraMedix Deutschland

Burbur-Pinella NutraMedix Tropfen

siehe Umwelt- und Schwermetallbelastung

Ceres Heilmittel GmbH

Ceres Taraxacum comp. Leber-Galle Tropfen

Homöopathisches Arzneimittel

Zusammensetzung
Wirkstoffe: 20 ml Mischung enthalten: 8 ml Taraxacum officinale Ø, 6 ml Silybum marianum Ø, 6 ml Chelidonium majus Dil. D4. 1 ml entspricht 35 Tropfen. Enthält 50 Vol.% Alkohol.

Anwendungsgebiete
Funktionelle Beschwerden von Leber und Galle.

Art der Anwendung
Mischung zum Einnehmen. Beipackzettel beachten.

Zulassung
Nur für Erwachsene.

Dosierung
Erw. 1 - 3 Mal tägl. 1 – 3 Tr. Bei Besserung der Beschwerden ist die Häufigkeit der Anwendung zu reduzieren.

Wechselwirkungen
Informieren Sie Ihren Arzt oder Apotheker, wenn Sie andere Arzneimittel einnehmen.

Gegenanzeigen
Überempfindlichkeit gegen Löwenzahn (Taraxacum officinale), Mariendistel (Silybum marianum), Schöllkraut (Chelidonium majus) oder Korbblütler (Asteracea).

Warnhinweise
Nicht einnehmen, wenn Sie alkoholkrank sind.

Sonstige Hinweise
Auch homöopathische Arzneimittel sollten ohne ärztlichen Rat nicht über längere Zeit eingenommen werden. Bei fortdauernden Krankheitssymptomen während der Anwendung des Arzneimittels ist medizinischer Rat einzuholen.

Packungsgrößen und Preise
20 ml (PZN 14050869) .... Euro 26,95

NutraMedix Deutschland

Dandilion NutraMedix Tropfen

siehe Umwelt- und Schwermetallbelastung

Weleda AG

Hepatodoron

Tabletten

Zusammensetzung

1 Tablette enthält: Fragaria vesca, Folium sicc. 40 mg / Vitis vinifera, Folium sicc. 40 mg.

Sonstige Bestandteile: Lactose-Monohydrat, Weizenstärke, Calciumbehenat.

Anwendungsgebiete

Gemäß der anthroposophischen Menschen- und Naturerkenntnis.

Dazu gehören: Anregung der Lebertätigkeit, als Basistherapie bei Lebererkrankungen, auch bei chronisch-entzündlichen und degenerativen Formen, auch mit Verstopfung und Ekzemen.

Gegenanzeigen

Überempfindlichkeit gegen Erdbeeren (Fragaria vesca), Weizen oder einen der sonstigen Bestandteile.

Nebenwirkungen

Selten Überempfindlichkeitsreaktionen. Weizenstärke kann Überempfindlichkeitsreaktionen hervorrufen.

Vorsichtsmaßnahmen

Lebererkrankungen bedürfen grundsätzlich der Abklärung und Überwachung durch den Arzt. Eine Arzneimitteltherapie ersetzt nicht die Vermeidung der die Leber schädigenden Ursachen (z. B. Alkohol).

Warnhinweise

Enthält Lactose und Weizenstärke.

Dieses Arzneimittel gilt als glutenfrei und für Zöliakiepatienten ist es sehr unwahrscheinlich, dass es Probleme verursacht. Eine Tablette enthält maximal 0,3 Mikrogramm Gluten.

Dosierung

Soweit nicht anders verordnet, ist die übliche Einzeldosis: Für Erwachsene und Kinder ab 12 Jahren: 1 – 2 Tabletten, für Kinder von 6 bis 12 Jahren: 1 Tablette, für Säuglinge und Kleinkinder bis zu 6 Jahren: 1/2 Tablette.

Die Tabletten werden 1- bis 3-mal täglich gut zerkaut vor dem Essen eingenommen. Säuglinge und Kleinkinder bis zu 3 Jahren erhalten die Tabletten in zerdrückter Form.

Packungsgrößen und Preise

200 Tabletten (PZN 00761710) . . . Euro 37,98

Apothekenpflichtig.

Sanum-Kehlbeck

Hexacyl® Mischung

Tropfen

Wirkstoffe: Sulfur D4, Lycopodium Urtinktur, Berberis Urtinktur

Zusammensetzung

10 g (entsprechend 10,99 ml) Mischung enthält: Wirkstoffe: 3,00 g Sulfur Dil. D4, 0,10 g Lycopodium Urtinktur, 0,05 g Berberis Urtinktur.

Sonstige Bestandteile: Ethanol 43 % (m/m), gereinigtes Wasser.

Anwendungsgebiete

Die Anwendungsgebiete leiten sich von den homöopathischen Arzneimittelbildern ab. Dazu gehören: Unterstützende Behandlung bei funktionellen Störungen von Leber, Galle und Nieren.

Eigenschaften

Die Inhaltsstoffe von Hexacyl® – Sulfur, Lycopodium und Berberis – zeigen in ihren homöopathischen Arzneimittelbildern ein ähnliches Wirkungsspektrum. Die jeweiligen Einzelsubstanzen weisen als Schwerpunkt im Symptomenbild Stauungen im venösen Anteil des Kreislaufsystems auf. Daraus resultieren charakteristische Störungen in anderen Organen, besonders Leber und Niere.

Für die homöopathische Repertorisation sind folgende Symptome ausschlaggebend:

- Die Entgiftungsfunktionen von Leber und Niere sind gehemmt (harnsaure Diathese), es kommt zu Starre mit Neigung zu Steinbildung in Gallen- bzw. Harnblase.

- Vielfältige Beschwerden des Magen-Darm-Traktes aufgrund ungenügender Produktion der verschiedenen Verdauungssäfte.
- Hautveränderungen, z. B. trockene oder eitrige Ekzeme mit starkem Juckreiz und Rötung, besonders an Körperöffnungen, sind weitere Hinweise auf die schlechte Stoffwechsellage.
- Verspannungen und Schmerzzustände des Bewegungsapparates mit großer Schwäche.
- Cardiale Störungen als Folge der Stauung im Leber- und Pfortaderkreislauf.

Leitsymptome sind: Starkes Brennen und Juckreiz, Erschöpfung, Verschlechterung durch Wärme, Kälte und Ruhe. Besserung durch frische Luft, mäßige Bewegung. Hexacyl® ist angezeigt zur Ausleitung bei allen toxischen oder infektiösen Schädigungen mit erhöhtem Eiweißzerfall, wie Nahrungsmittel- und Genussmittelunverträglichkeit, Infektionen und Intoxikationen.

Dosierung
Bei akuten Zuständen nehmen Jugendliche ab 12 Jahren und Erwachsene alle halbe bis ganze Stunde, höchstens 12-mal täglich, je 5 - 10 Tropfen ein. Bei chronischen Verlaufsformen 1 – 3-mal täglich je 5 Tropfen einnehmen. Nehmen Sie die Tropfen mit etwas Trinkwasser ein.

Überdosierung: Die Einnahme größerer Mengen des Arzneimittels kann insbesondere bei Kleinkindern zu einer Alkoholvergiftung führen; in diesem Fall besteht Lebensgefahr, weshalb unverzüglich ein Arzt aufzusuchen ist.

Nebenwirkungen
Keine bekannt.

Gegenanzeigen
Hexacyl® ist bei Alkoholkranken nicht anzuwenden.

Vorsichtsmaßnahmen
Hexacyl® ist bei Leberkranken erst nach Rücksprache mit dem Arzt anzuwenden.

Ggf. Besonderheiten bei Kindern, Schwangeren, Stillenden
In der Schwangerschaft und Stillzeit sollte Hexacyl® auch wegen des Alkoholgehaltes nicht angewendet werden. Zur Anwendung dieses Arzneimittels bei Kindern liegen bisher keine ausreichenden Erfahrungen für eine allgemeine Empfehlung für diese Altersgruppe vor. Es soll deshalb bei Kindern unter 12 Jahren aufgrund des Alkoholgehaltes nur nach Rücksprache mit dem Arzt angewendet werden.

Wechselwirkungen
Keine bekannt.

Warnhinweise
Dieses Arzneimittel enthält 59,9 Vol.-% Alkohol (Ethanol).

Packungsgrößen und Preise

10 ml (PZN 00383662)	Euro 13,08
30 ml (PZN 00384147)	Euro 15,67
100 ml (PZN 00388837)	Euro 29,40

Apothekenpflichtig.

Wellnest Pflanzenkraft

Leber-Kraft Daily Bio Konzentrat

Tropfen

Zusammensetzung
Kräuterbitter-Konzentrat aus Auszügen von Mariendistel, Kurkuma, Odermennig, Schafgarbe, Löwenzahn (alle kbA), Bio-Alkohol 32 % Vol.

Anwendungsgebiete
Aus naturheilkundlicher Sicht weisen folgende Symptome klassisch auf eine Fettleber sowie ernährungsbedingt eingeschränkte Leberleistungen hin: häufige Tagesmüdigkeit, nachlassende Leistungsfähigkeit, leichte Reizbarkeit, regelmäßige Schlafstörungen zwischen 1 und 3 Uhr sowie anhaltende Verdauungsprobleme, insbesondere Sodbrennen, Verstopfungen und weicher, schleimiger Stuhl. Die genannten

Symptome sprechen für Leber-Kraft Daily Bio Konzentrat. Das Kräuterbitter-Konzentrat basiert auf Auszügen der bewährten „Leberkräuter“ Mariendistel, Kurkuma, Odermennig, Schafgarbe und Löwenzahn. Deren sekundären Pflanzenstoffe und ätherischen Öle haben eine reinigende und entgiftende Wirkung und stärken so die Leber. Bei akutem Sodbrennen ist das Kräuterbitter-Konzentrat extrem schnell wirksam.

Eigenschaften
Leber-Kraft Daily Bio Konzentrat wird vom Körper sehr gut aufgenommen. Das Kräuterbitter-Konzentrat unterstützt die Fettverdauung, schützt vor freien Radikalen und Umweltgiften, weitet die Leber- und Gallengänge, regt den Gallenfluss an, harmonisiert den Stoffwechsel, reguliert den Cholesterinhaushalt und verstärkt die Entgiftungsleistungen.

Dosierung
Täglich 2x 10 Tropfen mit ausreichend Flüssigkeit. Zur Vitalisierung der Leberkräfte ist eine regelmäßige Einnahme erforderlich.

Nebenwirkungen
Keine bekannt.

Wechselwirkungen
Keine bekannt.

Warnhinweise
Enthält Alkohol (32 % Vol.).

Ggf. Besonderheiten bei Kindern, Schwangeren, Stillenden
In der Schwangerschaft und Stillzeit nur in Rücksprache mit dem Arzt einnehmen.

Sonstige Hinweise
Außerhalb der Reichweite von Kindern sowie trocken, licht- und wärmegeschützt lagern.

Weiterführende Informationen
Leber-Kraft Daily Bio Konzentrat wird schonend nach überlieferter Handwerkstradition von einer heimischen Manufaktur in einem zweimonatigen Kaltauszug bei Raumtemperatur hergestellt. Verwendung für den Bestandteile von Mariendistel, Kurkuma, Odermennig, Schafgarbe und Löwenzahn (alle kbA) sowie energetisiertes Wasser und Bio-Alkohol. Das Kräuterbitter-Konzentrat bildet das pflanzliche Wirkstoff-Spektrum in konzentrierter Form vollständig ab und enthält somit ein Höchstmaß sekundärer Pflanzenstoffe und ätherischer Öle. Gelöst werden sie vom Körper unmittelbar verwertet.

Packungsgrößen und Preise
100 ml (PZN 8458655) .... Euro 24,90

Stand: 01.11.2020

meta Fackler

metaheptachol® N
Mischung

Zusammensetzung
10 g enthalten: Berberis Dil. D2 1,0 g, Carduus marianus Ø 0,1 g, Chelidonium Dil. D6 1,0 g, Flor de piedra Dil. D6 0,3 g, Picrasma excelsa, Quassia amara Dil. D2 1,0 g, Stannum metallicum Dil. D8 0,5 g. Sonst. Bestandt.: Ethanol, Ger. Wasser. Enth. 34 Vol.-% Alkohol.

Anwendungsgebiete
Diese leiten sich von den homöopathischen Arzneimittelbildern ab. Dazu gehören: Chronische Störungen des Leber-Galle-Systems. Hinw.: Bei anhaltenden, unklaren oder neu auftretenden Oberbauchbeschwerden sowie bei Gallensteinleiden oder bei Gelbsucht sollte ein Arzt aufgesucht werden.

Dosierung
Soweit nicht anders verordnet: Jugendl. ab 12 J. und Erw. 1 – 3x tgl. 5 – 10 Tr.; Bei Besserung der Beschwerden kann die Häufigkeit der Einnahme reduziert werden.

Gegenanzeigen
Allergie gg. Korbblütler (Carduus marianus) od. Inhaltsstoffe.

Vorsichtsmaßnahmen
Kdr. unter 12 J. (keine Erfahrungen/Rücksprache); Schwangerschaft u. Stillzeit (Rücksprache).

Nebenwirkungen
Kann leicht abführend wirken (Carduus marianus).

Packungsgrößen und Preise

50 ml	Euro 13,30
100 ml	Euro 22,96

Apothekenpflichtig.

Neurolab GmbH

MucosaLiv

Pulver

siehe Magen-Darm-Beschwerden

Institut AllergoSan Deutschland (privat) GmbH

OMNi-BiOTiC® HETOX

Sachets

Darm und Leber – eng verbunden

Anwendungsgebiete
Darm und Darmmikrobiom haben wesentlichen Einfluss auf die Leber, welche über die Pfortader eng mit dem Darm verbunden ist. Welche Stoffe vom Darm in die Leber gelangen, hängt wesentlich von der Beschaffenheit der Darmbarriere ab. Ist diese intakt, gelangen nur ausgewählte, nützliche Stoffe in die Leber. Für eine funktionierend Barriere benötigt der Darm jedoch eine ausreichende Anzahl und Vielfalt an kommensalen Bakterien. OMNi-BiOTiC® HETOX unterstützt das Darmmikrobiom und somit die Darmbarriere mit neun natürlich im menschlichen Darm vorkommenden, vermehrungsfähigen Bakterienkulturen.

Zusammensetzung
Maisstärke, Maltodextrin, Kaliumchlorid, Bakterienstämme (mind. 15 Milliarden Keime pro 1 Portion = 6 g), pflanzliches Eiweiß (Reis), Magnesiumsulfat, Enzyme (Amylasen), Mangansulfat.

Nahrungsergänzungsmittel mit hochaktiven Darmsymbionten.

Weitere Informationen erhalten Sie unter: omni-biotic.com

Sanum-Kehlbeck

Silvaysan®

Hartkapseln

Wirkstoff: Mariendistelfrüchte-Trockenextrakt

Zusammensetzung
1 Hartkapsel enthält: Wirkstoff: 136 - 160 mg Trockenextrakt aus Mariendistelfrüchten (50 - 70 : 1) entsprechend 86,6 mg Silymarin (berechnet als Silibinin, HPLC), Auszugsmittel: Aceton.

Normierungsmaterial: Glucose-Monohydrat 0 bis 24 mg.

Sonstige Bestandteile: Glucose-Monohydrat, hochdisperses Siliciumdioxid, Lactose-Monohydrat, Magnesiumstearat, Gelatine, Natriumdodecylsulfat.

Anwendungsgebiete
Zur unterstützenden Behandlung bei chronisch-entzündlichen Lebererkrankungen, Leberzirrhose und toxischen (durch Lebergifte verursachten) Leberschäden. Das Arzneimittel ist nicht zur Behandlung von akuten Vergiftungen bestimmt.

Eigenschaften
Die therapeutische Wirksamkeit von Silymarin beruht auf zwei Angriffspunkten bzw. Wirkmechanismen: Zum einen verändert Silymarin die Struktur der äußeren Zellmembran der Hepatozyten derart, dass Lebergifte nicht in das Zellinnere eindringen können. Zum anderen stimuliert Silymarin die Aktivität der nukleolären Polymerase A mit der Konsequenz einer gesteigerten ribosomalen Proteinsynthese. Damit wird die Regenerationsfähigkeit der Leber angeregt und die Neubildung von Hepatozyten stimuliert.

Dosierung

Erwachsene und Heranwachsende ab 12 Jahren nehmen 3-mal täglich 1 Hartkapsel Silvaysan® unzerkaut mit ausreichend Flüssigkeit (z. B. ein Glas Wasser) ein.

Überdosierung: Vergiftungserscheinungen sind bisher nicht beobachtet worden. Bei Überdosierung können die beschriebenen Nebenwirkungen in verstärkten Maßen auftreten. Bei Verdacht einer Überdosierung mit Silvaysan® verständigen Sie bitte Ihren Arzt.

Nebenwirkungen

Gelegentlich werden Magen-Darm-Beschwerden, wie z. B. Übelkeit und leicht abführende Wirkung, beobachtet. Gelegentlich können Überempfindlichkeitsreaktionen, wie z. B. Hautausschlag, Juckreiz oder Atemnot, auftreten.

Gegenanzeigen

Sie dürfen Silvaysan® nicht bei bekannter Überempfindlichkeit gegen Mariendistelfrüchte und/oder andere Korbblütler sowie einen der sonstigen Bestandteile einnehmen. Sie dürfen Silvaysan® in der Schwangerschaft nicht einnehmen.

Ggf. Besonderheiten bei Kindern, Schwangeren, Stillenden

Silvaysan® soll wegen nicht ausreichender Untersuchungen in der Stillzeit nicht angewendet werden. Zur Anwendung von Silvaysan® bei Kindern liegen keine ausreichenden Untersuchungen vor. Es soll deshalb bei Kindern unter 12 Jahren nicht angewendet werden.

Vorsichtsmaßnahmen

Patienten mit der seltenen hereditären Galactose-Intoleranz, Lactase-Mangel oder Glucose-Galactose-Malabsorption sollten Silvaysan® nicht einnehmen.

Bei Gelbsucht (hell- bis dunkelgelbe Hautverfärbung, Gelbfärbung des Augenweiß) soll ein Arzt aufgesucht werden. Die Arzneimitteltherapie ersetzt nicht die Vermeidung der die Leber schädigenden Ursachen (Alkohol).

Wechselwirkungen

Bitte informieren Sie Ihren Arzt oder Apotheker, wenn Sie andere Arzneimittel einnehmen/anwenden bzw. vor kurzem eingenommen/angewendet haben, auch wenn es sich um nicht verschreibungspflichtige Arzneimittel handelt, da eine gegenseitige Beeinflussung nicht ausgeschlossen werden kann.

Durch Besserung der Leberfunktion unter der Einnahme von Silvaysan® kann die Verstoffwechslung von anderen gleichzeitig eingenommenen Arzneimitteln verändert werden, so dass gegebenenfalls die Dosierung angepasst werden muss.

Bei gleichzeitiger Einnahme von Silvaysan® und Amiodaron (Arzneimittel gegen Herzrhythmusstörungen) ist nicht ausgeschlossen, dass die antiarrhythmische Wirkung von Amiodaron verstärkt wird.

Sonstige Hinweise

Enthält Lactose.

Packungsgrößen und Preise

20 Kapseln (PZN 08440483) ... Euro 13,08
100 Kapseln (PZN 08440508) ... Euro 44,77

Apothekenpflichtig.

INTERNA
(Lympherkrankung)

NutraMedix Deutschland

Burbur-Pinella NutraMedix Tropfen

siehe Umwelt- und Schwermetallbelastung

INJEKTIONEN
(Magen-Darm-Beschwerden)

Sanum-Kehlbeck

Fortakehl® D5/D6

Injektionslösung

Wirkstoff: Penicillium roquefortii e volumine mycelii (lyophil., steril.) Dil. D5/D6 aquos.

Zusammensetzung
1 ml flüssige Verdünnung zur Injektion enthält: Wirkstoff: 1 ml Penicillium roquefortii e volumine mycelii (lyophil., steril.) Dil. D5 bzw. D6 aquos. nach Vorschrift 5b HAB.

Anwendungsgebiete
Erfahrungsgemäß unterstützend angewendet bei:

Dysbakterie allgemein und Schleimhautzerstörung; Gastritis, Enteritis, Colitissyndrom mit Cholecystitis, Pankreatitis; Diarrhoe, Obstipation, Vomitus; Ulcus ventriculi; Mykosen des Darmes, des Urogenitaltraktes und der Haut; Bronchitis, Infektanfälligkeit.

Eigenschaften
Fortakehl®, gewonnen aus dem Schimmelpilz Penicillium roquefortii, ist kein Antibiotikum und enthält oder produziert keine Penicillinsäure. Dadurch treten auch nicht die bei einer Antibiotika-Behandlung möglichen Begleiterscheinungen, wie Allergien, Leberschäden, Zerstörung der Darmflora und Bildung penicillinresistenter Stämme auf.

Dosierung
Erwachsenen und Jugendlichen ab 12 Jahren 2-mal wöchentlich 1 Ampulle zu 1 ml s.c. injizieren. Nach längstens 4 Wochen Therapiedauer sollte Fortakehl® D5 bzw. Fortakehl® D6 abgesetzt werden.

Vor Anwendung beachten: Fortakehl® D5 bzw. D6 enthält Natrium, aber weniger als 1 mmol (23 mg) Natrium pro 1 ml, d.h., es ist nahezu „natriumfrei“.

Nebenwirkungen
Aufgrund des Gehaltes von Fortakehl® D5 bzw. D6 an spezifischen organischen Bestandteilen können Überempfindlichkeitsreaktionen, hauptsächlich in Form von Hautreaktionen, auftreten und eine Allergie gegen den Bestandteil Penicillium roquefortii ausgelöst werden. Das Arzneimittel ist dann sofort abzusetzen und ein Arzt aufzusuchen.

Gegenanzeigen
Nicht anwenden bei:

- bekannter Überempfindlichkeit gegenüber Schimmelpilzen (Penicillium roquefortii)
- Autoimmunerkrankungen
- Kindern unter 12 Jahren
- Schwangeren und Stillenden

Vorsichtsmaßnahmen
Keine bekannt.

Warnhinweise
Keine bekannt.

Wechselwirkungen
Immunsuppressiv wirkende Arzneimittel können die Wirksamkeit von Fortakehl® D5 bzw. D6 beeinträchtigen. Vor und nach der Behandlung mit oral verabreichten Lebendimpfstoffen ist ein Abstand von 4 Wochen einzuhalten.

Packungsgrößen und Preise

D5

1 Amp. à 1 ml (PZN 04456955)	Euro	7,72
10 Amp. à 1 ml (PZN 04456961)	Euro	53,97
50 Amp. à 1 ml (PZN 04456978)	Euro	230,16

D6

1 Amp. à 1 ml (PZN 00040784)	Euro	7,00
10 Amp. à 1 ml (PZN 00040790)	Euro	47,62
50 Amp. à 1 ml (PZN 00040809)	Euro	196,86

Apothekenpflichtig.

Sanum-Kehlbeck

Taraxan Sanum® D3

Injektionslösung

Wirkstoff: Taraxacum officinale Dil. D3

Zusammensetzung

Der Wirkstoff ist: 1 ml flüssige Verdünnung zur Injektion enthält: 1 ml Taraxacum officinale Dil. D3.

Sonstige Bestandteile: Natriumchlorid.

Anwendungsgebiete

Erfahrungsgemäß unterstützend angewendet bei:

- venösen Stauungen
- zur Blut- und Gewebereinigung
- zur Anregung der Verdauungssäfte, vor allem des Galleflusses
- Oberbauchbeschwerden
- Muskel- und Gelenkverspannungen am ganzen Körper
- zur Unterstützung der Ausscheidung/Entgiftung durch Leber, Galle und Niere
- Juckreiz

Eigenschaften

Taraxacum officinale enthält viele Gerb- und Bitterstoffe, insbesondere Taraxin sowie Inulin, Fructose, Mineralien und Spurenelemente. Bereits im Mittelalter wurde Löwenzahn in verschiedenen Zubereitungen als Lebensmittel und als Pflanzenarznei eingesetzt, um die Leber- und Nierentätigkeit anzuregen und damit eine Reinigung des Bindegewebes sowie des Blutes zu erzielen.

Folgende Symptome ergeben sich aus dem homöopathischen Arzneimittelbild:

- Wirkungsrichtung auf Leber, Galle und Harnausscheidung
- Muskel- und Gelenkverspannungen am ganzen Körper
- Venöse Stauungen
- Oberbauchbeschwerden
- Juckreiz
- Besserung der Symptome bei Bewegung, Verschlechterung in der Ruhe und im Liegen sowie bei nasskalter Witterung.

Taraxan Sanum® D3 ist angezeigt als Begleitmittel in jeder Therapie, die eine Unterstützung der Entgiftung und der Ausscheidungsvorgänge erfordert.

Dosierung

Erwachsenen und Jugendlichen ab 12 Jahren 2-mal wöchentlich den Inhalt einer Ampulle entweder intrakutan, subkutan oder intramuskulär injizieren.

Taraxan Sanum® D3 enthält Natrium, aber weniger als 1 mmol (23 mg) Natrium pro 1 ml, d.h., es ist nahezu „natriumfrei“.

Nebenwirkungen

Keine bekannt.

Gegenanzeigen

Taraxan Sanum® D3 darf nicht angewendet werden, wenn Sie allergisch gegen Taraxacum officinale sind.

Wechselwirkungen

Keine bekannt.

Ggf. Besonderheiten bei Kindern, Schwangeren, Stillenden

Da keine ausreichend dokumentierten Erfahrungen zur Anwendung in der Schwangerschaft und Stillzeit vorliegen, sollte das Arzneimittel nur nach Rücksprache mit dem Arzt angewendet werden. Zur Anwendung dieses Arzneimittels bei Kindern liegen keine ausreichend dokumentierten Erfahrungen vor. Es soll deshalb bei Kindern unter 12 Jahren nicht angewendet werden.

Packungsgrößen und Preise

1 Amp. à 1 ml (PZN 01864636)	. Euro	5,91
10 Amp. à 1 ml (PZN 01864642)	. Euro	14,77
50 Amp. à 1 ml (PZN 01864659)	. Euro	58,49

Apothekenpflichtig.

INTERNA

Neurolab GmbH

7 Kräuter Elixier

flüssig/alkoholischer Extrakt

Nahrungsergänzungsmittel mit alkoholischem Extrakt aus 7 Kräutern mit bitterem Geschmack.

Zusammensetzung
18 Sprühstöße enthalten: Schafgarbe 46 mg, Tausendgüldenkraut 40 mg, Ingwer 24 mg, Olivenblatt 20 mg, Bockshornklee 20 mg, Enzian 10 mg, Olive junge Triebe 1 mg, Feldahorn Knospen 1 mg.

Verzehrempfehlung
3x täglich jeweils 6 Sprühstöße in den Rachen sprühen (= 2 ml).

Sonstige Hinweise
Beim Verzehr in der Schwangerschaft, Stillzeit oder im Kindesalter halten Sie bitte Rücksprache mit Ihrem Arzt, Heilpraktiker oder Apotheker.

Packungsgrößen und Preise
1 Sprühflasche à 50 ml .... Euro 37,90

Wellnest Pflanzenkraft

7 Kräuter-Kraft nach Bertrand Heidelberger

Tropfen

Zusammensetzung
Kräuterbitter-Konzentrat aus Auszügen von Wermut, Schafgarbe, Wacholder, Anis, Fenchelsamen, Kümmel, Bibernelle (alle kbA), Bio-Alkohol 32 % Vol.

Anwendungsgebiete
Das 7 Kräuter-Kraft Konzentrat beruht auf dem 50-jährigen Erfahrungsschatz des Naturheilpraktikers Bertrand Heidelberger. Zum Tragen kommen Kräuter, die durch ihre verdauungsfördernde, schleimlösende und allgemein harmonisierende Wirkung auf den Körper in der Pflanzenheilkunde berühmt sind: Der extrem bittere Wermut, die in alten Kräuterbüchern als „Heil aller Schäden" bezeichnete Schafgarbe, die traditionelle und in der Küche geschätzte Heilpflanze Wacholder, der als „Römischer Fenchel" oder „süßer Kümmel" bekannte Anis, das wärmende Kraut Fenchel, die vielseitige Bibernelle sowie der anregende, wärmende und beruhigende Kümmel. 7 Kräuter-Kraft ist ideal bei Völlegefühl und Verdauungsbeschwerden (vor allem Blähungen), zur Unterstützung des Immunsystems, zur Stärkung der Schleimhäute (etwa bei chronischen Nasenhöhlenbeschwerden) sowie zur Darmreinigung bei stark kohlenhydrathaltiger Ernährung.

Eigenschaften
Zu einem Konzentrat vereint, haben die gelösten sekundären Pflanzenstoffe und ätherischen Öle von Wermut, Schafgarbe, Wacholder, Anis, Fenchelsamen, Kümmel und Bibernelle einen schleimbefreienden Einfluss auf den Körper: sie unterstützen die Entschlackung, entlasten den Stoffwechsel, stärken die Selbstheilungskräfte und fördern das Immunsystem.

Dosierung
Täglich 2x 10 Tropfen mit ausreichend Flüssigkeit.

Nebenwirkungen
Keine bekannt.

Wechselwirkungen
Keine bekannt.

Warnhinweise
Enthält Alkohol (32 % Vol.).

Ggf. Besonderheiten bei Kindern, Schwangeren, Stillenden
In der Schwangerschaft und Stillzeit nur in Rücksprache mit dem Arzt einnehmen.

Sonstige Hinweise
Außerhalb der Reichweite von Kindern sowie trocken, licht- und wärmegeschützt lagern.

Weiterführende Informationen
Wellnest 7 Kräuter-Kraft wird schonend nach überlieferter Handwerkstradition von einer heimischen Manufaktur in einem zweimonatigen Kaltauszug bei Raumtemperatur hergestellt. Für die Extraktion der wertvollen Pflanzenstoffe aus Bio-Anbau verwenden wir ausschließlich Bio-Alkohol und mit Aktivkohle gereinigtes und energetisiertes Wasser.
Die Ur-Tinktur bildet das pflanzliche Wirkstoff-Spektrum in konzentrierter Form vollständig ab und enthält somit ein Höchstmaß sekundärer Pflanzenstoffe und ätherischer Öle. Gelöst werden sie vom Körper unmittelbar verwertet.

Packungsgrößen und Preise
100 ml (PZN 8458684) .... Euro 29,90
Stand: 01.11.2020

WH Pharmawerk Weinböhla GmbH

Activomin®

Kapseln

Zusammensetzung
400 mg natürliche Huminsäuren WH67®. Die Kapselhülle besteht aus Cellulose und ist mit natürlichem Chlorophyll eingefärbt.

Zusatzinformation: Das Produkt enthält keine Konservierungsstoffe, keine tierischen Bestandteile; es ist gelatine-, lactose-, gluten-, jod- und cholesterinfrei. Für Diabetiker geeignet.

Stoff- oder Indikationsgruppe Activomin® ist ein Medizinprodukt in Kapselform zur Anwendung bei unspezifischen Durchfällen, Magen-Darm-Beschwerden und zur Bindung von Schadstoffen und Toxinen (Beachte Gebrauchsanweisung).

Anwendungsgebiete
Activomin® ist ein Medizinprodukt in Kapselform zur oralen Anwendung:

- bei unspezifischen Durchfällen
- bei Magen-Darm-Beschwerden
- zur Bindung von Schadstoffen und Toxinen unter den unten aufgeführten Bedingungen.

Wirkungsbeschreibung
Activomin® reduziert gastro-intestinale Beschwerden (Magen-Darm-Beschwerden) wie Bauchschmerzen, Blähungen, Völlegefühl und Windabgang z.B. bei Operationen am Darm.

Activomin® verbessert die Stuhlkonsistenz und das Stuhlverhalten bei unspezifischen Durchfällen.

Die im Activomin® enthaltenen Huminsäuren WH67® werden nicht vom Körper resorbiert, sondern verbleiben im Magen-Darm-Trakt. Das Produkt ist durch seine physikalischen Wirkungen, wie Sorption, Chelatisierung, Komplexierung und Ionenaustausch charakterisiert. Activomin® bindet Flüssigkeit. Tierexperimentelle Daten und Pilotstudien beim Menschen lassen die begründeten Annahmen zu, dass Huminsäuren WH67® leicht adstringierend wirken und das Wachstum von Bakterien mit positiven Wirkungen auf den Gesamtorganismus durch eine Milieuänderung im Darm unterstützen.

Activomin® vermindert die Resorption von aufgenommenen Schadstoffen und Toxinen, indem es diese Substanzen im Magen-Darm-Trakt adsorptiv fest bindet. Activomin® und Toxine werden zusammen im Stuhl ausgeschieden. Im Darm verbleiben weniger freie Toxinmoleküle, die für eine mögliche Resorption zur Verfügung stehen. Die negativen Ladungen der Huminsäuren wirken dabei wie ein Gegenpol für organische und anorganische Kationen und halten diese fest gebunden.

Neben der Bindung von Schwermetallen wie beispielsweise Quecksilber und Blei werden lipophile Herbizide der Klassen der Bipyridine und Chlortriazine gebunden. Hydrophobe Herbizide, polyzyklische aromatische Kohlenwasserstoffe und Glyphosat können ebenso gebunden werden wie lipophile Pestizide, wie z.B. DDT und weitere chlororganische Insektizide.

Packungsgrößen und Preise

20 Kapseln (PZN 18061769)	...	Euro 12,64
60 Kapseln (PZN 00703026)	...	Euro 25,98
120 Kapseln (PZN 01061067)	...	Euro 46,95

Cellavent

Acurmin®

Kapseln

Nahrungsergänzungsmittel

Kurkuma-Präparate für verschiedene Anwendungsbereiche

siehe Entzündungen

Sanum-Kehlbeck

Alkala® „Tab"

Tabletten

Wirkstoff: Natriumhydrogencarbonat

Zusammensetzung

1 Tablette enthält: Wirkstoff: 1g Natriumhydrogencarbonat.

Sonstige Bestandteile: Lactose, Cellulose, Kartoffelstärke, Magnesiumstearat, Saccharin-Natrium, Gummi arabicum, Maltodextrin, Pfefferminzöl.

Anwendungsgebiete

Traditionell angewendet als mild wirksames Arzneimittel bei Sodbrennen und säurebedingten Magenbeschwerden.

Eigenschaften

Alkala® „Tab" ist ein Basenpräparat, das dazu geeignet ist, das Säure-Basen-Gleichgewicht im Organismus wiederherzustellen. Im Idealfall ist dieses Verhältnis im Menschen ausgeglichen. Verschiebungen des Säure-Basenhaushaltes in den sauren Bereich sind heutzutage aufgrund unserer Lebens- und Umweltbedingungen immer häufiger anzutreffen. Erste typische Anzeichen von Übersäuerung im Magen-Darmbereich sind Sodbrennen, saures Aufstoßen, Blähungen etc. In der Folge ist die Übersäuerung dann eine typische Begleiterscheinung der chronischen Stoffwechselstörung.

Nebenwirkungen

Häufig sind nach der Einnahme von Alkala® „Tab" Völlegefühl und Aufstoßen aufgetreten. Lang anhaltender Gebrauch kann die Bildung von Kalzium- und Magnesiumphosphatsteinen in der Niere begünstigen.

Wechselwirkungen

Über die Erhöhung des pH-Wertes im Magen und Harn kann die Resorption und Ausscheidung von schwachen Säuren und Basen beeinflusst werden. Dies gilt z. B. für Sympathomimetika, Anticholinerika, trizyklische Antidepressiva, Barbiturate, H_2-Blocker, Captopril, Clorazepat, Chinidin. Funktionelle Wechselwirkungen sind mit Gluco- und Mineralocorticoiden, Androgenen und Diuretika, die die Kaliumausscheidung erhöhen, möglich. Auf eine mögliche Beeinflussung der Löslichkeit von Medikamenten, die mit dem Harn eliminiert werden (z. B. Ciprofloxazin), ist zu achten.

Wegen des stark alkalischen pH-Wertes ist die Lösung von Alkala® „Tab" Tabletten mit den meisten Arzneimitteln inkompatibel. Insbesondere die Kombination mit calcium-, magnesium- und phosphathaltigen Lösungen kann zu Ausfällungen führen.

Gegenanzeigen

Alkala® „Tab" darf nicht angewendet werden bei bekannter Überempfindlichkeit gegen einen der sonstigen Bestandteile. Bei Störungen im Säure-Basen-Haushalt (Alkalose), Kaliummangel oder bei Durchführung einer natriumarmen Diät darf Alkala® „Tab" nicht eingenommen werden. Wegen der Gefahr der Magenruptur darf Alkala® „Tab" bei Säureverätzung des Magens nicht angewendet werden.

Ggf. Besonderheiten bei Kindern, Schwangeren, Stillenden
Da keine ausreichenden Untersuchungen vorliegen, soll Alkala® „Tab" bei Schwangeren, während der Stillzeit und bei Kindern unter 12 Jahren nicht angewendet werden.

Vorsichtsmaßnahmen
Patienten mit der seltenen hereditären Galactose-Intoleranz, Lactase-Mangel oder Glucose-Galactose-Malabsorption sollten Alkala® „Tab" Tabletten nicht einnehmen.

Dosierung
3-mal täglich 1 Tablette mit Flüssigkeit einnehmen. Grundsätzlich sollte ein Abstand von ein bis zwei Stunden zwischen der Einnahme von Alkala® „Tab" und der von anderen Medikamenten eingehalten werden.

Sonstige Hinweise
Enthält Lactose.

Packungsgrößen und Preise

20 Tabletten	(PZN 04868586)	Euro 5,90
100 Tabletten	(PZN 04868592)	Euro 21,55
10-mal 100 Tabletten	(PZN 04868600)	Euro 184,19

Weleda AG

Amara-Tropfen

Dilution

Zusammensetzung
10 g (= 10,4 ml) enth.: 0,15 g ethanol. Auszug aus Artemisia absinthium, Herba rec. (1:2,3) / 0,075 g ethanol. Auszug aus Centaurium erythraea, Herba rec. (1:2,3) / 0,6 g ethanol. Auszug aus Cichorium intybus, Planta tota rec. (1:2,3) / Gentiana lutea, ethanol. Decoctum Ø 0,36 g / Juniperus communis, Summitates, ethanol. Infusum Ø (HAB, V. 20) 0,05 g / Millefolii herba, ethanol. Infusum Ø (HAB, V. 20) 2,0 g / 0,15 g ethanol. Decoctum aus Peucedanum ostruthium, Rhizoma rec. (1:2,15) / Salvia officinalis, ethanol. Infusum Ø 1,0 g / Taraxacum Ø 0,32 g.

Sonstige Bestandteile: Ethanol 96 %, Gereinigtes Wasser

Anwendungsgebiete
Gemäß der anthroposophischen Menschen- und Naturerkenntnis.

Dazu gehören: Funktionelle Störungen von Bildung und Absonderung der Verdauungssäfte; Störungen der Bewegungsabläufe von Magen und Dünndarm sowie deren Folgezustände, z. B. Sodbrennen, Appetitlosigkeit, Übelkeit, Völlegefühl nach dem Essen.

Gegenanzeigen
Überempfindlichkeit gegen Cichorium (Wegwarte) oder andere Korbblütler.

Schwangerschaft und Stillzeit.

Nebenwirkungen
Selten Überempfindlichkeitsreaktionen.

Warnhinweise
Enthält 33 Vol.-% Alkohol.

Dosierung
Soweit nicht anders verordnet, werden bei Appetitlosigkeit 10 – 15 Tropfen 15 Minuten vor dem Essen eingenommen. Bei Störungen der Verdauungstätigkeit und Beschwerden, wie Übelkeit oder Völlegefühl, werden zur Intensivierung der Verdauung 10 – 15 Tropfen 1 Stunde nach dem Essen eingenommen. Kinder von 6 – 11 Jahren erhalten 5 – 8 Tropfen, Kleinkinder von 1 – 5 Jahren 3 – 5 Tropfen.

Packungsgrößen und Preise

20 ml (PZN 19484756)	Euro 12,48
50 ml (PZN 01390138)	Euro 24,97

Apothekenpflichtig.

NutraMedix Deutschland

Binder Plus NutraMedix Kapseln

Zusammensetzung
Pro Dosis (2 Kapseln):
1200 mg einer Mischung aus Zeolit, Aktivkohle, Inulin, Aloe Vera Blättern, Vitalerde Mineralien, Bentonite, Tonerde, Chitosan aus Pilzen, vegetarische Kapselhülle, Magnesiumstearat aus pflanzlicher Quelle, frei von Gluten-, Zucker- und Milchbestandteilen.

Anwendungsgebiete
Darm- und Leberentgiftung, Histamin-Unverträglichkeit, Durchfallerkrankungen, chronisch entzündliche Darmerkrankungen.

Wirkstoffeigenschaften
Toxin- und histaminbindend, antientzündlich, Darmflora regulierend, antidiarrhoisch.

Gegenanzeigen
Schwangerschaft und Stillzeit.

Nebenwirkungen
Keine bekannt.

Dosierung und Art der Anwendung
2 – 4x täglich 2 Kapseln oder 4 – 6 Kapseln zur Nacht.

Packungsgrößen und Preise
120 Kapseln (PZN 18456700) . . . Euro 58,00

Bezug und weitere Informationen
NutraMedix Deutschland GmbH
www.nutramedix.de

MensSana AG

Biotic premium MensSana

Granulat

siehe Nährstoffmangel

MensSana AG

Biotic pure MensSana

Granulat

siehe Allergie

Weleda AG

Birkenkohle comp.

Hartkapseln

siehe Magen-Darm-Beschwerden - Durchfall

Wellnest Pflanzenkraft

Bärlauch Bio Konzentrat

Tropfen

siehe Umwelt- und Schwermetallbelastung

Institut AllergoSan Deutschland (privat) GmbH

Caricol®

Sticks

Wohlbefinden im Darm

Anwendungsgebiete
Unser moderner Lebensstil wirkt sich oft negativ auf die Verdauung aus. Dies kann zu Problemen wie unregelmäßigem Stuhlgang oder Verstopfung führen. In der Natur findet sich für das Gleichgewicht der Verdauung eine besondere Frucht: die Papaya. Das in ihr enthaltene Enzym Papain unterstützt die Verdauung, indem es Proteine aus der Nahrung aufspaltet und so deren Verwertung erleichtert.

Caricol® enthält die natürliche Kraft vollreifer Bio-Papayafrüchte in geballter Form. Durch ein patentiertes Zubereitungsverfahren ist die Aktivität des Verdauungsenzyms in Caricol® vervierfacht. Damit eignet sich Caricol® ideal, um bei ernährungsbedingten Problemen das Wohlgefühl im Darm zu stärken.

Zusammensetzung
Bio-Papayafrüchte, Bio-Apfelsaftkonzentrat, natürliches Bio-Apfelsaftaroma.

Nahrungsergänzungsmittel mit der Kraft der Papaya.

Weitere Informationen erhalten Sie unter:
caricol.com

Institut AllergoSan Deutschland (privat) GmbH

Caricol®-Gastro

Sticks

Magenschmerzen, Sodbrennen?

Anwendungsgebiete
Der Leidensdruck von Patienten mit chronischer Gastritis und Gastritisassoziierten Symptomen äußert sich primär in Form von Schmerzen und den damit verbundenen Einschränkungen des täglichen Lebens. Caricol®-Gastro wird zum Diätmanagement bei in Folge einer Gastritis schmerzempfindlichen Magenschleimhaut eingesetzt. Die Kombination aus den im Hafer enthaltenen Avenanthramiden (Polyphenole) und der enzymatischen Kraft der Papaya beruhigt die schmerzempfindliche Magenschleimhaut innerhalb kürzester Zeit.

Zusammensetzung
Wasser, Bio-Papayafrüchte, Bio-Apfelsaftkonzentrat, Bio-Hafermehl, natürliches Bio-Apfelsaftaroma.

Lebensmittel für besondere medizinische Zwecke (Bilanzierte Diät).

Weitere Informationen erhalten Sie unter:
caricol.com

Wellnest Pflanzenkraft

ClarkIntest Konzentrat nach Hulda Clark

Tropfen

siehe Parasiten

Laves-Arzneimittel GmbH

Colibiogen® Kinder

Flüssigkeit

Zusammensetzung
Zellfreies Fermentationsfiltrat aus *Escherichia coli* Stamm Laves 1931, Wasser, **Lactose**, Orangenaroma

Eigenschaften
Nahrungsergänzungsmittel mit zellfreiem Fermentationsfiltrat aus *Escherichia coli*, Stamm Laves 1931

Hinweise
Die angegebene empfohlene tägliche Verzehrmenge darf nicht überschritten werden. Nahrungsergänzungsmittel sind kein Ersatz für eine abwechslungsreiche und ausgewogene Ernährung sowie eine gesunde Lebensweise. Außerhalb der Reichweite von kleinen Kindern aufbewahren.

Verzehrempfehlung
1 – 3 x täglich 5 ml 1/2 Stunde vor den Mahlzeiten einnehmen.

Für die Einnahme bitte den beigefügten Messbecher verwenden. Messbecher nach jedem Gebrauch säubern und trocknen. Nicht aus der Flasche trinken. Nach der Entnahme Flasche gut verschließen.

Packungsgrößen und Preise
1x 50 ml (PZN 16755203) .... Euro 27,60

Laves-Arzneimittel GmbH

Colibiogen® oral

Flüssigkeit

Zusammensetzung
Zellfreies Fermentationsfiltrat aus *Escherichia coli* Stamm Laves 1931, Wasser, Ethanol, Saccharose, Natriumbenzoat, Orangenaroma, Zitronensäure, Biotin

Eigenschaften
Nahrungsergänzungsmittel mit zellfreiem Fermentationsfiltrat aus *Escherichia coli*, Stamm Laves 1931 und Biotin.

Biotin trägt zur Erhaltung normaler Schleimhäute bei.

Hinweise
Enthält 4,8 Vol.-% Alkohol.

Die angegebene empfohlene tägliche Verzehrmenge darf nicht überschritten werden. Nahrungsergänzungsmittel sind kein Ersatz für eine abwechslungsreiche und ausgewogene Ernährung sowie eine gesunde Lebensweise.

Außerhalb der Reichweite von kleinen Kindern aufbewahren.

Verzehrempfehlung
1 – 3 x täglich 5 ml 1/2 Stunde vor den Mahlzeiten einnehmen.

Für die Entnahme bitte den beigefügten Messbecher verwenden. Messbecher nach jedem Gebrauch säubern und trocknen lassen. Nicht aus der Flasche trinken. Nach der Entnahme Flasche gut verschließen.

Packungsgrößen und Preise
1x 100 ml (PZN 16755195) ...... Euro 51,84

Weleda AG

Digestodoron

Dilution, Tabletten

Zusammensetzung
Dilution: 10 g (= 9,4 ml) enth.: 1,8 g ethanol. Digestio (1:3,1) aus Dryopteris filix-mas, Folium rec. / 0,4 g ethanol. Digestio (1:3,1) aus Polypodium vulgare, Folium rec. / 4 g ethanol. Digestio (1:3,1) aus Salix alba / purpurea / viminalis, Folium rec. / 1,8 g ethanol. Digestio (1:3,1) aus Phyllitis scolopendrium, Folium rec. Sonstiger Bestandteil: Saccharose.

Tabletten: 1 Tablette enth.: 36 mg ethanol. Digestio (1:3,1) aus Dryopteris filix-mas, Folium rec. / 8 mg ethanol. Digestio (1:3,1) aus Polypodium vulgare, Folium rec. / 80 mg ethanol. Digestio (1:3,1) aus Salix alba / purpurea / viminalis, Folium rec. / 36 mg ethanol. Digestio (1:3,1) aus Phyllitis scolopendrium, Folium rec. Sonstige Bestandteile: Lactose-Monohydrat, Weizenstärke, Calciumbehenat.

Anwendungsgebiete
Gemäß der anthroposophischen Menschen- und Naturerkenntnis.

Dazu gehören: Störungen der Absonderungs- und Bewegungstätigkeit sowie des Milieus im Verdauungstrakt, auch auf chronisch-entzündlicher Grundlage, z.B. Sodbrennen, Übelkeit, Blähungen, Durchfälle, Verstopfung, Enteritis granulomatosa, Colitis ulcerosa.

Gegenanzeigen
Überempfindlichkeit gegen einen der wirksamen Bestandteile, Weizen (bei Tbl.) oder Salicylate. In den letzten drei Monaten der Schwangerschaft (aufgrund des Gehaltes an Salicylaten).

Schwangerschaft und Stillzeit
Die Anwendung von Digestodoron® während des ersten und zweiten Drittels der Schwangerschaft und in der Stillzeit wird aufgrund des im Arzneimittel enthaltenen Bestandteils Weidenblätter (Salix) nicht empfohlen. In Weidenblättern enthaltenen Substanzen (Salicylate) können in den Blutkreislauf des ungeborenen Kindes gelangen und gehen in die Muttermilch über. Siehe auch unter Gegenanzeigen.

Nebenwirkungen
Es können allergische Reaktionen auftreten. Weizenstärke kann Überempfindlichkeitsreaktionen hervorrufen (bei Tbl.).

Vorsichtsmaßnahmen
Bei andauernden oder wiederkehrenden Beschwerden, bei Schwarzfärbung des Stuhls, bei anhaltenden, unklaren oder neu auftretenden Beschwerden sollte ein Arzt aufgesucht werden, da es sich um Erkrankungen handeln kann, die einer ärztlichen Abklärung bedürfen.

Bei Enteritis granulomatosa, Colitis ulcerosa sowie bei Magen- und Zwölffingerdarm-Geschwüren ist das Arzneimittel nur nach Rücksprache mit dem Arzt anzuwenden und ersetzt nicht andere vom Arzt verordnete Medikamente.

Warnhinweise
Dilution: Enthält 24 Vol.-% Alkohol und Saccharose (Zucker).

Tabletten: Enthält Lactose und Weizenstärke. Es gilt als glutenfrei und für Zöliakie-Patienten ist es sehr unwahrscheinlich, dass es Probleme verursacht. Eine Tablette enthält nicht mehr als 2,0 Mikrogramm Gluten.

Dosierung und Art der Anwendung
Soweit nicht anders verordnet:
Dilution:
Erwachsene und Kinder ab 6 J. 8 – 12 Tropfen, Kleinkinder von 1 bis 5 Jahren 4 Tropfen und Säuglinge im 1. Lebensjahr 2 – 4 Tropfen 1- bis 3-mal täglich ca. 1/4 Stunde vor den Mahlzeiten mit Wasser verdünnt einnehmen.
Tabletten:
Erwachsene und Jugendliche 2 – 4 Tbl.,
Schulkinder von 6 bis 11 Jahren 1 – 2 Tbl.,
Kleinkinder von 2 bis 5 Jahren 1 Tbl.,
Säuglinge und Kleinkinder unter 2 J. 1/2 Tbl.
1- bis 3-mal täglich ca. 1/4 Stunde vor den Mahlzeiten ggf. mit etwas Wasser einnehmen. Kinder bis zu 5 Jahren erhalten die Tabletten in zerstoßener Form oder in Wasser oder Tee aufgelöst.

Dauer der Anwendung
Die Behandlung sollte kurmäßig über ca. 3 Monate durchgeführt und nach einer Einnahmepause evtl. wiederholt werden.

Packungsgrößen und Preise

50 ml (PZN 08915868)	Euro 27,99
100 Tabletten (PZN 08915839)	Euro 22,99
250 Tabletten (PZN 08915845)	Euro 41,98

Apothekenpflichtig.

w. feldhoff & comp. arzneimittel gmbh

esto-gast®

Flüssigkeit

Magen-Darm-Liquidium

Zusammensetzung
10 ml, entsprechend 8,68 g, Flüssigkeit enthalten: Wirkstoffe: Citronellöl 0,0041 g, Muskatöl 0,0041 g, Zimtöl 0,0027 g, Nelkenöl 0,0020 g. Sonstige Bestandteile: Ethanol 96 %, gereinigtes Wasser.

Dosierung
2- bis 3-mal täglich 2 ml mittels beigefügten Dosierbechers. Diese 2 ml in 1 – 2 Teelöffel Wasser verdünnt einnehmen.

Anwendungsgebiete
Traditionell innerlich zur Unterstützung der Verdauungsfunktion.

Packungsgrößen und Preise

20 ml (N1) (PZN 01755864)	Euro 8,26
50 ml (N2) (PZN 01755870)	Euro 16,73
100 ml (N3) (PZN 02750171)	Euro 27,37

FF Förde Forschung

Foerde f2M®

Spray

Mikrobiotisches Spray mit 33 Lebendbakterienstämmen

Nahrungsergänzungsmittel

Anwendung
Zur Unterstützung des Darmmikrobioms.

Zusammensetzung
Wasser, Zuckerrohrmelasse, Rohrzucker, Kräuter- und Pflanzenmischung (Auszug) [Ananas, Angelikawurzel, Anis, Basilikumkraut, Dillfrüchte, Fenchel, Heidelbeerblätter, Himbeerblätter, Ingwer, Kümmel, Odermennigkraut, Olivenblätter, Oreganum, Pfefferminze, Rosmarinblätter, Rotkleeblüten, Salbeiblätter, Schwarzkümmelsamen, Süßholz, Thymian, Traubenkernmehl (OPC), Rheishi Ling Zhi (Ganodermalucidum)], fermentierte Reiskleie, fermentierte Papaya, fermentierter Seetang, fermentierte Karotten, fermentierter Gelbwurz, Mikroorganismen (Bacillus subtilis, Bifidobacterium animalis, Bifidobacterium bifidum, Bifidobacterium breve, Bifidobacterium longum, Bifidobacterium infantis, Bifidobacterium lactis, Enterococcus faecium, Lactobacillus acidophilus, Lactobacillus amylolyticus, Lactobacillus amylovorus, Lactobacillus bulgaricus, Lactobacillus casei 01, Lactobacillus casei 02, Lactobacillus casei 03, Lactobacillus crispa-

tus, Lactobacillus delbrueckii, Lactobacillus farraginis, Lactobacillus fermentum, Lactobacillus gasseri, Lactobacillus helveticus, Lactobacillus johnsonii, Lactobacillus paracasei, Lactobacillus parafarraginis, Lactobacillus plantarum, Lactobacillus reuteri, Lactobacillus rhamnosus, Lactobacillus salivarius, Lactobacillus zeae, Lactobacillus diacetylactis, Lactococcus lactis, Saccharomyces cerevisae, Streptococcus thermophilus)

Einnahmeempfehlung
5 Hübe in den Mund sprühen und nach 15 Sekunden ca. 100 ml stilles Wasser trinken. Benutzen Sie Foerde f2M® morgens und abends vor dem Zähneputzen.

Packungsgrößen und Preise
50ml (PZN 13921925) .... Euro 29,95

Sanum-Kehlbeck

Fortakehl® D3

Zäpfchen

Wirkstoff: Penicillium roquefortii e volumine mycelii (lyophil., steril.) Trit. D3

Zusammensetzung
1 Zäpfchen enthält: Wirkstoff: 0,2 g Penicillium roquefortii e volumine mycelii (lyophil., steril.) Trit. D3 nach Vorschrift 6 HAB.

Sonstiger Bestandteil: Hartfett.

Anwendungsgebiete
Erfahrungsgemäß unterstützend angewendet bei:

Dysbakterie allgemein und Schleimhautzerstörung; Gastritis, Enteritis, Colitissyndrom mit Cholecystitis, Pankreatitis; Diarrhoe, Obstipation, Vomitus; Ulcus ventriculi; Mykosen des Darmes, des Urogenitaltraktes und der Haut; Bronchitis, Infektanfälligkeit.

Eigenschaften
Fortakehl®, gewonnen aus dem Schimmelpilz Penicillium roquefortii, ist kein Antibiotikum und enthält oder produziert keine Penicillinsäure. Dadurch treten auch nicht die bei einer Antibiotika-Behandlung möglichen Begleiterscheinungen, wie Allergien, Leberschäden, Zerstörung der Darmflora und Bildung penicillinresistenter Stämme auf.

Dosierung
Erwachsene und Jugendliche ab 12 Jahren führen 1-3 mal wöchentlich 1 Zäpfchen vor dem Schlafengehen in den After ein. Nach längstens 4 Wochen Therapiedauer sollte Fortakehl® D3 abgesetzt werden.

Nebenwirkungen
Aufgrund des Gehaltes von Fortakehl® D3 an spezifischen organischen Bestandteilen können in seltenen Fällen Überempfindlichkeitsreaktionen, hauptsächlich in Form von Hautreaktionen, auftreten und eine Allergie gegen den Bestandteil Penicillium roquefortii ausgelöst werden. Das Arzneimittel ist dann sofort abzusetzen und ein Arzt aufzusuchen.

Gegenanzeigen
Nicht anwenden bei bekannter Überempfindlichkeit gegenüber Schimmelpilzen (Penicillium roquefortii), Kindern unter 12 Jahren, Schwangeren und Stillenden.

Vorsichtsmaßnahmen
Keine bekannt.

Warnhinweise
Keine bekannt.

Wechselwirkungen
Immunsuppressiv wirkende Arzneimittel können die Wirksamkeit von Fortakehl® D3 beeinträchtigen. Vor und nach der Behandlung mit oral verabreichten Lebendimpfstoffen ist ein Abstand von 4 Wochen einzuhalten.

Sonstige Hinweise
Enthält Lactose.

Packungsgrößen und Preise

10 Zäpfchen (PZN 04456984) .... Euro 17,58
10-mal 10 Zäpfchen (PZN 04456990) .... Euro 144,97

Apothekenpflichtig.

Sanum-Kehlbeck

Fortakehl® D4

Kapseln

Wirkstoff: Penicillium roquefortii e volumine mycelii (lyophil., steril.) Trit. D4

Zusammensetzung

1 Kapsel enthält: Wirkstoff: 330 mg Penicillium roquefortii e volumine mycelii (lyophil., steril.) Trit. D4 (HAB, V. 6). Sonstiger Bestandteil: Kapselhülle: Hypromellose.

Anwendungsgebiete

Erfahrungsgemäß unterstützend angewendet bei:

Dysbakterie allgemein und Schleimhautzerstörung; Gastritis, Enteritis, Colitissyndrom mit Cholecystitis, Pankreatitis; Diarrhoe, Obstipation, Vomitus; Ulcus ventriculi; Mykosen des Darmes, des Urogenitaltraktes und der Haut; Bronchitis, Infektanfälligkeit.

Eigenschaften

Fortakehl®, gewonnen aus dem Schimmelpilz Penicillium roquefortii, ist kein Antibiotikum und enthält oder produziert keine Penicillinsäure. Dadurch treten auch nicht die bei einer Antibiotika-Behandlung möglichen Begleiterscheinungen, wie Allergien, Leberschäden, Zerstörung der Darmflora und Bildung penicillinresistenter Stämme auf.

Nebenwirkungen

Aufgrund des Gehaltes von Fortakehl® D4 an spezifischen organischen Bestandteilen können Überempfindlichkeitsreaktionen, hauptsächlich in Form von Hautreaktionen, auftreten und eine Allergie gegen den Bestandteil Penicillium roquefortii ausgelöst werden. Das Arzneimittel ist dann sofort abzusetzen und ein Arzt aufzusuchen.

Gegenanzeigen

Nicht anwenden bei:

- bekannter Überempfindlichkeit gegenüber Schimmelpilzen (Penicillium roquefortii)
- Autoimmunerkrankungen
- Kindern unter 12 Jahren
- Schwangeren und Stillenden.

Vorsichtsmaßnahmen

Dieses Arzneimittel enthält Lactose. Bitte nehmen Sie Fortakehl® D4 daher erst nach Rücksprache mit Ihrem Arzt ein, wenn Ihnen bekannt ist, dass Sie unter einer Unverträglichkeit gegenüber bestimmten Zuckern leiden.

Wechselwirkungen

Immunsuppressiv wirkende Arzneimittel können die Wirksamkeit von Fortakehl® D4 beeinträchtigen. Vor und nach der Behandlung mit oral verabreichten Lebendimpfstoffen ist ein Abstand von 4 Wochen einzuhalten.

Dosierung

Zum Einnehmen: Soweit nicht anders verordnet nehmen Erwachsene und Jugendliche ab 12 Jahren bei chronischen Verlaufsformen 1 – 3-mal täglich je 1 Kapsel vor den Mahlzeiten mit ausreichend Flüssigkeit ein. Nach längstens 4 Wochen Therapiedauer sollte Fortakehl® D4 abgesetzt werden.

Sonstige Hinweise

Enthält Lactose.

Packungsgrößen und Preise

20 Kapseln (PZN 04355326) .... Euro 32,49
10-mal 20 Kapseln (PZN 04355332) .... Euro 285,36

Apothekenpflichtig.

Sanum-Kehlbeck

Fortakehl® D5

Tropfen

Wirkstoff: Penicillium roquefortii e volumine mycelii (lyophil., steril.) Dil. D5

Zusammensetzung
10 ml enthalten: Wirkstoff: 10 ml Penicillium roquefortii e volumine mycelii (lyophil., steril.) Dil. D5 nach Vorschrift 5a HAB, Lsg. D1 mit gereinigtem Wasser.

Anwendungsgebiete
Erfahrungsgemäß unterstützend angewendet bei:

Dysbakterie allgemein und Schleimhautzerstörung; Gastritis, Enteritis, Colitissyndrom mit Cholecystitis, Pankreatitis; Diarrhoe, Obstipation, Vomitus; Ulcus ventriculi; Mykosen des Darmes, des Urogenitaltraktes und der Haut; Bronchitis, Infektanfälligkeit.

Eigenschaften
Fortakehl®, gewonnen aus dem Schimmelpilz Penicillium roquefortii, ist kein Antibiotikum und enthält oder produziert keine Penicillinsäure. Dadurch treten auch nicht die bei einer Antibiotika-Behandlung möglichen Begleiterscheinungen, wie Allergien, Leberschäden, Zerstörung der Darmflora und Bildung penicillinresistenter Stämme auf.

Nebenwirkungen
Aufgrund des Gehaltes von Fortakehl® D5 an spezifischen organischen Bestandteilen können in seltenen Fällen Überempfindlichkeitsreaktionen, hauptsächlich in Form von Hautreaktionen, auftreten und eine Allergie gegen den Bestandteil Penicillium roquefortii ausgelöst werden. Das Arzneimittel ist dann sofort abzusetzen und ein Arzt aufzusuchen.

Gegenanzeigen
Nicht anwenden bei:

- bekannter Überempfindlichkeit gegenüber Schimmelpilzen (Penicillium roquefortii)
- Autoimmunerkrankungen
- Kindern unter 12 Jahren
- Schwangeren und Stillenden

Vorsichtsmaßnahmen
Keine bekannt.

Warnhinweise
Keine bekannt.

Wechselwirkungen
Immunsuppressiv wirkende Arzneimittel können die Wirksamkeit von Fortakehl® D5 beeinträchtigen. Vor und nach der Behandlung mit oral verabreichten Lebendimpfstoffen ist ein Abstand von 4 Wochen einzuhalten.

Dosierung
Zum Einnehmen: Erwachsene und Jugendliche ab 12 Jahren nehmen 1 – 2-mal täglich je 5 Tropfen ein.

Zum Einreiben: Erwachsene und Jugendliche ab 12 Jahren reiben einmal täglich 5 - 10 Tropfen in die Ellenbeuge ein.

Nach längstens 4 Wochen Therapiedauer sollte Fortakehl® D5 abgesetzt werden.

Packungsgrößen und Preise

10 ml (PZN 03207173)	.. Euro	13,82
10-mal 10 ml (PZN 03207196)	.. Euro	107,05

Apothekenpflichtig.

Sanum-Kehlbeck

Fortakehl® D5

Tabletten

Wirkstoff: Penicillium roquefortii e volumine mycelii (lyophil., steril.) Trit. D5

Zusammensetzung
1 Tablette enthält: Wirkstoff: 250 mg Penicillium roquefortii e volumine mycelii (lyophil., steril.) Trit. D5 nach Vorschrift 6 HAB.

Sonstige Bestandteile: Kartoffelstärke, Magnesiumstearat.

Anwendungsgebiete
Erfahrungsgemäß unterstützend angewendet bei:

Dysbakterie allgemein und Schleimhautzerstörung; Gastritis, Enteritis, Colitissyndrom mit Cholecystitis, Pankreatitis; Diarrhoe, Obstipation, Vomitus; Ulcus ventriculi; Mykosen des Darmes, des Urogenitaltraktes und der Haut; Bronchitis, Infektanfälligkeit.

Eigenschaften
Fortakehl®, gewonnen aus dem Schimmelpilz Penicillium roquefortii, ist kein Antibiotikum und enthält oder produziert keine Penicillinsäure. Dadurch treten auch nicht die bei einer Antibiotika-Behandlung möglichen Begleiterscheinungen, wie Allergien, Leberschäden, Zerstörung der Darmflora und Bildung penicillinresistenter Stämme auf.

Nebenwirkungen
Keine bekannt.

Gegenanzeigen
Siehe unter Besonderheiten bei Kindern, Schwangeren, Stillenden.

Nicht anwenden bei Überempfindlichkeit gegenüber Schimmelpilzen (Penicillium roquefortii).

Ggf. Besonderheiten bei Kindern, Schwangeren, Stillenden
Da keine ausreichend dokumentierten Erfahrungen zur Anwendung in der Schwangerschaft und Stillzeit vorliegen, sollte das Arzneimittel nur nach Rücksprache mit dem Arzt angewendet werden. Zur Anwendung dieses Arzneimittels bei Kindern liegen keine ausreichend dokumentierten Erfahrungen vor. Es soll deshalb bei Kindern unter 12 Jahren nicht angewendet werden.

Dosierung
1 – 3-mal täglich 1 Tablette mit ausreichend Flüssigkeit einnehmen.

Sonstige Hinweise
Dieses Arzneimittel enthält Lactose. Bitte nehmen Sie Fortakehl® D5 daher erst nach Rücksprache mit Ihrem Arzt ein, wenn Ihnen bekannt ist, dass Sie unter einer Unverträglichkeit gegenüber bestimmten Zuckern leiden.

Wechselwirkungen
Keine bekannt.

Packungsgrößen und Preise

20 Tabletten (PZN 04413319) ...	Euro 15,27
10-mal 20 Tabletten (PZN 04413325) ...	Euro 126,47

Apothekenpflichtig.

Neurolab GmbH

Immunbiotic

Kapseln

mit 20 Mrd. KBE

siehe Infektionen

Wellnest Pflanzenkraft

Koriander Bio Frischpflanzen Konzentrat

Tropfen

siehe Umwelt- und Schwermetallbelastung

Wellnest Pflanzenkraft

Leber-Kraft Daily Bio Konzentrat

Tropfen

siehe Lebererkrankung

Neurolab GmbH

MucosaLiv

Pulver

Nahrungsergänzungsmittel mit den Vitaminen C, Pantothensäure, Niacin, B6, Riboflavin, Biotin, B12 und Folsäure, Magnesium, Zink, Selen, Akazienfaser, Resistente Stärke, L-Gluta-

min, Glycin, L-Lysin, L-Threonin, L-Cystein, L-Methionin, Methylsulfonylmethan, Cholin, Kurkuma und Süßungsmittel.

Zusammensetzung
16 g Pulver enthalten: Vitamin C 500 mg, Pantothensäure 120 mg, Magnesium 113 mg, Niacin 72 mg NE, Vitamin B6 20 mg, Riboflavin 14 mg, Zink 7,5 mg, Biotin 1000 µg, Vitamin B12 500 µg, Folsäure 400 µg, Selen 50 µg, Akazienfaser 5 g, Resistente Stärke 2 g, L-Glutamin 1,5 g, Glycin 500 mg, L-Lysin 500 mg, L-Threonin 500 mg, L-Cystein 400 mg, L-Methionin 200 mg, Methylsulfonylmethan 200 mg, Cholin 165 mg, Kurkuma 120 mg.

Verzehrempfehlung
16 g Pulver (1 leicht gehäufter Messlöffel) täglich in 150 ml Flüssigkeit lösen und sofort verzehren.

Sonstige Hinweise
Beim Verzehr in der Schwangerschaft, Stillzeit oder im Kindesalter halten Sie bitte Rücksprache mit Ihrem Arzt, Heilpraktiker oder Apotheker.

Packungsgrößen und Preise
1 Dose à 480 g .... Euro 59,90

nutrimmun GmbH

MUCOZINK®

Pulver

siehe Nährstoffmangel - Mikronährstoffe

nutrimmun GmbH

MyBIOTIK®BABY

Tropfen

siehe Mikrobiologische Therapien

nutrimmun GmbH

MyBIOTIK®BALANCE RDS

Pulver + Kapsel

siehe Mikrobiologische Therapien

nutrimmun GmbH

MyBIOTIK®GLUTAMIN5000

Pulver

siehe Nährstoffmangel - Mikronährstoffe

nutrimmun GmbH

MyBIOTIK®SPORT

Pulver

siehe Mikrobiologische Therapien

Neurolab GmbH

Neurobiotic

Kapseln

Nahrungsergänzungsmittel mit den Vitaminen Niacin und Thiamin, Akazienfaser, Bifidobakterien, Laktobazillen und Safran.

Zusammensetzung
2 Kapseln enthalten: Niacin 8 mg, Thiamin 3,3 mg, Akazienfaser 160 mg, Bakterienkulturen 10 Mrd. KBE (B. breve BB077, L. reuteri PBS072, B. longum, L. acidophilus, L. helveticus, L. paracasei, L. plantarum), Safran 30 mg, Hydroxypropylmethylcellulose (pflanzliche Kapselhülle), Füllstoff: Maisstärke

Verzehrempfehlung
2 Kapseln täglich mit ausreichend Flüssigkeit kurz vor einer Mahlzeit verzehren.

Packungsgrößen und Preise
1 Dose à 60 Kapseln .... Euro 47,90

Institut AllergoSan Deutschland (privat) GmbH

OMNi-BiOTiC® 6

Sachets

Der tägliche Begleiter für ein gutes „Bauchgefühl“

Anwendungsgebiete
In einem funktionierenden Darm sorgen Billiarden von Bakterien dafür, dass Vitalstoffe verwertbar gemacht und Giftstoffe abtransportiert

werden. Häufig sind diese wichtigen Helfer jedoch durch Stress, Fast-Food und Medikamente dezimiert. OMNi-BiOTiC® 6 ist die Basisversorgung für jeden Tag und jedes Alter und ergänzt das Mikrobiom mit 6 hochaktiven Leitkeimstämmen.

Zusammensetzung
Maisstärke, Maltodextrin, Fructooligosaccharide (FOS), Inulin, Polydextrose, Kaliumchlorid, Bakterienstämme (mind. 1 Milliarde Keime pro 1 g Pulver), pflanzliches Eiweiß (Reis), Magnesiumsulfat, Enzyme (Amylasen), Mangansulfat.

Nahrungsergänzungsmittel mit hochaktiven Leitkeimstämmen.

Weitere Informationen erhalten Sie unter: omni-biotic.com

Institut AllergoSan Deutschland (privat) GmbH

OMNi-BiOTiC® 10

Sachets

Antibiotikum? Darmflora ergänzen!

Anwendungsgebiete
Unter einer Antibiotika-Therapie reduziert sich die natürliche Darmflora unwiederbringlich. Das hat Einfluss auf unsere Verdauung und die Ansiedelung von unüblichen Bakterien (z.B. Clostridium difficile) im Darm. OMNi-BiOTiC® 10 sorgt für „Nachschub": Die 10 enthaltenen Bakterienstämme können sich erwiesenermaßen im Darm ansiedeln und vermehren – auch bereits während der Antibiotika-Therapie.

Zusammensetzung
Maisstärke, Maltodextrin, Inulin, Kaliumchlorid, pflanzliches Eiweiß (Reis), Magnesiumsulfat, Bakterienstämme (mind. 5 Milliarden Keime pro 1 Portion = 5 g), Fructooligosaccharide (FOS), Enzyme (Amylasen), Vanillearoma, Mangansulfat.

Nahrungsergänzungsmittel mit hochaktiven Darmsymbionten.

Weitere Informationen erhalten Sie unter: omni-biotic.com

Institut AllergoSan Deutschland (privat) GmbH

OMNi-BiOTiC® Aktiv

Pulver

Aktiv durchs Leben

Anwendungsgebiete
OMNi-BiOTiC® Aktiv enthält elf speziell ausgewählte, wissenschaftlich erforschte Bakterienstämme. Die enthaltenen Bifidobakterien, Laktobazillen und Laktokokken besiedeln den gesamten Darm in hoher Keimzahl und ergänzen die Darmflora, die im Laufe des Lebens durch veränderten Stoffwechsel, ungesunde Ernährung, einseitige Diät oder schwere Medikamente dezimiert wurde.

Zusammensetzung
Reisstärke, Maltodextrin, Kaliumchlorid, Bakterienstämme (mind. 5 Milliarden Keime pro 1 Portion = 2 g), pflanzliches Eiweiß (Reis), Magnesiumsulfat, Mangansulfat.

Nahrungsergänzungsmittel mit hochaktiven Darmsymbionten.

Weitere Informationen erhalten Sie unter: omni-biotic.com

Institut AllergoSan Deutschland (privat) GmbH

OMNi-BiOTiC® COLONIZE

Neustart für den Darm

Sachets

Anwendungsgebiete
Bei einer Koloskopie wird durch die vorbereitende Darmreinigung die natürliche Darmflora auf weniger als ein Dreißigstel reduziert. Als Folgen einer Darmspiegelung treten daher häufig Beschwerden wie Bauchschmerzen, Krämpfe, Durchfall, Übelkeit, Völlegefühl oder Verstopfung auf. OMNi-BiOTiC® COLONIZE

ergänzt die Darmflora nach der Darmspiegelung nachweislich und natürlich – und unterstützt den Darm so beim „Neustart“!

Zusammensetzung
Reisstärke, Maltodextrin, pflanzliches Eiweiß (Reis), Kaliumchlorid, Bakterienstämme (mind. 18 Milliarden Keime pro Tagesdosis = 6 g), Magnesiumsulfat, Mangansulfat.

Nahrungsergänzungsmittel mit hochaktiven Darmsymbionten.

Weitere Informationen erhalten Sie unter: omni-biotic.com

Institut AllergoSan Deutschland (privat) GmbH

OMNi-BiOTiC® metabolic

Sachets

Mit dem Darm zur Wunschfigur

Anwendungsgebiete
Wissenschaftlichen Untersuchungen zufolge kommen bei Übergewichtigen spezielle Bakterien (Firmicutes) im Darm häufiger vor. Sie sind in der Lage, sonst unverdauliche Ballaststoffe aufzuspalten, und speichern den Überschuss an Kalorien dann in Form von Fettpölsterchen für „Notzeiten “ . Die speziell ausgewählten Bakterienstämme in OMNi-BiOTiC® metabolic verdrängen die aggressiv Ballaststoff spaltenden Firmicutes und regulieren das Ungleichgewicht im Darm.

Zusammensetzung
Maisstärke, Maltodextrin, Fructooligosaccharide (FOS), Galactooligosaccharide (GOS), Polydextrose, Kaliumchlorid, pflanzliches Eiweiß (Reis), Magnesiumsulfat, Bakterienstämme (mind. 3 Milliarden Keime pro 1 Portion = 3 g), Mangansulfat, Lactose.

(1 Beutel enthält 11 mg Lactose, das entspricht ca. 4 Tropfen Kuhmilch)

Nahrungsergänzungsmittel mit hochaktiven Darmsymbionten.

Weitere Informationen erhalten Sie unter: omni-biotic.com

Institut AllergoSan Deutschland (privat) GmbH

OMNi-BiOTiC® PANDA

Sachets, Tropfen

Ein guter Start für Mutter und Kind

Anwendungsgebiete
Der Start ins Leben ist für die Entwicklung der kindlichen Darmflora entscheidend: Denn sowohl die Art der Geburt (natürliche Geburt oder Kaiserschnitt) als auch die Nahrungsquelle für das Neugeborene (Stillen oder Fläschchennahrung) beeinflussen die Zusammensetzung und Artenvielfalt der Besiedelung im kindlichen Darm entscheidend.

OMNi-BiOTiC® PANDA enthält eine wissenschaftlich geprüfte Kombination aus vier natürlich im menschlichen Darm vorkommenden Bakterienstämmen, die speziell für Schwangere und Babys ausgewählt wurden.

Zusammensetzung
Zusammensetzung Sachets:
Reisstärke, Maltodextrin, Bakterienstämme (mind. 3 Milliarden Keime pro 1 Portion = 3 g).

Zusammensetzung Tropfen:
Sonnenblumenöl, Bakterienstämme (mind. 3 Milliarden Keime pro Portion (6 Tropfen = 0,25 g)).

Nahrungsergänzungsmittel mit hochaktiven Darmsymbionten.

Weitere Informationen erhalten Sie unter: omni-biotic.com

Institut AllergoSan Deutschland (privat) GmbH

OMNi-BiOTiC® POWER

Sachets

Mehr Power bei starker Belastung

Anwendungsgebiete

Hohe Belastung im Alltag kann Darm und Energiehaushalt beeinträchtigen und erhöhte Anfälligkeit für Infekte mit sich bringen. OMNi-BiOTiC® POWER kombiniert 6 natürlich im menschlichen Darm vorkommende Bakterienstämme mit organischem, leicht vom Körper resorbierbarem Magnesium (Magnesiumcitrat), welches aufgrund seines Beitrags zu einer normalen Muskelfunktion und zur Verringerung von Müdigkeit und Ermüdung geschätzt wird – für einen energiegeladenen Tag!

Zusammensetzung

Maisdextrin, Magnesiumcitrat, Maisstärke, Kaliumchlorid, natürliches Blutorangen-Aroma, Bakterienstämme (mind. 10 Milliarden Keime pro 1 Portion = 4 g), pflanzliches Eiweiß (Reis), Magnesiumsulfat, Mangansulfat, Maltodextrin.

Nahrungsergänzungsmittel mit hochaktiven Darmsymbionten und Magnesium.

Weitere Informationen erhalten Sie unter: omni-biotic.com

Institut AllergoSan Deutschland (privat) GmbH

OMNi-BiOTiC® REISE

Sachets, Direkt-Sticks

Reiselust statt Urlaubsfrust

Anwendungsgebiete

Bei Auslandsaufenthalten kann das Verdauungssystem durch äußere Einwirkungen unterschiedlichster Art (ungewohntes Essen, veränderter Tagesrhythmus etc.) aus dem Gleichgewicht geraten. Führende Experten empfehlen deshalb, auch den Darm auf die Reise vorzubereiten – mit speziell entwickelten Multispezies-Synbiotika. OMNi-BiOTiC® REISE enthält 10 ausgewählte Bakterienstämme und die hohe Anzahl von 5 Milliarden hochaktiven Darmbakterien zur Anwendung an jedem Reisetag.

Zusammensetzung

Zusammensetzung Sachets:
Maisstärke, Maltodextrin, Fructooligosaccharide (FOS), Maisdextrin, Polydextrose, Kaliumchlorid, pflanzliches Eiweiß (Reis), Magnesiumsulfat, Bakterienstämme (mind. 5 Milliarden Keime pro 1 Portion = 5 g), Enzyme (Amylasen), Mangansulfat.

Zusammensetzung Direkt-Sticks:
Xylitol (Süßungsmittel), Maisstärke, Maltodextrin, Bakterienstämme (mind. 5 Milliarden Keime pro 1 Stick = 1,2 g), Maisdextrin, Fructooligosaccharide (FOS), Polydextrose, Apfelsäure (Säuerungsmittel).

Nahrungsergänzungsmittel mit hochaktiven Darmsymbionten.

Weitere Informationen erhalten Sie unter: omni-biotic.com

Institut AllergoSan Deutschland (privat) GmbH

OMNi-BiOTiC® SR-9 mit B-Vitaminen

Sachets

Ihr richtiges Nervenfutter!

Anwendungsgebiete

Das Mikrobiom steuert nicht nur die Darmfunktion, sondern über die sogenannte Darm-Hirn-Achse auch Stimmungslage, Emotionen und geistige Leistungsfähigkeit. Bei psychischer Beanspruchung ist daher die Ergänzung der Darmflora mit ausgewählten Bakterienstämmen und B-Vitaminen sinnvoll, die zur normalen Funktion des Nervensystems (B2, B6, B12) und einer normalen psychischen Funktion (B6, B12) beitragen – vereint in OMNi-BiOTiC® SR-9 mit B-Vitaminen.

Zusammensetzung
Maisstärke, Maltodextrin, Inulin, Kaliumchorid, pflanzliches Eiweiß (Reis), Bakterienstämme (mind. 7,5 Milliarden Keime pro 1 Portion = 3 g), Magnesiumsulfat, Fructooligosaccharide (FOS), Enzyme (Amylasen), Vitamin B2 (Riboflavin- 5'-Natriumphosphat), Vitamin B6 (Pyridoxin Hydrochlorid), Mangansulfat, Vitamin B12 (Cyanocobalamin).

Nahrungsergänzungsmittel mit hochaktiven Darmsymbionten und B-Vitaminen.

Weitere Informationen erhalten Sie unter: omni-biotic.com

Institut AllergoSan Deutschland (privat) GmbH

OMNi-LOGiC® HUMIN

Kapseln

Durchfall natürlich im Griff

Anwendungsgebiete
Anhaltende Belastungen durch Umweltgifte wie Pflanzenschutz- und Schädlingsbekämpfungsmittel sowie Schwermetalle überschreiten immer öfter die Kapazität der körpereigenen Selbstreinigungskräfte. Häufig zeigt sich eine derartige Überlastung in Form von Durchfall. Die in OMNi-LOGiC® HUMIN enthaltenen natürlichen Huminsäuren haben die Fähigkeit, Schadstoffe im menschlichen Darm fest an sich zu binden und unterstützen die Ausscheidung der schädlichen Stoffe über den Stuhl. Darüber hinaus schützen sie die Darmschleimhaut und beruhigen gereizte Nervenenden im Darm.

Zusammensetzung
Huminsäuren WH67®, Cellulose (Kapselhülle).

Medizinprodukt.

Weitere Informationen erhalten Sie unter: omni-biotic.com

Weber & Weber

Payagastron®

Mischung

Zusammensetzung
Wirkstoffe: 10 ml enth.: Apomorphinum hydrochloricum Dil. D8 1 ml; Artemisia absinthium Ø 0,01 ml; Semecarpus anacardium Dil. D2 0,02 ml; Strychnos nux-vomica Dil. D4 2 ml. Sonst. Bestandteil: Ethanol 43 % (m/m).

Anwendungsgebiete
Die Anwendungsgebiete leiten sich von den homöopath. Arzneimittelbildern ab. Dazu gehört: Besserung von Magenbeschwerden.

Gegenanzeigen
Überempfindlichk. gg. einen d. Wirk- oder Hilfsstoffe oder gg. Korbblütler.

Nebenwirkungen
Keine bekannt.

Sonstige Hinweise
Enthält 73 mg Alkohol (Ethanol) pro 5 Tropfen (Einzeldosis). Packungsbeilage beachten.

Dosierung und Art der Anwendung
Bei **akuten Zuständen** alle halbe bis ganze Std., höchstens 6x tgl., je 5 Tropfen einnehmen. Eine über 1 Wo. hinausgehende Anwend. sollte nur nach Rücksprache mit einem homöopath. erfahrenen Therapeuten erfolgen. Bei **chron. Verlaufsformen** 1 – 3x tgl. je 5 Tr. einnehmen. Bei Besserung der Beschwerden ist die Häufigkeit der Anwend. zu reduzieren.

Packungsgrößen und Preise
30 ml (PZN 06910619) .... Euro 12,59
50 ml (PZN 03299637) .... Euro 18,04

Apothekenpflichtig.

Laves-Arzneimittel GmbH

Pylosan®

Kapseln

Zusammensetzung
Sonnenblumenöl, Gelatine (Rind), *Lactobacillus reuteri* DSM 17648 (inaktiviert), Feuchthaltemittel Glycerin, Emulgator Lecithine, pflanzliches Öl (Palmöl), Emulgator Mono- und Diglyceride von Speisefettsäuren, Zinkoxid, Farbstoff Eisenoxid gelb, Cyanocobalamin (Vitamin B12)

Eigenschaften
Nahrungsergänzungsmittel mit *Lactobacillus reuteri* DSM 17648, Zink und Vitamin B12 - für eine physiologische Magenfunktion.

Hinweise
Die angegebene empfohlene tägliche Verzehrmenge darf nicht überschritten werden. Nahrungsergänzungsmittel sollten nicht als Ersatz für eine ausgewogene, abwechslungsreiche Ernährung dienen und ersetzen nicht eine gesunde Lebensweise. Außerhalb der Reichweite von kleinen Kindern aufbewahren.

Verzehrempfehlung
2x täglich 1 Kapsel nach dem Frühstück und Abendessen mit etwas Flüssigkeit einnehmen (unzerkaut schlucken).

Packungsgrößen und Preise
30 Kapseln (PZN 12416881) .... Euro 28,69
60 Kapseln (PZN 12416898) ..... Euro 50,55

BerryPharma

rubyni® Aronia

Kapseln

Nahrungsergänzungsmittel mit reiner Aronia.

siehe Herz- und Kreislaufbeschwerden

BerryPharma

rubyni® Edelholunder

Kapseln

Nahrungsergänzungsmittel mit reinem Edelholunder für Abwehrkräfte und Immunsystem.

siehe Grippe, grippaler Infekt, Erkältung

BerryPharma

rubyni® MUCOSA

Pulver

Nahrungsergänzungsmittel mit Vitaminen, Mineral- und Pflanzenstoffen sowie Ballaststoffen für Darmschleimhaut und Mikrobiom

Inhaltsstoffe
Akazienfaser, resistentes Maltodextrin, Kalziumcitrat, Quinoapulver (aus Keimlingen von Chenopodium quinoa), Edelholunderbeerenextrakt (aus Früchten von Sambucus Nigra, Sorte Haschberg 33% Polyphenole, 15% Anthocyane), Kiwifruchtpulver (aus Actinida chinensis, Goldene Kiwis), veganes L-Glutamin pflanzlich-fermentativ, veganes Cholecalciferol aus Algen

Eigenschaften
In Zusammenarbeit mit Ernährungsmedizinerin Prof. Dr. Michaela Döll haben wir bei rubyni® MUCOSA verschiedene Stoffe kombiniert, die sich unterstützend auf die Darmgesundheit auswirken. Dazu zählen Ballaststoffe aus Akazienfasern und resistentem Maltodextrin, Edelholunderextrakt und Golden-Kiwifruchtpulver sowie Pulver aus Quinoakeimlingen. Die darin enthaltenen Biotin, Niacin und Riboflavin tragen zur Erhaltung einer normalen Schleimhaut, auch im Darm, bei. Eine gesunde Schleimhaut und ausreichende Ballaststoffzufuhr sind die Basis für eine normale Darmfunktion und ein ausgeglichenes Mikrobiom.

Alle verwendeten Inhaltsstoffe verfügen über eine eigene wissenschaftliche Studienlage im Bereich der Darmgesundheit und des Mikrobioms.

Anwendungsgebiete

- Darmschleimhaut
- Mikrobiom
- Antioxidativ

Verzehrempfehlung

Erwachsene nehmen täglich 3 Sachets zu sich, entweder auf einmal oder über den Tag verteilt. Dazu den Inhalt der Sachets in einem großen Glas Wasser auflösen, gut umrühren, um das Pulver gleichmäßig zu verteilen, und zügig trinken. Bitte achten Sie auf eine ausreichende Flüssigkeitszufuhr während des gesamten Tages.

Nahrungsergänzungsmittel sollten nicht als Ersatz für eine ausgewogene und abwechslungsreiche Ernährung dienen und ersetzen keine gesunde Lebensweise.

Sonstige Hinweise

rubyni® MUCOSA ist von Natur aus vegan, laktose- und glutenfrei.

Weiterführende Informationen

www.rubyni.com

Packungsgrößen und Preise

Packung mit 45 Sachets .... Euro 47,90

Herstellerangaben

BerryPharma GmbH | Weidboden 1 | 83339 Chieming | www.rubyni.com

Die Familie Philipp, die hinter BerryPharma® steht, hat sich seit Generationen ganz der Verarbeitung qualitativ hochwertiger Beeren und Früchte verschrieben, In den Produkten von BerryPharma kommen nur natürliche Extrakte und Inhaltsstoffe zum Einsatz, die in ihrer Wirkung durch Studien belegt sind. Eine ideale Ergänzung für die tägliche Ernährung.

SO PURE. SO YOU.

Stand: 25.09.2024

Weber & Weber

Spasmovowen®

Mischung

Zusammensetzung

Wirkstoffe: 10 ml enth.: Atropa bella-donna Dil. D4 1,0 ml; Carbo vegetabilis Dil. D8 1,0 ml; Citrullus colocynthis Dil. D4 1,0 ml; Plumbum metallicum Dil. D8 1,0 ml; Strychnos nux-vomica Dil. D4 1,0 ml. Sonst. Bestandteil: Ethanol 30 % (m/m).

Anwendungsgebiete

Die Anwendungsgebiete leiten sich von den homöopath. Arzneimittelbildern ab. Dazu gehören: Besserung von krampfartigen Magen-Darm-Beschwerden, Blähungen.

Gegenanzeigen

Keine bekannt.

Nebenwirkungen

Keine bekannt.

Sonstige Hinweise

Enthält 70 mg Alkohol (Ethanol) pro 5 Tropfen (max. Einzeldosis für alle Altersgruppen). Packungsbeilage beachten.

Dosierung und Art der Anwendung

Alle halbe bis ganze Std. höchstens die folgenden Einzeldosen einnehmen: **Erwachsene und Jugendliche** bis zu 6x tgl. 5 Tr., **Kinder zwischen 6 und 12 J.** bis zu 4x tgl. 5 Tr., **Kinder von 1 bis 6 J.** bis zu 3x tgl. 5 Tr. Eine über 1 Wo. hinausgehende Anwend. sollte nur nach Rücksprache mit einem homöopath. erfahrenen Therapeuten erfolgen. Bei **chron. Verlaufsformen** die folgenden Dosen einnehmen: **Erwachsene und Jugendliche** 1 – 3x tgl. 5 Tr., **Kinder zwischen 6 und 12 J.** 1 – 3x tgl. 3 Tr., **Kinder von 1 bis 6 J.** 1 – 3x tgl. 2 Tr. Bei Besserung der Beschwerden ist die Häufigkeit der Anwend. zu reduzieren.

Packungsgrößen und Preise

50 ml (PZN 03299991) .... Euro 18,04

Apothekenpflichtig.

SymbioPharm GmbH

SYMBIOFLOR® 2

Tropfen

Zusammensetzung
1 ml (= 14 Tropfen) Suspension enthalten: Bakterienkonzentrat mit Escherichia coli-Bakterien (DSM 17252, Zellen und Autolysat) entsprechend 1,5 – 4,5 x 10^7 lebenden Zellen.

Sonstige Bestandteile
Natriumchlorid, Magnesiumsulfat-Heptahydrat, Kaliumchlorid, Calciumchlorid-Dihydrat, Magnesiumchlorid-Hexahydrat, gereinigtes Wasser.

Anwendungsgebiete
Reizdarmsyndrom (Colon irritabile).

Gegenanzeigen
Überempfindlichkeit gegen den Wirkstoff oder einen der sonstigen Bestandteile. Schwere organische Erkrankungen des Magen-Darmtraktes wie akute Choleozystitis, akute Pankreatitis, Ileus sowie Kachexie und Marasmus.

Nebenwirkungen
Häufig: Bauchschmerzen (inklusive Oberbauchschmerzen und Bauchbeschwerden), Urticaria. Häufigkeit nicht bekannt: Flatulenz, Übelkeit, Diarrhoe.

Wechselwirkungen
Antiobiotika können die Escherichia coli-Bakterien hemmen und somit die Wirksamkeit dieses Arzneimittels abschwächen.

Warnhinweise
Vor der Stellung der Diagnose „Reizdarm" müssen organische Ursachen der Störungen des Magen-Darmtraktes ausgeschlossen werden. Während akut fieberhafter Erkrankungen sollte Symbioflor® 2 vorübergehend abgesetzt werden. Symbioflor® 2 sollte nicht während einer Antibiotika-Behandlung oder innerhalb von 5 Tagen nach ihrem Abschluss eingenommen werden. Wenn die Beschwerden stärker sind, wie z. B. akuter Durchfall mit hohem Fieber oder Blutbeimengungen, oder wenn die Durchfälle länger als 2 Tage anhalten sowie bei Auftreten von sonstigen, länger andauernden bzw. unklaren Beschwerden im Magen-Darm-Bereich, sollte die Behandlung unterbrochen werden.

Dosierung
Soweit nicht anders verordnet, nehmen Erwachsene zu Beginn der Behandlung 3x täglich 10 Tropfen zu den Mahlzeiten ein. Nach einer Woche wird die Dosis auf 3x täglich 20 Tropfen gesteigert. Falls sich zu Beginn der Behandlung Anzeichen von gastrointestinalen Symptomen wie Flatulenz, Durchfall, Bauchschmerzen oder -beschwerden verstärken oder häufiger auftreten, sollte Symbioflor® 2 verdünnt in Wasser, oder in geringer Menge eingenommen werden oder die Steigerung der Tropfenzahl sollte langsamer erfolgen.

Packungsgrößen und Preise (UVP)

1 x 50 ml (N2) (PZN 0996100) ..	Euro 19,99
2 x 50 ml (N3) (PZN 8636252) ..	Euro 35,02
3 x 50 ml (PZN 19943359) ..	Euro 48,61

SymbioPharm GmbH

SymbioLact Multi Kids

Pulver

Nahrungsergänzungsmittel für die optimale Antibiotika-Begleitung mit einer speziellen Kombination: 11 hochaktive Bakterienstämme mit L-Glutamin und Biotin.

Eigenschaften
SymbioLact® Multi Kids ist ein Nahrungsergänzungsmittel, für die optimale Antibiotika-Begleitung, das Biotin und 11 verschiedene, aufeinander abgestimmte Stämme Milchsäure bildender Bakterien enthält. Einige dieser Arten gehören zu den natürlichen Vertretern der Darmflora, andere können sich vorrübergehend ansiedeln. Die im SymbioLact® Multi Kids enthaltenen Bakterien sind gefriergetrocknet. Sobald sie mit Wasser in Kontakt kommen, können sie dieses aufnehmen, aktiv werden und sich vermehren. Neben den Milchsäure-

bakterien enthält SymbioLact® Multi Kids die Aminosäure L-Glutamin (0,56 g pro Stick) und das Vitamin Biotin (7,5 µg pro Stick). Biotin ist ein wasserlösliches Vitamin und spielt für den Stoffwechsel der Körperzellen eine wichtige Rolle.

Gerade sehr aktive Gewebe wie die Schleimhäute des Körpers benötigen Biotin. Die Darmschleimhaut ist die größte Schleimhaut des Körpers. Sie regeneriert sich alle zwei bis drei Tage komplett. Um diese enorme Stoffwechselleistung dauerhaft aufrechterhalten zu können, ist es notwendig, dass der Körper mit allen wichtigen Nahrungsbestandteilen gut versorgt wird. Die größte Menge an Biotin kommt aus der täglichen Nahrung. Kleinere Mengen werden von der Darmflora produziert und zur Gesamtmenge beigesteuert. Sie ergänzen so die tägliche Menge an Biotin, die aus der Nahrung aufgenommen wird. Ein erhöhter Biotinbedarf kann sich insbesondere während der Einnahme verschiedener Medikamente, wie z. B. Antibiotika, ergeben.

Zusammensetzung
Inulin, L-Glutamin, Milchsäure bildende Bakterien: Lactobacillus delbrueckii (LBY-27™), Lactobacillus acidophilus (DDS-1®), Streptococcus thermophilus (STY-31™), Lactobacillus acidophilus (LA-5®), Bifidobacterium animalis subsp. lactis (UABla-12™), Bacillus coagulans (SC208™), Bacillus subtilis (HU58™), Bifidobacterium animalis subsp. lactis (BB-12®), Lactobacillus rhamnosus (LGG®), Bifidobacterium bifidum (UABb-10™), Bifidobacterium longum (UABl-14™), Biotin.

Es sind ≥ 7 x 10^9 KBE (Kolonie bildende Einheiten) Bakterien je Stick enthalten.

SymbioLact Multi Kids ist frei von Gluten. Das Produkt kann Spuren von Milcheiweiß enthalten.

Verzehrempfehlung
Kinder ab 3 Jahren: 1–2 mal täglich den Inhalt eines Sticks in ein Glas geben, 200 ml Wasser ohne Kohlensäure, Milch, Joghurt oder Müsli zufügen, umrühren und unverzüglich trinken/essen. Während einer Antibiotika-Therapie empfehlen wir die Einnahme von 2 Sticks täglich, im Anschluss an eine Antibiotika-Therapie empfehlen wir für 14 Tage die Einnahme von einem Stick täglich. Im Idealfall sollte zwischen der Einnahme eines Antibiotikums und SymbioLact® Multi Kids ein Abstand von mindestens einer Stunde eingehalten werden.

Sonstige Hinweise
Die angegebene empfohlene tägliche Verzehrmenge darf nicht überschritten werden. Nahrungsergänzungsmittel sollten nicht als Ersatz für eine ausgewogene und abwechslungsreiche Ernährung sowie für eine gesunde Lebensweise verwendet werden. Außerhalb der Reichweite von kleinen Kindern aufbewahren.

Packungsgröße und Preise
20 Sticks (PZN 19979015) ...... Euro 16,95

SymbioPharm GmbH

SymbioLact Pro Darm* Multi

Pulver

Nahrungsergänzungsmittel für die optimale Antibiotika-Begleitung mit einer speziellen Kombination: 11 hochaktive Bakterienstämme mit L-Glutamin und Biotin.

Eigenschaften
SymbioLact® Pro Darm* Multi ist ein Nahrungsergänzungsmittel für die optimale Antibiotika-Begleitung, das Biotin und 11 verschiedene, aufeinander abgestimmte Stämme Milchsäure bildender Bakterien enthält. Einige dieser Arten gehören zu den natürlichen Vertretern der Darmflora, andere können sich vorübergehend ansiedeln. Die im SymbioLact® Pro Darm* Multi enthaltenen Bakterien sind gefriergetrocknet. Sobald sie mit Wasser in Kontakt kommen, können sie dieses aufnehmen, aktiv werden und sich vermehren. Neben den Milchsäurebakterien enthält SymbioLact® Pro Darm* Multi die Aminosäure L-Glutamin (2,25 g pro Stick) und das Vitamin Biotin (30 µg

pro Stick). Biotin ist ein wasserlösliches Vitamin und spielt für den Stoffwechsel der Körperzellen eine wichtige Rolle.

Gerade sehr aktive Gewebe wie die Schleimhäute des Körpers benötigen Biotin. Die Darmschleimhaut ist die größte Schleimhaut des Körpers. Sie regeneriert sich alle zwei bis drei Tage komplett. Um diese enorme Stoffwechselleistung dauerhaft aufrechterhalten zu können, ist es notwendig, dass der Körper mit allen wichtigen Nahrungsbestandteilen gut versorgt wird. Die größte Menge an Biotin kommt aus der täglichen Nahrung. Kleinere Mengen werden von der Darmflora produziert und zur Gesamtmenge beigesteuert. Sie ergänzen so die tägliche Menge an Biotin, die aus der Nahrung aufgenommen wird. Ein erhöhter Biotinbedarf kann sich insbesondere während der Einnahme verschiedener Medikamente, wie z. B. Antibiotika, ergeben.

Zusammensetzung
Inulin, L-Glutamin, Milchsäure bildende Bakterien: Lactobacillus delbrueckii (LBY-27™), Lactobacillus acidophilus (DDS-1®), Streptococcus thermophilus (STY-31™), Lactobacillus acidophilus (LA-5®), Bifidobacterium animalis subsp. lactis (UABla-12™), Bacillus coagulans (SC208™), Bacillus subtilis (HU58™), Bifidobacterium animalis subsp. lactis (BB-12®), Lactobacillus rhamnosus (LGG®), Bifidobacterium bifidum (UABb-10™), Bifidobacterium longum (UABl-14™), Biotin

Es sind ≥ 2,8 x 10^10 KBE (Kolonie bildende Einheiten) Bakterien je Stick enthalten.

SymbioLact Pro Darm* Multi ist frei von Gluten. Das Produkt kann Spuren von Milcheiweiß enthalten.

Verzehrempfehlung
1–2 mal täglich den Inhalt eines Sticks in ein Glas geben, 200 ml Wasser ohne Kohlensäure zufügen, umrühren und unverzüglich trinken. Während einer Antibiotika-Therapie empfehlen wir die Einnahme von 2 Sticks täglich, im Anschluss an eine Antibiotika-Therapie empfehlen wir für 14 Tage die Einnahme von einem Stick täglich. Im Idealfall sollte zwischen der Einnahme eines Antibiotikums und SymbioLact® Pro Darm* Multi ein Abstand von mindestens einer Stunde eingehalten werden.

Sonstige Hinweise
Die angegebene empfohlene tägliche Verzehrmenge darf nicht überschritten werden. Nahrungsergänzungsmittel sollten nicht als Ersatz für eine ausgewogene und abwechslungsreiche Ernährung sowie für eine gesunde Lebensweise verwendet werden. Außerhalb der Reichweite von kleinen Kindern aufbewahren.

Packungsgrößen und Preise

20 Sticks (PZN 19822905)	Euro 31,95
40 Sticks (PZN 19822897)	Euro 59,95

*Biotin trägt zur Erhaltung normaler Schleimhäute (z. B. Darmschleimhaut) bei.

SymbioPharm GmbH

SymbioLact® Comp.

Pulver

Nahrungsergänzungsmittel mit Biotin und vier Stämmen Milchsäure bildender Bakterien.

Eigenschaften
Die in SymbioLact® Comp. enthaltenen Bakterien gehören zu den Vertretern der natürlichen Darmflora. Im Produkt liegen die Bakterien gefriergetrocknet vor. Sobald sie mit Wasser in Kontakt kommen, können sie dieses aufnehmen, aktiv werden und sich vermehren. Neben den Milchsäurebakterien enthält SymbioLact® Comp. das Vitamin Biotin (30 µg pro Beutel). Biotin ist ein wasserlösliches Vitamin und spielt für den Stoffwechsel der Körperzellen eine wichtige Rolle. Gerade sehr aktive Gewebe wie die Schleimhäute des Körpers benötigen Biotin. Die Darmschleimhaut ist die größte Schleimhaut des Körpers. Die zugehörigen Epithelzellen erneuern sich alle drei bis fünf Tage komplett. Um diese enorme Stoffwechselleistung dauerhaft aufrechterhalten zu

können, ist es notwendig, dass der Körper mit allen wichtigen Nahrungsbestandteilen, wie z.B. Biotin, gut versorgt wird. Biotin trägt zur Erhaltung normaler Schleimhäute und einer normalen Haut bei.

Zusammensetzung
Maltodextrin, Milchsäure bildende Bakterien [Lactobacillus paracasei (L. CASEI 01™), Lactobacillus acidophilus (LA-5®), Lactococcus lactis (R-707-1™), Bifidobacterium animalis subsp. lactis (BB-12®)], Trennmittel: Siliciumdioxid, Biotin.

Es sind 2 x 10^9 KBE (Kolonie bildende Einheiten) Bakterien je Beutel enthalten.

SymbioLact® Comp. ist frei von Laktose und Gluten. Das Produkt kann Spuren von Milcheiweiß enthalten.

Verzehrempfehlung
1 – 2x täglich den Inhalt eines Beutels in ein Glas geben, Wasser ohne Kohlensäure zufügen, umrühren und zu der Hauptmahlzeit trinken. Hinweis: Fruchtsäfte sind für die Herstellung des Getränks nicht geeignet.

Sonstige Hinweise
Die angegebene empfohlene tägliche Verzehrmenge darf nicht überschritten werden. Nahrungsergänzungsmittel sollten nicht als Ersatz für eine ausgewogene und abwechslungsreiche Ernährung sowie für eine gesunde Lebensweise verwendet werden. Außerhalb der Reichweite von kleinen Kindern aufbewahren.

Packungsgrößen und Preise (UVP)
30 Beutel (PZN 07493425) ...... Euro 39,95
90 Beutel (PZN 00171865) ...... Euro 99,95

SymbioPharm GmbH

SymbioLact® pur

Pulver

Nahrungsergänzungsmittel mit Biotin und zwei Stämmen Milchsäure bildender Bakterien.

Eigenschaften
Die im SymbioLact® pur enthaltenen Bakterien gehören zu den Vertretern der natürlichen Darmflora. Im Produkt liegen die Bakterien gefriergetrocknet vor. Sobald sie mit Wasser in Kontakt kommen, können sie dieses aufnehmen, aktiv werden und sich vermehren. Neben den Milchsäurebakterien enthält SymbioLact® pur das Vitamin Biotin (30 µg pro Beutel). Biotin ist ein wasserlösliches Vitamin und spielt für den Stoffwechsel der Körperzellen eine wichtige Rolle. Gerade sehr aktive Gewebe wie die Schleimhäute des Körpers benötigen Biotin. Die Darmschleimhaut ist die größte Schleimhaut des Körpers. Die zugehörigen Epithelzellen erneuern sich alle drei bis fünf Tage komplett. Um diese enorme Stoffwechselleistung dauerhaft aufrechterhalten zu können, ist es notwendig, dass der Körper mit allen wichtigen Nahrungsbestandteilen, wie z.B. Biotin, gut versorgt wird. Biotin trägt zur Erhaltung normaler Schleimhäute und einer normalen Haut bei.

Zusammensetzung
Inulin, Maltodextrin, Milchsäure bildende Bakterien [Lactobacillus acidophilus (LA-5®), Bifidobacterium animalis subsp. lactis (BB-12®)], Trennmittel: Siliciumdioxid, Biotin.

SymbioLact® pur ist frei von Gluten, Milcheiweiß und Laktose.

Sonstige Hinweise
Die angegebene empfohlene Verzehrmenge darf nicht überschritten werden. Nahrungsergänzungsmittel sollten nicht als Ersatz für eine ausgewogene und abwechslungsreiche Ernährung sowie für eine gesunde Lebensweise verwendet werden. Das Produkt ist außerhalb der Reichweite von kleinen Kindern zu lagern.

Verzehrempfehlung
1 – 2x täglich den Inhalt eines Beutels in ein Glas geben, Wasser ohne Kohlensäure zufügen, umrühren und zu der Hauptmahlzeit trinken. Hinweis: Fruchtsäfte sind für die Herstellung des Getränks nicht geeignet.

Packungsgrößen und Preise (UVP)
30 Sticks (PZN 01676248) ..... Euro 44,95
90 Sticks (PZN 09205146) ..... Euro 119,95

SonnenMoor

Trinkmoor

Ein Hoch auf die Lebenskraft.

Zusammensetzung
Wasser, Moor.

Anwendungsgebiete
Nahrungsergänzungsmittel mit Huminsäuren für Magen und Darm.

Neben- und Wechselwirkungen
Keine bekannt.

Sonstige Hinweise
Moor enthält von Natur aus wertvolle Huminsäuren.

Auch in Kapselform als MoorFein Kapseln erhältlich.

Dosierung
2x täglich je 10 ml mit etwas Flüssigkeit aufnehmen.

Packungsgrößen und Preise

1 l Flasche	Euro 48,70
500 ml Flasche	Euro 29,90

INTERNA
(Magen-Darm-Beschwerden - Blähungen)

WH Pharmawerk Weinböhla GmbH

Activomin®

Kapseln

siehe Magen-Darm-Beschwerden

Weleda AG

Birkenkohle comp.

Hartkapseln

siehe Magen-Darm-Beschwerden - Durchfall

Institut AllergoSan Deutschland (privat) GmbH

Caricol®

Sticks

Wohlbefinden im Darm

Anwendungsgebiete
Unser moderner Lebensstil wirkt sich oft negativ auf die Verdauung aus. Dies kann zu Problemen wie unregelmäßigem Stuhlgang oder Verstopfung führen. In der Natur findet sich für das Gleichgewicht der Verdauung eine besondere Frucht: die Papaya. Das in ihr enthaltene Enzym Papain unterstützt die Verdauung, indem es Proteine aus der Nahrung aufspaltet und so deren Verwertung erleichtert.

Caricol® enthält die natürliche Kraft vollreifer Bio-Papayafrüchte in geballter Form. Durch ein patentiertes Zubereitungsverfahren ist die Aktivität des Verdauungsenzyms in Caricol® vervierfacht. Damit eignet sich Caricol® ideal, um bei ernährungsbedingten Problemen das Wohlgefühl im Darm zu stärken.

Zusammensetzung
Bio-Papayafrüchte, Bio-Apfelsaftkonzentrat, natürliches Bio-Apfelsaftaroma.

Nahrungsergänzungsmittel mit der Kraft der Papaya.

Weitere Informationen erhalten Sie unter:
caricol.com

Weleda AG

Digestodoron

Dilution, Tabletten

siehe Magen-Darm-Beschwerden

meta Fackler

metaharonga®

Mischung

Zusammensetzung
10 g enthalten: Asa foetida Dil. D3 0,2 g, Eichhornia Dil. D2 3,0 g, Haronga Ø 0,2 g, Nux vomica Dil. D4 2,0 g, Okoubaka Dil. D2 2,0 g, Syzygium jambolanum Ø 0,1 g, Taraxacum Dil. D1 0,2 g. Sonst. Bestandt.: Ger. Wasser. Enth. 51,5 Vol.-% Alkohol.

Anwendungsgebiete
Registriertes homöopathisches Arzneimittel, daher ohne Angabe einer therapeutischen Indikation.

Dosierung
Soweit nicht anders verordnet, Erwachsene und Jugendl. ab 12 Jahren: Akute Zustände alle halbe bis ganze Std., höchstens 6-mal tgl., je 5 Tr.; Chronische Verlaufsformen 1 – 3x tgl. je 5 Tr.

Gegenanzeigen
Akute Pankreatitis, Allergie gg. Korbblütler (Taraxacum officinale).

Vorsichtsmaßnahmen
Kinder unter 12 Jahren (keine Erfahrungen/ Rücksprache), Schwangerschaft und Stillzeit (Rücksprache).

Nebenwirkungen
Erhöhte Sonnenlichtempfindlichkeit besonders bei hellhäutigen Personen möglich.

Packungsgrößen und Preise

50 ml	Euro 13,30
100 ml	Euro 22,96

Apothekenpflichtig.

BerryPharma

rubyni® MUCOSA

Pulver

Nahrungsergänzungsmittel mit Vitaminen, Mineral- und Pflanzenstoffen sowie Ballaststoffen für Darmschleimhaut und Mikrobiom

siehe Magen-Darm-Beschwerden

SymbioPharm GmbH

SYMBIOFLOR® 2

Tropfen

siehe Magen-Darm-Beschwerden

SymbioPharm GmbH

SymbioLact Multi Kids

Pulver

Nahrungsergänzungsmittel für die optimale Antibiotika-Begleitung mit einer speziellen Kombination: 11 hochaktive Bakterienstämme mit L-Glutamin und Biotin.

siehe Magen-Darm-Beschwerden

SymbioPharm GmbH

SymbioLact Pro Darm* Multi

Pulver

Nahrungsergänzungsmittel für die optimale Antibiotika-Begleitung mit einer speziellen Kombination: 11 hochaktive Bakterienstämme mit L-Glutamin und Biotin.

siehe Magen-Darm-Beschwerden

INTERNA
(Magen-Darm-Beschwerden - Durchfall)

WH Pharmawerk Weinböhla GmbH

Activomin®
Kapseln

siehe Magen-Darm-Beschwerden

athenstaedt

Aplona®
Pulver

Zusammensetzung
1 Portionsbeutel enthält:

Wirkstoff: Apfelpulver getrocknet (malum siccum) 4,9 g.

Sonstige Bestandteile: hochdisperses Siliciumdioxid, Maisstärke.

Anwendungsgebiet
Traditionell angewendet zur Besserung der Symptome bei akuten unkomplizierten Durchfallerkrankungen, neben einer ausreichenden Flüssigkeitszufuhr und Diätmaßnahmen. Hinweis: Aplona® ist ein traditionelles pflanzliches Arzneimittel, zur Anwendung bei akuten unkomplizierten Durchfallerkrankungen, das ausschließlich aufgrund langjähriger Anwendung für das Anwendungsgebiet registriert ist.

Gegenanzeigen
Allergie gegen Apfelpulver und sonstige Bestandteile

Nebenwirkungen
Keine bekannt.

Wechselwirkungen
Aplona® sollte nicht gleichzeitig mit anderen Arzneimitteln eingenommen werden. Um eine Absorption von anderen Arzneimitteln an Aplona® zu verhindern, sollten zwischen der Einnahme von Aplona® und anderen Arzneimitteln 2 – 3 Stunden Abstand eingehalten werden. Dihydrostreptomycin kann wegen der Säurewirkung von Aplona® nicht gleichzeitig wirksam werden.

Dosierung
Kinder ab 3 Jahren und Erwachsene: Soweit nicht anders verordnet, wird für jede Einnahme frisch der Inhalt eines Portionsbeutels Aplona® mit 1 Tasse (1/8 l) trinkwarmem abgekochtem Wasser oder dünnem Tee umgerührt. Dann 5 – 10 Minuten stehen lassen. Eventuell mit Süßstoff, nicht mit Zucker, süßen. Aplona® kann trinkwarm oder auch kalt eingenommen werden. Aplona® darf nicht gekocht werden.

Packungsgrößen und Preise

20 Beutel	Euro 26,04
50 Beutel	Euro 56,83
5-mal 20 Beutel	Euro 123,62
2-mal 50 Beutel	Euro 118,95

Weleda AG

Birkenkohle comp.
Hartkapseln

Zusammensetzung
In 1 Hartkapsel sind verarbeitet Antimonit Trit. D2 27 mg / Carbo Betulae 232 mg / Chamomilla recutita, Radix, ethanol. Decoctum Ø [HAB, V. 19f; Ø mit Ethanol 30 % (m/m)] 11 mg.

Sonstige Bestandteile: Lactose-Monohydrat, Sorbitol-Lösung 70% (nicht kristallisierend). Kapselhülle: Gelatine.

Anwendungsgebiete
Gemäß der anthroposophischen Menschen- und Naturerkenntnis.

Dazu gehören: Akute Verdauungsstörungen mit Blähungen und Darmkrämpfen sowie Durchfällen.

Gegenanzeigen
Überempfindlichkeit gegen Kamille, andere Korbblütler oder gegen einen der anderen Bestandteile.

Säuglinge und Kleinkinder unter 6 Jahren.

Schwangerschaft und Stillzeit.

Nebenwirkungen
Keine bekannt.

Wechselwirkungen
Keine bekannt.

Grundsätzlich kann jedoch wegen des Adsorptionsvermögens des Bestandteils Carbo Betulae die Wirkung anderer gleichzeitig eingenommener Arzneimittel beeinträchtigt werden.

Warnhinweise
Enthält Lactose und Sorbitol.

Dosierung
Soweit nicht anders verordnet, 3- bis 5-mal täglich 1 Kapsel mit reichlich Flüssigkeit einnehmen. Nicht länger als 2 Wochen einnehmen.

Packungsgrößen und Preise
20 Stück (PZN 01390144) .... Euro 19,49
50 Stück (PZN 02342182) .... Euro 41,20

Apothekenpflichtig.

Weleda AG

Digestodoron

Dilution, Tabletten

siehe Magen-Darm-Beschwerden

nutrimmun GmbH

MyBIOTIK®PRAELASAN

Pulver

siehe Magen-Darm-Beschwerden - Verdauung

nutrimmun GmbH

MyBIOTIK®PROTECT

Pulver

siehe Mikrobiologische Therapien

NutraMedix Deutschland

Nutra-BBS NutraMedix Tropfen

siehe Parasiten

Institut AllergoSan Deutschland (privat) GmbH

OMNi-LOGiC® HUMIN

Kapseln

Durchfall natürlich im Griff

Anwendungsgebiete
Anhaltende Belastungen durch Umweltgifte wie Pflanzenschutz- und Schädlingsbekämpfungsmittel sowie Schwermetalle überschreiten immer öfter die Kapazität der körpereigenen Selbstreinigungskräfte. Häufig zeigt sich eine derartige Überlastung in Form von Durchfall. Die in OMNi-LOGiC® HUMIN enthaltenen natürlichen Huminsäuren haben die Fähigkeit, Schadstoffe im menschlichen Darm fest an sich zu binden und unterstützen die Ausscheidung der schädlichen Stoffe über den Stuhl. Darüber hinaus schützen sie die Darmschleimhaut und beruhigen gereizte Nervenenden im Darm.

Zusammensetzung
Huminsäuren WH67®, Cellulose (Kapselhülle).

Medizinprodukt.

Weitere Informationen erhalten Sie unter: omni-biotic.com

BerryPharma

rubyni® MUCOSA

Pulver

Nahrungsergänzungsmittel mit Vitaminen, Mineral- und Pflanzenstoffen sowie Ballaststoffen für Darmschleimhaut und Mikrobiom

siehe Magen-Darm-Beschwerden

SymbioPharm GmbH

SYMBIOFLOR® 2

Tropfen

siehe Magen-Darm-Beschwerden

SymbioPharm GmbH

SymbioLact Multi Kids

Pulver

Nahrungsergänzungsmittel für die optimale Antibiotika-Begleitung mit einer speziellen Kombination: 11 hochaktive Bakterienstämme mit L-Glutamin und Biotin.

siehe Magen-Darm-Beschwerden

SymbioPharm GmbH

SymbioLact Pro Darm* Multi

Pulver

Nahrungsergänzungsmittel für die optimale Antibiotika-Begleitung mit einer speziellen Kombination: 11 hochaktive Bakterienstämme mit L-Glutamin und Biotin.

siehe Magen-Darm-Beschwerden

INJEKTIONEN
(Magen-Darm-Beschwerden - Galle)

meta Fackler

metahepat

Flüssige Verdünnung zur Injektion.

Zusammensetzung
1 Ampulle (2 ml) enthält: Berberis vulgaris Dil. D3 200 mg, Carduus marianus Dil. D3 200 mg, Chelidonium Dil. D3 200 mg, Fel tauri depuratum Dil. D3 100 mg, Flor de piedra Dil. D3 100 mg, Phosphorus Dil. D12 100 mg, Picrasma excelsa, Quassia amara Dil. D4 200 mg, Stannum metallicum Dil. D12 100 mg. Sonst. Bestandt.: Isotonische Natriumchloridlösung.

Anwendungsgebiete
Die Anwendungsgebiete leiten sich von den homöopathischen Arzneimittelbildern ab. Dazu gehören: Chronische Störungen des Leber-Galle-Systems mit Verdauungsschwäche. Hinweis: Bei anhaltenden, unklaren oder neu auftretenden Oberbauchbeschwerden sowie bei Gallensteinleiden, bei Verschluss der Gallenwege und bei Gelbsucht sollte ein Arzt aufgesucht werden.

Dosierung
Soweit nicht anders verordnet. Erwachsene und Jugendliche ab 12 Jahren: Bei chronischen Verlaufsformen 1–2 ml täglich i.c., s.c., i.m. oder langsam i.v. injizieren. Bei Besserung der Beschwerden ist die Häufigkeit der Anwendung zu reduzieren.

Gegenanzeigen
Allergie gegen Korbblütler (Carduus marianus) oder einen anderen Inhaltsstoff.

Vorsichtsmaßnahmen
Kinder unter 12 J. (keine Erfahrungen/soll nicht angewendet werden), Schwangerschaft und Stillzeit (wegen Chelidonium Rücksprache).

Nebenwirkungen
Keine bekannt.

Packungsgrößen und Preise

5 Ampullen à 2 ml(N1)	Euro	9,10
50 Ampullen à 2 ml	Euro	63,44
100 Ampullen à 2 ml	Euro	108,68

Apothekenpflichtig.

INTERNA

Ceres Heilmittel GmbH

Ceres Taraxacum comp. Leber-Galle Tropfen

Homöopathisches Arzneimittel

siehe Lebererkrankung

Weleda AG

Choleodoron

Mischung

Zusammensetzung
10 g (= 11,1 ml) enth.: Wirkstoffe: Chelidonium Ø 0,675 g / Curcuma xanthorrhiza, Rhizoma, ethanol. Decoctum Ø [HAB, V. 19f, Ø mit Ethanol 62 % (m/m)] 2,5 g. Sonstige Bestandteile: Ethanol 94 % (m/m), Gereinigtes Wasser.

Anwendungsgebiete
Gemäß der anthroposophischen Menschen- und Naturerkenntnis.

Dazu gehören: Anregung der Cholerese; Exkretionsstörung der Galle und Dyskinesien der Gallenblase und der Gallenwege.

Gegenanzeigen
Verschluss der Gallenwege; Lebererkrankungen; gleichzeitige Einnahme v. Arzneimitteln mit leberschädigenden Eigenschaften. Cave: Cholelithiasis. Schwangerschaft und Stillzeit.

Nebenwirkungen
Sehr selten vorüberg. Schmerzen im Oberbauchbereich. Bei der Anwendung von Arzneimitteln, die Schöllkraut (Chelidonium) enthalten, sind Fälle von Leberschädigungen [Anstieg der Leberenzymwerte, des Bilirubins bis hin zu arzneimittelbedingter Gelbsucht (medikamentös-toxische Hepatitis)] sowie Fälle von Leberversagen aufgetreten.

Vorsichtsmaßnahmen
Wenn Zeichen einer Leberschädigung (Gelbfärbung der Haut oder Augen, dunkler Urin, entfärbter Stuhl, Schmerzen im Oberbauch, Übelkeit, Appetitverlust, Müdigkeit) auftreten, ist die Einnahme von Choleodoron sofort zu beenden und ein Arzt aufzusuchen.

Warnhinweise
Enthält 64 Vol.-% Alkohol.

Besonderheiten bei Kindern
Bei Kleinkindern unter 2 Jahren soll Choleodoron nicht angewendet werden, da keine ausreichend dokumentierten Erfahrungen vorliegen.

Dosierung und Art der Anwendung
Soweit nicht anders verordnet, nehmen Erwachsene und Jugendliche 2- bis 4-mal täglich
5 – 15 Tropfen und Kinder von 2 bis 11 Jahren 2- bis 4-mal täglich 5 – 10 Tropfen nach dem Essen mit Wasser verdünnt ein.

Packungsgrößen und Preise
50 ml (PZN 00211530) .... Euro 26,99

Apothekenpflichtig.

BerryPharma

rubyni® MUCOSA

Pulver

Nahrungsergänzungsmittel mit Vitaminen, Mineral- und Pflanzenstoffen sowie Ballaststoffen für Darmschleimhaut und Mikrobiom

siehe Magen-Darm-Beschwerden

Sanum-Kehlbeck

Sanugall®

Tabletten

Wirkstoffe: Berberis D2, Calcium carbonicum Hahnemanni D8, Carduus marianus D1, Chelidonium D4, Cholesterinum D4, Natrium sulfuricum D3

Zusammensetzung
1 Tablette enthält: Wirkstoffe: 25 mg Berberis Trit. D2, 25 mg Calcium carbonicum Hahnemanni Trit. D8, 100 mg Carduus marianus Trit. D1, 55 mg Chelidonium Trit. D4, 15 mg Cholesterinum Trit. D4, 30 mg Natrium sulfuricum Trit. D3.

Sonstige Bestandteile: Kartoffelstärke, Magnesiumstearat (Ph.Eur.).

Anwendungsgebiete
Die Anwendungsgebiete leiten sich von den homöopathischen Arzneimittelbildern ab. Dazu gehören: Zur unterstützenden Behandlung bei Erkrankungen der Gallenblase.

Eigenschaften
In der Naturheilkunde haben die Bestandteile dieses Medikamentes zur Behandlung von Leber-/Galleerkrankungen schon lange einen hohen Stellenwert. Sie wirken reinigend und regulierend auf unterschiedliche Organsysteme und die Körpersäfte.

Dosierung
Bei akuten Zuständen alle halbe bis ganze Stunde, höchstens 12-mal täglich, je 1 Tablette einnehmen. Bei chronischen Verlaufsformen 3-mal täglich 1 Tablette einnehmen. Die Dosierung bei Kindern erfolgt nach Anweisung des homöopathischen Arztes.

Nebenwirkungen
Sehr selten können Überempfindlichkeitsreaktionen, z. B. Hautausschlag oder Atemnot, auftreten. Unerwünschte Arzneimittelwirkungen sind für schöllkrauthaltige homöopathische Arzneimittel bisher nicht bekannt geworden. Für pflanzliche schöllkraut (= chelidonium)-haltige Präparate sind sehr selten Anstiege der Transaminasen und des Bilirubins bis hin zu einer arzneimittelbedingten Gelbsucht (medikamentös-toxischen Hepatitis) beobachtet worden, die sich jedoch nach Absetzen des Medikaments zurückbildeten.

Gegenanzeigen
Sanugall® darf wegen des Bestandteils Schöllkraut (Chelidonium majus) in der Schwangerschaft und Stillzeit nicht eingenommen werden.

Ggf. Besonderheiten bei Kindern, Schwangeren, Stillenden
Zur Anwendung dieses Arzneimittels bei Kindern liegen keine ausreichend dokumentierten Erfahrungen vor. Es soll deshalb bei Kindern unter 12 Jahren nur nach Rücksprache mit einem homöopathisch erfahrenen Arzt unter Berücksichtigung des homöopathischen Arzneimittelbildes angewendet werden.

Vorsichtsmaßnahmen
Bei bestehenden Lebererkrankungen oder solchen in der Vorgeschichte oder bei gleichzeitiger Anwendung leberschädigender Stoffe sollte Sanugall® nur nach Rücksprache mit dem Arzt angewendet werden.

Warnhinweise
Patienten mit der seltenen hereditären Galactose-Intoleranz, Lactase-Mangel oder Glucose-Galactose-Malabsorption sollten Sanugall® nicht einnehmen.

Wechselwirkungen
Keine bekannt.

Sonstige Hinweise
Enthält Lactose. Bitte nehmen Sie Sanugall® erst nach Rücksprache mit Ihrem Arzt ein, wenn Ihnen bekannt ist, dass Sie unter einer Zuckerunverträglichkeit leiden.

Packungsgrößen und Preise
80 Tabletten (PZN 06198291) . . . Euro 14,08
240 Tabletten (PZN 06198316) . . . Euro 39,38

Apothekenpflichtig.

INTERNA
(Magen-Darm-Beschwerden - Sodbrennen)

Weleda AG

Amara-Tropfen

Dilution

siehe Magen-Darm-Beschwerden

Institut AllergoSan Deutschland (privat) GmbH

Caricol®-Gastro

Sticks

Magenschmerzen, Sodbrennen?

Anwendungsgebiete
Der Leidensdruck von Patienten mit chronischer Gastritis und Gastritisassoziierten Symptomen äußert sich primär in Form von Schmerzen und den damit verbundenen Einschränkungen des täglichen Lebens. Caricol®-Gastro wird zum Diätmanagement bei in Folge einer Gastritis schmerzempfindlichen Magenschleimhaut eingesetzt. Die Kombination aus den im Hafer enthaltenen Avenanthramiden (Polyphenole) und der enzymatischen Kraft der Papaya beruhigt die schmerzempfindliche Magenschleimhaut innerhalb kürzester Zeit.

Zusammensetzung
Wasser, Bio-Papayafrüchte, Bio-Apfelsaftkonzentrat, Bio-Hafermehl, natürliches Bio-Apfelsaftaroma.

Lebensmittel für besondere medizinische Zwecke (Bilanzierte Diät).

Weitere Informationen erhalten Sie unter:
caricol.com

Weleda AG

Digestodoron

Dilution, Tabletten

siehe Magen-Darm-Beschwerden

Dr. Jacob's Medical GmbH

Dr. Jacob's Basenpulver

Pulver

Nahrungsergänzungsmittel mit Kalium-, Calcium- und Magnesium-Citrat - Multitalent mit über 30 belegten Gesundheitswirkungen (u.a. für Muskeln, Knochen, Nerven, weniger Erschöpfung, Herz und normalen Blutdruck).

siehe Übersäuerung

INTERNA
(Magen-Darm-Beschwerden - Verdauung)

Weleda AG

Amara-Tropfen

Dilution

siehe Magen-Darm-Beschwerden

Institut AllergoSan Deutschland (privat) GmbH

Caricol®

Sticks

Wohlbefinden im Darm

Anwendungsgebiete
Unser moderner Lebensstil wirkt sich oft negativ auf die Verdauung aus. Dies kann zu Problemen wie unregelmäßigem Stuhlgang oder Verstopfung führen. In der Natur findet sich für das Gleichgewicht der Verdauung eine besondere Frucht: die Papaya. Das in ihr enthaltene Enzym Papain unterstützt die Verdauung, indem es Proteine aus der Nahrung aufspaltet und so deren Verwertung erleichtert.

Caricol® enthält die natürliche Kraft vollreifer Bio-Papayafrüchte in geballter Form. Durch ein patentiertes Zubereitungsverfahren ist die Aktivität des Verdauungsenzyms in Caricol® vervierfacht. Damit eignet sich Caricol® ideal, um bei ernährungsbedingten Problemen das Wohlgefühl im Darm zu stärken.

Zusammensetzung
Bio-Papayafrüchte, Bio-Apfelsaftkonzentrat, natürliches Bio-Apfelsaftaroma.

Nahrungsergänzungsmittel mit der Kraft der Papaya.

Weitere Informationen erhalten Sie unter:
caricol.com

NutraMedix Deutschland

Dandilion NutraMedix Tropfen

siehe Umwelt- und Schwermetallbelastung

Weleda AG

Digestodoron

Dilution, Tabletten

siehe Magen-Darm-Beschwerden

nutrimmun GmbH

MyBIOTIK®BIOFIBRE

Pulver

siehe Mikrobiologische Therapien

nutrimmun GmbH

MyBIOTIK®PRAELASAN

Pulver

Eigenschaften
Für eine normale Verdauung.

Nahrungsergänzungsmittel mit einem präbiotischen Ballaststoffkomplex aus fein gemahlenen Flohsamenschalen, resistentem Dextrin und Baobab sowie dem verdauungsrelevanten Mineralstoff Calcium. Flohsamen tragen zu einer normalen Verdauungsfunktion bei. Calcium trägt zu einer normalen Funktion der Verdauungsenzyme bei.

Zusammensetzung
Resistentes Dextrin (63 %), gemahlene Flohsamenschalen (21%), Calciumsalze der Zitronensäure, Baobabfruchtpulver (7 %)

Sonstige Hinweise
Glutenfrei. Laktosefrei. Vegan. Ohne Aromen, Farb- und Süßstoffe. Haltbar bei Raumtemperatur. Langfristige Einnahme ohne Gewöhnungseffekt möglich.

Reich an Ballaststoffen: Eine Tagesportion enthält 10,4 g Ballaststoffe und ermöglicht eine natürliche und einfache Verdauungsregulation.

Wichtig: Bei der Einnahme von quellenden Ballaststoffen wie Flohsamen ist eine zeitnah erhöhte Flüssigkeitszufuhr notwendig.

Aufgrund seiner quellenden Eigenschaften sollte MyBIOTIK®PRAELASAN bei Darmverschluss oder krankhaft verengter Speiseröhre nicht eingenommen werden.

Dosierung
Die Tagesportion Pulver 14 g (je nach Produktauswahl 3 gestrichene Messlöffel oder 1 Portionsbeutel) in ein leeres Glas füllen und unter Rühren in ca. 200 ml Flüssigkeit auflösen. Das geschmacksneutrale Pulver kann flexibel je nach Vorliebe in stilles Wasser, Tee, Saft, Joghurt, Müsli oder andere Speisen sowie Getränke eingerührt werden. Die Tagesportion kann über den Tag verteilt vor oder zu einer Mahlzeit eingenommen werden.

Eine regelmäßige Einnahme ist empfehlenswert.

Kinder von 6 – 14 Jahren nehmen 1x täglich 1½ gestrichene Messlöffel (7 g, bitte abwiegen).

In Rücksprache mit gynäkologischem Fachpersonal auch für Schwangere und Stillende geeignet.

Packungsgrößen und Preise

15 Tagesportionen (PZN (210 g Dose) 18706120)	Euro 17,95
15 Tagesportionsbeutel (PZN (15 x 14 g) 19709391)	Euro 20,95
30 Tagesportionen (PZN (420 g Dose) 18033129)	Euro 31,95

nutrimmun GmbH

MyBIOTIK®PROTECT

Pulver

siehe Mikrobiologische Therapien

NutraMedix Deutschland

Nattokinase NutraMedix Kapseln

siehe Entzündungen

NutraMedix Deutschland

Nutra-BBS NutraMedix Tropfen

siehe Parasiten

Institut AllergoSan Deutschland (privat) GmbH

OMNi-BiOTiC® 6

Sachets

Der tägliche Begleiter für ein gutes „Bauchgefühl“

Anwendungsgebiete

In einem funktionierenden Darm sorgen Billiarden von Bakterien dafür, dass Vitalstoffe verwertbar gemacht und Giftstoffe abtransportiert werden. Häufig sind diese wichtigen Helfer jedoch durch Stress, Fast-Food und Medikamente dezimiert. OMNi-BiOTiC® 6 ist die Basisversorgung für jeden Tag und jedes Alter und ergänzt das Mikrobiom mit 6 hochaktiven Leitkeimstämmen.

Zusammensetzung

Maisstärke, Maltodextrin, Fructooligosaccharide (FOS), Inulin, Polydextrose, Kaliumchlorid, Bakterienstämme (mind. 1 Milliarde Keime pro 1 g Pulver), pflanzliches Eiweiß (Reis), Magnesiumsulfat, Enzyme (Amylasen), Mangansulfat.

Nahrungsergänzungsmittel mit hochaktiven Leitkeimstämmen.

Weitere Informationen erhalten Sie unter: omni-biotic.com

Institut AllergoSan Deutschland (privat) GmbH

OMNi-BiOTiC® 10

Sachets

Antibiotikum? Darmflora ergänzen!

Anwendungsgebiete

Unter einer Antibiotika-Therapie reduziert sich die natürliche Darmflora unwiederbringlich. Das hat Einfluss auf unsere Verdauung und die Ansiedelung von unüblichen Bakterien (z.B. Clostridium difficile) im Darm. OMNi-BiOTiC® 10 sorgt für „Nachschub“: Die 10 enthaltenen Bakterienstämme können sich erwiesenermaßen im Darm ansiedeln und vermehren – auch bereits während der Antibiotika-Therapie.

Zusammensetzung

Maisstärke, Maltodextrin, Inulin, Kaliumchlorid, pflanzliches Eiweiß (Reis), Magnesiumsulfat, Bakterienstämme (mind. 5 Milliarden Keime pro 1 Portion = 5 g), Fructooligosaccharide (FOS), Enzyme (Amylasen), Vanillearoma, Mangansulfat.

Nahrungsergänzungsmittel mit hochaktiven Darmsymbionten.

Weitere Informationen erhalten Sie unter: omni-biotic.com

Institut AllergoSan Deutschland (privat) GmbH

OMNi-BiOTiC® 10 Kids

Sachets

Antibiotikum? Darmflora kindgerecht ergänzen!

Anwendungsgebiete

Auch bei Kindern reduziert sich die natürliche Darmflora unter einer Antibiotika-Therapie. OMNi-BiOTiC® 10 Kids enthält dieselben Bakterienstämme wie OMNi-BiOTiC® 10 – eingebettet in Inhaltstoffe, die optimal auf kindliche Bedürfnisse abgestimmt sind, und mit neutralem Geschmack: So kann OMNi-BiOTiC®

10 Kids ganz einfach in das Lieblingsgetränk des Kindes eingerührt werden. Ab dem 1. Tag der Antibiotika-Einnahme.

Zusammensetzung
Maisstärke, Maltodextrin, Inulin, pflanzliches Eiweiß (Reis), Bakterienstämme (mind. 2,5 Milliarden Keime pro 1 Portion = 2,5 g), Fructooligosaccharide (FOS), Enzyme (Amylasen).

Nahrungsergänzungsmittel mit hochaktiven Darmsymbionten.

Weitere Informationen erhalten Sie unter: omni-biotic.com

Institut AllergoSan Deutschland (privat) GmbH

OMNi-BiOTiC® Aktiv

Pulver

Aktiv durchs Leben

Anwendungsgebiete
OMNi-BiOTiC® Aktiv enthält elf speziell ausgewählte, wissenschaftlich erforschte Bakterienstämme. Die enthaltenen Bifidobakterien, Laktobazillen und Laktokokken besiedeln den gesamten Darm in hoher Keimzahl und ergänzen die Darmflora, die im Laufe des Lebens durch veränderten Stoffwechsel, ungesunde Ernährung, einseitige Diät oder schwere Medikamente dezimiert wurde.

Zusammensetzung
Reisstärke, Maltodextrin, Kaliumchlorid, Bakterienstämme (mind. 5 Milliarden Keime pro 1 Portion = 2 g), pflanzliches Eiweiß (Reis), Magnesiumsulfat, Mangansulfat.

Nahrungsergänzungsmittel mit hochaktiven Darmsymbionten.

Weitere Informationen erhalten Sie unter: omni-biotic.com

Institut AllergoSan Deutschland (privat) GmbH

OMNi-BiOTiC® metabolic

Sachets

Mit dem Darm zur Wunschfigur

Anwendungsgebiete
Wissenschaftlichen Untersuchungen zufolge kommen bei Übergewichtigen spezielle Bakterien (Firmicutes) im Darm häufiger vor. Sie sind in der Lage, sonst unverdauliche Ballaststoffe aufzuspalten, und speichern den Überschuss an Kalorien dann in Form von Fettpölsterchen für „Notzeiten". Die speziell ausgewählten Bakterienstämme in OMNi-BiOTiC® metabolic verdrängen die aggressiv Ballaststoff spaltenden Firmicutes und regulieren das Ungleichgewicht im Darm.

Zusammensetzung
Maisstärke, Maltodextrin, Fructooligosaccharide (FOS), Galactooligosaccharide (GOS), Polydextrose, Kaliumchlorid, pflanzliches Eiweiß (Reis), Magnesiumsulfat, Bakterienstämme (mind. 3 Milliarden Keime pro 1 Portion = 3 g), Mangansulfat, Lactose.

(1 Beutel enthält 11 mg Lactose, das entspricht ca. 4 Tropfen Kuhmilch)

Nahrungsergänzungsmittel mit hochaktiven Darmsymbionten.

Weitere Informationen erhalten Sie unter: omni-biotic.com

Institut AllergoSan Deutschland (privat) GmbH

OMNi-BiOTiC® PANDA

Sachets, Tropfen

Ein guter Start für Mutter und Kind

Anwendungsgebiete
Der Start ins Leben ist für die Entwicklung der kindlichen Darmflora entscheidend: Denn sowohl die Art der Geburt (natürliche Geburt oder Kaiserschnitt) als auch die Nahrungs-

quelle für das Neugeborene (Stillen oder Fläschchennahrung) beeinflussen die Zusammensetzung und Artenvielfalt der Besiedelung im kindlichen Darm entscheidend.

OMNi-BiOTiC® PANDA enthält eine wissenschaftlich geprüfte Kombination aus vier natürlich im menschlichen Darm vorkommenden Bakterienstämmen, die speziell für Schwangere und Babys ausgewählt wurden.

Zusammensetzung
Zusammensetzung Sachets:
Reisstärke, Maltodextrin, Bakterienstämme (mind. 3 Milliarden Keime pro 1 Portion = 3 g).

Zusammensetzung Tropfen:
Sonnenblumenöl, Bakterienstämme (mind. 3 Milliarden Keime pro Portion (6 Tropfen = 0,25 g)).

Nahrungsergänzungsmittel mit hochaktiven Darmsymbionten.

Weitere Informationen erhalten Sie unter: omni-biotic.com

Institut AllergoSan Deutschland (privat) GmbH

OMNi-BiOTiC® POWER

Sachets

Mehr Power bei starker Belastung

Anwendungsgebiete
Hohe Belastung im Alltag kann Darm und Energiehaushalt beeinträchtigen und erhöhte Anfälligkeit für Infekte mit sich bringen. OMNi-BiOTiC® POWER kombiniert 6 natürlich im menschlichen Darm vorkommende Bakterienstämme mit organischem, leicht vom Körper resorbierbarem Magnesium (Magnesiumcitrat), welches aufgrund seines Beitrags zu einer normalen Muskelfunktion und zur Verringerung von Müdigkeit und Ermüdung geschätzt wird – für einen energiegeladenen Tag!

Zusammensetzung
Maisdextrin, Magnesiumcitrat, Maisstärke, Kaliumchlorid, natürliches Blutorangen-Aroma, Bakterienstämme (mind. 10 Milliarden Keime pro 1 Portion = 4 g), pflanzliches Eiweiß (Reis), Magnesiumsulfat, Mangansulfat, Maltodextrin.

Nahrungsergänzungsmittel mit hochaktiven Darmsymbionten und Magnesium.

Weitere Informationen erhalten Sie unter: omni-biotic.com

Institut AllergoSan Deutschland (privat) GmbH

OMNi-BiOTiC® REISE

Sachets, Direkt-Sticks

Reiselust statt Urlaubsfrust

Anwendungsgebiete
Bei Auslandsaufenthalten kann das Verdauungssystem durch äußere Einwirkungen unterschiedlichster Art (ungewohntes Essen, veränderter Tagesrhythmus etc.) aus dem Gleichgewicht geraten. Führende Experten empfehlen deshalb, auch den Darm auf die Reise vorzubereiten – mit speziell entwickelten Multispezies-Synbiotika. OMNi-BiOTiC® REISE enthält 10 ausgewählte Bakterienstämme und die hohe Anzahl von 5 Milliarden hochaktiven Darmbakterien zur Anwendung an jedem Reisetag.

Zusammensetzung
Zusammensetzung Sachets:
Maisstärke, Maltodextrin, Fructooligosaccharide (FOS), Maisdextrin, Polydextrose, Kaliumchlorid, pflanzliches Eiweiß (Reis), Magnesiumsulfat, Bakterienstämme (mind. 5 Milliarden Keime pro 1 Portion = 5 g), Enzyme (Amylasen), Mangansulfat.

Zusammensetzung Direkt-Sticks:
Xylitol (Süßungsmittel), Maisstärke, Maltodextrin, Bakterienstämme (mind. 5 Milliarden Keime pro 1 Stick = 1,2 g), Maisdextrin, Fructooligosaccharide (FOS), Polydextrose, Apfelsäure (Säuerungsmittel).

Nahrungsergänzungsmittel mit hochaktiven Darmsymbionten.

Weitere Informationen erhalten Sie unter: omni-biotic.com

Institut AllergoSan Deutschland (privat) GmbH

OMNi-BiOTiC® SR-9 mit B-Vitaminen

Sachets

Ihr richtiges Nervenfutter!

Anwendungsgebiete

Das Mikrobiom steuert nicht nur die Darmfunktion, sondern über die sogenannte Darm-Hirn-Achse auch Stimmungslage, Emotionen und geistige Leistungsfähigkeit. Bei psychischer Beanspruchung ist daher die Ergänzung der Darmflora mit ausgewählten Bakterienstämmen und B-Vitaminen sinnvoll, die zur normalen Funktion des Nervensystems (B2, B6, B12) und einer normalen psychischen Funktion (B6, B12) beitragen – vereint in OMNi-BiOTiC® SR-9 mit B-Vitaminen.

Zusammensetzung

Maisstärke, Maltodextrin, Inulin, Kaliumchorid, pflanzliches Eiweiß (Reis), Bakterienstämme (mind. 7,5 Milliarden Keime pro 1 Portion = 3 g), Magnesiumsulfat, Fructooligosaccharide (FOS), Enzyme (Amylasen), Vitamin B2 (Riboflavin- 5'-Natriumphosphat), Vitamin B6 (Pyridoxin Hydrochlorid), Mangansulfat, Vitamin B12 (Cyanocobalamin).

Nahrungsergänzungsmittel mit hochaktiven Darmsymbionten und B-Vitaminen.

Weitere Informationen erhalten Sie unter: omni-biotic.com

Institut AllergoSan Deutschland (privat) GmbH

OMNi-BiOTiC® SR-9 Kids

Direkt-Stick

Gute Nerven in der Schule?

Anwendungsgebiete

Für viele Kinder ist die Schulzeit eine große Herausforderung, die auch die Zusammensetzung des Darm-Mikrobioms beeinflussen kann. OMNi-BiOTiC® SR-9 Kids enthält dieselbe Bakterienkombination wie OMNi-BiOTiC® SR-9, kombiniert mit Vitamin B2 für Nerven und Energie. Speziell für Kinder wurde der praktische Direkt-Stick ermöglicht, der die Einnahme ohne Wasser ermöglicht – ideal für die Schule.

Zusammensetzung

Xylitol (Süßungsmittel), Maisstärke, Maltodextrin, Maisdextrin, Fructooligosaccharide (FOS), Bakterienstämme (mind. 3,75 Milliarden Keime pro 1 Portion = 1,2 g), Inulin, Apfelsäure (Säuerungsmittel), natürliches Pfirsich-Aroma, Vitamin B2 (Riboflavin-5'-Natriumphosphat).

Nahrungsergänzungsmittel mit hochaktiven Darmsymbionten und Vitamin B2.

Weitere Informationen erhalten Sie unter: omni-biotic.com

BerryPharma

rubyni® MUCOSA

Pulver

Nahrungsergänzungsmittel mit Vitaminen, Mineral- und Pflanzenstoffen sowie Ballaststoffen für Darmschleimhaut und Mikrobiom

siehe Magen-Darm-Beschwerden

NutraMedix Deutschland

Serrapeptase NutraMedix Kapseln

siehe Entzündungen

SymbioPharm GmbH

SymbioLact Multi Kids

Pulver

Nahrungsergänzungsmittel für die optimale Antibiotika-Begleitung mit einer speziellen Kombination: 11 hochaktive Bakterienstämme mit L-Glutamin und Biotin.

siehe Magen-Darm-Beschwerden

SymbioPharm GmbH

SymbioLact Pro Darm* Multi

Pulver

Nahrungsergänzungsmittel für die optimale Antibiotika-Begleitung mit einer speziellen Kombination: 11 hochaktive Bakterienstämme mit L-Glutamin und Biotin.

siehe Magen-Darm-Beschwerden

SymbioPharm GmbH

SymbioLact® Baby Tropfen

Tropfen

Nahrungsergänzungsmittel mit Bifidobacterium animalis subsp. lactis (BB-12®) und Bifidobacterium longum subsp. infantis (Bifin02™).

Eigenschaften

Um die Balance eines kindlichen Mikrobioms zu unterstützen, können bestimmte Bifidobakterien hilfreich sein! SymbioLact® Baby Tropfen enthält zwei speziell für Babys ausgewählte Bifidobakterien: Bifin02™ und BB-12®. Bifin02™ kann die normale Entwicklung von Mikrobiom und Darmbarriere unterstützen sowie Entzündungen hemmen.[1] BB-12® kann bei Koliken unterstützend helfen.[2]

Zusammensetzung

Sonnenblumenöl, milchsäurebildende Bakterien

Eine Portion SymbioLact® Baby Tropfen (Tagesdosis 6 Tropfen bzw. 0,25 g) enthält eine Gesamtkeimzahl von $\geq 1{,}1 \times 10^9$ KBE (koloniebildende Einheiten). Das entspricht 1,1 Milliarden Bakterien pro Tagesportion.
Diese Mischung setzt sich zusammen aus den Stämmen Bifidobacterium animalis subsp. lactis (BB-12®) und Bifidobacterium longum subsp. infantis (Bifin02™).

Verzehrempfehlung

1× täglich 6 Tropfen auf einen Löffel, in Flüssigkeit oder direkt auf die Zunge.

Sonstige Hinweise

Die angegebene empfohlene tägliche Verzehrsmenge darf nicht überschritten werden. Nahrungsergänzungsmittel sollten nicht als Ersatz für eine ausgewogene und abwechslungsreiche Ernährung sowie für eine gesunde Lebensweise verwendet werden. Das Produkt ist außerhalb der Reichweite von Kindern aufzubewahren.

Das Produkt ist für gesunde Säuglinge (< 12 Monate) und Kleinkinder (> 12-36 Monate) sowie sonstige gesunde Verbraucher ab 3 Jahren geeignet.

Das Produkt ist gluten- und laktosefrei.
Ohne Aroma- und Konservierungsstoffe.
Ohne histaminbildende Bakterien.

Packungsgrößen und Preise

8,0 ml PZN (19948888) .... Euro 27,95

1. Hilliard M A & Sela D A. Transmission and Persistence of Infant Gut- Associated Bifidobacteria. Microorganisms 2024;12:879. https://pubmed.ncbi.nlm.nih.gov/38792709/

2. Chen K et al. Efficacy of *Bifidobacterium animalis* subsp. *lactis* , BB-12® on infant colic – a randomised , double-blinded, placebo-controlled study. Benef Microbes 2021;12:531. https://pubmed.ncbi.nlm.nih.gov/34550055/

INTERNA
(Magen-Darm-Beschwerden - Verstopfung)

Grünwalder

Grünwalder Sennalax®
Filmtabletten

Sennesfrüchtetrockenextrakt.

Zusammensetzung
Sennesfrüchtetrockenextrakt (6 – 12 : 1, Auszugsmittel Ethanol 60 % V/V) 55,2 – 107,2 mg, entspr. 13 mg Hydroxyanthracenglycoside, ber. als Sennosid B. Weitere Bestandteile: Talkum, Schellack, Ca-Stearat.

Anwendungsgebiete
Zur kurzfristigen Anwendung bei Verstopfung.

Gegenanzeigen
Darmverschluss; bei akut entzündlicher Erkrankung des Darms, z. B. Morbus Crohn, Colit. ulcer. oder Blinddarmentzündung; bei Bauchschmerzen unbekannter Ursache; bei schwerer Dehydration mit Wasser- und Elektrolytverlust; Kinder unter 12 Jahren.

Warnhinweise
Bei inkontinenten erwachsenen Personen sollte bei Einnahme von Grünwalder Sennalax® ein längerer Hautkontakt mit dem Kot durch Wechseln der Vorlage vermieden werden.

Nebenwirkungen
In Einzelfällen krampfartige Magen- und Darmbeschwerden. Bei chron. Gebrauch/Missbrauch: Elektrolytverluste, insbesondere Kaliumverluste, Albuminurie und Hämaturie, Pigmenteinlagerungen in die Darmschleimhaut.

Wechselwirkungen
Bei chron. Gebrauch/Missbrauch ist durch Kaliummangel eine Verstärkung der Herzglykosidwirkung sowie eine Beeinflussung der Wirkung von Antiarrhythmika möglich. Kaliumverluste können durch Kombination mit Thiaziddiuretika, NNR-Steroiden und Süßholzwurzel verstärkt werden.

Dosierung
1 – 2 Filmtabletten pro Tag, am besten vor dem Abendessen unzerkaut mit reichlich Flüssigkeit.

Packungsgrößen und Preise
30 Filmtbl. (N1) (PZN 04483900) .. Euro 9,34
Apothekenpflichtig.

Weleda AG

Hepatodoron
Tabletten

siehe Lebererkrankung

athenstaedt

Lecicarbon® E CO2-Laxans
Lecicarbon® K CO2-Laxans
Lecicarbon® S CO2-Laxans

Suppositorien für Erwachsene/Kinder/Säuglinge

Zusammensetzung
1 Suppositorium für Säuglinge/für Kinder/für Erwachsene enthält:

Arzneilich wirksame Bestandteile:
Natriumhydrogencarbonat
125 mg/250 mg/500 mg,
Natriumdihydrogenphosphat H2O-frei
170 mg/340 mg/680 mg.

Sonstige Bestandteile: Hartfett, (3-sn-Phosphatidyl)cholin (aus Sojabohnen), hochdisperses Siliciumdioxid.

Anwendungsgebiete
Zur kurzfristigen Anwendung bei verschiedenen Ursachen der Stuhlverstopfung, z. B. bei schlackenarmer Kost oder mangelnder Bewegung sowie bei Erkrankungen, die eine erleichterte Stuhlentleerung erfordern. Zur Darment-

leerung bei diagnostischen oder therapeutischen Maßnahmen im Enddarmbereich. **Lecicarbon®** kann auch zusätzlich angewendetwerden, wenn vorher andere Abführmittel erfolglos genommen wurden.

Gegenanzeigen
Ileus und Megakolon; insbesondere bei Kindern und Säuglingen, bei allen Erkrankungen im Anal- und Rektalbereich, bei denen eine Gefahr des übermäßigen Übertritts von CO_2 besteht; bei Überempfindlichkeit gegenüber Soja, Erdnuss oder einem der sonstigen Bestandteile.

Wechselwirkungen
Keine bekannt.

Nebenwirkungen
(3-sn-Phosphatidyl)cholin (Sojalecithin) kann sehr selten allergische Reaktionen hervorrufen. Hinweis: In seltenen Fällen kann das Einführen des Zäpfchens ein leichtes, schnell abklingendes Brennen verursachen.

Ggf. Besonderheiten bei Kindern, Schwangeren, Stillenden
Was muss in Schwangerschaft und Stillzeit beachtet werden?

Besondere Vorsicht bei Einnahme/Anwendung von **Lecicarbon® CO2-Laxans** ist erforderlich.

Schwangerschaft:

Sie dürfen **Lecicarbon® CO2-Laxans** in der Schwangerschaft nach Rücksprache mit Ihrem Arzt anwenden.

Stillzeit:

Sie dürfen **Lecicarbon® CO2-Laxans** in der Stillzeit anwenden.

Warnhinweise
(3-sn-Phosphatidyl)cholin (Sojalecithin) kann sehr selten allergische Reaktionen hervorrufen.

Pharmakologie
Nach dem Einführen in den Enddarm schmilzt das Zäpfchen. Unter Einwirkung von Feuchtigkeit reagieren die beiden Wirkstoffe Natriumhydrogencarbonat und Natriumdihydrogenphosphat miteinander. Dabei wird Kohlensäure gebildet, die sich in Wasser und Kohlendioxid (CO_2) spaltet. Das gebildete Kohlendioxid wirkt als „physiologisches Gas" auf die Darmschleimhaut und die Rektumwand und löst somit den Defäkationsreflex aus. Die als Hilfsstoffe enthaltenen Fette können durch ihre Gleitwirkung die Stuhlentleerung erleichtern.

Dosierung
Soweit nicht anders verordnet, bei Bedarf ein Zäpfchen einführen, gegebenenfalls kann die Anwendung nach ca. 30 Minuten bis 1 Stunde wiederholt werden. Es stehen Zäpfchen in der Dosierung für Erwachsene, Kinder und Säuglinge zur Verfügung. Zu beachten ist die jeweilige Zäpfchenart. **Lecicarbon® CO2-Laxans** darf über längere Zeit angewendet werden und führt nicht zur Gewöhnung. Bei chronischer Verstopfung sollte jedoch in jedem Fall der Arzt zu Rate gezogen werden.

Packungsgrößen und Preise

10 Supp. für Sgl.	Euro 8,71
10 Supp. für Kdr.	Euro 8,82
10 Supp. für Erw.	Euro 10,36
30 Supp. für Erw.	Euro 23,00
100 Supp. für Erw.	Euro 62,18
50-mal 10 Supp. für Erw.	

Apothekenpflichtig.

nutrimmun GmbH

MyBIOTIK®BIOFIBRE

Pulver

siehe Mikrobiologische Therapien

nutrimmun GmbH

MyBIOTIK®PRAELASAN

Pulver

siehe Magen-Darm-Beschwerden - Verdauung

BerryPharma

rubyni® MUCOSA

Pulver

Nahrungsergänzungsmittel mit Vitaminen, Mineral- und Pflanzenstoffen sowie Ballaststoffen für Darmschleimhaut und Mikrobiom

siehe Magen-Darm-Beschwerden

SymbioPharm GmbH

SYMBIOFLOR® 2

Tropfen

siehe Magen-Darm-Beschwerden

SymbioPharm GmbH

SymbioLact Multi Kids

Pulver

Nahrungsergänzungsmittel für die optimale Antibiotika-Begleitung mit einer speziellen Kombination: 11 hochaktive Bakterienstämme mit L-Glutamin und Biotin.

siehe Magen-Darm-Beschwerden

SymbioPharm GmbH

SymbioLact Pro Darm* Multi

Pulver

Nahrungsergänzungsmittel für die optimale Antibiotika-Begleitung mit einer speziellen Kombination: 11 hochaktive Bakterienstämme mit L-Glutamin und Biotin.

siehe Magen-Darm-Beschwerden

INTERNA
(Magen-Darm-Beschwerden - Übelkeit und Erbrechen)

Weleda AG

Amara-Tropfen

Dilution

siehe Magen-Darm-Beschwerden

Grünwalder

Zintona® Kapseln

Kapseln

Ingwerwurzelstock

Zusammensetzung
1 Hartkapsel enthält: 250 mg Ingwerwurzelstock-Pulver.

Weitere Bestandteile: E 132, E 171, Gelatine, hochdisp. Siliciumdioxid, Natriumdodecylsulfat.

Anwendungsgebiete
Symptom der Reisekrankheit, wie Schwindel, Übelkeit und Erbrechen. Nach Rücksprache mit dem Arzt bei Gallenleiden.

Nebenwirkungen
Eventuell Erhöhung der Blutungsneigung.

Wechselwirkungen
Erhöhung der Absorption von Sulfaguanidin.

Gegenanzeigen
Gallensteine, Schwangerschaft, Stillzeit.

Dosierung
Erwachsene und Kinder ab 6 Jahren jeweils 2 Hartkapseln 1/2 Stunde vor Reisebeginn mit Flüssigkeit; dann alle 4 Stunden wiederholen, max. 10 Hartkapseln/Tag.

Packungsgrößen und Preise

10 Kps. (PZN 03041933)	Euro 8,57
20 Kps. (PZN 03041956)	Euro 15,10
50 Kps. (PZN 04483917)	Euro 31,43

INJEKTIONEN
(Milzerkrankung)

Sanum-Kehlbeck

Pinikehl® D5
Injektionslösung

Wirkstoff: Fomitopsis pinicola e volumine mycelii (lyophil., steril.) Dil. D5 aquos.

Zusammensetzung
1 ml flüssige Verdünnung zur Injektion enthält: Wirkstoff: 1 ml Fomitopsis pinicola e volumine mycelii (lyophil., steril.) Dil. D5 aquos. nach Vorschrift 5b HAB.

Anwendungsgebiete
Erfahrungsgemäß unterstützend angewendet bei:

Erkrankungen der Leber und Milz, Febris intermittens.

Eigenschaften
Pinikehl® wird aus Fomitopsis pinicola gewonnen und bevorzugt eingesetzt bei Schwäche und Störungen von Leber und Milz.

Dosierung
Soweit nicht anders verordnet: Erwachsenen und Jugendlichen ab 12 Jahren 2-mal wöchentlich 1 Ampulle zu 1 ml s.c. injizieren. Nach längstens 4 Wochen Therapiedauer sollte Pinikehl® D5 abgesetzt werden.

Vor Anwendung beachten: Pinikehl® D5 enthält Natrium, aber weniger als 1 mmol (23 mg) Natrium pro 1 ml, d.h., es ist nahezu „natriumfrei“.

Nebenwirkungen
Aufgrund des Gehaltes von Pinikehl® D5 an spezifischen organischen Bestandteilen können in seltenen Fällen Überempfindlichkeitsreaktionen auftreten.

Gegenanzeigen
Nicht anwenden bei:

- bekannter Überempfindlichkeit gegenüber Fomitopsis pinicola (Fichtenporling)
- Autoimmunerkrankungen
- Kindern unter 12 Jahren
- Schwangeren und Stillenden.

Vorsichtsmaßnahmen
Keine bekannt.

Warnhinweise
Keine bekannt.

Wechselwirkungen
Immunsuppressiv wirkende Arzneimittel können die Wirksamkeit von Pinikehl® D5 beeinträchtigen. Vor und nach der Behandlung mit oral verabreichten Lebendimpfstoffen ist ein Abstand von 4 Wochen einzuhalten.

Packungsgrößen und Preise

1 Amp. à 1 ml (PZN 04549059)	Euro	7,72
10 Amp. à 1 ml (PZN 04549065)	Euro	53,97
50 Amp. à 1 ml (PZN 04549071)	Euro	230,16

Apothekenpflichtig.

INTERNA

Sanum-Kehlbeck

Pinikehl® D4
Zäpfchen

Wirkstoff: Fomitopsis pinicola e volumine mycelii (lyophil., steril.) Trit. D4

Zusammensetzung
1 Zäpfchen enthält: Wirkstoff: 0,2 g Fomitopsis pinicola e volumine mycelii (lyophil., steril.) Trit. D4 nach Vorschrift 6 HAB.

Sonstiger Bestandteil: Hartfett.

Anwendungsgebiete
Erfahrungsgemäß unterstützend angewendet bei:

Erkrankungen der Leber und Milz, Febris intermittens.

Eigenschaften
Pinikehl® wird aus Fomitopsis pinicola gewonnen und bevorzugt eingesetzt bei Schwäche und Störungen von Leber und Milz.

Dosierung
Erwachsene und Jugendliche ab 12 Jahren führen 1 – 3-mal wöchentlich 1 Zäpfchen vor dem Schlafengehen in den After ein. Nach längstens 4 Wochen Therapiedauer sollte Pinikehl® D4 abgesetzt werden.

Nebenwirkungen
Aufgrund des Gehaltes von Pinikehl® D4 an spezifischen organischen Bestandteilen können in seltenen Fällen Überempfindlichkeitsreaktionen, hauptsächlich in Form von Hautreaktionen, auftreten und eine Allergie gegen den Bestandteil Fomitopsis pinicola ausgelöst werden. Das Arzneimittel ist dann abzusetzen und ein Arzt aufzusuchen.

Gegenanzeigen
Nicht anwenden bei:
- bekannter Überempfindlichkeit gegenüber Fomitopsis pinicola
- Kindern unter 12 Jahren
- Schwangeren und Stillenden.

Vorsichtsmaßnahmen
Keine bekannt.

Warnhinweise
Keine bekannt.

Wechselwirkungen
Immunsuppressiv wirkende Arzneimittel können die Wirksamkeit von Pinikehl® D4 beeinträchtigen. Vor und nach der Behandlung mit oral verabreichten Lebendimpfstoffen ist ein Abstand von 4 Wochen einzuhalten.

Sonstige Hinweise
Enthält Lactose.

Packungsgrößen und Preise

10 Zäpfchen	(PZN 04549102)	Euro 17,58
10-mal 10 Zäpfchen	(PZN 04549119)	Euro 144,97

Apothekenpflichtig.

Sanum-Kehlbeck

Pinikehl® D4

Hartkapseln

Wirkstoff: Fomitopsis pinicola e volumine mycelii (lyophil., steril.) Trit. D4

Zusammensetzung
1 Hartkapsel enthält: Wirkstoff: 330 mg Fomitopsis pinicola e volumine mycelii (lyophil., steril.) Trit. D4 nach Vorschrift 6 HAB.

Sonstiger Bestandteil: Kapselhülle: Hypromellose.

Anwendungsgebiete
Erfahrungsgemäß unterstützend angewendet bei:

Erkrankungen der Leber und Milz, Febris intermittens.

Eigenschaften
Pinikehl® wird aus Fomitopsis pinicola gewonnen und bevorzugt eingesetzt bei Schwäche und Störungen von Leber und Milz.

Dosierung
Erwachsene und Jugendliche ab 12 Jahren nehmen 1 – 3-mal täglich je 1 Hartkapsel ein. Nach längstens 4 Wochen Therapiedauer sollte Pinikehl® D4 abgesetzt werden.

Nebenwirkungen
Aufgrund des Gehaltes von Pinikehl® D4 an spezifischen organischen Bestandteilen können in seltenen Fällen Überempfindlichkeitsreaktionen, hauptsächlich in Form von Hautreaktionen, auftreten und eine Allergie gegen den Bestandteil Fomitopsis pinicola ausgelöst werden. Das Arzneimittel ist dann abzusetzen und ein Arzt aufzusuchen.

Gegenanzeigen
Nicht anwenden bei:
- Überempfindlichkeit gegenüber Fomitopsis pinicola
- Autoimmunerkrankungen

- Kindern unter 12 Jahren
- Schwangeren und Stillenden.

Vorsichtsmaßnahmen
Dieses Arzneimittel enthält Lactose. Bitte nehmen Sie Pinikehl® D4 erst nach Rücksprache mit Ihrem Arzt ein, wenn Ihnen bekannt ist, dass Sie unter einer Unverträglichkeit gegenüber bestimmten Zuckern leiden.

Wechselwirkungen
Immunsuppressiv wirkende Arzneimittel können die Wirksamkeit von Pinikehl® D4 beeinträchtigen. Vor und nach der Behandlung mit oral verabreichten Lebendimpfstoffen ist ein Abstand von 4 Wochen einzuhalten.

Sonstige Hinweise
Enthält Lactose.

Packungsgrößen und Preise

20 Kapseln	(PZN 04549183)	Euro 32,49
10-mal 20 Kapseln	(PZN 04549208)	Euro 285,36

Apothekenpflichtig.

Sanum-Kehlbeck

Pinikehl® D5

Tropfen

Wirkstoff: Fomitopsis pinicola e volumine mycelii (lyophil., steril.) Dil. D5

Zusammensetzung
10 ml flüssige Verdünnung enthalten: Wirkstoff: 10 ml Fomitopsis pinicola e volumine mycelii (lyophil., steril.) Dil. D5 nach Vorschrift 5a, HAB, Lsg. D1 mit gereinigtem Wasser.

Anwendungsgebiete
Erfahrungsgemäß unterstützend angewendet bei:

Erkrankungen der Leber und Milz, Febris intermittens.

Eigenschaften
Pinikehl® wird aus Fomitopsis pinicola gewonnen und bevorzugt eingesetzt bei Schwäche und Störungen von Leber und Milz.

Dosierung
Zum Einnehmen: Erwachsene und Jugendliche ab 12 Jahren nehmen 1 – 2-mal täglich je 5 Tropfen ein.

Zum Einreiben in die Haut: Erwachsene und Jugendliche ab 12 Jahren reiben 2-mal wöchentlich 5 - 10 Tropfen in die Ellenbeuge ein.

Nach längstens 4 Wochen Therapiedauer sollte Pinikehl® D5 abgesetzt werden.

Nebenwirkungen
Aufgrund des Gehaltes von Pinikehl® D5 an spezifischen organischen Bestandteilen können in seltenen Fällen Überempfindlichkeitsreaktionen, hauptsächlich in Form von Hautreaktionen, auftreten und eine Allergie gegen den Bestandteil Fomitopsis pinicola ausgelöst werden. Das Arzneimittel ist dann abzusetzen und ein Arzt aufzusuchen.

Gegenanzeigen
Nicht anwenden bei:

- Überempfindlichkeit gegenüber Fomitopsis pinicola
- Autoimmunerkrankungen
- Kindern unter 12 Jahren
- Schwangeren und Stillenden.

Vorsichtsmaßnahmen
Keine bekannt.

Warnhinweise
Keine bekannt.

Wechselwirkungen
Immunsuppressiv wirkende Arzneimittel können die Wirksamkeit von Pinikehl® D5 beeinträchtigen. Vor und nach der Behandlung mit oral verabreichten Lebendimpfstoffen ist ein Abstand von 4 Wochen einzuhalten.

Packungsgrößen und Preise

10 ml (PZN 04549088) .. Euro 13,82
10-mal 10 ml (PZN 04549094) .. Euro 107,05

Apothekenpflichtig.

INTERNA
(Mund- und Rachenerkrankung)

Institut AllergoSan Deutschland (privat) GmbH

OMNi-BiOTiC® iMMUND

Lutschtabletten

Immun gesund beginnt im Mund*

Anwendungsgebiete
Ein intaktes orales Mikrobiom bildet die erste Abwehrbarriere gegen unerwünschte Erreger, die über Mund-, Nasen- und Rachenraum in den Organismus eindringen. Um das orale Mikrobiom von Kindern und Erwachsenen zu unterstützen, wurde OMNi-BiOTiC® iMMUND entwickelt: Jede Lutschtablette enthält 1 Milliarde Keime des in vielen Studien überprüften Bakterienstamms Streptococcus salivarius K12, ergänzt mit Vitamin D* als Beitrag zur normalen Funktion des Immunsystems. Für die ganze Familie, mit fruchtigem Erdbeergeschmack und zuckerfrei.

Zusammensetzung
Zusammensetzung Lutschtablette:
Isomalt, Bakterienstamm (mind. 1 Milliarden Keime pro 1 Lutschtablette), Magnesiumstearat, Erdbeeraroma, Vitamin D.

Nahrungsergänzungsmittel.

Weitere Informationen erhalten Sie unter: omni-biotic.com

Johannes Bürger Ysatfabrik GmbH

Salvysat® Flüssigkeit

Zum Einnehmen.

siehe Gyn. Erkrankungen & Frauenbeschwerden

EXTERNA
(Mykosen)

Sanum-Kehlbeck

Albicansan® D3

Salbe

Wirkstoff: Candida albicans e volumine mycelii (lyophil., steril.) Dil. D3

Zusammensetzung
1 g Salbe enthält: Wirkstoff: 0,10 g Candida albicans e volumine mycelii (lyophil., steril.) Dil. D3 (HAB, Vorschrift 5a, D1 mit gereinigtem Wasser).

Sonstige Bestandteile: Wollwachsalkoholsalbe, Mittelkettige Triglyceride, Glycerolmonostearat 40 - 55, Propylenglycol, Magnesiumsulfat-Heptahydrat, Milchsäure, gereinigtes Wasser.

Anwendungsgebiete
Erfahrungsgemäß unterstützend angewendet bei:

- Mykosen und mykotisch überlagerten Erkrankungen der Haut und des Überganges zur Schleimhaut
- Balanitis, Vulvitis, Pruritus genitalis
- Erkrankungen des Mundes wie Stomatitis, Gingivitis, Perlèche, Aphthen.

Eigenschaften
Albicansan® wird gewonnen aus dem Hefepilz Candida albicans und eingesetzt zur Behandlung von Mykosen des Darmes, der Haut und Schleimhäute, die auf einer Fehlbesiedlung mit Candida albicans beruhen.

Dosierung
1 – 3x täglich dünn auf die betroffenen Hautpartien auftragen.

Nebenwirkungen
Keine bekannt.

Wechselwirkungen
Keine bekannt.

Gegenanzeigen
Nicht anwenden bei Überempfindlichkeit gegenüber Hefepilzen (Candida albicans).

Ggf. Besonderheiten bei Kindern, Schwangeren, Stillenden
Da keine ausreichend dokumentierten Erfahrungen vorliegen, sollte Albicansan® D3 in der Schwangerschaft und Stillzeit nur nach Rücksprache mit dem Arzt angewendet werden. Zur Anwendung dieses Arzneimittels bei Kindern unter 12 Jahren liegen keine ausreichend dokumentierten Erfahrungen vor. Es soll deshalb bei Kindern unter 12 Jahren nicht angewendet werden.

Vorsichtsmaßnahmen
Propylenglycol kann Hautreizungen hervorrufen. Wollwachsalkoholsalbe kann örtlich begrenzt Hautreizungen (z. B. Kontaktdermatitis) hervorrufen.

Packungsgrößen und Preise

1 Tube à 30 g	(PZN 04456866)	Euro 15,67
10 Tuben à 30 g	(PZN 04456872)	Euro 130,65

Apothekenpflichtig.

Sanum-Kehlbeck

Pefrakehl® D3
Salbe

Wirkstoff: Candida parapsilosis e volumine mycelii (lyophil., steril.) Dil. D3

Zusammensetzung
1 g Salbe enthält: Wirkstoff: 0,10 g Candida parapsilosis e volumine mycelii (lyophil., steril.) Dil. D3 (HAB, Vorschrift 5a, Lsg. D1 mit gereinigtem Wasser).

Sonstige Bestandteile: Wollwachsalkoholsalbe, Mittelkettige Triglyceride, Glycerolmonostearat 40 - 55, Propylenglycol, Magnesiumsulfat-Heptahydrat, Milchsäure, Wasser für Injektionszwecke.

Anwendungsgebiete
Erfahrungsgemäß unterstützend angewendet bei:

Mykosen und mykotisch überlagerten Erkrankungen der Haut und des Überganges zur Schleimhaut, Balanitis, Vulvitis, Pruritus genitalis.

Eigenschaften
Pefrakehl® wird gewonnen aus dem Hefepilz Candida parapsilosis und eingesetzt zur Behandlung von Mykosen des Darmes, der Haut und Schleimhäute.

Gegenanzeigen
Nicht anwenden bei Überempfindlichkeit gegenüber Hefepilzen (Candida parapsilosis).

Ggf. Besonderheiten bei Kindern, Schwangeren, Stillenden
Da keine ausreichend dokumentierten Erfahrungen zur Anwendung in der Schwangerschaft und Stillzeit vorliegen, sollte das Arzneimittel nur nach Rücksprache mit dem Arzt angewendet werden.

Vorsichtsmaßnahmen
Pefrakehl® D3 enthält Cetylstearylalkohol, Propylenglycol und Wollwachs. Dieses Arzneimittel enthält 6900 mg Propylenglycol pro 30 g entsprechend 230 mg/g. Pefrakehl® D3 kann örtlich begrenzt Hautreizungen (z. B. Kontaktdermatitis) hervorrufen. Wenden Sie bei Babys unter 4 Wochen mit offenen Wunden oder großflächigen Hautverletzungen oder -schäden (wie Verbrennungen) dieses Arzneimittel nicht ohne Rücksprache mit Ihrem Arzt oder Apotheker an.

Wechselwirkungen
Keine bekannt.

Nebenwirkungen
Keine bekannt.

Art und Dauer der Anwendung
Zur Anwendung auf der Haut. Auch homöopathische Arzneimittel sollten ohne ärztlichen Rat nicht über längere Zeit angewendet werden.

Packungsgrößen und Preise

1 Tube à 30 g	(PZN 03685725)	.... Euro	15,67
10 Tuben à 30 g	(PZN 03685731)	.... Euro	130,65

Apothekenpflichtig.

Injektionen

Sanum-Kehlbeck

Albicansan® D5

Injektionslösung

Wirkstoff: Candida albicans e volumine mycelii (lyophil., steril.) Dil. D5 aquos.

Zusammensetzung
1 ml flüssige Verdünnung zur Injektion enthält: Wirkstoff: 1 ml Candida albicans e volumine mycelii (lyophil., steril.) Dil. D5 aquos. nach Vorschrift 5b HAB.

Anwendungsgebiete
Erfahrungsgemäß unterstützend angewendet bei:

- Mykosen und sekundär mykotisch infizierten Hautkrankheiten
- Erkrankungen des Mundes, wie Stomatitis, Gingivitis, Perlèche, Aphthen
- Mykosen des Urogenitaltraktes, wie Vaginitis (auch in Kombination mit Adnexitis), Urethritis
- Mykosen des Magen-Darm-Traktes.

Eigenschaften
Albicansan® wird gewonnen aus dem Hefepilz Candida albicans und eingesetzt zur Behandlung von Mykosen des Darmes, der Haut und Schleimhäute, die auf einer Fehlbesiedlung mit Candida albicans beruhen.

Dosierung
Erwachsenen und Jugendlichen ab 12 Jahren 2x wöchentlich 1 Ampulle zu 1 ml s.c. injizieren.

Nach längstens 4 Wochen Therapiedauer sollte Albicansan® D5 abgesetzt werden.

Vor Anwendung beachten: Albicansan® D5 enthält Natrium, aber weniger als 1 mmol (23 mg) Natrium pro 1 ml, d.h., es ist nahezu „natriumfrei".

Nebenwirkungen
Aufgrund des Gehaltes von Albicansan® D5 an spezifischen organischen Bestandteilen können in seltenen Fällen Überempfindlichkeitsreaktionen, hauptsächlich in Form von Hautreaktionen, auftreten und eine Allergie gegen den Bestandteil Candida albicans ausgelöst werden. Das Arzneimittel ist dann abzusetzen und ein Arzt aufzusuchen.

Wechselwirkungen
Immunsuppressiv wirkende Arzneimittel können die Wirksamkeit von Albicansan® D5 beeinträchtigen. Vor und nach der Behandlung mit oral verabreichten Lebendimpfstoffen ist ein Abstand von 4 Wochen einzuhalten.

Gegenanzeigen
Nicht anwenden bei bekannter Überempfindlichkeit gegenüber Hefepilzen (Candida albicans), Autoimmunerkrankungen, Kindern unter 12 Jahren, Schwangeren und Stillenden.

Vorsichtsmaßnahmen
Keine bekannt.

Warnhinweise
Keine bekannt.

Packungsgrößen und Preise

1 Amp. à 1 ml	(PZN 04456808)	Euro 7,72
10 Amp. à 1 ml	(PZN 04456814)	Euro 53,97
50 Amp. à 1 ml	(PZN 04456820)	Euro 230,16

Apothekenpflichtig.

Sanum-Kehlbeck

Pefrakehl® D6

Injektionslösung

Wirkstoff: Candida parapsilosis e volumine mycelii (lyophil., steril.) Dil. D6 aquos.

Zusammensetzung

1 Ampulle zu 1 ml enthält: Wirkstoff: 1 ml Candida parapsilosis e volumine mycelii (lyophil., steril.) Dil. D6 aquos. nach Vorschrift 5b HAB.

Anwendungsgebiete

Erfahrungsgemäß unterstützend angewendet bei:

- Erkrankungen des Respirationstraktes
- Mykosen des Darmes und sekundär mykotisch infizierten Haut- und Schleimhauterkrankungen
- Erkrankungen bakterieller und viraler Genese, wie Rhagaden, Aphten, Pemphigus vulgaris, Lymphadenitis, Cystitis, Otitis externa, Akne, Zahngranulome.

Eigenschaften

Pefrakehl® wird gewonnen aus dem Hefepilz Candida parapsilosis und eingesetzt zur Behandlung von Mykosen des Darmes, der Haut und Schleimhäute.

Nebenwirkungen

Aufgrund des Gehaltes von Pefrakehl® D6 an spezifischen organischen Bestandteilen können Überempfindlichkeitsreaktionen, hauptsächlich in Form von Hautreaktionen, auftreten und eine Allergie gegen den Bestandteil Candida parapsilosis ausgelöst werden. Das Arzneimittel ist dann abzusetzen und ein Arzt aufzusuchen.

Gegenanzeigen

Nicht anwenden bei:

- bekannter Überempfindlichkeit gegenüber Hefepilzen (Candida parapsilosis)
- Autoimmunerkrankungen
- Kindern unter 12 Jahren
- Schwangerschaft und Stillzeit.

Vorsichtsmaßnahmen

Keine bekannt.

Warnhinweise

Keine bekannt.

Wechselwirkungen

Immunsuppressiv wirkende Arzneimittel können die Wirksamkeit von Pefrakehl® D6 beeinträchtigen. Vor und nach der Behandlung mit oral verabreichten Lebendimpfstoffen ist ein Abstand von 4 Wochen einzuhalten.

Dosierung

Erwachsenen und Jugendlichen ab 12 Jahren 2-mal wöchentlich 1 ml s.c. injizieren. Nach längstens 4 Wochen Therapiedauer sollte Pefrakehl® D6 abgesetzt werden.

Packungsgrößen und Preise

1 Amp. à 1 ml (PZN 03206937)	Euro	7,00
10 Amp. à 1 ml (PZN 03206943)	Euro	47,62
50 Amp. à 1 ml (PZN 03206966)	Euro	196,86

Apothekenpflichtig.

INTERNA

Sanum-Kehlbeck

Albicansan® D3

Zäpfchen

Wirkstoff: Candida albicans e volumine mycelii (lyophil, steril.) Trit. D3

Zusammensetzung

1 Zäpfchen enthält: Wirkstoff: 0,2 g Candida albicans e volumine mycelii (lyophil., steril.) Trit. D3 nach Vorschrift 6 HAB.

Sonstiger Bestandteil: Hartfett.

Anwendungsgebiete

Erfahrungsgemäß unterstützend angewendet bei:

- Mykosen und sekundär mykotisch infizierten Hautkrankheiten

- Mykosen des Urogenitaltraktes, wie Vaginitis (auch in Kombination mit Adnexitis), Urethritis
- Mykosen des Magen-Darm-Traktes.

Eigenschaften
Albicansan® wird gewonnen aus dem Hefepilz Candida albicans und eingesetzt zur Behandlung von Mykosen des Darmes, der Haut und Schleimhäute, die auf einer Fehlbesiedlung mit Candida albicans beruhen.

Dosierung
1x täglich 1 Zäpfchen vor dem Schlafengehen in den After einführen.

Nebenwirkungen
Keine bekannt.

Wechselwirkungen
Keine bekannt.

Ggf. Besonderheiten bei Kindern, Schwangeren, Stillenden
Da keine ausreichend dokumentierten Erfahrungen vorliegen, sollte Albicansan® D3 in der Schwangerschaft und Stillzeit nur nach Rücksprache mit dem Arzt angewendet werden. Zur Anwendung dieses Arzneimittels bei Kindern unter 6 Jahren liegen keine ausreichend dokumentierten Erfahrungen vor. Es soll deshalb bei Kindern unter 6 Jahren nicht angewendet werden.

Gegenanzeigen
Nicht anwenden bei Überempfindlichkeit gegenüber Hefepilzen (Candida albicans).

Sonstige Hinweise
Enthält Lactose.

Packungsgrößen und Preise

10 Zäpfchen (PZN 04456903) .... Euro 17,58
10-mal 10 Zäpfchen (PZN 04456926) .... Euro 144,97

Apothekenpflichtig.

Sanum-Kehlbeck

Albicansan® D4

Hartkapseln

Wirkstoff: Candida albicans e volumine mycelii (lyophil, steril.) Trit. D4

Zusammensetzung
1 Hartkapsel enthält: Wirkstoff: 330 mg Candida albicans e volumine myceli (lyophil, steril.) Trit. D4 nach Vorschrift 6 HAB.

Hartkapselhülle: Hypromellose (HPMC).

Anwendungsgebiete
Erfahrungsgemäß unterstützend angewendet bei:

- Mykosen und sekundär mykotisch infizierten Hautkrankheiten
- Erkrankungen des Mundes, wie Stomatitis, Gingivitis, Perlèche, Aphthen
- Mykosen des Urogenitaltraktes wie Vaginitis (auch in Kombination mit Adnexitis), Urethritis
- Mykosen des Magen-Darm-Traktes.

Eigenschaften
Albicansan® wird gewonnen aus dem Hefepilz Candida albicans und eingesetzt zur Behandlung von Mykosen des Darmes, der Haut und Schleimhäute, die auf einer Fehlbesiedlung mit Candida albicans beruhen.

Dosierung
1 – 3x täglich je 1 Hartkapsel vor den Mahlzeiten mit ausreichend Flüssigkeit (vorzugsweise ein Glas Trinkwasser) einnehmen Kinder zwischen dem 6. und 12. Lebensjahr erhalten nicht mehr als zwei Drittel der Erwachsenendosis.

Nebenwirkungen
Keine bekannt.

Wechselwirkungen
Keine bekannt.

Ggf. Besonderheiten bei Kindern, Schwangeren, Stillenden
Da keine ausreichend dokumentierten Erfahrungen vorliegen, sollte Albicansan® D4 in der Schwangerschaft und Stillzeit nur nach Rücksprache mit dem Arzt angewendet werden.

Zur Anwendung dieses Arzneimittels bei Kindern unter 6 Jahren liegen keine ausreichend dokumentierten Erfahrungen vor. Es soll deshalb bei Kindern unter 6 Jahren nicht angewendet werden.

Vorsichtsmaßnahmen
Dieses Arzneimittel enthält Lactose. Bitte nehmen Sie Albicansan® D4 daher erst nach Rückspache mit Ihrem Arzt ein, wenn Ihnen bekannt ist, dass Sie unter einer Unverträglichkeit gegenüber bestimmten Zuckern leiden.

Gegenanzeigen
Nicht anwenden bei Überempfindlichkeit gegenüber Hefepilzen (Candida albicans).

Sonstige Hinweise
Enthält Lactose.

Packungsgrößen und Preise

20 Hartkapseln	(PZN 04456837)	... Euro 32,49
10-mal 20 Hartkapseln	(PZN 04456843)	... Euro 285,36

Apothekenpflichtig.

Sanum-Kehlbeck

Albicansan® D5

Tropfen

Wirkstoff: Candida albicans e volumine mycelii (lyophil., steril.) Dil. D5

Zusammensetzung
10 ml flüssige Verdünnung enthalten: Wirkstoff: 10 ml Candida albicans e volumine mycelii (lyophil., steril.) Dil. D5 nach Vorschrift 5a HAB, D1 mit gereinigtem Wasser.

Anwendungsgebiete
Erfahrungsgemäß unterstützend angewendet bei:

- Mykosen und sekundär mykotisch infizierten Hautkrankheiten
- Erkrankungen des Mundes, wie Stomatitis, Gingivitis, Perlèche, Aphthen
- Mykosen des Urogenitaltraktes, wie Vaginitis (auch in Kombination mit Adnexitis), Urethritis
- Mykosen des Magen-Darm-Traktes.

Eigenschaften
Albicansan® wird gewonnen aus dem Hefepilz Candida albicans und eingesetzt zur Behandlung von Mykosen des Darmes, der Haut und Schleimhäute, die auf einer Fehlbesiedlung mit Candida albicans beruhen.

Dosierung
Zum Einnehmen: 1 – 2x täglich je 5 Tropfen vor einer Mahlzeit.

Zum Einreiben: Zweimal wöchentlich 5 - 10 Tropfen in die Ellenbeugen, nur auf intakter Haut.

Kinder zwischen dem 6. und 12. Lebensjahr erhalten nicht mehr als zwei Drittel der Erwachsenendosis.

Nebenwirkungen
Keine bekannt.

Wechselwirkungen
Keine bekannt.

Gegenanzeigen
Nicht anwenden bei Überempfindlichkeit gegenüber Hefepilzen (Candida albicans).

Ggf. Besonderheiten bei Kindern, Schwangeren, Stillenden
Da keine ausreichend dokumentierten Erfahrungen vorliegen, sollte Albicansan® D5 in der Schwangerschaft und Stillzeit nur nach Rücksprache mit dem Arzt angewendet werden. Zur Anwendung dieses Arzneimittels bei Kindern unter 6 Jahren liegen keine ausreichend doku-

mentierten Erfahrungen vor. Es soll deshalb bei Kindern unter 6 Jahren nicht angewendet werden.

Packungsgrößen und Preise

1-mal 10 ml (PZN 04456889) ..	Euro 13,82
10-mal 10 ml (PZN 04456895) ..	Euro 107,05

Apothekenpflichtig.

NutraMedix Deutschland

Banderol NutraMedix Tropfen

siehe Infektionen

Sanum-Kehlbeck

Exmykehl® D3

Zäpfchen

Wirkstoffe: Candida albicans e volumine mycelii (lyophil., steril.) Trit. D3, Candida parapsilosis e volumine mycelii (lyophil., steril.) Trit. D3, Penicillium roquefortii e volumine mycelii (lyophil., steril.) Trit. D3.

Zusammensetzung

1 Zäpfchen enthält: Wirkstoffe: 0,067 g Candida albicans e volumine mycelii (lyophil., steril.) Trit. D3 (HAB, Vorschrift 6), 0,067 g Candida parapsilosis e volumine mycelii (lyophil., steril.) Trit. D3 (HAB, Vorschrift 6), 0,067 g Penicillium roquefortii e volumine mycelii (lyophil., steril.) Trit. D3 (HAB, Vorschrift 6).

Sonstige Bestandteile: Hartfett.

Anwendungsgebiete

Erfahrungsgemäß unterstützend angewendet bei:

Darmmykosen, Vaginalmykosen, Prostatahypertrophie, Zystitis, entzündlichen Darmerkrankungen, Obstipation.

Eigenschaften

In Exmykehl® D3 sind die spezifisch antimykotisch wirksamen Pilze Penicillium roquefortii, Candida parapsilosis und Candida albicans kombiniert. Durch die Kombination ergibt sich ein weites Wirkungsspektrum.

Dosierung

Erwachsene und Jugendliche ab 12 Jahren führen einmal täglich 1 Zäpfchen vor dem Schlafengehen in den After ein.

Nebenwirkungen

Aufgrund des Gehaltes von Exmykehl® D3 an spezifischen organischen Bestandteilen können in seltenen Fällen Überempfindlichkeitsreaktionen, hauptsächlich in Form von Hautreaktionen, auftreten und eine Allergie gegen die Bestandteile Candida albicans, Candida parapsilosis und Penicillium roquefortii ausgelöst werden. Das Arzneimittel ist dann abzusetzen und ein Arzt aufzusuchen.

Wechselwirkungen

Immunsupressiv wirkende Arzneimittel können die Wirksamkeit von Exmykehl® D3 beeinträchtigen. Vor und nach der Behandlung mit oral verabreichten Lebendimpfstoffen ist ein Abstand von 4 Wochen einzuhalten.

Gegenanzeigen

Nicht anwenden bei:

- bekannter Überempfindlichkeit gegenüber Hefepilzen (Candida albicans und Candida parapsilosis)
- bekannter Überempfindlichkeit gegenüber Schimmelpilzen (Penicillium roquefortii)
- Autoimmunerkrankungen
- Kindern unter 12 Jahren
- Schwangeren und Stillenden

Vorsichtsmaßnahmen

Keine bekannt.

Warnhinweise

Keine bekannt.

Packungsgrößen und Preise

10 Zäpfchen (PZN 04456932)	Euro 17,58
10-mal 10 Zäpfchen (PZN 04456949)	Euro 144,97

Apothekenpflichtig.

Sanum-Kehlbeck

Exmykehl® D5 Mischung

Tropfen

Wirkstoffe: Candida albicans e volumine mycelii (lyophil., steril.) D5, Candida parapsilosis e volumine mycelii (lyophil., steril.) D5, Penicillium roquefortii e volumine mycelii (lyophil., steril.) D5

Zusammensetzung
1 ml (= 22 Tropfen) enthält: 0,333 ml Candida albicans e volumine mycelii (lyophil., steril.) Dil. D5 (HAB, Vorschrift 5a, Lsg. D1 mit gereinigtem Wasser), 0,333 ml Candida parapsilosis e volumine mycelii (lyophil., steril.) Dil. D5 (HAB, Vorschrift 5a, Lsg. D1 mit gereinigtem Wasser), 0,334 ml Penicillium roquefortii e volumine mycelii (lyophil., steril.) Dil. D5 (HAB, Vorschrift 5a, Lsg. D1 mit gereinigtem Wasser).

Anwendungsgebiete
Erfahrungsgemäß unterstützend angewendet bei: Darmmykosen, Vaginalmykosen, Prostatahypertrophie, Zystitis, entzündlichen Darmerkrankungen, Obstipation.

Eigenschaften
In Exmykehl® D5 sind die spezifisch wirksamen Pilzpräparate Penicillium roquefortii, Candida parapsilosis und Candida albicans kombiniert. Durch diese Kombination ergibt sich ein breites Wirkungsspektrum.

Art und Dauer der Anwendung
Zum Einnehmen.

Nach längstens 4 Wochen Therapiedauer sollte Exmykehl® D5 abgesetzt werden.

Nebenwirkungen
Aufgrund des Gehaltes von Exmykehl® D5 an spezifischen organischen Bestandteilen können Überempfindlichkeitsreaktionen, hauptsächlich in Form von Hautreaktionen, auftreten und eine Allergie gegen die Bestandteile Candida albicans, Candida parapsilosis und Penicillium roquefortii ausgelöst werden. Das Arzneimittel ist in diesem Falle abzusetzen und ein Arzt aufzusuchen.

Wechselwirkungen
Immunsuppressiv wirkende Arzneimittel können die Wirksamkeit von Exmykehl® D5 beeinträchtigen. Vor und nach der Behandlung mit oral verabreichten Lebendimpfstoffen ist ein Abstand von 4 Wochen einzuhalten.

Gegenanzeigen
- bekannte Überempfindlichkeit gegenüber Hefepilzen (Candida albicans, Candida parapsilosis)
- bekannte Überempfindlichkeit gegenüber Schimmelpilzen (Penicillium roquefortii)
- Autoimmunerkrankungen
- bei Kindern unter 12 Jahren
- Schwangerschaft und Stillzeit

Vorsichtsmaßnahmen
Zur Dosierung, Dauer und Art der Anwendung befragen Sie Ihren homöopathisch erfahrenen Therapeuten.

Packungsgrößen und Preise
10 ml (PZN 12802615) ..... Euro 13,82
10x 10 ml (PZN 12802621) ..... Euro 107,05

Apothekenpflichtig.

NutraMedix Deutschland

Nattokinase NutraMedix Kapseln

siehe Entzündungen

NutraMedix Deutschland

Nutra-BRL NutraMedix Tropfen

siehe Parasiten

Sanum-Kehlbeck

Pefrakehl® D3

Zäpfchen

Wirkstoff: Candida parapsilosis e volumine mycelii (lyophil., steril.) Trit. D3

Zusammensetzung

1 Zäpfchen enthält: Wirkstoff: 0,2 g Candida parapsilosis e volumine mycelii (lyophil., steril.) Trit. D3 nach Vorschrift 6 HAB.

Sonstiger Bestandteil: Hartfett.

Anwendungsgebiete

Erfahrungsgemäß unterstützend angewendet bei:

- Erkrankungen des Respirationstraktes
- Mykosen des Darmes und sekundär mykotisch infizierten Haut- und Schleimhauterkrankungen
- Erkrankungen bakterieller und viraler Genese, wie Rhagaden, Aphten, Pemphigus vulgaris, Lymphadenitis, Cystitis, Otitis externa, Akne, Zahngranulome.

Eigenschaften

Pefrakehl® wird gewonnen aus dem Hefepilz Candida parapsilosis und eingesetzt zur Behandlung von Mykosen des Darmes, der Haut und Schleimhäute.

Gegenanzeigen

Nicht anwenden bei:

- bekannter Überempfindlichkeit gegenüber Hefepilzen (Candida parapsilosis)
- Autoimmunerkrankungen
- Kindern unter 12 Jahren
- Schwangeren und Stillenden.

Vorsichtsmaßnahmen

Keine bekannt.

Warnhinweise

Keine bekannt.

Sonstige Hinweise

Enthält Lactose.

Wechselwirkungen

Immunsuppressiv wirkende Arzneimittel können die Wirksamkeit von Pefrakehl® D3 beeinträchtigen.

Vor und nach der Behandlung mit oral verabreichten Lebendimpfstoffen ist ein Abstand von 4 Wochen einzuhalten.

Nebenwirkungen

Aufgrund des Gehaltes von Pefrakehl® D3 an spezifischen organischen Bestandteilen können in seltenen Fällen Überempfindlichkeitsreaktionen, hauptsächlich in Form von Hautreaktionen, auftreten und eine Allergie gegen den Bestandteil Candida parapsilosis ausgelöst werden. Das Arzneimittel ist dann abzusetzen und ein Arzt aufzusuchen.

Dosierung

Erwachsene und Jugendliche ab 12 Jahren führen 1-mal täglich 1 Zäpfchen vor dem Schlafengehen in den After ein. Nach längstens 4 Wochen Therapiedauer sollte Pefrakehl® D3 abgesetzt werden.

Packungsgrößen und Preise

10 Zäpfchen	(PZN 03206995)	Euro 17,58
10-mal 10 Zäpfchen	(PZN 03207003)	Euro 144,97

Apothekenpflichtig.

Sanum-Kehlbeck

Pefrakehl® D4

Hartkapseln

Wirkstoff: Candida parapsilosis e volumine mycelii (lyophil., steril.) Trit. D4

Zusammensetzung

1 Hartkapsel enthält: Wirkstoff: 330 mg Candida parapsilosis e volumine mycelii (lyophil., steril.) Trit. D4 nach Vorschrift 6 HAB.

Sonstige Bestandteile: Hartkapselhülle: Hypromellose. Arzneimittel enthält Lactose.

Anwendungsgebiete
Erfahrungsgemäß unterstützend angewendet bei:

- Erkrankungen des Respirationstraktes
- Mykosen des Darmes und sekundär mykotisch infizierten Haut- und Schleimhauterkrankungen
- Erkrankungen bakterieller und viraler Genese, wie Rhagaden, Aphten, Pemphigus vulgaris, Lymphadenitis, Cystitis, Otitis externa, Akne, Zahngranulome.

Eigenschaften
Pefrakehl® wird gewonnen aus dem Hefepilz Candida parapsilosis und eingesetzt zur Behandlung von Mykosen des Darmes, der Haut und Schleimhäute.

Nebenwirkungen
Aufgrund des Gehaltes von Pefrakehl® D4 an spezifischen organischen Bestandteilen können Überempfindlichkeitsreaktionen, hauptsächlich in Form von Hautreaktionen, auftreten und eine Allergie gegen den Bestandteil Candida parapsilosis ausgelöst werden. Das Arzneimittel ist dann abzusetzen und ein Arzt aufzusuchen.

Gegenanzeigen
Nicht anwenden bei:

- bekannter Überempfindlichkeit gegenüber Hefepilzen (Candida parapsilosis)
- Autoimmunerkrankungen
- Kindern unter 12 Jahren
- Schwangeren und Stillenden.

Dosierung
Soweit nicht anders verordnet gilt für Erwachsene und Jugendliche ab 12 Jahren: Täglich 1 - 3 Hartkapseln vor dem Frühstück oder abends vor dem Schlafengehen mit ausreichend Flüssigkeit einnehmen. Nach längstens 4 Wochen Therapiedauer sollte Pefrakehl® D4 abgesetzt werden.

Sonstige Hinweise
Enthält Lactose.

Vorsichtsmaßnahmen
Dieses Arzneimittel enthält Lactose. Bitte nehmen Sie Pefrakehl® D4 daher erst nach Rücksprache mit Ihrem Arzt ein, wenn Ihnen bekannt ist, dass Sie unter einer Unverträglichkeit gegenüber bestimmten Zuckern leiden.

Wechselwirkungen
Immunsuppressiv wirkende Arzneimittel können die Wirksamkeit von Pefrakehl® D4 beeinträchtigen. Vor und nach der Behandlung mit oral verabreichten Lebendimpfstoffen ist ein Abstand von 4 Wochen einzuhalten.

Packungsgrößen und Preise

20 Hartkapseln	(PZN 04413377)	... Euro 32,49
10-mal 20 Hartkapseln	(PZN 04413383)	... Euro 285,36

Apothekenpflichtig.

Sanum-Kehlbeck

Pefrakehl® D5

Tropfen

Wirkstoff: Candida parapsilosis e volumine mycelii (lyophil., steril.) Dil. D5

Zusammensetzung
10 ml flüssige Verdünnung enthalten: Wirkstoff: 10 ml Candida parapsilosis e volumine mycelii (lyophil., steril.) Dil. D5 (HAB, Vorschrift 5a, Lsg. D1 mit gereinigtem Wasser).

Anwendungsgebiete
Erfahrungsgemäß unterstützend angewendet bei:

- Erkrankungen des Respirationstraktes
- Mykosen des Darmes und sekundär mykotisch infizierten Haut- und Schleimhauterkrankungen
- Erkrankungen bakterieller und viraler Genese, wie Rhagaden, Aphten, Pemphigus vulgaris, Lymphadenitis, Cystitis, Otitis externa, Akne, Zahngranulome.

Eigenschaften
Pefrakehl® wird gewonnen aus dem Hefepilz Candida parapsilosis und eingesetzt zur Behandlung von Mykosen des Darmes, der Haut und Schleimhäute.

Nebenwirkungen
Aufgrund des Gehaltes von Pefrakehl® D5 an spezifischen organischen Bestandteilen können in seltenen Fällen Überempfindlichkeitsreaktionen, hauptsächlich in Form von Hautreaktionen, auftreten und eine Allergie gegen den Bestandteil Candida parapsilosis ausgelöst werden. Das Arzneimittel ist dann abzusetzen und ein Arzt aufzusuchen.

Gegenanzeigen
Nicht anwenden bei:

- bekannter Überempfindlichkeit gegenüber Pilzen (Candida parapsilosis)
- Autoimmunerkrankungen
- Kindern unter 12 Jahren
- Schwangeren und Stillenden.

Vorsichtsmaßnahmen
Keine bekannt.

Warnhinweise
Keine bekannt.

Wechselwirkungen
Immunsuppressiv wirkende Arzneimittel können die Wirksamkeit von Pefrakehl® D5 beeinträchtigen. Vor und nach der Behandlung mit oral verabreichten Lebendimpfstoffen ist ein Abstand von 4 Wochen einzuhalten.

Dosierung
Zum Einnehmen: Erwachsene und Jugendliche ab 12 Jahren nehmen 1 – 2-mal täglich je 5 Tropfen ein.

Zum Einreiben: Erwachsene und Jugendliche ab 12 Jahren reiben 1-mal täglich 5 - 10 Tropfen in die Ellenbeuge ein.

Nach längstens 4 Wochen Therapiedauer sollte Pefrakehl® D5 abgesetzt werden.

Packungsgrößen und Preise

10 ml	(PZN 03206972) ..	Euro 13,82
10-mal 10 ml	(PZN 03206989) ..	Euro 107,05

Apothekenpflichtig.

NutraMedix Deutschland

Samento NutraMedix Tropfen

siehe Immunsystemerkrankungen und -schwäche

NutraMedix Deutschland

Serrapeptase NutraMedix Kapseln

siehe Entzündungen

INTERNA
(Neurologische Erkrankungen)

NutraMedix Deutschland

Burbur-Pinella NutraMedix Tropfen

siehe Umwelt- und Schwermetallbelastung

NutraMedix Deutschland

Nattokinase NutraMedix Kapseln

siehe Entzündungen

MensSana AG

Omega-3 vegan MensSana
Dragees

siehe Nährstoffmangel

BerryPharma

rubyni® NEURO

Kapseln

Nahrungsergänzungsmittel mit Vitaminen, Mineral- und Pflanzenstoffen sowie Citicolin für Gehirn und Nerven

Inhaltsstoffe

Buchweizenkeimpulver, Johannisbeerenextrakt (aus Früchten von Ribes nigrum, 11% Anthocyane), Salbeiextraktzubereitung (aus Blättern von Salvia officinalis mit Öl aus Salvia lavandulifolia), Citicolin (CDP-Cholin), Überzugsmittel Hydroxypropylmethylcellulose (Kapselhülle)

Eigenschaften

Die von Ernährungsmedizinerin Prof. Dr. Michaela Döll zusammengestellte Rezeptur von rubyni® NEURO kombiniert Extrakte aus der Schwarzen Johannisbeere und Salbei mit einem Vitamin-B-Komplex aus Buchweizenkeimpulver.

Eine Tagesration bietet so nicht nur eine Vielzahl von Anthocyanen und Antioxidantien, sondern auch eine Reihe von relevanten B-Vitaminen, die zu einer normalen Funktion des Nervensystems beitragen. Pantothensäure trägt zu einer normalen geistigen Leistung bei, während Folsäure und Zink die normalen psychischen und kognitiven Funktionen unterstützen.

Alle verwendeten Inhaltsstoffe sind handverlesen und verfügen über eine eigene wissenschaftliche Studienlage im Bereich der Funktion von Gehirn, Nerven und Kognition.

Anwendungsgebiete

- Gehirn und Kognition
- Nerven
- Antioxidativ

Verzehrempfehlung

Erwachsene nehmen täglich bis zu 4 Kapseln unzerkaut und mit ausreichend Flüssigkeit ein. Die empfohlene tägliche Verzehrmenge darf nicht überschritten werden. rubyni® NEURO ist nicht für Kinder geeignet.

Nahrungsergänzungsmittel sollten nicht als Ersatz für eine ausgewogene und abwechslungsreiche Ernährung dienen und ersetzen keine gesunde Lebensweise.

Sonstige Hinweise

rubyni® NEURO ist von Natur aus vegan, laktose- und glutenfrei.

Weiterführende Informationen

www.rubyni.com

Packungsgrößen und Preise

Glas mit 140 Kapseln .... Euro 84,90

Herstellerangaben

BerryPharma GmbH | Weidboden 1 | 83339 Chieming | www.rubyni.com

Die Familie Philipp, die hinter BerryPharma® steht, hat sich seit Generationen ganz der Verarbeitung qualitativ hochwertiger Beeren und Früchte verschrieben, In den Produkten von BerryPharma kommen nur natürliche Extrakte und Inhaltsstoffe zum Einsatz, die in ihrer Wirkung durch Studien belegt sind. Eine ideale Ergänzung für die tägliche Ernährung.

SO PURE. SO YOU.

Stand:
25.09.2024

NutraMedix Deutschland

Sealantro NutraMedix Tropfen

siehe Umwelt- und Schwermetallbelastung

NutraMedix Deutschland

Serrapeptase NutraMedix Kapseln

siehe Entzündungen

Cellavent

WHITE OMEGA®

Weichkapseln

Nahrungsergänzungmittel mit hochwertigen Omega-3-Fettsäuren.

siehe Herz- und Kreislaufbeschwerden

Interna
(Nährstoffmangel)

Sanum-Kehlbeck

Alkala® „N“

Pulver

Zusammensetzung
Säureregulatoren Natriumhydrogencarbonat, Kaliumhydrogencarbonat; Zinkgluconat, Säureregulator Trinatriumcitrat. 3 g Pulver (1 Messlöffel) enthält 10 mg Zink.

Eigenschaften
Alkala® „N“ ist ein Nahrungsergänzungsmittel mit Zink und basischen Mineralstoffen. Zink trägt zu einem normalen Säure-Basen-Stoffwechsel bei.

Verzehrempfehlung
1x täglich 3 Gramm (ein gestrichener Messlöffel) in ½ Glas warmen Wasser auflösen und schluckweise, ggf. über den Tag verteilt trinken.

Hinweis
Grundsätzlich sollte ein Abstand von ein bis zwei Stunden zwischen der Einnahme von Alkala® „N“ und der von Medikamenten eingehalten werden. Dieses Nahrungsergänzungsmittel ist kein Ersatz für eine abwechslungsreiche und ausgewogene Ernährung und eine gesunde Lebensweise. Die angegebene Tagesdosis nicht überschreiten. Für kleine Kinder unzugänglich aufbewahren.

Packungsgrößen und Preise

Dose mit 150 g Pulver (50 Portionen zu je 3 g), inkl. 25x 2 pH-Teststreifen	(PZN 17266972)	Euro 10,69
Bündelpackung mit 10x 150 g Pulver (50 Portionen zu je 3 g), inkl. 10x 25x 2 pH-Teststreifen	(PZN 17297895)	Euro 85,28

Sanum-Kehlbeck

Alkala® „S“

Pulver

Nahrungsergänzungsmittel mit Kalium, Calcium und Magnesium.

Zusammensetzung
Trikaliumcitrat, Trimagnesiumcitrat, Tricalciumcitrat, Trennmittel Siliciumdioxid.

Health Claim
Magnesium trägt zur Erhaltung normaler Knochen und Zähne sowie zur Verringerung von Müdigkeit und Ermüdung bei.

Eigenschaften
Magnesium, Kalium und Calcium gehören zu den wichtigsten Mineralstoffen des Körpers. Kalium trägt zu einer normalen Funktion des Nervensystems sowie einer normalen Muskelfunktion bei. Calcium trägt zu einem normalen Energiestoffwechsel bei und hat eine Funktion bei der Zellteilung und -spezialisierung.

Sonstige Hinweise
Alkala® „S“ darf nicht bei Nierenversagen, Hyperkaliämie, Alkalose oder bei der gleichzeitigen Einnahme von kaliumsparenden Diuretika eingenommen werden.

Dieses Nahrungsergänzungsmittel ist kein Ersatz für eine abwechslungsreiche und ausgewogene Ernährung und eine gesunde Lebensweise. Die angegebene Tagesdosis nicht überschreiten. Für kleine Kinder unzugänglich

aufbewahren. Vor dem Öffnen bitte schütteln! Dose trocken lagern und Deckel geschlossen halten! Alkala® „S“ ist lactose- und glutenfrei.

Verzehrempfehlung
1 – 2-mal täglich 1 leicht gehäuften Teelöffel á 4,5 g Pulver in einem Glas Wasser oder Saft einrühren und wenn möglich zu einer Mahlzeit trinken.

Packungsgrößen und Preise
250 Gramm
Dose (PZN 11077891) Euro 18,81

MensSana AG

B12 lingua MensSana

Tabletten

Eigenschaften
Veganes Nahrungsergänzungsmittel mit 500 µg Methylcobalamin und allen B-Vitaminen im Tagesbedarf. Vitamin B12 trägt zu einem normalen Energiestoffwechsel, Nervensystem sowie verringerter Müdigkeit und Ermüdung bei. Frei von Laktose, Fruktose, Farbstoffen. Ohne Gentechnik. Glutenfrei.

Zusammensetzung
Füllstoff Mannitol, Füllstoff mikrokristalline Cellulose, Maisstärke, Nicotinamid, Säuerungsmittel Zitronensäure, Trennmittel Magnesiumsalze der Speisefettsäuren (pflanzlich), Calcium-D-Pantothenat, Trennmittel Polyethylenglycol, Aroma Orange, Riboflavin-5-phosphat, Pyridoxinhydrochlorid, Thiaminmononitrat, Methylcobalamin, Süßungsmittel Sucralose, Pteroylmonoglutaminsäure, D-Biotin

Verzehrempfehlung
1 Lutschtablette täglich.

Weiterführende Informationen
Weitere Hinweise zum Produkt finden Sie unter www.menssana.de.

Packungsgrößen und Preise
90 Lutschtabletten (PZN 13947652) ... Euro 29,95
30 Lutschtabletten (PZN 19794681) ... Euro 11,95

Protina Pharmazeutische GmbH

Basica Compact®

Tabletten

Basische Tabletten. Nahrungsergänzungsmittel mit basischen Mineralstoffen und Spurenelementen.

Weiterführende Informationen
Basica Compact® enthält eine Kombination basischer Mineralstoffe und wertvoller Spurenelemente. Die organisch gebundenen Mineralstoffe unterstützen das Säure-Basen-Gleichgewicht* und den Stoffwechsel*. Zudem tragen diese zur körperlichen und geistigen Ausgeglichenheit* bei. Die Tabletten sind klein, glatt und gut zu schlucken. Basica Compact® ist lactose-, jod-, gluten-, zucker- und purinfrei und enthält keine Hefen, Gelatine und künstliche Aroma- oder Konservierungsstoffe. Für Diabetiker geeignet.

*Zink trägt zu einem normalen Säure-Basen-Haushalt und einem regulären Kohlenhydrat- und Fettsäurestoffwechsel bei. Magnesium trägt zur Verringerung von Müdigkeit und Erschöpfung bei sowie zum Erhalt der normalen psychischen Funktionen. Wie auch Calcium leistet es außerdem einen Beitrag zum normalen Energiestoffwechsel.

Zusammensetzung
Calciumcitrat, Maltodextrin, Magnesiumhydroxid, Magnesiumcitrat, Füllstoff Hydroxypropylcellulose, Trennmittel vernetzte Natriumcarboxymethylcellulose, Zinkcitrat, Eisencitrat, Natriumcitrat, Kupfercitrat, Chromchlorid, Natriummolybdat, Natriumselenit, Trennmittel Magnesiumsalze von Speisefettsäuren und Siliciumdioxid.

Verzehrempfehlung
Jeweils morgens und abends 3 Tabletten einnehmen. Kann unabhängig von den Mahlzeiten eingenommen werden. Die empfohlene Tagesdosierung darf nicht überschritten werden. Hinweis für Diabetiker: Eine Tagesportion (6 Tabletten) Basica Compact® entspricht < 0,1 BE bzw. 25 kJ (6 kcal).

Packungsgrößen und Preise

120 Stück	Euro 18,90
360 Stück	Euro 41,90

Protina Pharmazeutische GmbH

Basica Direkt®

Granulat

Basische Mikroperlen. Nahrungsergänzungsmittel mit basischen Mineralstoffen und Spurenelementen.

Weiterführende Informationen
Basica Direkt® enthält eine Kombination basischer Mineralstoffe und wertvoller Spurenelemente. Die organisch gebundenen Mineralstoffe unterstützen das Säure-Basen-Gleichgewicht* und den Stoffwechsel*. Zudem tragen diese zur körperlichen und geistigen Ausgeglichenheit* bei. Basica Direkt® sind basische Mikroperlen zur direkten Einnahme ohne Wasser. Die basischen Mikroperlen lösen sich schnell im Mund und haben einen frischen Zitronengeschmack (natürliches Aroma). Die praktischen Sticks sind ideal für Berufstätige, auf Reisen oder beim Sport, da sie jederzeit und überall eingenommen werden können. Basica Direkt® ist lactose-, jod-, gluten-, zucker- und purinfrei und enthält keine Hefen, Gelatine oder künstliche Aroma- oder Konservierungsstoffe. Enthält Süßungsmittel Sorbit. Für Diabetiker geeignet.

*Zink trägt zu einem normalen Säure-Basen-Haushalt und einem regulären Kohlenhydrat- und Fettsäurestoffwechsel bei. Magnesium trägt zur Verringerung von Müdigkeit und Erschöpfung bei sowie zum Erhalt der normalen psychischen Funktionen. Wie auch Calcium leistet es außerdem einen Beitrag zum normalen Energiestoffwechsel.

Zusammensetzung
Süßungsmittel Sorbit, Calciumcitrat, Säureregulator Kaliumtartrat, Magnesiumcitrat, Magnesiumoxid, Trennmittel Calciumsalze von Speisefettsäuren, Zinkcitrat, natürliches Aroma, Natriummolybdat, Chromchlorid, Natriumselenit.

Verzehrempfehlung
Jeweils morgens und abends den Inhalt eines Sticks direkt einnehmen. Die angegebene empfohlene Tagesdosis darf nicht überschritten werden. Kann bei übermäßigem Verzehr abführend wirken. Hinweis für Diabetiker: Eine Tagesportion (2 Sticks) Basica Direkt® entspricht 0,2 BE bzw. 49 kJ (11 kcal).

Packungsgrößen und Preise

Packung mit 30 Sticks	Euro 18,90
Packung mit 80 Sticks	Euro 41,90

Protina Pharmazeutische GmbH

Basica Instant®

Pulver

Basisches Trinkpulver. Nahrungsergänzungsmittel mit basischen Mineralstoffen und Spurenelementen.

Weiterführende Informationen
Basica Instant® enthält eine Kombination basischer Mineralstoffe und wertvoller Spurenelemente. Die organisch gebundenen Mineralstoffe unterstützen das Säure-Basen-Gleichgewicht* und den Stoffwechsel*. Zudem tragen diese zur körperlichen und geistigen Ausgeglichenheit* bei. Basica Instant® ist ein basisches Trinkpulver zur Zubereitung eines Getränks mit fruchtigem Orangengeschmack. Zusätzlich enthält Basica Instant® Vitamin C und Vitamin B2. Basica Instant® wird nur einmal täglich eingenommen. Basica Instant® ist lactose-, gluten-, purin- und jodfrei. Ohne Ge-

latine und künstliche Konservierungsstoffe. Mit Vitamin C und Vitamin B2. Für Diabetiker nicht geeignet.

*Zink trägt zu einem normalen Säure-Basen-Haushalt und einem regulären Kohlenhydrat- und Fettsäurestoffwechsel bei. Magnesium trägt zur Verringerung von Müdigkeit und Erschöpfung bei sowie zum Erhalt der normalen psychischen Funktionen. Wie auch Calcium leistet es außerdem einen Beitrag zum normalen Energiestoffwechsel.

Zusammensetzung
Saccharose, Säurungsmittel Zitronensäure, Maltodextrin, Calciumcarbonat, Magnesiumcarbonat, Magnesiumcitrat, Kaliumcitrat, Natriumhydrogencarbonat, Natriumcitrat, Ascorbinsäure, Orangen-Aroma, Zinkcitrat, Kupfercitrat, Riboflavin, Chromchlorid, Natriummolybdat, Selenhefe.

Verzehrempfehlung
1x täglich 15 g (entspricht 3 Teelöffel) in einem Glas Wasser (ca. 250 ml) auflösen und trinken. Für eine stärkere bzw. schwächere Süßung, die Wassermenge variieren. Die empfohlene Tagesdosierung darf nicht überschritten werden. Hinweis für Diabetiker: Eine Tagesportion (2 Messlöffel) Basica Instant® entspricht 0,8 BE bzw. 208 kJ (49 kcal).

Packungsgrößen und Preise
300 g .... Euro 18,90

Protina Pharmazeutische GmbH

Basica Vital®

Granulat

Basisches Granulat. Nahrungsergänzungsmittel mit basischen Mineralstoffen und Spurenelementen.

Weiterführende Informationen
Basica Vital® enthält eine Kombination basischer Mineralstoffe und wertvoller Spurenelemente. Die organisch gebundenen Mineralstoffe unterstützen das Säure-Basen-Gleichgewicht* und den Stoffwechsel*. Zudem tragen diese zur körperlichen und geistigen Ausgeglichenheit* bei. Basica Vital® ist ein basisches Granulat zum Einrühren in Speisen. Auch zum Kochen und Backen geeignet, da geschmacksneutral und hitzebeständig. Basica Vital® ist jodfrei, gluten- und purinfrei und enthält keine Hefen, Gelatine und künstliche Aroma- oder Konservierungsstoffe. Basica Vital® ist die einzige Darreichungsform, die Lactose enthält.

*Zink trägt zu einem normalen Säure-Basen-Haushalt und einem regulären Kohlenhydrat- und Fettsäurestoffwechsel bei. Magnesium trägt zur Verringerung von Müdigkeit und Erschöpfung bei sowie zum Erhalt der normalen psychischen Funktionen. Wie auch Calcium leistet es außerdem einen Beitrag zum normalen Energiestoffwechsel.

Zusammensetzung
Lactose, Calciumcitrat, Natriumcitrat, Magnesiumcitrat, Kaliumcitrat, Maltodextrin, Zinkcitrat, Eisencitrat, Kupfercitrat, Chromchlorid, Natriummolybdat, Natriumselenit.

Verzehrempfehlung
1 Portion (à 16 g) morgens und abends in Speisen einrühren. Die empfohlene Tagesdosierung darf nicht überschritten werden. Hinweis für Diabetiker: Eine Tagesportion (ca. 32 g) Basica Vital® entspricht 2,0 BE bzw. 471 kJ (111 kcal).

Packungsgrößen und Preise
200 g .... Euro 11,90
800 g .... Euro 41,90

Protina Pharmazeutische GmbH

Basica® Pur

Pulver

Reines Basenpulver. Nahrungsergänzungsmittel mit basischen Mineralstoffen und Spurenelementen.

Weiterführende Informationen

Basica® Pur enthält eine Kombination basischer Mineralstoffe und wertvoller Spurenelemente. Die organisch gebundenen Mineralstoffe unterstützen das Säure-Basen-Gleichgewicht* und den Stoffwechsel*. Zudem tragen diese zur körperlichen und geistigen Ausgeglichenheit* bei. Basica® Pur enthält reine basische Mineralstoffe und Spurenelemente. Es ist frei von Lactose, Gluten, Jod und Purinen und enthält keine Hefen, Gelatine und künstliche Aroma- oder Konservierungsstoffe. Für Veganer geeignet und durch den Verzicht auf Zucker, Aromen und Süßstoffe ohne Geschmack. Basica® Pur ist vielseitig verwendbar und kann in Wasser oder Saft aufgelöst sowie in Speisen eingerührt werden. Basica® Pur ist hitzebeständig und deshalb auch zum Kochen und Backen geeignet. In praktischen Portionsbeuteln zur einfachen Dosierung der Tagesportion.

*Zink trägt zu einem normalen Säure-Basen-Haushalt und einem regulären Kohlenhydrat- und Fettsäurestoffwechsel bei. Magnesium trägt zur Verringerung von Müdigkeit und Erschöpfung bei sowie zum Erhalt der normalen psychischen Funktionen. Wie auch Calcium leistet es außerdem einen Beitrag zum normalen Energiestoffwechsel.

Zusammensetzung

Calciumlactat, Natriumcitrat, Kaliumcitrat, Magnesiumcitrat, Zinkcitrat, Chromchlorid, Natriummolybdat, Natriumselenat.

Verzehrempfehlung

Jeweils morgens und abends den Inhalt eines Sticks in 250 ml Wasser oder Saft auflösen. Kann auch in kalte oder warme Speisen eingerührt werden. Hinweis für Diabetiker: 1 Tagesportion (2 Sticks) entspricht < 0,1 BE bzw. 70 kJ (16 kcal).

Packungsgrößen und Preise

Packung mit 20 Sticks .... Euro 17,90
Packung mit 50 Sticks .... Euro 35,90

MensSana AG

BetaGlucan+ immun MensSana

Granulat

Eigenschaften

Vegetarisches Nahrungsergänzungsmittel mit Beta-Glucanen aus Bäckerhefe sowie Vitamin B6, B9, B12, C, D, Selen und Zink für die normale Funktion des Immunsystems. Praktischer Direktstick mit erfrischendem Orangengeschmack. Frei von Laktose, Fruktose, Farbstoffen. Ohne Gentechnik. Glutenfrei.

Zusammensetzung

Zucker, Beta-Glucane aus Hefe (Saccharomyces cerevisiae), L-Ascorbinsäure, Zinkcitrattrihydrat, Aroma, Pyridoxinhydrochlorid, Pteroylmonoglutaminsäure, L-Selenomethionin, Cholecalciferol, Cyanocobalamin

Warnhinweise

Keine Empfehlung für die Einnahme weiterer zinkhaltiger Nahrungsergänzungsmittel.

Verzehrempfehlung

1 Stick täglich.

Weiterführende Informationen

Weitere Hinweise zum Produkt finden Sie unter www.menssana.de

Packungsgrößen und Preise

30 Sticks (PZN 17653652) ...... Euro 34,95

MensSana AG

Biotic premium MensSana

Granulat

Eigenschaften

Veganes Nahrungsergänzungsmittel mit insgesamt 2 x 10^9 koloniebildenden Einheiten aus 9 vermehrungsfähigen Bakterienstämmen sowie dem kompletten Vitamin B-Komplex in 100 %iger Tagesdosierung. Enthält zusätzlich Inulin als Präbiotikum. Fertig dosiertes, geschmacksneutrales Getränkepulver. Frei von Laktose, Farbstoffen, Aromen. Ohne Gentechnik. Glutenfrei.

Zusammensetzung

Maltodextrin, Inulin, Reisstärke, B. bifidum, B. breve, B. lactis, B. longum, L. casei, L. paracasei, L. plantarum, L. rhamnosus, S. thermophilus, Nicotinamid, Pantothensäure, Riboflavin, PyridoxinHCL, Thiamin, Folsäure, Biotin, Cyanocobalamin

Verzehrempfehlung

1 Sachet tgl. abends o. vor dem Frühstück in 250 ml Leitungswasser, stillem Wasser oder Milch auflösen und sofort verzehren.

Weiterführende Informationen

Weitere Hinweise zum Produkt finden Sie unter www.menssana.de

Packungsgrößen und Preise

10 Sachets (PZN 16926461) .... Euro 16,95
28 Sachets (PZN 16926449) .... Euro 39,95

Dr. Jacob's Medical GmbH

Dr. Jacob's Basenpulver

Pulver

Nahrungsergänzungsmittel mit Kalium-, Calcium- und Magnesium-Citrat - Multitalent mit über 30 belegten Gesundheitswirkungen (u.a. für Muskeln, Knochen, Nerven, weniger Erschöpfung, Herz und normalen Blutdruck).

siehe Übersäuerung

Biofrid-Cosmetic

EPALIPID®

Granulat

Zusammensetzung

100 % Sojalecithin-Granulat vegan - ohne Gentechnik.

Health Claim

Linolsäure trägt zur Aufrechterhaltung eines normalen Cholesterinspiegels im Blut bei.

Eigenschaften

EPALIPID® ist ein Phospholipid-Komplex, der aus gentechnikfreien Sojabohnen hergestellt wird. Die wertvollen mehrfach ungesättigten Fettsäuren wie Linol- und Linolensäure sind die Hauptbestandteile von Phosphatidylcholin, Phosphatidylethanolamin und Phosphatidylinositol.

Verzehrempfehlung

3 Teelöffel täglich nach Belieben in Flüssigkeiten verrühren oder über Speisen streuen.

Sonstige Hinweise

Die angegebene empfohlene Verzehrmenge darf nicht überschritten werden. Eine positive Wirkung tritt ab einer täglichen Aufnahme von 10 g Linolsäure ein. Nahrungsergänzungsmittel sollen nicht als Ersatz für eine ausgewogene und abwechslungsreiche Ernährung und eine gesunde Lebensweise verwendet werden. Bitte außerhalb der Reichweite von kleinen Kindern lagern.

Allergene: Soja.

Packungsgrößen und Preise

1 Dose à 300 g (PZN 00148671) . Euro 19,26

MensSana AG

Ferro MensSana

Granulat

Eigenschaften

Veganes Nahrungsergänzungsmittel mit mikroverkapseltem Eisenfumarat, natürlichem Vitamin C aus Acerola sowie Vitamin B12. Eisen

trägt zur normalen Bildung roter Blutkörperchen und Hämoglobin bei. B12 trägt zur normalen Bildung roter Blutkörperchen bei. Vitamin C erhöht die Eisenaufnahme. Frei von Laktose, Farbstoffen. Ohne Gentechnik. Glutenfrei.

Zusammensetzung
Zucker, Acerolafruchtextraktpulver, Rote Bete Saftpulver, Eisenfumarat, Aroma, ganz gehärtetes pflanzliches Fett (Raps), Cyanocobalamin

Warnhinweise
Eisen für Männer, postmenopausale Frauen, Schwangere nur nach ärztl. Rücksprache.

Verzehrempfehlung
1 Stick täglich.

Weiterführende Informationen
Weitere Hinweise zum Produkt finden Sie unter www.menssana.de.

Packungsgrößen und Preise
28 Sticks (PZN 09533979) ...... Euro 22,95

MensSana AG

Immuno / Immuno akut MensSana

Kapseln

Eigenschaften
Veganes Nahrungsergänzungsmittel mit B6, B9, B12, C, D, E, Chrom, Selen, Zink, Beta-Carotin, sekundären Pflanzenstoffen (Tagetes-,Tomaten-, Zitrusextrakt). Frei von Laktose, Fruktose, Aromen. Ohne Gentechnik.

Zusammensetzung
L-Ascorbinsäure, Hydroxypropylmethylcellulose (Kapselhülle), Zitrusextrakt, Zinkgluconat, Tagetesextrakt, Tomatenextrakt, D-alpha-Tocopherylacetat, Chromhefe, Füllstoff mikrokristalline Cellulose, Selenmethionin, Trennmittel Magnesiumsalze der Speisefettsäuren (pflanzlich), Cyanocobalamin, Pyridoxinhydrochlorid, Beta-Carotin, Cholecalciferol, Pteroylmonoglutaminsäure

Warnhinweise
Keine Empfehlung für die Einnahme weiterer zinkhaltiger Nahrungsergänzungsmittel.

Verzehrempfehlung
1 Kapsel täglich.

Weiterführende Informationen
Weitere Hinweise zum Produkt finden Sie unter www.menssana.de.

Packungsgrößen und Preise
30 Kapseln (PZN 09706747) ..... Euro 13,95
90 Kapseln (PZN 09706730) .... Euro 34,95

Sanum-Kehlbeck

Lipiscor® Fischölkapseln Omega-3

Kapseln

Zusammensetzung
Fischölkonzentrat (73%), Gelatine (Rind), Feuchthaltemittel Glycerin, Antioxidationsmittel stark tocopherolhaltige Extrakte, Wasser. In einer Kapsel Lipiscor® liegen 300 mg EPA und 200 mg DHA als Triglyceride vor.

Eigenschaften
Lipiscor® ist ein Nahrungsergänzungsmittel aus Fischöl mit Omega-3-Fettsäuren. EPA und DHA tragen zur Aufrechterhaltung eines normalen Blutdrucks[1)]* und Triglyceridspiegels im Blut[2)]* sowie einer normalen Herzfunktion[3)] bei. DHA trägt zur Erhaltung einer normalen Gehirnfunktion[4)] sowie normaler Sehkraft[4)] bei.

Die positive Wirkung stellt sich laut EFSA bei einer täglichen Aufnahme von [1)] 3 g EPA und DHA; [2)] 2 g EPA und DHA; [3)] 250 mg EPA und DHA; [4)] 250 mg DHA ein.

*Die Gesamtaufnahme aus Lebensmitteln und diesem Nahrungsergänzungsmittel darf die tägliche Aufnahme von 5 g an EPA und DHA nicht überschreiten.

Verzehrempfehlung
3 mal täglich 2 Kapseln mit einer Mahlzeit verzehren.

Hinweis
Dieses Nahrungsergänzungsmittel ist kein Ersatz für eine abwechslungsreiche, ausgewogene Ernährung und eine gesunde Lebensweise. Für kleine Kinder unzugänglich aufbewahren. Die angegebene Tagesdosis nicht überschreiten.

Allergene
Enthält Fisch.

Packungsgrößen und Preise
Dose mit 120 (PZN
Kapseln 17180940 .... Euro 29,19

Queisser Pharma

LITOZIN®
Flüssigkeit/ Kapseln/ Pulver

Weiterführende Informationen
LITOZIN Ultra Kapseln und LITOZIN Hagebuttenpulver:

LITOZIN ist ein spezielles Nahrungsergänzungsmittel, welches aus den Früchten der Hagebutte hergestellt wird. In mehrjähriger Untersuchungsarbeit fanden skandinavische Ernährungsexperten heraus, dass die spezielle Hagebuttensorte Rosa canina L. und ein besonders schonendes Herstellungsverfahren nötig sind, um ein Hagebuttenprodukt mit besonders guten Eigenschaften zu erhalten. Nur durch das besondere Verfahren kann sichergestellt werden, dass die wertvollen Pflanzenstoffe bei der Herstellung des Hagebuttenpulvers nicht zerstört werden. Die roten Früchte der Hagebutte Rosa canina L. enthalten eine Vielzahl an Pflanzeninhaltsstoffen. Diese Vielfalt der Natur kann man nicht nachbauen. LITOZIN enthält Hagebuttenpulver hergestellt aus sorgfältig ausgewählten Früchten und nach einem besonderen, schonenden Herstellungsverfahren. Die LITOZIN Ultra Kapseln enthalten zusätzlich noch Vitamin C. Vitamin C trägt zu einer normalen Kollagenbildung für eine normale Knorpel- und Knochenfunktion bei. Anders als chemische Substanzen, deren Effekte manchmal schnell spürbar sind, dauert es einige Zeit, bis die gesundheitsfördernden Effekte von pflanzlichen Inhaltsstoffen sich entfalten. LITOZIN sollte regelmäßig angewendet werden.

LITOZIN HAGEBUTTE + KOLLAGEN Trinkfläschchen:

Die Trinkfläschchen enthalten Vitamin D, Vitamin C, das Spurenelement Selen sowie zusätzlich 5 g Hagebuttensaftkonzentrat und 10 g Kollagenhydrolysat.

Kollagen ist das quantitativ bedeutendste Protein unseres Organismus. Es macht den Hauptanteil der meisten Binde- und Stützgewebe aus und bestimmt deren Eigenschaften. Kollagen ist ein Faserbestandteil von Knochen, Knorpel und Sehnen.

Verzehrempfehlung
Kapseln: Erwachsene nehmen 3 Kapseln täglich mit ausreichend Wasser zu einer Mahlzeit ein oder öffnen die Kapseln und streuen das Pulver über Lebensmittel wie Joghurt oder Müsli.

Hagebuttenpulver: Einen Messlöffel voll (2,5 g) täglich einnehmen. Das Pulver kann mit Wasser eingenommen oder in Müsli, Joghurt oder Ähnliches eingerührt werden. Am besten zu einer Mahlzeit einnehmen. Das Pulver sollte nicht erwärmt werden.

Trinkfläschchen: Täglich den Inhalt eines Trinkfläschchens verzehren. Vor dem Verzehr gut schütteln.

Sonstige Hinweise
Die angegebene empfohlene tägliche Verzehrmenge darf nicht überschritten werden. Nahrungsergänzungsmittel sind kein Ersatz für eine ausgewogene und abwechslungsreiche Ernährung und eine gesunde Lebensweise. Für Kinder unzugänglich aufbewahren.

Zusammensetzung
Kapseln (pro 1 Kapsel): 750 mg Hagebuttenpulver, 26,6 mg Vitamin C

Hagebuttenpulver (pro 1 Messlöffel): 2,5 g Hagebuttenpulver

Trinkfläschchen (pro Trinkfläschchen): 10 g Kollagenhydrolysat, 5 g Hagebuttensaftkonzentrat, 60 mg Vitamin C, 5 µg Vitamin D, 25 µg Selen

Packungsgrößen und Preise

LITOZIN Hagebutte +Kollagen (30 Trinkfläschchen)	(PZN11138061)	Euro 44,95
LITOZIN Ultra Kapseln (120 Kapseln)	(PZN09771006)	Euro 35,95
LITOZIN Hagebuttenpulver (130 g Pulver)	(PZN11523155)	Euro 39,95

MensSana AG

Magnesium-Citrat + D direkt MensSana

Granulat

Eigenschaften
Veganes Nahrungsergänzungsmittel mit hochwertigem Magnesiumcitrat und Vitamin D. Beide Inhalte tragen zum Erhalt einer normalen Muskelfunktion bei. Frei von Laktose, Fruktose, Farbstoffen. Ohne Gentechnik. Glutenfrei.

Zusammensetzung
Füllstoff Erythritol, Tri-Magnesiumdicitrat-9-hydrat, Säuerungsmittel Zitronensäure, Trennmittel Magnesiumsalze der Speisefettsäuren (pflanzlich), Aroma, Tri-Calciumphosphat, Cholecalciferol, Süßungsmittel Sucralose

Warnhinweise
Nicht für Kinder unter 4 Jahren. Magnesium kann abführend wirken. Die Aufnahme der Tagesdosis sollte auf mindestens zwei Portionen verteilt werden.

Verzehrempfehlung
2 Sticks täglich.

Weiterführende Informationen
Weitere Hinweise zum Produkt finden Sie unter www.menssana.de.

Packungsgrößen und Preise
28 Sticks (PZN 16613868) ...... Euro 15,45
60 Sticks (PZN 16613851) ...... Euro 27,95

Sanum-Kehlbeck

Mapurit®

Kapseln

Nahrungsergänzungsmittel mit Magnesium und Vitamin E.

Zusammensetzung
Magnesiumoxid, D-alpha-Tocopherylacetat, Überzugsmittel: Hydroxypropylmethylcellulose, Füllstoff: Cellulosepulver, Trennmittel: Magnesiumsalze der Speisefettsäuren.

Health Claims
Magnesium trägt zu einer normalen Muskelfunktion sowie einer normalen Funktion des Nervensystems bei.

Eigenschaften
Vitamin E trägt dazu bei, die Zellen vor oxidativem Stress zu schützen. Magnesium ist ein Mineralstoff, der wichtig für die Muskeln und das Nervensystem ist. Bei sportlichen Aktivitäten kann sich der Magnesiumbedarf erhöhen.

Sonstige Hinweise
Die angegebene empfohlene tägliche Verzehrmenge darf nicht überschritten werden. Nahrungsergänzungsmittel sollen nicht als Ersatz für eine ausgewogene und abwechslungsreiche Ernährung und eine gesunde Lebensweise verwendet werden. Bitte außerhalb der Reichweite von kleinen Kindern lagern.

Verzehrempfehlung
2-mal täglich 1 Kapsel mit einer Mahlzeit verzehren.

Packungsgrößen und Preise

40 Kapseln (PZN 11595321) ... Euro 11,62
100 Kapseln (PZN 11595338) ... Euro 24,91

nutrimmun GmbH

MyBIOTIK®SPORT

Pulver

siehe Mikrobiologische Therapien

Biofrid-Cosmetic

Nachtkerzenöl-Schwarzkümmelöl Kapseln Biofrid

Kapseln

Zusammensetzung

Nachtkerzenöl (69%), Schwarzkümmelöl (25%), Überzugsmittel: Hydroxypropylmethylcellulose, D-α-Tocopherol, Retinylpalmitat.

Health Claim

Linolsäure trägt zur Aufrechterhaltung eines normalen Cholesterinspiegels im Blut und Vitamin A zur Erhaltung normaler Haut und Schleimhaut bei.

Eigenschaften

Nachtkerzenöl und Schwarzkümmelöl werden aus der Pressung der Samen gewonnen. Das Öl der Nachtkerze enthält 65-75% Linolsäure und γ-Linolensäure. Im Schwarzkümmelöl sind zusätzlich andere Fettsäuren und sekundäre Pflanzenstoffe enthalten, welche einen positiven Einfluss auf den Organismus haben können. Vitamin A trägt zu einer normalen Funktion des Immunsystems bei und Vitamin E trägt dazu bei, die Zellen vor oxidativem Stress zu schützen. Durch die Kombination von Nachtkerzenöl und Schwarzkümmelöl mit den Vitaminen A und E ergeben sich vielfältige Anwendungsmöglichkeiten. Ein hoher Gehalt an Omega-6-Fettsäuren (bis zu 75% Linolsäure) zeichnet das Nachtkerzenöl gegenüber anderen pflanzlichen Ölen aus. Schwarzkümmelöl ist reich an verschiedenen ungesättigten Fettsäuren.

Sonstige Hinweise

Eine positive Wirkung tritt erst ab 10 g Linolsäure ein. Der hohe Gehalt an γ-Linolensäure zeichnet das Nachtkerzenöl gegenüber allen anderen häufig verwendeten Speisefetten aus. Dieses Nahrungsergänzungsmittel ist kein Ersatz für eine abwechslungsreiche und ausgewogene Ernährung und eine gesunde Lebensweise. Die angegebene Tagesdosis nicht überschreiten. Für kleine Kinder unzugänglich aufbewahren. Dieses Nahrungsergänzungsmittel ist ein veganes Produkt.

Verzehrempfehlung

2-mal täglich 2 Kapseln mit einer Mahlzeit verzehren.

Packungsgrößen und Preise

100 Kapseln (PZN 14376335) ... Euro 27,01

Desma GmbH

Neukönigsförder Mineraltabletten®

Tabletten

Nahrungsergänzungsmittel mit Spurenelementen und Mineralstoffen.

Eigenschaften

Nahrungsergänzungsmittel mit einem ausgewogenen Verhältnis an Mineralstoffen und Spurenelementen, versorgt den Körper optimal bei unausgewogener Ernährung oder erhöhtem Mineralstoffbedarf. Das physiologische Gleichgewicht der Elektrolyte ist gewahrt. In den Mineraltabletten wurde der optimale Ca:K-Quotient und Ca:P-Quotient berücksichtigt. Die Mineralien werden nach der Einnahme zu unterschiedlichen Zeitpunkten freigesetzt, so dass eine gegenseitige Antagonisierung nicht stattfindet.

Zusammensetzung

1 Tablette enthält: Kaliumchlorid (102,3 mg K) Calciumcarbonat und Calciumhydrogenphosphat (53 mg Ca und 37 mg P), Magnesiumhydrogenphosphat und Magnesiumoxid (26,2 mg

Mg), Eisensulfat (0,7 mg Fe), Zinkoxid (0,8 mg Zn), Manganchlorid (0,3 mg Mn). Weitere Bestandteile: Saccharose; Füllstoff: Cellulose; Überzugsmittel: Hydroxypropylmethylcellulose, mikrokristalline Cellulose, Stearinsäure; Sprengmittel: Natrium-Carboxymethylcellulose; Trennmittel: Magnesiumsalz der Stearinsaure, Siliciumdioxid; Stabilisator: Polyvinylpyrrolidon; Füllstoff: Talkum; Kupfersulfat.

Verzehrempfehlung
3x täglich 1–2 Tabletten mit reichlich Flüssigkeit zu den Mahlzeiten. Tägliche Verzehrmenge nicht überschreiten. Nahrungsergänzungsmittel sollen nicht als Ersatz für eine ausgewogene Ernährung dienen. Frei von Gluten, Lactose und genmodifizierten Inhaltsstoffen, vegan.

Packungsgrößen und Preise
200 Tabletten (PZN 17363095) .... UVP

MensSana AG

Omega-3 vegan MensSana

Dragees

Eigenschaften
Veganes Nahrungsergänzungsmittel mit hochwertiger Docosahexaensäure (DHA) aus der Mikroalge Schizochytrium sp. in Form eines fruchtigen Kaudragees (Geschmacksmix aus Orange/Zitrone/Passionsfrucht). Ohne Gentechnik. Glutenfrei.

Zusammensetzung
Öl aus der Mikroalge Schizochytrium sp, Süßungsmittel Xylit, Wasser, Süßungsmittel Sorbit, Geliermittel Pectin, Säureregulatoren: Trinatriumcitrat, Äpfelsäure, Aroma, Antioxidationsmittel Ascorbinsäure, Emulgator Lecithin, Säuregulator Tricalciumcitrat, Süßungsmittel Steviolglycoside aus Stevia, Farbstoff Beta-Carotin; Antioxidationsmittel: stark tocopherolhaltige Extrakte, Extrakt aus Rosmarin, Ascorbylpalmitat

Warnhinweis
Kann bei übermäßigem Verzehr abführend wirken.

Verzehrempfehlung
1 Kaudragee täglich.

Weiterführende Informationen
Weitere Hinweise zum Produkt finden Sie unter www.menssana.de.

Packungsgröße und Preis
30 Kaudragees (PZN 18373894) . Euro 29,95

Sanum-Kehlbeck

Probikehl®

Kapseln

Nahrungsergänzungsmittel mit sieben Probiotika-Stämmen und den Präbiotika Inulin und Fructo-Oligosacchariden.

Zusammensetzung
Maisstärke, Überzugsmittel: Hydroxypropylmethylcellulose (Kapselhülle), Maltodextrin, Inulin, Kaliumchlorid, Magnesiumsulfat, Fructo-Oligosaccharide, Amylase, Lactobacillus acidophilus W22, Lactobacillus paracasei W20, Lactococcus lactis W19, Bifidobacterium lactis W52, Bifidobacterium lactis W51, Lactobacillus salivarius W24, Lactobacillus plantarum W21, Aroma, Mangansulfat.

Sonstige Hinweise
Die Einnahme von Probikehl® ist kein Ersatz für eine abwechslungsreiche und ausgewogene Ernährung und eine gesunde Lebensweise. Die angegebene Tagesdosis nicht überschreiten. Für kleine Kinder unzugänglich aufbewahren.

Verzehrempfehlung
2-mal täglich 2 Kapseln vor oder zu einer Mahlzeit.

Packungsgrößen und Preise
40 Kapseln (PZN 11160764) . . Euro 22,43
120 Kapseln (PZN 15386117) . . Euro 61,17

Q10 Magic Power

Q10 Magic Power Q Cellpower

Mikronährstoffkombination hochdosiert

420 mg Q10 (Ubichinon) & 20 mg NADH Q1 zur Aufrechterhaltung mitochondrialer Zellenergie.

Nährstoffe/Vitamine/Spurenelemente/Vegetarisch/Vegan

Trinkemulsion Ampullen à 25 ml.

www.q10magicpower.de

BerryPharma

rubyni® Aronia

Kapseln

Nahrungsergänzungsmittel mit reiner Aronia.

siehe Herz- und Kreislaufbeschwerden

BerryPharma

rubyni® CARDIO

Kapseln

Nahrungsergänzungsmittel mit Vitaminen, Magnesium und Pflanzenstoffen für Herz-Kreislauf und Blutgefäße

siehe Herz- und Kreislaufbeschwerden

BerryPharma

rubyni® Edelholunder

Kapseln

Nahrungsergänzungsmittel mit reinem Edelholunder für Abwehrkräfte und Immunsystem.

siehe Grippe, grippaler Infekt, Erkältung

BerryPharma

rubyni® MUCOSA

Pulver

Nahrungsergänzungsmittel mit Vitaminen, Mineral- und Pflanzenstoffen sowie Ballaststoffen für Darmschleimhaut und Mikrobiom

siehe Magen-Darm-Beschwerden

BerryPharma

rubyni® Sauerkirsche

Kapseln

Nahrungsergänzungsmittel mit reiner Sauerkirsche.

siehe Stress, Unruhe und Schlafstörungen

BerryPharma

rubyni® Schwarze Johannisbeere

Kapseln

Nahrungsergänzungsmittel (hochrein).

siehe Augenbeschwerden

BerryPharma

rubyni® VISION

Kapseln

Nahrungsergänzungsmittel mit Vitaminen, Mineral- und Pflanzenstoffen für Augen und Sehkraft.

siehe Augenbeschwerden

BerryPharma

rubyni® Wildheidelbeere

Kapseln

Nahrungsergänzungsmittel mit reiner Wildheidelbeere.

siehe Entzündungen

Biofrid-Cosmetic

Selen 100 Biofrid

Kapseln

Zusammensetzung

1 Kapsel enthält: 249 µg L-Selenomethionin (entspricht 100 µg Selen). Sonstige Bestandteile: Füllstoff Cellulose, Überzugsmittel Hydroxypropylmethylcellulose, Füllstoff: Dicalciumphosphat, Trennmittel: Magnesiumsalze der Speisefettsäuren.

Health Claims

Selen trägt zu einer normalen Funktion des Immunsystems und der Schilddrüsenfunktion bei und hilft, die Zellen vor oxidativem Stress zu schützen.

Eigenschaften

Selen zählt zu den essentiellen Spurenelementen. Das zur Gruppe der Chalkogene (Erzbildner) zählende Element findet sich in Pflanzen vorzugsweise in Form von L-Selenomethionin. Im Körper eines Menschen sind bis zu 20 Milligramm an Selen vorhanden. Die Hauptmenge ist in Muskeln lokalisiert. Die höchsten Konzentrationen treten in Leber, Niere und Milz auf. Selen schützt die Körperzellen vor oxidativem Stress. Selen hilft freie Radikale abzufangen und schützt die Funktion des Immunsystems. Der Körper braucht Selen für die Verwertung von Jod bei der Produktion von Schilddrüsenhormonen.

Sonstige Hinweise

Dieses Nahrungsergänzungsmittel ist kein Ersatz für eine abwechslungsreiche und eine ausgewogene Ernährung und eine gesunde Lebensweise. Die angegebene Tagesdosis nicht überschreiten. Für kleine Kinder unzugänglich aufbewahren.

Verzehrempfehlung

Täglich 1 Kapsel mit einer Mahlzeit verzehren.

Packungsgrößen und Preise

100 Kapseln (PZN 12344064) ... Euro 23,15

Biofrid-Cosmetic

Selen-Biofrid

Kapseln

Zusammensetzung

1 Kapsel enthält: 74 µg L-Selenomethionin (entspricht 30 µg Selen). Sonstige Bestandteile: Füllstoff Cellulose, Überzugsmittel Hydroxypropylmethylcellulose, Füllstoff: Dicalciumphosphat, Trennmittel: Magnesiumsalze der Speisefettsäuren.

Health Claims

Selen trägt zu einer normalen Funktion des Immunsystems und der Schilddrüsenfunktion bei und hilft, die Zellen vor oxidativem Stress zu schützen.

Eigenschaften

Selen zählt zu den essentiellen Spurenelementen. Das zur Gruppe der Chalkogene (Erzbildner) zählende Element findet sich in Pflanzen vorzugsweise in Form von L-Selenomethionin. Im Körper eines Menschen sind bis zu 20 Milligramm an Selen vorhanden. Die Hauptmenge ist in Muskeln lokalisiert. Die höchsten Konzentrationen treten in Leber, Niere und Milz auf. Selen schützt die Körperzellen vor oxidativem Stress. Selen hilft freie Radikale abzufangen und schützt die Funktion des Immunsystems. Der Körper braucht Selen für die Verwertung von Jod bei der Produktion von Schilddrüsenhormonen.

Sonstige Hinweise

Dieses Nahrungsergänzungsmittel ist kein Ersatz für eine abwechslungsreiche und eine ausgewogene Ernährung und eine gesunde Lebensweise. Die angegebene Tagesdosis nicht überschreiten. Für kleine Kinder unzugänglich aufbewahren.

Verzehrempfehlung

Täglich 1 Kapsel mit einer Mahlzeit verzehren.

Packungsgrößen und Preise

20 Kapseln (PZN 04240988) ... Euro 6,15
100 Kapseln (PZN 04241522) ... Euro 17,53

Biofrid-Cosmetic

Thrombosol aktiv®

Kapseln

siehe Durchblutungsstörung

MensSana AG

Vitaldrink MensSana

Saft

Eigenschaften

Veganes Nahrungsergänzungsmittel zur ganzheitlichen Basisversorgung mit allen wichtigen Vitaminen und Mineralstoffen als leckerer Saft. Frei von Laktose, Farbstoffen. Ohne Gentechnik. Glutenfrei.

Zusammensetzung

Wasser, Zucker, Magnesiumcitrat, Orangenfruchtsaftpulver, L-Ascorbinsäure, Zinkgluconat, Konservierungsstoff Kaliumsorbat, Verdickungsmittel Xanthan, D-alpha-Tocopherylacetat, Aroma, Beta Carotin, Nicotinamid, L-Selenomethionin, Calcium-D-Pantothenat, Pyridoxinhydrochlorid, Thiaminhydrochlorid, Riboflavin, Cholecalciferol, Chrom-II-Chlorid-Hexahydrat, Natriumjodid, D-Biotin, Cyanocobalamin

Verzehrempfehlung

Erwachsene verzehren tgl. 30 ml.
Kinder ab 4 Jahren verzehren tgl. 10 ml.

Weitere Hinweise zum Produkt finden Sie unter www.menssana.de

Packungsgrößen und Preise

500 ml (PZN 19162923) .... Euro 21,45

Biofrid-Cosmetic

Zink + Biotin

Kapseln

Zusammensetzung

Füllstoff: Cellulosepulver, Zinkgluconat, Überzugsmittel: Hydroxypropylmethylcellulose, Kartoffelstärke, Trennmittel: Magnesiumsalze der Speisefettsäuren, Biotin.

Health Claims

Zink trägt zu einer normalen Funktion des Immunsystems bei. Biotin trägt zu einer normalen Funktion des Nervensystems bei.

Eigenschaften

Zink trägt zu einer normalen Fruchtbarkeit und Reproduktion sowie zur Erhaltung normaler Knochen bei. Biotin und Zink tragen zur Erhaltung normaler Haare und Haut bei. Zink kann nicht vom Körper selbst hergestellt und lange gespeichert werden. Es sollte deshalb über eine gesunde und ausgewogene Ernährung zugeführt werden. In Zinkgluconat ist Zink organisch gebunden und kann so vom Körper gut aufgenommen werden.

Sonstige Hinweise

Zink + Biotin Kapseln nicht bei schweren Schäden des Nierenparenchyms und akutem Nierenversagen anwenden. Dieses Nahrungsergänzungsmittel ist kein Ersatz für eine abwechslungsreiche und ausgewogene Ernährung und eine gesunde Lebensweise und ist für eine kurzfristige Anwendung vorgesehen. Die angegebene Tagesdosis nicht überschreiten. Für kleine Kinder unzugänglich aufbewahren. Biotin kann Auswirkungen auf klinische Laboruntersuchungen haben, die entweder zu falsch erniedrigten oder falsch erhöhten Untersuchungsergebnissen führen können. Bei Durchführung von Laboruntersuchungen weisen Sie bitte Ihren Arzt auf die Einnahme dieses Nahrungsergänzungsmittels hin.

Verzehrempfehlung

Täglich 1 Kapsel mit einer Mahlzeit verzehren.

Packungsgrößen und Preise

40 Kapseln (PZN 11697441) ... Euro 10,90
100 Kapseln (PZN 11697458) ... Euro 19,59

MensSana AG

Zink + C MensSana

Tabletten

Eigenschaften

Veganes Nahrungsergänzungsmittel mit hochwertigem Zinkcitrat, natürlichem Vitamin C aus Acerola. Beide Inhalte tragen zu einer normalen Funktion des Immunsystems bei.

Zusammensetzung

Füllstoff Sorbit, Holunderbeersaftpulver, L-Ascorbinsäure, Sanddornfruchtpulver, Acerolafruchtpulver, Zinkcitrat-3-hydrat, Säuerungsmittel Zitronensäure, Trennmittel Magnesiumsalze der Speisefettsäuren (pflanzlich), Trennmittel Tricalciumphosphat, Aroma, Süßungsmittel Steviolglycoside aus Stevia

Warnhinweise

Keine Empfehlung für die Einnahme weiterer zinkhaltiger Nahrungsergänzungsmittel.

Verzehrempfehlung

1 Lutschtablette täglich.

Weiterführende Informationen

Weitere Hinweise zum Produkt finden Sie unter www.menssana.de.

Packungsgrößen und Preise

30 Lutschtabletten	(PZN 13947652)	... Euro 12,45
90 Lutschtabletten	(PZN 12354660	... Euro 29,95

INTERNA (Nährstoffmangel - Mikronährstoffe)

nutrimmun GmbH

MUCOZINK®

Pulver

Eigenschaften

Für Haut, Darmschleimhaut und Immunsystem.

Nahrungsergänzungsmittel mit Vitaminen, Mineralstoffen sowie Glutamin und Taurin. Vitamin A, Vitamin B2, Biotin, Niacin, Vitamin C und Zink tragen zum Erhalt normaler Haut bei. Vitamin A, Vitamin B2, Biotin und Niacin tragen zum Erhalt normaler Schleimhäute bei. Zink, Selen, Kupfer, Vitamin C, Vitamin D, Vitamin A, Vitamin B6, Vitamin B12 und Folsäure tragen zu einer normalen Funktion des Immunsystems bei.

Zusammensetzung

Saccharose, L-Glutamin (10 %), Magnesiumsalze der Zitronensäure, Säuerungsmittel: Zitronensäure, Taurin (2 %), L-Ascorbinsäure (Vitamin C), natürliches Aroma, Zinkgluconat, D-alpha-Tocopherylacetat (natürliches Vitamin E), Nicotinamid (Niacin), Calcium-D-pantothenat (Pantothensäure), Rote Beetesaftpulver, Pyridoxinhydrochlorid (Vitamin B6), Riboflavin-5'-phosphat-Natrium (Vitamin B2), Kupfergluconat, Thiaminmononitrat (Vitamin B1), Retinylacetat (Vitamin A), Cholecalciferol (Vitamin D), Pteroylmonoglutaminsäure (Folsäure), Chrom(III)-chlorid, D-Biotin, Natriumselenat (Selen), Cyanocobalamin (Vitamin B12).

Sonstige Hinweise

Glutenfrei. Laktosefrei. Vegetarisch. Ohne Farb- und Süßstoffe. Mit natürlichem Aroma. Haltbar bei Raumtemperatur. Langfristige Einnahme möglich.

Dosierung

1x tgl.: 20 g Pulver (je nach Produktauswahl 2 gestrichene Messlöffel oder 1 Portionsbeutel) in ein leeres Glas füllen und unter Rühren in ca. 200 ml stillem Wasser auflösen. Zu oder nach einer Mahlzeit trinken.

Kinder von 11 – 14 Jahren: 1x tgl. 13 g (ca. 2 gehäufte TL, bitte abwiegen)

Kinder von 4 – 10 Jahren: 1x tgl. 7 g (ca. 1 gehäufter TL, bitte abwiegen)

In Rücksprache mit gynäkologischem Fachpersonal auch für Schwangere und Stillende geeignet.

Packungsgrößen und Preise

15 Tagesportionen, (PZN
300 g Pulver (Dose) 02766108) . Euro 27,45
30 Tagesportionen, (PZN
600 g Pulver (Dose) 02019819) . Euro 49,95
30 Tagesportions- (PZN
beutel, 30 x 20 g 12901553) . Euro 54,95

nutrimmun GmbH

MyBIOTIK®GLUTAMIN5000

Pulver

Eigenschaften

Für die Darmschleimhaut.

Nahrungsergänzungsmittel mit L-Glutamin und Biotin.

Biotin trägt zum Erhalt normaler Schleimhäute sowie zu einem normalen Energiestoffwechsel bei.

Zusammensetzung

L-Glutamin, D-Biotin

Sonstige Hinweise

Vegan. Glutenfrei. Laktosefrei. Ohne Aromen, Farb- und Süßstoffe. Haltbar bei Raumtemperatur. Leicht dosierbar.

Dosierung

Die Tagesportion Pulver 5 g (1 gestrichener Messlöffel) in ein leeres Glas füllen und unter Rühren in ca. 200 ml stillem Wasser auflösen. Nach dem Anrühren sofort trinken. Zwischen den Mahlzeiten einnehmen.

Kinder von 4 – 10 Jahren: 1x täglich ½ Messlöffel (2,5 g, bitte abwiegen).

In Rücksprache mit gynäkologischem Fachpersonal auch für Schwangere und Stillende geeignet.

Packungsgröße und Preise

30 Tagesportionen, (PZN
150 g Pulver (Dose) 19448281) . Euro 22,95

nutrimmun GmbH

NUTRIGLUCAN®

Tabletten

Eigenschaften

Für das Immunsystem.

Nahrungsergänzungsmittel mit Zink, Vitamin C, Vitamin B6 und Beta-Glucan. Zink, Vitamin C und Vitamin B6 tragen zur normalen Funktion des Immunsystems bei.

Zusammensetzung

(1→3),(1→6)-β-D-Glucanreiche Hefe-Fraktion (55%, davon 20% β-D-Glucan), Füllstoff: Mikrokristalline Cellulose, L-Ascorbinsäure (Vitamin C), Maisdextrin, Zinkgluconat, Pyridoxinhydrochlorid (Vitamin B6), Trennmittel: Magnesiumsalze der Speisefettsäuren und Siliciumdioxid.

Sonstige Hinweise

Glutenfrei. Laktosefrei. Vegan. Ohne Aromen Farb- und Süßstoffe. Haltbar bei Raumtemperatur. Langfristige Einnahme möglich.

Die in NUTRIGLUCAN® enthaltenen Beta-Glucane werden aus der Zellwand der Bäckerhefe isoliert. Die für NUTRIGLUCAN® verwendete Glucan-Fraktion enthält keine lebenden Hefezellen.

Dosierung

1x tgl.: 3 Tbl. zu einer Mahlzeit mit Flüssigkeit, z.B. einem Glas Wasser, einnehmen. Alternativ kann die Tagesportion auch auf mehrere Mahlzeiten verteilt werden.

Kinder von 8 – 14 Jahren: 2 Tbl. tgl.

Kinder von 4 – 7 Jahren: 1 Tbl. tgl.

In Rücksprache mit gynäkologischem Fachpersonal auch für Schwangere und Stillende geeignet.

Packungsgrößen und Preise

30 Tagesportionen, (PZN
90 Tabletten 03736144) .. Euro 34,45

BerryPharma

rubyni® CARDIO

Kapseln

Nahrungsergänzungsmittel mit Vitaminen, Magnesium und Pflanzenstoffen für Herz-Kreislauf und Blutgefäße

siehe Herz- und Kreislaufbeschwerden

BerryPharma

rubyni® MUCOSA

Pulver

Nahrungsergänzungsmittel mit Vitaminen, Mineral- und Pflanzenstoffen sowie Ballaststoffen für Darmschleimhaut und Mikrobiom

siehe Magen-Darm-Beschwerden

BerryPharma

rubyni® NEURO

Kapseln

Nahrungsergänzungsmittel mit Vitaminen, Mineral- und Pflanzenstoffen sowie Citicolin für Gehirn und Nerven

siehe Neurologische Erkrankungen

BerryPharma

rubyni® NIGHT

Kapseln

Nahrungsergänzungsmittel mit

Pflanzenstoffen, γ-Aminobuttersäure und L-Tryptophan für Entspannung und Balance.

siehe Stress, Unruhe und Schlafstörungen

INJEKTIONEN

(Nährstoffmangel - Mineralstoffe und Spurenelemente)

Sanum-Kehlbeck

Selenokehl®

Injektionslösung

Wirkstoff: Natrium selenosum Dil. D4

Zusammensetzung

2 ml flüssige Verdünnung zur Injektion enthält: Wirkstoff: 0,16 ml Natrium selenosum Dil. D4 (HAB, V. 5a, Lsg. D1 mit gereinigtem Wasser).

Sonstige Bestandteile: Isotonische Natriumchloridlösung 1,84 ml.

Anwendungsgebiete

Erfahrungsgemäß unterstützend angewendet bei:

- begleitend bei der Therapie von Selenmangelzuständen wie bei Schilddrüsenerkrankungen, bei Schwermetallbelastung, Leberbeschwerden
- unterstützend bei Atemwegserkrankungen wie Bronchitis, Asthma, Tonsillitis

Eigenschaften

Selen ist ein essentielles Spurenelement. Im menschlichen Körper ist es hauptsächlich an das Enzym Glutathionperoxidase gebunden, ein Bestandteil des antioxidativen Schutzsystems der Zelle. In Modellversuchen konnte nachgewiesen werden, dass die selenhaltige Glutathionperoxidase eines der wirkungsstärksten radikalfangenden Enzyme des Körpers darstellt. Sie senkt u. a. die Lipidperoxidationsrate und schützt so die Zellmembran vor Schäden. Selenmangel verstärkt die Toxizität von Schwermetallen, wie Quecksilber, Blei und Cadmium und potenziert oxidativ und chemisch induzierte Leberschäden.

Nebenwirkungen

Keine bekannt.

Gegenanzeigen
Keine bekannt.

Ggf. Besonderheiten bei Kindern, Schwangeren, Stillenden
Da keine ausreichend dokumentierten Erfahrungen zur Anwendung in der Schwangerschaft und Stillzeit vorliegen, sollte das Arzneimittel in der Schwangerschaft und Stillzeit nur nach Rücksprache mit dem Arzt angewendet werden.

Zur Anwendung dieses Arzneimittels bei Kindern liegen keine ausreichend dokumentierten Erfahrungen vor. Es soll deshalb bei Kindern unter 12 Jahren nicht angewendet werden.

Wechselwirkungen
Keine bekannt.

Dosierung
Erwachsenen und Jugendlichen ab 12 Jahren: Täglich 2 ml entweder intramuskulär oder subcutan injizieren. Eine Überschreitung dieser Dosierung sollte vermieden werden, da sonst Gesundheitsgefährdungen nicht ausgeschlossen werden können. Eine weitere Substitution von Selen, z. B. durch Einnahme zusätzlicher Selenpräparate, sollte vermieden werden.

Selenokehl® enthält Natrium, aber weniger als 1 mmol (23 mg) Natrium pro 2 ml, d.h., es ist nahezu „natriumfrei".

Packungsgrößen und Preise

1 Amp. à 2 ml (PZN 06344864)	. Euro	5,91
10 Amp. à 2 ml (PZN 06344870)	. Euro	14,77
50 Amp. à 2 ml (PZN 06344887)	. Euro	58,49

Apothekenpflichtig.

Sanum-Kehlbeck

Zinkokehl® D4

Injektionslösung

Wirkstoff: Zincum gluconicum Dil. D4 aquos.

Zusammensetzung
1 Ampulle zu 2 ml flüssige Verdünnung zur Injektion enthält: Wirkstoff: Zincum gluconicum Dil. D4 aquos. nach Vorschrift 5b HAB.

Anwendungsgebiete
Erfahrungsgemäß unterstützend angewendet bei:

als Begleitmittel bei der Therapie von Zinkmangelzuständen:

- Störungen des Knochenstoffwechsels, z. B. Coxarthrose, Pseudarthrose, rheumatische Arthritis, psoriatische Arthritis
- Hauterkrankungen, wie Ekzeme, Akne, verminderte Wundheilung, Verbrennungen
- Infektanfälligkeit
- vegetativen Dysfunktionen
- Dysbiose und konsekutive Erkrankungen, wie Cholecystitis, Pankreatitis
- Diabetes mellitus
- Erkrankungen der Venen, wie Thrombose und Unterschenkelgeschwüre.

Eigenschaften
Zink spielt eine bedeutende Rolle im Stoffwechsel unseres Körpers. Bei chronischem Zinkmangel – bedingt durch Ernährungsfehler oder Malabsorption – kann es zu schwersten Störungen und Krankheitszuständen kommen. Zinkokehl® enthält Zinkgluconat und ist daher auch zur Prophylaxe geeignet.

Gegenanzeigen
Keine bekannt. Siehe unter „Ggf. Besonderheiten bei Kindern, Schwangeren, Stillenden".

Ggf. Besonderheiten bei Kindern, Schwangeren, Stillenden
Da keine ausreichend dokumentierten Erfahrungen zur Anwendung in der Schwangerschaft und Stillzeit vorliegen, sollte das Arzneimittel nur nach Rücksprache mit dem Arzt angewendet werden.

Zur Anwendung dieses Arzneimittels bei Kindern liegen keine ausreichend dokumentierten Erfahrungen vor. Es soll deshalb bei Kindern unter 12 Jahren nicht angewendet werden.

Wechselwirkungen
Keine bekannt.

Nebenwirkungen
Keine bekannt.

Dosierung
1 - 2 ml tgl. s.c. injizieren. Nach Anbruch Rest verwerfen.

Vor Anwendung beachten: Zinkokehl® D4 enthält Natrium, aber weniger als 1 mmol (23 mg) Natrium pro 2 ml, d.h., es ist nahezu „natriumfrei".

Packungsgrößen und Preise

1 Amp. à 2 ml (PZN 03890974)	. Euro	5,91
10 Amp. à 2 ml (PZN 03890980)	. Euro	14,77
50 Amp. à 2 ml (PZN 03890997)	. Euro	58,49

Apothekenpflichtig.

INTERNA

Protina Pharmazeutische GmbH

Basica Compact®

Tabletten

Basische Tabletten. Nahrungsergänzungsmittel mit basischen Mineralstoffen und Spurenelementen.

siehe Nährstoffmangel

Protina Pharmazeutische GmbH

Basica Direkt®

Granulat

Basische Mikroperlen. Nahrungsergänzungsmittel mit basischen Mineralstoffen und Spurenelementen.

siehe Nährstoffmangel

Protina Pharmazeutische GmbH

Basica Instant®

Pulver

Basisches Trinkpulver. Nahrungsergänzungsmittel mit basischen Mineralstoffen und Spurenelementen.

siehe Nährstoffmangel

Protina Pharmazeutische GmbH

Basica Vital®

Granulat

Basisches Granulat. Nahrungsergänzungsmittel mit basischen Mineralstoffen und Spurenelementen.

siehe Nährstoffmangel

Protina Pharmazeutische GmbH

Basica® Pur

Pulver

Reines Basenpulver. Nahrungsergänzungsmittel mit basischen Mineralstoffen und Spurenelementen.

siehe Nährstoffmangel

Dr. Jacob's Medical GmbH

Dr. Jacob's Basenpulver

Pulver

Nahrungsergänzungsmittel mit Kalium-, Calcium- und Magnesium-Citrat - Multitalent mit über 30 belegten Gesundheitswirkungen (u.a. für Muskeln, Knochen, Nerven, weniger Erschöpfung, Herz und normalen Blutdruck).

siehe Übersäuerung

Neurolab GmbH

Eisen plus C 100 % pflanzlich

Kapseln

Nahrungsergänzungsmittel mit Eisen aus Curryblatt und Vitamin C aus Hagebutte.

Zusammensetzung
1 Kapsel enthält: Curryblatt 467 mg (davon Eisen 14 mg), Hagebutte 89 mg (davon Vitamin C 40 mg), Hydroxypropylmethylcellulose (pflanzliche Kapselhülle), Füllstoff Zellulose.

Verzehrempfehlung
1 Kapsel täglich mit ausreichend Flüssigkeit 1/2 Std. vor oder 2 Stdn. nach dem Frühstück verzehren.

Sonstige Hinweise
Beim Verzehr in der Schwangerschaft, Stillzeit oder im Kindesalter halten Sie bitte Rücksprache mit Ihrem Arzt, Heilpraktiker oder Apotheker.

Packungsgrößen und Preise
1 Dose à 60 Kapseln . . . . Euro 27,50

nutrimmun GmbH

MUCOZINK®
Pulver

siehe Nährstoffmangel - Mikronährstoffe

BerryPharma

rubyni® CARDIO
Kapseln

Nahrungsergänzungsmittel mit Vitaminen, Magnesium und Pflanzenstoffen für Herz-Kreislauf und Blutgefäße

siehe Herz- und Kreislaufbeschwerden

BerryPharma

rubyni® MUCOSA
Pulver

Nahrungsergänzungsmittel mit Vitaminen, Mineral- und Pflanzenstoffen sowie Ballaststoffen für Darmschleimhaut und Mikrobiom

siehe Magen-Darm-Beschwerden

BerryPharma

rubyni® NEURO
Kapseln

Nahrungsergänzungsmittel mit Vitaminen, Mineral- und Pflanzenstoffen sowie Citicolin für Gehirn und Nerven

siehe Neurologische Erkrankungen

BerryPharma

rubyni® NIGHT
Kapseln

Nahrungsergänzungsmittel mit

Pflanzenstoffen, γ-Aminobuttersäure und L-Tryptophan für Entspannung und Balance.

siehe Stress, Unruhe und Schlafstörungen

Sanum-Kehlbeck

Selenokehl® Mischung
Tropfen

Wirkstoff: Natrium selenosum Dil. D4

Zusammensetzung
10 ml Mischung enthalten: Wirkstoff: 0,8 ml Natrium selenosum Dil. D4 (HAB, V. 5a, Lsg. D1 mit gereinigtem Wasser).

Sonstiger Bestandteil: 15 % (m/m) Ethanol.

Anwendungsgebiete
Erfahrungsgemäß unterstützend angewendet bei:

- begleitend bei der Therapie von Selenmangelzuständen wie bei Schilddrüsenerkrankungen, bei Schwermetallbelastung, Leberbeschwerden
- unterstützend bei Atemwegserkrankungen wie Bronchitis, Asthma, Tonsillitis

Eigenschaften
Selen ist ein essentielles Spurenelement. Im menschlichen Körper ist es hauptsächlich an das Enzym Glutathionperoxidase gebunden,

ein Bestandteil des antioxidativen Schutzsystems der Zelle. In Modellversuchen konnte nachgewiesen werden, dass die selenhaltige Glutathionperoxidase eines der wirkungsstärksten radikalfangenden Enzyme des Körpers darstellt. Sie senkt u. a. die Lipidperoxidationsrate und schützt so die Zellmembran vor Schäden. Selenmangel verstärkt die Toxizität von Schwermetallen, wie Quecksilber, Blei und Cadmium und potenziert oxidativ und chemisch induzierte Leberschäden.

Nebenwirkungen
Keine bekannt.

Gegenanzeigen
Bei Alkohol- oder Leberkranken sollte aufgrund des Alkoholgehaltes das Arzneimittel nur nach Rücksprache mit dem Arzt angewendet werden.

Ggf. Besonderheiten bei Kindern, Schwangeren, Stillenden
Da keine ausreichend dokumentierten Erfahrungen vorliegen, sollte Selenokehl® in der Schwangerschaft und Stillzeit nur nach Rücksprache mit dem Arzt angewendet werden. Zur Anwendung dieses Arzneimittels bei Kindern liegen keine ausreichend dokumentierten Erfahrungen vor. Es soll deshalb bei Kindern unter 6 Jahren nicht angewendet werden.

Wechselwirkungen
Keine bekannt.

Dosierung
Erwachsene und Jugendliche ab 12 Jahren nehmen 1 – 3-mal täglich je 5 Tropfen ein. Kinder zwischen dem 6. und 12. Lebensjahr erhalten nicht mehr als zwei Drittel der Erwachsenendosis. Es wird empfohlen, das Arzneimittel bei Kindern mit Wasser verdünnt anzuwenden.

Eine Überschreitung dieser Dosierung soll vermieden werden, da sonst Gesundheitsgefährdungen nicht ausgeschlossen werden können. Eine weitere Substitution von Selen, z. B. durch Einnahme zusätzlicher Selenpräparate, soll vermieden werden.

Warnhinweise
Das Arzneimittel enthält 20 Vol.-% Alkohol (Ethanol).

Packungsgrößen und Preise
10 ml (PZN 04770924) .... Euro 9,66
30 ml (PZN 04770930) .... Euro 13,82

Apothekenpflichtig.

Sanum-Kehlbeck

Zinkokehl® D3 dil.

Tropfen

Wirkstoff: Zincum gluconicum Dil. D3

Zusammensetzung
1 ml flüssige Verdünnung enthält in einer Mischung nach Vorschrift 16 HAB: Wirkstoff: 0,08 ml Zincum gluconicum Dil. D3 (HAB, Vorschrift 5a, Lsg. D1 mit gereinigtem Wasser, ab D2 mit Ethanol 43 % (m/m)).

Sonstige Bestandteile: Ethanol 15 % (m/m).

Anwendungsgebiete
Erfahrungsgemäß unterstützend angewendet bei:

als Begleitmittel bei der Therapie von Zinkmangelzuständen:

- Störungen des Knochenstoffwechsels, z. B. Coxarthrose, Pseudarthrose, rheumatische Arthritis, psoriatische Arthritis
- Hauterkrankungen, wie Ekzeme, Akne, verminderte Wundheilung, Verbrennungen
- Infektanfälligkeit
- vegetativen Dysfunktionen
- Dysbiose und konsekutive Erkrankungen, wie Cholecystitis, Pankreatitis
- Diabetes mellitus
- Erkrankungen der Venen, wie Thrombose und Unterschenkelgeschwüre.

Eigenschaften
Zink spielt eine bedeutende Rolle im Stoffwechsel unseres Körpers. Bei chronischem Zinkmangel – bedingt durch Ernährungsfehler oder Malabsorption – kann es zu schwersten

Störungen und Krankheitszuständen kommen. Zinkokehl® enthält Zinkgluconat und ist daher auch zur Prophylaxe geeignet.

Gegenanzeigen
Siehe unter „Ggf. Besonderheiten bei Kindern, Schwangeren, Stillenden“ und „Warnhinweise'.

Bei Alkohol- oder Leberkranken sollte aufgrund des Alkoholgehaltes das Arzneimittel nur nach Rücksprache mit dem Arzt angewendet werden.

Ggf. Besonderheiten bei Kindern, Schwangeren, Stillenden
Da keine ausreichend dokumentierten Erfahrungen zur Anwendung in der Schwangerschaft und Stillzeit vorliegen, sollte das Arzneimittel nur nach Rücksprache mit dem Arzt angewendet werden.

Zur Anwendung dieses Arzneimittels bei Kindern liegen keine ausreichend dokumentierten Erfahrungen vor. Es soll deshalb bei Kindern unter 12 Jahren nicht angewendet werden.

Warnhinweise
Dieses Arzneimittel enthält 20 Vol.-% Alkohol (Ethanol).

Wechselwirkungen
Keine bekannt.

Nebenwirkungen
Keine bekannt.

Dosierung
Bei akuten Zuständen alle halbe bis ganze Stunde, höchstens 6-mal täglich, je 5 Tropfen einnehmen. Bei chronischen Verlaufsformen
1 – 3-mal täglich je 5 Tropfen einnehmen.

Packungsgrößen und Preise

10 ml (PZN 03483720)	....	Euro 9,66
30 ml (PZN 03483737)	....	Euro 13,82
100 ml (PZN 03483743)	....	Euro 22,54

Apothekenpflichtig.

INJEKTIONEN
(Nährstoffmangel - Vitamine)

Sanum-Kehlbeck

Vitamin B12 Sanum
Injektionslösung

Wirkstoff: Cyanocobalamin

Zusammensetzung
1 Ampulle zu 1 ml enthält: Wirkstoff: 1000 µg Cyanocobalamin.

Sonstige Bestandteile: Natriumchlorid, 1 molare Natronlauge, 2 molare Salzsäure, Wasser für Injektionszwecke.

Anwendungsgebiete
Vitamin-B12-Mangel, der ernährungsmäßig nicht behoben werden kann.

Vitamin-B12-Mangel kann sich in folgenden Krankheitsbildern äußern:

- Hyperchromer makrozytärer Megaloblastenanämie (Perniciosa, Biermer-Anämie, Addison-Anämie; dies sind Reifungsstörungen der roten Blutkörperchen).
- Funikulärer Spinalerkrankung (Rückenmarkschädigung).

Ein labordiagnostisch gesicherter Vitamin-B12-Mangel kann auftreten bei:

- Jahrelanger Mangel- und Fehlernährung (z. B. durch streng vegetarische Kost).
- Malabsorption (ungenügender Aufnahme von Vitamin B12 im Darm) durch
  - ungenügende Produktion von Intrinsic factor (ein Eiweiß, das in der Magenschleimhaut gebildet und zur Aufnahme von Vitamin B12 benötigt wird),
  - Erkrankungen im Endabschnitt des Ileums (Teil des Dünndarms), z. B. Sprue.
  - Fischbandwurmbefall oder
  - Blind-loop-Syndrom (Dünndarmstörungen nach Abdominal-Operationen).
- Angeborenen Vitamin-B12-Transportstörungen.

Eigenschaften
Cyanocobalamin wird aus Bakterienkulturen gewonnen und ist damit (im Gegensatz zu Hydroxycobalamin aus Leberextrakten) pflanzlichen Ursprungs.

Zahlreiche Stoffwechselvorgänge im Organismus sind von einer ausreichenden Versorgung mit Vitamin B12 abhängig, insbesondere die Bildung der Erythrozyten im Knochenmark, die Proteinsynthese (Herstellung von DNA und RNA, Wachstum), der Aufbau der Myelinscheiden der Nervenzellen, die zelluläre Entgiftung und der Fettsäure- und Folsäurestoffwechsel.

Dosierung
Zu Beginn der Behandlung wird in den ersten Wochen nach Diagnosestellung 1 ml Vitamin B12 Sanum (entsprechend 1000 µg Cyanocobalamin) zweimal pro Woche verabreicht. Bei nachgewiesener Vitamin B12-Aufnahmestörung im Darm werden anschließend 100 µg Cyanocobalamin einmal im Monat verabreicht. Vitamin B12 Sanum wird in der Regel intramuskulär verabreicht, es kann aber auch langsam intravenös oder subkutan gegeben werden.

Überdosierung: Vergiftungen und Überdosierungserscheinungen sind nicht bekannt.

Nebenwirkungen
In Einzelfällen wurden Hauterscheinungen (Akne sowie ekzematöse und urtikarielle Arzneimittelreaktionen) und Überempfindlichkeitserscheinungen (anaphylaktische bzw. anaphylaktoide Reaktionen) beobachtet.

Gegenanzeigen
Vitamin B12 Sanum darf nicht angewendet werden bei Überempfindlichkeit gegen Vitamin B12 oder gegen einen der anderen Bestandteile.

Ggf. Besonderheiten bei Kindern, Schwangeren, Stillenden
Die empfohlene tägliche Vitamin B12-Zufuhr in Schwangerschaft und Stillzeit beträgt 4 µg. Nach den bisherigen Erfahrungen haben höhere Anwendungsmengen keine nachteiligen Auswirkungen auf das ungeborene Kind. Vitamin B12 geht in die Muttermilch über.

Warnhinweise
Vitamin B12 Sanum enthält Natrium, aber weniger als 1 mmol (23 mg) Natrium pro 1 ml, d. h. es ist nahezu „natriumfrei".

Sonstige Hinweise
Haltbarkeit nach Anbruch: Angebrochene Ampullen sind sets zu verwerfen.

Wechselwirkungen
Aufgrund der Instabilität von Vitamin B12 kann durch Zumischung anderer Arzneistoffe ein Wirkverlust des Vitamins auftreten.

Packungsgrößen und Preise
10 Amp. à 1 ml (PZN 02886143) . Euro 9,60
50 Amp. à 1 ml (PZN 02886166) . Euro 35,05

Apothekenpflichtig.

INTERNA

Dr. Jacob's Medical GmbH

Dr. Jacob's Vitamin D3K2 Öl

Tropfen

Nahrungsergänzungsmittel mit den Vitaminen D3 und K2 (all-trans MK-7).

Zusammensetzung
MCT-Öl (mittelkettige Triglyceride aus Kokosöl), Antioxidationsmittel stark tocopherolhaltige Extrakte (Vitamin E natürlichen Ursprungs), Vitamin D3, Vitamin K2 (Menachinon als all-trans MK-7). Vegetarisch.

640 Tropfen mit je 20 µg (800 I.E.) Vitamin D3 und 20 µg Vitamin K2 (all-trans MK-7).

Weiterführende Informationen
Das Original: Dr. Jacob's Vitamin D3K2 Öl war 2015 das erste D3K2 Öl in deutschen Apotheken. Es enthält hochwertiges Vitamin D3 und K2 aus Europa in Arzneibuch-Qualität und wird

in Deutschland hergestellt. Optimal bioverfügbar und stabil mit natürlichem Vitamin E und MCT-Öl. Dank Pipette optimal dosierbar für die ganze Familie - auch für Säuglinge.

Die Vitamine D3 und K2 arbeiten bei der Einlagerung von Calcium in die Knochen zusammen und tragen so zur Erhaltung normaler Knochen bei. Vitamin D3 unterstützt die Erhaltung der normalen Muskelfunktion und die normale Funktion des Immunsystems.

Tipp: Dr. Jacob's Vitamin D3K2 Öl wirkt besonders gut in Kombination mit Dr. Jacob's Basenpulver!

Auch erhältlich:

- Dr. Jacob's Vitamin D3K2 Öl forte (50 µg Vitamin D3 und 50 µg K2 pro Tropfen)
- Dr. Jacob's Vitamin D3 Öl (20 µg D3)
- Dr. Jacob's Vitamin D3 Öl forte (50 µg D3)
- Dr. Jacob's Vitamin K2 Öl (20 µg K2)
- Dr. Jacob's Vitamin K2 Öl forte (50 µg K2)
- Dr. Jacob's Vitamin DEKA Öl (mit natürlichen Tocopherolen und Vitamin A)
- Dr. Jacob's Vitamin K2D3 Öl (50 µg K2 und 25 µg D3)

Verzehrempfehlung
Für Erwachsene und Kinder ab 1 Jahr: 1 Tropfen täglich einnehmen (Bei erhöhtem Bedarf bis zu 5 Tropfen). Säuglinge unter 1 Jahr: 1 Tropfen jeden zweiten Tag.

Hinweis
Bei Einnahme von Vitamin-K-Antagonisten (Gerinnungshemmer vom Cumarin-Typ) muss eine Absprache mit dem behandelnden Arzt erfolgen!

Packungsgrößen und Preise
20 ml (640 Tropfen) . . . . Euro 19,95

PlantaVis GmbH

GedankenKraft

Kapseln

siehe Phytotherapie

nutrimmun GmbH

MUCOZINK®

Pulver

siehe Nährstoffmangel - Mikronährstoffe

Genericon Pharma Gesellschaft m.b.H.

MULTIvitD3 Baby

Pumplösung

Zusammensetzung
Maiskeimöl, Antioxidationsmittel: Tocopherol, Vitamin D3

Anwendungsgebiete
MULTIvitD3 Baby ist ein Nahrungsergänzungsmittel mit Vitamin D3 (Cholecalciferol) zur Unterstützung des normalen Wachstums und der Entwicklung von Knochen bei Kindern. Zudem trägt Vitamin D3 zur normalen Funktion des Immunsystems bei Kindern bei. Die praktische Flasche mit Dosierpumpe erleichtert die Verabreichung der Lösung bei Babys und Kleinkindern. Die Gesellschaften für Ernährung in Österreich, Deutschland und der Schweiz empfehlen eine tägliche Aufnahme von 400 I.E. (10 µg) Vitamin D3 im ersten Lebensjahr. Ab 1 Jahr wird eine tägliche Zufuhr von 800 I.E. (20 µg) Vitamin D3 empfohlen.

Art der Anwendung
Betätigen Sie den Druckknopf für einen Pumpstoß und geben Sie die Lösung direkt in die Wangentasche des Babys bzw. Kindes oder nehmen Sie die Lösung direkt oder mithilfe eines Löffels in den Mund auf und schlucken Sie diese. Bei der Verabreichung an ein Baby sollte dieses in eine halbaufrechte Position gebracht werden. Alternativ kann die Lösung auch auf einen Schnuller oder den Finger getropft werden, um sie so dem Baby zuzuführen. Bei der ersten Anwendung mehrmals pumpen, damit der Pumpkopf gefüllt wird.

Eigenschaften
Palmöl-, gluten-, laktose- und BPA-frei sowie vegetarisch.

Dosierung
Die empfohlene Dosis beträgt 2 Pumpstöße täglich (400 I.E. Vitamin D3) für Babys bis 1 Jahr. Bei Kleinkindern ab 1 Jahr, Kindern, Jugendlichen und Erwachsenen beträgt die empfohlene Dosis täglich 4 Pumpstöße (800 I.E. Vitamin D3).

Besonderheiten bei Kindern, Schwangeren, Stillenden
Speziell bei Babys sollte die gleichzeitige Einnahme von mehreren Vitamin-D-haltigen Präparaten vermieden werden.

Sonstige Hinweise
Die angegebene empfohlene tägliche Verzehrmenge darf nicht überschritten werden. Nahrungsergänzungsmittel stellen keinen Ersatz für eine abwechslungsreiche und ausgewogene Ernährung sowie für eine gesunde Lebensweise dar. In der Originalverpackung, vor Sonnenlicht und Feuchtigkeit geschützt bei 15–25 °C aufbewahren. Für Kinder unzugänglich aufbewahren. Die Lösung ist nach erstmaligem Öffnen innerhalb von 12 Monaten zu verbrauchen.

Weiterführende Informationen
Weitere Informationen erhalten Sie unter: www.multi.at

Packungsgrößen und Preise
10 ml, 200 Pumpstöße (PZN 17632402) . .

Genericon Pharma Gesellschaft m.b.H.

MULTIvitDK®

Pumplösung

Zusammensetzung
Maiskeimöl, Antioxidationsmittel: Tocopherol, Vitamin D3, Vitamin K2 (MK-7 all-trans).

Anwendungsgebiete
MULTIvitDK® kombiniert Vitamin D3 mit seinem wichtigen Partner im Knochenstoffwechsel Vitamin K2. MULTIvitDK® enthält Vitamin K2 in Form von MK-7 all-trans, welches vom Körper besonders gut aufgenommen und verarbeitet wird. Für eine bessere Verträglichkeit und zum Schutz der Umwelt ist das fettlösliche Vitamin D3 in Maiskeimöl statt in Palmöl gelöst. Die Vitamine D3 (Cholecalciferol) und K2 tragen zur Erhaltung normaler Knochen bei. Vitamin D3 unterstützt die normale Funktion des Immunsystems, trägt zur Erhaltung einer normalen Muskelfunktion und zu einer normalen Aufnahme und Verwertung von Calcium und Phosphor bei. Vitamin K2 leistet einen Beitrag zur normalen Blutgerinnung.

Art der Anwendung
Betätigen Sie den Druckknopf für einen Pumpstoß und nehmen Sie die Lösung entweder direkt oder mithilfe eines Löffels in den Mund auf und schlucken Sie diese. Bei der ersten Anwendung mehrmals pumpen, damit der Pumpkopf gefüllt wird. Die Vitamine D3 und K2 werden über den Darm resorbiert. MULTIvitDK® kann unabhängig von der Mahlzeit eingenommen werden.

Eigenschaften
Palmöl-, gluten-, laktose- und BPA-frei sowie vegetarisch

Dosierung
Die empfohlene Dosis beträgt 1x täglich einen Pumpstoß, unabhängig von der Mahlzeit. Die angegebene empfohlene Tagesdosis sollte nicht überschritten werden.

Besonderheiten bei Kindern, Schwangeren, Stillenden
Anwendung bei Kindern unter einem Jahr, während der Schwangerschaft und Stillzeit sowie bei Personen, die blutverdünnende Medikamente, im Speziellen Vitamin-K-Antagonisten einnehmen, nach Rücksprache mit dem Arzt oder Apotheker. Für Babys bis ein Jahr empfehlen wir das speziell auf die Bedürfnisse von Säuglingen abgestimmte Vitamin-D-Nahrungsergänzungsmittel MULTIvitD3 Baby.

Sonstige Hinweise
In der Originalverpackung, vor Sonnenlicht und Feuchtigkeit geschützt bei 15–25 °C aufbewahren. Für kleine Kinder unzugänglich auf-

bewahren. Die Lösung ist nach erstmaligem Öffnen innerhalb von 12 Monaten zu verbrauchen.

Weiterführende Informationen
Weitere Informationen erhalten Sie unter: www.multi.at

Packungsgrößen und Preise
10 ml, 200 Pumpstöße (PZN 16744211) . .

nutrimmun GmbH

MyBIOTIK®GLUTAMIN5000

Pulver

siehe Nährstoffmangel - Mikronährstoffe

BerryPharma

rubyni® Acerola

Kapseln

Nahrungsergänzungsmittel mit reiner Acerola und natürlichem Vitamin C.

Inhaltsstoffe
Bio-Acerola-Fruchtpulver aus Acerolakirschen der Sorte Malpighia glabra (gefriergetrocknet, 30 % Vitamin C), pflanzliche Kapselhülle aus Hydroxypropylmethylcellulose.

Drei Kapseln enthalten 1.860 mg Bio-Acerola-Pulver, davon 558 mg Vitamin C.

Eigenschaften
Die Acerolakirsche ist eine der stärksten Quellen für natürliches Vitamin C. In diesem Punkt schlägt sie beispielsweise Orangen um Längen. Um diese Kraft der Acerola wussten auch schon die indigenen Völker Mittel- und Südamerikas.

Unsere Acerolafrüchte stammen aus Brasilien. Verwendet werden nur die besten handverlesenen Früchte der Ernte, die direkt vor Ort im bestmöglichen Zustand schonend gefriergetrocknet werden. Somit bleiben alle wertvollen Stoffe der Acerola erhalten.

Anwendungsgebiete

- Natürliches Vitamin C
- Antioxidativ
- Sport Recovery
- Immunsystem

Verzehrempfehlung
Erwachsene nehmen über den Tag verteilt 3 Kapseln unzerkaut und mit ausreichend Flüssigkeit ein. Die empfohlene tägliche Verzehrmenge darf nicht überschritten werden.

Nahrungsergänzungsmittel sollten nicht als Ersatz für eine ausgewogene und abwechslungsreiche Ernährung dienen und ersetzen keine gesunde Lebensweise.

Sonstige Hinweise
rubyni® mit Acerola ist bio-zertifiziert und von Natur aus vegan, laktose- und glutenfrei. Auf Füll- und Konservierungsstoffe wird bewusst verzichtet.

Weiterführende Informationen
www.rubyni.com

Packungsgröße und Preise
Glas mit 90 Kapseln . . . . Euro 19,90

Herstellerangaben
BerryPharma GmbH | Weidboden 1 | 83339 Chieming | www.rubyni.com

Die Familie Philipp, die hinter BerryPharma® steht, hat sich seit Generationen ganz der Verarbeitung qualitativ hochwertiger Beeren und Früchte verschrieben. In den Produkten von BerryPharma® kommen nur natürliche Extrakte und Inhaltsstoffe zum Einsatz, die in ihrer Wirkung durch Studien belegt sind. Eine ideale Ergänzung für die tägliche Ernährung.
SO PURE. SO YOU.

Stand:
17.11.2023

BerryPharma

rubyni® CARDIO

Kapseln

Nahrungsergänzungsmittel mit Vitaminen, Magnesium und Pflanzenstoffen für Herz-Kreislauf und Blutgefäße

siehe Herz- und Kreislaufbeschwerden

BerryPharma

rubyni® MUCOSA

Pulver

Nahrungsergänzungsmittel mit Vitaminen, Mineral- und Pflanzenstoffen sowie Ballaststoffen für Darmschleimhaut und Mikrobiom

siehe Magen-Darm-Beschwerden

BerryPharma

rubyni® NEURO

Kapseln

Nahrungsergänzungsmittel mit Vitaminen, Mineral- und Pflanzenstoffen sowie Citicolin für Gehirn und Nerven

siehe Neurologische Erkrankungen

BerryPharma

rubyni® NIGHT

Kapseln

Nahrungsergänzungsmittel mit

Pflanzenstoffen, γ-Aminobuttersäure und L-Tryptophan für Entspannung und Balance.

siehe Stress, Unruhe und Schlafstörungen

INTERNA

(Ohrenbeschwerden - Schmerzen und Entzündung)

Pflüger

Otofren®

Tabletten

Zusammensetzung

1 Tablette enthält arzneilich wirksame Bestandteile: Aconitum napellus Trit. D 4 25,00 mg, Arsenum iodatum Trit. D 6 25,00 mg,Aurum metallicum Trit. D 4 25,00 mg, Graphites Trit. D 4 25,00 mg, Hepar sulfuris calcarea Trit. D 3 50,00 mg, Phytolacca americana Trit. D 3 50,00 mg, Thuja occidentalis Trit. D 3 25,00 mg, Viola odorata Trit. D 3 25,00 mg.

Anwendungsgebiete

Die Anwendungsgebiete leiten sich von den homöopathischen Arzneimittelbildern ab. Dazu gehören: akute und chronische Mittelohrentzündung (Otitis media).

Gegenanzeigen

Bei Schilddrüsenerkrankungen nicht ohne ärztlichen Rat anwenden.

Nebenwirkungen

Bei der Anwendung eines homöopathischen Arzneimittels können sich die vorhandenen Beschwerden vorübergehend verschlimmern (Erstverschlimmerung). In diesem Fall sollten Sie das Arzneimittel absetzen und Ihren Arzt befragen. Wenn Sie Nebenwirkungen beobachten, teilen Sie diese bitte Ihrem Arzt oder Apotheker mit.

Wechselwirkungen

Keine bekannt. Allgemeiner Hinweis: Die Wirkung eines homöopathischen Arzneimittels kann durch allgemein schädigende Faktoren in der Lebensweise und durch Reiz- und Genussmittel ungünstig beeinflusst werden. Falls Sie sonstige Arzneimittel einnehmen, fragen Sie Ihren Arzt.

Warnhinweise
Dieses Arzneimittel enthält Lactose. Bitte nehmen Sie Otofren daher erst nach Rücksprache mit Ihrem Arzt oder Therapeuten ein, wenn Ihnen bekannt ist, dass Sie unter einer Unverträglichkeit gegenüber bestimmten Zuckern leiden. Da keine ausreichend dokumentierten Erfahrungen zur Anwendung in der Schwangerschaft und Stillzeit vorliegen, sollte das Arzneimittel nur nach Rücksprache mit dem Arzt angewendet werden.

Dosierung
Die folgenden Angaben gelten, soweit das Arzneimittel nicht anders verordnet wurde:
Erwachsene und Jugendliche ab 12 Jahren nehmen bei akuten Zuständen alle halbe bis ganze Stunde, höchstens 6 mal täglich, je 1 Tablette ein. Eine über eine Woche hinausgehende häufige Anwendung sollte nur nach Rücksprache mit einem homöopathisch erfahrenen Therapeuten erfolgen. Bei chronischen Verlaufsformen 1 – 3 mal täglich je 1 Tablette einnehmen. Bei Besserung der Beschwerden ist die Häufigkeit der Einnahme zu reduzieren. Säuglinge im 1. Lebensjahr erhalten nach Rücksprache mit einem Arzt nicht mehr als ein Drittel der Erwachsenendosis. Kleinkinder bis unter 6 Jahren erhalten nicht mehr als die Hälfte, Kinder ab 6 bis unter 12 Jahren erhalten nicht mehr als zwei Drittel der Erwachsenendosis.
Dazu wird jeweils 1 Tablette in 6 Teelöffeln Wasser aufgelöst. Von dieser Lösung erhalten

- Säuglinge im ersten Lebensjahr: 2 Teelöffel
- Kleinkinder bis unter 6 Jahren: 3 Teelöffel
- Kinder ab 6 bis unter 12 Jahren: 4 Teelöffel

Die Einnahme erfolgt bei akuten Zuständen alle halbe bis ganze Stunde, höchstens 6-mal täglich. Eine über eine Woche hinausgehende Anwendung sollte nur nach Rücksprache mit einem homöopathisch erfahrenen Therapeuten erfolgen. Die Einnahme erfolgt in chronischen Fällen 1 bis 3 mal täglich. Bei Besserung der Beschwerden ist die Häufigkeit der Einnahme zu reduzieren. Der Rest der Lösung ist jeweils wegzuschütten. Sollten Sie einen auffallend schwefligen Geruch der Tabletten bemerken, so ist dieser auf den wirksamen Bestandteil Hepar sulfuris zurückzuführen. Der Eigengeruch dieses Rohstoffes stellt keinen Qualitätsmangel dar. Auch homöopathische Arzneimittel sollten ohne ärztlichen Rat nicht über längere Zeit eingenommen werden.

Packungsgrößen und Preise
100 Tabletten (PZN 00201388) . . . Euro 15,70

Apothekenpflichtig.

Weber & Weber

Otovowen®
Mischung

Zusammensetzung
Wirkstoffe: 10 ml enth.: Aconitum napellus Dil. D6 0,075 ml; Capsicum annuum Dil. D4 0,075 ml; Chamomilla recutita ∅ 0,225 ml; Echinacea purpurea ∅ 0,75 ml; Hydrargyrum bicyanatum Dil. D6 0,075 ml; Hydrastis canadensis Dil. D4 0,075 ml; Iodum Dil. D4 0,075 ml; Natrium tetraboracicum Dil. D4 0,075 ml; Sambucus nigra ∅ 0,225 ml; Sanguinaria canadensis ∅ 0,075 ml. Sonst. Bestandteil: Ethanol 43 % (m/m).

Anwendungsgebiete
Die Anwendungsgebiete leiten sich von den homöopath. Arzneimittelbildern ab. Dazu gehört: Besserung der Beschwerden bei Mittelohrentzündung, Schnupfen.

Gegenanzeigen
Überempfindlichkeit gg. einen der Wirk- oder Hilfsstoffe oder gg. Korbblütler. Aus grundsätzlichen Erwägungen darf Otovowen® nicht angewendet werden bei fortschreitenden Systemerkrankungen wie Tuberkulose, Leukämie und Leukämie-ähnl. Erkrank., entzündlichen Erkrank. des Bindegewebes (Kollagenosen), Autoimmunerkrank., Multipler Sklerose, AIDS-Erkrank., HIV-Infektion oder anderen chron. Viruserkrank. Keine Anwendung bei Säuglingen unter 5 kg aufgrund des Alkoholgehaltes.

Nebenwirkungen
In Einzelfällen können Überempfindlichkeitsreaktionen auftreten. Für Arzneimittel mit Zubereitungen aus Sonnenhut wurden Hautausschlag, Juckreiz, selten Gesichtsschwellung, Atemnot, Schwindel und Blutdruckabfall beobachtet.

Sonstige Hinweise
Enthält 18 mg Alkohol (Ethanol) pro 1 Tropfen. Packungsbeilage beachten.

Dosierung und Art der Anwendung
Bei **akuten Zuständen** alle halbe bis ganze Std., höchstens 12x tgl., bei **chron. Verlaufsformen** 1 – 3x tgl., die folgenden Einzeldosen einnehmen: **Erwachsene** 12 – 15 Tr., **Kinder zwischen 6 – 12 J.** 5 – 10 Tr., **Kleinkinder bis zum 6. Lebensj.** 4 – 7 Tr., **Säuglinge bis zum 1. Lebensj.** nach Einholung von med. Rat 2 – 4 Tr.

Die Einzeldosis von 5 Tr. enthält etwa 90 mg Alkohol.

Infekte im Nasen- und Rachenraum können insbesondere bei Kindern leicht auf das Mittelohr übergreifen. Otovowen® sollte daher frühzeitig bei ersten Anzeichen eines Infektes der oberen Luftwege eingenommen werden. Die Therapie sollte fortgesetzt werden bis alle Symptome abgeklungen sind.

Dauer der Anwend.: Otovowen® sollte nicht länger als 8 Wo. eingenommen werden.

Packungsgrößen und Preise
30 ml (PZN 00753484) .... Euro 16,26
50 ml (PZN 00753490) .... Euro 22,96

Apothekenpflichtig.

Hinweis
Siehe auch VoWen®-T Tabletten (registriertes homöopath. Arzneimittel ohne Angabe einer therap. Indikation; auf gleicher Wirkstoffbasis).

INTERNA
(Parasiten)

NutraMedix Deutschland

Banderol NutraMedix Tropfen

siehe Infektionen

Wellnest Pflanzenkraft

ClarkIntest Konzentrat nach Hulda Clark

Tropfen

Zusammensetzung
Kräuterbitter-Konzentrat aus Auszügen von Schwarzwalnuss, Wermut*, Gewürznelke*, Olivenblatt, Kräutern, Gewürzen, Bio-Alkohol 32 % Vol. (*kbA)

Anwendungsgebiete
ClarkIntest Konzentrat nach Hulda Clark basiert auf den „3 großen Wurmtreibern“ Schwarzwalnuss, Wermut und Gewürznelke, den Originalzutaten von Dr. Clarks bekannter Parasitenkur. Diese bewährte Rezeptur wurde um Papaya- und Olivenblatt, Ingwer, Lapacho, Neem und Chin. Enzian ergänzt. Die Einnahme empfiehlt sich bei Verdauungsbeschwerden (vor allem Blähungen, Durchfall, Verstopfung), die von Pilzen, Würmern und anderen Darmparasiten verursacht werden, insbesondere dem Hefepilz Candida albicans.

Eigenschaften
Die enthaltenen Pflanzenstoffe entziehen unerwünschten Darmbewohnern den Nährboden, woraufhin Dünn- und Dickdarm eine nachhaltige Entlastung erfahren. Verdauungsstörungen lassen nach, die Verdauung beginnt sich zu normalisieren. Abwehrkräfte und Immunabwehr stabilisieren sich. Im Idealfall erfolgt die Einnahme zusammen mit Chlorella-Algen. Sie verschmelzen wie ein saugstarker Schwamm mit parasitären Ausscheidungen und Stoffwechselprodukten sowie bereits vorhandenen Schadstoffen zu stabilen Einheiten, so dass diese über die Verdauung ausgeschieden werden können.

Dosierung
Gemäß beiliegendem Einnahmeplan. Für die eigeninitiative Einnahme sind täglich zwei- bis dreimal 5 – 10 Tropfen mit ausreichend Flüssigkeit ideal.

Nebenwirkungen
Keine bekannt.

Wechselwirkungen
Anwendung ist auch bei akuten Infektionen und Candidosen verträglich.

Warnhinweise
Enthält Alkohol (32 % Vol.).

Ggf. Besonderheiten bei Kindern, Schwangeren, Stillenden
In der Schwangerschaft und Stillzeit nicht einnehmen.

Sonstige Hinweise
Außerhalb der Reichweite von Kindern sowie trocken, licht- und wärmegeschützt lagern.

Weiterführende Informationen
Wellnest ClarkIntest Konzentrat wird schonend nach überlieferter Handwerkstradition von einer heimischen Manufaktur in einem zweimonatigen Kaltauszug bei Raumtemperatur hergestellt. Für die Extraktion der wertvollen Pflanzenstoffe verwenden wir ausschließlich Bio-Alkohol und mit Aktivkohle gereinigtes und energetisiertes Wasser.
Die Ur-Tinktur bildet das pflanzliche Wirkstoff-Spektrum in konzentrierter Form vollständig ab und enthält somit ein Höchstmaß sekundärer Pflanzenstoffe und ätherischer Öle. Gelöst werden sie vom Körper unmittelbar verwertet.

Packungsgrößen und Preise
100 ml (PZN 8458595) .... Euro 34,90

NutraMedix Deutschland

Cowden+ Support Programm (CSP+)

siehe Infektionen

NutraMedix Deutschland

Houttuynia NutraMedix Tropfen

siehe Infektionen

NutraMedix Deutschland

Nattokinase NutraMedix Kapseln

siehe Entzündungen

NutraMedix Deutschland

Nutra-BBS NutraMedix Tropfen

Zusammensetzung
Nutra-BBS (60 ml): Extrakt aus Elecampane Wurzel, Jalapa Wurzel, Blackberry Blätter, Capirona Rinde.
Nutra-BBS+ (120 ml): Extrakt aus Elecampane Wurzel, Jalap Wurzel, Sweet Anni-Kraut und Capirona Rinde.
Mineralwasser, Ethanol (20 – 24 %).

Anwendungsgebiete
Darm- und Blutparasiten (z.B. Babesien), Pilz- und bakterielle Infektionen, Co-Infektionen bei chronischer Borreliose.

Wirkstoffeigenschaften
Antibakteriell, antimykotisch, antiparasitär, entzündungshemmend, immunstärkend.

Gegenanzeigen
Schwangerschaft und Stillzeit.

Nebenwirkungen
Keine bekannt.

Dosierung und Art der Anwendung
2x täglich 60 – 80 Tropfen in Wasser, schrittweise Dosissteigerung.

Packungsgrößen und Preise
60 ml (PZN 18447799) .... Euro 60,00
120 ml (PZN 19296078) .... Euro 85,00

Bezug und weitere Informationen
NutraMedix Deutschland GmbH
www.nutramedix.de

NutraMedix Deutschland

Nutra-BRL NutraMedix Tropfen

Zusammensetzung
Uncaria tomentosa (Cat´s Claw) Rindenextrakt (TOA-frei); Otoba parfivoila Rindenextrakt, Stevia reboudiana Blatt-extrakt, Mineralwasser, Ethanol (20 – 24%).

Anwendungsgebiete
Borreliose (akut und chronisch) sowie deren bakt., mykot. und paras. Co-Infektionen.

Wirkstoffeigenschaften
Immunmodulierend, breitspektrum antimikrobiell, entzündungshemmend, antioxidativ, antikarzinogen, neuroprotektiv.

Nutra-BRL ist frei von TOA (tetrazyklischen Oxindol-Alkaloiden) und wirkt deshalb im Gegensatz zu anderen Cat´s Claw Präparaten als Immunsystemmodulator. Nutra-BRL kann daher auch bei überschießenden Immunreaktionen (Autoimmunerkrankungen) erfolgreich eingesetzt werden.

Wird häufig in Kombination mit Serrapeptase NutraMedix und / oder Takuna NutraMedix bei der Behandlung der chronischen Lyme-Borreliose angewendet.

Gegenanzeigen
Schwangerschaft und Stillzeit.

Nebenwirkungen
Herxheimer-Reaktionen möglich.

Dosierung und Art der Anwendung
2x täglich 60 Tropfen in Wasser, vor den Mahlzeiten, schrittweise Dosis steigern.

Kinder: 2x täglich 1 Tropfen pro kg KG.

Packungsgrößen und Preise
60 ml (PZN 18447807) .... Euro 60,00
120 ml (PZN: 19296084) .... Euro 85,00

Bezug und weitere Informationen
NutraMedix Deutschland GmbH
www.nutramedix.de

NutraMedix Deutschland

Nutra-BRT NutraMedix Tropfen

Zusammensetzung
Campsiandra-Rinden- und Houttuynia-Blatt-Extrakt, Mineralwasser, Ethanol (20 – 24 %).

Anwendungsgebiete
Darm- und Blutparasiten (z.B. Bartonellen), virale Infektionen, Co-Infektionen bei chronischer Borreliose.

Wirkstoffeigenschaften
Antibakteriell, antiviral, antiparasitär, entzündungshemmend, immunstärkend.

Gegenanzeigen
Schwangerschaft und Stillzeit.

Nebenwirkungen
Keine bekannt.

Dosierung und Art der Anwendung
2x täglich 60 – 80 Tropfen in Wasser, schrittweise Dosissteigerung.

Packungsgrößen und Preise
60 ml (PZN 18447813) .... Euro 60,00
120 ml (PZN 19296049) .... Euro 85,00

Bezug und weitere Informationen
NutraMedix Deutschland GmbH
www.nutramedix.de

NutraMedix Deutschland

Samento NutraMedix Tropfen

siehe Immunsystemerkrankungen und -schwäche

NutraMedix Deutschland

Serrapeptase NutraMedix Kapseln

siehe Entzündungen

franconpharm Arzneimittel

Strongus - Knoblauchkapseln

Kapseln

siehe Durchblutungsstörung

INJEKTIONEN
(Psychische Erkrankungen, Depressionen)

Sanum-Kehlbeck

Mucedokehl® D5

Injektionslösung

Wirkstoff: Mucor mucedo e volumine mycelii (lyophil., steril.) Dil. D5 aquos.

Zusammensetzung
1 Ampulle zu 1 ml enthält: Wirkstoff: 1 ml Mucor mucedo e volumine mycelii (lyophil., steril.) Dil. D5 aquos. nach Vorschrift 5b HAB.

Anwendungsgebiete
Erfahrungsgemäß unterstützend angewendet bei:

- neurovegetativem Syndrom, Dysfunktionen im limbischen System
- Angst, Depressionen
- Atemwegserkrankungen, Sinusitis, Tonsillitis, Sinubronchitis
- Otitis, Lymphostase
- Schilddrüsenfunktionsstörung.

Eigenschaften
Mucedokehl® wird aus Mucor mucedo gewonnen und besonders eingesetzt bei allen Störungen, die im Zusammenhang stehen mit dem Neurovegetativum.

Gegenanzeigen
Nicht anwenden bei:

- bekannter Überempfindlichkeit gegenüber Schimmelpilzen (Mucor mucedo)
- Autoimmunerkrankungen
- Kindern unter 12 Jahren
- Schwangerschaft und Stillzeit.

Vorsichtsmaßnahmen
Keine bekannt.

Warnhinweise
Keine bekannt.

Wechselwirkungen
Immunsuppressiv wirkende Arzneimittel können die Wirksamkeit von Mucedokehl® D5 beeinträchtigen. Vor und nach der Behandlung mit oral verabreichten Lebendimpfstoffen ist ein Abstand von 4 Wochen einzuhalten.

Nebenwirkungen
Aufgrund des Gehaltes von Mucedokehl® D5 an spezifischen organischen Bestandteilen können Überempfindlichkeitsreaktionen, hauptsächlich in Form von Hautreaktionen, auftreten und eine Allergie gegen den Bestandteil Mucor mucedo ausgelöst werden. Das Arzneimittel ist dann abzusetzen und ein Arzt aufzusuchen.

Dosierung
2-mal wöchentlich 1 ml entweder intramuskulär oder subcutan injizieren. Nach längstens 4 Wochen Therapiedauer sollte Mucedokehl® D5 abgesetzt werden.

Packungsgrößen und Preise

1 Amp. à 1 ml	(PZN 03483766)	Euro 7,72
10 Amp. à 1 ml	(PZN 03483772)	Euro 53,97
50 Amp. à 1 ml	(PZN 03483789)	Euro 230,16

Apothekenpflichtig.

Sanum-Kehlbeck

Muscarsan® D6

Injektionslösung

Wirkstoff: Amanita muscaria e thallo D6 Dil.

Zusammensetzung
Der Wirkstoff ist: 1 ml flüssige Verdünnung zur Injektion enthalten: 1 ml Amanita muscaria e thallo D6 Dil. (Lsg. D1 mit Ethanol 62 % (m/m) nach HAB, Vorschrift 3a).

Anwendungsgebiete
Erfahrungsgemäß unterstützend angewendet bei:

- unterstützend bei der Entwöhnung nach Medikamenten-, Nahrungsmittel- oder Genussmittel-Missbrauch
- Süchten
- Überregungs- und Erschöpfungszuständen
- Migräne
- Gefäßspasmen
- spastischen Zuständen in Muskeln und Organen

Eigenschaften
Der Fliegenpilz (Amanita muscaria) ist wegen seines charakteristischen Aussehens und seiner Giftigkeit allgemein bekannt. Die nach dem Genuss des getrockneten Pilzes auftretenden Symptome ähneln denen, die wir heute nach Drogenmissbrauch kennen. Heute wird Amanita muscaria nur in der Homöopathie therapeutisch angewandt, wobei der Anwendungsbereich verhältnismäßig groß ist. Hauptsächlich zu nennen sind die zerebralen und nervösen Übererregungs- und Erschöpfungszustände, Kopfschmerzen bei Schülern und Studenten, zerebrale Durchblutungsstörungen, Vertigo, rauschartige und ekstatische Zustände, Delirium tremens, spastische Zustände in allen Muskeln und Organen, Migräne, Gefäßspasmen, nervöse Störungen des Verdauungskanals, Gastralgien, Meteorismus, chronische Gärungsdyspepsie, Genussmittelschäden durch Kaffee und Nikotin, Alkoholismus sowie Drogen- und Tablettenmissbrauch.

Dosierung
Bei akuten Zuständen Erwachsenen und Jugendlichen ab 12 Jahren 1 - 2 ml bis zu 3-mal täglich s. c. injizieren. Bei chronischen Verlaufsformen Erwachsenen und Jugendlichen ab 12 Jahren 1 - 2 ml pro Tag s. c. injizieren.

Muscarsan® D6 enthält Natrium, aber weniger als 1 mmol (23 mg) Natrium pro 1 ml, d.h., es ist nahezu „natriumfrei“.

Nebenwirkungen
Keine bekannt.

Gegenanzeigen
Muscarsan® D6 darf nicht angewendet werden, wenn Sie allergisch gegen Amanita muscaria sind.

Ggf. Besonderheiten bei Kindern, Schwangeren, Stillenden
Da keine ausreichend dokumentierten Erfahrungen zur Anwendung in der Schwangerschaft und Stillzeit vorliegen, sollte das Arzneimittel nur nach Rücksprache mit dem Arzt angewendet werden.

Zur Anwendung dieses Arzneimittels bei Kindern liegen keine ausreichend dokumentierten Erfahrungen vor. Es soll deshalb bei Kindern unter 12 Jahren nicht angewendet werden.

Wechselwirkungen
Keine bekannt.

Packungsgrößen und Preise
10 Amp. à 1 ml (PZN 04261269) . Euro 14,77
50 Amp. à 1 ml (PZN 04261275) . Euro 58,49

Apothekenpflichtig.

Pflüger

Nervoregin® comp. H Pflüger
Ampullen

Zusammensetzung
1 Ampulle zu 5 ml enthält:
Wirkstoffe:
Amanita muscaria Dil. D 6 0,10 ml, Asa foetida Dil. D 5 0,35 ml Strychnos ignatii Dil. D 6 2,00 ml, Valeriana officinalis Dil. D3 0,10 ml, Zincum isovalerianicum Dil. D 8 0,65 ml

Anwendungsgebiet
Das Anwendungsgebiet leitet sich von den homöopathischen Arzneimittelbildern ab.
Dazu gehören: Nervöse Verstimmungszustände.

Warnhinweise
Was müssen Sie in der Schwangerschaft und Stillzeit berücksichtigen? Fragen Sie vor der Anwendung von allen Arzneimitteln Ihren Arzt

um Rat. Zur Anwendung dieses Arzneimittels bei Kindern liegen keine ausreichenden Erfahrungen vor. Es soll deshalb bei Kindern unter 12 Jahren nicht angewendet werden.

Nebenwirkungen
Keine bekannt.
Hinweis: Bei der Anwendung eines homöopathischen Arzneimittels können sich die vorhandenen Beschwerden vorübergehend verschlimmern (Erstverschlimmerung). In diesem Fall sollten Sie das Arzneimittel absetzen und Ihren Arzt befragen.
Wenn Sie Nebenwirkungen bemerken, wenden Sie sich an Ihren Arzt oder Apotheker. Dies gilt auch für Neben- wirkungen, die nicht in dieser Packungsbeilage angegeben sind.

Dosierung
Die folgenden Angaben gelten für Erwachsene und Jugendliche ab 12 Jahren, soweit das Arzneimittel nicht anders verordnet wurde:
Bei akuten Zuständen 1-mal täglich 1 – 2 ml intravenös, intramuskulär oder subcutan injizieren. Eine über eine Woche hinausgehende Anwendung sollte nur nach Rücksprache mit einem homöopathisch erfahrenen Therapeuten erfolgen.
Bei chronischen Verlaufsformen 2 – 3 mal wöchentlich 1 2 ml intravenös, intramuskulär oder subcutan injizieren.
Bei Besserung der Beschwerden ist die Häufigkeit der Anwendung zu reduzieren.
Angebrochene Ampullen dürfen nicht aufbewahrt und zu einem späteren Zeitpunkt verwendet werden, da die Sterilität der Injektionslösung nicht mehr gewährleistet ist.

Packungsgrößen und Preise
Ampulle zu 5 ml (PZN
10 Stück 03678665) . . . Euro 34,65
Ampulle zu 2 ml (PZN
50 Stück 03679601) . . . Euro 126,95

Apothekenpflichtig.

INTERNA

NutraMedix Deutschland

Adrenal NutraMedix Tropfen

siehe Erschöpfung und Müdigkeit

MensSana AG

B12 lingua MensSana

Tabletten

siehe Nährstoffmangel

Weber & Weber

Echtronerval®

Mischung

Zusammensetzung
Wirkstoffe: 10 ml enth.: Avena sativa Ø 1 ml; Crocus sativus Dil. D2 0,24 ml; Gelsemium sempervirens Dil. D3 0,3 ml; Hypericum perforatum Ø 0,2 ml; Myristica fragrans Dil. D3 0,3 ml; Passiflora incarnata Ø 1 ml. Sonst. Bestandteil: Ethanol 43 % (m/m).

Anwendungsgebiete
Die Anwendungsgebiete leiten sich von den homöopath. Arzneimittelbildern ab. Dazu gehört: Besserung der Beschwerden bei nervösen Störungen.

Gegenanzeigen
Keine bekannt.

Nebenwirkungen
Keine bekannt.

Sonstige Hinweise
Enthält 63 mg Alkohol (Ethanol) pro 5 Tropfen (Einzeldosis). Packungsbeilage beachten.

Dosierung und Art der Anwendung
Bei **akuten Zuständen** alle halbe bis ganze Std., höchstens 6x tgl., je 5 Tr. einnehmen. Eine über 1 Wo. hinausgehende Anwend. sollte

nur nach Rücksprache mit einem homöopath. erfahrenen Therapeuten erfolgen. Bei **chron. Verlaufsformen** 1 – 3x tgl. je 5 Tr. einnehmen. Bei Besserung der Beschwerden ist die Häufigkeit der Einnahme zu reduzieren.

Packungsgrößen und Preise

50 ml (PZN 03300085) .... Euro 18,34

Apothekenpflichtig.

NutraMedix Deutschland

Hormonal Balance NutraMedix Tropfen

siehe Gyn. Erkrankungen & Frauenbeschwerden

Sanum-Kehlbeck

Mucedokehl® D3

Zäpfchen

Wirkstoff: Mucor mucedo e volumine mycelii (lyophil., steril.) Trit. D3

Zusammensetzung

1 Zäpfchen enthält: Wirkstoff: 0,2 g Mucor mucedo e volumine mycelii (lyophil., steril.) Trit. D3 nach Vorschrift 6 HAB.

Sonstiger Bestandteil: Hartfett.

Anwendungsgebiete

Erfahrungsgemäß unterstützend angewendet bei:

- neurovegetativem Syndrom, Dysfunktionen im limbischen System
- Angst, Depressionen
- Atemwegserkrankungen, Sinusitis, Tonsillitis, Sinubronchitis
- Otitis, Lymphostase
- Schilddrüsenfunktionsstörung.

Eigenschaften

Mucedokehl® wird aus Mucor mucedo gewonnen und besonders eingesetzt bei allen Störungen, die im Zusammenhang stehen mit dem Neurovegetativum.

Nebenwirkungen

Aufgrund des Gehaltes von Mucedokehl® D3 an spezifischen organischen Bestandteilen können Überempfindlichkeitsreaktionen, hauptsächlich in Form von Hautreaktionen, auftreten und eine Allergie gegen den Bestandteil Mucor mucedo ausgelöst werden. Das Arzneimittel ist dann abzusetzen und ein Arzt aufzusuchen.

Gegenanzeigen

Nicht anwenden bei:

- bekannter Überempfindlichkeit gegenüber Schimmelpilzen (Mucor mucedo)
- Autoimmunerkrankungen
- Kindern unter 12 Jahren
- Schwangerschaft und Stillzeit.

Vorsichtsmaßnahmen

Keine bekannt.

Warnhinweise

Keine bekannt.

Wechselwirkungen

Immunsuppressiv wirkende Arzneimittel können die Wirksamkeit von Mucedokehl® D3 beeinträchtigen. Vor und nach der Behandlung mit oral verabreichten Lebendimpfstoffen ist ein Abstand von 4 Wochen einzuhalten.

Dosierung

1-mal täglich 1 Zäpfchen vor dem Schlafengehen in den After einführen. Nach längstens 4 Wochen Therapiedauer sollte Mucedokehl® D3 abgesetzt werden.

Sonstige Hinweise

Enthält Lactose.

Packungsgrößen und Preise

10 Zäpfchen (PZN 03685665) .... Euro 17,58

10-mal 10 Zäpfchen (PZN 03685671) .... Euro 144,97

Apothekenpflichtig.

Sanum-Kehlbeck

Mucedokehl® D4

Hartkapseln

Wirkstoff: Mucor mucedo e volumine mycelii (lyophil., steril.) Trit. D4

Zusammensetzung
1 Hartkapsel enthält: Wirkstoff: 330 mg Mucor mucedo e volumine mycelii (lyophil., steril.) Trit. D4 nach Vorschrift 6 HAB.

Hartkapselhülle: Hypromellose (HPMC).

Anwendungsgebiete
Erfahrungsgemäß unterstützend angewendet bei:

- neurovegetativem Syndrom, Dysfunktionen im limbischen System
- Angst, Depressionen
- Atemwegserkrankungen, Sinusitis, Tonsillitis, Sinubronchitis
- Otitis, Lymphostase
- Schilddrüsenfunktionsstörung.

Eigenschaften
Mucedokehl® wird aus Mucor mucedo gewonnen und besonders eingesetzt bei allen Störungen, die im Zusammenhang stehen mit dem Neurovegetativum.

Gegenanzeigen
Nicht anwenden bei:

- bekannter Überempfindlichkeit gegenüber Schimmelpilzen (Mucor mucedo)
- Autoimmunerkrankungen
- Kindern unter 12 Jahren
- Schwangerschaft und Stillzeit.

Vorsichtsmaßnahmen
Keine bekannt.

Warnhinweise
Keine bekannt.

Nebenwirkungen
Aufgrund des Gehaltes von Mucedokehl® D4 an spezifischen organischen Bestandteilen können Überempfindlichkeitsreaktionen, hauptsächlich in Form von Hautreaktionen, auftreten und eine Allergie gegen den Bestandteil Mucor mucedo ausgelöst werden. Das Arzneimittel ist dann abzusetzen und ein Arzt aufzusuchen.

Dosierung
Bei akuten Zuständen 1 – 3-mal täglich je 1 Hartkapsel vor den Mahlzeiten mit ausreichend Flüssigkeit einnehmen.

Bei chronischen Verlaufsformen 1 – 3-mal täglich je 1 Hartkapsel einnehmen. Nach längstens 4 Wochen Therapiedauer sollte Mucedokehl® D4 abgesetzt werden.

Sonstige Hinweise
Enthält Lactose. Bitte nehmen Sie Mucedokehl® D4 daher erst nach Rücksprache mit Ihrem Arzt ein, wenn Ihnen bekannt ist, dass Sie unter einer Unverträglichkeit gegenüber bestimmten Zuckern leiden.

Wechselwirkungen
Immunsuppressiv wirkende Arzneimittel können die Wirksamkeit von Mucedokehl® D4 beeinträchtigen. Vor und nach der Behandlung mit oral verabreichten Lebendimpfstoffen ist ein Abstand von 4 Wochen einzuhalten.

Packungsgrößen und Preise

20 Kapseln	(PZN 04693000)	Euro 32,49
10-mal 20 Kapseln	(PZN 04693017)	Euro 285,36

Apothekenpflichtig.

Sanum-Kehlbeck

Mucedokehl® D5

Tropfen

Wirkstoff: Mucor mucedo e volumine mycelii (lyophil., steril.) Dil. D5

Zusammensetzung
10 ml flüssige Verdünnung enthalten: Wirkstoff: 10 ml Mucor mucedo e volumine mycelii (lyophil., steril.) Dil. D5 nach Vorschrift 5a HAB, Lsg. D1 mit gereinigtem Wasser.

Anwendungsgebiete
Erfahrungsgemäß unterstützend angewendet bei:

- neurovegetativem Syndrom, Dysfunktionen im limbischen System
- Angst, Depressionen
- Atemwegserkrankungen, Sinusitis, Tonsillitis, Sinubronchitis
- Otitis, Lymphostase
- Schilddrüsenfunktionsstörung.

Eigenschaften
Mucedokehl® wird aus Mucor mucedo gewonnen und besonders eingesetzt bei allen Störungen, die im Zusammenhang stehen mit dem Neurovegetativum.

Gegenanzeigen
Nicht anwenden bei:

- bekannter Überempfindlichkeit gegenüber Schimmelpilzen (Mucor mucedo)
- Autoimmunerkrankungen
- Kindern unter 12 Jahren
- Schwangerschaft und Stillzeit.

Vorsichtsmaßnahmen
Keine bekannt.

Warnhinweise
Keine bekannt.

Wechselwirkungen
Immunsuppressiv wirkende Arzneimittel können die Wirksamkeit von Mucedokehl® D5 beeinträchtigen. Vor und nach der Behandlung mit oral verabreichten Lebendimpfstoffen ist ein Abstand von 4 Wochen einzuhalten.

Nebenwirkungen
Aufgrund des Gehaltes von Mucedokehl® D5 an spezifischen organischen Bestandteilen können Überempfindlichkeitsreaktionen, hauptsächlich in Form von Hautreaktionen, auftreten und eine Allergie gegen den Bestandteil Mucor mucedo ausgelöst werden. Das Arzneimittel ist dann abzusetzen und ein Arzt aufzusuchen.

Dosierung
Zum Einnehmen: Einmal täglich 8 Tropfen vor einer Mahlzeit.

Zum Einreiben in die Haut: Zweimal wöchentlich 5 - 10 Tropfen in die Ellenbeuge einreiben.

Nach längstens 4 Wochen Therapiedauer sollte Mucedokehl® D5 abgesetzt werden.

Packungsgrößen und Preise

10 ml (PZN 03483795)	Euro 13,82
10-mal 10 ml (PZN 03483803)	Euro 107,05

Apothekenpflichtig.

Sanum-Kehlbeck

Muscarsan® D6

Tabletten

Wirkstoff: Amanita muscaria e thallo Trit. D6

Zusammensetzung
1 Tablette enthält: Wirkstoff: 250 mg Amanita muscaria e thallo Trit. D6 (HAB, Vorschriften 3a mit Ethanol 62 % (m/m), 7 mit Lactose, 6 mit Lactose). Sonstige Bestandteile: Kartoffelstärke, Magnesiumstearat.

Anwendungsgebiete
Erfahrungsgemäß unterstützend angewendet bei:

- unterstützend bei der Entwöhnung nach Medikamenten-, Nahrungsmittel- oder Genussmittel-Missbrauch
- Süchten
- Überregungs- und Erschöpfungszuständen
- Migräne
- Gefäßspasmen
- spastischen Zuständen in Muskeln und Organen

Eigenschaften
Der Fliegenpilz (Amanita muscaria) ist wegen seines charakteristischen Aussehens und seiner Giftigkeit allgemein bekannt Die nach dem Genuss des getrockneten Pilzes auftretenden Symptome ähneln denen, die wir heute nach

Drogenmissbrauch kennen. Heute wird Amanita muscaria nur in der Homöopathie therapeutisch angewandt, wobei der Anwendungsbereich verhältnismäßig groß ist. Hauptsächlich zu nennen sind die zerebralen und nervösen Übererregungs- und Erschöpfungszustände, Kopfschmerzen bei Schülern und Studenten, zerebrale Durchblutungsstörungen, Vertigo, rauschartige und ekstatische Zustände, Delirium tremens, spastische Zustände in allen Muskeln und Organen, Migräne, Gefäßspasmen, nervöse Störungen des Verdauungskanals, Gastralgien, Meteorismus, chronische Gärungsdyspepsie, Genussmittelschäden durch Kaffee und Nikotin, Alkoholismus sowie Drogen- und Tablettenmissbrauch.

Dosierung
Bei akuten Zuständen alle halbe bis ganze Stunde, höchstens 6-mal täglich, je 1 Tablette einnehmen. Bei chronischen Verlaufsformen 1 – 3-mal täglich 1 Tablette einnehmen.

Gegenanzeigen
Nicht anwenden bei Überempfindlichkeit gegenüber Amanita muscaria.

Ggf. Besonderheiten bei Kindern, Schwangeren, Stillenden
Da keine ausreichend dokumentierten Erfahrungen zur Anwendung in der Schwangerschaft und Stillzeit vorliegen, sollte das Arzneimittel nur nach Rücksprache mit dem Arzt angewendet werden.

Zur Anwendung dieses Arzneimittels bei Kindern liegen keine ausreichend dokumentierten Erfahrungen vor. Es soll deshalb bei Kindern unter 12 Jahren nicht angewendet werden.

Warnhinweise
Enthält Lactose. Bitte nehmen Sie Muscarsan® D6 Tabletten daher erst nach Rücksprache mit Ihrem Arzt ein, wenn Ihnen bekannt ist, dass Sie unter einer Unverträglichkeit gegenüber bestimmten Zuckern leiden.

Nebenwirkungen
Keine bekannt.

Wechselwirkungen
Keine bekannt.

Packungsgrößen und Preise

80 Tabletten (PZN 00572015)	Euro 11,11
3-mal 80 Tabletten (PZN 00572021)	Euro 32,64

Apothekenpflichtig.

Sanum-Kehlbeck

Muscarsan® D6
Tropfen

Wirkstoff: Amanita muscaria e thallo Dil. D6

Zusammensetzung
10 ml enthalten: Wirkstoff: 10 ml Amanita muscaria e thallo Dil. D6 nach Vorschrift 3 a HAB.

Anwendungsgebiete
Erfahrungsgemäß unterstützend angewendet bei:

- unterstützend bei der Entwöhnung nach Medikamenten-, Nahrungsmittel- oder Genussmittel-Missbrauch
- Süchten
- Überregungs- und Erschöpfungszuständen
- Migräne
- Gefäßspasmen
- spastischen Zuständen in Muskeln und Organen

Eigenschaften
Der Fliegenpilz (Amanita muscaria) ist wegen seines charakteristischen Aussehens und seiner Giftigkeit allgemein bekannt. Die nach dem Genuss des getrockneten Pilzes auftretenden Symptome ähneln denen, die wir heute nach Drogenmissbrauch kennen. Heute wird Amanita muscaria nur in der Homöopathie therapeutisch angewandt, wobei der Anwendungsbereich verhältnismäßig groß ist. Hauptsächlich zu nennen sind die zerebralen und nervösen Übererregungs- und Erschöpfungszustände, Kopfschmerzen bei Schülern und Studenten, zerebrale Durchblutungsstörungen,

Vertigo, rauschartige und ekstatische Zustände, Delirium tremens, spastische Zustände in allen Muskeln und Organen, Migräne, Gefäßspasmen, nervöse Störungen des Verdauungskanals, Gastralgien, Meteorismus, chronische Gärungsdyspepsie, Genussmittelschäden durch Kaffee und Nikotin sowie Drogen- und Tablettenmissbrauch.

Dosierung
Bei akuten Zuständen alle halbe bis ganze Stunde, höchstens 6-mal täglich, je 5 Tropfen einnehmen. Bei chronischen Verlaufsformen 1 – 3-mal täglich 5 Tropfen einnehmen.

Nebenwirkungen
Keine bekannt.

Gegenanzeigen
Nicht anwenden bei Überempfindlichkeit gegenüber Amanita muscaria. Bei Alkohol- oder Leberkranken sollte aufgrund des Alkoholgehaltes das Arzneimittel nur nach Rücksprache mit dem Arzt angewendet werden.

Ggf. Besonderheiten bei Kindern, Schwangeren, Stillenden
Da keine ausreichend dokumentierten Erfahrungen zur Anwendung in der Schwangerschaft und Stillzeit vorliegen, sollte das Arzneimittel in der Schwangerschaft und Stillzeit nur nach Rücksprache mit dem Arzt angewendet werden.

Zur Anwendung dieses Arzneimittels bei Kindern liegen keine ausreichend dokumentierten Erfahrungen vor. Es soll deshalb bei Kindern unter 12 Jahren nicht angewendet werden.

Warnhinweise
Dieses Arzneimittel enthält 50 Vol.-% Alkohol (Ethanol).

Bei Beachtung der Dosierungsanleitung werden bei jeder Einnahme (entsprechend 5 Tropfen) bis zu 0,05 g Alkohol zugeführt. Ein Milliliter Muscarsan® D6 Flüssige Verdünnung enthält 46 Tropfen. Ein gesundheitliches Risiko besteht u. a. bei Leberkranken, Alkoholkranken, Epileptikern, Hirngeschädigten, Schwangeren und Kindern. Die Wirkung anderer Arzneimittel kann beeinträchtigt oder verstärkt werden.

Wechselwirkungen
Keine bekannt.

Packungsgrößen und Preise
10 ml (PZN 07339196) .... Euro 9,66
30 ml (PZN 07339204) .... Euro 13,82

Apothekenpflichtig.

NutraMedix Deutschland

Natural Boost NutraMedix Tropfen

siehe Sexualstörungen

Neurolab GmbH

Neurobiotic
Kapseln

siehe Magen-Darm-Beschwerden

Weleda AG

Neurodoron
Tabletten

siehe Stress, Unruhe und Schlafstörungen

Neurolab GmbH

Safran
Kapseln

Für das Nervensystem und die psychische Funktion.

siehe Stress, Unruhe und Schlafstörungen

Neurolab GmbH

SerenePro

Kapseln

Für das Nervensystem, den Energiestoffwechsel und die psychische Funktion.

Nahrungsergänzungsmittel mit Magnesium, den Vitaminen C, B6, Folsäure und B12, Zink, Selen, 5-HTP aus Griffonia simplicifolia, Taurin, L-Cystin und L-Theanin aus Grünem Tee.

Zusammensetzung
2 Kapseln enthalten: Magnesium 58 mg, Vitamin C 20 mg, Vitamin B6 8,6 mg, Zink 3,3 mg, Folsäure (5-MTHF) 80 µg, Selen 23 µg, Vitamin B12 10 µg, Griffonia simplicifolia 330 mg (davon 5-HTP 99 mg), Taurin 100 mg, L-Cystin 100 mg, Grüner Tee 50 mg (davon L-Theanin 20 mg), Hydroxypropylmethylcellulose (pflanzliche Kapselhülle).

Verzehrempfehlung
2 Kapseln täglich mit ausreichend Flüssigkeit 1/2 Std. vor oder 2 Stdn. nach einer Mahlzeit verzehren. Nicht morgens nüchtern verzehren.

Sonstige Hinweise
Bei Depressionen, in der Schwangerschaft, Stillzeit oder im Kindesalter halten Sie bitte Rücksprache mit Ihrem Arzt, Heilpraktiker oder Apotheker. Eine Tagesdosis von 800 mg EGCG aus diesem und anderen Produkten darf nicht überschritten werden.

Packungsgrößen und Preise

1 Dose à 60 Kapseln	Euro 34,95
1 Dose à 120 Kapseln	Euro 59,90

EXTERNA
(Rheuma)

w. feldhoff & comp. arzneimittel gmbh

rheumamed®

Salbe

Schmerzsalbe Capsicum

Zusammensetzung
Arzneilich wirksam in 100 g: Auszug aus Cayennepfeffer (1,5 – 2,5 : 1) entspr. 50 mg Capsaicinoide ber. als Capsaicin; Auszugsmittel: Ethanol 96 % (V/V) 0,8 – 1,6 g; Sonstige: Erdnussöl, Kaliumsorbat, Propylenglycol, ger. Wasser, Glycerol 85 %, Rosmarinöl, Citronensäure, Sonnenblumenöl, Cetylstearylalkohol, Natriumdodecylsulfat, Decyloleat, Palmitoylascorbinsäure, RRR-alpha-Tocopherol, Phospholipide, glycerol(mono, di)alkanoat (C14 - C18), Nat. D-II Tocopherolgemisch, Farbst. E 160c.

Dosierung
Bis zu 4-mal täglich dünn auf die Haut in die betroffenen Stellen einreiben. Nach Gebrauch Hände gründlich waschen!

Anwendungsgebiete
Schmerzhafter Muskelhartspann im Schulter-Arm-Bereich sowie im Bereich der Wirbelsäule.

Gegenanzeigen
Keine Anwendung auf geschädigter Haut.

Nebenwirkungen
Selten Überempfindlichkeitsreaktionen (urtik. Exanthem), Bildung von Quaddeln, Bläschen oder Juckreiz.

Warnhinweise
Keine zusätzliche Wärmebehandlung! Nicht auf offene Wunden, Augen oder Schleimhäute auftragen!

Wechselwirkungen
Bei Einnahme von Muskelrelaxanzien (Mydocalm) eventuell Auftreten von Rötungen, Juckreiz und Schwellungen am Körper.

Packungsgrößen und Preise

15 g (PZN 06457746)	Euro 4,47
45 g (N2) (PZN 05966492)	Euro 10,07
100 g (N3) (PZN 00796884)	Euro 18,98

INJEKTIONEN

Sanum-Kehlbeck

Formasan®

Injektionslösung

Wirkstoff: Acidum formicicum

Zusammensetzung
1 Ampulle zu 2 ml flüssige Verdünnung zur Injektion enthält:

Wirkstoff: 0,50 ml Acidum formicicum Dil. D6, 0,50 ml Acidum formicicum Dil. D12, 0,50 ml Acidum formicicum Dil. D30, 0,50 ml Acidum formicicum Dil. D200.

Anwendungsgebiete
Erfahrungsgemäß unterstützend angewendet bei:

- akuten Infekten (bakteriell und viral)
- Rheumatismus der Muskeln und Gelenke; Ekzem; Bronchialasthma; Allergien.

Eigenschaften
Wirksamer Bestandteil von Formasan® ist die Ameisensäure, sie wird seit jeher in der Volksheilkunde als Einreibung bei Arthrose, Arthritis und Rheuma eingesetzt. Heute liegt der Schwerpunkt der Anwendung bei den Krankheiten des rheumatischen Formenkreises allergischer Diathese. In der Homöopathie gilt die Ameisensäure als wirksames Konstitutionsmittel für harnsaure, rheumatische und allergische Zustände.

Dosierung
Erwachsenen und Jugendlichen ab 12 Jahren: 1 – 2-mal wöchentlich 1 Ampulle zu 2 ml s.c. oder i.m. injizieren.

Vor Anwendung beachten: Formasan® enthält Natrium, aber weniger als 1 mmol (23 mg) Natrium pro 2 ml, d.h., es ist nahezu "natriumfrei".

Nebenwirkungen
Keine bekannt.

Gegenanzeigen
Siehe unter Besonderheiten bei Kindern, Schwangeren, Stillenden.

Ggf. Besonderheiten bei Kindern, Schwangeren, Stillenden
Da keine ausreichend dokumentierten Erfahrungen zur Anwendung in der Schwangerschaft und Stillzeit vorliegen, sollte das Arzneimittel nur nach Rücksprache mit dem Arzt angewendet werden. Zur Anwendung dieses Arzneimittels bei Kindern liegen keine ausreichend dokumentierten Erfahrungen vor. Es soll deshalb bei Kindern unter 12 Jahren nicht angewendet werden.

Wechselwirkungen
Keine bekannt.

Packungsgrößen und Preise

10 Amp. à 2 ml (PZN 07284868)	..	Euro 14,77
50 Amp. à 2 ml (PZN 07284874)	..	Euro 49,43
10-mal 50 Amp. à 2 ml (PZN 07284880)	..	Euro 393,56

Apothekenpflichtig.

INTERNA

Weber & Weber

Araniforce® arthro

Mischung

Zusammensetzung
Wirkstoffe: 10 ml enth.: Acidum arsenicosum Dil. D4 2,0 ml; Berberis vulgaris Ø 1,5 ml; Citrullus colocynthis Dil. D4 2,0 ml; Toxicodendron quercifolium Dil. D2 0,02 ml; Urtica urens e planta tota rec. flor. Ø (HAB, V2a) 2,0 ml. Sonst. Bestandteil: Ethanol 15 % (m/m).

Anwendungsgebiete
Die Anwendungsgebiete leiten sich von den homöopath. Arzneimittelbildern ab. Dazu gehören: Chronische Gelenkerkrankungen.

Bei akuten Zuständen, die z. B. mit Rötung, Schwellung oder Überwärmung von Gelenken einhergehen sowie andauernden Beschwerden sollte ein Arzt aufgesucht werden.

Gegenanzeigen
Überempfindlichkeit gg. Giftsumachgewächse. Alkoholkranke. Kinder und Jugendliche unter 18 Jahren.

Nebenwirkungen
Bei der Einnahme von Araniforce® arthro kann es bei empfindlichen Personen zu Reizungen im Mund, Rachen und Magen-/Darm-Kanal kommen, die mit Übelkeit, Erbrechen, krampfartigen Bauchschmerzen und Durchfall einhergehen können. In seltenen Fällen kann Blasen- und Pustelbildung an Gesicht, Hals und Armen hervorgerufen werden.

Sonstige Hinweise
Enthält 166 mg Alkohol (Ethanol) pro 10 Tropfen (Einzeldosis).
Packungsbeilage beachten.

Dosierung und Art der Anwendung
Bei **akuten Zuständen** alle halbe bis ganze Std., höchstens 12x tgl., je 5 – 10 Tr., bei **chron. Verlaufsformen** 1 – 3x tgl. je 5 – 10 Tr. einnehmen.

Packungsgrößen und Preise
50 ml (PZN 09466970) .... Euro 13,21
100 ml (PZN 08794206) .... Euro 22,93

Apothekenpflichtig.

Neurolab GmbH

Flexagil

Pulver

Für die Kollagenbildung, das Bindegewebe, die Knochen und die Knorpel.

Nahrungsergänzungsmittel mit Vitamin C, Mangan, Kupfer, Glycin, Glucosamin, Chondroitin, Hagebutte, Methylsulfonylmethan, Bromelain, Hyaluronsäure, Katzenkralle und nativem Kollagen Typ II.

Zusammensetzung
4 g Pulver enthalten: Vitamin C 80 mg, Mangan 1 mg, Kupfer 0,5 mg, Glycin 1.990 mg, Glucosamin 500 mg, Chondroitin 500 mg, Hagebutte 189 mg, Methylsulfonylmethan 150 mg, Bromelain (3.000 GDU/g) 150 mg, Hyaluronsäure (~800 kDa) 100 mg, Katzenkralle 40 mg, natives Kollagen Typ II 40 mg

Verzehrempfehlung
4 g täglich (= 1 gestrichener Messlöffel) in 300 ml Flüssigkeit einrühren und verzehren.

Sonstige Hinweise
Beim Verzehr in der Schwangerschaft, Stillzeit oder im Kindesalter halten Sie bitte Rücksprache mit Ihrem Arzt, Heilpraktiker oder Apotheker.

Packungsgrößen und Preise
1 Dose à 120 g .... Euro 49,90

Sanum-Kehlbeck

Formasan®

Tropfen

Wirkstoff: Acidum formicicum

Zusammensetzung
30 ml (100 ml) enthalten: Wirkstoff:
Acidum formicicum Dil. D6 7,5 ml (25 ml),
Acidum formicicum Dil. D12 7,5 ml (25 ml),
Acidum formicicum Dil. D30 7,5 ml (25 ml),
Acidum formicicum Dil. D200 7,5 ml (25 ml).

Anwendungsgebiete
Erfahrungsgemäß unterstützend angewendet bei:

- akuten Infekten (bakteriell und viral)
- Rheumatismus der Muskeln und Gelenke; Ekzem; Bronchialasthma; Allergien.

Eigenschaften
Wirksamer Bestandteil von Formasan® ist die Ameisensäure, sie wird seit jeher in der Volksheilkunde als Einreibung bei Arthrose, Arthritis

und Rheuma eingesetzt. Heute liegt der Schwerpunkt der Anwendung bei den Krankheiten des rheumatischen Formenkreises allergischer Diathese. In der Homöopathie gilt die Ameisensäure als wirksames Konstitutionsmittel für harnsaure, rheumatische und allergische Zustände.

Dosierung
Erwachsene und Jugendliche ab 12 Jahren nehmen bei akuten Zuständen alle halbe bis ganze Stunde, höchstens 12-mal täglich, je 5 - 10 Tropfen ein. Bei chronischen Verlaufsformen 1 – 3-mal täglich je 5 Tropfen einnehmen.

Nebenwirkungen
Keine bekannt.

Gegenanzeigen
Bei Alkohol- oder Leberkranken sollte aufgrund des Alkoholgehaltes das Arzneimittel nur nach Rücksprache mit dem Arzt angewendet werden.

Ggf. Besonderheiten bei Kindern, Schwangeren, Stillenden
Da keine ausreichend dokumentierten Erfahrungen zur Anwendung in der Schwangerschaft und Stillzeit vorliegen, sollte das Arzneimittel nur nach Rücksprache mit dem Arzt angewendet werden.

Zur Anwendung dieses Arzneimittels bei Kindern liegen keine ausreichend dokumentierten Erfahrungen vor. Es soll deshalb bei Kindern unter 12 Jahren nicht angewendet werden.

Wechselwirkungen
Keine bekannt.

Warnhinweise
Dieses Präparat enthält 50,6 Vol.-% Alkohol (Ethanol).

Packungsgrößen und Preise

30 ml (PZN 07284839)	. Euro	10,65
100 ml (PZN 07284845)	. Euro	20,99
10-mal 100 ml (PZN 07284851)	. Euro	177,32

Apothekenpflichtig.

Volopharm GmbH Deutschland

KaRazym®

magensaftresistente Tabletten

Der Enzymkomplex KaRazym® wird durch seine antientzündliche Wirkung bei rheumatischen Erkrankungen eingesetzt.
siehe Entzündungen

meta Fackler

metaossylen N

Mischung

Zusammensetzung
10 g enthalten: Bryonia Dil. D2 0,5 g, Ferrum sesquichloratum solutum Dil. D2 1,7 g. Sonst. Bestandt.: Ethanol, Ger. Wasser. Enth. 20 Vol.-% Alkohol.

Anwendungsgebiete
Diese leiten sich von den homöopathischen Arzneimittelbildern ab. Dazu gehören: Akuter und chronischer Rheumatismus mit schmerzhafter Schulter. Hinw.: Bei akuten Gelenkbeschwerden, die z. B. mit Rötung, Schwellung oder Überwärmung einhergehen sowie bei anhaltenden, unklaren oder neu auftretenden Beschwerden sollte ein Arzt aufgesucht werden.

Dosierung
Soweit nicht anders verordnet Erw. u. Jugendl. ab 12 J. Akute Zustände alle halbe bis ganze Std., höchstens 12x tgl., je 5 – 10 Tr.; Chronische Verlaufsformen 1 – 3x tgl. 5 – 10 Tr.

Gegenanzeigen
Allergie gg. Inhaltsstoffe.

Vorsichtsmaßnahmen
Kdr. unter 12 J. (keine Erfahrungen/Rücksprache); Schwangerschaft u. Stillzeit (Rücksprache).

Nebenwirkungen
Keine bekannt.

Packungsgrößen und Preise

50 ml .... Euro 12,95
100 ml .... Euro 22,21

Apothekenpflichtig.

meta Fackler

metatendolor

Mischung

Zusammensetzung

10 g enthalten: Bryonia Dil. D4 1,0 g, Guajacum Dil. D6 1,0 g, Ledum Dil. D4 1,0 g, Rhododendron Dil. D6 2,0 g, Rhus toxicodendron Dil. D12 2,0 g, Smilax Dil. D4 1,0 g, Thuja Dil. D12 2,0 g. Enth. 50 Vol.-% Alkohol.

Anwendungsgebiete

Das Anwendungsgebiet leitet sich von den homöopathischen Arzneimittelbildern ab. Dazu gehört: Rheumatismus. Hinw.: Bei akuten Zuständen, die z. B. mit Rötung, Schwellung od. Überwärmung von Gelenken einhergehen sowie andauernden Beschwerden sollte ein Arzt aufgesucht werden.

Dosierung

Akute Zustände: alle halbe bis ganze Stunde, höchstens 6x tgl., je 5 Tr.; Chronische Verlaufsformen: 1 – 3x tgl. je 5 Tr.; Bei Besserung der Beschwerden ist die Häufigkeit der Anwendung zu reduzieren.

Gegenanzeigen

Allergie gg. Inhaltsstoffe.

Vorsichtsmaßnahmen

Kinder und Jugendl. unter 18 J. (nicht anwenden), Schwangerschaft u. Stillzeit (keine Erfahrungen/Rücksprache).

Nebenwirkungen

Keine bekannt.

Packungsgrößen und Preise

50 ml .... Euro 14,93
100 ml .... Euro 25,36

NutraMedix Deutschland

Nattokinase NutraMedix Kapseln

siehe Entzündungen

NutraMedix Deutschland

Samento NutraMedix Tropfen

siehe Immunsystemerkrankungen und -schwäche

NutraMedix Deutschland

Serrapeptase NutraMedix Kapseln

siehe Entzündungen

INJEKTIONEN
(Schilddrüsendysfunktion)

Sanum-Kehlbeck

Nigersan® D5/D6/D7

Injektionslösung

Wirkstoff: Aspergillus niger e volumine mycelii (lyophil., steril.) Dil. D5/D6/D7 aquos.

siehe Urogenitalerkrankungen

INTERNA

NutraMedix Deutschland

Hormonal Balance NutraMedix Tropfen

siehe Gyn. Erkrankungen & Frauenbeschwerden

NutraMedix Deutschland

Natural Boost NutraMedix Tropfen

siehe Sexualstörungen

Sanum-Kehlbeck

Nigersan® D3

Zäpfchen

Wirkstoff: Aspergillus niger e volumine mycelii (lyophil., steril.) Trit. D3

siehe Urogenitalerkrankungen

Sanum-Kehlbeck

Nigersan® D4

Hartkapseln

Wirkstoff: Aspergillus niger e volumine mycelii (lyophil., steril.) Trit. D4

siehe Urogenitalerkrankungen

Sanum-Kehlbeck

Nigersan® D5

Tabletten

Wirkstoff: Aspergillus niger e volumine mycelii (lyophil., steril.) Trit. D5

siehe Urogenitalerkrankungen

Sanum-Kehlbeck

Nigersan® D5

Tropfen

Wirkstoff: Aspergillus niger e volumine mycelii (lyophil., steril.) Dil. D5

siehe Urogenitalerkrankungen

INTERNA
(Schmerzen akut/chronisch)

Weleda AG

Bryophyllum 50 %

Pulver

siehe Stress, Unruhe und Schlafstörungen

Neurolab GmbH

Flexagil

Pulver

Für die Kollagenbildung, das Bindegewebe, die Knochen und die Knorpel.

siehe Rheuma

Volopharm GmbH Deutschland

KaRaDol®

magensaftresistente Kapseln

KaRaDol® Kapseln sind eine Innovation in der Schmerztherapie auf natürlicher Basis. KaRaDol® kombiniert die Kraft proteolytischer Enzyme mit dem hochaktiven Palmitoylethanolamid (PEA), dem bekannten Pflanzeninhaltsstoff Rutin und den Mikronährstoffen Niacin und Mangan, die das Nervensystem zusätzlich stärken.

Zusammensetzung

Palmitoylethanolamid 150 mg, Papain 90 mg, Bromelain 75 mg, DigeZyme® 50 mg, Rutin 35 mg, Niacin 3 mg, Mangan 0,5 mg

Anwendungsgebiete

Zur ernährungsphysiologischen Ergänzung bei:

- chronischen Schmerzen: Bewegungsapparat: Arthrose, Arthritis, Gelenkschmerzen
- neuropathischen Schmerzen: Neuropathien, Ischialgie, Radikulopathie
- gynäkologischen Schmerzen: Dysmenorrhoe, Endometriose, Vulvodynie

Dosierung
Täglich **2 x 2** Kapseln vorzugsweise morgens und abends, 30 Minuten vor oder 2 Stunden nach einer Mahlzeit mit ausreichend Flüssigkeit einnehmen.

Packungsgrößen
KaRaDol®
60 Kapseln (PZN DE: 19334614) ....
KaRaDol®
120 Kapseln (PZN DE: 20082508) ....
In Apotheken und online unter www.volopharm.com/de erhältlich.

MensSana AG

Magnesium-Citrat + D direkt MensSana

Granulat

siehe Nährstoffmangel

NutraMedix Deutschland

Nattokinase NutraMedix Kapseln

siehe Entzündungen

Neurolab GmbH

PEAPlus (Palmitoylethanolamid)

Kapseln

Für das Nervensystem und den Energiestoffwechsel.

Nahrungsergänzungsmittel mit PEA (Palmitoylethanolamid) und den Vitaminen Thiamin und Niacin.

Zusammensetzung
4 Kapseln enthalten: Palmitoylethanolamid (PEA) 1.200 mg, Thiamin 10 mg, Niacin 10 mg, Hydroxypropylmethylcellulose (pflanzliche Kapselhülle), Füllstoff: Erbsenfaser

Verzehrempfehlung
4 Kapseln täglich über den Tag verteilt mit ausreichend Flüssigkeit zu einer Mahlzeit verzehren.

Sonstige Hinweise
Beim Verzehr in der Schwangerschaft, Stillzeit oder im Kindesalter halten Sie bitte Rücksprache mit Ihrem Arzt, Heilpraktiker oder Apotheker.

Packungsgrößen und Preise
1 Dose à 120 Kapseln .... Euro 37,50

NutraMedix Deutschland

Serrapeptase NutraMedix Kapseln

siehe Entzündungen

INTERNA (Schmerzen akut/chronisch - Kopfschmerzen und Migräne)

Weber & Weber

Migräne-Echtroplex® S

Mischung

Zusammensetzung
Wirkstoffe: 10 ml enth.: Anamirta cocculus Dil. D6 1 ml; Gelsemium sempervirens Dil. D4 1,5 ml; Iris versicolor Dil. D4 1 ml; Natrium chloratum Dil. D6 0,5 ml; Sanguinaria canadensis Dil. D3 1,2 ml; Strychnos nux-vomica Dil. D4 0,5 ml. Sonst. Bestandteil: Ethanol 43% (m/m).

Anwendungsgebiete
Die Anwendungsgebiete leiten sich von den homöopath. Arzneimittelbildern ab. Dazu gehören: Migräneartige Kopfschmerzen.

Gegenanzeigen
Schwangerschaft und Stillzeit.

Nebenwirkungen
Keine bekannt.

Sonstige Hinweise
Enthält 75 mg Alkohol (Ethanol) pro 5 Tropfen (Einzeldosis). Packungsbeilage beachten.

Dosierung und Art der Anwendung
Alle halbe bis ganze Std., höchstens 6x tgl., je 5 Tr. einnehmen. Eine über 1 Wo. hinausgehende Anwend. sollte nur nach Rücksprache mit einem in der Homöopathie erfahrenen Arzt oder Heilpraktiker erfolgen. Bei **chron. Verlaufsformen** 1 – 3x tgl. 5 Tr. einnehmen. Bei Besserung der Beschwerden ist die Häufigkeit der Einnahme zu reduzieren.

Packungsgrößen und Preise
50 ml (PZN 04990790) .... Euro 18,79

Apothekenpflichtig.

BerryPharma

rubyni® NEURO

Kapseln

Nahrungsergänzungsmittel mit Vitaminen, Mineral- und Pflanzenstoffen sowie Citicolin für Gehirn und Nerven

siehe Neurologische Erkrankungen

Sanum-Kehlbeck

Usneabasan® Urtinktur

Tropfen

Wirkstoff: Usnea barbata e thallo siccato Urtinktur

Zusammensetzung
1 ml Urtinktur enthält: Wirkstoff: 1 ml Usnea barbata e thallo siccato Urtinktur nach Vorschrift 4a HAB, Urtinktur mit Ethanol 62 % (m/m).

Anwendungsgebiete
Erfahrungsgemäß unterstützend angewendet bei:

Kongestiven Kopfschmerzen, Sonnenstich, Gallenblasenproblemen, zur Ausleitung von Schwermetallen.

Eigenschaften
Usneabasan® ist ein pflanzliches, homöopathisches Arzneimittel aus der Bartflechte (Usnea barbata). Sein Anwendungsschwerpunkt liegt im Kopfbereich. In der Homöopathie wird Usnea barbata seit langem bei kongestiven Kopfschmerzen eingesetzt. Das Beschwerdebild umfaßt außerdem Rötung des Gesichtes, Klopfen oder Berstgefühl in den Schläfen, in den Augen und im Hinterkopf.

Dosierung
Bei akuten Zuständen nehmen Erwachsene und Jugendliche ab 12 Jahren alle halbe bis ganze Stunde, höchstens 6-mal täglich, je 5 Tropfen ein. Bei chronischen Verlaufsformen 1 – 3-mal täglich je 5 Tropfen einnehmen.

Nebenwirkungen
Bei der Anwendung des Arzneimittels können allergische Reaktionen auftreten. Häufigkeit: nicht bekannt. (Kann aus den vorliegenden Daten nicht abgeschätzt werden.) In diesen Fällen sollten Sie das Arzneimittel absetzen und einen Arzt aufsuchen.

Gegenanzeigen
Nicht anwenden bei:

Überempfindlichkeit gegenüber Flechtensäuren, Kindern unter 12 Jahren, Schwangeren und Stillenden.

Vorsichtsmaßnahmen
Bei Alkohol- oder Leberkranken sollte aufgrund des Alkoholgehaltes das Arzneimittel nur nach Rücksprache mit dem Arzt angewendet werden.

Warnhinweise
Dieses Arzneimittel enthält 70 Vol.-% Alkohol (Ethanol).

Bei Beachtung der Dosierungsanleitung werden bei jeder Einnahme bis zu 0,095 g Alkohol zugeführt. Ein gesundheitliches Risiko besteht u. a. bei Leberkranken, Alkoholkranken, Epileptikern, Hirngeschädigten, Schwangeren und Kindern. Die Wirkung anderer Arzneimittel kann beeinträchtigt oder verstärkt werden.

Wechselwirkungen
Keine bekannt.

Packungsgrößen und Preise

10 ml (PZN 04457073)	Euro 9,66
30 ml (PZN 04457096)	Euro 13,82
100 ml (PZN 04457104)	Euro 22,54

Apothekenpflichtig.

INTERNA
(Schmerzen akut/chronisch - Rückenschmerzen)

Dr. Jacob's Medical GmbH

Dr. Jacob's Basenpulver
Pulver

Nahrungsergänzungsmittel mit Kalium-, Calcium- und Magnesium-Citrat - Multitalent mit über 30 belegten Gesundheitswirkungen (u.a. für Muskeln, Knochen, Nerven, weniger Erschöpfung, Herz und normalen Blutdruck).

siehe Übersäuerung

INTERNA
(Sexualstörungen)

NutraMedix Deutschland

Hormonal Balance NutraMedix Tropfen

siehe Gyn. Erkrankungen & Frauenbeschwerden

NutraMedix Deutschland

Natural Boost NutraMedix Tropfen

Zusammensetzung
Extrakt aus Epimedium-Blätter, Tribulus Früchte, Jatropha-Stängel, Muira Puama Rinde, Maca Wurzel, Eurycoma-Wurzel, Ginkgo-Blatt und L-Arginin, Mineralwasser, Ethanol (20 – 24 %).

Anwendungsgebiete
Zur Unterstützung des hormonellen Gleichgewichts bei Männern.

Wirkstoffeigenschaften
Kombinationspräparat aus sieben Pflanzenextrakten der ayurvedischen, südamerikanischen und traditionell chinesischen Medizin und L-Arginin.

Gegenanzeigen
Schwangerschaft und Stillzeit.

Nebenwirkungen
Keine bekannt.

Dosierung und Art der Anwendung
2 – 3x täglich 30 Tropfen in Wasser.

Packungsgrößen und Preise

60 ml (PZN 19433210)	Euro 40,00

Bezug und weitere Informationen
NutraMedix Deutschland GmbH
www.nutramedix.de

Neurolab GmbH

Safran
Kapseln

Für das Nervensystem und die psychische Funktion.

siehe Stress, Unruhe und Schlafstörungen

INJEKTIONEN
(Stoffwechselstörung)

Sanum-Kehlbeck

Citrokehl®
Injektionslösung

Wirkstoff: Acidum citricum

Zusammensetzung
1 Amp. zu 2 ml flüssige Verdünnung zur Injektion enthält: Wirkstoff: 671 mg Acidum citricum Dil. D10 aquos., 671 mg Acidum citricum Dil.

D30 aquos., 671 mg Acidum citricum Dil. D200 aquos. (Vorschrift 5b HAB, Lsg. D1 mit isotonischer Natriumchlorid-Lösung).

Anwendungsgebiete
Erfahrungsgemäß unterstützend angewendet bei:
- zur Aktivierung der Zellatmung bei Schwäche, leichter Ermüdbarkeit, Wetterfühligkeit, unklaren Kopfschmerzen
- begleitend bei Erkrankungen des Atem-Traktes wie Bronchitis
- begleitend bei Erkrankungen des Gastrointestinalbereiches wie Cholangitis, Dysbakterie, Pankreasinsuffizienz
- Allergien
- rheumatischen Erkrankungen
- venösen und arteriellen Erkrankungen des Gefäßsystems wie Arteriosklerose
- Störungen im Säure-Basen-Haushalt

Eigenschaften
Acidum citricum (Zitronensäure), der Wirkstoff von Citrokehl®, ist ein wichtiges Glied im physiologischen Zitronensäurezyklus. Sie aktiviert die Zellatmung und hat besondere Bedeutung für den Zellmetabolismus. Citrokehl® kann daher bei jeder Krankheit verordnet werden.

Nebenwirkungen
Keine bekannt.

Gegenanzeigen
Keine bekannt. Siehe unter Besonderheiten bei Kindern, Schwangeren, Stillenden.

Ggf. Besonderheiten bei Kindern, Schwangeren, Stillenden
Da keine ausreichend dokumentierten Erfahrungen zur Anwendung in der Schwangerschaft und Stillzeit vorliegen, sollte das Arzneimittel nur nach Rücksprache mit dem Arzt angewendet werden.

Zur Anwendung dieses Arzneimittels bei Kindern unter 5 Jahren liegen keine ausreichend dokumentierten Erfahrungen vor. Es soll deshalb bei Kindern unter 5 Jahren nicht angewendet werden.

Wechselwirkungen
Keine bekannt.

Dosierung
1 – 3-mal wöchentlich 2 ml intramuskulär injizieren. Kinder zwischen dem 6. und 12. Lebensjahr erhalten nicht mehr als zwei Drittel der Erwachsenendosis. Citrokehl® enthält Natrium, aber weniger als 1 mmol (23 mg) Natrium pro 2 ml, d.h., es ist nahezu „natriumfrei".

Packungsgrößen und Preise

10 Amp. à 2 ml	(PZN 03346615)	Euro 14,77
50 Amp. à 2 ml	(PZN 03346621)	Euro 49,43
500 Amp. à 2 ml	(PZN 03346638)	Euro 393,56

Apothekenpflichtig.

Pflüger

Milchsäure Pflüger® Inj. 5 ml

Ampullen/
Injektionslösung

Zusammensetzung
1 Ampulle zu 5 ml enthält:

Wirkstoff:
Acidum L(+)-lacticum Dil. D 4 (HAB, V. 5a, Lsg. D 2 mit Ethanol 15 % (m/m)) 5,00 ml

Sonstiger Bestandteil:
Natriumchlorid

Anwendungsgebiete
Registriertes homöopathisches Arzneimittel, daher ohne Angabe einer therapeutischen Indikation.

Bei Fortdauern der Krankheitssymptome während der Anwendung soll medizinischer Rat eingeholt werden.

Gegenanzeigen
Nichtanwenden bei Kindern unter 12 Jahren.

Nebenwirkungen
Bei der Anwendung eines homöopathischen Arzneimittels können sich die vorhandenen Beschwerden vorübergehend verschlimmern (Erstverschlimmerung). In diesem Fall sollten Sie das Arzneimittel absetzen und Ihren Arzt befragen.

Wenn Sie Nebenwirkungen beobachten, teilen Sie diese bitte Ihrem Arzt oder Apotheker mit.

Wechselwirkungen
Keine bekannt. Die Wirkung eines homöopathischen Arzneimittels kann durch allgemeinschädigende Faktoren in der Lebensweise und durch Reiz- und Genussmittel ungünstig beeinflusst werden.

Falls Sie sonstige Arzneimittel einnehmen, fragen Sie Ihren Arzt.

Vorsichtsmaßnahmen
Was müssen Sie in der Schwangerschaft und Stillzeit beachten?

Fragen Sie vor der Anwendung von allen Arzneimitteln Ihren Arzt um Rat.

Dosierung
Soweit nicht anders verordnet, gilt für Erwachsene und Jugendliche ab 12 Jahren: Bei akuten Zuständen täglich 1 Ampulle, sonst 2- bis 3-mal wöchentlich 1 Ampulle intravenös, intramuskulär oder subcutan injizieren.

Packungsgrößen und Preise
10 Amp. (PZN 01222429) ...... Euro 29,10
50 Amp. (PZN 01222412) ...... Euro 104,35

Sanum-Kehlbeck

Sanuvis®

Injektionslösung

Wirkstoff: Acidum L(+)-lacticum

Zusammensetzung
2 ml flüssige Verdünnung zur Injektion enthalten: Wirkstoffe:

0,4 ml Acidum L(+)-lacticum D4 aquos.

0,4 ml Acidum L(+)-lacticum D6 aquos.

0,4 ml Acidum L(+)-lacticum D12 aquos.

0,4 ml Acidum L(+)-lacticum D30 aquos.

0,4 ml Acidum L(+)-lacticum D200 aquos.

(Vorschrift 5b HAB).

Anwendungsgebiete
Erfahrungsgemäß unterstützend angewendet bei:

- Störungen des pH-Gleichgewichts im Körper
- Störung im intermediären Stoffwechsel
- Erkrankungen des Bewegungsapparates wie Muskelschmerzen, rheumatischen Beschwerden, Gelenkerkrankungen
- Herz-Kreislaufbeschwerden wie funktionellen Herzbeschwerden, Herzinsuffizienz, Durchblutungsstörungen
- Hauterkrankungen wie Verbrennungen, Psoriasis
- Sinusitis

Eigenschaften
Sanuvis® ist ein Potenzakkord aus L(+)-Milchsäure, mit dem sich Stoffwechselstörungen beeinflussen lassen.

Sanuvis® kann als Basistherapeutikum parallel zu allen Pilz- und Hefepräparaten verabreicht werden.

Nebenwirkungen
Keine bekannt.

Gegenanzeigen
Keine bekannt. Siehe unter Besonderheiten bei Kindern, Schwangeren, Stillenden.

Wechselwirkungen
Keine bekannt.

Ggf. Besonderheiten bei Kindern, Schwangeren, Stillenden
Da keine ausreichend dokumentierten Erfahrungen vorliegen, sollte Sanuvis® in der Schwangerschaft und Stillzeit nur nach Rücksprache mit dem Arzt angewendet werden.

Dosierung
Erwachsenen und Kindern aller Altersgruppen 1 – 3-mal wöchentlich 2 ml intramuskulär injizieren.

Vor Anwendung beachten: Sanuvis® enthält Natrium, aber weniger als 1 mmol (23 mg) Natrium pro 2 ml, d.h., es ist nahezu „natriumfrei".

Packungsgrößen und Preise

10 Amp. à 2 ml	(PZN 02360257)	Euro 14,77
50 Amp. à 2 ml	(PZN 02360263)	Euro 49,43
500 Amp. à 2 ml	(PZN 02360286)	Euro 393,56

Apothekenpflichtig.

INTERNA

Protina Pharmazeutische GmbH

Basica Compact®

Tabletten

Basische Tabletten. Nahrungsergänzungsmittel mit basischen Mineralstoffen und Spurenelementen.

siehe Nährstoffmangel

Protina Pharmazeutische GmbH

Basica Direkt®

Granulat

Basische Mikroperlen. Nahrungsergänzungsmittel mit basischen Mineralstoffen und Spurenelementen.

siehe Nährstoffmangel

Protina Pharmazeutische GmbH

Basica Instant®

Pulver

Basisches Trinkpulver. Nahrungsergänzungsmittel mit basischen Mineralstoffen und Spurenelementen.

siehe Nährstoffmangel

Protina Pharmazeutische GmbH

Basica Vital®

Granulat

Basisches Granulat. Nahrungsergänzungsmittel mit basischen Mineralstoffen und Spurenelementen.

siehe Nährstoffmangel

Protina Pharmazeutische GmbH

Basica® Pur

Pulver

Reines Basenpulver. Nahrungsergänzungsmittel mit basischen Mineralstoffen und Spurenelementen.

siehe Nährstoffmangel

Sanum-Kehlbeck

Citrokehl®

Tropfen

Wirkstoff: Acidum citricum

Zusammensetzung
30 ml flüssige Verdünnung enthalten: Wirkstoff: 10 ml Acidum citricum D10 dil., 10 ml Acidum citricum D30 dil., 10 ml Acidum citricum D200 dil. (Vorschrift 5a, HAB).

Anwendungsgebiete
Erfahrungsgemäß unterstützend angewendet bei:

- zur Aktivierung der Zellatmung bei Schwäche, leichter Ermüdbarkeit, Wetterfühligkeit, unklaren Kopfschmerzen

- begleitend bei Erkrankungen des Atem-Traktes wie Bronchitis
- begleitend bei Erkrankungen des Gastrointestinalbereiches wie Cholangitis, Dysbakterie, Pankreasinsuffizienz
- Allergien
- rheumatischen Erkrankungen
- venösen und arteriellen Erkrankungen des Gefäßsystems wie Arteriosklerose
- Störungen im Säure-Basen-Haushalt

Eigenschaften

Acidum citricum (Zitronensäure), der Wirkstoff von Citrokehl®, ist ein wichtiges Glied im physiologischen Zitronensäurezyklus. Sie aktiviert die Zellatmung und hat besondere Bedeutung für den Zellmetabolismus. Citrokehl® kann daher bei jeder Krankheit verordnet werden.

Gegenanzeigen

Bei Alkohol- oder Leberkranken sollte aufgrund des Alkoholgehaltes das Arzneimittel nur nach Rücksprache mit dem Arzt angewendet werden.

Ggf. Besonderheiten bei Kindern, Schwangeren, Stillenden

Da keine ausreichend dokumentierten Erfahrungen vorliegen, sollte Citrokehl® in der Schwangerschaft und Stillzeit nur nach Rücksprache mit dem Arzt angewendet werden.

Wechselwirkungen

Keine bekannt.

Dosierung

1 – 3-mal täglich je 5 - 10 Tropfen einnehmen.

Nebenwirkungen

Keine bekannt.

Warnhinweise

Dieses Arzneimittel enthält 100 mg Alkohol (Ethanol) pro 10 Tropfen entsprechend 50,6 Vol.-%. Die Menge in 10 Tropfen dieses Arzneimittels entspricht weniger als 2,5 ml Bier oder 1,0 ml Wein. Die geringe Alkoholmenge in diesem Arzneimittel hat keine wahrnehmbaren Auswirkungen.

Packungsgrößen und Preise

30 ml (PZN 00182567)	Euro 10,65
100 ml (PZN 00182573)	Euro 20,99
10-mal 100 ml (PZN 00280904)	Euro 177,32

Apothekenpflichtig.

Sanum-Kehlbeck

Citrokehl®

Tabletten

Wirkstoff: Acidum citricum

Zusammensetzung

1 Tablette enthält: Wirkstoffe: 83,34 mg Acidum citricum D10 trit. (HAB, Vorschrift 6), 83,34 mg Acidum citricum D30 trit. (HAB, Vorschriften 5a, 7, 6), 83,34 mg Acidum citricum D200 trit. (HAB, Vorschriften 5a, 7, 6).

Sonstige Bestandteile: Kartoffelstärke, Magnesiumstearat.

Anwendungsgebiete

Erfahrungsgemäß unterstützend angewendet bei:

- zur Aktivierung der Zellatmung bei Schwäche, leichter Ermüdbarkeit, Wetterfühligkeit, unklaren Kopfschmerzen
- begleitend bei Erkrankungen des Atem-Traktes wie Bronchitis
- begleitend bei Erkrankungen des Gastrointestinalbereiches wie Cholangitis, Dysbakterie, Pankreasinsuffizienz
- Allergien
- rheumatischen Erkrankungen
- venösen und arteriellen Erkrankungen des Gefäßsystems wie Arteriosklerose
- Störungen im Säure-Basen-Haushalt

Eigenschaften

Acidum citricum (Zitronensäure), der Wirkstoff von Citrokehl®, ist ein wichtiges Glied im physiologischen Zitronensäurezyklus. Sie aktiviert die Zellatmung und hat besondere Bedeutung für den Zellmetabolismus. Citrokehl® kann daher bei jeder Krankheit verordnet werden.

Gegenanzeigen
Keine bekannt. Siehe unter „Ggf. Besonderheiten bei Kindern, Schwangeren, Stillenden" und Vorsichtsmaßnahmen.

Ggf. Besonderheiten bei Kindern, Schwangeren, Stillenden
Da keine ausreichend dokumenierten Erfahrungen vorliegen, sollte Citrokehl® in der Schwangerschaft und Stillzeit nur nach Rücksprache mit dem Arzt angewendet werden.

Wechselwirkungen
Keine bekannt.

Art und Dauer der Anwendung
Zum Einnehmen. Auch homöopathische Arzneimittel sollten ohne ärztlichen Rat nicht über längere Zeit angewendet werden.

Nebenwirkungen
Keine bekannt.

Vorsichtsmaßnahmen
Bitte nehmen Sie Citrokehl® erst nach Rücksprache mit Ihrem Arzt ein, wenn Ihnen bekannt ist, dass Sie unter einer Zuckerunverträglichkeit leiden. Dieses Arzneimittel enthält 0,25 g Lactose (0,125 g Glucose und 0,125 g Galactose) pro Tablette. Dies ist bei Patienten mit Diabetes mellitus zu berücksichtigen.

Packungsgrößen und Preise

80 Tabletten (PZN 00733116)	Euro 17,10
3-mal 80 Tabletten (PZN 00733139)	Euro 43,49

Apothekenpflichtig.

NutraMedix Deutschland

Glucomedix NutraMedix Tropfen

Zusammensetzung
Uncaria tomentosa Rinden-Extrakt (TOA frei), Stevia reboudiana Blattextrakt
Mineralwasser, Ethanol (20 – 24%).

Anwendungsgebiete
Diabetes mellitus, Prädiabetes, unterstützend zur Gewichtsreduktion.

Wirkstoffeigenschaften
Blutzuckersenkend, stoffwechselregulierend, immunmodulierend.

Gegenanzeigen
Schwangerschaft und Stillzeit.

Nebenwirkungen
Hypglykämie in Komb. mit Antidiabetika.

Dosierung und Art der Anwendung
2 – 3x täglich 20 – 60 Tropfen in Wasser, direkt vor den Hauptmahlzeiten.

Packungsgrößen und Preise

60 ml (PZN 18103485)	Euro 50,00
120 ml (PZN: 19296115)	Euro 70,00

Bezug und weitere Informationen
NutraMedix Deutschland GmbH
www.nutramedix.de

NutraMedix Deutschland

Hormonal Balance NutraMedix Tropfen

siehe Gyn. Erkrankungen & Frauenbeschwerden

Neurolab GmbH

Kryptopyrrol Komplex

Kapseln

Nahrungsergänzungsmittel mit den Vitaminen C, E, Pantothensäure, Thiamin, Riboflavin, Niacin, B6, Folsäure, Biotin und B12, Magnesium, Zink, Mangan, Chrom, Cholin und Myo-Inositol.

Zusammensetzung
2 Kapseln enthalten: Vitamin C 200 mg, Magnesium 58 mg, Vitamin E 40 mg α-TE, Pantothensäure 30 mg, Thiamin 25 mg, Riboflavin 25 mg, Niacin 20 mg NE, Vitamin B6 20 mg, Zink 10 mg, Mangan 1 mg, Folsäure (5-MTHF) 200 µg, Biotin 100 µg, Chrom 50 µg, Vitamin B12 20 µg, Cholin 80 mg, Myo-Inositol 60 mg, Hydroxypropylmethylcellulose (pflanzliche Kapselhülle).

Verzehrempfehlung
2 Kapseln täglich mit ausreichend Flüssigkeit zu einer Mahlzeit verzehren.

Packungsgrößen und Preise
1 Dose à 120 Kapseln .... Euro 39,90

Pflüger

Milchsäure Pflüger®
Tropfen

Zusammensetzung
10 ml enthalten: Acidum L(+)-lacticum Dil. D2 10,0 ml.

Registriertes homöopathisches Arzneimittel, daher ohne Angabe einer therapeutischen Indikation. Bei Fortdauern der Krankheitssymptome während der Anwendung soll medizinischer Rat eingeholt werden.

Nebenwirkungen
Bei der Anwendung eines homöopathischen Arzneimittels können sich die vorhandenen Beschwerden vorübergehend verschlimmern (Erstverschlimmerung). In diesem Fall sollten Sie das Arzneimittel absetzen und Ihren Arzt befragen. Wenn Sie Nebenwirkungen beobachten, teilen Sie diese bitte Ihrem Arzt oder Apotheker mit.

Wechselwirkungen
Keine bekannt. Allgemeiner Hinweis: Die Wirkung eines homöopathischen Arzneimittels kann durch allgemein schädigende Faktoren in der Lebensweise und durch Reiz- und Genussmittel ungünstig beeinflusst werden. Falls Sie sonstige Arzneimittel einnehmen, fragen Sie Ihren Arzt.

Dosierung
Soweit nicht anders verordnet, bei akuten Zuständen alle halbe bis ganze Stunde, höchstens 6 mal täglich, je 5 Tropfen einnehmen. Eine über eine Woche hinausgehende Anwendung sollte nur nach Rücksprache mit einem homöopathisch erfahrenen Therapeuten erfolgen. Bei chronischen Verlaufsformen 1 - 3 mal täglich 5 Tropfen einnehmen. Säuglinge bis zum 1. Lebensjahr erhalten nach Rücksprache mit einem Arzt nicht mehr als ein Drittel der Erwachsenendosis. Kleinkinder bis zum 6. Lebensjahr erhalten nicht mehr als die Hälfte, Kinder zwischen dem 6. und 12. Lebensjahr nicht mehr als zwei Drittel der Erwachsenendosis. 1 g entspricht 21 Tropfen.

Warnhinweise
In der Schwangerschaft und Stillzeit sollten auch wegen des Alkoholgehaltes Milchsäure Pflüger® Tropfen nur nach Rücksprache mit dem Arzt eingenommen werden. Wegen des Alkoholgehaltes sollten Milchsäure Pflüger® Tropfen bei Säuglingen bis zum 1. Lebensjahr nur nach Rücksprache mit dem Arzt angewendet werden.

Hinweis:

Milchsäure Pflüger® Tropfen enthalten 18 Vol.-% Alkohol.

Packungsgrößen und Preise
50 ml (PZN 01222398) .... Euro 19,30
100 ml (PZN 01222406) .... Euro 30,15

Apothekenpflichtig.

Pflüger

Milchsäure Pflüger®
Tabletten

Zusammensetzung
1 Tablette enthält arzneilich wirksamen Bestandteil: Acidum L(+)-lacticum Trit. D 4 250 mg.

Registriertes homöopathisches Arzneimittel, daher ohne Angabe einer therapeutischen Indikation. Bei Fortdauern der Krankheitssymptome während der Anwendung soll medizinischer Rat eingeholt werden.

Nebenwirkungen
Bei der Anwendung eines homöopathischen Arzneimittels können sich die vorhandenen Beschwerden vorübergehend verschlimmern (Erstverschlimmerung). In diesem Fall sollten Sie das Arzneimittel absetzen und Ihren Arzt befragen. Wenn Sie Nebenwirkungen beobachten, teilen Sie diese bitte Ihrem Arzt oder Apotheker mit.

Wechselwirkungen
Keine bekannt. Allgemeiner Hinweis: Die Wirkung eines homöopathischen Arzneimittels kann durch allgemein schädigende Faktoren in der Lebensweise und durch Reiz- und Genussmittel ungünstig beeinflusst werden. Falls Sie sonstige Arzneimittel einnehmen, fragen Sie Ihren Arzt.

Warnhinweise
Da keine ausreichend dokumentierten Erfahrungen vorliegen, sollte das Arzneimittel in Schwangerschaft und Stillzeit nur nach Rücksprache mit dem Arzt angewendet werden.

Dosierung
Die folgenden Angaben gelten, soweit das Arzneimittel nicht anders verordnet wurde:
Erwachsene und Jugendliche ab 12 Jahren nehmen bei akuten Zuständen alle halbe bis ganze Stunde, höchstens 6 mal täglich, je 1 Tablette ein. Eine über eine Woche hinausgehende Anwendung sollte nur nach Rücksprache mit einem homöopathisch erfahrenen Therapeuten erfolgen. Bei chronischen Verlaufsformen 1 - 3 mal täglich je 1 Tablette einnehmen. Bei Besserung der Beschwerden ist die Häufigkeit der Anwendung zu reduzieren.

Kinder bis zu 12 Monaten erhalten, nach Rücksprache mit einem Arzt, ein Drittel der Erwachsenendosis. Kinder ab 1 Jahr bis unter 6 Jahren erhalten die Hälfte und Kinder ab 6 bis unter 12 Jahren zwei Drittel der Erwachsenendosis.
Dazu wird jeweils 1 Tablette in 6 Teelöffeln Wasser aufgelöst. Von dieser Lösung erhalten Kinder
- bis zu 12 Monaten: 2 Teelöffel
- ab 1 Jahr bis unter 6 Jahren: 3 Teelöffel
- ab 6 bis unter 12 Jahren: 4 Teelöffel

Die Einnahme erfolgt bei akuten Beschwerden alle halbe bis ganze Stunde (höchstens 6 mal täglich), in chronischen Fällen 1 - 3 mal täglich. Der Rest der Lösung ist jeweils wegzuschütten.

Eine über eine Woche hinausgehende Anwendung sollte nur nach Rücksprache mit einem homöopathisch erfahrenen Therapeuten erfolgen. Bei Besserung der Beschwerden ist die Häufigkeit der Anwendung zu reduzieren. Auch homöopathische Arzneimittel sollten ohne ärztlichen Rat nicht über längere Zeit eingenommen werden.

Packungsgrößen und Preise
100 Tabletten (PZN 01222381) . . Euro 19,30

Apothekenpflichtig.

NutraMedix Deutschland

Natural Boost NutraMedix Tropfen

siehe Sexualstörungen

Institut AllergoSan Deutschland (privat) GmbH

OMNi-BiOTiC® METAtox

Sachets

Zucker & Fett im Griff

Anwendungsgebiete
Ein ungünstiger Lebensstil spiegelt sich bei vielen in den Fett- und Zuckerwerten wider. Ausgangspunkt dafür ist häufig der Darm. Denn durch ungesunde Ernährung und Bewe-

gungsmangel werden jene kommensalen Bakterien reduziert, die für die Aufrechterhaltung einer intakten Darmbarriere notwendig sind. Aufgabe dieser ist es, nur ausgewählte Stoffe aus dem Darminneren in den Körper durchzulassen. Dafür benötigt der Darm allerdings eine ausreichende Anzahl und Vielfalt an nützlichen Bakterien. OMNi-BiOTiC® METAtox unterstützt das Darmmikrobiom und somit die Darmbarriere mit neun spezifisch kombinierten Bakterienstämmen. Darüber hinaus unterstützt Chrom den normalen Stoffwechsel von Makronährstoffen und trägt zu einem normalen Blutzuckerspiegel bei.

Zusammensetzung
Maisstärke, Maltodextrin, Kaliumchlorid, Bakterienstämme (mind. 7,5 Milliarden Keime pro 1 Portion = 3 g), pflanzliches Eiweiß (Reis), Magnesiumsulfat, Enzyme (Amylasen), Chrompicolinat, Mangansulfat.

Nahrungsergänzungsmittel mit hochaktiven Darmsymbionten und Chrom.

Weitere Informationen erhalten Sie unter: omni-biotic.com

Biofrid-Cosmetic

RMS Biofrid Tropfen

Tropfen

Rechtsdrehende Milchsäure.

Zusammensetzung
L(+)-Milchsäure: pro 20 Tropfen: 185 mg, pro 3-mal 20 Tropfen: 555 mg. Sonstige Bestandteile: Wasser, Milchsäure (25 %)

Eigenschaften
Bei der Entstehung chronischer Erkrankungen, Stress und Zellentartungen verschiebt sich das Säure-Basen-Verhältnis häufig in den unphysiologischen Bereich. Die rechtsdrehende Milchsäure kann durch Racematbindung linksdrehende Milchsäure binden und als schwache organische Säure starke anorganische Säuren im Gewebe abpuffern.

Sonstige Hinweise
Die angegebene empfohlene tägliche Verzehrmenge darf nicht überschritten werden. Nahrungsergänzungsmittel sollen nicht als Ersatz für eine ausgewogene und abwechslungsreiche Ernährung und eine gesunde Lebensweise verwendet werden. Bitte außerhalb der Reichweite von kleinen Kindern lagern. Nicht unverdünnt einnehmen.

Dosierung
1 – 3-mal täglich 20 Tropfen verdünnt in Wasser einnehmen.

Packungsgrößen und Preise
100 ml (PZN 10132470) .... Euro 18,70

BerryPharma

rubyni® CARDIO

Kapseln

Nahrungsergänzungsmittel mit Vitaminen, Magnesium und Pflanzenstoffen für Herz-Kreislauf und Blutgefäße

siehe Herz- und Kreislaufbeschwerden

BerryPharma

rubyni® NEURO

Kapseln

Nahrungsergänzungsmittel mit Vitaminen, Mineral- und Pflanzenstoffen sowie Citicolin für Gehirn und Nerven

siehe Neurologische Erkrankungen

BerryPharma

rubyni® NIGHT

Kapseln

Nahrungsergänzungsmittel mit

Pflanzenstoffen, γ-Aminobuttersäure und L-Tryptophan für Entspannung und Balance.

siehe Stress, Unruhe und Schlafstörungen

BerryPharma

rubyni® Wildheidelbeere

Kapseln

Nahrungsergänzungsmittel mit reiner Wildheidelbeere.

siehe Entzündungen

Sanum-Kehlbeck

Sanuvis®

Tropfen

Wirkstoff: Acidum L(+)-lacticum

Zusammensetzung

100 ml flüssige Verdünnung enthalten: Wirkstoffe:

20 ml Acidum L(+)-lacticum Dil. D4, 20 ml Acidum L(+)-lacticum Dil. D6, 20 ml Acidum L(+)-lacticum Dil. D12, 20 ml Acidum L(+)-lacticum Dil. D30, 20 ml Acidum L(+)-lacticum Dil. D200 (Vorschrift 5a HAB, Lsg. D1 mit gereinigtem Wasser, ab D2 mit Ethanol 15 % (m/m), ab D3 mit Ethanol 30 % (m/m)).

Anwendungsgebiete

Erfahrungsgemäß unterstützend angewendet bei:

- Störungen des pH-Gleichgewichts im Körper
- Störung im intermediären Stoffwechsel
- Erkrankungen des Bewegungsapparates wie Muskelschmerzen, rheumatischen Beschwerden, Gelenkerkrankungen
- Herz-Kreislaufbeschwerden wie funktionellen Herzbeschwerden, Herzinsuffizienz, Durchblutungsstörungen
- Hauterkrankungen wie Verbrennungen, Psoriasis
- Sinusitis

Eigenschaften

Sanuvis® ist ein Potenzakkord aus L(+)-Milchsäure, mit dem sich Stoffwechselstörungen beeinflussen lassen.

Sanuvis® kann als Basistherapeutikum parallel zu allen Pilz- und Hefepräparaten verabreicht werden.

Nebenwirkungen

Keine bekannt.

Gegenanzeigen

Bei Alkohol- oder Leberkranken sollte aufgrund des Alkoholgehaltes das Arzneimittel nur nach Rücksprache mit dem Arzt angewendet werden.

Ggf. Besonderheiten bei Kindern, Schwangeren, Stillenden

Zur Dosierung und Dauer der Anwendung befragen Sie Ihren homöopathisch erfahrenen Therapeuten.

Da keine ausreichend dokumentierten Erfahrungen zur Anwendung in der Schwangerschaft und Stillzeit vorliegen, sollte das Arzneimittel in der Schwangerschaft und Stillzeit nur nach Rücksprache mit dem Arzt angewendet werden.

Zur Anwendung dieses Arzneimittels bei Kindern liegen keine ausreichend dokumentierten Erfahrungen vor. Es soll deshalb bei Kindern unter 12 Jahren nicht angewendet werden.

Wechselwirkungen

Keine bekannt.

Art und Dauer der Anwendung

Zum Einnehmen.

Warnhinweise

Dieses Arzneimittel enthält 36,2 Vol.-% Alkohol (Ethanol).

Packungsgrößen und Preise

100 ml (PZN 02360292)	Euro	20,99
10-mal 100 ml (PZN 02360300)	Euro	177,32

Apothekenpflichtig.

Sanum-Kehlbeck

Sanuvis® D2

Tropfen

Wirkstoff: Acidum L(+)-lacticum Dil. D2

Zusammensetzung

10 ml flüssige Verdünnung enthalten: Wirkstoff: 10 ml Acidum L(+)-lacticum Dil. D2 nach Sondervorschrift 5a HAB; Lösung D1 mit gereinigtem Wasser.

Anwendungsgebiete

Erfahrungsgemäß unterstützend angewendet bei:

- Störungen des pH-Gleichgewichts im Körper
- Störung im intermediären Stoffwechsel
- Erkrankungen des Bewegungsapparates wie Muskelschmerzen, rheumatischen Beschwerden, Gelenkerkrankungen
- Herz-Kreislaufbeschwerden wie funktionellen Herzbeschwerden, Herzinsuffizienz, Durchblutungsstörungen
- Hauterkrankungen wie Verbrennungen, Psoriasis
- Sinusitis

Eigenschaften

Sanuvis® D2 ist ein Präparat aus L(+)-Milchsäure, mit dem sich Stoffwechselstörungen beeinflussen lassen.

Nebenwirkungen

Keine bekannt.

Gegenanzeigen

Siehe unter „Ggf. Besonderheiten bei Kindern, Schwangeren, Stillenden“ und „Warnhinweise".

Bei Alkohol- oder Leberkranken sollte aufgrund des Alkoholgehaltes das Arzneimittel nur nach Rücksprache mit dem Arzt angewendet werden.

Ggf. Besonderheiten bei Kindern, Schwangeren, Stillenden

Da keine ausreichend dokumentierten Erfahrungen zur Anwendung in der Schwangerschaft und Stillzeit vorliegen, sollte das Arzneimittel nur nach Rücksprache mit dem Arzt angewendet werden.

Zur Anwendung dieses Arzneimittels bei Kindern liegen keine ausreichend dokumentierten Erfahrungen vor. Es soll deshalb bei Kindern unter 12 Jahren nicht angewendet werden.

Wechselwirkungen

Keine bekannt.

Dosierung

1 – 3-mal täglich je 5 Tropfen einnehmen.

Warnhinweise

Dieses Präparat enthält 19 Vol.-% Alkohol (Ethanol).

Packungsgrößen und Preise

30 ml (PZN 01072177) .... Euro 10,65

Apothekenpflichtig.

Sanum-Kehlbeck

Sanuvis® Tabletten

Tabletten

Wirkstoff: Acidum L(+)-lacticum Trit. D4/D6/D12/D30/D200

Zusammensetzung

1 Tablette zu 276 mg enthält: Wirkstoff: je 50 mg Acidum L(+)-lacticum Trit. D4/D6/D12/D30/D200 (HAB, Vorschrift 5 a mit gereinigtem Wasser).

Sonstige Bestandteile: Kartoffelstärke, Magnesiumstearat.

Anwendungsgebiete

Erfahrungsgemäß unterstützend angewendet bei:

- Störungen des pH-Gleichgewichts im Körper
- Störung im intermediären Stoffwechsel

- Erkrankungen des Bewegungsapparates wie Muskelschmerzen, rheumatischen Beschwerden, Gelenkerkrankungen
- Herz-Kreislaufbeschwerden wie funktionellen Herzbeschwerden, Herzinsuffizienz, Durchblutungsstörungen
- Hauterkrankungen wie Verbrennungen, Psoriasis
- Sinusitis

Eigenschaften
Sanuvis® ist ein Potenzakkord aus L(+)-Milchsäure, mit dem sich Stoffwechselstörungen beeinflussen lassen. Sanuvis® kann als Basistherapeutikum parallel zu allen Pilz- und Hefepräparaten verabreicht werden.

Nebenwirkungen
Keine bekannt.

Gegenanzeigen
Keine bekannt. Siehe unter „Vorsichtsmaßnahmen", „Ggf. Besonderheiten bei Kindern, Schwangeren, Stillenden" und „Warnhinweise".

Vorsichtsmaßnahmen
Zur Dosierung und Dauer der Anwendung befragen Sie Ihren homöopathisch erfahrenen Therapeuten.

Ggf. Besonderheiten bei Kindern, Schwangeren, Stillenden
Da keine ausreichend dokumentierten Erfahrungen zur Anwendung in der Schwangerschaft und Stillzeit vorliegen, sollte das Arzneimittel nur nach Rücksprache mit dem Arzt angewendet werden.

Zur Anwendung dieses Arzneimittels bei Kindern liegen keine ausreichend dokumentierten Erfahrungen vor. Es soll deshalb bei Kindern unter 12 Jahren nicht angewendet werden.

Wechselwirkungen
Keine bekannt.

Art und Dauer der Anwendung
Zum Einnehmen. Auch homöopathische Arzneimittel sollten ohne ärztlichen Rat nicht über längere Zeit angewendet werden.

Warnhinweise
Sanuvis® enthält Lactose. Bitte nehmen Sie Sanuvis® erst nach Rücksprache mit Ihrem Arzt ein, wenn Ihnen bekannt ist, dass Sie unter einer Unverträglichkeit gegenüber bestimmten Zuckern leiden. Dieses Arzneimittel enthält 0,25 g Lactose (eine Quelle für 0,125 g Glucose und 0,125 g Galactose) pro Tablette. Wenn Sie eine Diabetes-Diät einhalten müssen, sollten Sie dies berücksichtigen.

Packungsgrößen und Preise
80 Tabletten (PZN 00572050) ... Euro 17,10
240 Tabletten (PZN 00572067) ... Euro 43,49

Apothekenpflichtig.

SymbioPharm GmbH

SymbioLife® Blutzucker*

Kapseln

Nahrungsergänzungsmittel mit Chrom zur Unterstützung eines normalen Blutzuckerspiegels*

***Chrom trägt zur Aufrechterhaltung eines normalen Blutzuckerspiegels bei.**

Beschreibung
SymbioLife® Blutzucker* kombiniert den aktiven Bakterienstamm Bacillus subtilis DSM 32315 mit Chrom und Zink sowie wichtigen Vitaminen und ausgewählten Pflanzenextrakten. Glukosetoleranz ist die Fähigkeit des Körpers, den Blutzuckerspiegel zu regulieren. Chrom ist Bestandteil des Glukosetoleranzfaktors. Es aktiviert die Insulinrezeptoren, an die das Insulin bindet, um die Aufnahme von Zucker in die Zellen zu bewerkstelligen. So sinkt der Blutzuckerspiegel. Ein Chrom-Mangel führt zu Verminderung der Glukosetoleranz und zu Störungen der Glukoseverwertung. Das gut bioverfügbare Chrom-Picolinat in SymbioLife® Blutzucker ermöglicht eine gute Chrom-Aufnahme im Körper. Bacillus subtilis DSM 32315 ist ein spezieller Bakterienstamm aus der Familie der Bacillen, die natürlicherweise in der Umwelt sowie in der menschlichen Darmflora vorkommen.

Zusammensetzung
L-Alanyl-L-Glutamin, Überzugsmittel: Hydroxypropylmethylcellulose, Curcuma-Wurzelextrakt, Grüntee-Blattextrakt, Überzugsmittel: E1207, Bacillus subtilis DSM 32315, Zinkgluconat, Resistentes Maisdextrin, Überzugsmittel: (Talkum, Polyethylenglycol, Triethylcitrat), Pantothensäure (Calcium-D-Pantothenat), Vitamin B6 (Pyridoxinhydrochlorid), Biotin, Vitamin D3 (Cholecalciferol), Chrompicolinat.
SymbioLife® Blutzucker ist glutenfrei, laktosefrei und zuckerfrei.

Verzehrempfehlung
2 Kapseln pro Tag unzerkaut mit einem Glas zu den Mahlzeiten einnehmen.

Wichtige Hinweise
Die angegebene empfohlene tägliche Verzehrmenge darf nicht überschritten werden. Nahrungsergänzungsmittel sollen nicht als Ersatz für eine ausgewogene und abwechslungsreiche Ernährung und eine gesunde Lebensweise verwendet werden. Sollte nicht verzehrt werden, wenn am selben Tag andere Erzeugnisse mit grünem Tee konsumiert werden. Eine Tagesdosis von 800 mg (-)-Epigallocatechin-3-gallat darf nicht überschritten werden. Sollte nicht von schwangeren oder stillenden Frauen und Kindern unter 18 Jahren verzehrt werden. Sollte nicht auf nüchternen Magen verzehrt werden. Außerhalb der Reichweite von kleinen Kindern aufbewahren.

Aufbewahrung
SymbioLife® Blutzucker sollte trocken, lichtgeschützt und bei einer Temperatur ≤ 25°C gelagert werden.

Packungsgrößen und Preise (UVP)
60 Kapseln (PZN 18196854) ..... Euro 44,90

SymbioPharm GmbH

SymbioLife® Cholesterin Control*

Tabletten

Nahrungsergänzungsmittel mit Phytosterine, die zur Aufrechterhaltung eines normalen Cholesterinspiegels im Blut beitragen.

*** Phytosterine/Phytostanole tragen zur Aufrechterhaltung eines normalen Cholesterinspiegels im Blut bei.**

Beschreibung
SymbioLife® Cholesterin Control* enthält das aktive Bakterium Lactobacillus plantarum LPLDL® und Phytosterine. Cholesterin ist ein natürliches Fettmolekül und im menschlichen Körper wichtig für den Aufbau von Zellmembranen, Hormonen und Gallensäuren. Gallensäuren sind für die Fettverdauung nötig. Cholesterin wird unterschieden in:
- HDL („gutes" Cholesterin): „Überschüssiges" Cholesterin wird aus dem Körper zur Leber zurück transportiert.
- LDL („schlechtes" Cholesterin): Cholesterin wird von der Leber in den Körper transportiert.

Ein Zuviel an Cholesterin (vor allem an LDL-Cholesterin) im Blut kann Gefäßverengungen begünstigen.

Zusammensetzung
Phytosterine, Füllstoff: Mikrokristalline Cellulose, Calciumcarbonat, Vernetzte Natriumcarboxymethylcellulose, Hydoxypropylcelllulose; Lactobacillus plantarum LPLDL, Trennmittel: Speisefettsäuren, Siliciumdioxid, Calciumsilicat, Magensiumsalze der Speisefettsäuren, Festigungsmittel: Polyvinylpolypyrrodilon, Farbstoff: Anthocyane
SymbioLife® Cholesterin Control* ist vegan und frei von Gluten und Laktose.

Verzehrempfehlung
2 Tabletten pro Tag (vorzugsweise nach den Hauptmahlzeiten) unzerkaut mit einem Glas Wasser einnehmen.

Sonstige Hinweise
Die angegebene empfohlene tägliche Verzehrmenge darf nicht überschritten werden. Die Aufnahme von mehr als 3 g/Tag an zugesetzten Pflanzensterinen/Pflanzenstanolen sollte vermieden werden. Nicht für Personen bestimmt, die ihren Cholesterinspiegel im Blut nicht kontrollieren brauchen. Nahrungsergänzungsmittel nicht als Ersatz für eine ausgewogene und abwechslungsreiche Ernährung sowie für eine gesunde Lebensweise verwenden, zu der auch zur Aufrechterhaltung des Carotinoid-Spiegels der regelmäßige Verzehr von Obst und Gemüse zählt. Sollte nicht von schwangeren oder stillenden Frauen und Kindern unter 5 Jahren verzehrt werden. Außerhalb der Reichweite von kleinen Kindern aufbewahren.

Aufbewahrung
SymbioLife® Cholesterin Control* sollte trocken, lichtgeschützt und bei Raumtemperatur gelagert werden.

Packungsgrößen und Preise (UVP)
40 Tabletten (PZN 18757755) .... Euro 34,95
80 Tabletten (PZN 18757761) .... Euro 58,95

SymbioPharm GmbH

SymbioLife® Satylia®

Kapseln

Nahrungsergänzungsmittel mit den aktiven Hafnia alvei HA4597®-Bakterien und den Mineralstoffen Chrom und Zink.

Eigenschaften
Stoffwechsel, Appetit, Nahrungsaufnahme und Gewicht hängen eng zusammen. Ein aktiver Stoffwechsel sorgt dafür, dass die Körperzellen gut versorgt sind und Abfallstoffe schnell abtransportiert werden. SymbioLife® Satylia® ist ein Nahrungsergänzungsmittel mit dem speziellen Bakterienstamm Hafnia alvei HA4597® und den Mineralstoffen Zink und Chrom, die zu einem normalen Stoffwechsel von Makronährstoffen beitragen. Die in SymbioLife® Satylia® verwendete „Bisglycinat"-Form von Zink und Chrompicolinat haben eine hohe Bioverfügbarkeit. Hafnia alvei sind Bakterien aus der Familie der Hafniaceae, die natürlicherweise in Rohmilchprodukten, aber auch in der menschlichen Darmflora vorkommen. Der Stamm Hafnia alvei HA4597® verbessert signifikant die Gewichtsabnahme und das Sättigungsgefühl und verringert den Hüftumfang bei übergewichtigen Personen, die eine mäßig hypokalorische Ernährung einhalten.

Sonstige Hinweise
Die angegebene empfohlene tägliche Verzehrmenge darf nicht überschritten werden. Nahrungsergänzungsmittel sollten nicht als Ersatz für eine ausgewogene und abwechslungsreiche Ernährung sowie für eine gesunde Lebensweise verwendet werden. Außerhalb der Reichweite von kleinen Kindern aufbewahren.

Gegenanzeigen
Symbio Life® Satylia®

- wird nicht empfohlen für Kinder und schwangere/stillende Frauen.
- ist nicht geeignet für Personen, die an Appetitlosigkeit (Anorexie) leiden oder litten.
- darf bei einer Überempfindlichkeit/Allergie gegen einen der Inhaltsstoffe nicht angewendet werden.
- wird nicht für Personen empfohlen, die immunsupprimiert sind oder sich kürzlich einer Magen-Darm-Operation unterzogen haben.

Symbio Life® Satylia® enthält Chrom, das zur Aufrechterhaltung eines normalen Blutzuckerspiegels beiträgt. Dieser Effekt muss bei Diabetikern berücksichtigt werden, es wird daher empfohlen, den behandelnden Arzt zu konsultieren.

Zusammensetzung
Maisstärke, Überzugsmittel: Hydroxypropylmethylcellulose; gefriergetrocknete Bakterien des Stammes Hafnia alvei HA4597®, Zinkbisglycinat, Überzugsmittel: Gellan, Trennmittel: Magnesiumsalze der Speisefettsäuren, Chrompicolinat.

Symbio Life® Satylia® ist frei von Milch- und Sojaeiweiß sowie Gluten.

Verzehrempfehlung
2 Kapseln pro Tag (idealerweise 1-mal morgens und 1-mal mittags) unzerkaut mit einem Glas Wasser zu den Mahlzeiten einnehmen.

Aufbewahrung
Symbio Life® Satylia® an einem kühlen, trockenen Ort fern von Hitze lagern.

Packungsgrößen und Preise (UVP)
28 Kapseln (PZN 18832882) ..... Euro 21,95
60 Kapseln (PZN 18194281) ..... Euro 44,90

INTERNA
(Stress, Unruhe und Schlafstörungen)

NutraMedix Deutschland

Adrenal NutraMedix Tropfen

siehe Erschöpfung und Müdigkeit

Weleda AG

Aurum / Hyoscyamus comp.
Mischung

siehe Herz- und Kreislaufbeschwerden

Weleda AG

Bryophyllum 50 %
Pulver

Zusammensetzung
10 g enth.: 5 g Presssaft aus Kalanchoe pinnata, Folium.
Sonstiger Bestandteil: Lactose-Monohydrat.

Anwendungsgebiete
Ggemäß der anthroposophischen Menschen- und Naturerkenntnis.

Dazu gehören: Anfälligkeit für besondere Formen von funktionellen Störungen und wiederholt auftretenden Entzündungen im Bereich des Stoffwechselsystems; Schmerzzustände bei Schwächung der Lebenskräfte; Unruhe- und seelische Ausnahmezustände und dadurch bedingte Schlafstörungen.

Gegenanzeigen
Überempfindlichkeit gegen Bryophyllum (Kalanchoe).

Nebenwirkungen
Sehr selten Überempfindlichkeitsreaktionen.

Warnhinweise
Enthält Lactose.

Dosierung und Art der Anwendung
Soweit nicht anders verordnet, 3-mal täglich 2 Messerspitzen Pulver einnehmen.

Säuglinge im 1. Lebensjahr erhalten 3-mal täglich 1 Messerspitze Pulver in Tee aufgelöst.

Packungsgrößen und Preise
20 g (PZN 2591904) .... Euro 27,99
50 g (PZN 1631441) .... Euro 47,98

Apothekenpflichtig.

Weleda AG

Bryophyllum Argento cultum D2

Flüssige Verdünnung

Zusammensetzung
10 ml enthalten: Bryophyllum Argento cultum Dil. D2 10 ml.

Anwendungsgebiete
Gemäß der anthroposophischen Menschen- und Naturerkenntnis.

Dazu gehört: Eingliederung verselbstständigter Stoffwechselprozesse, z. B. bei hysteriformen Verhaltens- und Verstimmungszuständen, Schlafstörungen, Unruhe, Erregungen, Ängsten, Erschöpfung und Schwäche; Schockfolgen.

Gegenanzeigen
Keine bekannt.

Warnhinweise
Enthält 18 Vol.-% Alkohol.

Dosierung
Soweit nicht anders verordnet: Erwachsene und Jugendliche ab 12 J. 2- bis 4-mal tgl. 10 – 15 Tropfen,
Kdr. von 6 – 11 J. 1- bis 3-mal tgl. 8 – 10 Tropfen,
Kleinkdr. von 2 – 5 J. 1- bis 3-mal tgl. 5 – 8 Tr.
Tropfen mit Wasser verdünnt einnehmen.

Packungsgrößen und Preise
50 ml (PZN 01571911) .... Euro 32,97

Apothekenpflichtig.

Weleda AG

Calmedoron

Streukügelchen

Zusammensetzung
In 10 g Streukügelchen sind verarbeitet:
Avena sativa 2b Ø 0,5 g / Humulus lupulus Ø 0,024 g / Passiflora incarnata Ø 0,15 g / Valeriana, ethanol. Decoctum Ø 0,3 g / Coffea tosta, ethanol. Decoctum Dil. D60 (HAB, V. 19f) 0,1 g.

Anwendungsgebiete
Gemäß der anthroposophischen Menschen- und Naturerkenntnis.

Dazu gehören: Einschlafstörungen und Nervosität.

Gegenanzeigen
Überempfindlichkeit gegen einen der Bestandteile.

Nebenwirkungen
Sehr selten Überempfindlichkeitsreaktionen.

Warnhinweise
Enthält Saccharose (Zucker).

Dosierung
Soweit nicht anders verordnet erhalten Erwachsene und Kinder ab 6 Jahren als Einzeldosis 15 Streukügelchen, Kleinkinder von 1 bis 5 Jahren 10 Streukügelchen, Säuglinge im 1. Lebensjahr 5 Streukügelchen.

Bei Einschlafstörungen wird die Einzeldosis abends vor dem Schlafengehen eingenommen, bei Nervosität wird die entsprechende Menge Streukügelchen 1-mal täglich eingenommen.

Die Streukügelchen im Mund zergehen lassen.

Packungsgrößen und Preise
10 g (PZN 09605236) .... Euro 13,49
50 g (PZN 09605242) .... Euro 36,97

Apothekenpflichtig.

Cellavent

Cherry PLUS

Konzentrat / Kapseln

Nahrungsergänzungsmittel aus naturreinen Montmorency-Sauerkirschen

siehe Gicht

Dr. Jacob's Medical GmbH

Dr. Jacob's Basenpulver

Pulver

Nahrungsergänzungsmittel mit Kalium-, Calcium- und Magnesium-Citrat - Multitalent mit über 30 belegten Gesundheitswirkungen (u.a. für Muskeln, Knochen, Nerven, weniger Erschöpfung, Herz und normalen Blutdruck).

siehe Übersäuerung

Neurolab GmbH

GABANight

Kapseln

Für das Nervensystem und die Psyche.

Nahrungsergänzungsmittel mit den Vitaminen Thiamin und Folsäure, L-Glutamin, Glycin, Cholin, 5-HTP aus Griffonia simplicifolia, Passionsblume und Taurin.

Zusammensetzung
2 Kapseln enthalten: Thiamin 15 mg, Folsäure (5-MTHF) 50 µg, L-Glutamin 300 mg, Glycin 200 mg, Cholin 100 mg, Griffonia simplicifolia 82 mg (davon 5-HTP 25 mg), Passionsblume 50 mg, Taurin 50 mg, Hydroxypropylmethylcellulose (pflanzliche Kapselhülle).

Verzehrempfehlung
2 Kapseln täglich mit ausreichend Flüssigkeit 2 Stdn. nach dem Abendessen oder 1/2 Std. vor dem Schlafengehen verzehren.

Sonstige Hinweise
Bei Depressionen, in der Schwangerschaft, Stillzeit oder im Kindesalter halten Sie bitte Rücksprache mit Ihrem Arzt, Heilpraktiker oder Apotheker.

Packungsgrößen und Preise
1 Dose à 60 Kapseln .... Euro 32,00
1 Dose à 120 Kapseln .... Euro 52,00

Neurolab GmbH

GABAPur

Kautabletten mit Himbeer-Geschmack

Für das Nervensystem und die Psyche.

Nahrungsergänzungsmittel mit Magnesium, GABA (Gamma-Aminobuttersäure), L-Theanin aus Grünem Tee, Taurin und Süßungsmittel.

Zusammensetzung
1 Kautablette enthält: Magnesium 100 mg, Gamma-Aminobuttersäure (GABA) 200 mg, Grüner Tee Extrakt 33 mg (davon L-Theanin 20 mg), Taurin 20 mg.

Verzehrempfehlung
1 Kautablette täglich verzehren. Die Tablette langsam kauen oder lutschen und so lange wie möglich im Mund halten, damit die Inhaltsstoffe bestmöglich aufgenommen werden können.

Sonstige Hinweise
Beim Verzehr in der Schwangerschaft, Stillzeit oder im Kindesalter halten Sie bitte Rücksprache mit Ihrem Arzt, Heilpraktiker oder Apotheker.

Packungsgrößen und Preise
1 Dose à 60 Tabletten .... Euro 29,90

meta Fackler

metakaveron® Streukügelchen

Globuli

Zusammensetzung
10 g enthalten: Argentum nitricum Dil. D5 30,0 mg, Mandragora e radice siccata Dil. D6 10 mg, Piper methysticum e radice siccata Dil. D2 10 mg, Sumbulus moschatus Dil. D2 20 mg. Sonst. Bestandt.: Saccharose.

Anwendungsgebiete
Diese leiten sich von den homöopathischen Arzneimittelbildern ab. Dazu gehören: vegetativ und nervös bedingte Störungen.

Dosierung
Soweit nicht anders verordnet nehmen Jugendl. ab 12 J. u. Erw. bei akuten Beschwerden alle halbe bis ganze Std. höchstens 6-mal tgl., bei chronischen Verlaufsformen 1 - 3x tgl. je 5 Globuli ein. Bei Besserung der Beschwerden ist die Häufigkeit der Anwend. zu reduzieren.

Gegenanzeigen
Allergie gg. Inhaltsstoffe.

Vorsichtsmaßnahmen
Kinder unter 12 J. (keine Erfahrungen/soll nicht angewendet werden), Schwangerschaft u. Stillzeit (keine Erfahrungen/Rücksprache); Rücksprache bei Unverträglichkeit gegenüber bestimmten Zuckern (enthält Saccharose).

Nebenwirkungen
Keine bekannt.

Packungsgrößen und Preise
10 g .... Euro 13,95

Apothekenpflichtig.

nutrimmun GmbH

MyBIOTIK®LIFE+

Pulver + Kapseln

siehe Mikrobiologische Therapien

Neurolab GmbH

Neurobiotic

Kapseln

siehe Magen-Darm-Beschwerden

Weleda AG

Neurodoron

Tabletten

Zusammensetzung
1 Tablette enthält: Aurum metallicum praeparatum Trit. D10 (HAB, V. 6) 83,3 mg / Kalium phosphoricum Trit. D6 83,3 mg / Ferrum-Quarz Trit. D2 (HAB, SV 6) 8,3 mg. (In 1 g Ursubstanz sind verarbeitet: Ferrum sulfuricum 0,64 g; Mel 0,32 g; Vinum 0,02 g; Quarz 0,16 g.)

Sonstige Bestandteile: Lactose-Monohydrat, Weizenstärke, Calciumbehenat.

Anwendungsgebiete
Gemäß der anthroposophischen Menschen- und Naturerkenntnis.

Dazu gehören: Harmonisierung und Stabilisierung des Wesensgliedergefüges bei nervöser Erschöpfung und Stoffwechselschwäche, z. B. Nervosität, Angst- und Unruhezustände, depressive Verstimmung, Rekonvaleszenz, Kopfschmerzen.

Gegenanzeigen
Nicht anwenden bei Weizenallergie sowie bei Kindern unter 1 Jahr (wegen des Bestandteils Mel = Honig).

Nebenwirkungen
Weizenstärke kann Überempfindlichkeitsreaktionen hervorrufen.

Warnhinweise
Enthält Lactose und Weizenstärke.

Dieses Arzneimittel gilt als glutenfrei und für Zöliakiepatienten ist es sehr unwahrscheinlich, dass es Probleme verursacht. Eine Tablette enthält maximal 2,5 µg Gluten.

Besonderheiten bei Kindern
Sollte bei Kindern unter 12 Jahren wegen nicht ausreichenddokumentierter Erfahrungen nicht angewendet werden.

Dosierung
Soweit nicht anders verordnet, 3- bis 4-mal täglich 1 Tablette im Mund zergehen lassen oder mit etwas Flüssigkeit einnehmen.

Packungsgrößen und Preise
80 Tabletten (PZN 06059276) .. Euro 21,99
200 Tabletten (PZN 06059282) .. Euro 37,98

Apothekenpflichtig.

Institut AllergoSan Deutschland (privat) GmbH

OMNi-BiOTiC® SR-9 mit B-Vitaminen

Sachets

Ihr richtiges Nervenfutter!

siehe Magen-Darm-Beschwerden

Institut AllergoSan Deutschland (privat) GmbH

OMNi-BiOTiC® SR-9 Kids

Direkt-Stick

Gute Nerven in der Schule?

siehe Magen-Darm-Beschwerden - Verdauung

Neurolab GmbH

PEAPlus (Palmitoylethanolamid)

Kapseln

Für das Nervensystem und den Energiestoffwechsel.

siehe Schmerzen akut/chronisch

BerryPharma

rubyni® CARDIO

Kapseln

Nahrungsergänzungsmittel mit Vitaminen, Magnesium und Pflanzenstoffen für Herz-Kreislauf und Blutgefäße

siehe Herz- und Kreislaufbeschwerden

BerryPharma

rubyni® NEURO

Kapseln

Nahrungsergänzungsmittel mit Vitaminen, Mineral- und Pflanzenstoffen sowie Citicolin für Gehirn und Nerven

siehe Neurologische Erkrankungen

BerryPharma

rubyni® NIGHT

Kapseln

Nahrungsergänzungsmittel mit

Pflanzenstoffen, γ-Aminobuttersäure und L-Tryptophan für Entspannung und Balance.

Inhaltsstoffe

Sauerkirschenextrakt (aus Früchten von Prunus cerasus, Sorte Nadwiślanka , Maltodextrin), Überzugsmittel Hydroxypropylmethylcellulose (Kapselhülle), Brahmiextrakt (aus Bacopa monnieri, 10-20:1), Ashwagandhaextrakt (aus Wurzeln von Withania Somnifera Dunal, 5 % Withanolide), Buchweizenkeimpulver, L-Tryptophan*, Gamma-Aminobuttersäure (GABA)*, Safranextrakt (aus Stigmas von Crocus sativus L., 3,5% Lepticrosalide), Shiitake-Extrakt (aus Lentinula edodes)

* aus pflanzlich-fermentativer Herstellung

Eigenschaften

rubyni® NIGHT kombiniert schonend gewonnene Extrakte aus Sauerkirschen (Sorte Nadwiślanka), der Brahmi-Pflanze, aus Safran und Ashwagandha-Wurzeln (KSM 66®) mit Buchweizenkeimpulver und einer Shiitake- Extrakt. Das Vitamin B6 aus dem Buchweizenkeimpulver trägt zur Regulierung der Hormontätigkeit bei und unterstützt zusammen mit dem Vitamin B12 aus Shiitake-Pilzen die normale psychische Funktion.

Alle verwendeten Inhaltsstoffe sind handverlesen und verfügen jeweils über eine eigene wissenschaftliche Studienlage im Bereich von Schlaf und Entspannung.

Anwendungsgebiete

- Schlafunterstützung
- Antioxidativ

Verzehrempfehlung

Erwachsene nehmen täglich 4 Kapseln nur abends vor dem Schlafengehen unzerkaut und mit ausreichend Flüssigkeit ein. Die empfohlene tägliche Verzehrmenge darf nicht überschritten werden.

Nicht für Kinder, Schwangere und Stillende geeignet. Nahrungsergänzungsmittel sollten nicht als Ersatz für eine ausgewogene und abwechslungsreiche Ernährung dienen und ersetzen keine gesunde Lebensweise.

Sonstige Hinweise

rubyni® NIGHT ist von Natur aus vegan, laktose- und glutenfrei.

Die Einnahme kann v.a. durch das enthaltene Trypophan zeitnah Müdigkeit auslösen. Die Fähigkeit zur Teilnahme am Straßenverkehr wird

deshalb möglicherweise beeinträchtigt. Bei vorliegenden Erkrankungen oder der Einnahme von Medikamenten halten Sie bitte Rücksprache mit einem Arzt oder Therapeuten. Das Produkt enthält den kontrollierten und sehr gut untersuchten Ashwagandha-Extrakt KSM 66®.

Weiterführende Informationen
www.rubyni.com

Packungsgrößen und Preise
Glas mit 140 Kapseln .... Euro 84,90

Herstellerangaben
BerryPharma GmbH | Weidboden 1 | 83339 Chieming | www.rubyni.com

Die Familie Philipp, die hinter BerryPharma® steht, hat sich seit Generationen ganz der Verarbeitung qualitativ hochwertiger Beeren und Früchte verschrieben. In den Produkten von BerryPharma® kommen nur natürliche Extrakte und Inhaltsstoffe zum Einsatz, die in ihrer Wirkung durch Studien belegt sind. Eine ideale Ergänzung für die tägliche Ernährung.

Stand:
17.10.2024

BerryPharma

rubyni® Sauerkirsche

Kapseln

Nahrungsergänzungsmittel mit reiner Sauerkirsche.

Inhaltsstoffe
Sauerkirschenextrakt aus Früchten der Prunus cerasus (Sorte Nadwiślanka), Maltodextrin, pflanzliche Kapselhülle aus Hydroxypropylmethylcellulose.

Eine Kapsel enthält 360 mg des Sauerkirschenextrakts CherryCraft®, davon 61,5 mg Polyphenole und 10,8 mg Anthocyane.

Eigenschaften
Sauerkirschen wurden schon vor Christi Geburt in Kleinasien kultiviert und verbreiteten sich mit den Römern im ganzen europäischen Raum. Sie enthalten einen ganz spezifischen Mix aus Polyphenolen, Anthocyanen und Flavonoiden. Eine besonders hohe Konzentration bietet die von uns verwendete Weichselkirsche. Im Vergleich zur bekannten Montmorency Sauerkirsche verfügt sie über 6-mal so viele Anthocyane und einen mehr als doppelten Gesamt-Polyphenolgehalt.

Wir beziehen unsere Sauerkirschen von einer Kooperative polnischer Landwirte. Die Früchte tragen das EU-Qualitätslabel PDO (geschützte Ursprungsbezeichnung) und werden per Hand geerntet. Die Verarbeitung zum Extrakt erfolgt lösungsmittelfrei.

Anwendungsgebiete
- Sport Recovery
- Körperliche Leistung/Sportperformance
- Antioxidativ
- Schlafunterstützung
- Augen- und Sehkraft
- Herz-Kreislauf und Blutgefäße

Verzehrempfehlung
Erwachsene nehmen täglich 1 – 2 Kapseln unzerkaut und mit ausreichend Flüssigkeit ein. Die empfohlene tägliche Verzehrmenge darf nicht überschritten werden.

Nahrungsergänzungsmittel sollten nicht als Ersatz für eine ausgewogene und abwechslungsreiche Ernährung dienen und ersetzen keine gesunde Lebensweise.

Sonstige Hinweise
rubyni® mit Sauerkirsche ist von Natur aus vegan, laktose- und glutenfrei. Auf Füll- und Konservierungsstoffe wird bewusst verzichtet.

Weiterführende Informationen
www.rubyni.com

www.cherrycraft.info
(Sauerkirschenextrakt CherryCraft®)

Packungsgrößen und Preise
Glas mit 60 Kapseln .... Euro 49,90
Glas mit 90 Kapseln .... Euro 69,90

Herstellerangaben
BerryPharma GmbH | Weidboden 1 | 83339 Chieming | www.rubyni.com

Die Familie Philipp, die hinter BerryPharma® steht, hat sich seit Generationen ganz der Verarbeitung qualitativ hochwertiger Beeren und Früchte verschrieben. In den Produkten von BerryPharma® kommen nur natürliche Extrakte und Inhaltsstoffe zum Einsatz, die in ihrer Wirkung durch Studien belegt sind. Eine ideale Ergänzung für die tägliche Ernährung.
SO PURE. SO YOU.

Stand:
17.11.2023

Neurolab GmbH

Safran

Kapseln

Für das Nervensystem und die psychische Funktion.

Nahrungsergänzungsmittel mit Safran und Magnesium.

Zusammensetzung
1 Kapsel enthält: Magnesium 96 mg, Safran Narben Extrakt 30 mg (davon Crocine 900 µg, davon Safranal 600 µg), Hydroxypropylmethylcellulose (pflanzliche Kapselhülle).

Verzehrempfehlung
1 Kapsel täglich mit ausreichend Flüssigkeit verzehren.

Sonstige Hinweise
Bei Depressionen, in der Schwangerschaft, Stillzeit oder im Kindesalter halten Sie bitte Rücksprache mit Ihrem Arzt, Heilpraktiker oder Apotheker.

Packungsgrößen und Preise
1 Dose à 60 Kapseln .... Euro 24,95

Neurolab GmbH

SerenePro

Kapseln

Für das Nervensystem, den Energiestoffwechsel und die psychische Funktion.

siehe Psychische Erkrankungen, Depressionen

SymbioPharm GmbH

SymbioLact® Mentale Balance*

Kapseln

Nahrungsergänzungsmittel mit Vitamin B6

*** Vitamin B6 trägt zu einer normalen Funktion des Nervensystems und zu einer normalen psychischen Funktion bei.**

Beschreibung
SymbioLact® Mentale Balance* kombiniert drei ausgewählte Stämme Milchsäurebakterien mit Ashwagandha, GABA und Vitamin B6, welches auf natürliche Weise bei Entspannung und innerer Ruhe unterstützen kann, da es zu einer normalen Funktion des Nervensystems und zu einer normalen psychischen Funktion beiträgt. Der enthaltene Bakterienstamm Lactobacillus plantarum DR7, der zur Gruppe der Milchsäurebakterien gehört, verringert studienbelegt Stress- und Angstsymptomen.

Zusammensetzung
Ashwagandha-Wurzelextrakt KSM-66, Überzugsmittel: Hydroxypropylmethylcellulose, Milchsäurebakterien (Lactobacillus plantarum DR7, Lactobacillus plantarum CECT 7485, Lactobacillus brevis CECT 7480), Gamma-Aminobuttersäure, Füllstoff: mikrokristalline Cellulose, Trennmittel: Magnesiumsalze der Speisefettsäuren, Vitamin B6.
SymbioLact® Mentale Balance* ist vegan, glutenfrei und laktosefrei.

Verzehrempfehlung
1x täglich eine Kapsel mit einem Glas Wasser einnehmen.

Wichtige Hinweise

Die angegebene empfohlene tägliche Verzehrmenge darf nicht überschritten werden. Nahrungsergänzungsmittel nicht als Ersatz für eine ausgewogene und abwechslungsreiche Ernährung sowie für eine gesunde Lebensweise verwenden. Nicht empfohlen für schwangere und stillende Frauen sowie Kinder und Jugendliche unter 18 Jahren. Außerhalb der Reichweite von kleinen Kindern aufbewahren.

Aufbewahrung

SymbioLact® Mentale Balance* in der Originalverpackung bei unter 25°C lagern, vor Feuchtigkeit und direktem Licht schützen.

Packungsgrößen und Preise (UVP)

30 Kapseln (PZN 19167903) ..... Euro 39,95

SymbioPharm GmbH

SymbioLact® Pro Schlaf*

Kapseln

Nahrungsergänzungsmittel mit Melatonin und Vitamin B6.

*** Melatonin trägt dazu bei, die Einschlafzeit zu verkürzen.**

Beschreibung

SymbioLact® Pro Schlaf* ist eine Kombination aus dem ausgewählten Stamm Lactobacillus plantarum DR7 und 1 Milligramm (mg) Melatonin, das dem besseren Einschlafen dient*. Unsere innere Uhr ist für den sogenannten zirkadianen Rhythmus verantwortlich, einen natürlichen – etwa 24 Stunden langen – Zeitraum, dem unsere körpereigenen Prozesse unterliegen. Melatonin ist ein Hormon, das den Schlaf-Wach-Zyklus reguliert und trägt daher dazu bei, die Einschlafzeit zu verkürzen. Vitamin B6 trägt zu einer normalen Funktion des Nervensystems und zur normalen psychischen Funktion bei. Lactobacillus plantarum DR7, der zur Gruppe der Milchsäurebakterien gehört, verringert studienbelegt Stress- und Angstsymptomen.

Zusammensetzung

Füllstoff: mikrokristalline Cellulose (MCC112), Überzugsmittel: Hypromellose, Lactobacillus plantarum DR7, Trennmittel: Magnesiumsalze der Speisefettsäuren, Vitamin B6 (Pyridoxin), Melatonin.

SymbioLact® Pro Schlaf* ist frei von Gluten und Laktose.

Verzehrempfehlung

1x täglich eine Kapsel kurz vor dem Schlafengehen mit ausreichend Flüssigkeit einnehmen.

Wichtige Hinweise

Nahrungsergänzungsmittel sollten nicht als Ersatz für eine ausgewogene und abwechslungsreiche Ernährung sowie für eine gesunde Lebensweise verwendet werden. Die angegebene empfohlene tägliche Verzehrmenge darf nicht überschritten werden. Nicht vor der Teilnahme am Straßenverkehr, dem Bedienen von Maschinen oder zusammen mit Alkohol einnehmen. Ab 18 Jahren empfohlen. Schwangere, Stillende und Personen die Medikamente einnehmen, sollten mit ihrem Arzt Rücksprache halten, bevor sie SymbioLact® Pro Schlaf* länger einnehmen. Außerhalb der Reichweite von kleinen Kindern aufbewahren.

Aufbewahrung

SymbioLact ® Pro Schlaf* sollte trocken, lichtgeschützt und bei Raumtemperatur gelagert werden.

Packungsgrößen und Preise (UVP)

30 Kapseln (PZN 18200892) ..... Euro 29,90

INJEKTIONEN
(Umwelt- und Schwermetallbelastung)

Pflüger

Derivatio H Inj.

Ampullen

Zusammensetzung

1 Ampulle zu 5 ml enthält:

Wirkstoffe
Anagallis arvensis Dil. D 4 0,13 ml, Argentum metallicum Dil. D 30 0,13 ml, Arnica montana Dil. D 15 0,13 ml, Aurum metallicum Dil. D 15 0,13 ml, Bryonia Dil. D 4 0,13 ml, Carbo vegetabilis Dil. D 30 0,13 ml, Chelidonium majus Dil. D 6 0,13 ml, Colocynthis (HAB 34) Dil. D 5 [(HAB, V. 4a mit Ethanol 86 % (m/m)] 0,13 ml, Cytisus scoparius Dil. D 6 0,13 ml, Digitalis purpurea Dil. D 5 0,13 ml, Natrium chloratum Dil. D 20,13 ml, Selenicereus grandiflorus Dil. D 4 0,13 ml, Silybum marianum Dil. D 3 0,13 ml, Smilax Dil. D 6 0,13 ml, Stannum metallicum Dil. D 8 0,13 ml, Strophanthus gratus Dil. D 6 0,13 ml, Taraxacum officinale Dil. D 5 0,13 ml, Veronica virginica Dil. D 4 0,13 ml, Viscum album Dil. D 4 0,13 ml

Sonstige Bestandteile
Natriumchlorid, Wasser für Injektionszwecke.

Anwendungsgebiete
Registriertes homöopathisches Arzneimittel, daher ohne Angabe einer therapeutische Indikation.

Bei Fortdauern der Krankheitssymptome während der Anwendung soll medizinischer Rat eingeholt werden.

Gegenanzeigen
Derivatio HInj. ist bei bekannter Überempfindlichkeit gegen „Silybum maranum" (Mariendistel), Taraxacum officinale (Löwenzahn) oder andere Korbblütler nicht anzuwenden.

Nebenwirkungen
Bei intravenöser Verabreichung können Überempfindlichkeitsreaktionen und plötzlicher Blutdruckabfall auftreten.

Hinweis: Bei der Einnahme eines homöopathischen Arzneimittels können sich die vorhandenen Beschwerden vorübergehend verschlimmern (Erstverschlimmerung). In diesem Fall sollten Sie das Arzneimittel absetzen und Ihren Arzt befragen.

Wenn Sie Nebenwirkungen beobachten, die nicht in der Packungsbeilage aufgeführt sind, teilen Sie dies bitte Ihrem Arzt oder Apotheker mit.

Wechselwirkungen
Keine bekannt. Die Wirkung eines homöopathischen Arzneimittels kann durch allgemein schädigende Faktoren in der Lebensweise und durch Reiz- und Genussmittel ungünstig beeinflusst werden.

Falls Sie sonstige Medikamente einnehmen, fragen Sie Ihren Arzt.

Vorsichtsmaßnahmen
Zur Anwendung dieses Arzneimittels als Injektion bei Kindern liegen keine ausreichend dokumentierten Erfahrungen vor. Es soll deshalb bei Kindern unter 12 Jahren nicht angewendet werden. Da keine ausreichend dokumentierten Erfahrungen zur Anwendung in Schwangerschaft und Stillzeit vorliegen, sollte das Arzneimittel nur nach Rücksprache mit dem Arzt angewendet werden.

Dosierung
Soweit nicht anders verordnet: Die Anwendung erfordert eine individuelle Dosierung durch einen homöopathisch erfahrenen Therapeuten. Im Rahmen der Selbstmedikation sollte daher nur parenteral einmal 5 ml i.v., i.m. oder s.c.injiziert werden. Zur Fortsetzung der Therapie wird empfohlen, sich an einen homöopathisch erfahrenen Therapeuten zu wenden.

Packungsgrößen und Preise
5ml 10 Amp. (PZN 04886733) .. Euro 29,10
5ml 50 Amp. (PZN 04886756) .. Euro 104,95

INTERNA

Protina Pharmazeutische GmbH

Basica Compact®

Tabletten

Basische Tabletten. Nahrungsergänzungsmittel mit basischen Mineralstoffen und Spurenelementen.

siehe Nährstoffmangel

Protina Pharmazeutische GmbH

Basica Direkt®

Granulat

Basische Mikroperlen. Nahrungsergänzungsmittel mit basischen Mineralstoffen und Spurenelementen.

siehe Nährstoffmangel

Protina Pharmazeutische GmbH

Basica Instant®

Pulver

Basisches Trinkpulver. Nahrungsergänzungsmittel mit basischen Mineralstoffen und Spurenelementen.

siehe Nährstoffmangel

Protina Pharmazeutische GmbH

Basica Vital®

Granulat

Basisches Granulat. Nahrungsergänzungsmittel mit basischen Mineralstoffen und Spurenelementen.

siehe Nährstoffmangel

Protina Pharmazeutische GmbH

Basica® Pur

Pulver

Reines Basenpulver. Nahrungsergänzungsmittel mit basischen Mineralstoffen und Spurenelementen.

siehe Nährstoffmangel

NutraMedix Deutschland

Binder Plus NutraMedix Kapseln

siehe Magen-Darm-Beschwerden

NutraMedix Deutschland

Burbur-Pinella NutraMedix Tropfen

Zusammensetzung

Mischung aus Manayupa Blatt-Extrakt und Anis-Stengel-Extrakt.
Mineralwasser, Ethanol (20 – 24 %).

Anwendungsgebiete

Allg. Ausleitung und Entgiftung von Leber, Lymphe, Niere, Matrix, Nervensystem.

Wirkstoffeigenschaften

Ausleitend/entgiftend, hepatoprotektiv, neuroprotektiv, entzündungshemmend.

Mildert Herxheimerreaktionen ab. Wird daher häufig in Kombination mit Samento, Banderol oder Takuna angewendet.

Gegenanzeigen

Schwangerschaft und Stillzeit

Nebenwirkungen

Keine bekannt.

Dosierung und Art der Anwendung

2 – 6x täglich 20 Tropfen in Wasser.

Kinder: 2 – 6x täglich 1/3 Tropfen pro kg KG.

Packungsgrößen und Preise

60 ml (PZN 18039988) .... Euro 40,00

Bezug und weitere Informationen

NutraMedix Deutschland GmbH
www.nutramedix.de

Wellnest Pflanzenkraft

Bärlauch Bio Konzentrat

Tropfen

Zusammensetzung

Kräuterbitter-Konzentrat aus Auszügen von Bärlauchblättern (kbA), Bio-Alkohol 32 % Vol.

Anwendungsgebiete

Der Bärlauch ist ein naher Verwandter des Knoblauchs und aufgrund seiner verdauungsharmonisierenden und kräftigenden Eigen-

schaften seit Jahrtausenden eine geschätzte Heilpflanze. In dieser Tradition empfiehlt sich Bärlauch Bio Konzentrat bei Appetitlosigkeit, Verdauungsbeschwerden (vor allem Blähungen) und Völlegefühlen. Da Bärlauch die Gefäße glatt und geschmeidig hält, eignet sich das Kräuterbitter-Konzentrat zur Herz-Kreislauf-Prophylaxe. Nach Antibiotika-Einnahmen und Parasitenbefall unterstützt es die Darmsanierung. Im Rahmen naturheilkundlicher Schadstoffausleitungen (Chlorella-, Quecksilber-, Schwermetallausleitung) fördert Bärlauch Bio Konzentrat die Entgiftung.

Eigenschaften
Bärlauch besitzt mit bis zu 7,8 mg Schwefel pro 100 g Trockensubstanz eine außergewöhnlich hohe Konzentration an Schwefelverbindungen (Knoblauch: 1,7 mg). Die schwefelhaltigen Substanzen haben eine anregende, reinigende und entgiftende Wirkung: Der Körper verwendet Schwefel zur Produktion von Glutathion, das Schadstoffe in einen wasserlöslichen Zustand umwandelt und so deren Ausscheidung fördert. Daher spielt Bärlauch eine zentrale Rolle bei der Ausleitung von Schadstoffen.

Dosierung
Täglich 2x 10 Tropfen mit ausreichend Flüssigkeit. Bei der Ausleitung von Schadstoffen gemäß Therapieplan.

Nebenwirkungen
Keine bekannt.

Wechselwirkungen
Keine bekannt.

Warnhinweise
Enthält Alkohol (32 % Vol.).

Vorsichtsmaßnahmen
Bei der Ausleitung von Schadstoffen nur zusammen mit Chlorella-Algen und Koriander Bio Frischpflanzen Konzentrat verzehren.

Ggf. Besonderheiten bei Kindern, Schwangeren, Stillenden
In der Schwangerschaft und Stillzeit nicht einnehmen.

Sonstige Hinweise
Außerhalb der Reichweite von Kindern sowie trocken, licht- und wärmegeschützt lagern.

Weiterführende Informationen
Bärlauch Bio Konzentrat wird schonend nach überlieferter Handwerkstradition von einer heimischen Manufaktur in einem zweimonatigen Kaltauszug bei Raumtemperatur hergestellt. Verwendung finden Bärlauchblätter (kbA), energetisiertes Wasser und Bio-Alkohol. Das Kräuterbitter-Konzentrat bildet das pflanzliche Wirkstoff-Spektrum in konzentrierter Form vollständig ab und enthält somit ein Höchstmaß sekundärer Pflanzenstoffe und ätherischer Öle. Gelöst werden sie vom Körper unmittelbar verwertet.

Packungsgrößen und Preise
50 ml (PZN 8458572) .... Euro 19,90
Stand: 01.11.2020

NutraMedix Deutschland

Dandilion NutraMedix Tropfen

Zusammensetzung
Löwenzahn-Blattextrakt, Mineralwasser, Ethanol (20 – 24 %).

Anwendungsgebiete
Allg. Ausleitung und Entgiftung von Leber, Lymphe, Niere, Matrix.

Wirkstoffeigenschaften
Ausleitend/entgiftend, hepatoprotektiv, antimikrobiell, entzündungshemmend.

Mildert Herxheimerreaktionen ab. Wird daher häufig in Kombination mit Samento, Banderol oder Takuna angewendet.

Gegenanzeigen
Schwangerschaft und Stillzeit.

Nebenwirkungen
Keine bekannt.

Dosierung und Art der Anwendung
2 – 6x täglich 20 – 40 Tropfen in Wasser. Kinder: 2 – 6 x täglich 1/2 Tropfen pro kg KG.

Packungsgrößen und Preise
60 ml (PZN 18447776) .... Euro 24,00

Bezug und weitere Informationen
NutraMedix Deutschland GmbH
www.nutramedix.de

Pflüger

Derivatio Tabletten

Zusammensetzung
1 Tablette enthält: Anagallis arvensis Trit. D4 15,0 mg, Argentum metallicum Trit. D30 12,5 mg, Arnica montana Trit. D15 12,5 mg, Aurum metallicum Trit. D15 12,5 mg, Bryonia Trit. D4 15,0 mg, Carbo vegetabilis Trit. D30 12,5 mg, Chelidonium majus Trit. D6 15,0 mg, Citrullus colocynthis Trit. D5 15,0 mg, Cytisus scoparius Trit. D6 12,5 mg, Digitalis purpurea Trit. D5 12,5 mg, Selenicereus grandiflorus Trit. D4 15,0 mg, Silybum marianum Trit. D3 15,0 mg, Smilax Trit. D6 15,0 mg, Stannum metallicumTrit. D8 15,0 mg, Strophanthus gratus Trit. D6 12,5 mg, Taraxacum officinale Trit. D6 15,0 mg, Veronica virginica Trit. D4 15,0 mg, Viscum album Trit. D4 12,5 mg.

Registriertes homöopathisches Arzneimittel, daher ohne Angabe einer therapeutischen Indikation. Bei Fortdauern der Krankheitssymptome während der Anwendung soll medizinischer Rat eingeholt werden.

Warnhinweise
Da keine ausreichend dokumentierten Erfahrungen vorliegen, sollte das Arzneimittel in Schwangerschaft und Stillzeit nur nach Rücksprache mit dem Arzt angewendet werden. Zur Anwendung bei Kindern liegen keine ausreichend dokumentierten Erfahrungen vor. Es sollte deshalb bei Kindern unter 12 Jahren nicht angewendet werden.

Dervatio Tabletten dürfen nicht eingenommen werden bei bekannter Überempfindlichkeit gegen Anagallis arvensis, Silybum marianum und andere Korbblütler oder einen anderen Bestandteil.

Nebenwirkungen
Bisher sind keine Nebenwirkungen bekannt. Hinweis: Bei der Einnahme eines homöopathischen Arzneimittels können sich die vorhandenen Beschwerden vorübergehend verschlimmern (Erstverschlimmerung). In diesem Fall sollten Sie das Arzneimittelabsetzen und Ihren Arzt befragen. Wenn Sie Nebenwirkungen beobachten, informieren Sie bitte Ihren Arzt oder Apotheker.

Wechselwirkungen
Nicht bekannt. Allgemeiner Hinweis: Die Wirkung eines homöopathischen Arzneimittels kann durch allgemein schädigende Faktoren in der Lebensweise und durch Reiz- und Genussmittel ungünstig beeinflusst werden. Falls Sie sonstige Arzneimittel einnehmen, fragen Sie bitte Ihren Verordner.

Dosierung
Zur Dosierung, Dauer und Art der Anwendung befragen Sie Ihren homöopathisch erfahrenen Therapeuten. Die Einzelgabe eines homöopathischen Arzneimittels sollte möglichst klein sein. Nach jeder Gabe ist die Wirkung abzuwarten. Erstverschlimmerung und Arzneimittelprüfsymptomatik sind zu berücksichtigen.

Packungsgrößen und Preise
100 Tabletten (PZN 02782219) ... Euro 20,15
200 Tabletten (PZN 02782283) ... Euro 31,45

Apothekenpflichtig.

Wellnest Pflanzenkraft

Koriander Bio Frischpflanzen Konzentrat

Tropfen

Zusammensetzung

Kräuterbitter-Konzentrat aus Auszügen von frischem Korianderkraut (kbA) und Bio-Alkohol 32 % Vol.

Anwendungsgebiete

Der Koriander wird seit 5000 v. Chr. als Gewürz- und Heilpflanze verwendet. Er hat eine blähungstreibende, krampflösende, magensaftanregende und verdauungsfördernde Wirkung. Koriander Bio Frischpflanzen Konzentrat empfiehlt sich entsprechend bei Völlegefühlen und Magen-Darm-Beschwerden wie Blähungen, Durchfall und Verstopfung. Auch bei Appetitlosigkeit, Magenschmerzen und Reizmagen kommt das Kräuterbitter-Konzentrat zur Geltung. Im Rahmen naturheilkundlicher Schadstoffausleitungen (Chlorella-, Quecksilber-, Schwermetallausleitung) fördert das Kräuterbitter-Konzentrat die Entgiftung. Naturheilkundler schätzen darüber hinaus die ätherische Koriandertinktur als keimtötendes Mittel bei bakteriellen Infektionen.

Eigenschaften

Bei Umwelt- und Schwermetallbelastungen leistet Koriander Bio Frischpflanzen Konzentrat wertvolle Dienste. Wie kein anderer Naturwirkstoff unterstützen Auszüge frischen Korianderkrauts die Mobilisierung von Quecksilber aus dem intrazellulären Raum: Zuerst schleust Koriander das Quecksilber aus den Nervenzellen, dann folgen die anderen Schadstoffe. Im Anschluss setzen in der Zelle Heilprozesse ein, die zur Reparatur des zerstörten zellulären Transportsystems beitragen.

Dosierung

Täglich 2x 10 Tropfen mit ausreichend Flüssigkeit. Bei der Ausleitung von Schadstoffen gemäß Therapieplan.

Nebenwirkungen

Keine bekannt.

Wechselwirkungen

Keine bekannt.

Warnhinweise

Enthält Alkohol (32 Vol. %).

Vorsichtsmaßnahmen

Bei der Ausleitung von Schadstoffen das Koriander Bio Frischpflanzen Konzentrat nur zusammen mit Chlorella-Algen und Bärlauch Bio Konzentrat verzehren.

Ggf. Besonderheiten bei Kindern, Schwangeren, Stillenden

In der Schwangerschaft und Stillzeit nicht einnehmen.

Sonstige Hinweise

Außerhalb der Reichweite von Kindern sowie trocken, licht- und wärmegeschützt lagern.

Weiterführende Informationen

Koriander Bio Frischpflanzen Konzentrat wird schonend nach überlieferter Handwerkstradition von einer heimischen Manufaktur in einem zweimonatigen Kaltauszug bei Raumtemperatur hergestellt. Verwendung finden frisch geerntetes Korianderkraut (kbA), energetisiertes Wasser und Bio-Alkohol. Das Kräuterbitter-Konzentrat bildet das pflanzliche Wirkstoff-Spektrum in konzentrierter Form vollständig ab und enthält somit ein Höchstmaß sekundärer Pflanzenstoffe und ätherischer Öle. Gelöst werden sie vom Körper unmittelbar verwertet.

Packungsgrößen und Preise

50 ml (PZN 8458589) .... Euro 19,90

Stand: 01.11.2020

meta Fackler

metabiarex® N

Mischung

Zusammensetzung

10 g enthalten: Acidum formicicum Dil. D2 0,5 g, Echinacea purpurea Dil. D6 0,5 g, Medorrhinum Nosode Dil. D30 0,1 g, Pyrogeniumno-

sode Dil. D15 0,2 g, Sulfur Dil. D200 0,1 g, Tabacum Dil. D6 0,2 g, Tuberculinum pristinum Nosode Dil. D30 0,1 g, Vaccininum Nosode Dil. D30 0,1 g, Vincetoxicum Dil. D3 0,5 g. Sonst. Bestandt.: Ethanol, Ger. Wasser. Enth. 14 Vol.-% Alkohol.

Anwendungsgebiete
Registriertes homöopathisches Arzneimittel, daher ohne Angabe einer therapeutischen Indikation.

Dosierung
Individuelle Dosierung durch homöopathisch erfahrenen Therapeuten.

Gegenanzeigen
Allergie gg. Ameisensäure, Korbblütler oder Inhaltsstoffe.

Vorsichtsmaßnahmen
Kinder unter 12 Jahren (keine Erfahrungen/soll nicht angewendet werden), Schwangerschaft und Stillzeit, Patienten mit atopischen Erkrankungen (Rücksprache).

Nebenwirkungen
Acidum formicicum (Ameisensäure) und Echinacea: allergische Reaktionen möglich.

Packungsgrößen und Preise
50 ml .... Euro 20,74
100 ml .... Euro 35,90

Apothekenpflichtig.

H2Ovital e.K.

PIRIN – Hochgebirgsquellwasser

PIRIN – Naturreines Trinkwasser entspringt in 1.470 m als Hochgebirgsquellwasser. Ist naturbelassen und nicht behandelt, mineral- und salzarm, basisch, frei von Kohlensäure, nicht ozoniert. Keine Einflüsse aus Landwirtschaft oder Ballungsräumen. Auch für Säuglinge – ohne abzukochen – geeignet. Rückstandskontrolliert auf Schwermetalle, pathogene Keime und Noroviren. Erfüllt die strenge EU Trinkwasserverordnung.

Zusammensetzung
Mineralisation 67 mg/l; pH 7,6
Nitrat <0,9 mg/l; Arsen n.n., Uran n.n.
Leitfähigkeit 70 µS; Widerstand 14.285 Ohm

Analysewerte aus 2018 unter:
www.quellwasserkampagne.de/analyse-pirin/

Anwendungsgebiete
Reines Quellwasser ist als Grundlage bei jeder Therapie geeignet. Besonders bei Regulationstherapien und Ausleitungen.

Bezug
Im Naturkosthandel u.a. bei ALNATURA oder klimafreundliche Anlieferung im BestellShop

NutraMedix Deutschland

Sealantro NutraMedix Tropfen

Zusammensetzung
Chlorella-, Rotalgen, Koriander-Blattextrakt, Mineralwasser, Ethanol (20 – 24%).

Anwendungsgebiete
Schwermetallausleitung.

Wirkstoffeigenschaften
Schwermetalle ausleitend, entzündungshemmend, analgetisch.

Gegenanzeigen
Schwangerschaft und Stillzeit.

Nebenwirkungen
Keine bekannt.

Dosierung und Art der Anwendung
1x täglich 20 Tropfen in Wasser, vor dem Schlafen.

Packungsgrößen und Preise
30 ml (PZN 18040299) .... Euro 40,00

Bezug und weitere Informationen
NutraMedix Deutschland GmbH
www.nutramedix.de

INJEKTIONEN
(Urogenitalerkrankungen)

Sanum-Kehlbeck

Nigersan® D5/D6/D7
Injektionslösung

Wirkstoff: Aspergillus niger e volumine mycelii (lyophil., steril.) Dil. D5/D6/D7 aquos.

Zusammensetzung
1 ml flüssige Verdünnung zur Injektion enthält: Wirkstoff: 1 ml Aspergillus niger e volumine mycelii (lyophil., steril.) Dil. D5 (bzw. Aspergillus niger e volumine mycelii (lyophil., steril.) Dil. D6 bzw. Aspergillus niger e volumine mycelii (lyophil., steril.) Dil. D7) aquos. (HAB, V. 5b).

Anwendungsgebiete
Erfahrungsgemäß unterstützend angewendet bei:

- Erkrankungen des Urogenitaltraktes wie Myome, Zysten, Ovarialzysten, Prostataadenome
- Arthrose, degenerativen bzw. entzündlichen Erkrankungen wie Mb. Scheuermann, Mb. Perthes, Mb. Bechterew, Osteochondrose
- Erkrankungen des Respirationstraktes
- Lymphatismus
- Strumaerkrankungen, Adipositas.

Eigenschaften
Nigersan® wird gewonnen aus dem Schimmelpilz Aspergillus niger. Es ist ein SANUM-Präparat zur Behandlung der tuberkulinen Konstitution und deren Folgekrankheiten.

Nebenwirkungen
Aufgrund des Gehaltes von Nigersan® D5/D6/D7 an spezifischen organischen Bestandteilen können Überempfindlichkeitsreaktionen, hauptsächlich in Form von Hautreaktionen, auftreten und eine Allergie gegen den Bestandteil Aspergillus niger ausgelöst werden. Das Arzneimittel ist dann abzusetzen und ein Arzt aufzusuchen.

Gegenanzeigen
Nicht anwenden bei:

- bekannter Überempfindlichkeit gegenüber Schimmelpilzen (Aspergillus niger)
- Autoimmunerkrankungen
- Kindern unter 12 Jahren
- Schwangerschaft und Stillzeit.

Vorsichtsmaßnahmen
Keine bekannt.

Warnhinweise
Keine bekannt.

Wechselwirkungen
Immunsuppressiv wirkende Arzneimittel können die Wirksamkeit von Nigersan® D5/D6/D7 beeinträchtigen. Vor und nach der Behandlung mit oral verabreichten Lebendimpfstoffen ist ein Abstand von 4 Wochen einzuhalten.

Dosierung
2-mal wöchentlich 1 ml entweder intracutan, subcutan oder intramuskulär injizieren. Nach längstens 4 Wochen Therapiedauer sollte Nigersan® D5/D6/D7 abgesetzt werden.

Vor Anwendung beachten: Nigersan® D5/D6/D7 enthält Natrium, aber weniger als 1 mmol (23 mg) Natrium pro 1 ml, d.h., es ist nahezu „natriumfrei“.

Packungsgrößen und Preise

D5			
1 Amp. à 1 ml	(PZN 03206831)	Euro	7,72
10 Amp. à 1 ml	(PZN 03206848)	Euro	53,97
50 Amp. à 1 ml	(PZN 03206854)	Euro	230,16
D6			
1 Amp. à 1 ml	(PZN 03206802)	Euro	7,00
10 Amp. à 1 ml	(PZN 03206819)	Euro	47,62
50 Amp. à 1 ml	(PZN 03206825)	Euro	196,86
D7			
1 Amp. à 1 ml	(PZN 03206771)	Euro	5,91
10 Amp. à 1 ml	(PZN 03206788)	Euro	38,37
50 Amp. à 1 ml	(PZN 03206794)	Euro	158,35

Apothekenpflichtig.

INTERNA

Wellnest Pflanzenkraft

Goldrute Bio Konzentrat

Tropfen

Zusammensetzung
Kräuterbitter-Konzentrat aus Auszügen der Goldrute (kbA), Bio-Alkohol 32 % Vol.

Anwendungsgebiete
Als Heilpflanze hat die Goldrute eine lange Tradition: Seit dem 13. Jahrhundert wird der Korbblütler mit seinen antibakteriellen, harntreibenden, entwässernden und entgiftenden Eigenschaften bei Erkrankungen der Nieren, Blase und ableitenden Harnwege geschätzt. Goldrute Bio Konzentrat empfiehlt sich demgemäß bei Blasenentzündungen, Blasensteinen, Harnwegsinfekten, Nierenentzündungen und Nierengrieß.

Eigenschaften
Gesundheitlich wirksam sind vor allem ätherische Öle und sekundäre Pflanzenstoffe. Identifiziert wurden bereits Diterpene, Flavonoide, Glykoside, Phenolsäuren, Polysaccharide, Saponine und Tannine.

Dosierung
Täglich 15 Tropfen mit ausreichend Flüssigkeit.

Nebenwirkungen
Keine bekannt.

Wechselwirkungen
Keine bekannt.

Warnhinweise
Enthält Alkohol (32 % Vol.).

Ggf. Besonderheiten bei Kindern, Schwangeren, Stillenden
In der Schwangerschaft und Stillzeit nur in Rücksprache mit dem Arzt einnehmen.

Sonstige Hinweise
Außerhalb der Reichweite von Kindern sowie trocken, licht- und wärmegeschützt lagern.

Weiterführende Informationen
Goldrute Bio Konzentrat wird schonend nach überlieferter Handwerkstradition von einer heimischen Manufaktur in einem zweimonatigen Kaltauszug bei Raumtemperatur hergestellt. Verwendung finden Bestandteile der Goldrute (kbA), energetisiertes Wasser und Bio-Alkohol. Das Kräuterbitter-Konzentrat bildet das pflanzliche Wirkstoff-Spektrum in konzentrierter Form vollständig ab und enthält somit ein Höchstmaß sekundärer Pflanzenstoffe und ätherischer Öle. Gelöst werden sie vom Körper unmittelbar verwertet.

Packungsgrößen und Preise
50 ml (PZN 16686488) .... Euro 24,90

Stand: 01.11.2020

meta Fackler

metasolitharis

Mischung

Zusammensetzung
10 g enthalten: Anguilla anguilla e sero rec. Dil. D6 1,5 g, Lespedeza capitata ex herba rec. Dil. D4 0,5 g, Lytta vesicatoria Dil. D6 0,5 g, Ononis spinosa Dil. D4 0,5 g, Solidago virgaurea Dil. D4 0,5 g. Sonst. Bestandt.: Ethanol, Ger. Wasser. Enth. 22,8 Vol.-% Alkohol.

Anwendungsgebiete
Registriertes homöopathisches Arzneimittel, daher ohne Angabe einer therapeutischen Indikation.

Dosierung
Registrierung ohne Angabe einer Dosierung. Aus Gründen der Arzneimittelsicherheit darf eine Tagesdosis von 30 Tropfen bei Kindern im 1. LJ. nicht überschritten werden.

Gegenanzeigen
Allergie gg. tierisches Eiweiß, Korbblütler (Solidago virgaurea) od. Inhaltsstoffe.

Vorsichtsmaßnahmen
Kinder und Jugendl. unter 18 Jahren sowie Schwangerschaft und Stillzeit (Rücksprache).

Nebenwirkungen
Bei Allergie gg. Korbblütler (Solidago virgaurea) können z. B. Juckreiz, Hautausschlag, Schwellung der Schleimhäute im Mund- und Rachenraum oder Magen-Darm-Beschwerden auftreten.

Packungsgrößen und Preise

50 ml	Euro 13,30
100 ml	Euro 22,96

Apothekenpflichtig.

Wellnest Pflanzenkraft

Nieren-Kraft Konzentrat nach Hulda Clark

Tropfen

Zusammensetzung
Kräuterbitter-Konzentrat aus Auszügen von Bärentraube, Eibisch, Hortensienwurzel, Wasserdost, Ingwer, Alkohol 24 % Vol.

Anwendungsgebiete
Nieren-Kraft Konzentrat nach Hulda Clark basiert auf Dr. Clarks bekannter Nierenreinigung. Bei dieser kommen insgesamt sechs Heilpflanzen zum Einsatz:

Die fünf „Nierenkräuter" Bärentraube, Eibisch, Hortensienwurzel, Wasserdost und Ingwer sowie das „Blasenkraut" Goldrute. Deren überlieferte Nutzung bedingt aufwändige Tee- und Wurzelsudkuren, die sich nur schwer in den Alltag integrieren lassen. Vereinfachung bietet das Nieren-Kraft Konzentrat nach Hulda Clark. Es vereint Bärentraube, Eibisch, Hortensienwurzel, Wasserdost und Ingwer zu einem verzehrfertigen Kräuterbitter- Konzentrat, in dem alle Pflanzenwirkstoffe gelöst vorliegen. Nieren-Kraft Konzentrat nach Hulda Clark kann solo oder mit Bio Goldrute Konzentrat verzehrt werden – prophylaktisch im Rahmen einer Nierenkur oder therapeutisch bei Harnwegsinfekten, Blasenentzündungen, Blasensteinen, Nierengries, Nierensteinen und Nierenentzündungen. Die Anwendung ist sehr bekömmlich, auch bei akuten Blasen- und Nierenbeschwerden.

Eigenschaften
Die Heilpflanzen Bärentraube, Eibisch, Hortensienwurzel, Wasserdost und Ingwer zeichnen sich durch eine große Wirkungsbandbreite aus. Zur Kräftigung der Nieren und Beruhigung des Harntrakts kommen in Nieren-Kraft Konzentrat nach Hulda Clark deren antibakteriellen, ausleitenden, desinfizierenden, entzündungshemmenden, harntreibenden und immunstärkenden Eigenschaften zur Geltung.

Dosierung
Täglich 2x 10 Tropfen mit ausreichend Flüssigkeit.

Nebenwirkungen
Keine bekannt.

Wechselwirkungen
Nieren-Kraft Konzentrat nach Hulda Clark entfaltet in Kombination mit Bio Goldrute Konzentrat seine optimale Wirkung.

Warnhinweise
Enthält Alkohol (24 % Vol.).

Ggf. Besonderheiten bei Kindern, Schwangeren, Stillenden
In der Schwangerschaft und Stillzeit nur in Rücksprache mit dem Arzt einnehmen.

Sonstige Hinweise
Außerhalb der Reichweite von Kindern sowie trocken, licht- und wärmegeschützt lagern.

Weiterführende Informationen
Wellnest Nieren-Kraft Konzentrat nach Hulda Clark wird schonend nach überlieferter Handwerkstradition von einer heimischen Manufaktur in einem zweimonatigen Kaltauszug bei Raumtemperatur hergestellt. Für die Extraktion der wertvollen Pflanzenstoffe verwenden wir ausschließlich Bio-Alkohol und mit Aktivkohle gereinigtes und energetisiertes Wasser.
Die Ur-Tinktur bildet das pflanzliche Wirkstoff-Spektrum in konzentrierter Form vollständig ab und enthält somit ein Höchstmaß sekundärer Pflanzenstoffe und ätherischer Öle. Gelöst werden sie vom Körper unmittelbar verwertet.

Packungsgrößen und Preise
100 ml (PZN 8458715) .... Euro 31,50

Stand: 01.11.2020

Sanum-Kehlbeck

Nigersan® D3

Zäpfchen

Wirkstoff: Aspergillus niger e volumine mycelii (lyophil., steril.) Trit. D3

Zusammensetzung
1 Zäpfchen enthält: Wirkstoff: 0,2 g Aspergillus niger e volumine mycelii (lyophil., steril.) Trit. D3 nach Vorschrift 6 HAB.

Sonstiger Bestandteil: Hartfett.

Anwendungsgebiete
Erfahrungsgemäß unterstützend angewendet bei:

- Erkrankungen des Urogenitaltraktes, wie Myome, Zysten, Ovarialzysten, Prostataadenome
- Arthrose, degenerativen bzw. entzündlichen Erkrankungen wie Mb. Scheuermann, Mb. Perthes, Mb. Bechterew, Osteochondrose
- Erkrankungen des Respirationstraktes
- Lymphatismus
- Strumaerkrankungen, Adipositas.

Eigenschaften
Nigersan® wird gewonnen aus dem Schimmelpilz Aspergillus niger. Es ist ein SANUM-Präparat zur Behandlung der tuberkulinen Konstitution und deren Folgekrankheiten.

Nebenwirkungen
Aufgrund des Gehaltes von Nigersan® D3 an spezifischen organischen Bestandteilen können Überempfindlichkeitsreaktionen, hauptsächlich in Form von Hautreaktionen, auftreten und eine Allergie gegen den Bestandteil Aspergillus niger ausgelöst werden. Das Arzneimittel ist dann abzusetzen und ein Arzt aufzusuchen.

Gegenanzeigen
Nicht anwenden bei bekannter Überempfindlichkeit gegenüber Schimmelpilzen (Aspergillus niger), Autoimmunerkrankungen, bei Kindern unter 12 Jahren, Schwangerschaft und Stillzeit.

Vorsichtsmaßnahmen
Keine bekannt.

Warnhinweise
Keine bekannt.

Wechselwirkungen
Immunsuppressiv wirkende Arzneimittel können die Wirksamkeit von Nigersan® D3 beeinträchtigen.

Vor und nach der Behandlung mit oral verabreichten Lebendimpfstoffen ist ein Abstand von 4 Wochen einzuhalten.

Dosierung
Erwachsene und Jugendliche ab 12 Jahren führen 1-mal täglich 1 Zäpfchen vor dem Schlafengehen in den After ein. Nach längstens 4 Wochen Therapiedauer sollte Nigersan® D3 abgesetzt werden.

Sonstige Hinweise
Enthält Lactose.

Packungsgrößen und Preise

10 Zäpfchen	(PZN 03206914)	Euro 17,58
10-mal 10 Zäpfchen	(PZN 03206920)	Euro 144,97

Apothekenpflichtig.

Sanum-Kehlbeck

Nigersan® D4

Hartkapseln

Wirkstoff: Aspergillus niger e volumine mycelii (lyophil., steril.) Trit. D4

Zusammensetzung

1 Hartkapsel enthält: Wirkstoff: 330 mg Aspergillus niger e volumine mycelii (lyophil., steril.) Trit. D4 nach Vorschrift 6 HAB.

Hartkapselhülle: Hypromellose (HPMC).

Anwendungsgebiete

Erfahrungsgemäß unterstützend angewendet bei:

- Erkrankungen des Urogenitaltraktes wie Myome, Zysten, Ovarialzysten, Prostataadenome
- Arthrose, degenerativen bzw. entzündlichen Erkrankungen wie Mb. Scheuermann, Mb. Perthes, Mb. Bechterew, Osteochondrose
- Lymphatismus
- Erkrankungen des Respirationstraktes
- Strumaerkrankungen, Adipositas.

Eigenschaften

Nigersan® wird gewonnen aus dem Schimmelpilz Aspergillus niger. Es ist ein SANUM-Präparat zur Behandlung der tuberkulinen Konstitution und deren Folgekrankheiten.

Nebenwirkungen

Aufgrund des Gehaltes von Nigersan® D4 an spezifischen organischen Bestandteilen können Überempfindlichkeitsreaktionen, hauptsächlich in Form von Hautreaktionen, auftreten und eine Allergie gegen den Bestandteil Aspergillus niger ausgelöst werden. Das Arzneimittel ist dann abzusetzen und ein Arzt aufzusuchen.

Gegenanzeigen

Nicht anwenden bei:

- bekannter Überempfindlichkeit gegenüber Schimmelpilzen (Aspergillus niger)
- Autoimmunerkrankungen
- Kindern unter 12 Jahren
- Schwangerschaft und Stillzeit.

Vorsichtsmaßnahmen

Keine bekannt.

Warnhinweise

Keine bekannt.

Wechselwirkungen

Immunsuppressiv wirkende Arzneimittel können die Wirksamkeit von Nigersan® D4 beeinträchtigen. Vor und nach der Behandlung mit oral verabreichten Lebendimpfstoffen ist ein Abstand von 4 Wochen einzuhalten.

Dosierung

Bei akuten Zuständen 1 – 3-mal täglich je 1 Hartkapsel vor den Mahlzeiten mit ausreichend Flüssigkeit einnehmen. Bei chronischen Verlaufsformen 1 – 3-mal täglich je 1 Hartkapsel einnehmen. Nach längstens 4 Wochen Therapiedauer sollte Nigersan® D4 abgesetzt werden.

Sonstige Hinweise

Enthält Lactose. Bitte nehmen Sie Nigersan® D4 daher erst nach Rücksprache mit Ihrem Arzt ein, wenn Ihnen bekannt ist, dass Sie unter einer Unverträglichkeit gegenüber bestimmten Zuckern leiden.

Packungsgrößen und Preise

20 Kapseln	(PZN 04383191)	Euro 32,49
10-mal 20 Kapseln	(PZN 04383216)	Euro 285,36

Apothekenpflichtig.

Sanum-Kehlbeck

Nigersan® D5

Tabletten

Wirkstoff: Aspergillus niger e volumine mycelii (lyophil., steril.) Trit. D5

Zusammensetzung
1 Tablette enthält: Wirkstoff: 250 mg Aspergillus niger e volumine mycelii (lyophil., steril.) Trit. D5 nach Vorschrift 6 HAB. Sonstige Bestandteile: Kartoffelstärke, Magnesiumstearat.

Anwendungsgebiete
Erfahrungsgemäß unterstützend angewendet bei:

- Erkrankungen des Urogenitaltraktes wie Myome, Zysten, Ovarialzysten, Prostataadenome
- Arthrose, degenerativen bzw. entzündlichen Erkrankungen wie Mb. Scheuermann, Mb. Perthes, Mb. Bechterew, Osteochondrose
- Erkrankungen des Respirationstraktes
- Lymphatismus
- Strumaerkrankungen, Adipositas.

Eigenschaften
Nigersan® wird gewonnen aus dem Schimmelpilz Aspergillus niger. Es ist ein SANUM-Präparat zur Behandlung der tuberkulinen Konstitution und deren Folgekrankheiten.

Nebenwirkungen
Aufgrund des Gehaltes von Nigersan® D5 an spezifischen organischen Bestandteilen können Überempfindlichkeitsreaktionen, hauptsächlich in Form von Hautreaktionen, auftreten und eine Allergie gegen den Bestandteil Aspergillus niger ausgelöst werden. Das Arzneimittel ist dann abzusetzen und ein Arzt aufzusuchen.

Gegenanzeigen
Nicht anwenden bei:

- bekannter Überempfindlichkeit gegenüber Schimmelpilzen (Aspergillus niger)
- Autoimmunerkrankungen
- Kindern unter 12 Jahren
- Schwangerschaft und Stillzeit.

Vorsichtsmaßnahmen
Keine bekannt.

Warnhinweise
Keine bekannt.

Sonstige Hinweise
Enthält Lactose. Bitte nehmen Sie Nigersan® D5 daher erst nach Rücksprache mit Ihrem Arzt ein, wenn Ihnen bekannt ist, dass Sie unter einer Unverträglichkeit gegenüber bestimmten Zuckern leiden.

Wechselwirkungen
Immunsuppressiv wirkende Arzneimittel können die Wirksamkeit von Nigersan® D5 beeinträchtigen. Vor und nach der Behandlung mit oral verabreichten Lebendimpfstoffen ist ein Abstand von 4 Wochen einzuhalten.

Dosierung
1 – 3-mal täglich 1 Tablette mit ausreichend Flüssigkeit einnehmen. Nach längstens 4 Wochen Therapiedauer sollte Nigersan® D5 abgesetzt werden.

Packungsgrößen und Preise
20 Tabletten (PZN 04603907)	Euro 15,27
10-mal 20 Tabletten (PZN 04603913)	Euro 126,47

Apothekenpflichtig.

Sanum-Kehlbeck

Nigersan® D5

Tropfen

Wirkstoff: Aspergillus niger e volumine mycelii (lyophil., steril.) Dil. D5

Zusammensetzung
10 ml flüssige Verdünnung enthalten: Wirkstoff: 10 ml Aspergillus niger e volumine mycelii (lyophil., steril.) Dil. D5 (HAB, V. 5a, Lsg. D1 mit gereinigtem Wasser).

Anwendungsgebiete
Erfahrungsgemäß unterstützend angewendet bei:
- Erkrankungen des Urogenitaltraktes wie Myome, Zysten, Ovarialzysten, Prostataadenome
- Arthrose, degenerativen bzw. entzündlichen Erkrankungen wie Mb. Scheuermann, Mb. Perthes, Mb. Bechterew, Osteochondrose
- Erkrankungen des Respirationstraktes
- Lymphatismus
- Strumaerkrankungen, Adipositas
- Verrucae (Warzen).

Eigenschaften
Nigersan® wird gewonnen aus dem Schimmelpilz Aspergillus niger. Es ist ein SANUM-Präparat zur Behandlung der tuberkulinen Konstitution und deren Folgekrankheiten.

Nebenwirkungen
Aufgrund des Gehaltes von Nigersan® D5 an spezifischen organischen Bestandteilen können Überempfindlichkeitsreaktionen, hauptsächlich in Form von Hautreaktionen, auftreten und eine Allergie gegen den Bestandteil Aspergillus niger ausgelöst werden. Das Arzneimittel ist dann abzusetzen und ein Arzt aufzusuchen.

Gegenanzeigen
Nicht anwenden bei:
- bekannter Überempfindlichkeit gegenüber Schimmelpilzen (Aspergillus niger)
- Autoimmunerkrankungen
- Kindern unter 12 Jahren
- Schwangerschaft und Stillzeit.

Vorsichtsmaßnahmen
Keine bekannt.

Warnhinweise
Keine bekannt.

Wechselwirkungen
Immunsuppressiv wirkende Arzneimittel können die Wirksamkeit von Nigersan® D5 beeinträchtigen. Vor und nach der Behandlung mit oral verabreichten Lebendimpfstoffen ist ein Abstand von 4 Wochen einzuhalten.

Dosierung
Zum Einnehmen: 1 – 2-mal täglich 5 Tropfen vor einer Mahlzeit.

Zum Einreiben: 1-mal täglich 5 - 10 Tropfen in die Ellenbeuge einreiben.
Nach längstens 4 Wochen Therapiedauer sollte Nigersan® D5 abgesetzt werden.

Packungsgrößen und Preise

10 ml	(PZN 03206860) ..	Euro 13,82
10-mal 10 ml	(PZN 03206877) ..	Euro 107,05

Apothekenpflichtig.

Sanum-Kehlbeck

Sankombi® D5 Mischung

Tropfen

Wirkstoff: Mucor racemosus e volumine mycelii Dil. D5, Aspergillus niger e volumine mycelii Dil. D5

siehe Homöopathie - Komplexmittel

Sanum-Kehlbeck

Sanucyst® Blasen-Nieren-Tropfen

Mischung

Wirkstoffe: Cantharis D4, Causticum Hahnemanni D4, Dulcamara D3, Petroselinum crispum D3, Populus tremuloides D1, Solidago virgaurea D3

Zusammensetzung
10 ml enthalten: Wirkstoffe: 1 ml Cantharis Dil. D4, 2 ml Causticum Hahnemanni Dil. D4 (HAB, SV 5a mit Ethanol 43 % (m/m)), 1 ml Dulcamara Dil. D3, 1 ml Petroselinum crispum Dil. D3, 2 ml Populus tremuloides Dil. D1, 3 ml Solidago virgaurea Dil. D3

Anwendungsgebiete
Die Anwendungsgebiete leiten sich von den homöopathischen Arzneimittelbildern ab. Dazu gehören: Zur unterstützenden Behandlung bei Entzündungen der Harnorgane.

Eigenschaften
Die in dieser Mischung zusammengeführten Komponenten sind in der Naturheilkunde schon lange als besonders wirksam für die Therapie bei Harnwegsproblemen bekannt. Auch rheumatoide und arthritische Beschwerden tauchen im homöopathischen Arzneimittelbild auf.

Dosierung und Art der Anwendung
Für Erwachsene gilt: Bei akuten Zuständen alle halbe bis ganze Stunde, höchstens 6-mal täglich, je 5 Tropfen einnehmen. Eine über eine Woche hinausgehende Anwendung sollte nur nach Rücksprache mit einem homöopathisch erfahrenen Therapeuten erfolgen.

Bei chronischen Verlaufsformen 1- bis 3-mal täglich je 5 Tropfen einnehmen. Bei Besserung der Beschwerden ist die Häufigkeit der Anwendung zu reduzieren. Die Dosierung für Jugendliche (12 – 18 Jahre) 3 mal täglich 4 Tropfen (Tagesmaximaldosis = 12 Tropfen). Bei Besserung der Beschwerden ist die Häufigkeit der Anwendung zu reduzieren.

Nebenwirkungen
Keine bekannt.

Gegenanzeigen
Sanucyst® Blasen-Nieren-Tropfen dürfen nicht eingenommen werden bei Überempfindlichkeit gegen Salicylate, bekannter Überempfindlichkeit gegen Solidago virgaurea (Goldrute) oder andere Korbblütler. Nicht anwenden bei Kindern unter 12 Jahren.

Ggf. Besonderheiten bei Kindern, Schwangeren, Stillenden
Da keine ausreichend dokumentierten Erfahrungen vorliegen, sollte Sanucyst® in Schwangerschaft und Stillzeit nur nach Rücksprache mit dem Arzt angewendet werden. Zur Anwendung dieses Arzneimittels bei Kindern liegen keine ausreichend dokumentierten Erfahrungen vor.

Vorsichtsmaßnahmen
Die angegebenen Dosierungen dürfen aus Gründen der Arzneimittelsicherheit nicht überschritten werden.

Wechselwirkungen
Keine bekannt.

Warnhinweise
Enthält 61 mg Alkohol (Ethanol) pro 5 Tropfen entsprechend 63 Vol.-%. Die Menge in 5 Tropfen dieses Arzneimittels entspricht weniger als 2 ml Bier oder 1 ml Wein. Die geringe Alkoholmenge in diesem Arzneimittel hat keine wahrnehmbaren Auswirkungen.

Packungsgrößen und Preise

30 ml (PZN 10066069)	Euro 15,11
100 ml (PZN 10066075)	Euro 28,26

Apothekenpflichtig.

SymbioPharm GmbH

Symbiofem® Intim

Pulver

Nahrungsergänzungsmittel mit Biotin für die Vaginal- und Blasenschleimhaut*

***Biotin trägt zur Erhaltung normaler Schleimhäute bei.**

Beschreibung
Symbiofem® Intim kombiniert zwei ausgewählte Stämme Milchsäurebakterien Lactobacillus rhamnosus (GR-1®) und Lactobacillus reuteri (RC-14®) mit D-Mannose und Biotin, das zur Erhaltung normaler Schleimhäute (dazu gehören auch Vaginal- und Blasenschleimhaut) beiträgt. Biotin, auch bekannt als Vitamin B7, ist ein essentielles wasserlösliches Vitamin und spielt eine wichtige Rolle für den Stoffwechsel der Körperzellen. Sehr aktive Gewebe wie beispielsweise die Schleimhäute des Körpers benötigen Biotin.

Zusammensetzung
D-Mannose, Inulin, Milchsäurebakterien (Lactobacillus rhamnosus und Lactobacillus reuteri), Biotin.
Symbiofem®Intim ist frei von Gluten, Laktose und ist vegan.

Verzehrempfehlung
1x täglich am Abend den Inhalt eines Sticks in ein Glas Wasser geben, umrühren und sofort trinken.

Sonstige Hinweise
Nahrungsergänzungsmittel sollten nicht als Ersatz für eineausgewogene und abwechslungsreiche Ernährung sowie für eine gesunde Lebensweiseverwendet werden. Die angegebene empfohlene tägliche Verzehrmenge darf nicht überschritten werden. Außerhalb der Reichweite von kleinen Kindern aufbewahren.

Aufbewahrung
Symbiofem® Intim sollte trocken, lichtgeschützt und bei Raumtemperatur gelagert werden.

Packungsgrößen und Preise

10 Sticks (PZN 18392650)	Euro 19,95
28 Sticks (PZN 18392667)	Euro 44,95

Johannes Bürger Ysatfabrik GmbH

Uvalysat® Flüssigkeit

Zusammensetzung
10 g (= 9,75 ml) enthalten 3,9 – 7,1 g Auszug aus Bärentraubenblättern (1: 0,54-0,99), entsprechend 0,56 g wasserfreiem Arbutin (HPLC), Auszugsmittel: Wasser : Calciumoxid (44:1).

Sonstige Bestandteile: Ethanol 96% (V/V), Trinkwasser

Anwendungsgebiete
Zur unterstützenden Behandlung bei entzündlichen Erkrankungen der ableitenden Harnwege.

Gegenanzeigen
Überempfindlichkeit gegen Bärentraubenblätter und -zubereitungen oder einen der sonstigen Bestandteile. Kinder unter 12 Jahren, Schwangerschaft, Stillzeit. Alkoholkranke.

Nebenwirkungen
Bei magenempfindlichen Patienten könnten Übelkeit und Erbrechen auftreten.

Wechselwirkungen
Nicht zusammen mit Mitteln geben, die zur Bildung eines sauren Harns führen, da nicht auszuschließen ist, dass diese die bakterienhemmende Wirkung vermindern können.
Die gleichzeitige Einnahme von Uvalysat® Flüssigkeit kann möglicherweise die Reizwirkung von NSAID (nichtsteroidale entzündungshemmende Arzneimittel) auf den Magen-Darm-Trakt verstärken.

Vorsichtsmaßnahmen
Bei Blut im Urin, bei Fieber oder bei anhaltenden Beschwerden über 7 Tage ist ein Arzt aufzusuchen.

Warnhinweise
Dieses Arzneimittel enthält 22 Vol.-% Alkohol.

Bei Beachtung der Dosierungsanleitung werden bei jeder Einnahme von 3 ml von Uvalysat® Flüssigkeit bis zu 0,7 g Alkohol zugeführt. Vorsicht ist geboten. Ein gesundheitliches Risiko besteht u.a. bei Leberkranken, Alkoholkranken, Epileptikern, Hirngeschädigten, Schwangeren und Kindern.

Verkehrstüchtigkeit und das Bedienen von Maschinen: Wegen des Alkoholgehalts kann Uvalysat® Flüssigkeit einen mäßigen Einfluss auf die Verkehrstüchtigkeit und die Fähigkeit zum Bedienen von Maschinen haben.

Dosierung
Erwachsene und Heranwachsende ab 12 Jahren nehmen bis zu 4mal täglich 2 bis 3 ml Uvalysat® Flüssigkeit. Die Tagesdosis entspricht 448 bis 688 mg wasserfreiem Arbutin.
Die Dosen sollen in möglichst gleichmäßigen Abständen über den Tag verteilt eingenommen werden, nach Belieben mit etwas Wasser.

Dauer der Anwendung
Das Arzneimittel soll nicht länger als jeweils 1 Woche und höchstens 5mal jährlich angewendet werden.

Überdosierung und andere Anwendungsfehler
Von Uvalysat® Flüssigkeit soll pro Tag nicht mehr eingenommen werden als in der Dosierungsanleitung angegeben oder verordnet ist. Wenn versehentlich eine Einzeldosis mehr als vorgesehen eingenommen wird, so hat dies in der Regel keine nachhaltigen Folgen. Die Einnahme von deutlich darüber hinausgehenden Mengen kann jedoch erhebliche Beschwerden (z.B. Magen-Darm-Beschwerden mit Übelkeit und Erbrechen, aber auch Blut im Urin und Leberschäden) hervorrufen.

Pharmakologie
Die antimikrobielle Wirkung, die in in-vitro Untersuchungen beobachtet wurde, wird mit dem aus Arbutin oder aus Arbutin-Stoffwechselprodukten freigesetzten Aglykon Hydrochinon in Verbindung gebracht.

Flaschen mit Gießring. Der Packung ist ein Messbecher mit 1 – 6 ml Graduierung beigelegt.

Packungsgrößen und Preise

30 ml Flüssigkeit	(PZN 16779793)	.... Euro 8,95
50 ml Flüssigkeit	(PZN 16779801)	.... Euro 12,95
100 ml Flüssigkeit	(PZN 16779818)	.... Euro 23,45

Stand der Information: 02/2022

Apothekenpflichtig.

INTERNA
(Urogenitalerkrankungen - Blasenentzündung)

Wellnest Pflanzenkraft

Goldrute Bio Konzentrat
Tropfen

siehe Urogenitalerkrankungen

Johannes Bürger Ysatfabrik GmbH

Uvalysat® Flüssigkeit

siehe Urogenitalerkrankungen

INTERNA
(Urogenitalerkrankungen - Blasenschwäche)

Genericon Pharma Gesellschaft m.b.H.

MULTIprosti®

Softgel-Kapseln

siehe Urogenitalerkrankungen - Prostata

INTERNA
(Urogenitalerkrankungen - Nieren)

Dr. Jacob's Medical GmbH

Dr. Jacob's Basenpulver
Pulver

Nahrungsergänzungsmittel mit Kalium-, Calcium- und Magnesium-Citrat - Multitalent mit über 30 belegten Gesundheitswirkungen (u.a. für Muskeln, Knochen, Nerven, weniger Erschöpfung, Herz und normalen Blutdruck).

siehe Übersäuerung

Wellnest Pflanzenkraft

Nieren-Kraft Konzentrat nach Hulda Clark
Tropfen

siehe Urogenitalerkrankungen

INTERNA
(Urogenitalerkrankungen - Prostata)

Genericon Pharma Gesellschaft m.b.H.

MULTIprosti®

Softgel-Kapseln

Zusammensetzung
Sojaöl , Überzugsmittel: Gelatine aus Rind*, L-Arginin, Feuchthaltemittel: Glycerin, Extrakt der Sägepalmenfrüchte, Granatapfel-Extrakt, Steirisches Kürbiskernöl g.g.A., Bienenwachs, Ginsengwurz-Extrakt, Emulgator: ***Sojalecithin*** , Trennmittel: Siliziumdioxid, Zinkoxid, L-Selenomethionin, Pyridoxinhydrochlorid (Vitamin B6), Farbstoffe: Carmin, rotes und schwarzes Eisenoxid. *Kapsel

Anwendungsgebiete
MULTIprosti® ist ein Nahrungsergänzungsmittel, das eine Kombination aus Extrakten folgender Pflanzen enthält: Sägepalmenfrucht standardisiert auf BetaSitosterin, Granatapfel als Quelle der Ellagsäure (ein Polyphenol) und Ginsengwurzel sowie Steirisches Kürbiskernöl g.g.A., die Aminosäure L-Arginin, Vitamin B6, Zink und Selen. Zink trägt zur Erhaltung eines normalen Testosteronspiegels im Blut bei. Zink hilft bei Männern auch bei der Aufrechterhaltung der normalen Fruchtbarkeit und Fortpflanzungsfunktionen, und Selen wird für die normale Spermabildung benötigt. MULTIprosti® enthält außerdem Vitamin B6, das zur Regulierung der Hormonaktivität beiträgt. MULTIprosti® ist für Männer bestimmt, die ihre Ernährung mit den in der Zubereitung enthaltenen Bestandteilen anreichern wollen.

Art der Anwendung
Nehmen Sie die Kapsel unzerkaut mit ausreichend Flüssigkeit ein.

Eigenschaften
Gluten- und laktosefrei.

Dosierung (Verzehrempfehlung)
Empfohlene Tagesdosis: 1 Kapsel. Die empfohlene Tagesdosis sollte nicht überschritten werden.

Sonstige Hinweise
An einem trockenen Ort, bei Raumtemperatur und vor Sonnenlicht geschützt aufbewahren. Das Nahrungsergänzungsmittel ist für kleine Kinder unzugänglich aufzubewahren.

Weiterführende Informationen
Weitere Informationen erhalten Sie unter: www.multi.at

Nähr- und Brennwerte

Wertbestimmende Bestandteile	Tagesdosis (1 Kps.)	% NRV**
Extrakt der Sägepalmenfrüchte	160 mg	-
davon Fettsäuren	136 mg	-
und β-Sitosterin	0,32 mg	-
Granatapfel-Extrakt	114,3 mg	-
davon Ellagsäure	80 mg	-
L-Arginin	300 mg	-
Extrakt der Ginsengwurzel	25 mg	-
Steirisches Kürbiskernöl g.g.A.	100 mg	-
Vitamin B6	1,4 mg	100 %
Zink	10 mg	100 %
Selen	55 µg	100 %

**Nutrient Reference Value (NRV), Anteil des Nährstoffbezugswertes gem. VO 1169/2011

Packungsgrößen und Preise
30 Stk. (PZN 16744228) ....

INTERNA
(Venöse Insuffizienz & Stauungen)

Sanum-Kehlbeck

V-Th-E Kuhl Mischung

Tropfen

Wirkstoffe: Apis mellifica D2, Arnica montana D2, Artemisia absinthium D2, Calendula officinalis D3, Clematis recta D2, Echinacea D2, Hamamelis virginiana D2, Hydrargyrum bichloratum D6, Pulsatilla pratensis D3, Ruta graveolens D2, Taraxacum officinale D3, Urtica D3

Zusammensetzung
10 g (= 10,8 ml) enthalten: 1,00 g Apis mellifica Dil. D2; 1,25 g Arnica montana Dil. D2; 0,90 g Artemisia absinthium Dil. D2; 0,90 g Calendula officinalis Dil. D3; 0,90 g Clematis recta Dil. D2; 0,90 g Echinacea Dil. D2; 1,30 g Hamamelis virginiana Dil. D2; 0,01 g Hydrargyrum bichloratum Dil. D6; 1,00 g Pulsatilla pratensis Dil. D3; 1,00 g Ruta graveolens Dil. D2; 0,42 g Taraxacum officinale Dil. D3; 0,42 g Urtica Dil. D3; Bestandteile 1-12 über die letzte Verdünnungsstufe mit Ethanol 43 % (m/m) gemeinsam potenziert.

Anwendungsgebiete
Erfahrungsgemäß unterstützend angewendet bei:

- Durchblutungsstörungen wie venösen Stauuungszuständen, Venenentzündungen, Durchblutungsstörungen an den Beinen
- zur Ausleitung von Verschlackungen

Zur Anwendung bei Jugendlichen ab 12 Jahren und Erwachsenen.

Eigenschaften
Die in dieser Mischung zusammengeführten Komponenten sind in der Naturheilkunde schon lange als besonders wirksam für die Behandlung von Stauungen und Verschlackungen im Körper bekannt. Schmerzen, die aufgrund einer Abflussstörung oder Ansammlung von Stoffwechselendprodukten entstanden sind, können wirksam behandelt werden.

Dauer der Anwendung
Sollten die Beschwerden länger als 14 Tage andauern, sollte ein Arzt aufgesucht werden.

Nebenwirkungen
Nach Anwendung kann Speichelfluss auftreten; das Mittel ist dann abzusetzen. In Einzelfällen können Überempfindlichkeitsreaktionen auftreten. Zubereitungen aus Sonnenhut können bei Patienten mit atopischen Erkrankungen allergische Reaktionen auslösen.

Gegenanzeigen
Überempfindlichkeit gegen Bienengift. Überempfindlichkeit gegen einen der Wirk- oder Hilfsstoffe oder gegen Korbblütler, Schwangerschaft und Stillzeit.

Ggf. Besonderheiten bei Kindern, Schwangeren, Stillenden
Zur Anwendung des Arzneimittels bei Kindern liegen keine ausreichend dokumentierten Erfahrungen vor. Es soll deshalb bei Kindern unter 12 Jahren nicht angewendet werden.

Wechselwirkungen
Keine bekannt.

Warnhinweise
Enthält 52 Vol.-% Alkohol.

Vorsichtsmaßnahmen
Aus Gründen der Arzneimittelsicherheit darf eine Tagesdosis von 10 Tropfen nicht überschritten werden. Bei einer Langzeitanwendung (länger als 8 Wochen) wurde in einem Einzelfall eine Verminderung der weißen Blutzellen berichtet. Für Arzneimittel mit Zubereitungen aus Sonnenhut (Echinacea) wurden allergische Reaktionen wie z. B. Hautausschlag, Juckreiz, selten Gesichtsschwellung, Atemnot, Schwindel und Blutdruckabfall beobachtet. In diesen Fällen sollten Sie das Arzneimittel absetzen und Ihren Arzt aufsuchen. Die Ein-

nahme von Arzneimitteln mit Zubereitungen aus Sonnenhut wird in Einzelfällen mit dem Auftreten von Autoimmunerkrankungen in Verbindung gebracht. Bei Patienten mit atopischen Erkrankungen, z.B. Neurodermitis, allergisches Asthma, Heuschnupfen, besteht möglicherweise ein erhöhtes Risiko allergischer Reaktionen. Deshalb sollte V-Th-E Kuhl von Patienten mit atopischen Erkrankungen nur nach Rücksprache mit dem Arzt angewendet werden. Aus grundsätzlichen Erwägungen soll V-Th-E Kuhl bei fortschreitenden Systemerkrankungen (wie Tuberkulose, Sarkoidose), Autoimmunerkrankungen (z.B. entzündliche Erkrankungen des Bindegewebes (Kollagenosen), multipler Sklerose), Immundefizienz (AIDS/HIV-Infektionen), Immunsuppression (z.B. nach Organ- oder Knochenmarkstransplantation, Chemotherapie bei Krebserkrankungen) und systemischen Erkrankungen des weißen Blutzellsystems (z.B. Leukämie bzw. Leukämie-ähnlichen Erkrankungen) nicht angewendet werden.

Packungsgrößen und Preise

30 ml (PZN 11616402) .... Euro 18,10

Apothekenpflichtig.

INTERNA
(Vergiftung)

NutraMedix Deutschland

Binder Plus NutraMedix Kapseln

siehe Magen-Darm-Beschwerden

NutraMedix Deutschland

Burbur-Pinella NutraMedix Tropfen

siehe Umwelt- und Schwermetallbelastung

Sanum-Kehlbeck

Okoubasan® D2

Tabletten

Wirkstoff: Okoubaka Trit. D2

Zusammensetzung

1 Tablette enthält: Wirkstoff: 250 mg Okoubaka Trit. D2.

Sonstige Bestandteile: Kartoffelstärke, Magnesiumstearat.

Anwendungsgebiete

Die Anwendungsgebiete entsprechen dem homöopathischen Arzneimittelbild. Dazu gehören: Lebensmittelunverträglichkeiten.

Eigenschaften

Der Wirkstoff von Okoubasan® wird gewonnen aus der getrockneten Astrinde von Okoubaka aubrevillei, einem Baum, der vorwiegend in Westafrika beheimatet ist. In der Volksmedizin wurde die pulverisierte Rinde innerlich als Entgiftungsmittel eingesetzt. So diente dieses alte Eingeborenenmittel als Schutz für die Vorkoster der Häuptlinge. Auch heute wird Okoubaka aubrevillei als Antidot bei Nahrungsmittelvergiftungen und zur Ausheilung von Infektionskrankheiten des Magen-Darm-Traktes angewendet.

Gegenanzeigen

Siehe unter Besonderheiten bei Kindern, Schwangeren, Stillenden und Warnhinweise.

Ggf. Besonderheiten bei Kindern, Schwangeren, Stillenden

Da keine ausreichend dokumentierten Erfahrungen zur Anwendung in der Schwangerschaft und Stillzeit vorliegen, sollte das Arzneimittel nur nach Rücksprache mit dem Arzt angewendet werden.

Zur Anwendung dieses Arzneimittels bei Kindern liegen keine ausreichend dokumentierten Erfahrungen vor. Es soll deshalb bei Kindern unter 12 Jahren nicht angewendet werden.

Wechselwirkungen

Keine bekannt.

Nebenwirkungen
Keine bekannt.

Sonstige Hinweise
Enthält Lactose.

Warnhinweise
Okoubasan® D2 enthält Lactose. Bitte nehmen Sie Okoubasan® D2 erst nach Rücksprache mit Ihrem Arzt ein, wenn Ihnen bekannt ist, dass Sie unter einer Unverträglichkeit gegenüber bestimmten Zuckern leiden. Dieses Arzneimittel enthält 0,25 g Lactose (eine Quelle für 0,125 g Glucose und 0,125 g Galactose) pro Tablette. Wenn Sie eine Diabetes-Diät einhalten müssen, sollten Sie dies berücksichtigen.

Dosierung
Soweit nicht anders verordnet: Bei akuten Zuständen alle halbe bis ganze Stunde, höchstens 6-mal täglich, je 1 Tablette einnehmen.

Die Tabletten können gelutscht oder auch im Ganzen geschluckt werden. Die Einnahme ist unabhängig von der Mahlzeit.

Anwendungsfehler und Überdosierung: Von den homöopathischen Bestandteilen sind keine Vergiftungserscheinungen zu erwarten. Bei der Einnahme größerer Mengen des Arzneimittels kann es bei Personen mit Milchzuckerunverträglichkeiten (Lactoseintoleranz) zu Magen-Darm-Beschwerden kommen oder eine abführende Wirkung auftreten.

Packungsgrößen und Preise

80 Tabletten (PZN 00572038)	Euro 11,11
3-mal 80 Tabletten (PZN 00572044)	Euro 32,64

Apothekenpflichtig.

Sanum-Kehlbeck

Okoubasan® D2

Tropfen

Wirkstoff: Okoubaka Dil. D2

Zusammensetzung
1 ml enthält: Wirkstoff: 1 ml Okoubaka Dil. D2 (HAB, Vorschrift 4a und 5a, Urtinktur mit Ethanol 62 % (m/m)).

Anwendungsgebiete
Erfahrungsgemäß unterstützend angewendet bei:

Akute Diarrhoe besonders nach:

- Nahrungsmittelvergiftungen, Infektionen des Magen-Darm-Traktes, Lebensmittelunverträglichkeiten
- prophylaktisch bei Klima- und Ernährungsumstellung, z. B. bei Fernreisen.
- zur Entgiftung

Eigenschaften
Der Wirkstoff von Okoubasan® wird gewonnen aus der getrockneten Astrinde von Okoubaka aubrevillei, einem Baum, der vorwiegend in Westafrika beheimatet ist. In der Volksmedizin wurde die pulverisierte Rinde innerlich als Entgiftungsmittel eingesetzt. So diente dieses alte Eingeborenenmittel als Schutz für die Vorkoster der Häuptlinge. Auch heute wird Okoubaka aubrevillei als Antidot bei Nahrungsmittelvergiftungen und zur Ausheilung von Infektionskrankheiten des Magen-Darm-Traktes angewendet.

Dosierung
Bei akuten Zuständen nehmen Erwachsene und Jugendliche ab 12 Jahren alle halbe bis ganze Stunde, höchstens 6-mal täglich, je 5 Tropfen ein.

Bei chronischen Verlaufsformen nehmen Erwachsene und Jugendliche ab 12 Jahren 1 – 3-mal täglich je 5 Tropfen ein.

Nebenwirkungen
Keine bekannt.

Gegenanzeigen
Nicht anwenden bei Kindern unter 12 Jahren, Schwangeren und Stillenden.

Vorsichtsmaßnahmen
Keine bekannt.

Wechselwirkungen
Keine bekannt.

Warnhinweise
Dieses Arzneimittel enthält 70 Vol.-% Alkohol (Ethanol).

Packungsgrößen und Preise

10 ml (PZN 04549160)	Euro 9,66
30 ml (PZN 04549177)	Euro 13,82

Apothekenpflichtig.

Sanum-Kehlbeck

Okoubasan® Urtinktur

Tropfen

Wirkstoff: Okoubaka Ø

Zusammensetzung
1 ml Urtinktur enthält: Wirkstoff: 1 ml Okoubaka Ø (HAB, Vorschrift 4a, Ø mit Ethanol 62 % (m/m)). 1 Milliliter Okoubasan® enthält 42 Tropfen.

Anwendungsgebiete
Erfahrungsgemäß unterstützend angewendet bei:
Akute Diarrhoe besonders nach:

- Nahrungsmittelvergiftungen, Infektionen des Magen-Darm-Traktes, Lebensmittelunverträglichkeiten
- prophylaktisch bei Klima- und Ernährungsumstellung, z. B. bei Fernreisen.
- zur Entgiftung

Eigenschaften
Der Wirkstoff von Okoubasan® wird gewonnen aus der getrockneten Astrinde von Okoubaka aubrevillei, einem Baum, der vorwiegend in Westafrika beheimatet ist. In der Volksmedizin wurde die pulverisierte Rinde innerlich als Entgiftungsmittel eingesetzt. So diente dieses alte Eingeborenenmittel als Schutz für die Vorkoster der Häuptlinge. Auch heute wird Okoubaka aubrevillei als Antidot bei Nahrungsmittelvergiftungen und zur Ausheilung von Infektionskrankheiten des Magen-Darm-Traktes angewendet.

Dosierung
Bei akuten Zuständen nehmen Erw. und Jugendl. ab 12 Jahren alle halbe bis ganze Stunde, höchstens 6x täglich, je 5 Tropfen ein. Bei chronischen Verlaufsformen nehmen Erw. und Jugendl. ab 12 Jahren 1 bis 3-mal täglich je 5 Tropfen ein.

Nebenwirkungen
Keine bekannt.

Gegenanzeigen
Nicht anwenden bei

- Kindern unter 12 Jahren
- Schwangeren und Stillenden

Vorsichtsmaßnahmen
Keine bekannt.

Wechselwirkungen
Keine bekannt.

Warnhinweise
Dieses Arzneimittel enthält 70 Vol. % Alkohol.

Packungsgrößen und Preise

10 ml (PZN 14058948)	Euro 9,66
30 ml (PZN 14058954)	Euro 13,82

Apothekenpflichtig.

NutraMedix Deutschland

Sealantro NutraMedix Tropfen

siehe Umwelt- und Schwermetallbelastung

INTERNA
(Verletzungen)

Volopharm GmbH Deutschland

KaRazym®

magensaftresistente Tabletten

Der Enzymkomplex KaRazym® lindert Entzündungen sowie Schwellungen und beschleunigt die Wundheilung. KaRazym® wird daher bei schwer heilenden Wunden oder stumpfen Traumata eingesetzt.
siehe Entzündungen

NutraMedix Deutschland

Nattokinase NutraMedix Kapseln

siehe Entzündungen

NutraMedix Deutschland

Serrapeptase NutraMedix Kapseln

siehe Entzündungen

INTERNA
(Verletzungen - Prellungen)

Volopharm GmbH Deutschland

KaRazym®

magensaftresistente Tabletten

Der Enzymkomplex KaRazym® beschleunigt den Heilungsprozess nach stumpfen Verletzungen.
siehe Entzündungen

NutraMedix Deutschland

Nattokinase NutraMedix Kapseln

siehe Entzündungen

NutraMedix Deutschland

Serrapeptase NutraMedix Kapseln

siehe Entzündungen

EXTERNA
(Verletzungen - Sport)

Sanum-Kehlbeck

Mucokehl® D3

Salbe

Wirkstoff: Mucor racemosus e volumine mycelii (lyophil., steril.) Dil. D3

Zusammensetzung
1 g Salbe enthält: Wirkstoff: 0,1 g Mucor racemosus e volumine mycelii (lyophil., steril.) Dil. D3 (HAB, V. 5a, Lsg. D1 mit gereinigtem Wasser).

Sonstige Bestandteile: Wollwachsalkoholsalbe, Mittelkettige Triglyceride, Glycerolmonostearat 40 - 55, Propylenglycol, Magnesiumsulfat-Heptahydrat, Milchsäure, Wasser für Injektionszwecke.

Anwendungsgebiete
Erfahrungsgemäß unterstützend angewendet bei:

- Erkrankungen der Blutgefäße und deren Durchblutungsstörungen, wie Varikosis, Thrombophlebitis, Hämorrhoiden
- allgemein bei entzündlichen Erkrankungen
- Schwellungen, Prellungen, Distorsionen, Ischialgien, chronischem Schmerzsyndrom
- Narbenkeloid
- Dermatitis chronica, Neurodermitis

- Ovarial- und Tubenzysten (lokal Unterbauch)
- unterstützend bei Dupuytren-Kontraktur und Beugekontrakturen.

Eigenschaften
In der SANUM-Therapie wird Mucokehl® als Therapeutikum für alle Krankheiten eingesetzt, die sich am Blut- und Gefäßsystem des Menschen abspielen oder hier ihre Ursache haben (Stauungskrankheiten).

Nebenwirkungen
Aufgrund des Gehaltes von Mucokehl® D3 an spezifischen organischen Bestandteilen können Überempfindlichkeitsreaktionen, hauptsächlich in Form von Hautreaktionen, auftreten und eine Allergie gegen den Bestandteil Mucor racemosus ausgelöst werden. Das Arzneimittel ist dann abzusetzen und ein Arzt aufzusuchen.

Gegenanzeigen
Nicht anwenden bei:

- bekannter Überempfindlichkeit gegenüber Schimmelpilzen (Mucor racemosus)
- Autoimmunerkrankungen
- Kindern unter 12 Jahren
- Schwangerschaft und Stillzeit.

Vorsichtsmaßnahmen
Cetylstearylalcohol (Bestandteil der Wollwachsalkoholsalbe) kann örtlich begrenzt Hautreizungen (z. B. Kontaktdermatitis) hervorrufen. Propylenglycol kann ebenfalls Hautreizungen hervorrufen.

Dosierung
1 – 3-mal täglich dünn auf die betroffenen Hautpartien auftragen. Nach längstens 4 Wochen Therapiedauer sollte Mucokehl® D3 abgesetzt werden.

Wechselwirkungen
Immunsuppressiv wirkende Arzneimittel können die Wirksamkeit von Mucokehl® D3 beeinträchtigen. Vor und nach der Behandlung mit oral verabreichten Lebendimpfstoffen ist ein Abstand von 4 Wochen einzuhalten.

Warnhinweise
Keine.

Packungsgrößen und Preise

1 Tube à 30 g	(PZN 03190604)	Euro 15,67
10 Tuben à 30 g	(PZN 03190610)	Euro 130,65

Apothekenpflichtig.

INTERNA

Cellavent

Cherry PLUS

Konzentrat / Kapseln

Nahrungsergänzungsmittel aus naturreinen Montmorency-Sauerkirschen

siehe Gicht

Volopharm GmbH Deutschland

KaRazym®

magensaftresistente Tabletten

Der Enzymkomplex KaRazym® wird sowohl im Profi- als auch im Hobbysport zur Beschleunigung der Heilung und Regeneration nach Belastung eingesetzt. KaRazym® ist durch die Kölner-Liste – eine Initiative für sauberen Sport – als dopingfreies Produkt verifiziert.
siehe Entzündungen

NutraMedix Deutschland

Nattokinase NutraMedix Kapseln

siehe Entzündungen

NutraMedix Deutschland

Serrapeptase NutraMedix Kapseln

siehe Entzündungen

EXTERNA
(Verletzungen - Verbrennungen)

Weleda AG

Combudoron
Gel

Zusammensetzung
10 g enth.: Ethanol. Auszug aus Arnica montana, Planta tota rec. [Frischpflanze zu Auszugsmittel 1:1,1; Auszugsmittel: Ethanol 94 % (m/m), Gereinigtes Wasser (6,3 : 4,7)] 0,05 g / Urtica urens, Herba rec. Ø (HAB, V. 2b) 0,95 g.

Sonstige Bestandteile: Glycerol 85 %, Ethanol 96 %, Xanthan, Gereinigtes Wasser.

Anwendungsgebiete
Gemäß der anthroposophischen Menschen- und Naturerkenntnis.

Dazu gehören: Verbrennungen 1. und 2. Grades (Rötung, Schwellungen, Brandblasen), Sonnenbrand und akute Strahlenschäden der Haut; Insektenstiche.

Gegenanzeigen
Offene Wunden, Ekzeme. Überempfindlichkeit gegen Arnika und andere Korbblütler oder Bestandteile der Gelgrundlage.

Nebenwirkungen
Die längere Anwendung von Arnika-Zubereitungen an geschädigter Haut, z. B. bei Verletzungen oder Unterschenkelgeschwüren (Ulcus cruris) ruft relativ häufig eine Hautentzündung mit Gewebsschwellung (ödematöse Dermatitis) mit Blasenbildung hervor. Ferner können bei längerer Anwendung Ekzeme auftreten.

Selten sind auch primär toxisch bedingte Hautreaktionen mit Bläschenbildung bis zur Gewebszerstörung (Nekrotisierung) möglich.

Sehr selten können allergische Hautreaktionen auftreten.

Vorsichtsmaßnahmen
Der Kontakt des Gels mit Augen und Schleimhäuten sollte vermieden werden.

Zur Erstversorgung bei Verbrennungen oder Verbrühungen die entsprechenden Hautpartien sofort unter kaltem Wasser kühlen, bis der Schmerz abklingt. Anschließend wird Combudoron® Gel aufgetragen.

Offene Brandwunden (Verbrennungen 3. Grades) und großflächige Verbrennungen bedürfen grundsätzlich der ärztlichen Behandlung. Bei Anzeichen einer Infektion ist sofort ein Arzt aufzusuchen.

Warnhinweise
Enthält 20 Vol.-% Alkohol.

Dosierung
Soweit nicht anders verordnet, auf die betroffenen Hautpartien dünn auftragen und antrocknen lassen. Bis zum Abklingen der Schmerzen wiederholen.

Packungsgrößen und Preise

25 g (PZN 00230065)	Euro 11,97
70 g (PZN 00391000)	Euro 23,99

Apothekenpflichtig.

INTERNA

NutraMedix Deutschland

Nattokinase NutraMedix Kapseln

siehe Entzündungen

NutraMedix Deutschland

Serrapeptase NutraMedix Kapseln

siehe Entzündungen

INTERNA
(Verletzungen - Wunden)

NutraMedix Deutschland

Nattokinase NutraMedix Kapseln

siehe Entzündungen

NutraMedix Deutschland

Serrapeptase NutraMedix Kapseln

siehe Entzündungen

INTERNA
(Übersäuerung)

Dr. Jacob's Medical GmbH

Dr. Jacob's Basenpulver
Pulver

Nahrungsergänzungsmittel mit Kalium-, Calcium- und Magnesium-Citrat - Multitalent mit über 30 belegten Gesundheitswirkungen (u.a. für Muskeln, Knochen, Nerven, weniger Erschöpfung, Herz und normalen Blutdruck).

Zusammensetzung
Kaliumcitrat, Calciumcitrat, Magnesiumcitrat, Magnesiumcarbonat, Siliciumdioxid, natürliches Aroma, Zinkcitrat, Vitamin B1, Vitamin D3.

Weiterführende Informationen
Dr. Jacob's Basenpulver ist das kaliumreichste Citrat-Basenpulver. Es orientiert sich am Vorbild von Obst und Gemüse und enthält Mineralstoffe auf Basis organischer Citrate: Calcium und Magnesium im natürlichen Verhältnis von etwa 3:2, sehr wenig Natrium und reichlich Kalium. Kalium ist der wichtigste basenbildende Mineralstoff in Obst und Gemüse und in allen Körperzellen.

Eine Portion Dr. Jacob's Basenpulver (4,5 g) liefert 750 mg Kalium, 270 mg Calcium, 185 mg Magnesium und gleicht typische Mineralstoffdefizite sowie die übliche Säurebelastung (PRAL) durch die Ernährung aus.

Calcium unterstützt die normale Muskelfunktion und die Erhaltung normaler Knochen; Magnesium die normale Funktion des Nervensystems und die Minderung von Erschöpfung; Kalium die Aufrechterhaltung eines normalen Blutdrucks; das enthaltene Vitamin B1 trägt zur normalen Herzfunktion bei, Zink zum normalen Säure-Basen-Stoffwechsel.

Bestes Preis-Wirkungs-Verhältnis bezüglich Mineralstoffen und PRAL-Wert. Angenehm neutraler Geschmack mit leichter Citrusnote. Keine Zusätze: ohne Natrium, Zucker, Süßstoffe, künstliche Aromen, Füllstoffe. Kein Nano-Siliciumdioxid. Soja-, laktose-, glutenfrei. Vegan. Herstellung in Deutschland mit Mineralstoffen aus Deutschland.

Tipp: Basenmittel wirken besonders günstig in Kombination mit Dr. Jacob's Vitamin D3K2 Öl!

Verzehrempfehlung
1–2 mal täglich 1 gestrichenen Messlöffel à 4,5 g in 250-300 ml natriumarmem Sprudel/ Wasser auflösen. Am besten zu den Mahlzeiten trinken.

Hinweis
Bei (medikamentenbedingten) Störungen des Kaliumhaushaltes, Alkalose, Hyperkaliämie oder Nierenversagen erst nach ärztlicher Beratung verwenden.

Packungsgrößen und Preise
300 g (66 Portionen) . . . . Euro 25,00

BerryPharma

rubyni® NIGHT

Kapseln

Nahrungsergänzungsmittel mit

Pflanzenstoffen, γ-Aminobuttersäure und L-Tryptophan für Entspannung und Balance.

siehe Stress, Unruhe und Schlafstörungen

Indikationsübergreifende Präparate

VERLAG

Alle Informationen zu den Präparaten basieren auf den Angaben des jeweiligen Herstellers. Eine Haftung ist ausgeschlossen.

INJEKTIONEN
(Homöopathie - Einzelmittel)

Pflüger

Milchsäure Pflüger® Inj. 5 ml
Ampullen/
Injektionslösung

siehe Stoffwechselstörung

INTERNA

Pflüger

Milchsäure Pflüger®
Tropfen

siehe Stoffwechselstörung

Pflüger

Milchsäure Pflüger®
Tabletten

siehe Stoffwechselstörung

INJEKTIONEN
(Homöopathie - Komplexmittel)

Pflüger

Derivatio H Inj.
Ampullen

siehe Umwelt- und Schwermetallbelastung

Pflüger

Milchsäure Pflüger Potenz-akkord®
Injektionslösung

Zusammensetzung
1 Ampulle zu 2 ml enthält:

Wirkstoffe:
Acidum L(+)-lacticum Dil. D 6
[HAB, V. 5a, Lsg. D 2
mit Ethanol 15 % (m/m)]0,50 ml
Acidum L(+)-lacticum Dil. D 12
[HAB, V. 5a, Lsg. D 2
mit Ethanol 15 % (m/m)]0,50 ml
Acidum L(+)-lacticum Dil. D 30
[HAB, V. 5a, Lsg. D 2
mit Ethanol 15 % (m/m)]0,50 ml
Acidum L(+)-lacticum Dil. D 200
[HAB, V. 5a, Lsg. D 2
mit Ethanol 15 % (m/m)]0,50 ml

Anwendungsgebiet
Das Anwendungsgebiet entspricht dem homöopathischen Arzneimittelbild.
Dazu gehören: Muskelschmerzen.

Warnhinweise
Was müssen Sie in der Schwangerschaft und Stillzeit berücksichtigen? Fragen Sie vor der Anwendung von allen Arzneimitteln Ihren Arzt um Rat.

Anwendung
Zur Anwendung dieses Arzneimittels bei Kindern liegen keine ausreichenden Erfahrungen vor. Es soll deshalb bei Kindern unter 12 Jahren nicht angewendet werden.

Wechselwirkungen
Die Wirkung eines homöopathischen Arzneimittels kann durch allgemein schädigende Faktoren in der Lebensweise und durch Reiz- und Genussmittel ungünstig beeinflusst werden. Falls Sie sonstige Arzneimittel einnehmen, fragen Sie Ihren Arzt.

Nebenwirkungen
Keine bekannt.
Hinweis: Bei der Anwendung eines homöopathischen Arzneimittels können sich die vorhandenen Beschwerden vorübergehend verschlimmern (Erstverschlimmerung). In diesem Fall sollten Sie das Arzneimittel absetzen und Ihren Arzt befragen.

Wenn Sie Nebenwirkungen beobachten, die nicht in der Packungsbeilage aufgeführt sind, teilen Sie dies bitte Ihrem Arzt oder Apotheker mit.

Dosierung
Die folgenden Angaben gelten für Erwachsene und Jugendliche ab 12 Jahren, soweit das Arzneimittel nicht anders verordnet wurde:

Bei akuten Zuständen bis zur Dauer von einer Woche bis zu 3-mal täglich 1 Ampulle intravenös oder intramuskulär injizieren. Bei chronischen Verlaufsformen 1-mal monatlich 1 Ampulle intravenös oder intramuskulär injizieren.

Auch homöopathische Arzneimittel sollten ohne ärztlichen Rat nicht über längere Zeit angewendet werden.

Packungsgrößen und Preise
Ampulle zu 2 ml (PZN
10 Stück 12777225) ... Euro 21,05
Ampulle zu 2 ml (PZN
50 Stück 12777231) ... Euro 68,50

INTERNA

Weber & Weber

Araniforce® -T

Tabletten

Zusammensetzung
Wirkstoffe: 1 Tbl. enth.: Acidum silicicum Trit. D6 30 mg; Alchemilla vulgaris Trit. D6 30 mg; Calcium carbonicum Hahnemanni Trit. D6 30 mg; Calcium phosphoricum Trit. D6 30 mg; Equisetum arvense Trit. D6 30 mg; Ilex aquifolium (HAB 34) Trit. D6 (HAB, V2a) 30 mg; Symphytum officinale Trit. D6 30 mg. Sonst. Bestandteile: Magnesiumstearat; Maisstärke.

Anwendungsgebiete
Araniforce®-T ist ein registriertes homöopath. Arzneimittel, daher ohne Angabe einer therap. Indikation. Bei während der Anwend. des Arzneimittels fortdauernden Krankheitssymptomen holen Sie bitte med. Rat ein.

Gegenanzeigen
Keine bekannt.

Nebenwirkungen
Keine bekannt.

Sonstige Hinweise
Enthält Lactose. Bitte nehmen Sie Araniforce®-T erst nach Rücksprache mit Ihrem Arzt ein, wenn Ihnen bekannt ist, dass Sie unter einer Unverträglichkeit gegenüber bestimmten Zuckern leiden.

Dosierung und Art der Anwendung
1 – 3x tgl. je 1 Tbl. einnehmen.
Bei Besserung der Beschwerden ist die Häufigkeit der Einnahme zu reduzieren.

Packungsgrößen und Preise
100 Tbl. (PZN 08515301) .... Euro 21,61

Arcana Arzneimittel-Herstellung

Arcana LM-Potenzen

Flüssigkeit/
Tropfen

Die Firma Arcana stellt seit über 50 Jahren LM-(Q) Potenzen her. Sie werden handverrieben und handverschüttelt gefertigt. So entstehen tief und zugleich mildest wirkende Arzneien. Unsere flüssigen, gebrauchsfertigen Dilutionen sind von der LM I–LM CXX und höher lieferbar.

Weitere Informationen erhalten Sie unter www.arcana.de oder unter Telefon (0 52 41) 93 01-0 bzw. Fax (0 52 41) 93 01-50.

Ceres Heilmittel GmbH

Ceres Echinacea-Erkältungs-Komplex

Tropfen

Homöopath. Arzneimittel

siehe Grippe, grippaler Infekt, Erkältung

Ceres Heilmittel GmbH

Ceres Taraxacum comp. Leber-Galle Tropfen

Homöopathisches Arzneimittel

siehe Lebererkrankung

Pflüger

Derivatio Tabletten

siehe Umwelt- und Schwermetallbelastung

Kattwiga Arzneimittel GmbH

Kattwiga Therapiesystem

Das seit über 111 Jahren bestehende Kattwiga-Therapiesystem umfasst 147 Synergone und 31 Spezialpräparaten als Tropfen, sowie einige als Tabletten oder Globuli. Es hat somit für das gesamte homöopathische Therapiespektrum das passende Komplexmittel.

Detaillierte Informationen unter:
www.kattwiga.de oder Telefon 05921-78020

meta Fackler

metabiarex® N

Mischung

siehe Umwelt- und Schwermetallbelastung

meta Fackler

metaharonga®

Mischung

siehe Magen-Darm-Beschwerden - Blähungen

meta Fackler

metarubini N

Mischung

siehe Herz- und Kreislaufbeschwerden - Schwindel

meta Fackler

metasolitharis

Mischung

siehe Urogenitalerkrankungen

Pflüger

Nervoregin® Tabletten

Tabletten

Zusammensetzung
1 Tablette enthält: Acidum phosphoricum Dil. D1 0,16 mg, Anamirta cocculus Trit. D3 10,0 mg, Avena sativa Urt. 20,0 mg, Hypericum perforatum Trit. D1 10,0 mg, Passiflora incarnata Urt. 10,0 mg.

Anwendungsgebiete
Die Anwendungsgebiete entsprechen den homöopathischen Arzneimittelbildern. Dazu gehören: nervös bedingte Erschöpfungszustände.

Gegenanzeigen
Nervoregin® Tbl. enthalten Johanniskraut (Hypericum perforatum). Bei Lichtüberempfindlichkeit kann es in seltenen Fällen zu Hautreaktionen kommen. Nicht anwenden bei Übersymptomkeit gegen Hafer.

Nebenwirkungen
Bei der Anwendung eines homöopathischen Arzneimittels können sich die vorhandenen Beschwerden vorübergehend verschlimmern (Erstverschlimmerung). In diesem Fall sollten Sie das Arzneimittel absetzen und Ihren Arzt befragen. Wenn Sie Nebenwirkungen beobachten, teilen Sie diese bitte Ihrem Arzt oder Apotheker mit.

Wechselwirkungen
Keine bekannt. Allgemeiner Hinweis: Die Wirkung eines homöopathischen Arzneimittels kann durch allgemein schädigende Faktoren in der Lebensweise und durch Reiz- und Genussmittel ungünstig beeinflusst werden. Falls Sie sonstige Arzneimittel einnehmen, fragen Sie Ihren Arzt.

Warnhinweise
Da keine ausreichend dokumentierten Erfahrungen vorliegen, sollte das Arzneimittel in Schwangerschaft und Stillzeit nur nach Rücksprache mit dem Arzt angewendet werden.

Hinweis
Bei anhaltenden, unklaren oder neu auftretenden Beschwerden sollte ein Arzt aufgesucht werden, da es sich um Erkrankungen handeln kann, die einer ärztlichen Abklärung bedürfen.

Dosierung
Die folgenden Angaben gelten, soweit das Arzneimittel nicht anders verordnet wurde:
Erwachsene und Jugendliche ab 12 Jahren nehmen bei akuten Zuständen alle halbe bis ganze Stunde, höchstens 6 mal täglich, je 1 Tablette ein. Eine über eine Woche hinausgehende Anwendung sollte nur nach Rücksprache mit einem homöopathisch erfahrenen Therapeuten erfolgen. Bei chronischen Verlaufsformen 1 - 3 mal täglich je 1 Tablette einnehmen. Bei Besserung der Beschwerden ist die Häufigkeit der Anwendung zu reduzieren. Kinder bis zu 12 Monaten sollten, nach Rücksprache mit einem Arzt, ein Drittel der Erwachsenendosis erhalten. Kinder ab 1 Jahr bis unter 6 Jahren sollten, nach Rücksprache mit einem Arzt, die Hälfte und Kinder ab 6 bis unter 12 Jahren sollten zwei Drittel der Erwachsenendosis erhalten. Dazu wird jeweils 1 Tablette in 6 Teelöffeln Wasser aufgelöst. Von dieser Lösung erhalten Kinder

- bis zu 12 Monaten: 2 Teelöffel
- ab 1 Jahr bis unter 6 Jahren: 3 Teelöffel
- ab 6 Jahren bis unter 12 Jahren: 4 Teelöffel

Die Einnahme erfolgt bei akuten Beschwerden alle halbe bis ganze Stunde (höchstens 6 mal täglich), in chronischen Fällen 1 - 3 mal täglich. Der Rest der Lösung ist jeweils wegzuschütten. Eine über eine Woche hinausgehende Anwendung sollte nur nach Rücksprache mit einem homöopathisch erfahrenen Therapeuten erfolgen. Bei Besserung der Beschwerden ist die Häufigkeit der Anwendung zu reduzieren.

Auch homöopathische Arzneimittel sollten ohne ärztlichen Rat nicht über längere Zeit eingenommen werden.

Packungsgrößen und Preise
100 Tabletten (PZN 01315906) ... Euro 21,05
200 Tabletten (PZN 05553784) ... Euro 31,45

Apothekenpflichtig.

Pflüger

Nervoregin® Tropfen

Tropfen

Mischung 50/100 ml

Zusammensetzung
10 g (= 10,7 ml) enthalten arzneilich wirksame Bestandteile: Acidum phosphoricum Dil. D 4 3,0 g, Avena sativa Urt. 3,0 g, Humulus lupulus Urt. 1,0 g, Passiflora incarnata Dil. D 2 3,0 g.

Anwendungsgebiete
Die Anwendungsgebiete leiten sich von den homöopathischen Arzneimittelbildern ab. Dazu gehört: zur Besserung von Schlafstörungen bei nervöser Erschöpfung.

Dosierung
Soweit nicht anders verordnet, bei akuten Zuständen alle halbe bis ganze Stunde, höchstens 6-mal täglich, je 5 Tropfen einnehmen. Eine über eine Woche hinausgehende Anwendung sollte nur nach Rücksprache mit einem homöopathisch erfahrenen Therapeuten erfolgen. Bei chronischen Verlaufsformen 1- bis 3-mal täglich je 5 Tropfen einnehmen. Bei Besserung der Beschwerden ist die Häufigkeit der Anwendung zu reduzieren. Bei Schlafstörungen etwa 30 Minuten vor dem Schlafengehen ca. 20 – 30 Tropfen in etwas Wasser geben und schluckweise trinken. Auch homöopathische Arzneimittel sollten ohne ärztlichen Rat nicht über längere Zeit eingenommen werden.

Warnhinweise
Nervoregin® Tropfen enthalten 52 Vol.-% Alkohol. Zur Anwendung bei Kindern liegen keine ausreichend dokumentierten Erfahrungen vor. Es soll deshalb bei Kindern unter 12 Jahren nicht angewendet werden. Zur Anwendung des Arzneimittels in Schwangerschaft und Stillzeit liegen keine ausreichend dokumentierten Erfahrungen vor. Es soll deshalb in der Schwangerschaft und Stillzeit nur nach Rücksprache mit einem Arzt angewendet werden. Bei anhaltenden, unklaren oder neuauftretenden Beschwerden sollte ein Arzt aufgesucht werden.

Wechselwirkungen
Die Wirkung eines homöopathischen Arzneimittels kann durch allgemein schädigende Faktoren in der Lebensweise und durch Reiz- und Genussmittel ungünstig beeinflusst werden. Falls Sie sonstige Arzneimittel einnehmen fragen Sie Ihren Arzt.

Nebenwirkungen
Bei Anwendung eines homöopathischen Arzneimittels können sich die vorhandenen Beschwerden vorübergehend verschlimmern (Erstverschlimmerung). In diesem Fall sollten Sie das Arzneimittel absetzen und Ihren Arzt befragen. Wenn Sie Nebenwirkungen beobachten, (die nicht in der Packungsbeilage aufgeführt sind) teilen Sie diese bitte Ihrem Arzt oder Apotheker mit.

Packungsgrößen und Preise

50 ml (PZN 03811006)	Euro 21,90
100 ml (PZN 03811704)	Euro 32,45

REGENAPLEX GmbH

REGENAPLEXE

Tropfen

REGENAPLEXE homöopathische Komplexmittel werden nach der von G. C. Stahlkopf entwickelten REGENA-Therapie eingesetzt. Stahlkopfs feste Überzeugung war, dass Krankheit ein Heilbestreben des Körpers darstellt und so gesehen nicht künstlich unterdrückt werden darf. Die REGENA-Therapie versteht sich als eine eigenständige Therapieform, die auf einem Sortiment von ca. 250 Komplexmitteln (REGENAPLEXEN) aufbaut, welche mit Nummern bezeichnet sind. Sie werden nach ihrer ganzheitlichen Wirkung auf den Gesamtstoffwechsel für jeden Patienten individuell kombiniert. Unser umfangreiches Sortiment bietet Ihnen die Möglichkeit einer sanften, jedoch sehr wirkungsvollen, nebenwirkungsarmen Medizin.

Sanum-Kehlbeck

Sankombi® D5 Mischung

Tropfen

Wirkstoff: Mucor racemosus e volumine mycelii Dil. D5, Aspergillus niger e volumine mycelii Dil. D5

Zusammensetzung
10 ml Mischung enthalten: Wirkstoffe: 5 ml Mucor racemosus e volumine mycelii Dil. D5 (HAB, Vorschrift 5a; Lsg. D1 mit gereinigtem Wasser), 5 ml Aspergillus niger e volumine mycelii Dil. D5 (HAB, Vorschrift 5a; Lsg. D1 mit gereinigtem Wasser).

Anwendungsgebiete
Erfahrungsgemäß unterstützend angewendet bei:
- Erkrankungen aufgrund von Durchblutungsstörungen, z. B. Embolien, Thrombosen, Hämorrhoiden
- Erkrankungen des Bewegungsapparates, z. B. degenerative und entzündliche Erkrankungen, wie Mb. Bechterew
- Lymphatismus.

Eigenschaften
Sankombi® D5 ist ein Kombinationspräparat, das zu gleichen Teilen aus Mucokehl® D5 und Nigersan® D5 besteht. Mucokehl® wird gewonnen aus dem Schimmelpilz Mucor racemosus Fresen und beeinflusst alle Veränderungen im Körper, die auf Durchblutungsstörungen beruhen. Nigersan® wird gewonnen aus dem

Schimmelpilz Aspergillus niger und ist ein SANUM-Präparat zur Behandlung der tuberkulinen Konstitution und deren Folgekrankheiten.

Nebenwirkungen
Aufgrund des Gehaltes von Sankombi® D5 an spezifischen organischen Bestandteilen können Überempfindlichkeitsreaktionen, hauptsächlich in Form von Hautreaktionen, auftreten und eine Allergie gegen die Bestandteile Aspergillus niger und Mucor racemosus ausgelöst werden. Das Arzneimittel ist dann abzusetzen und ein Arzt aufzusuchen.

Gegenanzeigen
Nicht anwenden bei:
- bekannter Überempfindlichkeit gegenüber Schimmelpilzen (Aspergillus niger/Mucor racemosus)
- Autoimmunerkrankungen
- Kindern unter 12 Jahren
- Schwangerschaft und Stillzeit.

Vorsichtsmaßnahmen
Keine bekannt.

Warnhinweise
Keine bekannt.

Wechselwirkungen
Immunsuppressiv wirkende Arzneimittel können die Wirksamkeit von Sankombi® D5 beeinträchtigen. Vor und nach der Behandlung mit oral verabreichten Lebendimpfstoffen ist ein Abstand von 4 Wochen einzuhalten.

Dosierung
Zum Einnehmen: Erwachsene und Jugendliche ab 12 Jahren nehmen 1 – 2-mal täglich je 5 Tropfen ein.

Zum Einreiben: Erwachsene und Jugendliche ab 12 Jahren reiben 1-mal täglich 5 - 10 Tropfen in die Ellenbeuge ein.

Nach längstens 4 Wochen Therapiedauer sollte Sankombi® D5 abgesetzt werden.

Packungsgrößen und Preise
10 ml (PZN 03206759) .. Euro 13,82
10-mal 10 ml (PZN 03206765) .. Euro 107,05

Apothekenpflichtig.

Weber & Weber

VoWen® -T

Tabletten

Zusammensetzung
Wirkstoffe: 1 Tbl. enth.: Aconitum napellus Trit. D6 20 mg; Capsicum annuum Trit. D4 20 mg; Chamomilla recutita Trit. D1 20 mg; Echinacea purpurea Trit. D1 20 mg; Hydrargyrum bicyanatum Trit. D8 20 mg; Hydrastis canadensis Trit. D4 20 mg; Iodum Trit. D4 20 mg; Natrium tetraboracicum Trit. D4 20 mg; Sambucus nigra Trit. D1 20 mg; Sanguinaria canadensis Trit. D2 20 mg. Sonst. Bestandteile: Magnesiumstearat; Maisstärke.

Anwendungsgebiete
VoWen®-T ist ein registriertes homöopath. Arzneimittel, daher ohne Angabe einer therap. Indikation. Bei während der Anwend. des Arzneimittels fortdauernden Krankheitssymptomen holen Sie bitte med. Rat ein.

Gegenanzeigen
Säuglinge unter 1 J. Überempfindlichkeit gg. einen der Wirk- oder Hilfsstoffe, gg. Kamille, Sonnenhut oder gg. Korbblütler. Schwangerschaft und Stillzeit. Aus grundsätzl. Erwägungen darf VoWen®-T nicht eingenommen werden bei fortschreitenden Systemerkrank. wie Tuberkulose, Leukämie bzw. Leukämie-ähnlichen Erkrank., entzündlichen Erkrank. des Bindegewebes (Kollagenosen), Autoimmunerkrank., Multipler Sklerose, AIDS-Erkrank., HIV-Infektion oder anderen chron. Viruserkrank.

Nebenwirkungen
In Einzelfällen können Überempfindlichkeitsreaktionen auftreten. Für Arzneimittel mit Zubereitungen aus Sonnenhut wurden Hautausschlag, Juckreiz, selten Gesichtsschwellung, Atemnot, Schwindel und Blutdruckabfall be-

obachtet. Ferner kann nach Anwend. erneut Speichelfluss auftreten. In diesem Fall ist das Mittel abzusetzen.

Sonstige Hinweise
Enthält Lactose. Bitte nehmen Sie VoWen®-T daher erst nach Rücksprache mit Ihrem Arzt ein, wenn Ihnen bekannt ist, dass Sie unter einer Zuckerunverträglichkeit leiden.

Dosierung und Art der Anwendung
Erwachsene nehmen bei **akuten Zuständen** alle halbe bis ganze Std., höchstens 6x tgl., je 1 Tbl., bei **chron. Verlaufsformen** 1 – 3x tgl. je 1 Tbl. ein. **Kinder zwischen 6 und 12 J.** erhalten 4x tgl. je 1 Tbl. bei **akuten Zuständen**, 1 – 2x tgl. je 1 Tbl. bei **chron. Verlaufsformen. Kleinkinder vom 1. bis zum 6. Lebensj.** erhalten 3x tgl. je 1 Tbl. bei **akuten Zuständen**, 1x tgl. je 1 Tbl. bei **chron. Verlaufsformen**.

Bei Besserung der Beschwerden ist die Häufigkeit der Einnahme zu reduzieren.

Dauer der Anwend.: Das Arzneimittel sollte ohne ärztl. Rat nicht länger als 8 Wo. eingenommen werden.

Packungsgrößen und Preise
50 Tbl. (PZN 04399849) .... Euro 17,87
100 Tbl. (PZN 04399855) .... Euro 23,84

INTERNA
(Mikrobiologische Therapien)

Cellavent

Acurmin®

Kapseln

Nahrungsergänzungsmittel

Kurkuma-Präparate für verschiedene Anwendungsbereiche

siehe Entzündungen

NutraMedix Deutschland

Binder Plus NutraMedix Kapseln

siehe Magen-Darm-Beschwerden

nutrimmun GmbH

MyBIOTIK®BABY
Tropfen

Eigenschaften
Nahrungsergänzungsmittel mit der seit 40 Jahren wissenschaftlich geprüften Bakterienkultur *Bifidobacterium animalis subsp. lactis* (BB-12®). Speziell für Babys entwickelt, ab Geburt geeignet.

Zusammensetzung
Bakterienkultur:

Bifidobacterium animalis subsp. lactis (BB-12®)

Sonnenblumenöl (ölsäurereich), Bakterienkultur Bifidobacterium animalis subsp. lactis (5,1 %), Antioxidationsmittel: Alpha Tocopherol.

BB-12® ist eine eingetragene Marke von Chr. Hansen A/S.

Dosierung
Flasche vor jedem Gebrauch gut schütteln, bis sich das Pulver gleichmäßig mit dem Öl vermischt hat. Es entsteht eine trübe Lösung.

1x täglich 6 Tropfen unverdünnt geben: z. B. auf einem Löffel, beim Stillvorgang auf der Brustwarze oder auf einem Schnuller. Alternativ in etwas Milch oder Wasser einrühren. Vorzugsweise vor der ersten Mahlzeit.

Nicht mit heißen Lebensmitteln mischen. Während einer Antibiotikaeinnahme bitte einen Abstand von 2 Std. einhalten.

Sonstige Hinweise
Glutenfrei. Laktosefrei. Vegan. Ohne Aromen, Farb- und Süßstoffe. Haltbar bei Raumtemperatur. Langfristige Einnahme möglich.

Packungsgrößen und Preise
(PZN
21 Tagesportionen 20129368) . . . Euro 20,95

nutrimmun GmbH

MyBIOTIK®BALANCE RDS

Pulver + Kapsel

Eigenschaften
Für Verdauung, Darmschleimhaut und Nervensystem.

MyBIOTIK®BALANCE RDS enthält *Lactobacillus plantarum* 299v* (LP299V®) sowie Vitamin D, Calcium und B-Vitamine.

Calcium trägt zu einer normalen Funktion der Verdauungsenzyme bei. Vitamin D trägt zur normalen Aufnahme und Verwertung von Calcium bei. Niacin trägt zum Erhalt einer normalen Darmschleimhaut bei. Vitamin B6, B12 und Niacin tragen zur normalen Funktion des Nervensystems bei.

*LP299V patented by probi®

Zusammensetzung
Pulver: Bakterienkultur *Lactobacillus plantarum* 299v
Kapsel: Vitamin B12, Vitamin B6, Folsäure, Niacin, Vitamin D, Calcium

Sonstige Hinweise
Glutenfrei. Laktosefrei. Vegetarisch. Ohne Aromen, Farb- und Süßstoffe.

Haltbar bei Raumtemperatur. Langfristige Einnahme möglich.

Dosierung
1x tgl.: 1 Beutelinhalt (2 g) in ein leeres Glas füllen und unter Rühren in ca. 100 ml stillem Wasser auflösen. Auf leeren Magen mind. 15 Minuten vor einer Mahlzeit trinken. 1 Kapsel zu einer Mahlzeit mit etwas Flüssigkeit, z. B. einem Glas Wasser, einnehmen.

Für Kinder ab 7 Jahren geeignet.

In Rücksprache mit gynäkologischem Fachpersonal auch für Schwangere und Stillende geeignet.

Packungsgrößen und Preise
20 Tagesport. (PZN 15635170) . . Euro 31,45
40 Tagesport. (PZN 15635187) . . Euro 53,95

nutrimmun GmbH

MyBIOTIK®BIOFIBRE

Pulver

Eigenschaften
Für die gezielte Zufuhr von löslichen Ballaststoffen.

Das Pulver aus 100% Pflanzenfasern unterstützt durch die hochwertigen löslichen Ballaststoffe eine ausgewogene Ernährung.

Hoher Gehalt an löslichen Ballaststoffen, die als Nahrungsquelle für die intestinale Mikrobiota dienen und ein intaktes Darm-Ökosystem unterstützen.

Zusammensetzung
100% Akazienfaserpulver aus kontrolliert biologischem Anbau.*

*Kontrollstellennummer DE-ÖKO-006

Sonstige Hinweise
Glutenfrei. Von Natur aus laktosefrei. Vegan. Ohne Zusatzstoffe. Geschmacksneutral. Langfristige Einnahme möglich.

MyBIOTIK®BIOFIBRE erhöht die tägliche Ballaststoffaufnahme je nach Tagesportion um 6,8 – 14g.

Keine zusätzlich erhöhte Trinkmenge nötig, da kaum quellend. Wachstumsfördernd für natürliche, gesunde Darmbakterien. Sehr gute Verträglichkeit, weniger blähend als FOS (Fructooligosaccharide).

Dosierung
1-mal täglich 1 – 2 gehäufte Esslöffel Pulver (1 gehäufter Esslöffel entspricht 8 g) in ein leeres Glas füllen und unter Rühren in ca. 200 ml

Flüssigkeit auflösen. Die Tagesportion kann über den Tag verteilt vor, zu oder unabhängig von einer Mahlzeit eingenommen werden.

Tipp: Das geschmacksneutrale Pulver kann je nach Vorliebe in stilles Wasser, Tee, Saft, Joghurt, Müsli oder andere Speisen eingerührt werden.

Empfohlene Einnahmedauer mindestens 30 Tage, eine regelmäßige Einnahme ist empfehlenswert.

Kinder von 3 – 12 Jahren nehmen in der ersten Woche 1x täglich 1/2 EL (4 g), danach 1x täglich 1 gehäuften EL (8 g).

Packungsgröße und Preise

30 Tagesportionen, (PZN
240 g Pulver (Dose) 1840771) . . Euro 24,95

nutrimmun GmbH

MyBIOTIK®IMMUGY

Pulver + Kapseln

siehe Grippe, grippaler Infekt, Erkältung

nutrimmun GmbH

MyBIOTIK®LIFE+

Pulver + Kapseln

Eigenschaften

Für mentale Leistungsfähigkeit, Energie und gute Nerven.

Nahrungsergänzungsmittel mit einem speziellen Komplex aus aktiven Bakterienkulturen und allen B-Vitaminen, Vitamin D, Magnesium sowie Zink.

Pantothensäure trägt zu einer normalen mentalen Leistungsfähigkeit bei. Die Vitamine B1, B2, B6, B12, Niacin, Biotin sowie Magnesium tragen zu einem normalen Energiestoffwechsel und zur normalen Funktion des Nervensystems bei.

Zusammensetzung

Pulver: Bakterienkulturen *Bifidobacterium longum* R0175 und *Lactobacillus helveticus* R0052

Kapseln: Vitamin B1, Vitamin B2, Niacin, Pantothensäure, Vitamin B6, Biotin, Folsäure, Vitamin B12, Vitamin D, Magnesium, Zink

Sonstige Hinweise

Glutenfrei. Laktosefrei. Vegetarisch. Ohne Aromen, Farb- und Süßstoffe. Haltbar bei Raumtemperatur. Langfristige Einnahme möglich. Kann Spuren von Milch von Soja enthalten.

Dosierung

1x tgl.: Beutelinhalt (1,5 g) in ein leeres Glas füllen und unter Rühren in ca. 100 ml stillem Wasser auflösen. Auf leeren Magen mind. 15 Minuten vor einer Mahlzeit trinken. 2 Kapseln zu einer Mahlzeit mit etwas Flüssigkeit, z. B. einem Glas Wasser, einnehmen. Die Kapseln können bei Bedarf geöffnet werden.

Für Kinder ab 11 Jahren geeignet.

In Rücksprache mit gynäkologischem Fachpersonal auch für Schwangere und Stillende geeignet.

Packungsgrößen und Preise

30 Tagesport. (PZN 16537481) . . Euro 51,95

nutrimmun GmbH

MyBIOTIK®PROTECT

Pulver

Eigenschaften

Mikrobiota-Komplex mit ausgewogener Diversität und wichtigem Nährstoff für Zellschutz.

Nahrungsergänzungsmittel mit einem speziellen Komplex aus aktiven Bakterienkulturen und Vitamin B2. Vitamin B2 trägt zum Erhalt normaler Schleimhäute sowie zum Schutz der Zellen vor oxidativem Stress bei.

Enthält 11 aktive Bakterienkulturen mit ausgewiesener Stammspezifität.

Zusammensetzung
Bakterienkulturen:

- *Bifidobacterium animalis* W53
- *Bifidobacterium bifidum* W23
- *Bifidobacterium lactis* W51
- *Bifidobacterium lactis* W52
- *Enterococcus faecium* W54
- *Lactobacillus acidophilus* W55
- *Lactobacillus casei* W56
- *Lactobacillus plantarum* W21
- *Lactobacillus rhamnosus* W71
- *Lactobacillus salivarius* W24
- *Lactococcus lactis* W58

Maisstärke, Maltodextrin, Kaliumchlorid, Magnesiumsulfat, Bakterienkulturen (1,5%), Riboflavin-5`-phosphat-Natrium (Vitamin B2), Mangansulfat

Sonstige Hinweise
Glutenfrei. Laktosefrei. Vegan. Ohne Aromen, Farb- und Süßstoffe. Haltbar bei Raumtemperatur. Langfristige Einnahme möglich.

Dosierung
1x tgl.: 1 Beutelinhalt (2 g) in ein leeres Glas geben und unter Rühren in ca. 100 ml stillem Wasser auflösen. Auf leeren Magen mind. 15 Minuten vor einer Mahlzeit trinken.

Kinder von 1 – 5 Jahren: In der 1. Woche 1x tgl. 1/2 Beutelinhalt (1 g, bitte abwiegen), danach 1x tägl. 1 Beutelinhalt (2 g)

In Rücksprache mit gynäkologischem Fachpersonal auch für Schwangere und Stillende geeignet.

Während der Antibiotika-Anwendung: Bitte einen Abstand von mind. 2 Stunden zum Antibiotikum einhalten.

Packungsgrößen und Preise
15 Tagesport. (PZN 15890850) .. Euro 22,45
30 Tagesport. (PZN 15890867) .. Euro 41,95

nutrimmun GmbH

MyBIOTIK®PUR

Pulver

Eigenschaften
Für Haut und Schleimhäute.

Nahrungsergänzungsmittel mit einem speziellen Komplex aus 6 aktiven Bakterienkulturen, Biotin und Vitamin B2. Biotin und Vitamin B2 tragen zum Erhalt normaler Haut und Schleimhäute bei.

Zusammensetzung
Bakterienkulturen:

- *Bifidobacterium bifidum* W23
- *Bifidobacterium lactis* W51
- *Lactobacillus acidophilus* W55
- *Lactobacillus casei* W56
- *Lactococcus lactis* W58
- *Lactobacillus salivarius* W57

Maisstärke, Maltodextrin, Bakterienkulturen (2,6 %), Riboflavin-5'-phosphat-Natrium (Vitamin B2), D-Biotin.

Sonstige Hinweise
Glutenfrei. Laktosefrei. Vegan. Ohne Aromen, Farb- und Süßstoffe. Haltbar bei Raumtemperatur. Langfristige Einnahme möglich.

Dosierung
1x tgl.: 1 Beutelinhalt (2 g) in ein leeres Glas füllen und unter Rühren in ca. 100 ml stillem Wasser auflösen. Auf leeren Magen mind. 15 Minuten vor einer Mahlzeit trinken.

Kinder von 1 – 5 Jahren: In der 1. Woche 1x tgl. 1/2 Beutelinhalt (1 g, bitte abwiegen), danach 1 x tägl. 1 Beutelinhalt (2 g).

In Rücksprache mit gynäkologischem Fachpersonal auch für Schwangere und Stillende geeignet.

Packungsgrößen und Preise
30 Tagesport. (PZN 16537452) .. Euro 34,95
90 Tagesport. (PZN 16537469) .. Euro 92,95

nutrimmun GmbH

MyBIOTIK®SPORT

Pulver

Eigenschaften
Für Energie, Muskeln und Immunsystem.

Nahrungsergänzungsmittel mit einem speziellen Komplex aus aktiven Bakterienkulturen, Magnesium und Vitamin C.

Magnesium trägt zum normalen Energiestoffwechsel und zur normalen Muskelfunktion bei. Vitamin C trägt zur normalen Funktion des Immunsystems während und nach intensiver körperlicher Belastung bei.

Zusammensetzung

Bakterienkulturen:

- *Bifidobacterium bifidum* W23
- *Bifidobacterium lactis* W51
- *Enterococcus faecium* W54
- *Lactobacillus casei* W56
- *Lactobacillus salivarius* W24
- *Lactococcus lactis* W58

Reisstärke, Maltodextrin, Magnesiumoxid, gecoatetes Vitamin C (Vitamin C, ganz gehärtetes Öl auf Basis von Kokosnuss- und Palmöl), Kaliumchlorid, Magnesiumsulfat, Enzyme: Alpha-Amylase, Bakterienkulturen (0,6 %), Mangansulfat

Sonstige Hinweise

Glutenfrei. Laktosefrei. Vegan. Ohne Aromen, Farb- und Süßstoffe. Haltbar bei Raumtemperatur. Langfristige Einnahme möglich.

Dosierung

1x tgl.: 1 Beutelinhalt (3 g) in ein leeres Glas füllen und unter Rühren in ca. 100 ml stillem Wasser auflösen. Auf leeren Magen mind. 15 Minuten vor einer Mahlzeit trinken.

Für Jugendliche ab 15 Jahren geeignet.

In Rücksprache mit gynäkologischem Fachpersonal auch für Schwangere und Stillende geeignet.

Packungsgrößen und Preise

30 Tagesport. (PZN 16659416) .. Euro 41,95

Laves-Arzneimittel GmbH

Sibosan®

Kapseln

Eigenschaften

Nahrungsergänzungsmittel zur gezielten Unterstützung der gesunden Darmflora und für ein natürliches Gleichgewicht zwischen Dünn- und Dickdarmflora. Es enthält eine besondere Kombination aus probiotischen Bakterien in hoher Konzentration, dem natürlichen Enzym Lysozym und pflanzlichen ätherischen Ölen.

Zusammensetzung

Je Kapsel: *Bacillus subtilis* DE111™ (1 x 10^9 KBE), Lysozym (110 mg), ätherische Öle (Eugenol, Carvacrol, Thymol (35 mg))

Sonstige Bestandteile

Tapiokadextrin, Säureregulator Kaliumgluconat, Trennmittel Siliciumdioxid, mittelkettige Triglyceride; Kapsel: Verdickungsmittel Hydroxypropylmethylcellulose, Wasser

Hinweis

Enthält **Ei** (Lysozym) und **Schwefeldioxid / Sulfite** (ätherische Öle). Kann Spuren von *Soja* enthalten. Die angegebene empfohlene tägliche Verzehrmenge darf nicht überschritten werden. Nahrungsergänzungsmittel sollten nicht als Ersatz für eine ausgewogene, abwechslungsreiche Ernährung dienen und ersetzen nicht eine gesunde Lebensweise. Außerhalb der Reichweite von kleinen Kindern aufbewahren.

Verzehrempfehlung

2 – 3x täglich eine Kapsel 30 Min. vor den größten Mahlzeiten mit etwas Flüssigkeit einnehmen.

Packungsgrößen und Preise

30 Kapseln (PZN 11268728) ..... Euro 36,10
60 Kapseln (PZN 11268757) ..... Euro 64,30

SymbioPharm GmbH

SYMBIOFLOR® 1

Tropfen

siehe Atemwegsbeschwerden

SymbioPharm GmbH

SYMBIOFLOR® 2

Tropfen

siehe Magen-Darm-Beschwerden

INTERNA
(Phytotherapie)

NutraMedix Deutschland

Adrenal NutraMedix Tropfen

siehe Erschöpfung und Müdigkeit

NutraMedix Deutschland

Banderol NutraMedix Tropfen

siehe Infektionen

NutraMedix Deutschland

Burbur-Pinella NutraMedix Tropfen

siehe Umwelt- und Schwermetallbelastung

Ceres Heilmittel GmbH

Ceres Echinacea-Erkältungs-Komplex

Tropfen

Homöopath. Arzneimittel

siehe Grippe, grippaler Infekt, Erkältung

Ceres Heilmittel GmbH

Ceres Taraxacum comp. Leber-Galle Tropfen

Homöopathisches Arzneimittel

siehe Lebererkrankung

NutraMedix Deutschland

Cowden+ Support Programm (CSP+)

siehe Infektionen

NutraMedix Deutschland

Dandilion NutraMedix Tropfen

siehe Umwelt- und Schwermetallbelastung

PlantaVis GmbH

GedankenKraft

Kapseln

Zusammensetzung
Rosmarin Blatt Extrakt, Salbei Blatt Extrakt, L-Glutaminsäure, Kapselhülle: Hydroxypropylmethylcellulose, Safran Extrakt Safranal, Schwarzer Pfeffer Extrakt 95% Piperine, Vitamin B6, Vitamin B1, Folsäure, Vitamin B12

Anwendungsgebiete
Die Gedankenkraft-Kapseln kombinieren wertvolle B-Vitamine (B1, B6, B12, Folat) mit ausgewählten Pflanzenextrakten. Rosmarin und Salbei werden traditionell für ihre Verwendung in Zeiten geistiger Beanspruchung geschätzt und gelten seit jeher als bewährte Begleiter für einen klaren Kopf. Ergänzt wird die Rezeptur durch Safran und Schwarzen Pfeffer, die die pflanzliche Zusammensetzung abrunden.

Dosierung
Täglich 1 Kapsel mit ausreichend Flüssigkeit einnehmen.

Warnhinweise
Die angegebene empfohlene tägliche Verzehrsmenge darf nicht überschritten werden. Nahrungsergänzungsmittel sollten nicht als Ersatz für eine ausgewogene, abwechslungsreiche Ernährung und gesunde Lebensweise verwendet werden. Das Produkt ist außerhalb der

Reichweite von kleinen Kindern aufzubewahren. Lagern Sie das Produkt trocken, lichtgeschützt und nicht über 25 °C.

Packungsgrößen und Preise
60 Kapseln (PZN 20009871) ..... Euro 34,90

NutraMedix Deutschland
Glucomedix NutraMedix Tropfen

siehe Stoffwechselstörung

NutraMedix Deutschland
Hormonal Balance NutraMedix Tropfen

siehe Gyn. Erkrankungen & Frauenbeschwerden

NutraMedix Deutschland
Houttuynia NutraMedix Tropfen

siehe Infektionen

NutraMedix Deutschland
ImmuneMedix NutraMedix Tropfen

siehe Immunsystemerkrankungen und -schwäche

Volopharm GmbH Deutschland
Natur-Nahrung™

Weichkapseln

Monopräparate auf Weißdornbasis oder als Kombinationspräparat mit Mistel und Knoblauch eignen sich hervorragend als phytotherapeutische Maßnahme bei Herzinsuffizienz (Altersherz) oder Kreislaufschwäche.
siehe Herz- und Kreislaufbeschwerden

NutraMedix Deutschland
Natural Boost NutraMedix Tropfen

siehe Sexualstörungen

NutraMedix Deutschland
Nutra-BRL NutraMedix Tropfen

siehe Parasiten

BerryPharma
rubyni® CARDIO

Kapseln

Nahrungsergänzungsmittel mit Vitaminen, Magnesium und Pflanzenstoffen für Herz-Kreislauf und Blutgefäße

siehe Herz- und Kreislaufbeschwerden

BerryPharma
rubyni® MUCOSA

Pulver

Nahrungsergänzungsmittel mit Vitaminen, Mineral- und Pflanzenstoffen sowie Ballaststoffen für Darmschleimhaut und Mikrobiom

siehe Magen-Darm-Beschwerden

BerryPharma
rubyni® NEURO

Kapseln

Nahrungsergänzungsmittel mit Vitaminen, Mineral- und Pflanzenstoffen sowie Citicolin für Gehirn und Nerven

siehe Neurologische Erkrankungen

BerryPharma

rubyni® NIGHT

Kapseln

Nahrungsergänzungsmittel mit

Pflanzenstoffen, γ-Aminobuttersäure und L-Tryptophan für Entspannung und Balance.

siehe Stress, Unruhe und Schlafstörungen

NutraMedix Deutschland

Samento NutraMedix Tropfen

siehe Immunsystemerkrankungen und -schwäche

NutraMedix Deutschland

Sealantro NutraMedix Tropfen

siehe Umwelt- und Schwermetallbelastung

NutraMedix Deutschland

Takuna NutraMedix Tropfen

siehe Infektionen

INTERNA
(Vitalpilze)

NutraMedix Deutschland

ImmuneMedix NutraMedix Tropfen

siehe Immunsystemerkrankungen und -schwäche

PlantaVis GmbH

Reishi plus

Kapseln

Zusammensetzung
Glänzender Lackporling-Pulver (Reishi), Kapselhülle: Hydroxymethylcellulose, Vitamin C, Vitamin E, Selenhefe, Niacin, Vitamin B12, Pantothensäure, Vitamin B1, Vitamin B6, Vitamin B2, Folsäure

Anwendungsgebiete
Der Reishi Pilz ist einer der beliebtesten und wertvollsten Vitalpilze. Bekannt ist er vor allem aus Ostasien, wo er in der Traditionellen Japanischen und in der Traditionellen Chinesischen Heilkunde eingesetzt wird. Reishi wird vor allem zur Unterstützung des Immunsystems und zur Förderung von Ruhe, Stressabbau und allgemeinem Wohlbefinden eingesetzt.

Dosierung
Täglich 4 Kapseln mit ausreichend Flüssigkeit einnehmen.

Warnhinweise
Die angegebene empfohlene tägliche Verzehrsmenge darf nicht überschritten werden. Nahrungsergänzungsmittel sollten nicht als Ersatz für eine ausgewogene, abwechslungsreiche Ernährung und gesunde Lebensweise verwendet werden. Das Produkt ist außerhalb der Reichweite von kleinen Kindern aufzubewahren. Lagern Sie das Produkt trocken, lichtgeschützt und nicht über 25 °C.

Packungsgrößen und Preise
120 Kapseln (PZN 13575009) ... Euro 34,45

Medizinischer Bedarf

VERLAG

Alle Informationen zu den Präparaten basieren auf den Angaben des jeweiligen Herstellers. Eine Haftung ist ausgeschlossen.

Externa
(Akupunktur)

wandrey GmbH

Akunadeln Wandrey

Akupunkturnadeln, Ohrkugeln, Moxa, Kinesiotape und Zubehör

Tel.: 030-72010220
bestellung@akunadeln.de
www.akunadeln.de

China Purmed GmbH

China Purmed

China Purmed GmbH

Sophienstr. 13, 76133 Karlsruhe

Vertrieb von Akupunkturprodukten, TCM Praxisbedarf & Aura Nutrition Kräutertabletten

www.chinapurmed.de,info@chinapurmed.de, Tel. 0721 36040, Fax 0721 36080

Externa
(Alternativtherapien)

Ruehe Healthcare GmbH

Sorion® Repair Creme Sensitive

Salbe

Die pflanzliche Alternative bei Hautirritationen, Neurodermitis, Schuppenflechte und Juckreiz: Intensiv pflegende Repair Creme mit ayurvedischem Heilpflanzenkomplex, speziell abgestimmt auf die Bedürfnisse akut und chronisch gereizter, juckender und schuppiger Haut auf Basis einer sanften Öl-in-Wasser-Emulsion mit wertvollem Kokosöl und kaltgepresster Sheabutter. Frei von Mineralöl, Paraffinen, Parabenen sowie zusätzlichen Farb- und Duftstoffen. Hautverträglichkeit dermatologisch bestätigt.

siehe Dermatitis & Hautbeschwerden

Interna

WH Pharmawerk Weinböhla GmbH

Activomin®

Kapseln

siehe Magen-Darm-Beschwerden

BerryPharma

rubyni® CARDIO

Kapseln

Nahrungsergänzungsmittel mit Vitaminen, Magnesium und Pflanzenstoffen für Herz-Kreislauf und Blutgefäße

siehe Herz- und Kreislaufbeschwerden

BerryPharma

rubyni® MUCOSA

Pulver

Nahrungsergänzungsmittel mit Vitaminen, Mineral- und Pflanzenstoffen sowie Ballaststoffen für Darmschleimhaut und Mikrobiom

siehe Magen-Darm-Beschwerden

BerryPharma

rubyni® NEURO

Kapseln

Nahrungsergänzungsmittel mit Vitaminen, Mineral- und Pflanzenstoffen sowie Citicolin für Gehirn und Nerven

siehe Neurologische Erkrankungen

BerryPharma

rubyni® NIGHT

Kapseln

Nahrungsergänzungsmittel mit

Pflanzenstoffen, γ-Aminobuttersäure und L-Tryptophan für Entspannung und Balance.

siehe Stress, Unruhe und Schlafstörungen

INTERNA
(Diagnostika)

Sanum-Kehlbeck

Polysan Test (Spengler-Kolloide)

A – D – Dx – E – G – K – M – Om – R – T

Die POLYSAN-Testreihe enthält die sog. Spengler-Kolloide, welche von Dr. med. Carl Spengler, Davos, entwickelt wurden. Mit ihrer Hilfe kann der Agglutinationstest nach Dr. Schwarz durchgeführt werden. Sind im Blut eines Menschen als Folge einer durchgemachten Erkrankung Antikörper vorhanden, so bilden sie mit dem jeweiligen POLYSAN (siehe unten), das als Antigen wirkt, eine Reaktion. Die Antigen-Antikörper-Reaktion bewirkt eine Agglutination, d. h. Zusammenballung der Immunkomplexe, welche makroskopisch/mikroskopisch sichtbar wird. Der Agglutinationsgrad ist gleichzeitig ein Maß für die Höhe des Antikörpertiters.

Diagnosemöglichkeiten mit den POLYSAN-Testlösungen

A – D – Dx – E – G – K – M – Om – R – T

A = Altersbeschwerden, Stoffwechselstörungen, Arterienverkalkung, erhöhter Blutdruck, Herzaffektionen,
Nervenkrankheiten, Parodontose, Prostataerkrankung.

D = Fokalinfektionen (auch im Wechsel mit Dx).

Dx = latente Herdinfektionen (auch im Wechsel mit D).

E = Erbgifte, besonders luetischer Natur.

G = Grippe, Angina tonsillaris, Eiterungen, alle Entzündungen, Blutvergiftungen, fieberhafte Erkrankungen, Erkältungskrankheiten.

K = Kreislaufstörungen, venöse Stauungen, allergische Leiden (Asthma, Heuschnupfen), Krampfadern, Krebsvorstadien.

M = Malaria und deren Spätfolgen.

Om = Geschwülste, gut- und bösartige, Präkanzerosen.

R = Rheuma, Gicht, Neuralgie, Harnsäureausscheidung, Rheumatismus auf tuberkulotoxischer Basis.

T = Tuberkulose, latente und larvierte Ausdrucksformen, wie Asthma, Ekzeme, Rheuma, Migräne, Skrofulose.

Packungsgrößen und Preise

	Polysan (PZN)	
	A (03190627)	
	D (03190656)	
	Dx (03190679)	
	E (03403218)	
	G (03190691)	
	K (03190722)	
	M (03190768)	
	Om (03190745)	
	R (03190780)	
10 ml	T (03190805)	Euro 9,66
	Polysan (PZN)	
	A (03190633)	
	D (03190662)	
	Dx (03190685)	
	E (03403224)	
	G (03190716)	
	K (03190739)	
	M (03190774)	
10-	Om (03190751)	
mal	R (03190797)	
10 ml	T (03190811)	Euro 78,02

INTERNA
(Gerätemedizin - Klistier, Einlauf, Irrigator)

Swiss Med Analytics AG

Spekula für die Colon-Hydro Therapie

www.colontherapie.de / info@colontherapie.de

EXTERNA
(Hygiene)

Camassia

Flüssigseifenbasis BIO

Äußerliche Anwendung

Bio-zertifizierte Flüssigseifenbasis auf Basis von Aloe vera und milden, hautverträglichen Tensiden. Hypoallergen formuliert und geeignet für sensible Haut, für Erwachsene und Kinder.

Kann direkt als gebrauchsfertige Flüssigseife eingesetzt oder als Grundformulierung für Handseifen, Duschgele und Shampoos verwendet werden.

Zusammensetzung
INCI: Aloe barbadensis Leaf Juice*, Glycerin**, Aqua, Coco-Glucoside, Decyl-Glucoside, Xanthan Gum, Glyceryl Caprylate, Glyceryl Undecylenate, Maris Sal, Phytic Acid, Benzyl Alcohol, Benzoic Acid.

*Aus biologischem Anbau. **Hergestellt aus biologischen Rohstoffen.

Anwendungsgebiete
Modulare Anpassung durch die Zugabe von Pflanzenölen, ätherischen Ölen oder funktionellen Wirkstoffen möglich.

Packungsgrößen und Preise
Individuelle Angebote auf Anfrage.

EXTERNA
(Körperpflege & Naturkosmetik)

Camassia

Cremebasis BIO

Creme

Äußerliche Anwendung

Universell einsetzbare Grundlage für individuelle Hautpflegeformulierungen. Hypoallergen formuliert. Kombinierbar mit lipophilen oder hydrophilen Wirkstoffen.

Zusammensetzung
INCI: Aloe barbadensis Leaf Juice*, Caprylic/Capric Triglyceride, Glycerin**, Cetyl Alcohol, Cetearyl Olivate, Butyrospermum Parkii Butter*, Sorbitan Olivate, Glyceryl Caprylate, Tocopherol, Xanthan Gum, Glyceryl Undecylenate, Phytic Acid, Aqua, Benzyl Alcohol.

*Aus biologischem Anbau. **Hergestellt aus biologischen Rohstoffen.

Anwendungsgebiete
Einsatz als Ready-to-Use-Creme für empfindliche Haut oder als modulare Basisformulierung.

Anpassung durch Wirkstoffzugabe im Bereich von 5 - 45% möglich.

Packungsgrößen und Preise
Individuelle Angebote auf Anfrage.

Ruehe Healthcare GmbH

Sorion® Repair Creme Sensitive

Salbe

Die pflanzliche Alternative bei Hautirritationen, Neurodermitis, Schuppenflechte und Juckreiz: Intensiv pflegende Repair Creme mit ayurvedischem Heilpflanzenkomplex, speziell abgestimmt auf die Bedürfnisse akut und chronisch gereizter, juckender und schuppiger Haut auf Basis einer sanften Öl-in-Wasser-Emulsion mit wertvollem Kokosöl und kaltgepresster Sheabutter. Frei von Mineralöl, Paraffinen, Parabenen sowie zusätzlichen Farb- und Duftstoffen. Hautverträglichkeit dermatologisch bestätigt.

siehe Dermatitis & Hautbeschwerden

Arzneimittelkommission der deutschen Heilpraktiker

VERLAG

Die Arzneimittelkommission: Aufgaben und Ziele

Die Arzneimittelkommission der deutschen Heilpraktiker (AMK) wird von den vier Verbänden des DDH (Dachverband Deutscher Heilpraktikerverbände), dem Heilpraktikerinnenverband Lachesis, dem BDHN und der ACON getragen. Sie ist Stufenplanbeteiligte im Sinne des § 63 des Arzneimittelgesetzes (AMG). Ihre Aufgabe ergibt sich diesbezüglich aus § 62 AMG.

Dort heißt es: „Die zuständige Bundesoberbehörde (BfArM) hat zur Verhütung einer unmittelbaren oder mittelbaren Gefährdung der Gesundheit von Mensch oder Tier die bei der Anwendung von Arzneimitteln auftretenden Risiken, insbesondere Nebenwirkungen, Wechselwirkungen mit anderen Mitteln, Gegenanzeigen und Verfälschungen, zentral zu erfassen, auszuwerten und die nach diesem Gesetz zu ergreifenden Maßnahmen zu koordinieren. Sie wirkt dabei mit den Dienststellen der Weltgesundheitsorganisation, den Arzneimittelbehörden anderer Länder, den Gesundheits- und Veterinärbehörden der Bundesländer, den Arzneimittelkommissionen der Kammern der Heilberufe sowie mit anderen Stellen zusammen, die bei der Durchführung ihrer Aufgaben Arzneimittelrisiken erfassen."

Dies bedeutet, dass die AMK Meldungen aus der Heilpraktikerschaft über beobachtete Arzneimittelrisiken oder -nebenwirkungen dem Bundesinstitut für Arzneimittel und Medizinprodukte (BfArM) meldet. Zugleich gibt sie Informationen über Arzneimittelgefahren, Zulassungswiderrufe und/oder Rückrufe durch das BfArM an den Berufsstand weiter. Sie befasst sich mit Sachverständigengutachten und Stellungnahmen im Falle von Stufenplanverfahren. Darüber hinaus wurden der AMK von den Trägerverbänden und damit dem Berufsstand weitere Aufgaben zugeteilt. Als sachverständiges Gremium für Arzneimittelfragen wurde ihr die Aufgabe übertragen, die Verordnungsfreiheit und Vielfalt für den Heilpraktikerstand zu erhalten sowie Einschränkungen, etwa eine Ausweitung der Verschreibungspflicht oder unberechtigte Maßnahmen bei Zulassung, Nachzulassung oder Zulassungswiderruf, zu verhindern.

Sie bemüht sich, den Sachverstand der Mitglieder aus den Sachverständigenkommissionen beim BfArM zu koordinieren, deren Informationen zu diskutieren und auszuwerten, um zum einen berufspolitische Entscheidungen der Trägerverbände durch Sachgrundlagen vorzubereiten und andererseits den Mitgliedern in den Kommissionen Möglichkeiten für ihr weiteres Vorgehen aufzuzeigen.

Die AMK vertritt die Trägerverbände gemeinsam in Arzneimittel- und Arzneimittelgesetzesfragen in der politischen Öffentlichkeit und bei Bundesbehörden, z. B. bei Anhörungen oder durch Stellungnahmen. Sie besteht derzeit aus 9 Mitgliedern. Dies sind mehrheitlich Heilpraktiker mit langjähriger Erfahrung im Umgang mit unseren naturheilkundlichen Arzneimitteln. Hinzu kommen Apotheker, Biologen und Sachverständige der biologisch-pharmazeutischen Industrie. Mehrere AMK-Mitglieder sind zugleich Heilpraktiker und Apotheker oder Tierärzte.

Die AMK der deutschen Heilpraktiker vertritt ausschließlich die Interessen des Berufsstandes in Bezug auf Arzneimittel und Medizinprodukte. Sie arbeitet den Mitgliedern zu, die in den einzelnen Kommissionen sachverständig mitwirken und vom Ministerium für Gesundheit in der Regel für drei Jahre berufen werden. Dabei handelt es sich um sachverständige Gremien, die vom BfArM bei den verschiedenen Arzneimittelfragen beratend gehört werden müssen. Ihnen gehören u. a. Sachverständige aus der medizinisch-pharmazeutischen Wissenschaft und den Heilberufen an.

Beim BfArM gibt es u.a. einen „Sachverständigenausschuss für Apothekenpflicht“, einen „für Verschreibungspflicht“, „für Standardzulassungen“ und die Zulassungskommissionen für die Arzneimittel der besonderen Therapierichtungen. Darunter die für den Berufsstand wichtigen Kommissionen C für anthroposophische Arzneimittel, D für homöopathische Arzneimittel und E für pflanzliche Arzneimittel. Die Kommissionen bestehen normalerweise aus 10 bis 15 Sachverständigen. Darunter befinden sich u. a. Sachverständige aus der Pharmakologie, Toxikologie, Pharmazie, medizinischen Statistik und aus dem Anwendungsbereich, sprich Praktiker. Aus der Heilpraktikerschaft gehören den Kommissionen C, E und D Kolleginnen und Kollegen an. Zudem können bei den Kommissionssitzungen die jeweiligen Stellvertreter mitberaten. Der Einfluss unseres Berufsstandes hält sich somit bei einer oder zwei Stimmen von 10 bis 15 leider in sehr engen Grenzen. Zur Vollständigkeit sei noch erwähnt, dass es auch noch eine Deutsche Arzneibuch-Kommission und eine Deutsche Homöopathische Arzneibuch-Kommission gibt.

Geschäftsstelle der Arzneimittelkommission:
Maarweg 10, 53123 Bonn, Tel. 0228 / 96289900, Fax 0228 / 96289901,
E-Mail: amk@amk-heilpraktiker.de, www.amk-heilpraktiker.info

Literaturhinweise:

Blasius, H. et al.: Arzneimittel und Recht in Deutschland, WVG, 1. Aufl. 1998, Stuttgart
Blasius, H. et al.: Arzneimittel und Recht in Europa, WVG, 1. Aufl. 1998, Stuttgart
Blasius, H.: 25 Jahre Arzneimittelgesetz, Deutsche Apotheker Zeitung, Nr. 41 / 2003
Bundesverband der Arzneimittelhersteller (BAH): Homepage, Informationen zum Arzneimittelrecht
Deutsch, E. / Spickhoff, A.: Medizinrecht, Springer-Verlag, 5. Aufl. 2003, Berlin
Krüger, A.: Infektionskrankheiten im Kommen?, Berliner Heilpraktiker Nachrichten Nr. 4 / 1997 und 1 / 1998
Krüger, A.: Arzneimittelkommission Aktuell, Pressemeldungen der Arzneimittelkommission der deutschen
Heilpraktiker, veröffentlicht u. a. in den Fachzeitschriften Naturheilpraxis, Heilpraktiker & Volksheilkunde,
WIR und auf der Homepage der Arzneimittelkommission unter www.ddh-online.de
Krüger, A.: Die rechtliche Situation der naturheilkundlichen Arzneimittel, Vortrag auf den 42. Berliner Heilpraktikertagen am 25. Oktober 2003
Krüger, A.: Die rechtliche Situation der naturheilkundlichen Arzneimittel in Deutschland und Europa, Vortrag auf den Heilpraktikertagen 2004, Essen, 18.4.2004
Toellner, R.: Illustrierte Geschichte der Medizin, A&A-Verlag, Salzburg 1986
Krüger, A.: Arzneimittel in der Naturheilpraxis, Der Heilpraktiker Nr. 6/2018
Krüger, A.: Medizinprodukte in der Naturheilpraxis, Der Heilpraktiker Nr. 9/2018
Krüger, A.: Herstellung von Arzneimittel, Naturheilpraxis 02/2023
Krüger, A.: Arzneimittelrecht, Literaturfortbildung, Der Heilpraktiker 06/2023
Krüger, A.: Medizinprodukte und Hygieneplan, Der Heilpraktiker 09/2023

Der Aufbau des Arzneimittelgesetzes (AMG)

Das Arzneimittelgesetz aus dem Jahr 1976 richtet sich in erster Linie an die Vertreiber von Arzneimitteln. Das Gesetz ist in 18 Abschnitte gegliedert.

Der 1. Abschnitt formuliert den Zweck des Gesetzes und enthält Definitionen über die im AMG am häufigsten vorkommenden Begriffe. So enthält § 2 des AMG die Definition des Begriffs „Arzneimittel", die auf EU-Recht zurückgeht.

Im 2. Abschnitt werden Anforderungen an Arzneimittel beschrieben. So werden zwei Verbote ausgesprochen, und zwar das Verbot, bedenkliche Arzneimittel, also Arzneimittel, die bei bestimmungsgemäßem Gebrauch schädliche Wirkungen haben, die unvertretbar sind, in den Verkehr zu bringen, und es wird das Verbot zum Schutz vor Täuschung, das allgemeine Irreführungsverbot formuliert. Die §§ 10 und 11a enthalten die Anforderungen an die Kennzeichnung von Fertigarzneimitteln auf Behältnissen und äußeren Umhüllungen, die Anforderungen an die Packungsbeilage und die Anforderungen an die Fachinformation, ein Medium, das der Information von Ärzten dient.

Der 3. Abschnitt beschäftigt sich mit der Herstellung von Arzneimitteln. So wird z. B. festgestellt, wer eine besondere Herstellungserlaubnis braucht und welche Voraussetzungen dafür vorhanden sein müssen. So wird z. B. festgelegt, dass derjenige, der Arzneimittel herstellt, drei Personen bestellen muss, den Herstellungsleiter, Kontrollleiter und Vertriebsleiter, die eine bestimmte Ausbildung und Erfahrung in der Arzneimittelherstellung und -prüfung nachweisen müssen.

Der 4. Abschnitt betrifft die Zulassung von Arzneimitteln. Grundsätzlich bedürfen alle Arzneimittel einer Zulassung durch die Bundesoberbehörde, bevor sie in den Verkehr gebracht werden. Davon gibt es Ausnahmen für die Apothekenherstellung oder für bestimmte Fütterungsarzneimittel und selbstverständlich für Arzneimittel, die zur klinischen Prüfung bestimmt sind, weil die klinische Prüfung im Vorfeld der Zulassung durchgeführt wird. Die Vorschriften über die Zulassung im AMG bestimmen, welche Unterlagen dem Zulassungsantrag beizufügen sind, und des Weiteren, wann die Zulassung von der zuständigen Bundesoberbehörde zu erteilen bzw. vor allem zu versagen ist. Auch werden Gründe in diesem Abschnitt festgelegt, die die Rücknahme oder den Widerruf eines bereits zugelassenen Arzneimittels begründen. Des Weiteren befinden sich im Bereich dieser

Vorschriften die Regelungen für Standardzulassungen, dies ist eine Rechtsverordnung, in der bestimmte Arzneimittel festgelegt sind, für die es keiner Zulassung bedarf, sondern für die in der Verordnung die Details festgelegt werden.

Der 5. Abschnitt ist den homöopathischen Arzneimitteln gewidmet, die ein Registrierungsverfahren und kein Zulassungsverfahren durchlaufen. Auch in diesem Zusammenhang werden Registrierungsversagungsgründe festgelegt.

Der 6. Abschnitt ist überschrieben mit "Schutz des Menschen bei der klinischen Prüfung". Hier werden die allgemeinen Voraussetzungen für die Durchführung einer klinischen Prüfung, die vorzulegenden Unterlagen, die Vorschriften, die für klinische Prüfungen bei Minderjährigen gelten, festgelegt.

Der 7. Abschnitt betrifft die Abgabe von Arzneimitteln. § 43 AMG bestimmt grundsätzlich die Apothekenpflicht, und die §§ 44 und 45 legen die Regeln für die Arzneimittel fest, die außerhalb der Apotheke abgegeben werden dürfen, während die §§ 48 und 49 die Verschreibungspflicht ausgestalten.

Der 8. Abschnitt ist mit Sicherung und Kontrolle der Qualität überschrieben. Er enthält in der zentralen Vorschrift des § 54 eine Ermächtigungsgrundlage für die so genannte Pharmabetriebsverordnung, in der Regelungen getroffen werden dürfen über die Entwicklung, Herstellung, Prüfung, Lagerung und Verpackung, aber auch über die Führung und Aufbewahrung von Nachweisen und die Kontrolle. Der Verordnungsgeber hat von dieser Ermächtigungsgrundlage nach § 54 durch die Vertriebsverordnung für pharmazeutische Unternehmer Gebrauch gemacht. Darüber hinaus regelt § 54 das Arzneibuch. Darunter versteht man eine amtliche Bekanntmachung der anerkannten pharmazeutischen Regeln über die Qualität, Prüfung, Lagerung, Abgabe und Bezeichnung von Arzneimitteln und die bei ihrer Herstellung verwendeten Stoffen. Dazu wurden eine deutsche Arzneibuchkommission und eine europäische Arzneibuchkommission ins Leben gerufen, die über diese Regelungen befinden.

Der 9. Abschnitt betraf Sondervorschriften für Tierarzneimittel, die jetzt im Tierarzneimittelgesetz zu finden sind. Im 10. Abschnitt ist die Beobachtung, Sammlung und Auswertung von Arzneimittelrisiken geregelt. Zentrales Stichwort ist das so genannte Stufenplanverfahren. Ein Verfahren, in dem Risiken von Arzneimitteln, die bereits zugelassen sind, gesammelt, bewertet und eventuelle Maßnahmen beschlossen werden. Im Rahmen des Stufenplanverfahrens sind die Heilpraktiker über die Arzneimittelkommission der deutschen Heilpraktiker vertreten.

Der 11. Abschnitt betrifft die Regeln der Überwachung. Grundsätzlich unterliegt die Arzneimittelüberwachung nicht der Bundesoberbehörde, sondern den Landesbehörden. Das sind vor allem die Regierungspräsidien der einzelnen Länder.

Der 12. Abschnitt enthält Sondervorschriften für Bundeswehr, Bundesgrenzschutz, Bereitschaftspolizei und Zivilschutz.

Der 13. Abschnitt betrifft die Ein- und Ausfuhr von Arzneimitteln und die Voraussetzungen, die daran zu stellen sind.

Der 14. Abschnitt beschäftigt sich mit dem so genannten Informationsbeauftragten, eine naturwissenschaftlich ausgebildete Person, die jeder pharmazeutische Unternehmer benennen muss und die sich mit den Informationen über Arzneimittel, vor allem über deren Vereinbarkeit mit den Zulassungs- und Registrierungsunterlagen beschäftigt. Darüber hinaus enthält dieser Abschnitt auch die Anforderungen an die Pharmaberater. Das sind die Personen, die vor allem Ärzte über Arzneimittel und ihre Anwendung informieren.

Der 15. Abschnitt enthält Regelungen über die Zuständigkeit der Behörden und über Preise. So wird festgelegt, dass alle apothekenpflichtigen Arzneimittel auf der Basis einer Verordnung in jeder Apotheke in der Bundesrepublik Deutschland zu dem gleichen Preis abgegeben werden.

Der 16. Abschnitt enthält die Regelung zur Arzneimittelhaftung, und der 17. Abschnitt enthält Kataloge über Straf- und Bußgeldvorschriften. Verstöße gegen die Regeln des AMG werden je nachdem mit Freiheitsstrafe oder mit Bußgeldern belegt.

Ab § 99 folgen Übergangsvorschriften. Insbesondere sind hier die Voraussetzungen geregelt, nach denen Arzneimittel, die bereits vor Inkrafttreten des Arzneimittelneuordnungsgesetzes im Jahre 1976 im Verkehr waren, von der Behörde im sog. Nachzulassungsverfahren überprüft werden sollen. Dort befinden sich auch Vorschriften, die aus Anlass der weiteren Gesetzesnovellierungen erforderlich waren.

Insofern enthält das Arzneimittelgesetz ein dichtes System über Regelungen zum Inverkehrbringen von Arzneimitteln und zu ihrer Überwachung. Das Arzneimittelgesetz wurde durch zahlreiche Novellierungen immer wieder modifiziert.

Die Geschichte des Arzneimittelrechts

Die Anfänge der Pharmazie

Die Anwendung und Herstellung von Arzneimitteln aus den natürlichen Drogen von Pflanzen, Tieren und Mineralstoffen hat eine lange Tradition und ist in ihrer Entwicklung so alt wie die Medizin an sich. Im alten Ägypten, bei den Sumerern, Babyloniern, Chinesen, Indern, Griechen und im antiken Rom finden sich Hinweise zur Anwendung und Herstellung von Arzneimitteln. Die Herstellung oblag in den alten Kulturen dem Arzt bzw. dem Heilkundigen. Dadurch waren Therapeut und Apotheker in einer Person vereint.

Plinius d. Ältere (23–79 n. Chr.) beschrieb in seiner „Naturalis historia" die therapeutischen Anwendungsmöglichkeiten vieler Pflanzen, genauso wie im 1. Jahrhundert Dioskurides und im 2. Jahrhundert Galen. In der weiteren Entwicklung waren lange Zeit arabische Ärzte führend. So beschrieb Ibn al-Baitar (1197–1248 n. Chr.) die Pharmakognosie. Im Abendland wurde die Heilkunde und im Besonderen die Kräuterheilkunde lange Zeit in den Klöstern erforscht, erweitert und bewahrt. Hier sei als bekannte Heilerin Hildegard von Bingen (1098–1179 n. Chr.) erwähnt. Hier entstanden auch die Vorlagen für die späteren Arzneibücher.

Im Mittelalter kam es zu ersten Universitätsgründungen und damit auch zu einem Medizinstudium, das als Grundlage für die Ausübung des ärztlichen Berufes diente. Hier liegen auch die ersten Trennungen zwischen dem akademisch ausgebildeten ärztlichen Beruf und den nichtakademischen, nichtärztlichen Heilkundigen.

Bis zum 12. Jahrhundert wurden die Arzneimittel in Europa von den Heilkundigen selbst hergestellt. Im 12. und 13. Jahrhundert entstanden, ausgehend von Italien, auch in Europa selbstständige Apotheken. Damit vollzog sich in Europa eine Entwicklung nach, die in den arabischen Ländern bereits im 7. Jahrhundert begonnen hatte.

Kaiser Friedrich II. aus dem Geschlecht der Staufer, selbst von arabischen Lehrern erzogen, erließ im Jahr 1231 mit den „Constitutiones Regni Siciliae" die erste europäische Arzneimittelgesetzgebung. Apotheken durften nach dieser Gesetzgebung nur in bestimmten Städten des Reiches errichtet werden, und nur der Apotheker durfte Arzneimittel herstellen. Der Apotheker unterlag dabei allerdings einer Kontrolle durch die Ärzte, auf deren Wunsch das Arzneimittel hergestellt werden sollte. Die Preise der Arzneimittel wurden staatlich festgelegt.

Diese rechtlichen Prinzipien setzten sich in Europa durch, und in Deutschland entstanden vom 14. Jahrhundert an in den Städten Apotheken und regionale Apothekenordnungen. Mit diesen Apothekenordnungen wurde der Verkehr mit Arzneimitteln geregelt und überwacht.

Bis zum Jahr 1700 existierten in ca. 220 deutschen Städten solche Apothekenordnungen, deren Regelungen immer mehr durch landesrechtliche Regelungen ersetzt wurden. Ende des 17. Jahrhunderts wurden auch die ersten verbindlichen amtlichen Arzneibücher herausgegeben, so z. B. die 1698 herausgegebene Pharmakopoe „Dispensatorium Brandenburgicum“.

Zu Beginn des 19. Jahrhunderts kam es zur Herstellung der ersten „synthetischen“ Arzneimittel, wodurch auch neben den Apotheken die ersten pharmazeutischen Betriebe entstanden. Diese ersten Betriebe, zumeist aus der chemischen Industrie stammend, lieferten anfangs nur Rohstoffe für die Apotheken. Die fortschreitende Industrialisierung führte dann aber dazu, dass die pharmazeutischen Fertigarzneimittel ausschließlich in den Betrieben hergestellt wurden und damit diese Herstellung auch einer gesetzlichen Regelung bedurfte.

Die rechtliche Situation in Deutschland

Im Jahr 1901 enthielt die kaiserliche Verordnung betreffend den Verkehr mit Heilmitteln (vom 22.10.1901) Regelungen darüber, welche Arzneimittel auf den freien Markt durften, was bedeutet, dass diese außerhalb von Apotheken in den Verkehr gebracht werden durften. Nach § 80 Abs. 1 der Gewerbeordnung wurde eine Arzneitaxe erlassen, die die Gewinnspannen für die in Apotheken abgegebenen Arzneimittel festlegte.

Weitere rechtliche Bestimmungen waren das Gesetz über den Verkehr mit Betäubungsmitteln (Opiumgesetz) aus dem Jahr 1929, die Verordnung über den Verkehr mit Arzneimitteln aus dem Jahr 1941 und die Polizeiverordnung über die Werbung des Heilwesens aus dem Jahr 1941. Da nach dem Krieg die Herstellung von Arzneimitteln in immer größerem Maße von den Apotheken in die pharmazeutische Industrie verlagert wurde, war eine Gesamtbereinigung des Arzneimittelwesens notwendig.

Bis zum Jahr 1961 gab es in Deutschland für den Verkehr mit Arzneimitteln keine umfassende gesetzliche Regelung. Dies änderte sich durch das Arzneimittelgesetz aus dem Jahr 1961.

Das Arzneimittelgesetz (AMG)

Mit dem Arzneimittelgesetz aus dem Jahr 1961 wurde erstmals die Herstellung von Arzneimitteln genauer geregelt. Arzneimittel durften damit nur mit behördlicher Erlaubnis hergestellt werden, mit Ausnahme der Herstellung auf Rezept und als Hausspezialität in der Apotheke. Es wurden die Herstellungsleitung, die Kennzeichnungspflicht und die Prüfung geregelt. Besonders die dokumentierte Prüfung der Arzneimittel war ein Fortschritt des Arzneimittelgesetzes aus dem Jahr 1961. Da die Prüfungsmethoden aber noch nicht ausreichend waren, wurde das Gesetz durch den Contergan-Skandal überrollt.

Das Arzneimittelgesetz von 1961 wurde mehrfach ergänzt und geändert, um es den neuen Anforderungen an die Arzneimittelsicherheit und auch dem technischen Fortschritt in der Untersuchung von Arzneimitteln anzupassen. Der Arzneimittelverbrauch nahm von 1961 bis Mitte der 70er Jahre um 400 % zu, es kam zur Einführung der Ovulationshemmer (Pille) und zur Entwicklung einer großen Zahl von Psychopharmaka. Damit wurden immer mehr „Zustände" und nicht nur eigentliche „Krankheiten" behandelt, bei denen der Vergleich zwischen der Nutzwirkung eines Arzneimittels und den Nebenwirkungen natürlich anders ausfällt.

Da tief greifende Änderungen des Arzneimittelrechts notwendig wurden, beschloss der Bundestag, das Arzneimittelgesetz von 1961 nicht weiter zu modifizieren, sondern ein gänzlich neues Arzneimittelgesetz zu schaffen. Der Bundestagsausschuss „Jugend, Familie und Gesundheit" richtete für die Neufassung einen Unterausschuss „Arzneimittelrecht" ein. Es wurde dann in 23 Arbeitssitzungen und 7 Anhörungen mit 115 Sachverständigen über 2 Jahre hinweg ein neues Arzneimittelgesetz geschaffen und am 24. August 1976 verabschiedet.

Das Arzneimittelgesetz (Gesetz über den Verkehr mit Arzneimitteln vom 24.8.1976, AMG) gilt für Human- und Tierarzneimittel. Das oberste Ziel des AMG ist die Gewährleistung der Arzneimittelsicherheit. Es werden die Zulassung und Registrierung von Arzneimitteln differenziert. Generika, die bisher nicht vom AMG erfasst waren, wurden den „Arzneispezialitäten" gleichgestellt und damit von der Zulassungspflicht erfasst. Zur kontinuierlichen Erfassung von Arzneimittelrisiken wurde eine Dauerüberwachung des Arzneimittelverkehrs eingeführt. Im Rahmen des Stufenplanverfahrens ist hier z. B. auch die Arzneimittelkommission der deutschen Heilpraktiker (AMK) beteiligt. Da nicht alle Risiken von Arzneimittelschäden ausgeschlossen werden können, wurde eine vom Verschulden unabhängige Gefährdungshaftung des pharmazeutischen Unternehmers eingeführt.

Bei den Arzneimitteln, die eine Zulassung erhalten, müssen die Qualität des Arzneimittels, die Wirksamkeit und die Unbedenklichkeit nachgewiesen werden. Je nach Risiko werden die Arzneimittel dann als freiverkäuflich (Reformhaus, Supermarkt), apothekenpflichtig (nur in der Apotheke abzugeben, dadurch Informationsmöglichkeit durch den Apotheker) oder verschreibungspflichtig (nur auf Rezept eines Arztes, Zahnarztes oder Tierarztes) eingestuft.

Bei homöopathischen oder anthroposophischen Arzneimitteln, die ohne Angabe von Anwendungsgebieten in den Handel gebracht werden sollen, bzw. wenn der pharmazeutische Hersteller kein Zulassungsverfahren durchführen möchte, gibt es die Möglichkeit der Registrierung. Dabei müssen dann lediglich die Qualität und die Unbedenklichkeit nachgewiesen werden, ein Wirksamkeitsnachweis ist hingegen nicht notwendig. Für registrierte Arzneimittel dürfen deshalb auch keine Indikationen angegeben und solche beworben werden. Registrierte Arzneimittel sind grundsätzlich apothekenpflichtig.

Nach dem AMG darf der Heilpraktiker keine rezeptpflichtigen Arzneimittel verschreiben (§ 48 Abs. 1) und auch keine Arzneimittel herstellen. Dazu gehört schon das Abgeben von Arzneimitteln aus einer Fertigpackung. Eine Ausnahme bildet nur die direkte Applikation beim Patienten oder auch die Herstellung zur direkten Anwendung am Patienten. Ein Heilpraktiker darf nur Arzneimittel verordnen, die entweder freiverkäuflich (d. h. auch für den Verkauf außerhalb von Apotheken freigegeben) sind, oder Medikamente, die zwar apothekenpflichtig (d. h., die in Apotheken abgegeben werden dürfen), aber nicht verschreibungspflichtig sind.

In der Verordnung über verschreibungspflichtige Arzneimittel vom 31.10.1977 ist in den für Heilpraktiker relevanten Paragraphen 1 und 6 nochmals ausdrücklich formuliert, dass verschreibungspflichtige Arzneimittel nur nach Vorlage einer ärztlichen, zahnärztlichen oder tierärztlichen Verschreibung abgegeben werden dürfen. § 6 regelt die Verschreibungspflicht bei homöopathischen Medikamenten, die eine verschreibungspflichtige Substanz enthalten. Die Verschreibungspflicht ist ab der Potenzierung von D4 aufgehoben. Das gilt allerdings nicht für Stoffe und Zubereitungen, die unter das Betäubungsmittelgesetz fallen.

Betäubungsmittel aus den Anlagen I – III des Betäubungsmittelgesetzes (Gesetz über den Verkehr mit Betäubungsmitteln vom 28.7.1981, BtMG) dürfen durch Heilpraktiker weder verschrieben noch abgegeben werden, da nach § 13 die „in Anlage III bezeichneten Betäubungsmittel nur von Ärzten, Zahnärzten und Tierärzten“ verschrieben oder „im Rahmen einer ärztlichen, zahnärztlichen oder tierärztlichen Behandlung verabreicht oder einem anderen zum unmittelbaren Ver-

brauch überlassen werden" können. Dies gilt z. B. selbst für das homöopathische Präparat Cannabis indica D 30. Eine Zuwiderhandlung stellt einen Straftatbestand dar und wird nach § 29 mit Freiheitsstrafe bis zu 4 Jahren oder mit Geldstrafe bestraft.

Das Arzneimittelgesetz aus dem Jahr 1976 setzte die erste und zweite europäische pharmazeutische Basisrichtlinie 65/65/EWG und 75/319/EWG sowie die europäische Prüfrichtlinie 75/318/EWG in deutsches Recht um. Auch internationale rechtliche Regelungen, wie die GMP-Richtlinie der WHO (Weltgesundheitsorganisation) wurden umgesetzt. Die GMP-Richtlinie (Gute Herstellungspraxis) der WHO wurde dann auch Grundlage für die europäischen Regelungen und Leitlinien zur Arzneimittelherstellung.

Das Arzneimittelgesetz wurde durch viele Novellen weiter novelliert und bearbeitet, zuletzt am 23.10.2024.

In der DDR basierte das Arzneimittelrecht auf dem Arzneimittelgesetz von 1964, welches in seinen Bestimmungen weit über das AMG von 1961 hinausging. Seit dem 3. Oktober 1990 gilt dann auch in den neuen Bundesländern das AMG von 1976.

Der rechtliche Werdegang eines Arzneimittels

Bei der Entwicklung eines neuen Arzneimittels liegt am Anfang die Forschungsarbeit, z. B. an einer Heilpflanze, die bei den Indios im Amazonasgebiet verwendet wird, an einer bestimmten Chemikalie oder einer synthetischen gezielt hergestellten Droge. Von der Forschungsarbeit bis in den Verkauf liegen dann eine Reihe von Hürden vor dem Arzneimittel.

Es gibt drei Hauptkriterien, die ein Arzneimittel erfüllen muss, um auf dem deutschen Markt zugelassen zu werden. Diese drei Hauptkriterien, die analog in allen EU-Staaten Gültigkeit besitzen, müssen mit Studien nachgewiesen werden. Die Kriterien sind die Qualität, die Wirksamkeit und die Unbedenklichkeit des Arzneimittels.

Präklinische Studien

Am Anfang eines jeden Wirkstoffes steht die Forschung im Labor, z. B. die vollständige chemische Neuentwicklung einer Substanz oder die Isolierung und Identifizierung eines Stoffes aus einer natürlichen Quelle. In vielen Fällen forscht man dabei heute gezielt, aufgrund von strukturellen Ähnlichkeiten mit vorhandenen Wirkstoffen, nach ganz bestimmten neuen Zielmolekülen. Mit dem erfolgreich isolierten neuen Wirkstoff beginnt dann ein umfangreicher Auswahlprozess.

Jährlich werden in der Industrie in so genannten „Screening-Verfahren" Tausende von Substanzen auf ihre mögliche Wirkung hin überprüft. Von 10.000 bis 20.000 untersuchten Substanzen ergibt sich ein potentieller Arzneistoff, den es lohnt, in die weiterführenden Überprüfungen einzuschleusen.

Zu den präklinischen Studien gehören weiterhin die Untersuchung der chemisch-physikalischen Eigenschaften, die Erprobung an Zellkulturen und die verschiedenen vorgeschriebenen Tests, z. B. für toxikologische Studien, in Tierexperimenten und künstlichen Versuchsanordnungen. All diese Untersuchungen sind genau festgelegt und unterliegen den Richtlinien der so genannten Good Laboratory Practice (GLP).

Klinische Studien

Hat ein Wirkstoff alle Hürden der präklinischen Phase genommen, gelangt er auf die nächste Ebene der Überprüfung. Es folgt die Sammlung von Erfahrungen aus der Anwendung am Menschen. Diese „Klinischen Studien“ müssen genauestens den festgelegten strengen Kriterien der Good Clinical Practice (GCP) entsprechen. Diese Kriterien wurden als EG-Leitlinie 1991 erlassen, welche heute in den meisten Staaten in die nationale Gesetzgebung übernommen ist. Sie soll Gesundheit und Rechte der Probanden und Patienten schützen und die Vertraulichkeit im Sinne des Datenschutzes sowie die wissenschaftliche Korrektheit der erhobenen Daten und deren Auswertung, Dokumentation und Archivierung gewährleisten.

In Ergänzung zu dieser Leitlinie sind eine Vielzahl weiterer Leitlinien von der „International Conference on Harmonisation“ (ICH), einer von der EU, den USA und Japan gebildeten Organisation, erarbeitet worden, die jede für sich bestimmte Teilaspekte der GCP beschreiben.

Die klinischen Studien laufen in vier Phasen ab und sind in der folgenden Abfolge allgemein akzeptiert.

Phase-I-Studien werden üblicherweise in speziell eingerichteten Zentren an etwa zehn bis 20 gesunden Freiwilligen durchgeführt. Ziel der Phase I ist die Ermittlung der pharmakokinetischen Daten einer Substanz, also Absorption, Verteilung, Metabolismus und Exkretion.

In der Phase II wird ein Wirkstoff erstmals bei kranken Personen (Patienten) eingesetzt. Dies erfolgt wiederum auf freiwilliger Basis. Der Patientenstamm beträgt diesmal meist einige Hundert Personen. Hauptziele sind die Abschätzung der Wirksamkeit und der optimalen Dosierung sowie die Ermittlung eines Sicherheits- und Verträglichkeitsprofils. Darüber hinaus geht es um die Feststellung von Unterschieden in der Pharmakokinetik zwischen Gesunden und Patienten.

Phase-III-Studien sind das wichtigste Instrument zur Erforschung und Dokumentation der Sicherheit und Wirksamkeit eines Wirkstoffes. Sie werden erst durchgeführt, wenn bereits umfangreiche Kenntnisse des Stoffes vorhanden sind. Zu diesem Zeitpunkt erfolgt auch meistens eine erste Information der Öffentlichkeit über ein mögliches neues Arzneimittel.

Hohe Anforderungen an eine ordnungsgemäße statistische Auswertung erfordern oft Phase-III-Studien mit mehreren Tausend Patienten. Der gleichzeitige Einsatz von Placebos und/oder einem bereits etablierten Pharmakon in derselben Studie liefert direkte Vergleichsdaten. 10 bis 30 solcher Studien stellen eine übliche Zahl dar, in Einzelfällen können es deutlich mehr sein, um die erstrebte Zulassung eines Medikamentes zu erreichen. Aufgrund der Größe des benötigten Patientenstamms erfolgen diese Studien überwiegend multizentral oder sogar, bei selteneren Krankheiten, multinational.

Klinische Studien der Phase IV erfolgen nach der erfolgten Zulassung eines Arzneimittels und damit nach der Genehmigung zur Vermarktung und Anwendung, dienen im Wesentlichen der kontinuierlichen Gewährleistung der Sicherheit für den Patienten durch die Erfassung der Langzeitsicherheit sowie die Identifizierung und statistische Erfassung sehr selten auftretender Nebenwirkungen oder von Nebenwirkungen aufgrund bisher nicht untersuchter Fremdeinflüsse. Mitunter ermöglichen neu entdeckte Untersuchungsmethoden, bereits zugelassene Arzneimittel unter völlig neuen Gesichtspunkten zu betrachten. Neu entdeckte Herstellungsverfahren garantieren einen einfacheren Zugang zum Wirkstoff usw.

Die Zulassung

Die erhaltenen Daten sind Teil der Zulassungsunterlagen für ein Arzneimittel, wie sie im § 22 des „Gesetzes über den Verkehr mit Arzneimitteln“ (AMG) gefordert werden. Dem Antrag auf Zulassung müssen vom Antragsteller die notwendigen Angaben in deutscher Sprache beigefügt werden. Zu diesen notwendigen Angaben gehören der Name oder die Firma und die Anschrift des Antragstellers und des Herstellers, die Bezeichnung des Arzneimittels, die Bestandteile des Arzneimittels nach Art und Menge, die Darreichungsform, die Wirkungen, die Anwendungsgebiete, die Gegenanzeigen, die Nebenwirkungen, die Wechselwirkungen mit anderen Mitteln, die Dosierung, kurz gefasste Angaben über die Herstellung des Arzneimittels, die Art der Anwendung und bei Arzneimitteln, die nur begrenzte Zeit angewendet werden sollen, die Dauer der Anwendung, die Packungsgrößen, die Art der Haltbarmachung, die Dauer der Haltbarkeit, die Art der Aufbewahrung, die Ergebnisse von Haltbarkeitsversuchen, die Methoden zur Kontrolle der Qualität, die Ergebnisse physikalischer, chemischer, biologischer oder mikrobiologischer Versuche und die zu ihrer Ermittlung angewandten Methoden (analytische Prüfung), die Ergebnisse der pharmakologischen und toxikologischen Versuche (pharmakologisch-toxikologische Prüfung), die Ergebnisse der klinischen oder sonstigen ärztlichen, zahnärztlichen oder tierärztlichen Erpro-

bung (klinische Prüfung). Die Ergebnisse sind durch Unterlagen so zu belegen, dass aus diesen Art, Umfang und Zeitpunkt der Prüfungen hervorgehen. Hat ein Arzneimittel auch diese Hürde genommen, erhält es eine Zulassung und damit die Erlaubnis, in den Verkehr gebracht zu werden.

Eine umfangreiche Darstellung des Zulassungsverfahrens kann von der Homepage des Bundesverbandes der Arzneimittelhersteller (www.bah-bonn.de) abgefragt werden. Zahlreiche Informationen zum Zulassungsverfahren findet man auch auf der Homepage des Bundesinstituts für Arzneimittel und Medizinprodukte (BfArM) unter www.bfarm.de.

Nach der Zulassung

Mit der erteilten Zulassung endet jedoch nicht die Verantwortung des Zulassungsinhabers für die Gewährleistung der drei Hauptkriterien seines Arzneimittels. Auch nach der Zulassung gilt es, die Erkenntnisse zur Qualität, Unbedenklichkeit und zur Wirksamkeit des Arzneimittels auf dem neuesten wissenschaftlichen Erkenntnisstand zu halten.

Dazu dienen dann unter anderem die klinischen Studien der Phase IV. Diese neuen Erkenntnisse gilt es zu berücksichtigen, die möglichen Konsequenzen für das Arzneimittel abzuschätzen und, sollte es nötig sein, die notwendigen Schritte einzuleiten. Die Verantwortung für ein Arzneimittel respekt. Medikament endet nicht mit der erfolgreichen Zulassung.

Die Situation des Arzneimittelrechts in Europa

Die Europäische Union hat verschiedene Möglichkeiten der rechtlichen Regulationen im Arzneimittelbereich.

Die EU-Verordnungen (EU-Regulations) sind für jeden Bürger der EU direkt und bindend wirksam. Sie erfordern keine Umsetzung in nationales Recht und können durch den nationalen Gesetzgeber auch nicht beeinflusst werden.

EU-Richtlinien (EU-Directives) wenden sich an die Mitgliedstaaten der EU und müssen bis zu einem festgesetzten Termin in bindendes nationales Recht umgesetzt werden. Sie sind hinsichtlich des gesetzgeberischen Ziels verbindlich, allerdings hat der nationale Gesetzgeber geringfügige Modifikationsmöglichkeiten bei der Umsetzung in das nationale Recht.

EU-Entscheidungen (EU-Decisions) sind vom EU-Rat oder der EU-Kommission erlassene Einzelfallentscheidungen, die jeweils rechtlich verbindlich sind, ohne dass diese in nationales Recht übertragen werden müssen.

Bei den EU-Leitlinien (EU-Guidelines) handelt es sich um rechtlich nicht verbindliche Dokumentationen für bestimmte Sachverhalte, die bei entsprechender Begründung mit den entsprechenden Abweichungen in nationale Richtlinien und Leitlinien umgesetzt werden.

Innerhalb der Europäischen Union (EU), die ja als EWG gegründet wurde, gab es bereits im Jahr 1965 die erste pharmazeutische Richtlinie (65/65/EWG), die die formalen und materiellen Zulassungsvoraussetzungen für Fertigarzneimittel mit dem Nachweis der Qualität, Wirksamkeit und Unbedenklichkeit bestimmte. Zehn Jahre später wurde die europäische Prüfrichtlinie 75/318/EWG verabschiedet, die die Angleichung der Rechts- und Verwaltungsvorschriften der europäischen Länder in Bezug auf die analytische, pharmakologische, toxikologische und klinische Prüfung von Arzneimitteln regelte.

Die zweite pharmazeutische Richtlinie (75/319/EWG) entwickelte die Einzelheiten des nationalen Zulassungsverfahrens und gab in Artikel 39 die Übergangsfristen für die Anpassung der alten nationalen Arzneimittelgesetzgebungen der EU-Mitgliedstaaten an das gemeinsame europäische Recht vor. Dabei bekamen Altarzneimittel, die bei Inkrafttreten der Richtlinie 319 bereits im Verkehr waren, eine

fünfzehnjährige Übergangsfrist, in der sie auf dem Arzneimittelmarkt bleiben konnten.

Im Zuge des Überprüfungsverfahrens, welches in Deutschland als Nachzulassung bezeichnet wird, mussten diese Arzneimittel dann ihre Übereinstimmung mit hohen europäischen Anforderungen nachweisen. In den Jahren 1983 und 1993 wurde das europäische Zulassungssystem weiter überarbeitet und im Jahr 1993 mit den Richtlinien 93/39/EWG, 93/40/EWG und 93/41/EWG im Bereich der dezentralen und der nationalen Zulassungen neu geregelt. Die Verordnung 2309/93 des Rates der EU legte die Grundlage für die europäische Zulassungsagentur. Neben der nationalen Zulassung von Arzneimitteln (nach dem AMG) und der dezentralen Zulassung (EU-Direktive 75/319/EWG) ist die zentrale europäische Zulassung bei der EMA als zuständige Behörde angesiedelt.

Die EMA (die oberste europäische Arzneimittelagentur mit Entscheidungsgewalt) besteht aus jeweils:

- 4 Mitgliedern der europäischen Kommission,
- 4 Mitgliedern des europäischen Parlaments,
- 4 Vertretern der Mitgliedstaaten,
- 4 Vertretern der Industrie bzw. von Patientenvereinigungen.

Die EMA hat auch Ausschüsse zur Bewertung von Tierarzneimitteln (CVMP), zur Begutachtung von Orphan Drugs für seltene Leiden (COMP) und einen Ausschuss für die Beurteilung von Pflanzen/pflanzlichen Arzneimitteln (CHMP). Hierdurch wurde die bisher bereits bestehende und von Dr. Keller, BfArM, geleitete Ad-hoc-Arbeitsgruppe für pflanzliche Arzneistoffe (WGHMP) offiziell bei der EMA eingerichtet und arbeitet gleichrangig neben den anderen Ausschüssen.

Die Aufgabe dieses Ausschusses wird die Erstellung spezieller Monographien bezüglich Bestandteile, Dosisstärke und Anwendungsart für traditionelle Arzneimittel, aber auch die Bearbeitung der teilweise schon bestehenden Monographien (ESCOP) für die den chemischen Arzneimitteln dann gleichgestellten pflanzlichen Arzneimittel sein.

Im Zusammenhang der Möglichkeiten zum Erhalt von naturheilkundlichen Arzneimitteln muss auch die seit Oktober 2000 geführte Diskussion um den EU-Richtlinien-Entwurf „Traditional Use“ gesehen werden. Danach sollten ursprünglich alle pflanzlichen Arzneimittel als „traditionelle Arzneimittel“ auf ein reduziertes

Anwendungsgebiet herabgestuft werden und nur damit überlebensfähig sein, vergleichbar unseren frei verkäuflichen Präparaten. Dank des Einsatzes der Industrieverbände wurde dies deutlich revidiert.

Die in der Diskussion um diese Richtlinie einzubringende Forderung musste darin bestehen, dass alle pflanzlichen Arzneimittel, die den Vorschriften 65/65/EWG sowie den Anforderungen der EG-Richtlinie 1999/83/EG (Well established Use) genügen, als sogenannte "Well established Medicinal Use" (allgemein medizinisch verwendet) und damit als gleichberechtigte pflanzliche Arzneimittel zugelassen werden können und damit als vollwertige Arzneimittel erhalten bleiben sollen.

Nur für den verbleibenden, hoffentlich vergleichsweise kleinen Rest könnte dann vergleichbar unseren deutschen Arzneimitteln nach § 109 a AMG die traditionelle Schiene ein Auffangbecken als "Traditional Use" sein, mit dem das Überleben auch dieser Arzneimittel europaweit gesichert werden kann.

Es kann und darf nicht sein, dass die seit Jahrzehnten und Jahrhunderten bewährten und bekannten Heilpflanzen in Deutschland im Rahmen der Nachzulassung verboten werden, dann aber, ab dem Jahre 2004, genau diese Pflanzen legal aus dem EU-Ausland, z. B. England, importiert werden können

Homöopathische Arzneimittel sind derzeit durch die Richtlinie 92/73/EWG europaweit anerkannt und abgesichert.

Literaturhinweise:

Blasius, H. et al.: Arzneimittel und Recht in Deutschland, WVG, 1. Aufl. 1998, Stuttgart
Blasius, H. et al.: Arzneimittel und Recht in Europa, WVG, 1. Aufl. 1998, Stuttgart
Blasius, H.: 25 Jahre Arzneimittelgesetz, Deutsche Apotheker Zeitung, Nr. 41 / 2003.

Dosierungsrichtlinien für homöopathische Arzneimittel

Die Kommission D für homöopathische Arzneimittel beim Bundesinstitut für Arzneimittel und Medizinprodukte (BfArM) hatte neue Dosierungsrichtlinien für homöopathische Arzneimittel beschlossen, wobei sich die Arzneimittelkommission sowohl auf einige Inhalte der Empfehlung als auch auf die Verwendung des Begriffes des „ärztlichen Rates“ mit Kritik an das BfArM gewendet hat. Durch die Schreiben der AMK und das aktive Engagement der Kollegen Oppel und Dr. Hauss, die Kommissionsmitglieder und Mitglieder der Arzneimittelkommission sind, ist es gelungen, dass das BfArM nun folgende modifizierte Empfehlung herausgegeben hat, die von der Arzneimittelkommission und den Deutschen Heilpraktikerverbänden durch die Verwendung des Begriffes „homöopathischer Arzt oder Heilpraktiker“ begrüßt wird.

Die Dosierungsrichtlinie findet Anwendung für die Dosierung bei Erwachsenen, soweit kein präparatespezifisches Erkenntnismaterial vorliegt, das eine Einzelfallentscheidung ermöglicht.

Neufassung der Dosierungsempfehlungen der Kommission D für homöopathische Arzneimittel (Stand 17.3.2004).

Dosierung von D- und C-Verdünnungsgraden

Urtinktur und niedrige Verdünnungsgrade (Verdünnungsgrade bis einschließlich D23/C11): „Soweit nicht anders verordnet: Bei akuten Zuständen alle halbe bis ganze Stunde, höchstens 6-mal täglich, je an die Darreichungsform anpassen: 5 Tropfen oder 1 Tablette oder 5 Streukügelchen oder 1 Messerspitze Verreibung einnehmen; parenteral 1–2 ml bis zu 3-mal täglich an das jeweilige Präparat anpassen: i. v., i. m. oder s. c. injizieren. Eine über eine Woche hinausgehende Anwendung sollte nur nach Rücksprache mit einem homöopathisch erfahrenen Therapeuten erfolgen.

Bei chronischen Verlaufsformen 1- bis 3-mal täglich, je an die Darreichungsform anpassen: 5 Tropfen oder 1 Tablette oder 5 Streukügelchen oder 1 Messerspitze Verreibung einnehmen; parenteral 1-2 ml täglich an das jeweilige Präparat anpassen: i. v., i. m. oder s. c. injizieren. Bei Besserung der Beschwerden ist die Häufigkeit der Anwendung zu reduzieren.“

Hohe Verdünnungsgrade (Verdünnungsgrade ab D24/C12)

„Soweit nicht anders verordnet: Die Anwendung erfordert eine individuelle Dosierung durch einen homöopathisch erfahrenen Therapeuten. Im Rahmen der Selbstmedikation sollte daher nur eine Gabe von ((an die Darreichungsform anpassen: 5 Tropfen, 1 Tablette oder 5 Streukügelchen oder 1 Messerspitze Verreibung)) eingenommen werden oder parenteral einmal 1–2 ml ((an das jeweilige Präparat anpassen: i. v., i. m. oder s. c.)) injiziert werden.
Zur Fortsetzung der Therapie wird empfohlen, sich an einen homöopathisch erfahrenen Therapeuten zu wenden."

Dosierung von LM-/Q-Potenzen

Globuli

„Soweit nicht anders verordnet:
1.) 1–2 Kügelchen werden in einer Flasche (10 ml) in Wasser oder 15 Vol.-% Ethanol aufgelöst.
2.) Vor jeder Einnahme wird die Flasche 10-mal kräftig geschüttelt.
3.) 1–2 Tropfen werden in einem Glas Wasser (ca. 150 ml) gelöst.
4.) Hiervon wird 1-mal täglich 1 Teelöffel voll eingenommen, der Rest weggeschüttet.
Die Zubereitungsschritte zwei bis vier sind vor jeder Einnahme zu wiederholen. Die Einnahme ist auf maximal zehn Tage zu beschränken und sollte nur nach Rücksprache mit einem homöopathisch erfahrenen Therapeuten fortgesetzt werden. Die alkoholfreie Lösung ist im Kühlschrank aufzubewahren."

Dilutionen

„Soweit nicht anders verordnet:

Vor jeder Einnahme wird die Flasche 10-mal kräftig geschüttelt.1-2 Tropfen werden in einem Glas Wasser (ca.150 ml) gelöst. Hiervon wird 1-mal täglich 1 Teelöffel voll eingenommen, der Rest weggeschüttet. Diese Zubereitung ist bei jeder Einnahme zu wiederholen. Die Einnahme ist auf maximal 10 Tage zu beschränken und sollte nur nach Rücksprache mit einem homöopathisch erfahrenen Therapeuten fortgesetzt werden."

Positiv ist bei der Dosierungsempfehlung, dass jeweils auf den „homöopathischen Arzt oder Heilpraktiker“ hingewiesen wird, wodurch erstmalig der Heilpraktiker in seiner praktischen Bedeutung als zweiter therapeutischer Beruf neben dem Arzt anerkannt wird. Eine Verunsicherung der Patienten ist sicher immer noch durch die konkreten Dosierungshinweise gegeben, doch das BfArM hatte schon in früheren Schreiben klargestellt, dass durch den Passus „Soweit nicht anders verordnet“ die Unabhängigkeit des Therapeuten, eine bestimmte Dosierung vorzugeben, nicht angetastet wird, sondern sich die Dosierungsempfehlung auf den Fall bezieht, dass ein Patient sich selbst das Arzneimittel aus der Apotheke holt und ohne therapeutische Anweisung einnimmt.

Zur Abgabe und Vorratshaltung von Arzneimitteln

Bedingt durch verwirrende Internetinformationen zur Abgabe und Vorratshaltung von Arzneimitteln in Heilpraktikerpraxen hat sich die AMK mit diesem Thema beschäftigt. Dass die Arzneimittelabgabe durch das Arzneimittelgesetz und das so genannte Dispensierrecht geregelt ist, ist unumstritten.

Wenn ein Heilpraktiker den von ihm behandelten Patienten Arzneimittel verordnet, kann er dabei alle Arzneimittel verordnen, die nicht der Verschreibungspflicht unterliegen. Verschreibungspflichtige Arzneimittel und Betäubungsmittel dürfen von einer Apotheke auf die Verordnung eines Heilpraktikers hin nicht ausgegeben werden.

Auf dem Wege der Verordnung können also durch den Heilpraktiker alle nichtverschreibungspflichtigen Arzneimittel, die apothekenpflichtig oder freiverkäuflich sind, zur Anwendung kommen.

Der Heilpraktiker kann von nichtverschreibungspflichtigen Fertigarzneimitteln auch Muster beziehen (§ 47 Abs. 3 Satz 1 Nr. 2 AMG) und diese kostenfrei an seine Patienten abgeben. Die kostenfreie Abgabe von Mustern sollte in der Patientenkartei vermerkt werden.

Die Abgabe von Arzneimitteln (Inverkehrbringen), wozu nach der Definition des § 4 Abs. 17 des AMG das Vorrätighalten zum Verkauf oder zu sonstiger Abgabe, das Feilhalten, das Feilbieten und die Abgabe an andere gehören, ist wie die Anwendung für den Heilpraktiker und den Arzt verboten. Die Abgabe von apothekenpflichtigen Arzneimitteln (§ 43 AMG) ist nur dem Apotheker gestattet. Die Abgabe von freiverkäuflichen Arzneimitteln ist dem Apotheker und auch Einzelhändlern gestattet, die über die erforderliche Sachkenntnis (§§ 43–50 AMG) verfügen und eine entsprechende behördliche Erlaubnis haben. Als Abgabe gilt im rechtlichen Sinne die Einräumung der Verfügungsgewalt an einen anderen durch die körperliche Überlassung des Arzneimittels.

Beim Verkauf von Nahrungsergänzungsmitteln, Gesundheitsartikeln, Geräten und ähnlichen Utensilien gibt es zwar arzneimittelrechtlich keine Probleme, aber es ist zu beachten, dass solche Handelsleistungen der Umsatzsteuerpflicht und ab einem bestimmten Umsatz der Gewerbesteuerpflicht unterliegen. Im Extremfall kann das Finanzamt den gesamten Praxisumsatz als umsatz- und gewerbe-

steuerpflichtig einstufen. Falls man solche Handelsleistungen trotz gewisser berufsethischer Bedenken betreiben will, sollte man zu diesem Zwecke ein Extragewerbe für diese Handelsleistungen anmelden. So liegt dann eine klare Trennung zwischen der Praxistätigkeit und der Verkaufstätigkeit vor.

Bei der Empfehlung an den Patienten, Arzneimittel zu verwenden, die in Deutschland nicht zugelassen oder registriert sind, bzw. importierte Nahrungsergänzungsmittel einzunehmen, muss der Heilpraktiker auch beachten, dass dies evtl. nicht durch die Haftpflichtversicherung der Praxis abgesichert wird.

Vorrätighalten von Arzneimitteln

Da es immer wieder Anfragen zur Vorratshaltung von Arzneimitteln in Naturheilpraxen gegeben hat, hat die Arzneimittelkommission die zuständigen Landesbehörden um eine klare Auskunft gebeten. Stellvertretend für die Arbeitsgruppe für Arzneimittelwesen der Arbeitsgemeinschaft der obersten Landesgesundheitsbehörden hat die AMK eine Stellungnahme des Ministeriums für Gesundheit, Soziales, Frauen und Familie des Landes Nordrhein-Westfalen mit Schreiben vom 8.8.2003 erhalten.

In diesem Schreiben heißt es:

„Durch das 8. Gesetz zur Änderung des Arzneimittelgesetzes (AMG) dürften nach den Bestimmungen des § 43 AMG apothekenpflichtige Arzneimittel außer in den Fällen des § 47 AMG berufs- oder gewerbsmäßig für den Endkunden nur in Apotheken in Verkehr gebracht werden. Aus der amtlichen Begründung ergebe sich, dass die der Apothekenpflicht unterliegenden Arzneimittel nur in Apotheken in den Verkehr gebracht werden dürften und dass auch eine unentgeltliche Abgabe durch andere Stellen unterbleiben müsse.

Die Anwendung von Arzneimitteln am Patienten in der ärztlichen oder zahnärztlichen Praxis sowie in der Praxis des Heilpraktikers sei durch diese Regelung nicht in Frage gestellt, weil sie nicht als Abgabe einzuordnen sei. (Dies gilt aber nicht für Ampullen zur Injektion / Anmerkung der AMK.)

Über die Bevorratung von Arzneimitteln in den Praxisräumen würden mit dieser Gesetzesänderung keine Aussagen getroffen. Arzneimittel, von denen der Inhalt einer Einheit, z. B. Salbentuben, Spraydosen, Pflasterstreifen, bei mehreren Patienten verwendet werde oder die für eine Notfallversorgung zur Verfügung stehen müssten, könnten als Praxisbedarf vorrätig gehalten werden.

Diese damals abgestimmte Auffassung stützen die Länder weiterhin.

Allgemein zählen zum Praxisbedarf Arzneimittel, die ihrer Art nach bei mehr als einem Patienten Verwendung finden oder bei Notfällen sowie im Zusammenhang mit einem ärztlichen Eingriff bei mehr als einem Patienten zur Verfügung stehen müssen. Diese darf und sollte der Heilpraktiker vorrätig halten und kann sie auch der Patientin oder dem Patienten in Rechnung stellen.

Mittel, die nur für einen Patienten bestimmt sind, zählen nicht zum Praxisbedarf. Für diese hat der Heilpraktiker Individualverordnungen auszustellen, die der Patient in einer Apotheke seiner Wahl einlöst. So erhält der Patient die Möglichkeit, sich in der Apotheke über das homöopathische Arzneimittel, seine Indikation, Wechselwirkungen usw. zu informieren.

Soweit Heilpraktiker Arzneimittel außerhalb des Praxisbedarfs auf Vorrat nehmen und diese an Patienten anwenden, für die nach o. a. Voraussetzungen Individualverordnungen hätten ausgestellt werden müssen, handelt es sich um eine Zuweisung von Verschreibungen an eine Apotheke, bei der die Arzneimittel bezogen werden. Besteht zwischen einem Heilpraktiker und einer Apotheke hierüber eine Absprache oder kann davon ausgegangen werden, dass diese konkludent erfolgt ist, da es dem Apotheker nicht verborgen bleiben kann, dass es sich um Individualverordnungen handeln muss, so liegt ein Verstoß gegen § 11 Apothekengesetz vor.

Die vom Heilpraktiker hergestellten Arzneimittel, die nicht zur Abgabe an Dritte bestimmt sind und die dieser ausschließlich beim Patienten anwendet, unterliegen nicht der Regelungskompetenz des Bundes. Solche Arzneimittel sind herkömmlich Teil der Heilbehandlung, die in ihren Auswirkungen lokal auf den jeweils behandelten Kreis von Patienten begrenzt ist. Für ihre Herstellung ist keine Erlaubnis nach dem Arzneimittelgesetz erforderlich, sie unterliegen nicht der Zulassungspflicht (Urteil des Bundesverfassungsgerichtes vom 16.2.2000 zur Frischzellen-Verordnung des Bundes).

Jedoch haben Patienten, die mit selbst hergestellten Arzneimitteln behandelt werden, das Recht auf vergleichbar sichere Arzneimittel wie Patienten, die mit Arzneimitteln behandelt werden, deren Herstellung der Kontrolle nach dem AMG unterliegt und die über eine Zulassung oder Registrierung verfügen. Insoweit sind, wie Sie selbst ausführen, die anerkannten Regeln des Arzneibuches wie auch ein hohes Maß an persönlicher Sorgfalt zu beachten.

Einige Länder haben spezielle Regelungen für den Bereich der von Ärzten bzw. Heilpraktikern selbst hergestellten und von ihnen angewendeten Arzneimittel getroffen. Soweit diese für Sie von Interesse sind, rege ich an, sich unmittelbar an die Obersten Landesgesundheitsbehörden zu wenden. ..."

Aus dem Schreiben der entsprechenden Behörden kann Folgendes abgeleitet werden:

Durch das 8. Gesetz zur Änderung des Arzneimittelgesetzes (AMG) dürften nach den Bestimmungen des § 43 AMG apothekenpflichtige Arzneimittel außer in den Fällen des § 47 AMG berufs- oder gewerbsmäßig für den Endkunden nur in Apotheken in Verkehr gebracht werden. Aus der amtlichen Begründung ergebe sich, dass die der Apothekenpflicht unterliegenden Arzneimittel nur in Apotheken in den Verkehr gebracht werden dürften und dass auch eine unentgeltliche Abgabe durch andere Stellen unterbleiben müsse.

Die Anwendung von Arzneimitteln am Patienten in der ärztlichen oder zahnärztlichen Praxis sowie in der Praxis des Heilpraktikers sei durch diese Regelung nicht in Frage gestellt, weil sie nicht als Abgabe einzuordnen sei.

Dies bedeutet, der Heilpraktiker darf den Inhalt von Ampullen durch eine Injektion anwenden, sofern das in der Ampulle befindliche Arzneimittel nicht verschreibungspflichtig ist. Das Gleiche gilt für die direkte Anwendung von Salben und Einreibungen oder die orale Verabreichung eines homöopathischen oder pflanzlichen Arzneimittels.

Über die Bevorratung von Arzneimitteln in den Praxisräumen würde mit dieser Gesetzesänderung keine Aussage getroffen. Arzneimittel, von denen der Inhalt einer Einheit, z. B. Salbentuben, Spraydosen, Pflasterstreifen, bei mehreren Patienten verwendet werde oder die für eine Notfallversorgung zur Verfügung stehen müssten, könnten als Praxisbedarf vorrätig gehalten werden.

Allgemein zählen zum Praxisbedarf Arzneimittel, die ihrer Art nach bei mehr als einem Patienten Verwendung finden oder bei Notfällen sowie im Zusammenhang mit einem ärztlichen Eingriff bei mehr als einem Patienten zur Verfügung stehen müssen. Diese darf und sollte der Heilpraktiker vorrätig halten und kann sie auch der Patientin oder dem Patienten in Rechnung stellen. Hier würde man das homöopathische Arzneimittel finden, welches in der Praxis steht und aus dem der Patient jeweils einige Globuli direkt einnimmt. Eine Abgabe von Globuli etc. an den Patienten ist arzneimittelrechtlich nicht möglich. Auch eine Durchstechfla-

sche für Injektionsarzneimittel ist hier zu finden, auch wenn die Verwendung von Durchstechflaschen und die Verwendung von Injektionslösungen bei mehreren Patienten aus hygienischen Gründen in einer Naturheilpraxis problematisch ist.

Mittel, die nur für einen Patienten bestimmt sind, zählen nicht zum Praxisbedarf. Für diese hat der Heilpraktiker Individualverordnungen auszustellen, die der Patient in einer Apotheke seiner Wahl einlöst. So erhält der Patient die Möglichkeit, sich in der Apotheke über das homöopathische Arzneimittel, seine Indikation, Wechselwirkungen usw. zu informieren.

Brechampullen zur Injektion fallen unter diesen Bereich. Eine Ampulle gilt hier als Arzneimittel, welches nur bei einem Patienten angewendet wird, und bedarf der Individualverordnung über die Apotheke. Eine Vorrätighaltung von Ampullenpräparaten ist nur für den Notfallvorrat möglich, dabei kann es sich durchaus um naturheilkundliche Notfälle handeln, also z. B. um ein Neuraltherapeutikum für den Notfall eines akuten Hexenschusses oder ein homöopathisches Injektionspräparat für akute Gallenbeschwerden etc. Ob man davon allerdings mehr als z. B. 6 oder 10 Ampullen je Präparat in der Praxis vorrätig halten muss, ist fraglich.

Neufassung des Gesetzes über den Verkehr mit Arzneimitteln (Arzneimittelgesetz – AMG)

„Arzneimittelgesetz in der Fassung der Bekanntmachung vom 12. Dezember 2005 (BGBl. I S. 3394), das zuletzt durch Artikel 1 des Gesetzes vom 19. Juli 2023 (BGBl. 2023 I Nr. 197) geändert worden ist.“

Quelle: http://www.gesetze-im-internet.de/bundesrecht/amg_1976/gesamt.pdf

Durch das neue Arzneimittelgesetz wird der gesamte Bereich des Arzneimittelrechts rechtlich geregelt. Es werden z. B. der Zweck des Gesetzes, Begriffsbestimmungen und der Anwendungsbereich des AMG beschrieben. Auch die Anforderungen an die Arzneimittel, die Herstellung von Arzneimitteln, die Zulassung und die Registrierung von Arzneimitteln, der Schutz des Menschen bei der klinischen Prüfung, die Abgabe von Arzneimitteln, die Sicherung und Kontrolle der Qualität, Sondervorschriften für Arzneimittel für Tiere, die Beobachtung, Sammlung und Auswertung von Arzneimittelrisiken, die Überwachung der Arzneimittel, Sondervorschriften für Bundeswehr, Bundespolizei, Bereitschaftspolizei und Zivilschutz werden beschrieben. Ebenfalls regelt das AMG die Einfuhr und Ausfuhr von Arzneimitteln, Regelungen zum Informationsbeauftragten und Pharmaberater, die Bestimmung der zuständigen Bundesoberbehörden und die Haftung für Arzneimittelschäden. Den Abschluss des Gesetzes bilden Straf- und Bußgeldvorschriften, Überleitungs- und Übergangsvorschriften.

Im folgenden Beitrag werden die im Besonderen für den Heilpraktiker bedeutsamen Teile des Gesetzes geschildert. Das gesamte Gesetz und ein heilpraktikerspezifischer Auszug finden sich auch auf der Homepage der Arzneimittelkommission unter www.ddh-online.de.

Nach § 1 des AMG ist es der Zweck dieses Gesetzes, im Interesse einer ordnungsgemäßen Arzneimittelversorgung von Mensch und Tier für die Sicherheit im Verkehr mit Arzneimitteln, insbesondere für die Qualität, Wirksamkeit und Unbedenklichkeit der Arzneimittel, nach Maßgabe der folgenden Vorschriften zu sorgen. Dazu muss das AMG auch viele Begriffe definieren, denn alle gesetzlichen Regelungen müssen sich auf klar präzisierte Rechtsbegriffe beziehen.

Im § 2 des AMG wird der Arzneimittelbegriff definiert. Dabei sind Arzneimittel Stoffe, die zur Anwendung im oder am menschlichen oder tierischen Körper bestimmt sind und als Mittel mit Eigenschaften zur Heilung oder Linderung oder zur Verhütung menschlicher oder tierischer Krankheiten oder krankhafter Beschwerden bestimmt sind. Arzneimittel können auch verabreicht werden, um entweder die physiologischen Funktionen durch eine pharmakologische, immunologische oder metabolische Wirkung wiederherzustellen, zu korrigieren oder zu beeinflussen oder eine medizinische Diagnose zu erstellen. Keine Arzneimittel sind zum Beispiel:

- Lebensmittel im Sinne des Lebensmittel- und Futtermittelgesetzbuches,
- kosmetische Mittel im Sinne des Lebensmittel- und Futtermittelgesetzbuches,
- Tabakerzeugnisse im Sinne des § 3 des Vorläufigen Tabakgesetzes,
- Medizinprodukte und Zubehör für Medizinprodukte im Sinne des Medizinproduktegesetzes, es sei denn, es handelt sich um Arzneimittel,
- Organe im Sinne des Transplantationsgesetzes, wenn sie zur Übertragung auf menschliche Empfänger bestimmt sind.

Stoffe im Sinne dieses Gesetzes sind nach § 3 AMG sowohl chemische Elemente und chemische Verbindungen sowie deren natürlich vorkommende Gemische und Lösungen, Pflanzen, Pflanzenteile, Pflanzenbestandteile, Algen, Pilze und Flechten in bearbeitetem oder unbearbeitetem Zustand, Tierkörper, auch lebender Tiere, sowie Körperteile, -bestandteile und Stoffwechselprodukte von Mensch oder Tier in bearbeitetem oder unbearbeitetem Zustand sowie Mikroorganismen einschließlich Viren sowie deren Bestandteile oder Stoffwechselprodukte.

Das Arzneimittelgesetz definiert auch die Arzneimittel der besonderen Therapierichtungen. So ist nach § 4 Abs. 26 ein homöopathisches Arzneimittel ein Arzneimittel, das nach einem im Europäischen Arzneibuch oder, in Ermangelung dessen, nach einem in den offiziell gebräuchlichen Pharmakopöen der Mitgliedstaaten der Europäischen Union beschriebenen homöopathischen Zubereitungsverfahren hergestellt worden ist. Pflanzliche Arzneimittel sind nach § 4 Absatz 29 Arzneimittel, die als Wirkstoff ausschließlich einen oder mehrere pflanzliche Stoffe oder eine oder mehrere pflanzliche Zubereitungen oder einen oder mehrere solcher pflanzlichen Stoffe in Kombination mit einer oder mehreren solcher pflanzlichen Zubereitungen enthalten. Nach § 4 Absatz 33 ist ein anthroposophisches Arzneimittel ein Arzneimittel, das nach der anthroposophischen Menschen- und Naturerkenntnis entwickelt wurde, nach einem im Europäischen Arzneibuch oder, in Ermangelung dessen, nach einem in den offiziell gebräuchlichen Pharmakopöen der Mitgliedstaaten der Europäischen Union beschriebenen homöopathischen Zubereitungs-

verfahren oder nach einem besonderen anthroposophischen Zubereitungsverfahren hergestellt worden ist und das bestimmt ist, entsprechend den Grundsätzen der anthroposophischen Menschen- und Naturerkenntnis angewendet zu werden.

Der § 4a Absatz 3 des alten AMG ist weggefallen. Dadurch fallen Arzneimittel, die ein Arzt, Tierarzt oder eine andere Person, die zur Ausübung der Heilkunde befugt ist, bei Mensch oder Tier anwendet, soweit die Arzneimittel ausschließlich zu diesem Zweck unter der unmittelbaren fachlichen Verantwortung des anwendenden Arztes, Tierarztes oder der anwendenden Person, die zur Ausübung der Heilkunde befugt ist, hergestellt worden sind, nicht unter die Ausnahmen vom Geltungsbereich des AMG. Dies bedeutet für den Heilpraktiker, dass eine Arzneimittelherstellung in der Praxis zur direkten Anwendung am Patienten nun unter die Bedingungen des AMG fällt.

Der § 13 des AMG regelt die Herstellungserlaubnis für Arzneimittel, wobei der Heilpraktiker nach § 13 Abs. 2b von der Erlaubnispflicht befreit wurde. Im Gesetz heißt es dazu: "Einer Erlaubnis nach Absatz 1 bedarf ferner nicht eine Person, die Arzt ist oder sonst zur Ausübung der Heilkunde bei Menschen befugt ist, soweit die Arzneimittel unter ihrer unmittelbaren fachlichen Verantwortung zum Zwecke der persönlichen Anwendung bei einem bestimmten Patienten hergestellt werden."

Die unmittelbare fachliche Verantwortung und die persönliche Anwendung bei einem bestimmten Patienten bedeuten aber auch, dass der Heilpraktiker, der Arzneimittel zubereitet, um diese direkt anzuwenden, seiner persönlichen Sorgfaltspflicht auch gerecht werden muss. Dies gilt z. B. auch im Umgang mit Blutprodukten, wo durch das "Alles in einer Hand"-Prinzip die Gefahr von Verwechslungen und damit von Infektionsübertragungen ausgeschlossen werden muss.

In § 20d des AMG wird bei Gewebezubereitungen ebenfalls von einer Erlaubnispflicht nach § 20b Abs. 1 und § 20c Abs. 1 für den Heilpraktiker abgesehen. Es heißt dazu im Gesetz: „Einer Erlaubnispflicht … bedarf nicht eine Person, die Arzt ist oder sonst zur Ausübung der Heilkunde bei Menschen befugt ist und die dort genannten Tätigkeiten mit Ausnahme des Inverkehrbringens ausübt, um das Gewebe oder die Gewebezubereitung persönlich bei ihren Patienten anzuwenden. Dies gilt nicht für Arzneimittel, die zur klinischen Prüfung bestimmt sind.“

Nach § 25 AMG ist die Beteiligung der Kommissionen D (Homöopathie), E (Phytotherapie) und C (Anthroposophie) bei der Zulassung der Arzneimittel der besonderen Therapierichtungen weiterhin vorgesehen.

In § 25 Abs. 6 heißt es: „Vor der Entscheidung über die Zulassung eines Arzneimittels, das den Therapierichtungen Phytotherapie, Homöopathie oder Anthroposophie zuzurechnen ist und das nicht der Verschreibungspflicht nach § 48 Abs. 2 Nr. 1 unterliegt, ist eine Zulassungskommission zu hören. Die Anhörung erstreckt sich auf den Inhalt der eingereichten Unterlagen, der Sachverständigengutachten, der angeforderten Gutachten, die Stellungnahmen der beigezogenen Sachverständigen, das Prüfungsergebnis und die Gründe, die für die Entscheidung über die Zulassung wesentlich sind, oder die Beurteilung durch die Gegensachverständigen …

Das Bundesministerium beruft … die Mitglieder der Zulassungskommission unter Berücksichtigung von Vorschlägen der Kammern der Heilberufe, der Fachgesellschaften der Ärzte, Zahnärzte, Tierärzte, Apotheker, Heilpraktiker sowie der für die Wahrnehmung ihrer Interessen gebildeten maßgeblichen Spitzenverbände der pharmazeutischen Unternehmer, Patienten und Verbraucher."

In § 38 und § 39 des AMG regelt dieses die Registrierung von homöopathischen Arzneimitteln sowie in § 39a bis d die Registrierung von traditionellen pflanzlichen Arzneimitteln.

In § 47 des AMG wird der Vertriebsweg für Arzneimittel geregelt und dabei festgestellt, dass Arzneimittel, die apothekenpflichtig sind, auch nur über Apotheken abgegeben werden dürfen. Dies betrifft in vielen Fällen auch den Praxisbedarf des Heilpraktikers. Einige Ausnahmen, die das Gesetz definiert, sind medizinische Gase, Blutegel und Fliegenlarven, wenn bei diesen die Abgabe an den Heilpraktiker zulässig ist.

Arznei-, Nahrungs- und Lebensmittel

Die aktuelle Diskussion auf dem Lebensmittelmarkt wird national und international immer mehr durch Lebensmittel mit besonderem Gesundheitsaspekt beeinflusst. Auch auf den deutschen Markt drängen immer mehr sog. Wellness-Produkte. In diesem Bereich fielen in jüngster Zeit vor allem die vielfältigen Joghurt-Produkte (LC 1 von Nestlé, ProCult von der Molkerei Müller etc.) auf. Die in Deutschland geltenden Regelungen ergeben sich zunächst aus dem Arzneimittelgesetz und dem Lebensmittel- und Bedarfsgegenständegesetz.

Die in § 2 des AMG existierende Definition für Arzneimittel lautet, wenn man sie auf das Wesentliche des § 2 Abs. 2 Nr. 1 zusammenfasst: „Arzneimittel sind Stoffe und Zubereitungen aus Stoffen, die dazu bestimmt sind, durch Anwendung am oder im menschlichen oder tierischen Körper Krankheiten, Leiden, Körperschäden oder krankhafte Beschwerden zu heilen, zu lindern, zu verhüten oder zu erkennen."

Die in § 1 des Lebensmittel- und Bedarfsgegenständegesetzes (LMBG) festgeschriebene Lebensmitteldefinition lautet: „Lebensmittel im Sinne dieses Gesetzes sind Stoffe, die dazu bestimmt sind, in unverändertem, zubereiteten oder verarbeiteten Zustand verzehrt zu werden. Ausgenommen sind Stoffe, die überwiegend dazu bestimmt sind, zu anderen Zwecken als zur Ernährung oder zum Genuss verzehrt zu werden."

Darüber hinaus ist noch im Lebensmittel- und Bedarfsgegenständegesetz die Gruppe der diätetischen Lebensmittel zu finden. Unter diätetischen Lebensmitteln versteht man Lebensmittel für einen besonderen Ernährungszweck bestimmter Verbrauchergruppen, die sich durch ihre Zusammensetzung oder ihr Herstellungsverfahren von Lebensmitteln des allgemeinen Verzehrs unterscheiden. Als solche bestimmte Verbrauchergruppen können z. B. Säuglinge, Kleinkinder oder Personen mit Störungen des Stoffwechsels sowie andere Personen mit einem besonderen Ernährungsbedarf gelten.

Die so genannten Nahrungsergänzungsmittel oder Food Supplements sind noch nicht gesetzlich definiert. Bestimmungen aus verschiedenen rechtlichen Vorschriften lassen jedoch eine gewisse Beschreibung dieser Produktgruppe zu. So gibt z. B. die „Nährwert-Kennzeichnungsverordnung" einen Hinweis darauf, dass Nahrungsergänzungen der Ergänzung der Nahrung durch die gezielte Zufuhr von Vitaminen, Mineralstoffen, essentiellen Fettsäuren oder bestimmten Eiweißstoffen und Kohlenhydraten dienen sollen. Diese Nährstoffe sollen in bedarfsgerechter Form angeboten werden, die vorwiegend Kapsel-, Pulver- oder Tablettenform beinhaltet.

Die Einordnung verschiedener Produkte als Arznei- oder Lebensmittel fällt trotz der abstrakten Abgrenzungskriterien häufig schwer und hat zu einer Vielzahl von Rechtsstreitigkeiten und unterschiedlichen Entscheidungen geführt. Entscheidend für die Einordnung ist nach § 1 LMBG die überwiegende Zweckbestimmung des Produkts anhand objektiver Kriterien. Dabei spielt die allgemeine Verkehrsauffassung, die sich aus der Verbrauchererwartung zu einem bestimmten Produkt ergibt, die größte Rolle. Produktmerkmale wie die Verkehrsbezeichnung, die Aufmachung, die Darreichungsform, die Werbung, der Preis und der Vertriebsort gestalten diese Verbrauchererwartung und beeinflussen die allgemeine Verkehrsauffassung.

Arzneimittel und Kosmetika

Ein weiteres Abgrenzungsproblem besteht zwischen Arzneimitteln und Kosmetika. Das Spannungsfeld entsteht, da Arzneimittel ausweislich der Definition in § 2 Abs. 1 Nr. 5 AMG auch solche Stoffe sein können, die die Beschaffenheit, den Zustand oder die Funktion des Körpers oder seelische Zustände beeinflussen.

Auf der anderen Seite bestimmt § 4 Abs. 1 LMBG, dass kosmetische Mittel diejenigen Stoffe oder Zubereitungen aus Stoffen sind, die dazu bestimmt sind, äußerlich am Menschen zur Reinigung oder Pflege angewendet zu werden, es sei denn, dass sie überwiegend dazu bestimmt sind, Krankheiten, Leiden, Körperschäden oder krankhafte Beschwerden zu lindern oder zu beseitigen. Aus dieser Definition geht hervor, dass z. B. die reine Krankheitsprophylaxe ein Mittel nicht daran hindert, Kosmetikum zu sein. Aus der Definition in § 4 Abs. 1 LMBG ergeben sich einige hervorstechende Merkmale, anhand derer ein Mittel als Kosmetikum beurteilt werden kann. Zum einen geht es hier um Stoffe oder Zubereitungen aus Stoffen, zum anderen um den Ort der Anwendung. Die Anwendung darf nämlich nur äußerlich oder in der Mundhöhle stattfinden. Zum anderen geht es auch hier um die Zweckbestimmung bzw. Verwendung des Produkts. Zweckbestimmung kann neben der Reinigung oder Pflege die Beeinflussung des Aussehens oder des Körpergeruchs oder aber auch die Vermittlung von Geruchseindrücken sein. Beispielhaft für ein Produkt im Grenzbereich zwischen Lebensmittel und Kosmetikum ist die typische „Kosmetik von innen", die z. B. als Hautschutz oder Sonnenschutzprophylaxe angeboten wird. Derartige Mittel sollen einen rein kosmetischen Zweck haben, werden aber als Kapsel zum Schlucken oder zum Verzehr angeboten und fallen damit aus der Kosmetikdefinition, die eine äußerliche Anwendung voraussetzt, heraus.

Vergleiche unter anderem auch die Berichte der Arzneimittelkommission der deutschen Heilpraktiker (AMK), 53123 Bonn, und für die folgenden Ausführungen www.ddh-online.de/amk.

Arzneimittelkommission

Die Arzneimittelkommission der deutschen Heilpraktiker, die im Auftrag der Deutschen Heilpraktikerverbände (DDH) arbeitet und eine Stufenplanbeteiligte nach § 63 des Arzneimittelgesetzes ist, hat unter anderem die Aufgabe, die deutschen Heilpraktiker über Risiken in der Arzneimittelanwendung und über rechtliche Änderungen zu informieren.

16. Novelle des Arzneimittelgesetzes

Das 16. Gesetz zur Änderung des Arzneimittelgesetzes (16. AMG-Novelle) ist am 10. Oktober 2013 vom Bundespräsidenten ausgefertigt und im Bundesgesetzblatt verkündet worden. Es trat 1. April 2014 in Kraft. Die vollständige Fassung der Gesetzesänderung, eine Auszugsfassung mit für den Heilpraktiker bedeutsamen Teilen des Gesetzes und eine Zusammenfassung ist im Homepagebereich der Arzneimittelkommission bei den Deutschen Heilpraktikerverbänden nachzulesen.

Novelle des Medizinproduktegesetzes

Das Medizinproduktegesetz (MPG) wurde durch das Bundesministerium für Gesundheit einer Bearbeitung unterzogen und vom Deutschen Bundestag beschlossen. Die Novellierung wurde am 31. Juli 2009 im Bundesgesetzblatt veröffentlicht. Die vollständige Fassung der Gesetzesänderung und eine Zusammenfassung der für den Heilpraktiker bedeutsamen Regelungen ist im Homepagebereich der Arzneimittelkommission bei den Deutschen Heilpraktikerverbänden nachzulesen. Die aktuelle Umsetzung ist im Medizinprodukterecht-Durchführungsgesetz (MPDG) in der Fassung vom 23.10.2024 geregelt, welches die Umsetzung von EU-Recht in deutsches Recht regelt.

Ausnahme von der Verschreibungspflicht

Der Sachverständigenausschuss für Verschreibungspflicht nach § 53 AMG im Bundesinstitut für Arzneimittel und Medizinprodukte hat u. a. folgende Empfehlung beschlossen, die für die Heilpraktikerinnen und Heilpraktiker von besonderer Bedeutung ist. Der Ausschuss hat empfohlen, folgende Arzneimittel aus der Verschreibungspflicht zu entlassen:

Dexamethason zur einmaligen parenteralen Anwendung in wässriger Lösung in Ampullen/Fertigspritzen mit 40 mg Wirkstoff und bis zu maximal 3 Packungseinheiten (entsprechend 120 mg Wirkstoff) für die Notfallbehandlung anaphylaktischer Reaktionen zur Abgabe an Heilpraktiker im Rahmen ihrer Berufsausübung.

Epinephrin-Autoinjektoren zur einmaligen Anwendung bei akuten anaphylaktischen Notfällen in Packungsgrößen bis zu einer Packungseinheit zur Abgabe an Heilpraktiker im Rahmen ihrer Berufsausübung.

Dexamethason

Das synthetische Glukocorticoid Dexamethason ist ein Derivat des körpereigenen Cortisols. Der Wirkungsmechanismus von Dexamethason besteht in einer Hemmung der Prostaglandinsynthese. Da die Prostaglandine Entzündungsmediatoren sind, also entzündliche Reaktionen vermitteln, eignet sich Dexamethason zur Behandlung von anaphylaktischen, allergischen Reaktionen.

Durch die Prostaglandinsynthesehemmung werden die entzündlichen Reaktionen gehemmt und damit vor allem die Vasodilatation (Gefäßerweiterung) und die Exsudation (Austritt von Plasmaflüssigkeit in das Gewebe). Dadurch wird das Blutvolumen im Inneren der Gefäße gehalten und der Kreislaufzusammenbruch verhindert oder zumindest verzögert.

Dexamethason steht als Injektionslösung zur Verfügung. Neben den klinischen Anwendungsgebieten des akuten Hirnödems, des schweren akuten Asthmaanfalls, akuten schweren Hautkrankheiten und der Anfangsbehandlung von Autoimmunkrankheiten (Lupus erythematodes, Panarteritis nodosa, rheumatoide Arthritis) findet Dexamethason Anwendung bei der Notfallbehandlung von anaphylaktischen Schocksituationen.

Im Rahmen der Notfallbehandlung werden 40–100 mg Dexamethasondihydrogenphosphat i. v. appliziert. Bei Bedarf kann auch eine Wiederholungsinjektion gegeben werden, wobei bis dahin der sofort gerufene Notarzt präsent ist und diese Entscheidung treffen kann.

Bei der kurzfristigen Anwendung von Dexamethason gibt es keine Kontraindikationen. Lediglich bei einer Langzeitbehandlung wären Kontraindikationen zu beachten, was aber durch die Notfalleinschränkung bei der Ausnahme von der Verschreibungspflicht keine Rolle spielt.

Während und nach der Injektion ist der Patient in seiner Herz-Kreislauf-Situation streng zu überwachen, was aber bei einer anaphylaktischen Schocksituation in jedem Fall geschehen muss.

Epinephrin

Epinephrin (Adrenalin) ist ein Catecholamin, welches als Hormon des Nebennierenmarks bzw. als Neurotransmitter des Sympathicus eine Rolle spielt. Die Hauptwirkungen von Epinephrin nach therapeutischen Dosen sind eine Relaxation der glatten Muskulatur im Bronchialbaum und eine kardiale Stimulation sowie ein erhöhter systolischer und diastolischer Blutdruck. Epinephrin hat neben der indirekten sympathomimetischen Wirkung auch direkte Wirkungen auf Adrenozeptoren (adrenerge Rezeptoren).

Anwendungsgebiete für den Einsatz von Epinephrin sind Herz-Kreislauf-Stillstände, schwere Kreislaufstörungen und die Behandlung von schweren allergischen Akutreaktionen sowie die Notfallbehandlung des anaphylaktischen Schocks bei Patienten mit bekannter Überempfindlichkeit gegen Insektenstiche (z. B. Wespenstich) oder bei Arzneimittelallergien.

Kontraindikationen können Verengungen der Harnröhre beim Prostataadenom sein, was in einer anaphylaktischen Notfallsituation allerdings zu vernachlässigen wäre. Bei der Injektion von Epinephrin kann es zu Unruhe, Spannung, Angstgefühlen, Zittern, Schwindel, Kältegefühl, Blässe, Schwitzen, Schwäche, Benommenheit, Kopfschmerzen, Hypersalivation, Tachykardie, Dyspnoe, Hypokaliämie, metabolischer Azidose, Hypomagnesiämie, Übelkeit, psychotischen Zuständen, zerebralen Krampfanfällen, Mydriasis, Miktionsschwierigkeiten, Muskelkrämpfen, Vasokonstriktion, Blutdruckanstieg, myokardialer Ischämie, Myokardschäden, Extrasystolen, Kammerflimmern, Herzstillstand, Lungenödem, Oligurie und Anurie kommen. Bei einer lokalen Anwendung können durch die starke Gefäßkonstriktion auch ischämische Nekrosen entstehen.

Die lebensbedrohliche Situation bei einem anaphylaktischen Schock und die reale Situation, dass der schnellstens gerufene Notarzt dann ja auch auf eventuelle Nebenwirkungen reagieren kann, führen zur Vernachlässigung dieser Risiken.

Die Applikation des Epinephrin erfolgt über Autoinjektoren, die für die direkte Anwendung, auch durch die betroffenen Patienten bei bekannter Allergie, z. B. bei Wespenstichen, zugelassen sind.

Mit der Anwendung von Epinephrin und Dexamethason besteht nun die Möglichkeit, eine anaphylaktische Reaktion bis zum Eintreffen des Notarztes zu beherrschen und damit entsprechend der Sorgfaltspflicht des Heilpraktikers die notwendigen Notfallmaßnahmen bei gestörter Vitalfunktion zu veranlassen. Die notwendigen Kenntnisse über die Kontrolle der Vitalfunktionen und ggf. auch die direkten Maßnahmen der Reanimation verstehen sich von selbst. Das Gleiche gilt für die Kenntnisse über die Anfangs-Symptome einer allergischen und anaphylaktischen Reaktion.

Medizinprodukte-EU-Anpassungsgesetz (MPEUAnpG) und Gesetz zur Durchführung unionsrechtlicher Vorschriften betreffend Medizinprodukte (Medizinprodukterecht-Durchführungsgesetz – MPDG)

Im Mai 2021 wurde das alte Medizinproduktegesetz (MPG) durch das Medizinprodukte-EU-Anpassungsgesetz (MPEUAnpG) und das Medizinprodukterecht-Durchführungsgesetz (MPDG) ersetzt.

Inhaltlich müssen bei Heilpraktikern in erster Linie Sorgfalt und die Hinweise der zugelassenen Medizinprodukte beachtet werden.

Links

- https://www.gesetze-im-internet.de/mpdg/
- https://www.bundesgesundheitsministerium.de/medizinprodukte-eu-anpassungsgesetz.html

Arzneimittel, Medizinprodukterecht und Hygieneplan in der Heilpraktikerpraxis

VERLAG

Arzneimittel in der Heilpraktikerpraxis

Die Verordnung und Anwendung von Arzneimitteln, deren Lagerung und Herstellung regelt in Deutschland das Arzneimittelgesetz (AMG). Nach einem ersten umfassenden Arzneimittelgesetz aus dem Jahr 1961 musste schon 1976 ein neues Arzneimittelgesetz verabschiedet werden, da das Gesetz von 1961 in seinen Sicherheitskriterien durch den Conterganskandal mit seinen Grenzen deutlich wurde. Besonders die Risikobeurteilung vor der Arzneimittelzulassung als auch die Risikobeurteilung von Nebenwirkungen und Schadwirkungen nach der Zulassung, also im Rahmen der Anwendung bei Patientinnen und Patienten war unzureichend, so dass es nach den ersten Hinweisen auf die Conterganmissbildungen über ein Jahr dauerte bis diese Information bei den Behörden angekommen ist.

Im Jahr 1976 wurde das Arzneimittelgesetz grundlegend überarbeitet und wird seitdem immer wieder novelliert, zuletzt am 20.12.2022. Der aktuelle Stand des Arzneimittelgesetzes ist im Onlineverzeichnis des Bundesministeriums der Justiz (www.gesetze-im-internet.de/amg_1976) zu finden.

Im Arzneimittelgesetz aus dem Jahr 1976 wurde ein deutlich höheres Sicherheitsniveau im Gesetz verankert und durch die Risikobeobachtung im Rahmen des Stufenplans werden Arzneimittel auch nach ihrer Zulassung im Markt beobachtet und bei Hinweisen und Meldungen von Risiken und Nebenwirkungen reagieren die beteiligten Bundesbehörden, die Landesbehörden und die Vertreter der Arzneimittelkommissionen der Ärzte, Zahnärzte, Apotheker und Heilpraktiker gemeinsam um Maßnahmen zur Risikominimierung auf den Weg zu bringen.

Auch alle Heilpraktikerinnen und Heilpraktiker sind Teil dieses Sicherheitssystems, indem alle therapeutischen Berufe auch eine Meldepflicht beim Verdacht auf Arzneimittelnebenwirkungen haben, soweit diese nicht bereits bekannt sind.

Die Arzneimittelkommission der deutschen Heilpraktiker ist in diesem Stufenplan eingebunden und auf der Basis des Arzneimittelgesetzes Stufenplanbeteiligte. Die klassischen Arzneimittel der Naturheilkunde haben als „besondere Therapierichtungen“ spezielle Zulassungskommissionen, die Kommission D für Homöopathika, die Kommission E für Phytotherapeutika und die Kommission C für Arzneimittel der anthroposophischen Medizin. Auch in diesen Zulassungskommissionen sowie der Deutschen Arzneibuchkommission und der Deutschen Homöopathischen Arzneibuchkommission ist die Arzneimittelkommission aktiv beteiligt.

Für Heilpraktikerinnen und Heilpraktiker in ihren Praxen bedeuten die Regeln und Vorschriften des Arzneimittelgesetzes, dass in der Praxis alle Arzneimittel angewendet und verordnet werden dürfen, die durch die deutsche Zulassungsbehörde BfArm (Bundesinstitut für Arzneimittel und Medizinprodukte) oder die europäische Zulassungsbehörde EMA (Europäische Arzneimittel Agentur) zugelassen oder registriert wurden und die nicht verschreibungspflichtig sind.

Bei einer Arzneimittelzulassung müssen Arzneimittel im Zulassungsverfahren durch den pharmazeutischen Unternehmer ihre Wirkungsnachweise sowie die Qualität der Herstellung und ihre Unbedenklichkeit nachweisen. Wenn es ein Risiko gibt, welches aber die Wirksamkeit und Bedeutung für die Patienten überwiegt, werden die Arzneimittel mit einer Verschreibungspflicht zugelassen.

Homöopathische Arzneimittel sind teilweise als zugelassene Arzneimittel im Markt, zugelassen nach den rechtlichen Vorgaben der Kommission D. Es gibt für homöopathische Arzneimittel aber auch die Möglichkeit als registrierte Arzneimittel in den Markt zu kommen (§38 AMG). Dabei muss der pharmazeutische Unternehmer die Qualität der Herstellung und die Unbedenklichkeit nachweisen, es wird aber keine spezielle Wirksamkeit nachgewiesen, wodurch registrierte Homöopathika auch keine Indikationen auf der Packung ausweisen dürfen. Darum dürfen Heilpraktiker dann in ihrer Werbung nicht mit bestimmten Wirkungen dieser registrierten Arzneimittel werben.

Neben den registrierten Homöopathika gibt es seit einigen Jahren auch die Möglichkeit traditionelle Phytotherapeutika als registrierte Arzneimittel im Markt zu haben (§39 AMG).

Neben den Fertigarzneimitteln der Homöopathie, der Phytotherapie und der anthroposophischen Medizin können Heilpraktiker auch andere nichtverschreibungspflichtige Arzneimittel und Medizinprodukte anwenden oder verordnen, aber auch in einer Apotheke individuelle Arzneimittel zusammenstellen zu lassen.

Bei der Herstellung in der Apotheke sind natürlich verschreibungspflichtige Substanzen die in der Arzneimittelverschreibeverordnung (AMVV) stehen für Heilpraktiker nicht verordnungsfähig. Auch darf ein Apotheker nach den Regeln der Apothekenbetriebsordnung keine Arzneimittel mit einem stofflichen Risiko an die Patienten abgeben und muss in diesem Fall auch Stufenplanbescheide mit einer Risikofeststellung für einen bestimmten Stoff beachten, denn nach §5 AMG besteht ein Verbot bedenkliche Arzneimittel in den Verkehr zu bringen.

Manchmal ist es auch ein Problem, dass der Apotheker bei pflanzlichen Drogen Inhaltsstoffe für die Risikoabwägung in ihrer Konzentration bestimmen müsste, sich dies für eine geringe Menge aber von den Kosten her nicht rechnet.

Die Arzneimittel, die in der Heilpraktikerpraxis angewendet werden dürfen, dürfen auch in der Praxis vorrätig gehalten werden, wenn die Haltbarkeit und die saubere, trockene und sichere Lagerung gewährleitet ist. Arzneimittel die für mehrere Patienten angewendet werden, z. B. eine Flasche mit Homöopathikum, wo jeder Patient einige Kügelchen in der Praxis direkt eingibt, dürfen ohne besondere Mengenbegrenzung gelagert werden. Arzneimittel die nur bei einem Patienten angewendet werden (z. B. Ampullen zur Injektion), dürfen nur in kleinen Mengen, quasi als Notfallvorrat vorrätig gehalten werden.

Eine Abgabe von Arzneimitteln, gleich ob ein Fertigarzneimittel, eine Salbe oder 5 homöopathische Globuli ist für Heilpraktikerinnen und Heilpraktiker, aber auch für Ärzte grundsätzlich verboten. Die Abgabe von Arzneimitteln ist nur Apothekern und Tierärzten gestattet. Lediglich Muster von Fertigarzneimitteln, die für diesen Zweck von Firmen zur Verfügung gestellt wurden, dürfen an Patienten abgegeben werden, allerdings jeweils nur 2 Stück des Musters pro Jahr.

Die Herstellung von Arzneimittel ist grundsätzlich Erlaubnispflichtig (§ 13 Absatz 1 AMG), dabei muss ein pharmazeutischer Unternehmer Personal mit entsprechender Fachkompetenz beschäftigen. Apotheker und Tierärzte dürfen im Rahmen ihrer Berufsausübung Arzneimittel herstellen, denn die Kompetenz dazu haben sie in ihrem Studium erworben.

Bei Arzneimitteln die von Heilpraktikerinnen und Heilpraktikern als „sonst zur Ausübung der Heilkunde beim Menschen befugte Personen" (§ 13 Absatz 2b AMG) unter ihrer unmittelbaren fachlichen Verantwortung zum Zwecke der persönlichen Anwendung bei einem bestimmten Patienten hergestellt werden ist diese Herstellung von der Erlaubnispflicht ausgenommen.

Die erlaubnisfreie Herstellung nach § 13 AMG ist nach § 67 Absatz 2 der zuständigen Aufsichtsbehörde des Landes anzuzeigen. Dabei sind die beabsichtigten Arzneimittel mit ihrer Bezeichnung und Zusammensetzung anzuzeigen. Dies muss nicht unbedingt z. B. alle homöopathischen Injektionspräparate die in einer Spritze gemischt und damit hergestellt werden umfassen, aber es ist sinnvoll dies mit Beispielen der Aufsichtsbehörde mitzuteilen.

Arzneimittel die unverändert, unvermischt injiziert werden, müssen nicht angezeigt werden, es geht bei der Anzeigepflicht nur um die Herstellung nach § 13 AMG.

Heilpraktikerinnen und Heilpraktiker dürfen keine Arzneimittel auf Vorrat herstellen und diese auch nicht abgeben. Eine Ausnahme der Erlaubnispflicht gibt es aber für Arzneimittel die unmittelbar zur direkten Anwendung an einem bestimmten Patienten hergestellt werden (z. B. Injektionslösungen, Tinkturen, Salben etc.). Diese müssen aber direkt angewendet werden und dürfen auch nicht gelagert werden, oder den Patienten mitgegeben werden.

Bei der Herstellung dürfen auch keine Stoffe verwendet oder hergestellt werden, die Verschreibungspflichtig sind. Dies ist aktuell bei der Herstellung von Blutprodukten zu beachten, da Blut als Blutprodukt in der AMVV (Arzneimittelverschreibeverodnung) steht und deshalb als ein Blutprodukt verschreibungspflichtig ist. Da für alle verschreibungspflichtigen Arzneimittel der AMVV gilt, dass die Verschreibungspflicht bei homöopathischer Potenzierung ab der D4 (Verdünnung 1/10.000) endet, ist eine Anwendung von Eigenblut nach Potenzierung zur D4 nach den Regeln des HAB (Homöopathisches Arzneibuch) und der Ph.Eur. (Europäisches Arzneibuch) möglich. Diese korrekte Herstellung muss auch dokumentiert sein, so dass die Aufsichtsbehörde dies kontrollieren kann.

Wer in seiner Praxis Arzneimittel zur parenteralen Anwendung herstellt, muss bei der Herstellung allgemeine Regeln der Hygiene und der sachgerechten Herstellung beachten. Die Auslegungshilfe und die Risikobewertung der Arbeitsgruppe der leitenden Medizinalbeamten an man sich orientieren kann findet sich in der Homepage der Arzneimittelkommission der deutschen Heilpraktiker (www.amk-heilpraktiker.info).

Bei der Herstellung von Arzneimitteln die parenteral angewendet werden, sollte dies auch im Hygieneplan der Praxis (oder einer anderen Dokumentationsform zur Qualitätssicherheit) dokumentiert sein. Einen Hygieneplan mit allen Maßnahmen zur Hygiene und Risikominimierung sollte jede Praxis haben, bei invasiven Therapien ist er zwingend erforderlich.

Hygienepläne stellen die Heilpraktikerverbände oftmals als Vorlage für ihre Mitglieder zur Verfügung. Der Fachverband Deutscher Heilpraktiker bietet diese Informationen zum Hygieneplan und auch eine beschreibbare Vorlage für einen Praxishygieneplan in der Website des Fachverbandes (www.heilpraktiker.org).

Bei allen Anwendungen und Verordnungen von Arzneimitteln und Medizinprodukten und bei der Herstellung von Arzneimitteln ist immer die erforderliche Sorgfalt zu beachten. Diese erfordert auch das Wissen um die Wirkungen, Wechselwirkungen und Nebenwirkungen der Arzneimittel, aber auch das Wissen darum, welche Substanzen z. B. bei der Herstellung in einer Spritze gemischt werden können.

Zum Thema der Hygiene finden auch regelmäßig Fortbildungen bei den Landesverbänden des Fachverbands Deutscher Heilpraktiker statt.

Bei Fragen zu diesem Komplex kann man sich an seinen Landesverband wenden, oder an die Arzneimittelkommission der deutschen Heilpraktiker (amk@amk-heilpraktiker.de), ebenso wenn man eine unerwünschte Nebenwirkung bei einem Arzneimittel bemerkt. Die Arzneimittelkommission sammelt solche Risikohinweise und leitet sie an die zuständigen Bundesbehörden weiter.

Arne Krüger
Vizepräsident des Fachverbands Deutscher Heilpraktiker &
Sprecher der Arzneimittelkommission der deutschen Heilpraktiker

Dieser Beitrag ist in ähnlicher Form in der Fachzeitschrift „Der Heilpraktiker" Ausgabe 6/2023 erschienen.

Medizinprodukterecht und Hygieneplan in der Naturheilpraxis

Bei Medizinprodukten, die in einer Heilpraktikerpraxis verwendet werden, müssen, wie bei Arzneimitteln auch, entsprechende rechtliche Regularien beachtet werden, um die sichere und wirksame therapeutische Anwendung sicher zu stellen.

Das Medizinprodukterecht basierte auf dem Gesetz über Medizinprodukte (Medizinproduktegesetz, MPG) aus dem Jahr 1994, zuletzt geändert am 25.5.2021. Ebenfalls relevant ist die Medizinprodukteverordnung aus dem Jahr 2001, zuletzt geändert am 25.5.2021. Mit dem Medizinproduktegesetz hatte der deutsche Gesetzgeber die Richtlinien 90/385/EWG und 93/42/EWG umgesetzt, und passt sie immer wieder den europäischen Richtlinien an. Die aktuelle Umsetzung ist im Medizinprodukterecht-Durchführungsgesetz (MPDG) in der Fassung vom 23.10.2024 geregelt, welches die Umsetzung von EU-Recht in deutsches Recht regelt.

Definition Medizinprodukte

Der Zweck des Medizinprodukterechtes ist es, den Verkehr mit Medizinprodukten zu regeln und dadurch die Sicherheit, Eignung und Leistung der Medizinprodukte sowie die Gesundheit und den erforderlichen Schutz der Patienten sicherzustellen. Neben den Medizinprodukten, die als solche zertifiziert werden, gilt das MPG auch für Produkte, die zwar nicht als Medizinprodukte in den Verkehr gebracht werden, aber mit der Zweckbestimmung eines Medizinproduktes eingesetzt werden und für Produkte beziehungsweise Hilfsmittel, die dazu bestimmt sind, Arzneimittel nach dem AMG zu verabreichen.

Die Zweckbestimmungen als Medizinprodukt finden sich in den Anlagen 1 und 2 der Medizinprodukte-Betreiberverordnung. Der Zweck von Medizinprodukten ist die Erkennung, Verhütung, Behandlung oder Linderung von Krankheiten, Verletzungen oder Behinderungen. Im Unterschied zu Arzneimitteln wirken Medizinprodukte aber nicht hauptsächlich pharmakologisch, immunologisch oder über den Stoffwechsel.

Zu Medizinprodukten zählen unter anderem Verbandsmaterial, Blutdruckmessgeräte, Thermometer, Spritzen, Einmalskalpelle, Kanülen, Infusionsbestecke. Arzneimittel im Sinne des Arzneimittelgesetzes und kosmetische Mittel sowie Lebensmittel im Sinne des Lebensmittel- und Futtermittelgesetzbuch (LFGB) aus dem Jahr 2005, welches das Lebensmittel-, Bedarfsgegenstände- und Futtermittelgesetzbuches (LMBG) ersetzt hat, gehören per Definition nicht dazu.

Auch Blut, Blutprodukte und Blutplasma sind keine Medizinprodukte, sondern Arzneimittel. Medizinprodukte und medizinische Geräte, die in der Naturheilpraxis verwendet werden, müssen zertifiziert sein und eine CE-Kennzeichnung tragen und damit im rechtlich vorgeschriebenen Konformitätsbewertungsverfahren ihre Eignung nachgewiesen haben.

Den praktischen Umgang mit Medizinprodukten in der Naturheilpraxis regelte die Medizinprodukte-Betreiberverordnung (MPBetreibV) in der Fassung vom 25.5.2021. Auch die Medizinprodukte-Sicherheitsplanverordnung (MPSV) und die Anforderungen an die Hygiene zur Aufbereitung von Medizinprodukten sowie die Empfehlungen KRINKO, RKI, BfArM sind dabei zu beachten.

Anwendung von Medizinprodukten

Tätigkeiten als Anwender von Medizinprodukten führt ein Heilpraktiker aus, wenn er Medizinprodukte an Patienten einsetzt, bereit und instand hält, aufbereitet sowie sicherheits- und messtechnische Kontrollen durchführt.

Die Medizinprodukte dürfen nur entsprechend ihrer Zweckbestimmung betrieben und angewendet werden. Personen, die die Medizinprodukte betreiben oder anwenden, müssen die dafür erforderliche Ausbildung, Kenntnis und Erfahrung besitzen, was der Praxisinhaber bei seinen Mitarbeitern oder Assistenten sicherstellen muss. Auch die eigene Sachkunde liegt in der Verantwortung des Praxisinhabers.

Falls das Medizinprodukt nicht selbsterklärend ist, muss der Anwender in die ordnungsgemäße Handhabung eingewiesen werden, was auch in geeigneter Form zu dokumentieren ist. Vor der Anwendung eines Medizinproduktes muss sich der Anwender von der Funktionsfähigkeit und dem ordnungsgemäßen Zustand des Medizinproduktes überzeugen und die Gebrauchsanweisung beachten. Gebrauchsanweisungen müssen entsprechend aufbewahrt werden.

Der Praxisinhaber ist für die Medizinproduktesicherheit verantwortlich. Bei der Instandhaltung von Medizinprodukten müssen diese sachkundig gewartet werden, wofür ebenfalls der Betreiber der Praxis verantwortlich ist. Die Wartung und Überprüfung von technischen Medizinprodukten ist im Medizinproduktebuch zu dokumentieren.

Die Aufbereitung von Medizinprodukten muss nach dem jeweils für diese Medizinprodukte vorgeschriebenen Verfahren durchgeführt werden. Bei keimarmen

oder steril anzuwendenden Medizinprodukten sind diese entsprechend zu desinfizieren beziehungsweise zu sterilisieren.

Bei der Aufbereitung sind die Empfehlungen der Kommission für Krankenhaushygiene und Infektionsprävention am Robert Koch-Institut und am Bundesinstitut für Arzneimittel und Medizinprodukte (KRINKO) zu beachten, bei Laboruntersuchungen die Bestimmungen der Richtlinie der Bundesärztekammer zur Qualitätssicherung laboratoriumsmedizinischer Untersuchungen (Rili BÄEK). Die Medizinprodukte und die Wartung oder Kontrolle müssen in einem Medizinproduktebuch dokumentiert werden.

Der Umgang und die Aufbereitung der Medizinprodukte sollte genauso wie die Praxishygiene im Praxishygieneplan beschrieben sein. Dabei sind bei den Medizinprodukten wie Spritzen, Kanülen, Schläuchen, Verbandsstoffen, Desinfektionsmitteln, Kanülensammlern u. v. a. jeweils die Charge und das Haltbarkeitsdatum zu notieren.

Bei medizinischen Geräten ist die Aufbereitung und Prüfung dieser Geräte zu dokumentieren. Auch eine eventuelle Eichung (wenn vorgeschrieben) ist durchzuführen und zu dokumentieren. Grundsätzlich müssen alle elektrisch betriebenen Geräte sowie die elektrischen Leitungen und Steckdosen regelmäßig durch einen Elektriker überprüft werden und auch dieses belegt werden.

Werden Angestellte beschäftigt, haben diese Überprüfungen und Kontrollen auch auf der Basis der Unfallverhütungsvorschriften der Berufsgenossenschaft stattzufinden.

Einstufungen

Eine wichtige Einstufung der Medizinprodukte kann nach Verwendungszweck in **unkritische** Medizinprodukte (Berührung nur mit intakter Haut, daher sehr geringes Risiko der Infektionsübertragung), in **semikritische** Medizinprodukte (Berührung mit Schleimhaut oder krankhaft veränderter Haut, daher größeres Infektionsrisiko) und **kritische** Medizinprodukte (Anwendung mit Blut, Blutprodukten, sterilen Arzneimitteln, Medizinprodukten, die die Haut oder Schleimhaut durchdringen, mit Kontakt zu Blut, Wunden, inneren Geweben oder inneren Organen) erfolgen.

Eine andere Einteilung der Medizinprodukte nach den Möglichkeiten der Aufbereitung kann in **Gruppe A** (keine besonderen Anforderungen, zum Beispiel glatte,

massive Instrumente), **Gruppe B** (erhöhte Anforderungen durch komplexen Aufbau, Hohlräume oder eine raue, schwer zu reinigende Oberfläche) und **Gruppe C** (besonders hohe Anforderungen, da keine Dampfsterilisation durch die Materialbeschaffenheit möglich ist, zum Beispiel wegen fehlender Hitzebeständigkeit) erfolgen (Tab. 1).

Dokumentationsregeln

Alle diese Regeln für die Eignung von Medizinprodukten, die Prüfung, die Aufbereitung, die Entsorgung und die Dokumentation über alle diese Maßnahmen zur Sicherstellung der Hygiene und zur Verhinderung der Infektionsübertragungen auf die Patienten können entweder in einer eigenen Medizinproduktedokumentation oder im Praxishygieneplan enthalten sein (Tab. 2).

Nach den Regeln des Infektionsschutzgesetzes muss dieser individuell für jede Heilpraktikerpraxis erstellt werden. Dieser Hygieneplan kann dann auch die Dokumentation zu den Medizinprodukten enthalten. Mitglieder des Fachverbandes Deutscher Heilpraktiker finden eine Vorlage zum Praxishygieneplan im internen Bereich der Website des Fachverbandes unter www. heilpraktiker.org. Dazu sind die Mitgliedsnummer und ein Passwort nötig.

Hygieneplan

Der Hygieneplan umfasst unter anderem schriftliche Arbeits- und Durchführungsanweisungen und zeigt auf, in welcher Form die Hygienevorschriften zum Schutz des Patienten, des medizinischen Personals und des Heilpraktikers eingehalten werden und wie diese Anforderungen in Dokumentation und Nachweisbarkeit in einer Praxis geführt werden.

Bei einem Hygieneplan und der Beurteilung von Medizinprodukten lohnt es sich, die Logik von Hygieneplänen zu verinnerlichen. Dazu gehören eine Ist-Analyse (Ermittlung von Infektionsrisiken, welche Infektionsrisiken bestehen durch welche Personen oder sonstigen Ursachen?), eine Bewertung der Risiken (Bei welchen Risiken müssen risikominimierende Maßnahmen ergriffen werden?) und eine Festlegung konkreter Maßnahmen zur Risikominimierung. Dabei muss dokumentiert werden, welche Maßnahmen werden ergriffen, von wem durchgeführt, wie dokumentiert?

Zu einem Hygienemanagement gehören auch Kontrollmaßnahmen und Schulungen.

Wer überwacht die Einhaltung der Maßnahmen, wie wird ihre Effizienz überprüft und dokumentiert, wie oft finden Schulungen des Personals statt?

Dabei muss im Hygieneplan schriftlich erfasst sein, wer ist Praxisinhaber, welche anderen Heilpraktiker, Assistenten, Hilfskräfte, Aushilfen, Praktikanten oder Reinigungskräfte arbeiten in der Praxis.

Der Verantwortliche für den Hygieneplan und die Praxishygiene muss festgelegt werden sowie die Aufsichtsführenden Behörden (Gesundheitsamt, Landesbehörden). Im Rahmen einer Hygieneklassifizierung wird die Risikoanalyse dokumentiert. Eine Variante wäre eine Risikoklassifizierung in vier Klassen, wobei dies aber nur eine der Möglichkeiten ist.

In der Naturheilpraxis sind hinsichtlich der Hygiene allgemeine Grundlagen und spezielle Maßnahmen zu beachten. Der Umgang mit Patienten und deren Körperflüssigkeiten und Ausscheidungen beinhaltet stets ein Infektionsrisiko. Zum Schutz von Patienten, Behandlern und Praxispersonal sind daher genaue Vorschriften und Richtlinien notwendig, die dazu dienen, die Übertragung von Krankheitserregern zu verhindern.

Die größte Infektionsgefahr in der Praxis des Heilpraktikers besteht im direkten Kontakt mit Blut oder anderen Körperflüssigkeiten und der eventuellen Verletzung mit spitzen oder scharfen Gegenständen (z. B. Injektionsnadeln) und der dabei möglichen Inokulation von infektiösem Material. Gefährdet sind hierbei sowohl die Patienten als auch alle Personen, die Kontakt zu den Patienten oder den genannten Materialien haben. Alle in der Praxis tätigen Personen müssen daher über die Infektionsgefahren und die Maßnahmen zu deren Verhütung aufgeklärt sein und regelmäßig unterwiesen werden.

Die Verantwortung für die ordnungsgemäße Durchführung der Hygienemaßnahmen und für den vorbeugenden Infektionsschutz trägt immer der Praxisinhaber. Bei der Beschäftigung von Angestellten oder Praktikanten sind diese über die notwendigen Maßnahmen zur Hygiene zu belehren.

Risikoklassifizierung

Um die Risikoeinstufung zu vereinfachen, ist eine Hygieneklassifizierung sinnvoll, da in Naturheilpraxen entsprechend der therapeutischen Schwerpunkte sehr unterschiedlich gearbeitet wird, kann sich die Praxishygiene z. B. an der Hygieneklassifizierung des Hygieneplans des Fachverbands orientieren.

Dabei gibt es Klasse I: sehr geringes Infektionsrisiko (allgemeine Praxishygiene, Homöopathie, Psycho- und Gesprächstherapie), Klasse II: geringes Infektionsrisiko (nicht-invasive Tätigkeiten), Klasse III: mittleres Infektionsrisiko (leicht invasive Tätigkeiten) und Klasse IV: erhöhtes Infektionsrisiko (Invasive Tätigkeiten) .

Klasse I

Allgemeine Praxishygiene ist vorgeschrieben für alle Naturheilpraxen und ausreichend für die Praxen, die zum Beispiel rein homöopathisch, psychotherapeutisch oder mit vergleichbaren Methoden arbeiten.

Außer der körperlichen Untersuchung finden keine weiteren körperlichen Kontakte statt. Das Infektionsrisiko ist sehr gering. Neben der körperlichen Untersuchung finden keine Eingriffe statt. Als Therapien kommen zum Beispiel klassische oder Komplexhomöopathie, Phytotherapie etc. infrage. Falls auch Blutentnahmen, zum Beispiel für diagnostische Zwecke stattfinden, gelten die Anforderungen der Klasse III.

Anforderungen Klasse I: Abgrenzung von Privatbereich erforderlich, keine Vorgaben an räumliche Ausstattung, Kundentoilette mit HWS, Seifenspender und Einmalhandtüchern (falls nach Landesrecht notwendig) und ein Hygieneplan ist erforderlich. Sofern in Klasse I auch körperliche Untersuchungen vorgenommen werden, ist das Vorhandensein eines entsprechenden Handwaschplatzes ebenfalls empfehlenswert. (z. B. wegen Patienten mit Hauterkrankungen oder Inspektion des Mund-Nasen-Rachenraums).

Klasse II

Dazu gehören nicht-invasive Tätigkeiten in einer Naturheilpraxis, zum Beispiel Massage, Chiropraktik, Fußreflexzonenmassage, Osteopathie.

Durch den Hautkontakt / körperlichen Kontakt kommt es zu einem gewissen Infektionsrisiko, welches aber gering ist. Es gelten die Anforderungen der Klasse I und als zusätzliche Anforderungen der Klasse II im Behandlungsraum oder in unmittelbarer Nähe ein Handwaschbecken mit fließend kaltem und warmem Wasser, Seifen- und Desinfektionsmittelspender und Einmalhandtuchhalter. Ersatzhalber ist ein Handwaschbecken mit o. g. Hygienevorrichtung in unmittelbarer Nähe des Behandlungsraumes erforderlich. Im Behandlungsraum muss dann ein Desinfek-

tionsmittelspender mit gelistetem Händedesinfektionsmittel (nach VAH oder RKI) vorhanden sein. Nach beendetem direktem Kontakt zwischen Behandler und Patient muss eine Händedesinfektion im Behandlungsraum erfolgen.

Die Liege und Arbeitsflächen müssen leicht zu reinigen und zu desinfizieren sein, ebenso alle Flächen, die in direkten Körperkontakt mit dem Patienten kommen.

Aufwendige Dekorationsartikel und Staubfänger sind zu entfernen.

Pflanzen sind grundsätzlich für Behandlungsräume nicht geeignet, kleinere Topfpflanzen, Hydrokulturen und Schnittblumen können nach Ermessen toleriert werden. Ein individueller Hygieneplan erforderlich mit Hände- und Flächendesinfektionsmittel, evtl. Instrumentenaufbereitung.

Klasse III

Leicht invasive Tätigkeiten mit dem Risiko des Blutkontaktes, wie zum Beispiel Akupunktur, Ableitungsverfahren, Schröpfen, Blutegelbehandlung, Baunscheidtieren etc., haben ein Infektionsrisiko und bedürfen daher einer besonderen Praxishygiene. Hierzu gehören auch intrakutane, subkutane, intramuskuläre und intravenöse Injektionen. Anforderungen Klasse I und II sind zu beachten sowie zusätzliche Anforderungen der Klasse III.

Je nach verwendeter Gerätschaft müssen Instrumentendesinfektionsmittel vorhanden sein, evtl. auch ein Aufbereitungsplatz mit separatem Waschbecken und Sterilisationsmöglichkeiten. Sterile Materialien zur Wundversorgung müssen vorhanden sein und spezielle Arbeitskleidung muss getragen werden, getrennte Aufbewahrung der getragenen Dienst- und Schutzkleidung und der Straßenkleidung ist erforderlich.

Der Bodenbelag muss leicht zu reinigen und zu desinfizieren sein und ein Handwaschbecken im Behandlungszimmer mit fließend kaltem und warmem Wasser, Seifen- und Desinfektionsmittelspender und Einmalhandtuchhalter müssen vorhanden sein.

Sofern wiederverwendbare Instrumente benutzt werden, muss eine Instrumentenaufbereitung mit Desinfektion, Reinigung und Sterilisation entsprechend dem MPG-Gesetz erfolgen. Die Reinigung und Aufbereitung der Instrumente müssen in einem separaten Waschbecken oder in einem speziellem Hygieneraum erfolgen.

Abfälle müssen entsprechend geltenden Regeln (LAGA, Landesarbeitsgemeinschaft Abfall) entsorgt und dies ggf. dokumentiert werden.

Klasse IV

Invasive Tätigkeiten mit erhöhtem Infektionsrisiko wie zum Beispiel intraartikuläre Injektionen oder großflächige Anwendungen mit Verletzung der Körperoberfläche. Hier ist die Richtlinie des Robert Koch-Instituts zur Krankenhaushygiene anzuwenden.

Nach der Hygieneklassifizierung muss die Situation der Praxis beschrieben werden, am besten mit der passenden Beziehung zur Hygiene und zu den in der Praxis angewendeten Maßnahmen zur Risikominimierung.

Nach der Erstellung beziehungsweise individuellen Bearbeitung des Hygieneplans sollte dieser ausgedruckt und vom Verantwortlichen, klassischerweise dem Praxisinhaber, unterschrieben werden.

Fazit

Für Hygienepläne und den Umgang mit Medizinprodukten gilt die „alte" Regel: Gefahr erkannt bedeutet Gefahr gebannt. Sich einmal mit der Praxishygiene zu befassen und alle Risiken und die Maßnahmen zur Verhinderung von Risiken zu beschreiben, führt dazu, dass die Gefahren erkannt werden können, und dies ist der wichtigste Schritt zur Risikominimierung.

Arne Krüger
Vizepräsident des Fachverbands Deutscher Heilpraktiker &
Sprecher der Arzneimittelkommission der deutschen Heilpraktiker

Dieser Beitrag ist in ähnlicher Form in der Fachzeitschrift „Der Heilpraktiker" Ausgabe 9/2023 erschienen.

Giftpflanzen im Garten? Ein Überblick

VERLAG

Prof. Dr. Ursula Stephan

Giftpflanzen im Garten

Einleitung

Im Frühling und Sommer umgeben uns zahlreiche Pflanzen, deren üppige Blütenpracht nicht daran denken lässt, dass diese Pflanzen auch Stoffe enthalten können, die der Gesundheit des Menschen oder der von Tieren nicht zuträglich sind. Wir wissen andererseits, dass viele Pflanzen seit Menschengedenken genutzt werden, um unser Wohlbefinden zu erhöhen, Schmerzen zu lindern oder sogar Krankheiten zu heilen. So nutzen wir Pfefferminze, Kamille oder Salbei als Teepflanzen, Salbei, Majoran, Oregano, Thymian oder Bohnenkraut auch als Gewürzpflanzen, Blauer Eisenhut, Roter Fingerhut oder Mohn spielen in der Homöopathie ebenso eine Rolle wie in der klassischen Medizin – sie sind Heilpflanzen, aber die drei letztgenannten Pflanzen sind zugleich auch Giftpflanzen. Der Übergang vom Heilmittel zum Gift ist – wie schon Paracelsus sagte – nur von der aufgenommenen Dosis abhängig.

Es soll nachfolgend auf einige einheimische Pflanzen hingewiesen werden, die wir im Garten aufgrund ihrer Schönheit nicht missen möchten, die aber durchaus gefährlich sind und die zu Vergiftungen, auch mit tödlichem Ausgang, geführt haben. Diese Pflanzen sollen keineswegs verteufelt werden, aber Kinder und Jugendliche sollten über die Gefährlichkeit aufgeklärt, Klein- und Kleinstkinder müssen von diesen Pflanzen ferngehalten werden.

Was ist eine Vergiftung?

Von einer Vergiftung sprechen wir immer dann, wenn es nach der Aufnahme des Giftes (hier eines Pflanzenteils) zu einer Erkrankung gekommen ist, evtl. auch mit tödlichem Verlauf. Wurde ein Giftstoff aufgenommen, ohne dass es zu einem Schaden gekommen ist, spricht man von einer Ingestion.

Wie erkennt man eine Vergiftung?

Das ist nicht so einfach zu beantworten, denn einerseits ist die Giftempfindlichkeit von Mensch zu Mensch verschieden; damit sind auch die Symptome, die auf die Vergiftung schließen lassen, unterschiedlich stark ausgeprägt. Anderer-

seits schwankt der Giftgehalt der Pflanzen in Abhängigkeit von der Pflanzensorte, vom Standort und von den klimatischen Bedingungen, d. h. damit auch von Jahr zu Jahr.

Es gibt aber eine Reihe von Symptomen, die bei vielen Vergiftungen auftreten, die jedoch nicht spezifisch für den jeweiligen Giftstoff sind. Wir sprechen in diesem Fall von den sogenannten »unspezifischen« Vergiftungserscheinungen. Zu ihnen gehören: Übelkeit, Erbrechen, Schwindel, Zittern, Durchfall, Benommenheit, Schläfrigkeit, Kopfschmerzen, Hitze- oder Kältegefühl, Krämpfe, Schmerzen im Magen-Darm-Trakt oder auch starke Reizungen der Haut oder der Augen.

Bei der nachfolgenden Beschreibung der Giftpflanzen werden diese Symptome nicht wiederholt, sondern es wird nur auf diejenigen Symptome hingewiesen, die zusätzlich auftreten, ggf. spezifisch für den Giftstoff oder die jeweilige Giftpflanze sind.

Worin besteht die Erste Hilfe?

Nach Aufnahme giftiger Pflanzenteile kein Erbrechen auslösen! Erstickungsgefahr! Sofort einen Arzt rufen oder aufsuchen. Die betroffene Person – nicht nur Kinder, sondern auch Erwachsene – ist durch eine zweite Person zu begleiten! Die Giftpflanze oder Teile von ihr sollten dem Arzt ebenso wie evtl. bereits Erbrochenes vorgelegt werden, das hilft bei der Diagnose sehr viel weiter, insbesondere dann, wenn mit verzögerten Wirkungen zu rechnen ist.

Bei Reizungen oder Verätzungen des Auges (durch spritzende Pflanzensäfte) ist unbedingt mit Wasser zu spülen und in jedem Fall ist ein Augenarzt aufzusuchen! Mehr kann man im Allgemeinen als Laie nicht tun! Sofern Tiere Giftpflanzen aufgenommen haben, sollte unbedingt ein Tierarzt aufgesucht werden. Je schneller das Gift entfernt werden kann, umso günstiger sind die Chancen zu überleben! Daher nicht zögern, den Notarzt zu rufen oder den Augenarzt aufsuchen!

Maiglöckchen (Convallaria majalis L.)

Abb. 1: Maiglöckchen (Convallaria majalis L.). *Fotolia © L.Bouvier*

Familie: Liliengewächse, Liliaceae

Herkunft/Standort: In Europa verbreitet, bevorzugte Standorte sind lichte Laub- und Mischwälder, Gebüsche und Bergwiesen, in Gärten als Zierpflanze.

Merkmale: 15–30 cm hohe Pflanze mit kriechendem Wurzelstock, Stängel mit 2 elliptischen, parallelnervigen Blättern, glockenförmige, weiße, stark duftende Blüten, die an einem blattlosen Stängel in einseitswendiger Traube angeordnet sind; Beeren: Rot, ca. erbsengroß; Blüte: April bis Mai; Beeren: Juli bis August. Alle Pflanzenteile sind giftig, besonders die Blüten und Früchte (Beeren).

Hauptwirkstoffe: Digitalisglycoside (s. a. Roter Fingerhut), Convallatoxin, Convallamarin, Convallosid sowie Saponine und Carotin.

Vergiftungserscheinungen: Koliken und Durchfälle, Absinken der Pulsfrequenz, Herzrhythmusstörungen, Kollaps, Herzstillstand. Es ist zu tödlichen Vergiftungen gekommen, so z. B. durch das Trinken von Wasser aus einer Blumenvase, in der ein Maiglöckchenstrauß gestanden hatte. Bei Kindern treten Vergiftungen meist nach dem Essen der roten Beeren auf oder nach dem Lutschen und Kauen der Blätter/Stiele.

Roter Fingerhut (Digitalis purpurea L.)
Gelber Fingerhut (Digitalis lutea L.)

Familie: Rachenblütler, Scrophulariaceae

Herkunft/Standort: In Westeuropa verbreitet; in lichten Wäldern, an buschigen Abhängen, auf Lichtungen und Kahlschlägen, häufig auch als Gartenpflanze kultiviert.

Merkmale: Zweijährige, 40–140 cm hohe Pflanzen, wechselständige lanzettliche Stängelblätter, Blüten 4–5 cm lang, bauchig-glockig, purpurrot (bzw. gelb), stehen einseitswendig als Trauben, Kapselfrüchte. Blüte: Juni bis August.

Hauptwirkstoffe: Digitalin, Digitoxin, Gitatoxin, Gitarin, Gitoxin. Wirkung auf die Herzmuskulatur und auf die Reizbildungszentren.

Abb. 2: Roter Fingerhut (Digitalis purpurea L.). Fotolia © helmutvogler

Vergiftungserscheinungen: Das Kauen der Fingerhutblätter führt zu Entzündungen der Mundschleimhaut, grasgrünes Erbrechen, vorübergehende Sehstörungen mit Halluzinationen, Herzrhythmusstörungen, auch Ödembildung (»Herzwassersucht«) mit Verzögerung möglich, größere Dosen können nach starker Pulsverlangsamung zum Herzstillstand führen. Das Trinken eines »alternativen Tees«, einem Aufguss von Digitalisblättern in heißem Wasser, war für die Betreffenden tödlich.

Die Vergiftungserscheinungen durch den Gelben Fingerhut oder durch den wolligen Fingerhut (Digitalis lanata) oder durch den geschützten großblättrigen Fingerhut (Digitalis grandiflora) sind nach Art und Schwere des Verlaufs die gleichen.

Goldregen (Laburnum anagyroides L.)

Familie: Schmetterlingsblütler, Fabaceae

Abb. 3: Goldregen (Laburnum anagyroides L.). Fotolia © Bernd Rehorst

Herkunft/Standort: Ursprüngliche Heimat ist Süd- und Südosteuropa, wurde jedoch bereits vor Jahrhunderten kultiviert und ist inzwischen bereits auch in Südschweden zu finden.

Merkmale: Baumähnlicher, bis 7 m hoher Strauch mit glatter Rinde. Blätter büschelig, dreizählig, kleeähnlich, an der Oberseite glatt, an der Unterseite schwach behaart. Blüten goldgelb in hängenden Trauben. **Früchte:** Samen in knotigen, bohnenähnlichen Hülsen, anfangs grün und seidig behaart, dann fast kahl und bräunlich/grau. Blüte: Mai bis Juni; **Früchte:** Juli bis Winter. Infolge seiner Anspruchslosigkeit und seiner herrlichen Blüten wird Goldregen gern in Anlagen, Gärten, Freibädern und in der Umgebung von Schulen und Kindergärten angebaut und hat daher schon mehrmals zu Mas-

senvergiftungen geführt. Die meisten Vergiftungsfälle ereignen sich mit Kindern im Vorschulalter (durch Essen der Samen). Alle Pflanzenteile sind giftig, für Kinder sind 3–4 Schoten tödlich, d. h. 15–20 Samen.

Hauptwirkstoff: Cytisin

Vergiftungserscheinungen: Nach dem Kauen der Samen, der Blüten und Blätter oder an der nach Süßholz schmeckenden Wurzel zunächst anregende, später lähmende Wirkung. Ca. ¼–1 Stunde nach Giftaufnahme Brennen im Mund und im Rachen, Übelkeit, Erbrechen, starker Durst, Magen-Darm-Krämpfe, Kreislaufkollaps, Tod durch Atemlähmung.

Besenginster (Cytisus scoparius L.) Spanischer Ginster (Spartium junceum L.)

Abb. 4: Besenginster (Cytisus scoparius L.). Fotolia © ClaraNila

Familie: Schmetterlingsblütler, Fabaceae

Herkunft/Standort: In West- und Südeuropa verbreitet, auf sonnigen, felsigen Plätzen, an Wegrändern, auf Sand- und Heidegebieten, an Bahndämmen, in Gärten kultiviert.

Merkmale: Im Frühjahr blühender 1–2 m hoher Strauch mit binsenförmigen, spärlich belaubten, stielrunden Zweigen. Blüten gelb, sitzen z. T. zu zweit am Stängel, die Frucht ist eine schwarz-braune Hülse, die zahlreiche Samen enthält.

Hauptwirkstoff: Das Alkaloid Spartein.

Vergiftungserscheinungen: Spartein wirkt auf das Zentralnervensystem erst erregend, dann lähmend, es sind schwere Störungen der Herztätigkeit zu erwarten, Tod durch Herzstillstand.

Der spanische Ginster, der zur gleichen Familie gehört, enthält als Hauptwirkstoff in den Blüten Cytisin, das Vergiftungsbild ähnelt daher dem des Goldregens.

Blauer Eisenhut, Sturmhut (Aconitum napellus L.)

Familie: Hahnenfußgewächse, Ranunculaceae

Herkunft/Standort: Europa, Hauptvorkommen im Mittelgebirge und in den Alpen, an schattigen Plätzen, auf feuchten Böden, an Gebirgsbächen, auch in Gärten verbreitet.

Merkmale: Ausdauernde krautige Pflanze, rübenartige Wurzel, Pflanze überwintert auch bei strengen Frösten, der aufrecht stehende Stängel wird 50–150 cm hoch, trägt dunkelgrüne, gefingerte, 5- bis 7-fach eingeschnittene Blätter. Die Pflanze blüht von Juni bis September mit dunkelblauen bis dunkelvioletten Blüten, die helmartig aussehen, die Früchte sind mehrsamige Balgkapseln.

Abb. 5: Blauer Eisenhut, Sturmhut (Aconitum napellus L.). *Fotolia © emer*

Hauptwirkstoff: Das Alkaloid Aconitin. Eisenhut wird oft als giftigste Giftpflanze Europas bezeichnet: alle Pflanzenteile (Blätter, Wurzeln und die Blüten) enthalten Aconitin. Dieses Gift kann bei direktem Hautkontakt mit der Pflanze (z. B. beim Vermehren, Umsetzen oder auch beim Abpflücken der Blätter oder Stängel) in den Körper eindringen. Berührung mit dem Pflanzensaft kann zu Hautreizungen und Hautentzündungen führen. Tödliche Vergiftungen sind bekannt geworden durch Verwechslungen mit Sellerie- bzw. mit Meerrettichwurzeln sowie durch die fälschliche Verwendung in Salaten bzw. als Tee.

Vergiftungserscheinungen: Bereits 10–20 Minuten nach der Giftaufnahme kann es zunächst zur Erregung, später zu Lähmungen der sensiblen Nervenendigungen kommen (typisches Taubheitsgefühl, Kribbeln in den Fingern, später am ganzen Körper), kolikartige Durchfälle, Sehstörungen (Gelb-Grün-Sehen), vermehrter Harnfluss; in schweren Fällen Atembeschleunigung, dann Herz-Atemlähmung und Untertemperatur, Tod bei erhaltenem Bewusstsein.

Neben dem blauen Eisenhut gibt es den gelben Eisenhut, auch Wolfseisenhut genannt (Aconitum vulparia Rchb.), dieser enthält kein Aconitin, ist aber durch

die Wirkstoffe Lycoconitin und Lycoctonin ebenfalls sehr giftig. Die Blüten sind schwefelgelb, vielblütige, etwas verästelte Traube. Die Pflanze steht unter Naturschutz.

In Gärten findet sich auch der blau-gelb-gefleckte Eisenhut, auch er ist stark giftig.

Scharfer Hahnenfuß (Ranunculus acris L.)

Abb. 6: Scharfer Hahnenfuß (Ranunculus acris L.). Fotolia © Otto Durst

Familie: Hahnenfußgewächse, Ranunculaceae (In manchen Gegenden auch als Butterblume bezeichnet, in anderen Gegenden bezeichnet man Löwenzahn als Butterblume)

Herkunft/Standort: In Europa weit verbreitet, sehr häufig auf Wiesen in der Ebene und im Gebirge.

Merkmale: Bis zu 1 m hohe Pflanze, stark verästelter Stängel, stark handförmig geteilte Blätter, 5- bis 7-teilig, langgestielt, nach oben kürzer werdend. Blüten langgestielt, fettglänzend, 5-blättrig; Blütezeit: Mai bis September; Frucht: einsamige Nüsschen.

Hauptwirkstoffe: Alle Pflanzenteile sind giftig, besonders die Wurzeln enthalten Saponine, Protoanemonin, Anemonin und Ranunculin. Vergiftungen beim Menschen sind selten, aber sie sind, auch mit tödlichem Verlauf, vorgekommen durch Essen von Wurzeln und Trinken von Pflanzensaft!

Vergiftungserscheinungen: Brennen im Mund, Übelkeit, Magen- und Leibschmerzen, Schock, Krämpfe, Abnahme der Leistung des Herzens, Atemnot, Tod. Vergiftungen bei Weidetieren nur bei massenhaftem Auftreten der Hahnenfußgewächse. Weitere gelbblühende Hahnenfußgewächse mit ähnlicher Wirkung sind: Knolliger Hahnenfuß (R. bulbosus), Brennender Hahnenfuß (R. flammula), Gift-Hahnenfuß (R. sceleratus), Wolliger Hahnenfuß (R. lanuginosus) und Wald-Hahnenfuß (R. nemorosus).

Schlafmohn (Papaver somniferum L.)

Abb. 7: Schlafmohn (Papaver somniferum L.). Fotolia © KlausDieter

Familie: Mohngewächse, Papaveraceae

Herkunft/Standort: In Mitteleuropa als Zierpflanze, ursprünglich verbreitet im Mittelmeergebiet, Zentralasien, Kleinasien, früher häufig als Ölpflanze angebaut.

Merkmale: 40–150 cm hohe einjährige Pflanze mit weißem Milchsaft; Blätter länglich eiförmig, buchtig, gezähnt, stängelumfassend, Unterseite blaugrün bereift. Die großen Blüten sind weiß bis lilafarben, mit violettem Fleck am Grund, 4-blättrig, vielkammerige Kapsel, mit Streulöchern, enthält die Mohnsamen. Blütezeit: Juni bis August; **Früchte:** Juli bis September.

Wirkstoffe: In allen milchsaftführenden Pflanzenteilen sind die typischen Opiumalkaloide enthalten: Morphin, Codein, Thebain, Papaverin und Narcotin, das Spektrum variiert. In reifen Mohnsamen sind nur noch 0,01 % der Alkaloide enthalten; daher stimmt nicht: »Mohnkuchen macht dumm«. Der Slogan kommt daher, dass man in früheren Zeiten, vor allem auf dem Lande und bei Heimarbeitern (besonders bei Webern!), den kleinen Kindern Tee aus unreifen Mohnsamen gab, damit sie einschlafen und die Eltern arbeiten konnten, statt Tee gab man den Kindern auch unreife Mohnsamen in Leinenbeuteln zum Kauen mit der gleichen Einschlafwirkung.

Vergiftungserscheinungen: Ca. ½ Stunde nach Aufnahme der Giftstoffe in den Körper kommt es zu einer Schwere im Kopf, Schwindelgefühl, Erbrechen, zunehmende Benommenheit, allgemeine Erschlaffung, Schlaf, tiefe Bewusstlosigkeit und zunehmende Atemschädigung, dazu extreme Pupillenverengung, Störung der Herztätigkeit, Absinken der Körpertemperatur, nach Stunden Tod durch Atemlähmung.

Die ebenfalls milchsaftführenden Gartenzierpflanzen Papaver orientale L. (Gartenmohn, Türkischer Mohn) und Papaver bracteatum Lindl. (Armenischer Mohn), Riesenmohn mit zinnoberroten großen Blüten (ebenfalls dunkler Fleck am Grund) enthalten die Alkaloide Isothebain, Glaucidin, aber auch sie sind giftig und das Vergiftungsbild entspricht dem des Schlafmohnes.

Schöllkraut, Schellkraut, Warzenkraut (Chelidonium majus)

Abb. 8: Schöllkraut, Schellkraut, Warzenkraut (Chelidonium majus).
Fotolia © Kanusommer

Familie: Mohngewächse, Papaveraceen

Herkunft/Standort: Europa, insbesondere Mitteleuropa, Nordasien; weite Verbreitung: Wegränder, Raine, Hecken, Gebüsch, an Zäunen, Gemäuern, auf Schutt und in Laubwäldern.

Merkmale: Bis zu 70 cm hohe krautige Pflanze mit orangefarbenem Milchsaft, Blätter einfach gelappte und gekerbte Teilblättchen, oben grün, unten blaugrün/hellgrün, zerstreute Behaarung, aufrechte, innen hohle Stängel, an den Knoten verdickt, Blüten goldgelb, 4-teilig in langgestielten Dolden. Blüte von Mai bis Oktober. Früchte schotenähnliche Kapseln, aufspringend, beinhalten eiförmige, schwarze Samen.

Wirkstoffe: Alle Pflanzenteile sind giftig und enthalten 10 verschiedene Alkaloide, darunter Chelerytrin, Chelidonin, Chelidoxanthin, Spartein und Sanguiarin.

Vergiftungserscheinungen: Bei äußerlicher Einwirkung, d.h. bei direktem Kontakt mit der Haut, können sich Blasen und Geschwüre bilden. Nach Verschlucken/Kauen von Pflanzenteilen kommt es zu heftigen Reizerscheinungen im gesamten Verdauungskanal, Erbrechen, blutigen Durchfällen, Harndrang, Schwindel, Benommenheit, Tod im Kollaps. Haustiervergiftungen sind selten.

Schwarzer Nachtschatten (Solanum nigrum L.)

Familie: Nachtschattengewächse, Solanaceae

Herkunft/Standort: Ursprünglich Mittelmeergebiet, inzwischen in Mitteleuropa verbreitet; Wegränder, Zäune, Hecken, Schuttplätze, Gärten, Äcker (als »Unkraut«).

Merkmale: Einjährige, krautige, bis zu 75 cm hohe Pflanze, Blätter gestielt, eiförmig, zugespitzt, ganzrandig oder gezähnt, dunkelgrün. 5-zählige, weiße Blüten, die kurzgestielt in seitenständiger Trugdolde hängen, gelbe Staubblätter,

Früchte: schwarze, erbsengroße Beeren. Blütezeit: Juli bis Oktober; **Früchte:** September, Oktober.

Hauptwirkstoff: Solanin, ein Alkaloidgemisch aus 6 Bestandteilen, dazu Saponine, ist in allen Pflanzenteilen, vor allem in den Samen und damit in den Beeren enthalten. Der Alkaloidgehalt hängt vom Entwicklungsstand der Pflanze ab. Die Aufnahme von 6–10 Beeren kann bereits für Kinder tödlich sein.

Vergiftungserscheinungen: Erste Anzeichen sind ein hochroter Kopf, stark erweiterte Pupillen, durch die Saponine Kratzen und Brennen im Mund und Rachen, Übelkeit, schmerzhafte Durchfälle. Solanin hat erregende, später lähmende Wirkungen, Angstzustände, Fieber, Krämpfe, Atemleistung fällt ab, Koma, Tod.

Abb. 9: Schwarzer Nachtschatten (Solanum nigrum L.). Meyers Lexikon, 1895, 7568569. Fotolia © Juulijs

Ähnlich wirkt der ebenfalls verbreitete Bittersüße Nachtschatten (Solanum dulcamara L.), der zur gleichen Familie gehört, auch als Waldnachtschatten bezeichnet. Es handelt sich dabei um einen Halbstrauch mit unten verholzten, oben krautigen Stängeln. Er wächst entweder niederliegend oder rechts- bzw. linksrankend in die Höhe, wobei die Triebe bis zu 1,5 m lang werden. Die Blätter sind gestielt, spitzoval und haben am Grund 1- bis 2-buchtig abgetrennte Seitenblätter. Die violetten Blüten bilden Rispen, an denen dann die Früchte, rote, eiförmige, etwa erbsengroße, glänzende Beeren hängen. Gift und Vergiftungserscheinungen entsprechen dem Schwarzen Nachtschatten.

Gemeiner Stechapfel (Datura stramonium L.)

Familie: Nachtschattengewächse, Solanaceae

Herkunft/Standort: Ursprünglich war der Stechapfel in Zentralamerika heimisch, er wurde im 16. Jahrhundert nach Europa eingeführt und kommt nun in Süd- und Mitteleuropa verwildert vor: an Waldrändern, auf Weinbergen, Dämmen und Schuttplätzen, als attraktive Pflanze wird er auch in Gärten kultiviert.

Abb. 10: Gemeiner Stechapfel (Datura stramonium L.). Fotolia © olgavisavi

Merkmale: Einjährige, bis zu 1 m hohe krautige Pflanze. Die Blätter sind eiförmig zugespitzt, Oberseite dunkelgrün, unten heller, buchtig gezähnt und gestielt. Blüten trichterförmig, fünfzipflig, weiß, achsel- oder endständig. Fruchtkapsel stachelig, 4-fächrig, Samen braun-schwarz bis zu 3,5 mm lang.

Hauptwirkstoffe: Die Alkaloide L-Hyoscyamin, Atropin, L-Scopolamin; es sind alle Pflanzenteile giftig, besonders die Wurzel und die Samen.

Vergiftungserscheinungen: Nach Aufnahme in den Körper zunächst allgemeine Erregung von Heiterkeit bis Tobsucht, Sinnestäuschungen, starke Hautreizung, Übelkeit, weite Pupillen, Sehstörungen, Benommenheit, Atemlähmung, Tod. Wird die Vergiftung überlebt und kommt es mehrmals zur Aufnahme von Stechapfel-Pflanzenteilen, so können die Folge Geistesstörungen sein (Verblödung). Auch für Pferde und Rinder sind Vergiftungen beschrieben durch Futter, das mit Stechapfelsamen kontaminiert war.

Engelstrompete (Datura suaveolens Humb. et Bonpl. ex Willd.; Brugmansia)

Abb. 11: Engelstrompete (Datura suaveolens Humb. et Bonpl. ex Willd.; Brugmansia). Fotolia © Fotolyse

Familie: Nachtschattengewächse. Solanaceae

Herkunft/Standort: Heimat: Brasilien; bei uns als sehr attraktive Kübelpflanze, kann nicht im Freien überwintern.

Merkmale: Strauch bis zu 5 m hoch, Blätter wechselständig, grün, eiförmig mit gewelltem Rand, Blüten 20–30 cm lang, weiß (auch rot oder gelb), trompetentrichterförmig. **Früchte:** spiralig, lang. Blütezeit: August bis Oktober. Eine andere Zierpflanze ist Datura sanguinea, die von Januar bis März blüht.

Hauptwirkstoffe: Die Alkaloide Scopolamin, Hyoscyamin und Atropin; alle Pflanzenteile sind giftig.

Vergiftungserscheinungen: Wie bei Stechapfel beschrieben, schon der Duft der Blüten soll narkotisierende Eigenschaften haben und Kopfschmerzen und Benommenheit hervorrufen. Auch Vergiftungen, die überlebt werden, dauern sehr lange, das am längsten bestehende Symptom sind die weiten Pupillen. Die Aufnahme der Pflanzenteile (auch als Tee) hat zum Teil zu tödlichen Vergiftungen geführt.

Liguster (Ligustrum vulgare L.)

Familie: Ölbaumgewächse, Oleaceae

Herkunft/Standort: Europa, in Mitteleuropa weit verbreitet, Wälder, Waldränder, verbreitet als Schnitthecken gepflanzt. Strauch von 4–5 m Höhe, Blätter länglich-lanzettlich, gegenständig, kurzgestielt. Blüten klein, weiß in endständigen Rispen, stark riechend. Blütezeit: Juni/Juli; Früchte September bis zum Winter. Die Früchte sind kugelige, etwa erbsengroße Steinbeeren, die glänzend schwarz werden, sie schmecken unangenehm bitter.

Abb. 12: Liguster (Ligustrum vulgare L.). Fotolia © PIXATERRA

Hauptwirkstoffe: Der Farbstoff Ligulin, in den Blättern und in der Rinde das Glycosid Ligustrin, in der Rinde ferner die Bitterstoffe Syringopicrin und Ligustron.

Vergiftungserscheinungen: Durch Aufnahme der Beeren sind Kinder zu Tode gekommen. Nach dem Essen der Beeren oder anderer Pflanzenteile kommt es zu schweren Magen-Darm-Beschwerden mit heftigem Erbrechen, starken Durchfällen, Krämpfen und Kreislauflähmung. Lokal kann es zu Hautreizungen kommen.

Christrose, Schwarzer Nieswurz (Helleborus niger L.)

Abb. 13: Christrose, Schwarzer Nieswurz (Helleborus niger L.).
Fotolia © carinthian

Familie: Hahnenfußgewächse, Ranunculaceae

Herkunft/Standort: Südeuropa, südliches Mitteleuropa, Alpengebiet; verbreitet in Wäldern, Gebüschen und als Zierpflanze in Gärten.

Merkmale: Ausdauernde, ca. 20–30 cm hohe Pflanze, Blätter grundständig langgestielt, 4- bis 9-teilig, ledrig, dunkelgrün, Blüten einzeln, endständig, hängend, weiß (inzwischen auch durch Neuzüchtung rosa oder blau); Balgfrucht: vielsamig. Blütezeit: Dezember bis Februar (auch hier durch Züchtung Blüte ab Ende Oktober bis weit in das Frühjahr hinein, auch witterungsabhängig). Alle Pflanzenteile sind giftig. Geschmack: bitter.

Hauptwirkstoffe: Ein Gemisch von Steroidsaponinen, das sog. Helleborin, daneben kommt vor allem in der Blüte, im Stängel und im Blatt auch die giftige Substanz Ranuncosid vor.

Vergiftungserscheinungen: Nach dem Kauen der Pflanzenteile kommt es zu Entzündungen des Mundes, Übelkeit, Durchfall, Gefäßkrämpfen, erweiterten Pupillen, Atemnot, brennender Durst, Herzrhythmusstörungen (s. a. Fingerhut),Tod durch Atemlähmung. Schwere Vergiftungen nach der Aufnahme von nur 3 reifen Samenkapseln, Todesfälle durch Verwendung von Pflanzenteilen als Wurmmittel, Vergiftungen auch durch Verwendung als Niespulver. Auch Nutztiervergiftungen sind beschrieben.

Legende: Die Christrose wurde schon um 600 v. Chr. als »chemische Waffe« im Krieg eingesetzt: In dem gegen Kirrha ausgebrochenen Krieg ließ Solon das Flüsschen Pleisthenes, das in einem Kanal durch die Stadt ging, davon ableiten. Die Belagerten halfen sich mit Brunnen- und Regenwasser. Nun ließ er viele Wurzeln von Helleborus, der reichlich und in bester Beschaffenheit in Antikyra in Phokis wuchs, in den Pleisthenes werfen, und als er glaubte, das Wasser habe genug Gift extrahiert, ließ er es wieder in den Stadtkanal laufen. Nachdem die Kirrhaier, erfreut über den Wasserzufluss, reichlich davon getrunken hatten, bekamen sie so heftige, unaufhörliche Durchfälle, dass sie die Bewachung der Mauern unterlassen mussten. So unterlagen sie.

Herbstzeitlose (Colchicum autumnale L.)

Abb. 14: Herbstzeitlose (Colchicum autumnale L.). Fotolia © Birgit Puck

Familie: Zeitlosengewächse, Colchiaceae

Herkunft/Standort: Süd-, West- und Mitteleuropa, auf feuchten Wiesen, auch in lichten Wäldern bis ins Hochgebirge und in Gärten als Zierpflanze.

Merkmale: Ausdauernde Knollenpflanze, jede Pflanze bringt 1–3 grundständige Blüten mit weißlicher Röhre und 6 großen rosa bis lilafarbenen (auch weißen), trichterförmig gestellten Blütenblättern, selten höher als 15 cm. Die blühende Pflanze hat keine Laubblätter, diese entwickeln sich erst zusammen mit der Frucht im kommenden Frühjahr, sie sind breitlanzettlich, 25–40 cm lang und parallelnervig. Die Frucht ist eine länglich-eiförmige Kapsel, die zahlreiche Samen enthält. Blütezeit: August bis Oktober; **Früchte:** Mai bis Juni (des Folgejahres). Alle Pflanzenteile sind giftig, besonders die Wurzel und die Samenkörner. Geschmack: bitter und scharf.

Hauptwirkstoffe: Colchicin, sehr giftig, in allen Pflanzenteilen enthalten, von den Samen gelten 5 g (ca. 20 mg Colchicin) für einen Erwachsenen und 1,2–1,5 g (ca. 5 mg Colchicin) für ein Kind als tödlich. Als Nebenalkaloide treten auf: β-Lumicolchicin, Gamma-Lumicolchicin, Demecolchicin u. a.

Vergiftungserscheinungen: Zellgift, die Vergiftungssymptome treten oft erst 2–6 Stunden nach der Giftaufnahme auf: Schweißausbrüche, Übelkeit, Benommenheit, Schock, heftiger Harndrang, kolikartige Magenschmerzen, Krämpfe, Lähmungen, Herzrhythmusstörungen, blutiger Durchfall, Blaufärbung der Lippen, rascher Puls, Atemlähmung, Tod. Betroffen von den Vergiftungen sind hauptsächlich Kinder, sie reagieren offensichtlich auf das Pflanzengift besonders empfindlich. Vergiftungen sind auch möglich durch die Milch von Ziegen und Schafen, wenn diese Tiere Herbstzeitlose gefressen haben! Im Sommer treten auch bei Weidetieren Vergiftungen durch die Pflanze und die Samenkapseln auf, im Herbst durch die Blüten. Dabei reagieren Pferde und Schweine wesentlich empfindlicher als Rinder und Schafe.

Rizinus, Wunderbaum, Christuspalme (Ricinus communis L.)

Abb. 15: Rizinus, Wunderbaum, Christuspalme (Ricinus communis L.).
Fotolia © Dagmar Richardt

Familie: Wolfsmilchgewächse, Euphorbiaceae

Herkunft/Standort: Heimat wahrscheinlich Indien oder tropisches Afrika, nur als Kulturpflanze bekannt, wird in allen tropischen Ländern angebaut; in Mitteleuropa als Zierpflanze in Gärten oder Parkanlagen, in Südeuropa auch verwildert auf Schuttplätzen anzutreffen.

Merkmale: In Mitteleuropa als Staude wachsende Pflanze, kann 1–2 m hoch werden. Der dicke Stängel ist braunrot, buschig, mit großen, langstieligen, handförmigen, 5- bis 7-lappigen Blättern. Im Sommer bildet Rizinus rötliche, in Traubenform sitzende Blüten. Die Früchte sind als kirschgroße, kugelige Kapseln ausgebildet. Jede Kapsel besteht aus 3 Fächern, in jedem Fach befindet sich ein bohnenförmig ovales, bis zu 9–22 mm langes Samenkorn, Breite 6–15 mm, das graubraun marmoriert ist und stark glänzt.

Hauptwirkstoffe: Ricin (Toxalbumin) und Ricinin (Ricinnitril). Die Samen sind durch ihren Gehalt an diesen beiden Stoffen sehr giftig. Ricin gehört zu den giftigsten Eiweißstoffen überhaupt. Vor allem bei Kindern führte das Kauen der Samen zu Vergiftungen, auch mit Todesfolge. Als tödliche Dosis werden für Kinder 6 Samen, für Erwachsene 10–20 Samen angegeben. Bei der oralen Aufnahme hängt die Giftigkeit zweifellos davon ab, wie gut die Samen zerkaut werden.

Vergiftungserscheinungen: Brennen im Mund, Übelkeit, Schwindel, Kollaps, Magen-Darm-Entzündung, reiswasserähnliche Durchfälle, Darmkrämpfe, Nierenentzündung, Gelbsucht. Der Tod kann nach einigen Tagen eintreten, Bild der Kreislaufschwäche und Harnvergiftung.

Rizinusöl wird durch Pressen der Samen gewonnen, dabei bleiben die giftigen Bestandteile im Pressrückstand, dem Ölkuchen, der keinesfalls verfüttert werden darf! Vorsicht auch beim Umgang mit den Staubpartikeln der Rizinusbohnen und des Rizinusschrotes: Das Einatmen derartiger Stäube kann zu schweren Allergien der Atemwege führen.

Das Gift Ricin ist vor allem bekannt geworden durch den sog. Regenschirmmord: Am 11. September 1978 verstarb der bulgarische Journalist und Buchautor Georgi Markov an den Folgen eines Giftanschlages. Nach Aussage der Ehefrau des Ermordeten, Frau Markov, stand ihr Ehemann am 7. September 1978 in London an der Bushaltestelle, als er plötzlich einen leichten Stich am rechten hinteren Oberschenkel verspürte. Während er sich umsah, bemerkte er einen Fremden, der seinen Regenschirm senkte, sich entschuldigte, unverzüglich in ein Taxi stieg und verschwand. Wenige Stunden danach wurde er krank und bekam hohes Fieber. Am dritten Tag nach diesem »Unfall« verstarb Georgi Markov im St. James Hospital. Bei der Autopsie fand man unterhalb der Wunde eine metallene Kugel von der Größe eines Stecknadelkopfes. Sie bestand aus Platin/Iridium, hatte einen Durchmesser von 1,52 mm, besaß 2 winzige Hohlräume von insgesamt 0,28 mm3 zur Aufnahme des Giftes. Das bedeutet, dass dem Ermordeten eine Menge von höchstens 0,25 µg appliziert worden sein konnte. Eine derartig geringe Menge ist natürlich im Körper nicht mehr nachzuweisen, aber bei der Beurteilung aller Umstände (Verlauf, Symptomatik) der Vergiftung sowie nachfolgender Tierversuche kam nach Auffassung der Experten nur Ricin als Gift infrage. Ein gleichartiges Attentat gegen den bulgarischen Dissidenten und Journalisten Wladimir Kostov im August 1978 in der Pariser Metro scheiterte, Kostov überlebte!

Halsketten aus Rizinussamen: Da zur Anfertigung von Halsketten die verhältnismäßig feste Samenschale durchbohrt werden muss, können die giftigen Wirkstoffe aus dem Inneren auf die menschliche Haut gelangen und über unbedeutende Hautverletzungen (auch über die Mundschleimhaut) in den Körper gelangen. An einer 21-jährigen Studentin wurde eine schwere Allergie beobachtet, die durch das Tragen einer mexikanischen Halskette hervorgerufen worden war. Diese Halskette war zusammengesetzt aus Samen von Rizinus und der harmlosen Zierpflanze Canna indica.

Gewöhnlicher (oder Gemeiner) Seidelbast, Kellerhals (Daphne mezereum L.)

Abb. 16: Gewöhnlicher (oder Gemeiner) Seidelbast, Kellerhals (Daphne mezereum L.). Fotolia © Jaroslav Machacek

Familie: Seidelbastgewächse, Thymelaeaceae

Herkunft/Standort: Europa, Kleinasien, Nordasien, in Mitteleuropa zerstreut im mittleren und südlichen Teil, in schattigen, feuchten Mischwäldern, bevorzugt Hügelland bis 900 m, aber auch in Nadelwäldern und als Zierstrauch in Gärten.

Merkmale: 30 cm bis 1,5 m hoher Strauch, als einer der ersten Frühlingsblüher in milden Wintern erscheinen schon im Februar bis zum April die kleinen 4-zipfligen, rosaroten bis hellvioletten Blüten, die stark duften. Erst wenn der Seidelbast in voller Blüte steht, entfalten sich die Blätter. Sie sind lanzettlich, ganzrandig, Oberseite hellgrün, Unterseite graugrün, und sie sitzen wechselständig an den wenig verzweigten Ästen. Die Fruchtknoten entwickeln sich von Juni bis August zu eiförmig-kugeligen, etwa erbsengroßen, zunächst grünen, dann leuchtend roten Steinfrüchten, die stark bitter und brennend schmecken. Die Beeren stehen dicht gedrängt an den Zweigen.

Hauptwirkstoffe: Als Gift: Mezerein, daneben Harze und ätherische Öle, in allen Pflanzenteilen enthalten.

Vergiftungserscheinungen: Nach Hautkontakt kommt es zu Entzündungen der Haut mit Rötung, Schwellung und Blasenbildung, bei längerer Einwirkung auch geschwürartiger Zerfall der Haut möglich! Vergiftungen sind bekannt geworden nicht nur durch das Kauen der roten Beeren, sondern auch durch das Kauen der Rinde sowohl durch Kinder als auch durch Nutztiere. Nach dem Kauen der Beeren können auftreten: brennender und kratzender Schmerz im Mund, Schwellung der Lippen und der Mundschleimhaut, Schlingbeschwerden, Speichelfluss, Übelkeit, Erbrechen, Magenschmerzen, Darmkrämpfe mit Durchfall und Durstgefühl. Nach Aufnahme in den Körper: Kopfschmerzen, Schwindel, Unruhe, erhöhte Körpertemperatur, beschleunigter Puls, Atemnot, Tod im Kollaps. Bei Kindern auch Krämpfe möglich. Schädigung der Nieren mit Eiweiß und Blut im Urin. Als tödliche Dosis werden für Kinder 10–12 reife Beeren angege-

ben. Nutztiervergiftungen: Gefährdung von Schwein, Rind und Pferd; tödlich für Schweine sind 3–5 Beeren pro Tier, für Pferde ca. 30 g Rinde!

Pflanze steht unter Naturschutz! Ebenfalls geschützt und genauso giftig sind: Lorbeer-Seidelbast (D. Lauroela), das Steinröschen (D. striata) und das Heideröschen (D. cneorum).

Rotfrüchtige Zaunrübe (Bryonia cretica subsp. dioica Jacq.); Weiße Zaunrübe, Schwarzbeerige Zaunrübe (Bryonia alba L.)

Familie: Kürbisgewächse, Cucurbitaceae

Herkunft/Standort: In Mitteleuropa im Westen und Süden häufig, an Hecken, Gebüschen, Zäunen, Waldrändern, als Unkraut an Zäunen in Gärten.

Merkmale: Ausdauernde Pflanze, mit Sprossranken kletternd, wird bis zu 3 m lang. Blätter: matt hellgrün, 5-lappig, ähneln denen des Efeus. Grünlich weiße Blüten sind in losen Dolden angeordnet, die Früchte sind giftige rote Beeren, rübenförmige Wurzel. Die Pflanze enthält scharfen Milchsaft. Blüte: Juni bis September; **Früchte:** August bis September.

Abb. 17: Weiße Zaunrübe, Schwarzbeerige Zaunrübe (Bryonia alba L.).
Fotolia © dabjola

Hauptwirkstoffe: Bryonicin, Bryonin, Bryonidin, in den Beeren und im Wurzelsaft, daneben noch Saponin im Samen und Lycopin in den Beeren.

Vergiftungserscheinungen: Abführend, das Glycosid wirkt örtlich stark reizend und führt nach Aufnahme in den Körper in höheren Dosen zu zentraler Lähmung. Nach äußerlichem Kontakt kommt es zu Hautrötungen, nachfolgend schmerzhafte Entzündungen mit Nekrosen und geschwürartigen Veränderungen. Nach Aufnahme der Beeren kommt es zu Übelkeit, Erbrechen, heftigen Koliken, starken, dünnflüssigen, z. T. blutigen Durchfällen, zu Nierenreizungen, bei Schwangeren auch zu Abort! Nach Aufnahme in den Körper: Erregungszustände, Schwindel, zentrale Lähmung, Tod durch Atemlähmung. Für Kinder werden 15 Beeren als tödliche Dosis angegeben, für Erwachsene rechnet man

durch die missbräuchliche Verwendung als Drastikum (starkes Abführmittel) und als Abortivum mit 40–50 Beeren.

Die Weiße Zaunrübe ähnelt der Roten Zaunrübe, klettert ebenfalls mit Sprossranken, ausdauernde Pflanze, in doldenähnlichen Büscheln wachsende, grünlich-weiße Blüten. Früchte sind erbsengroße, runde, schwarze, giftige Beeren. Vorkommen und Standort entsprechen dem der Roten Zaunrübe, ebenso der Giftgehalt und der Vergiftungsverlauf.

Zypressen-Wolfsmilch (Euphorbia cyparissias L.)

Abb. 18: Zypressen-Wolfsmilch (Euphorbia cyparissias L.).
Fotolia © PIXATERRA

Familie: Wolfsmilchgewächse, Euphorbiaceae

Herkunft/Standort: Europa, Asien, in Mitteleuropa verbreitet in lichten Wäldern, bevorzugt in der Nähe von Kiefern, auf trockenem Heide- und Grasland, Äcker, Triften, Wegränder, auch in Gärten als Zierpflanze kultiviert.

Merkmale: Ca. 15–30 cm hohe, ausdauernde, gelblich-grüne Pflanze. An einem aufrechten, wenig verästelten Stängel sitzen wechselständig in dichter Folge die sehr schmalen Blätter (Ähnlichkeit mit den Sämlingen der Zypressen, daher der Name), gelbgrüne Blütenstände, die sich an vielstrahligen Trugdolden befinden. Blütezeit: April bis Mai.

Hauptwirkstoffe: Euphorbon, Phorbolester und unbekannte Wirkstoffe. Euphorbon ist außer in den Samen auch in der an den Bruch- oder Abrissstellen der Pflanze enthaltenen milchigen Flüssigkeit enthalten. Giftig sind alle Pflanzenteile, die Milchsaft enthalten. Der Giftstoffgehalt wird durch Lagerung und Trocknung nicht verändert.

Vergiftungserscheinungen: Starke örtliche Reizwirkung auf Haut und Schleimhäute mit Gewebszerstörung (Nekrose). Besonders gefährlich sind Augenverletzungen! Vergiftungen kamen häufig vor durch Anwendung von Euphorbia-Arten als Abführmittel, Harntreibungsmittel oder Blutreinigungsmittel! Auf der Haut kann der frische Milchsaft zu starken Entzündungen mit Blasen- und Geschwür-

bildung führen. Gelangen Spritzer in das Auge, kommt es zu äußerst starken Bindehautentzündungen (sofort Augenarzt aufsuchen!). Nach Verschlucken von Pflanzenteilen erzeugt der Milchsaft Rötung und Brennen im Mund und in der Speiseröhre: Brechreiz, Erbrechen, Magenschmerzen und heftige Durchfälle. Nach Aufnahme in den Körper: weite Pupillen, Schwindel, Delirien, auch Krämpfe, Kreislaufschädigungen mit Kollaps, der Tod kann nach 2–3 Tagen eintreten.

Alle Wolfsmilchgewächse sind giftig. Ähnlich in Giftgehalt und Wirkung verhalten sich: Kleine Wolfsmilch (E. exigua), Kreuzblättrige Wolfsmilch (E. lathyris), Mandelblättrige Wolfsmilch (E. amygdaloides), Garten-Wolfsmilch (E. peplus), Sonnen-Wolfsmilch (E. helioscopia), Süße Wolfsmilch (E. dulcis sowie die gefährdete und daher geschützte Sumpf-Wolfsmilch (E. palustris).

Pfaffenhütchen, Spindelstrauch (Euonymus europaeus L., E. europaea)

Familie: Spindelbaumgewächse, Celastraceae

Herkunft/Standort: Europa, Asien; in Mitteleuropa verbreitet in Laubwäldern, an Waldrändern, Hecken, Rainen, Abhängen, auch als Ziergehölz in Parkanlagen und in Gärten.

Abb. 19: Pfaffenhütchen, Spindelstrauch (Euonymus europaeus L., E. europaea). Fotolia © Schmutzler-Schaub

Merkmale: 2–3 m hoher Strauch, kann als kleiner Baum wachsend eine Höhe von 6 m erreichen. Blätter: gegenständig, Oberseite dunkelgrün, Unterseite hellgrün, kurz gestielt, eiförmig spitz mit ungleich gesägtem Blattrand. Etwa von Mai bis Juni stehen die unscheinbaren, kleinen gelben Blüten in blattachselständigen Scheindolden. Im Spätsommer und Herbst hängen dann die meist 4-fächrigen, roten Fruchtkapseln an den Zweigen, die durch ihre Ähnlichkeit mit dem Kardinalshut der Pflanze ihren deutschen Namen gegeben haben. Bei völliger Reife springen die Kapseln auf und sichtbar werden die weißlichen, eiförmigen Samen, die von einem orangefarbenen Samenmantel umgeben an der Mittelsäule der Kapsel angeheftet sind und nach dem Aufspringen der Samenkapsel noch einige Zeit hängen bleiben.

Hauptwirkstoffe: Im Samen der Pflanze, in den Blättern und in der Rinde ist ein Bitterstoff enthalten, außerdem die herzwirksamen Glycoside Evobiosid, Evomonosid und Evonosid.

Vergiftungserscheinungen: Beginnen meist nach einer Latenzzeit von 12–18 Stunden, durch den Bitterstoff kommt es zu heftigen Reizwirkungen auf den Magen-Darm-Trakt mit Erbrechen und wässrigen, manchmal auch blutigen Durchfällen, Koliken sind möglich. Nach Aufnahme in den Körper: Steigerung der Körpertemperatur, Kurzatmigkeit, Kreislaufstörungen mit Kollaps, Pupillen erweitert, Benommenheit, Schläfrigkeit im Wechsel mit motorischer Unruhe, Krämpfe, Koma, Tod. Im Überlebensfall: Nierenschädigung und Leberschwellung. Bei einem 7-jährigen Mädchen haben bereits 2 Früchte eine schwere Vergiftung verursacht, für Erwachsene sollen ca. 36 Früchte tödlich sein.

Stechpalme, Hülse (Ilex aquifolium L.)

Abb. 20: Stechpalme, Hülse (Ilex aquifolium L.). *Fotolia © valentino cazzanti*

Familie: Stechpalmengewächse, Aquifoliaceae

Herkunft/Standort: West- und Mitteleuropa, Nordamerika, Japan, als Unterholz in Wäldern, Zierpflanze in Gärten.

Merkmale: Immergrüne Pflanze, die als Strauch oder Baum wächst, meist nicht höher als 6 m, sie kann jedoch mehrere Hundert Jahre alt werden. Die Blätter sind eiförmig, ca. 7 cm lang, lederartig, wellig, dornig, gezahnt und gestielt. Die Blüten sind klein, weiß, achselständig. **Früchte:** rote, ca. erbsengroße Steinfrüchte. Blütezeit: Mai bis Juni; **Früchte:** Herbst bis Winter.

Hauptwirkstoffe: Rutin, Ursolsäure, Ilicin (Gerbstoffe).

Vergiftungserscheinungen: Giftige Pflanzenteile sind die roten Beeren und die Blätter, für Erwachsene gelten 20–30 Beeren als tödlich, nach Aufnahme kommt es zu Übelkeit, Erbrechen, Herzrhythmusstörungen, Lähmungen, Nierenschädigung, Durchfall, Magenentzündung, Schläfrigkeit. Bei Kindern können schon 2 Beeren Erbrechen hervorrufen, und bei Kindern ist Magenentzündung mit tödlichem Ausgang beschrieben worden.
Pflanze steht unter Naturschutz!

Balsamine, Garten-Balsamine (Impatiens balsamina L.)

Abb. 21: Balsamine, Garten-Balsamine (Impatiens balsamina L.).
Fotolia © buraratn_100

Familie: Balsaminaceae, Springkrautgewächse

Herkunft/Standort: Heimat ist Ostindien, in Europa als Zierpflanze in Gärten verbreitet, zahlreiche Kulturformen.

Merkmale: Einjährige Pflanze mit dickfleischigem Stängel, ca. 60 cm hoch, Blätter lanzettartig, gesägt, die unteren Blätter sind gegenständig angeordnet, große Blüten in zahlreichen Farbvarianten: von hellrosa über rot bis violett, blattachselständig, einzeln oder zu mehreren; meist gefüllt blühende Sorten.

Hauptwirkstoffe: Gemisch organischer Pflanzensäuren wie Ferulasäure, Kaffeesäure, Hydroxybezoesäure, Phenole; im Kraut und in den Blüten: 2-Methoxynaphthochinon.

Vergiftungserscheinungen: Nach der Aufnahme des Krautes kann es zu Übelkeit, Erbrechen, Durchfall und Schwindel kommen. Die Pflanze gilt als schwach giftig.

Zu dieser Pflanzenfamilie gehört auch das Fleißige Lieschen (Impatiens walleriana Hook., wildwachsend in feuchten Wäldern) und das Große Springkraut oder Rühr-mich-nicht-an (Impatiens noli-tangere L.).

Gelbe Narzisse, Osterglocke, Trompetennarzisse (Narcissus pseudonarcissus L.)

Familie: Narzissengewächse, Amaryllidaceae

Herkunft/Standort: Ursprünglich Südwesteuropa, selten auf Bergwiesen, in hellen Wäldern, überwiegend jedoch als Zierpflanze in Gärten.

Merkmale: 15–40 cm hohes Zwiebelgewächs, 3–6 lange linealische Blätter, von März bis April große trompetenförmige, gelbe, einzelne Blüten auf blattlosen Stängeln, Blüten mit Nebenkrone.

Abb. 22: Gelbe Narzisse, Osterglocke, Trompetennarzisse (Narcissus pseudonarcissus L.). Fotolia © coco

Hauptwirkstoffe: Gemisch zahlreicher Alkaloide, z. B. Lycorin, Hämanthain, Narcissamin u. a. Alle Pflanzenteile sind giftig, besonders die Zwiebel, auch das Blumenwasser (Schnittblumen).

Vergiftungserscheinungen: Übelkeit, Erbrechen, Durchfall, Schock, auch Benommenheit und Lähmungen, Kollaps möglich. Vergiftungen sind vorgekommen durch Verwechslung mit Speisezwiebeln! Lokale Wirkung: Der Saft der Pflanzen ist hautreizend. Bei Floristen und Gärtnern kann vor allem im Frühjahr die »Narzissendermatitis« auftreten. Es handelt sich dabei um eine irritative (reizende) Kontaktdermatitis, bevorzugt an den Fingern. Vergiftungen bei Schweinen und Wiederkäuern äußern sich in Erbrechen, Koliken, Durchfall und zentralnervösen Störungen.

Weiße Narzisse, Echte oder Dichter-Narzisse (Narcissus poeticus)

Abb. 23: Weiße Narzisse, Echte oder Dichter-Narzisse (Narcissus poeticus). Fotolia © emer

Familie: Narzissengewächse, Amaryllidaceae

Herkunft/Standort: Mittelmeergebiet von Frankreich bis Griechenland, in Deutschland häufig als Zierpflanze in Gärten.

Merkmale: Wie die Gelbe Narzisse, ebenfalls eine Zwiebelpflanze, wird bis zu 50 cm hoch, hat lange, linealische Blätter. Duftende weiße Blüten, innen gelbliche Nebenkrone mit rötlichem Rand. Diese geschützte Pflanze blüht meist von April bis Mai.

Hauptwirkstoffe und Vergiftungserscheinungen: Ähnlich wie unter Gelber Narzisse beschrieben, Vergiftungen ebenfalls durch Verwechslung mit Speisezwiebeln.

Eibe (Taxus baccata L.)

Familie: Eibengewächse, Taxaceae,

Herkunft/Standort: Mittel-, West- und Südeuropa, Nordafrika, Kleinasien, Kaukasus, in schattigen Wäldern, in den Alpen bis zu 1.200 m Höhe. in vielen Sorten angepflanzt in Gärten, auf Friedhöfen und in Parkanlagen.

Merkmale: Immergrüne Pflanze, kann als Strauch mit weit ausladenden Zweigen oder als Baum bis zu 15 m hoch mit unregelmäßiger Krone wachsen. Die Eibe wächst langsam, sie kann weit über 1.000 Jahre alt werden (Exemplare mit einem Alter von 1.500 Jahren sind bekannt). Die Rinde ist anfangs rotbraun gefärbt und glatt, sie wird später graubraun und rissig, von ihr lösen sich Platten ab. Die Blätter sind ca. 2 cm lange und 2 mm breite weiche spitze Nadeln, glänzende Oberseite und etwas hellere matte Unterseite. Von März bis April stehen an den Zweigen kleine unscheinbare Blüten, ab August reifen die Samen, die von einer roten, eierbecherförmigen, etwa erbsengroßen Scheinbeere umgeben sind.

Hauptwirkstoffe: Taxin und weitere Gifte. Mit Ausnahme des roten Samenmantels sind alle Pflanzenteile giftig, besonders die Nadeln, die cyanogene Glycoside enthalten. Höchster Giftgehalt im Herbst.

Vergiftungserscheinungen: Ca. 1,5 Stunden nach dem Zerkauen der Früchte oder Nadeln kommt es zum Erbrechen mit heftigen z. T. kolikartigen Leibschmerzen, heftiger Durchfall, Pupillenerweiterung, Schwindel evtl. Betäubungszustand. Zunächst sind Puls und Atmung beschleunigt, dann verlangsamt, auch die Herztätigkeit ist abgeschwächt, Gesichtsblässe, Schwinden des Bewusstseins, Kollaps, Tod innerhalb von 24 Stunden. Eiben sind auch für Tiere giftig: So wurde beobachtet, dass Pferde, die Nadeln und Zweige gefressen hatten, wenige Minuten später tot zusammengebrochen sind! Der rosa Samenmantel allein ist frei von Giften und wohlschmeckend, daher völlig ungefährlich, aber die in ihm enthaltenen grünen Samen sind giftig!!!

Morgenländischer Lebensbaum (Thuja orientalis L.)

Abb. 24: Morgenländischer Lebensbaum (Thuja orientalis L.).
Fotolia © kvdkz

Familie: Zypressengewächse, Cupressaceae

Herkunft/Standort: Heimat: Nordchina, in Europa nur in klimatisch milden Lagen, wildwachsend nur in den Berchtesgadener Alpen, vielfach in Gärten als Zierpflanze, als Hecken auch in Parkanlagen.

Merkmale: Strauch oder Baum. Blüten: einhäusig, bis zu 10 m hoch, senkrecht verzweigte Äste mit schuppenförmigen Blättern, beidseitig hellgrün. **Früchte:** 12–18 mm lange Zapfen.

Hauptwirkstoffe: Ätherische Öle mit α- und β-Thujon, Bitterstoffe, Gerbstoffe.

Vergiftungserscheinungen: Giftige Pflanzenteile sind vor allem die Zweigspitzen, die Zapfen und auch das Holz, bei der Holzverarbeitung kann es zu Ekzemen kommen. Nach direktem Hautkontakt: Hautreizungen; nach dem Kauen von Pflanzenteilen: Übelkeit, Blutungen, Krämpfe, Durchfall mit starken Schmerzen, Wasserstauungen in den Beinen, Leber- und Nierenschädigungen, Atemnot, Herzschwäche, Lähmungen des Zentralen Nervensystems (Tod). Bei Vergiftungen infolge des Missbrauchs als Abortivum kam es zu tiefem Koma, erhöhtem Blutdruck, Lungenödem, schweren Stoffwechselstörungen, auch hier z. T. tödlicher Verlauf. Auch für Tiere sind die Pflanzenteile giftig, besonders empfindlich reagieren Pferde.

Abendländischer Lebensbaum (Thuja occidentalis L.)

Familie: Zypressengewächse, Cupressaceae

Herkunft/Standort: Heimat: östliches Nordamerika, häufig in Parkanlagen, auf Friedhöfen und in Gärten.

Merkmale: Immergrüner, bis 20 m hoher Baum, waagerecht verzweigte Äste, Zweige oben dunkel-, unten hellgrün, Blätter schuppenförmig, Blüten einhäusig. **Früchte:** längliche Zapfen, 8–12 mm lang.

Vergiftungserscheinungen: Giftige Pflanzenteile: Zweigspitzen, Zapfen und das Holz, ätherische Öle, Bitterstoffe, Gerbstoffe; die Vergiftungssymptome gleichen denen, die unter dem Morgenländischen Lebensbaum beschrieben sind.

Zusammenfassung

In unseren Gärten wachsen sehr viele giftige und damit vor allem für Kinder gefährliche Pflanzen. Die Gifte gehören ganz unterschiedlichen Stoffklassen an: Es sind Alkaloide, Glykoside, Ester, Säuren, Salze u. a. Besonders giftig sind Herbstzeitlose, Fingerhut, Eisenhut, Goldregen oder Tollkirsche. Der beste Schutz vor Vergiftungen ist eine gute, sichere Pflanzenkenntnis. Eltern müssen auf ihre Kinder achten: Bei Aufnahme giftiger Pflanzenteile (Blätter, Früchte) sofort den Arzt aufsuchen oder Notarzt rufen! Telefonnummer des Hausarztes und Giftnotruf des Bundeslandes sollten griffbereit sein.

Erklärungen

- **Alkaloide**: Bezeichnung für vorwiegend im Pflanzenreich vorkommende, alkalisch reagierende Naturstoffe mit einem oder mehreren stickstoffhaltigen Ringsystemen im Molekül. Sie haben meist eine stark ausgeprägte pharmakologische oder toxische Wirkung, z. B. Nicotin, Aconitin, Chelidonin. In den Pflanzen liegen sie nicht in freier Form vor, sondern sie bilden entweder Salze mit typischen Pflanzensäuren, wie Weinsäure, Äpfelsäure oder Zitronensäure, oder sie gehen eine Bindung mit Zuckern ein und bilden die sog. Glycoside.
- **Glucoside**: s. Glycoside
- **Glycoside**: Bezeichnung für Pflanzenstoffe, die in echter chemischer Bindung (meist über ein Sauerstoffatom) an einen Pflanzenzucker gebunden sind. Die sog. Glucoside sind Pflanzeninhaltsstoffe, die an Glucose gebunden sind (Glucose: Traubenzucker).
- **Hämolyse**: Auflösung der roten Blutkörperchen
- **Koma**: Tiefe Bewusstlosigkeit, aus der der Patient nicht erweckt werden kann
- **Kollaps**: Physischer oder psychischer Zusammenbruch
- **Kreislaufkollaps**: Zusammenbruch des Herz-Kreislauf-Systems (mit oder ohne Bewusstlosigkeit)
- **Saponine**: Bezeichnungen für eine Gruppe von pflanzlichen Glycosiden, die mit Wasser seifenartige Lösungen bilden. Einige von ihnen sind starke Pflanzengifte, da sie in der Blutbahn zur Auflösung der roten Blutkörperchen führen (Hämolyse).

Literatur

1. *Roth, Daunderer, Hrsg. Giftpflanzen (Giftliste). Landshut: ecomed Verlagsgesellschaft; jährliche Ergänzungslieferungen.*
2. *Habermehl G, Ziemer P. Mitteleuropäische Giftpflanzen und ihre Wirkstoffe. 2. Aufl. Berlin, Heidelberg: Springer; 1999.*
3. *Altmann H. Giftpflanzen, Gifttiere (Merkmale, Giftwirkung, Therapie). München, Wien, Zürich: BLV Verlagsgesellschaft; 1995.*
4. *Frohne D, HJ Pfänder. Giftpflanzen. Stuttgart: Wissenschaftliche Verlagsgesellschaft; 1982.*
5. *Fleischhauer SG, Guthmann J, Spiegelberger R. Essbare Wildpflanzen. Augsburg: Weltbild; 2011.*
6. *Ludewig R, Regenthal R. Akute Vergiftungen und Arzneimittelüberdosierungen. 11. Aufl. Stuttgart: Wissenschaftliche Verlagsgesellschaft; 2015.*

Interessenkonflikt: Die Autorin erklärt, dass bei der Erstellung des Beitrags keine Interessenkonflikte im Sinne der Empfehlungen des International Committee of Medical Journal Editors bestanden.

Prof. Dr. Ursula Stephan
Gefahrstoffbüro Prof. Stephan und Dr. Strobel
Umwelt-, Chemie- und Toxikologie-Beratung
Heidehäuser 6
06120 Halle (Saale)
Stephan-HalleS@t-online.de

Dieser Artikel ist erstmals erschienen in tägliche praxis 60, S. 531–549 (2018)

Medizingeschichte: Historisches zu Gicht, Kinderlosigkeit, Kinderkrankheiten sowie zu Blut als Heil- und Zaubermittel

ML VERLAG

Ernst-Albert Meyer

Medizingeschichte – Die Gicht in der Volksmedizin

Die Gicht, auch als „Zipperlein" bekannt, war eine Krankheit der Wohlhabenden. Für die unerträglichen Schmerzen gab es neben rationalen Empfehlungen und Erklärungen auch viele Rezepte und Behandlungen, die im Aberglauben verhaftet waren. Ärzte verordneten oft den Besuch einer Badestube oder eines Wildbades/Krutbades.

Einleitung

Gicht war ein Schwerpunkt in der Volksmedizin. Entsprechend ihrer Verbreitung war auch die Zahl der volksmedizinischen Heilmittel riesig. Für die unerträglichen Schmerzen gab es neben rationalen Empfehlungen auch viele abstoßende und dem Aberglauben verhaftete Rezepte.

Erklärungsversuche

Die Menschen versuchten zu allen Zeiten, sich die Entstehung von Krankheiten entsprechend ihrem Wissensstand zu erklären. In Schwaben war man z. B. der Meinung, dass Elben – das sind böse Dämonen – am Menschen saugen, ihn mager und blutarm machen und die Gicht verursachen. Deshalb galten die Elben als Gichtdämonen. Nach der Überlieferung sind Elben gefallene Engel. Häufig glaubte man, dass Ausschweifungen und eine „lockere Lebensweise" die Gicht („gutta" – der Tropfen) auslösen. Hippokrates (um 460 v. Chr. bis um 380 v. Chr.) nannte die Erkrankung „Podagra", da der typische, sehr schmerzhafte Gichtanfall meist im Grundgelenk der großen Zehe (altgriechisch Podagra) auftritt. Was genau zur Gicht führt, erklärt der Volksmund mit folgendem Spruch:

Vinum (der Wein), der Vater
Coena (das Essen), die Mater (Mutter)
Venus (die Liebe), die Hebamm'
Machen das Podagram.

Die heilkundige Nonne Hildegard von Bingen (1098 bis 1179) klärt uns über die Entstehung dieses Krankheitsnamens auf: *„Menschen, die weiches, mit vielen Poren durchsetztes Fleisch haben und übermäßigem Genuß von schwerem Wein sehr ergeben sind, werden häufig von der Seuche heimgesucht, welche „der Tropfen“ genannt wird. Bei Leuten mit weichem Fleisch fallen nämlich infolge des unmäßigen Trinkens die schlechten Säfte, die in ihnen sind, plötzlich in irgendeines ihrer Glieder und zerstören es wie Brandpfeile ... Ebenso würden diese Säfte die Glieder, auf die sie herabtröpfeln, zerstören, wenn es nicht die göttliche Gnade und der Lebensgeist, der im Menschen ist, verhinderten ...“*

Die alten Schriften beschreiben unter „gutta“ verschiedene Krankheitsbilder von Gliederlähmungen über rheumatische Beschwerden bis hin zum Schlaganfall. D. h., oft wird in der damaligen Medizin nicht zwischen Gicht und rheumatischen Erkrankungen unterschieden. Bekannt für die Gicht war auch der Ausdruck „Zipperlein“, abgeleitet von „zippern“ oder auch der Begriff „trippeln“. Darunter verstand man die vorsichtige und ängstliche Gangart der Kranken beim akuten Gichtanfall. Die Gicht war früher nicht nur die Krankheit der Reichen und Mächtigen, sondern generell der Privilegierten und Wohlhabenden: Adlige, Geistliche, reiche Bürger, Gelehrte und Künstler. Menschen, die es sich leisten konnten, ausgiebig zu genießen und zu schlemmen. Bei Armen und Besitzlosen – und das war früher die Mehrheit – trat die Gicht nicht auf. Sie wurden vom Gelenkrheumatismus gequält!

Die Rezepte des Plinius

Viele tierische Heilmittel der Volksmedizin gegen die Gicht wurden von dem römischen Autor Plinius (23 bis 79 n. Chr.) übernommen. Diese meist unappetitlichen Mittel zum Einnehmen basieren fast alle auf dem Aberglauben: flüssiger Schafskot, Wolfsfett mit Frauenmilch, Widdergalle mit Talg, Schafslunge, die Asche einer zusammen mit Salz in einem neuen Topf verbrannten Giftschlange oder „drei starke Finger“ eines trocken zerriebenen Geiers. Als äußerliches Mittel wird die Asche eines lebendig verbrannten Wiesels, in Essig und Öl eingeweicht und mit einer Hühnerfeder auf die schmerzenden Gichtstellen aufgetragen. Man konnte – laut Plinius – auch mit Hühnerkot einreiben oder Regenwürmer, in Essig und drei Becher Honig eingelegt, als Umschlag benutzen. Doch vorher sollten die gichtigen Füße mit Rosenöl massiert werden. Eine andere Einreibung besteht aus Geierblut, über die Brennnesseln gelegt werden. Und zu folgendem Trank der Volksmedizin kann man nur „zum Wohl“ sagen: Die Asche eines Eulenkopfes wird mit zerkleinerten Lilienwurzeln, in Met (Honigwein) verrührt und

dann getrunken. Doch das Unappetitliche lässt sich noch zum Ekelhaften steigern: So wird berichtet, dass um das Jahr 1452 eine Gichtkranke von ihrem Leiden dadurch geheilt wurde, dass man Leichenteile auf den warmen Ofen legte. Die Frau trank dann die ablaufende „Fettbrühe“ mit Bier vermischt.

Seit über 1500 Jahren als Heilpflanze aktuell

Es erstaunt immer wieder, mit welcher Treffsicherheit die Menschen früher hin und wieder wirksame Heilpflanzen fanden. So hat man schon frühzeitig im Rahmen der „Signaturenlehre“ die Zwiebel der Herbstzeitlosen (Colchicum autumnale) als Gichtmittel verwendet. Denn die Form der Zwiebel erinnert an die große Zehe.

Wahrscheinlich hat der byzantinische Arzt Jakob Psychrestos (gest. um 467) als erster die Herbstzeitlose in Byzanz als Heilmittel gegen die Gicht eingesetzt. Der byzantinische Arzt und Autor Alexander von Tralles (geb. um 525 n. Chr.) schreibt über diese Heilpflanze: *„Bestimmte Personen nehmen die Herbstzeitlose als Heilmittelgetränk zu sich und behaupten, dass die Schmerzen sofort nachließen und sie gleichzeitig Stuhlgang hätten. Die Erleichterung sei derartig, dass sie alsbald wieder aufstehen wollten. Obwohl es sehr selten vorkommt, dass dieses Heilmittel die darin gesetzten Erwartungen enttäuscht, enthält es doch schädliche Bestandteile … Man achte darauf, dass die Patienten, die dieses Heilmittel eingenommen haben, sich darüber im klaren sind, dass ihr Magen verstimmt sein wird, wenn sie am selben Tage noch essen wollen. Aus diesem Grunde ist es gut, dem Heiltrank Mittel beizumischen, die dem Schaden, den die Droge am Magen hervorruft, entgegenwirken.“* Damit hat Tralles schon erkannt, dass das in allen Teilen der Pflanze vorkommende Alkaloid Colchicin auch in therapeutischer Dosis Reizungen der Schleimhäute des Magen-Darm-Kanals und starke Durchfälle auslösen kann.

Das Alkaloid Colchicin ist in der Lage, den mit unerträglichen Schmerzen verbundenen akuten Gichtanfall deutlich zu lindern. Obwohl ein verschreibungspflichtiges Phytopharmakon aus der Herbstzeitlose heute noch verordnet werden kann, ist dieses Mittel aufgrund seiner geringen therapeutischen Breite und der vielen möglichen und z. T. schweren Nebenwirkungen nur noch Mittel der zweiten Wahl. Heute dominieren beim akuten Gichtanfall nichtsteroidale Antirheumatika und Kortikoide in der Therapie.

Sehr beliebt: Das Besprechen der Gicht

In vergangenen Zeiten glaubten die Menschen, dass Kräuter, Sträucher und Bäume beseelte Wesen sind und einen ähnlichen Lebensweg wie die Menschen haben. Warum also sollte man nicht seine Krankheiten und Gebrechen auf Pflanzen übertragen können, um sich so zu heilen?

Diese „Therapie“ erhielt den Namen „Sympathielehre“ und war sehr populär. Dabei verstand man früher unter dem Namen „Sympathie“ Zauber und geheime Kräfte. Die Sympathielehre war stets mit Beschwörungsformeln („Besprechen“, „Segen“), Riten und symbolischen Handlungen verbunden. Das galt auch für die sympathetische Behandlung der Gicht. So ging der Gichtkranke in Thüringen in der Frühe zu einer Fichte und sagte folgenden Spruch auf:

Guten Morgen, Mutter Fichte,
Ich hab das reißende Gichte;
Ich hab' es gehabt dieses Jahr,
Du sollst es haben immerdar.
Im Namen Gottes +++ Amen.

Dann ging er nach Hause in der Hoffnung, dass die schmerzhaften Gichtanfälle aufhörten. In Sachsen-Anhalt war es schon schwieriger! Hier suchte der Gichtige dreimal hintereinander eine Fichte auf, stets entweder vor Sonnenaufgang oder nach Sonnenuntergang. Vor der Fichte fiel er auf die Knie, kroch dreimal um den Baum herum und sagte jedes Mal:

Ich komme zu dir, Ficht',
Und klage Dir meine neunundneuzigerlei Gicht.
Ich klage sie nicht mir,
Sondern dir.
Im Namen Gottes
usw.

Es gibt auch eine „blutige Fassung“ dieses Sympathiemittels. So sollte sich ein Gichtkranker vor Tagesanbruch im Wald einfinden und dort drei Tropfen seines Blutes in den Spalt einer jungen Fichte geben. Dann wurde der Spalt mit Wachs von „Jungfernhonig“ verschlossen.

Zuletzt rief der Kranke:
Guten Morgen, Frau Fichte,
Da bring' i dir die Gichte!
Was ich getragen hab' Jahr und Tag,
Das sollst du tragen dein Lebetag!

Häufig wanden sich die Kranken mit einem Gicht-Segen an Heilige, die in dem Ruf standen, Schutzpatrone der „Gichtigen" zu sein. Überall bekannt war der Heilige Andreas, ein Apostel und Märtyrer.

Sein Gicht-Segen lautete:
O heiliger Andreas mein,
Laß dich doch gebeten sein,
Treibe aus das böse Gicht.

Pflanzliche Gichtmittel in der Volksmedizin

Hier ist eine bunte Mischung von hilfreichen, aber auch unwirksamen Pflanzen überliefert. In der Pfalz verabreichte man den Gichtigen die verschiedensten Tees, zubereitet aus Wermut, Tausendgüldenkraut, Kalmus, Enzian oder den Blättern der schwarzen Johannisbeeren. Die schmerzhaften und entzündeten Gliedmaßen wurden mit frischen Brombeer- und Mangoldblättern gekühlt. In vielen europäischen Ländern schätzte man Tees aus Holunderblüten oder -beeren und Wacholderbeeren. Aber auch Klettenwurzel, Schlüsselblume, Hauhechelwurzel und Pfingstrose waren damals bekannte Heilpflanzen gegen die Gicht. Manche Rheumatikerinnen und Rheumatiker tragen heute noch eine Rosskastanie am Körper. Sie war früher als Gicht-Amulett sehr beliebt. In Österreich waren es Presssäfte des Fieberklees und der Meerzwiebel, die die Kranken verordnet bekamen.

Mit Abkochungen aus Galläpfeln, Meerzwiebel, Schlüsselblumen und Rübenkraut wollte man das Blut der Gichtigen reinigen, um die starken Schmerzen zu lindern. Eine gute Wirkung erhofften sich die Kranken von Salben aus Beifußblättern, Wacholderbeeren, Wermut, Salbei und Brennnesselsamen. Hildegard von Bingen empfiehlt in ihrem Werk „Causae et Curae" dem Gichtkranken einen Teil Petersilie und vier Teile Gartenraute mit Olivenöl in einer Schüssel zu „rösten". Die Kräuter soll er so warm wie möglich auf die schmerzenden Gliedmaßen legen und sie mit einem Tuch abdecken. Dabei bremst der Petersiliensaft das Anschwellen der Gichtsäfte, die Wärme des Rautensaftes hält

diese Säfte zusammen, sodass sie nicht im Übermaß zunehmen können. Das Öl durchdringt die schädlichen Säfte und löst sie auf, wenn das Heilmittel – wie vorgeschrieben – zubereitet wird. Bei schweren Fällen oder im fortgeschrittenen Zustand kann man in Hildegards „Physika" folgendes nachlesen: *„Wenn ein Mensch so vergichtiget ist, dass alle Glieder hinfällig werden und seine Zunge versagt, dann möge man Blätter des Aronstabes [Arum maculatum – Gefleckter Aronstab, Giftpflanze!] mit etwas Salz essen und die Gicht wird ihn verlassen."*

Von Ärzten verordnet: „Wildbad und Krutbad"

Wie schon in der Antike diente das Wasser auch im Mittelalter zu ganz unterschiedlichen Heilzwecken. Häufige Abbildungen von Menschen mit Krücken lassen den Schluss zu, dass besonders Rheumatiker und Gichtkranke Linderung ihrer Beschwerden in einer Wassertherapie suchten. Die Ärzte verordneten oft den Besuch einer Badestube oder eines Wildbades, also eines Kurortes mit warmem oder mineralhaltigem Wasser. Damals entstand auch das spezielle „Krutbad" (Kräuterbadestuben). Hier lagen die Kranken in Holzbottichen mit warmem Wasser, dem man – entsprechend ihrer Krankheit – verschiedene Kräuter zugesetzt hatte. Der Schweizer Dichter Johann Wilhelm Simmler (1605 bis 1672) lobte 1668 die Wirkung eines solchen Bades mit den Worten: *„Gewärmtes Kräuterbad in meinem Ofenkessel; nächst Gott; entbande mich von Podagrames Fessel."* Bei Gicht wurden Kleie, Heublumen oder Ameisen dem Badewasser zugegeben. Für letzteres Bad wird vorher ein ganzer Ameisenhaufen samt den Ameisen mit Wasser ausgekocht und die Abkochung ins Badewasser geschüttet.

Zusammenfassung

Gicht, auch als „Zipperlein" bekannt, war eine Krankheit der Wohlhabenden, da sie häufig mit übermäßigem Fleisch- und Alkoholkonsum in Verbindung stand. Für die unerträglichen Schmerzen gab es neben rationalen Empfehlungen und Erklärungen auch viele abstoßende und dem Aberglauben verhaftete Rezepte und Behandlungen. Die Natur spielte dabei eine zentrale Rolle. Der römischen Autor Plinius berichtet von meist dem Aberglauben behafteten tierischen Heilmitteln. Weiters gab es eine bunte Mischung von hilfreichen, aber auch unwirksamen Pflanzen. Schon frühzeitig im Rahmen der „Signaturenlehre" wurde die Zwiebel der Herbstzeitlosen als Gichtmittel verwendet. Ebenfalls sehr beliebt

war das Besprechen der Gicht. Der Gedanke war, dass die Krankheiten und Gebrechen auf Pflanzen übertragen werden können, um sich so zu heilen. Die Ärzte verordneten oft den Besuch einer Badestube, eines Wildbades oder eines Krutbads.

Ernst-Albert Meyer
Fachapotheker für Offizin-Pharmazie und Medizin-Journalist
26215 Wiefelstede
medwiss-meyer@t-online.de

Dieser Artikel ist erstmals erschienen in tägliche praxis 70, S. 243–247–116 (2025)

Ernst-Albert Meyer

Medizingeschichte – Kinderlosigkeit in vergangenen Zeiten

Fruchtbarkeit hatte in der Vergangenheit eine immense soziale Bedeutung. Die Volksmedizin bot zahlreiche, meist wirkungslose Mittel zur Förderung und Prüfung der weiblichen Fruchtbarkeit an. Diese heute kurios erscheinenden Methoden entsprachen dem damaligen Wissensstand und konnten über das Schicksal einer Frau entscheiden, oft mit gravierenden sozialen Folgen.

Einleitung

Schon immer spielte die Fruchtbarkeit und damit die Möglichkeit, Nachkommen zu zeugen, im Leben der Menschen eine große Rolle.

Blieb ein Paar kinderlos, war das eine schwere Belastung und führte oft zur Scheidung! Dabei war früher immer die Frau die Schuldige für die Unfruchtbarkeit. Deshalb kannte die Volksmedizin eine Vielzahl von Mitteln, um die Fruchtbarkeit einer Frau zu fördern bzw. zu prüfen. Doch meistens waren diese Rezepte wirkungslos oder dem Aberglauben verhaftet!

Fruchtbarkeitsgöttinnen wurden in allen Kulturen verehrt!

Die Frau als Gebärende galt schon in den Anfängen der Menschheit als Ursymbol der Fruchtbarkeit und des Lebens. Dementsprechend wurden Frauenfiguren – die Venus von Willendorf entstand um 30.000 v. Chr. – als Fruchtbarkeitsgöttinnen verehrt. Sie sollten den Frauen einen reichen Kindersegen bescheren. Typisch für diese gesichtslosen Frauenplastiken war die Betonung weiblicher Merkmale wie üppige Brüste, breite Hüften und ein ausladender Leib. Als die Menschen ihr Nomadenleben aufgaben und sich dauerhaft ansiedelten (ca. 10.000 bis 7000 v. Chr.) bauten sie Kultstätten, in denen sie ihre Fruchtbarkeitsgöttinnen aufbewahrten. Die verschiedenen Kulturen entwickelten ihre eigenen Göttinnen der Fruchtbarkeit, wie z. B. Ischtar in Babylon, Artemis in Griechenland und Freyja/Frigg in Germanien. Als Symbole männlicher Fruchtbarkeit verehrte man neben dem Phallus den Stier.

Pflanzliche Fruchtbarkeitssymbole

Den Glauben an Fruchtbarkeit spendende Götter übertrugen die Menschen auch auf bestimmte Pflanzen und Tiere. Besonders Bäume und Pflanzen mit vielen Samen bzw. Früchten – so glaubte man – würden ebenfalls die menschliche Fruchtbarkeit fördern. Deshalb beobachteten die Menschen in vergangenen Zeiten genau die jährliche Vegetation und zogen daraus ihre Schlussfolgerungen für den Kindersegen im nächsten Jahr. Besonders Haselnüsse galten in ganz Deutschland als Fruchtbarkeitssymbol: *„Gibt es im Herbst viele Haselnüsse"* – hieß es im Volksmund – *„so werden im nächsten Jahr viele Jungen und wenig Mädchen geboren."* Und in der Gegend um Cham sagte man: *‚Gibt's viel Nuß, gibt's viel Buam (Buben)."* Ein starkes Blühen des Besenginsters deutete darauf hin, dass *„die Frauenzimmer in diesem Jahr gern schwanger würden"*. In Brandenburg steckte sich die Frau Getreidekörner in die Schuhe, die Segen in der Ehe und Fruchtbarkeit bewirken sollten.

Der Schlag mit der Lebensrute

Besondere Bedeutung als Lebensrute erlangten die Zweige von Birke, Haselstrauch, Weide, Eberesche und Wacholder. Die Bräuche um die Lebensrute sind uralt und lassen sich in ganz Deutschland nachweisen. Dabei war der Schlag mit der Lebensrute vor allem ein Fruchtbarkeitszauber, der sich bis in die Antike zurückverfolgen lässt. Mit dem Schlagen hoffte man, die Kräfte, die einem fruchtbaren Baum innewohnen – die „Baumseele" –, auf den Menschen zu übertragen. Oder es sollten so Dämonen und böse Geiser vertrieben werden, die Gesundheit, Fruchtbarkeit und Wachstum beeinträchtigen. Besonders am Hochzeitstag wurde das Schlagen (Dingeln, Kindeln, Fuen) mit der Lebensrute praktiziert: So trieben in der Oberpfalz die Hochzeitslader die Braut mit Birkenrutenschlägen in die Kirche. Dabei galten Schläge auf das Geschlechtsteil als besonders fruchtbarkeitsfördernd. Im Hessischen benutzte man am Fastnachtstag einen Wacholderzweig zum Fuen der Frauen. Wahrscheinlich sind die Zweige des Haselstrauches die älteste Lebensrute, denn *„mit diesem Symbol des Penis wurden Frauen und Tiere geschlagen, damit sie fruchtbar wurden"*. Auf dem Land gingen die jungen Männer mit den Mädchen *„in die Haselnüsse"* und das Ergebnis ist unter dem Spruch *„Viele Nüsse, viele uneheliche Kinder"* bekannt. Später entwickelt sich aus der „Haselgerte" die uns bekannte Wünschelrute. Zu Himmelfahrt oder zu Pfingsten stellten die Frauen im Dorf eine Birke auf. Unter ihr tanzten und sangen sie, denn in der Birke wohnten die Fruchtbarkeitsgeister.

Der Apfel – schon Fruchtbarkeitsymbol der Antike

In den vielen Kernen eines Apfels sahen unsere Vorfahren einen deutlichen Hinweis auf die Fruchtbarkeit des weiblichen Schoßes. Der Apfel galt außerdem als Symbol des weiblichen Geschlechts. Deshalb spielte der Apfel in den Hochzeitsbräuchen vieler Völker eine große Rolle. So verpflichtete schon die Gesetzgebung Solons (um 600 bis um 560 v. Chr.) griechische Brautpaare zur Hochzeit, Äpfel oder Quitten zu verzehren als Garant für die Nachkommenschaft. Mit dem Spruch: *„Sie hat des Apfels Kunde nit"*, wurden Mädchen charakterisiert, die noch keinen Geschlechtsverkehr hatten. In Schlesien musste sich die Braut am Hochzeitstag in der Kirche hinter den Alter stellen und einen Apfel an ihrem Körper herab gleiten lassen. Das sollte eine komplikationslose Entbindung garantieren. In Westfalen war bei der Hochzeit der Wettlauf nach dem „Brautapfel" üblich. Das war ein mit Geld gespickter Apfel.

Baden mit Heilpflanzen und in Kurorten

Die Unfruchtbarkeit der Frau wurde bei den meisten Völkern als ein Unglück angesehen. So sagte man früher in Serbien: *„Ein Weib ist kein Weib, ehe es nicht gebärt."* Die meisten innerlich angewendeten Mittel der Volksmedizin hatten den Zweck die ausbleibende Menstruation wieder herzustellen. Denn ihr Ausbleiben, wenn keine Schwangerschaft eingetreten war, galt überall als Ursache für die Unfruchtbarkeit. Beliebt waren Bäder mit Heilpflanzen wie Wacholder, Raute, Baldrian, Fenchel, Lavendel, Majoran und Salbei. Trat hier kein Erfolg ein, empfahlen die Ärzte kinderlosen Frauen den Besuch der Kurorte, der sogenannten Wildbäder. Besonders beliebt waren hier Bad Pyrmont, aber auch Baden-Baden, Bad Ems und Franzensbad. Doch meist war der Kurerfolg – eine Schwangerschaft – nicht das Ergebnis fleißigen Badens, sondern eines intensiven Liebeslebens. Denn in den Kurorten herrschten damals *„lose Sitten"*.

Die Frau ein sündiges Wesen!

Der Glaube an Fruchtbarkeit spendende Götter war zu allen Zeiten weit verbreitet. Umgekehrt war man davon überzeugt, dass die Götter Menschen für ihr sündiges Leben mit Unfruchtbarkeit strafen konnten. Vor allem die Menschen des christlichen Mittelalters sahen in der Infertilität eine harte, aber gottgewollte Strafe. Machte man anfangs Mann und Frau für die Kinderlosigkeit gleichermaßen verantwortlich, so wurde später die Schuld immer der Frau gegeben. Denn

in den Augen der Kirche war die Frau ein sündiges Wesen. Hatte nicht die erste Frau – Eva – Adam im Paradies zum Sündenfall verleitet, der zur Vertreibung des Menschen aus dem Paradies führte? Eine Tat, die Jahrhunderte lang zur gesellschaftlichen Diskriminierung der Frauen führte.

Das letzte Mittel – ein Fruchtbarkeitstest

Blieb in vergangenen Zeiten eine verheiratete Frau kinderlos, galt das als großes Unglück: Der Mann war berechtigt, sich scheiden zu lassen. Hauptzweck der Ehe, so verkündete es die Kirche, sei die Fortpflanzung. *„Wer nicht Kinder hat, der weyß nicht, warum er lebt!“*, so drückte es damals der Volksmund aus. So blieb den Frauen aus kinderlosen Ehen gar nichts weiter übrig, als sich einem Fruchtbarkeitstest zu unterziehen. Denn der Druck von Gesellschaft, Kirche, Ehemann und Verwandtschaft auf diese Frauen war gewaltig.

Schon die alten Ägypter hatten Methoden entwickelt, um die Konzeptionsfähigkeit einer Frau zu prüfen. So weist der um 1300 v. Chr. verfasste medizinische Berliner Papyrus 3038 darauf hin, dass eine bei einer Frau auftretende Anomalie der Augenfarbe ein sicheres Zeichen für Unfruchtbarkeit sei: *„Du sollst veranlassen, dass sie sich stellt in die Laibung der Tür. Wenn du das Aussehen ihrer beiden Augen findest, das eine wie ein Asiat, das andere wie ein Südländer, so wird sie nicht gebären. Wenn du sie findest in einer Hautfarbe, so wird sie gebären.“* Bei dieser Untersuchung der Farbe der Iris – so wird hier gefordert – sollte sich die Frau in helles Licht stellen, ohne dass ihre Augen vom Sonnenlicht getroffen oder geblendet wurden. Für die ägyptischen Ärzte war eine unterschiedliche Farbe der Augen ein Anzeichen dämonischer Kräfte, die die Infertilität verursachten. Andere erklärten – wie z. B. später der Grieche Aristoteles (384 bis 322 v. Chr.) –, die Farbanomalie der Augen weise auf eine Verstopfung der im Bereich der Augen befindlichen Kanäle hin. Und diese Kanäle besäßen eine sehr enge Beziehung zum Samen. Andere Fruchtbarkeitsproben basieren auf der Theorie, dass im Körper ein direkter Verbindungsweg zwischen dem Mund-Nase-Bereich und den weiblichen Genitalien besteht. Verstopfungen dieses Weges galten als sicherer Beweis für die Unfruchtbarkeit der Frau. Deshalb hält der Berliner Papyrus eine Frau für gebärfähig, wenn sie unmittelbar nach einer Beräucherung – wahrscheinlich der Nase mit übel riechendem Nilpferdkot – Exkrete ausscheidet: *„Wenn sie ausscheidet Harn mit Kot oder Blähungen zur selben Zeit, so wird sie gebären. Wenn es nicht der Fall ist, so wird sie nicht gebären, denn ihr hat sich irgendetwas entgegen gestellt.“*

Riechproben als Diagnostikum

Im antiken Ägypten und Griechenland wurden vor allem „Riechproben“ praktiziert. Diese Art der Fruchtbarkeitsproben wurde in der gynäkologischen Literatur bis zum 17. Jahrhundert immer wieder beschrieben. Grundlage dieser Tests war ebenfalls die Theorie, dass bei einer gebärfähigen Frau eine direkte und freie Verbindung zwischen Mund-Nase-Bereich und Uterus besteht. Im Papyrus Carlsberg (um 1200 v. Chr.) ist nachzulesen: *„… gegenüber einer, die nicht gebiert. Dann sollst du veranlassen, dass eine Knolle von Zwiebeln nachts liegt, eingetaucht … ihr Genital bis zum Morgengrauen. Wenn Geruch entsteht aus ihrem Munde, so wird sie gebären …“* Bei den Griechen verwendete man statt der Zwiebel eine gereinigte und geschälte Knoblauchzehe, die man an die Gebärmutter anlegte. Stieg der Knoblauchgeruch nicht bis zur Nase hoch, blieb die Frau kinderlos.

Räucherungen im Mittelalter

Vor allem im Mittelalter benutzte man Räucherungen und Bedampfungen „von unten“. Hier musste sich die Frau mit freiem Unterleib aber umgeben von abdichtenden Tüchern über eine Vertiefung im Boden, auf einen Topf oder einen durchbohrten Stuhl setzen. Unter ihr wurden jetzt stark riechende Pflanzenteile oder Harze entzündet. Konnte die Frau den entstehenden Geruch wahrnehmen und definieren, war sie fruchtbar. Als Räucherstoffe wurden Myrrhe, Aloeholz, Weihrauch, Styrax, Lavendelöl, Wacholderbeeren und Asant verwendet.

Keimt das Weizenkorn gibt’s Nachwuchs!

Eine andere Variante der Fruchtbarkeitstests stellten die Harnkeimproben dar. Der Harn galt in vielen Kulturen als „Kraftträger“. Übte er aber eine negative Wirkung auf bestimmte Samen oder Pflanzen aus, wurde das als Nachweis der Unfruchtbarkeit gewertet. Da Weizen schon in der Antike ein bekanntes Symbol weiblicher Fruchtbarkeit war, legte man mit Weizen- und Gerstekörnern gefüllte Säckchen in den Urin der Frau. Keimten die Getreidekörner aus, galt der Nachwuchs als gesichert. Und dieser Test wurde noch verfeinert: Spross zuerst der Weizen, war ein Sohn zu erwarten; war es zuerst die Gerste, kündigte dies die Geburt einer Tochter an. Warf man je eine Linse in männlichen und weiblichen Urin, war der fruchtbar, in dessen Urin die Linse keimte.

Auch Bohnen und Erbsen wurden als Keimobjekte verwendet. Aber auch Pflanzen dienten zum Nachweis der Zeugungsfähigkeit. Hier musste die Frau ihren Harn über eine wilde Malve gießen. Verdorrte die Pflanze innerhalb von drei Tagen, war die Kinderlosigkeit der Frau bewiesen. Blieb die Malve aber grün, war das Gegenteil der Fall. Und hier ein letzter Test für Ehepaare: Mann und Frau gossen ihren Urin jeweils in ein mit Kleie gefülltes Gefäß. Beim unfruchtbaren Partner bildeten sich nach drei bis vier Tagen Würmer im Urin.

Zusammenfassung

Wenn man die vielfältigen Fruchtbarkeitsmittel und -tests unserer Vorfahren, die uns heute kurios erscheinen, betrachtet, sollten wir uns bewusst machen, dass sie dem damaligen Stand der Medizin entsprachen. Damit hing das soziale Schicksal mancher Frau – als ehrbare Ehefrau und Mutter oder als geschiedenes und „taubes Weibsbild" – von der Keimkraft einer Linse oder ein paar Getreidekörnern ab. Denn vielen Frauen blieb nach der Scheidung nur noch ein Leben in Einsamkeit und Armut.

Ernst-Albert Meyer
Fachapotheker für Offizin-Pharmazie und Medizin-Journalist
26215 Wiefelstede
medwiss-meyer@t-online.de

Dieser Artikel ist erstmals erschienen in tägliche praxis 70, S. 112–116 (2025)

Ernst-Albert Meyer

Volksmedizin und Aberglauben: Kinderkrankheiten in der Medizingeschichte

In vergangenen Zeiten herrschte eine hohe Kindersterblichkeit, die bis in die Neuzeit anhielt. Besonders viele Kinder verstarben an Krankheiten, da man ihre Ursachen nicht kannte und wirksame Therapien nicht existierten. Meist kurierten die Menschen Kinderkrankheiten mit Mitteln der Volksmedizin, die ihnen heilkundige Frauen empfahlen. Doch oft basierten die Maßnahmen auch auf dem Volksaberglauben.

Die hohe Kindersterblichkeit trat früher in allen Kreisen auf. Obwohl keine konkreten Zahlen überliefert sind, schätzen Wissenschaftler, dass über fünfzig Prozent aller Kleinkinder starben. Deshalb blieb die Zahl der Kinder in den mittelalterlichen Familien trotz hoher Geburtenzahlen gering. In den Städten zog man bei ernsthaften Erkrankungen Erwachsener – wenn man es sich leisten konnte – einen Arzt zu Rate. Doch auf dem Lande, wo die meisten Menschen lebten, nahm man bei Erkrankungen der Kinder vorrangig die Dienste heilkundiger alter Frauen in Anspruch. Ja, das Volk war sogar der Meinung, dass alte Weiber die besten Kinderärzte sind. Der Arzt galt hier besonders in armen Gegenden und beim einfachen Volk als überflüssige Person.

Es wird hin und wieder behauptet, dass die Menschen im Mittelalter ihren Kindern kaum Aufmerksamkeit geschenkt hätten. Doch die alten Quellen sagen etwas ganz anderes! So finden wir in der überlieferten Volksmedizin eine Vielzahl von Rezepten zur Kinderpflege, Prognose und Behandlung von Kinderkrankheiten. Hier mischen sich bewährte und nachvollziehbare Empfehlungen oft mit finsterem Aberglauben.

Niesen befreit vom Schnupfendämon

Niesen wurde früher als günstiges Symptom eines Schnupfens oder einer Erkältung angesehen. Denn beim Niesen verlässt der Krankheitsdämon den Körper und entlastet ihn so. Da das Volk sich früher die Entstehung von Krankheiten nicht erklären konnte, glaubte es an Dämonen (böse Geister), die in den Körper fahren und bestimmte Krankheiten beim Menschen verursachen. Ein Schnupfen reinigt das Gehirn und besitzt prophylaktische Eigenschaften, das glaubte

man damals. Um den Schnupfen los zu werden, griff man zu sympathetischen Heilmitteln: Ein roter Heller (Geldstück) wurde mit dem Schnupfenschleim bestrichen, in Papier gewickelt und auf die Straße geworfen. Der Finder des Hellers bekam jetzt den Schnupfen, und der „Schnupfige“ war geheilt. Erkältungen bei Erwachsenen und Kindern wurden mit folgenden probaten Mitteln behandelt: Man lässt Kandiszucker in einem ausgehöhlten schwarzen Rettich zergehen und trinkt dann den Rettichsaft. Außerdem wurden Lakritzsaft, Brustbonbons, Rettichzucker und Zuckersirup eingenommen. Populär waren auch Hustentees aus Eibischwurzeln, Lindenblüten, Königskerze, Ysop, Huflattich, Heidekraut, Natterkopf, Schafgarbe, Malztee – und nicht zuletzt warmes Bier.

Speikinder – Gedeihkinder

Über das Erbrechen von Säuglingen und Kleinkindern gingen damals die Meinungen auseinander. „Speikinder sind Gedeihkinder“ sagte man in Österreich und unternahm nichts dagegen. Auch war die Volksmedizin der Meinung, dass das Erbrechen auf einem zu vollen Magen beruht und sich der Magen so von einem Nahrungsüberschuss befreit. Eine Krankheit, die viele Kinderleben kostete, war der Magen-Darm-Katarrh (Gastroenteritis), vor allem wenn er durch eine Infektion ausgelöst wurde. Man gab hier den Kindern teelöffelweise Gänsefett oder Olivenöl ein. In Schwaben rieb man das Rückgrat und die Fußsohlen des Kindes mit dem Schmalz von Kapaun, Hase oder Hecht ein.

Meist reagierten die Eltern nicht, wenn sich das Kind nur erbrach. Roch das Erbrochene aber sauer, kam „Hinfälligkeit“ (Schwäche) und Durchfall hinzu, verabreichten die Eltern ihrem kranken Kind „Windpulver“. Das war eine Mischung aus Magnesia (Magnesiumoxid), Rhabarber und Fenchelsamen. War der Durchfall grün gefärbt, sprach die Volksmedizin von „Darmreißen“ und als Therapie legten die Eltern die in Schmalz geröstete Pflanze Hühnerdarm oder Gauchheil (Anagallis arvensis) auf den Leib des Kindes. Außerdem tranken die Kinder Tee von Kamille, Schafgarbe, Minze, Melisse und Majoran und wurden mit Tee-Umschlägen auf den Leib behandelt. Und hier ein drastisches Rezept: Bei „Bauchgrimmen“ mussten schon Kleinkinder den Saft des Pferdemistes oder Tabaksaft trinken. Außerdem wurde der Leib mit Lorbeersalbe eingerieben.

In der Slowakei galt als bewährtes Hausmittel gegen Brechdurchfall ein Ei mit Zwiebel und Kümmel, gut in Butter verrieben. Litten die Kinder an Verstopfung bereiteten die Eltern ihnen Stuhlzäpfchen aus Butter, Seife oder hartem, gesalzenem Schmalz.

Würmer und Läuse

Sie waren in vergangenen Zeiten – auch bei Kindern – weit verbreitet. Spulwürmer (Ascaris lumbricoides) wurden als Kinderwürmer bezeichnet. Bei Wurmverdacht legte man dem Kind ein mit Wacholderöl oder Myrrhe versetztes Stück Leinwand auf den Nabel. Klebte der Stoff auf der Haut, waren Würmer vorhanden. Die Volksmedizin behandelte sie mit Zitwersamen (Semen Cinae, Artemisia cina), im Volksmund Wurmsamen genannt. Der Inhaltsstoff Santonin besitzt wurmtreibende Eigenschaften. Aufgrund von schweren Intoxikationen werden Semen Cinae heute nicht mehr als Anthelmintikum eingesetzt.

In Italien verabreichten die Eltern wurmkranken Kindern früh nüchtern mit Petroleum getränkte Zuckerstücke. Ein beliebtes Hausmittel gegen Würmer war Knoblauch. Er wurde als Amulett um den Hals getragen und in Milch gekocht eingenommen. Auch Klistiere mit Knoblauch, Wermut, Baldrian, Rainfarn, Pomeranzenschalen oder Schwefelwasser sind überliefert. Warf man ein Stück Stinkasant oder Teufelsdreck (Gummiharz Asa foetida) in den Nachttopf, zog er die Würmer aus dem Darm des Kindes. Dabei galt in Ungarn der Aberglauben, dass nur bei zunehmendem Mond oder am Freitag angewendete Wurmmittel helfen.

Quacksalber verdienten sich ihr Geld auf Jahrmärkten damit, Menschen Würmer aus der Nase zu ziehen, die sie dem staunenden Publikum als gefährliche Hirnwürmer präsentierten. Es waren aber nur Nasenschleimfäden oder Nasenpolypen, die sie aus den Nasen „zauberten“. Und zum Schluss ein abstoßendes Rezept: In Ungarn trocknete und pulverisierte man abgegangene Würmer. Die Kinder mussten dieses Pulver als „Gegenmittel“ einnehmen.

Gegen Läuse schmiertemanin Böhmen den Kopf mit Quecksilbersalbe ein. Andere streuten Kapuzinerpulver auf den „lausigen Kopf“. Das Pulver bestand aus Läusesamen (Schoenocaulon officinale Sabadilla). Das waren die Früchte einer zwiebelartigen Pflanze aus Mittelamerika. Die Früchte (Samen) enthalten das Alkaloid-Gemisch Veratrin, das gegen Hautparasiten wirkt. Bekannt als Läusemittel war auch der Sabadill-Essig. Aufgrund giftiger Nebenwirkungen ist die Droge heute obsolet.

Fraisen oder Krämpf

In vielen medizinischen Schriften des Mittelalters und der frühen Neuzeit spielen die „Fraisen“ eine große Rolle. Es war ein alter Ausdruck für ein epilepsie-

artiges Krankheitsbild bei Kindern, das durch Krämpfe, Zuckungen, Wut, Zorn und Fieber gekennzeichnet war und manchmal mit dem Tod des Kindes endete. Die Krankheitsursache war damals nicht bekannt. In Bayern kennt man die Fraisen unter Namen wie „Gefrais, Gefreisch, Krämpfe, Unkraut und Gichter".

Die krampfartigen Anfälle der Kinder waren vielen Menschen unheimlich und lösten Ängste aus. Deshalb existiert in der Volksmedizin eine Fülle von Heilmitteln gegen diese Erkrankung. Viele sollten prophylaktisch wirken! So verwendete man in Franken einen Mauskopf, der einem lebenden Tier abgebissen wurde, gab ihn in ein Säckchen und hängte dies dem Kind als Amulett um. Andere Amulette bestanden aus einer Bernsteinschnur, einer „Elephantenlaus" (die getrocknete Frucht des ostindischen Elefantenlausbaums, Anacardium orientale), die die Kinder am Körper trugen. Eine Kette aus Gichtsamen (Samen der Pfingstrose) war ein beliebtes Amulett gegen die Fraisen.

Woanders mussten Kinder als Schutz vor dem gefürchteten Anfall ihre pulverisierte Nabelschnur einnehmen. Beim Fraisen-Anfall durfte man das Kind nicht anfassen, weil sonst das berührte Glied gelähmt bleiben würde. Zur Anfallsbehandlung kennt die Volksmedizin eine Reihe „unfehlbarer Mittel": Da ist zum Einnehmen das „Goldpulver" zu nennen, das aus zerstoßenen Krebsaugen oder Korallen bestand. Die Milch einer frisch geschlachteten Kuh, die kurz vor ihrem Verenden noch gemolken wurde, sollte Wunder wirken. In Österreich und in Sachsen hackte man einer Katze den Schwanz ab und gab dem Kind drei Tropfen des abfließenden Blutes ein. Auch legte man während des Anfalls den Jungen einen lebenden Hahn, Mädchen eine Henne auf den Leib. Woanders wurde dem „krampfenden Kind" frisch gegrabene Friedhofserde auf den Leib gelegt. Half sie, musste sie zurück auf den Friedhof getragen werden.

Dieser Artikel ist erstmals erschienen im Naturheilkunde Journal März 2016, S. 22–23

Ernst-Albert Meyer

Medizingeschichte – Blut als Heil- und Zaubermittel

In der heutigen Medizin erfüllen Bluttransfusionen und aus Spenderblut gewonnene Produkte wichtige Aufgaben. Doch schon in der Medizin und dem Aberglauben vergangener Zeiten besaß Blut eine große Bedeutung. Denn ihm wurden besondere und vielfältige lebenserhaltende, heilende und mystische Eigenschaften zugesprochen.

Das Blut nahm unter allen Organen, Geweben und Körpersäften von Anfang an eine besondere Stellung ein. Warum genoss Blut – besonders Menschenblut – früher als Heil- und Zaubermittel eine besondere Wertschätzung?

Nicht nur Träger der Lebenskraft!

Wahrscheinlich weil die Menschen beobachtet hatten, dass eine starke Blutung zum Tod führen kann. Deshalb galt das Blut früher als Träger des Lebens bzw. verkörperte die Lebenskraft schlechthin. Schon in der Bibel, 3. Buch Moses, Kapitel 17, Vers 11 steht geschrieben: *„Die Lebenskraft des Fleisches sitzt nämlich im Blut. Dieses Blut habe ich euch gegeben…“*

Außerdem wird den Juden der Blutgenuss ausdrücklich verboten. Wenn Blut das den Körper belebende Prinzip darstellt, dann muss es auch besondere heilende Eigenschaften besitzen, so schlussfolgerte man damals. Schon der in römischen Diensten stehende Militärarzt Dioskurides (1. Jahrhundert n. Chr.) hebt die Heilwirkungen verschiedener Blutarten hervor. So soll das Blut von Ente, Lamm und Gans den Antidota (Mittel gegen Vergiftungen) beigemischt werden. Schwalbenblut war seit der Antike ein beliebtes Mittel gegen verschiedene Erkrankungen. Bei Augenkrankheiten und frischen Augenwunden wurde es laut Dioskurides auf die Augen aufgetragen.

Und bei Mandelentzündung empfiehlt das sechste und siebente Buch Moses: *„Reiße einer Schwalbe den Kopf ab, fange das Blut auf, mische Weihrauch dazu, reibe es zusammen bis es dick wird, mache bohnengroße Kügelchen daraus und gib dem Patienten drei Tage nacheinander ein.“* Außerdem sollte Schwalbenblut die „Blutflüsse“ aus dem Gehirn aufhalten.

Es gibt Berichte aus dem alten Rom, nach denen sich die Zuschauer im Kolosseum nach den Kämpfen auf sterbende Gladiatoren gestürzt haben, um ihr Blut zu trinken. Denn schon in der Antike galt frisches Menschenblut als das beste Mittel gegen die „Heilige Krankheit" (Epilepsie, „Fallsucht"). Eine „Behandlung", die noch im 19. Jahrhundert mit behördlicher Genehmigung praktiziert wurde. Diese „Blut-Therapie" beschreibt auch der römische Naturforscher Plinius (23 bis 79 n. Chr.): *„So trinken Fallsüchtige sogar das Blut von Fechtern, gleichsam aus lebendigen Bechern... Sie halten es für das wirksamste Mittel das Blut, noch warm, noch wallend, aus dem Menschen selbst und so zugleich den Lebensodem selbst aus dem Munde der Wunde zu schlürfen."*

Kraftspender der Germanen

Die Germanen schätzten Ochsenblut mit Wein und Honig vermischt als „Kraft-Trunk". Bei Fußleiden wurden die entzündeten Stellen mit Taubenblut eingerieben. Das galt auch für die weit verbreitete Gicht (Podagra). Hierzu wurde das Blut aus dem angehackten Flügel einer jungen, schwarzen Taube entnommen. Wenn man bei Sonnenbrand und Leberflecken die Haut mit warmen Hasenblut einreibt, heilen diese schnell ab.

Und das Blut von der Landschildkröte getrunken, hilft gegen die „Heilige Krankheit" (Fallsucht, Epilepsie). Bei dieser geheimnisvollen Krankheit wurde bis in die frühe Neuzeit auch ein Trunk aus Eselsblut empfohlen. Katzenblut beseitigt Fieber: Dazu muss man einer schwarzen Katze ein Loch ins Ohr schneiden, drei Tropfen Blut auf Brot fallen lassen und dies essen. Jäger tranken das noch warme Blut der Gämsen als Mittel gegen Schwäche, Schwindel und Durchfall. In Süddeutschland (Bayern, Schwaben) war früher bei einem Kropf (Struma) folgendes Mittel üblich: Man trug ein in das warme Blut einer Spitzmaus getauchtes Band um den Hals.

Menstrualblut auch als Liebeszauber!

Da man sich die Menstruation früher nicht erklären konnte, wurde die „monatliche Reinigung" der Frau lange mit dem Mantel des Mystischen umhüllt. Die Frau galt in dieser Zeit als „unrein". Für einige Völker – wie den Germanen – war das Menstrualblut giftig. Doch in den meisten Kulturkreisen wurde dieses Blut als Heil- und Zaubermittel sehr geschätzt. Häufig wurde es bei Hautkrankheiten oder als Aphrodisiakum (Liebe erzeugendes Mittel) eingesetzt. So schreibt der

Araber Zakarija ben Muhammed al Oazwini (gest. 1283): *„Das Blut der Menstruation, wenn mit ihm der Biss eines tollen Hundes bestrichen wird, heilt ihn und ebenso knotigen Aussatz (Lepra) … Das Blut der Menstruation einer Jungfrau hilft gegen den weißen Flecken auf der Pupille (Hornhautflecke), wenn man es als Augensalbe verwendet."*

Außerdem soll das warme Menstrualblut einer Jungfrau, die Schmerzen lindern, wenn man es auf die „gichtischen Glieder" aufträgt. Ein mit diesem Blut beflecktes Hemd besitzt sogar magische Kräfte: Es macht unverwundbar gegen Hieb- und Stichverletzungen und löscht, in die Flammen geworfen, jedes Feuer. Die heilkundige Nonne Hildegard von Bingen (1098 bis 1179) empfiehlt Bäder mit Menstrualblut gegen den damals weit verbreiteten Aussatz (Lepra). Außerdem bestrich man Feuermale, Leberflecken und Warzen mit frischem Menstrualblut. Und um die Krätze zu heilen, soll man ein mit Menstrualblut beflecktes Hemd drei Tage tragen.

In Europa und in Nordafrika war die Anwendung von Menstrualblut als Aphrodisiakum weit verbreitet. Allein oder mit etwas eigenem Schweiß versetzt, gab die Frau die Mischung mit einem Getränk dem Mann, dessen Zuneigung sie erringen oder erhalten wollte. Ein Brauch, den man bis ins 19. Jahrhundert praktizierte. So wurde bei einem Ehescheidungsprozess im Jahr 1885 vor dem Landesgericht Kolmar bekannt, dass die Frau ihrem Ehemann, einem Landwirt, mehrere Tropfen Menstruationsblut in den Kaffee getan hat, um sich seine Zuneigung zu sichern. Und zum Schluss noch ein Rezept für den Mann: Wenn Dich eine Frau so verzaubert hat, dass Du keine andere mehr magst, nimm Bocksblut und schmier es auf die Hoden, *„so wirst Du wieder recht"*.

„Armsünderblut" als Heilmittel

Für noch heilkräftiger als Menstrualblut hielt man das Blut von Menschen, die eines gewaltsamen Todes, z. B. durch eine Hinrichtung, gestorben waren. Und da Blut schnell gerinnt, galt das frische und noch warme Blut am wirksamsten. Denn schon in der Antike galt frisches Menschenblut als das beste Mittel gegen das Altern und gegen Epilepsie (Fallsucht). Eine „Fallsucht-Behandlung", die noch im 19. Jahrhundert mit behördlicher Genehmigung praktiziert wurde. Der dänische Märchendichter Hans Christian Andersen (1805 bis 1875) erlebt 1823 bei Skelskör eine Hinrichtung. Hier sieht er wie abergläubische Eltern, einen Epilepsie-Kranken einen Becher mit dem frischen Blut eines Hingerichteten trinken lassen und dann mit ihm schnell davonlaufen. Denn das schnelle Laufen bis

zur Erschöpfung nach dem Blut-Trunk gehörte zur Therapie. Man war damals der Meinung, dass beim Laufen der Archeus (die Naturkraft) im Blut des Hingerichteten mit dem rasenden Archeus des Epileptikers in Streit gerät und nur so aus dem Körper des Kranken „ausgetrieben" wird.

Der Arzt und Professor Dr. Georg Friedrich Most (1794 bis 1845) schreibt in seinem berühmten medizinischen Ratgeber-Buch „Encyklopädie der Volksmedicin" 1843: *„Das noch warme Blut vom hingerichteten armen Sünder wird im Westphälischen und Hannoverschen von Fallsüchtigen gern aufgefangen und getrunken. Einigen hat es geholfen, bei anderen Kranken verschlimmerte es ihr Übel."* Im Jahr 1861 erhielt in der Schweiz ein an Epilepsie leidendes Mädchen von den Behörden die Genehmigung nach der Hinrichtung eines Verbrechers in Aarau das abstoßende Heilmittel zu versuchen. Dabei erhielt das Mädchen die Auflage, drei Schluck Blut unter Anrufung der drei höchsten Namen – Gott Vater, Sohn und heiliger Geist – warm zu trinken.

Aber auch die Apotheken meldeten ihren Bedarf an frischem Menschenblut an: So bittet ein Leitmeritzer Apotheker im Jahr 1729 das frische Blut eines Hingerichteten auffangen zu dürfen, *„Weilen wir selbes zue sehr nützliche Medizin in unser Apotheken gebrauchen müssen."*

Mit Menschenblut Glück und Erfolg im Leben!

Doch das „Armsünderblut" ist nicht nur bei Epileptikern heiß begehrt. Aus dem 19. Jahrhundert sind Berichte erhalten, wo sich die Zuschauer nach der Hinrichtung wie toll auf das Blut des Toten stürzten. Denn das frische Blut eines Hingerichteten galt überall als Glücksbringer. Ein Zeuge berichtet: *„...wohnte ich anfangs Januar 1859 der öffentlichen Hinrichtung einer Giftmischerin bei Göttingen bei. Dieselbe erfolgte mittels Schwertes. Als der Kopf vom Rumpf getrennt war und die Blutfontäne 1,5 Fuß emporsprang, durchbrach das Volk das von Hannoverschen Schützen gebildete Karree, stürzte auf das Schafott und setzte sich in den Besitz des Blutes der Hingerichteten, es auffangend und weiße Tücher darin eintauchend. Es war geradezu ein grauenvoller Eindruck...".*

Das in einem weißen Tuch aufgefangene noch warme Armsünderblut sollte übernatürliche Eigenschaften besitzen. Bäcker tauchten solch einen Lappen in den Teig, Bierbrauer ins Bier, Kaufleute und Gastwirte in die Branntweinfässer. Denn das garantierte viele Kunden! Man rieb auch die Pferde mit diesem Tuch ein, damit ihr Fell voll und glänzend wird. Die Menschen waren damals davon

überzeugt, das Menschenblut als Zaubermittel Glück ins Haus und ins Geschäft brachte.

Erste Transfusion mit Lämmerblut

Die Entdeckung der Physiologie des Blutkreislaufs durch den Engländer William Harvey (1578 bis 1657) erschloss ganz neue therapeutische Möglichkeiten. Bis jetzt hatte man sich, was den Blutkreislauf anging, auf den Aderlass beschränkt. Doch nun wurden intravenöse Injektionen von Medikamenten und Transfusionen durchgeführt. Der englische Arzt Richard Lower (1631 bis 1691) führte 1665 die erste Bluttransfusion von Schaf zu Schaf durch.

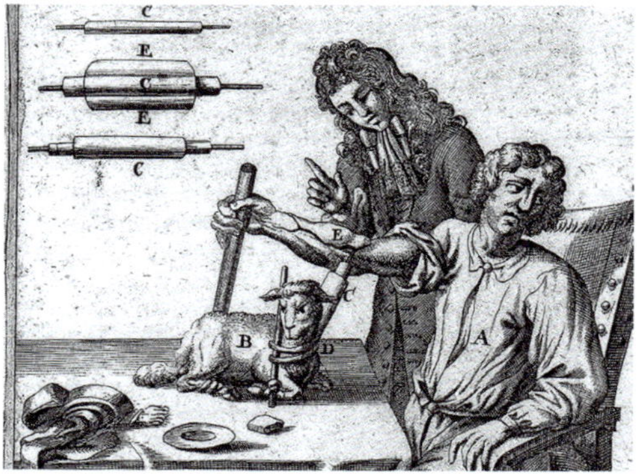

Abb. 1: Historische Zeichnung der Transfusion von Jean Baptiste Denis

Auch andere Ärzte und Wissenschaftler wagten jetzt Transfusionen zwischen Tieren, was nicht nur auf heftige Kritik sondern auch auf Hohn und Spott stieß. Aufsehen erregte 1667 Jean Baptiste Denis (1625 bis 1704), der Leibarzt des französischen Königs. Er übertrug zusammen mit einem Chirurgen Lammblut mit Erfolg auf einen durch Aderlässe geschwächten 15-jährigen Fieberkranken. Spätere Zwischenfälle in seiner Praxis führten aber 1668 in Frankreich zum Verbot von Bluttransfusionen. Erst nachdem der Wiener Arzt Karl Landsteiner (1868 bis 1943) 1901 die verschiedenen Blutgruppen des Menschen entdeckt hatte, wurden die Transfusionen wieder aufgenommen.

Dieser Artikel ist erstmals erschienen in Der Heilpraktiker, Juli 2025, S. 24–25

Chinesische Heilmittel

VERLAG

Chinesische Heilmittel – Einsatz in der Naturheilkunde

Nr.	Deutsche Bezeichnung	Chinesische Aussprache	Chinesische Zeichen	Inhaltsstoffe des Heilmittels	Naturheilkundliche Wirkungen des Heilmittels
1	Dattel	Da Zao	大枣	Vitamin C, A, B2 und Vitamin P, Eiweiß, Fett, Kalzium, Eisen, Carotin, Riboflavin, Flavonoide-double-glucoside A, Kohlenhydrat, Phosphor, Zyklisches Adenosin-monophosphat. 维生素 A，B2，C 和维生素P，蛋白质，脂肪，钙，铁，葫萝卜素，核黄素，黄酮-双-葡萄糖甙 A，糖类，环磷酸腺苷	Die Dattel ist die Basis der chinesischen Kräutermedizin. 1. Zyklisches Adenosinmonophosphat in Datteln unterstützt und verbessert die Kontraktilität; erweitert die Herzkranzgefäße; hemmt die Thrombozytenaggregation; wirkt antiallergisch. 2. Vitamin P senkt den Cholesterinspiegel; stärkt die somatische Zelladhäsion und das Herz; erhöht die Elastizität der Kapillaren; beugt Schlaganfall vor. 3. Vitamin C hat antientzündliche und antiallergische Wirkung; entgiftet; macht die Haut elastisch. 4. Vitamin E hat zusätzlich eine Antioxidans-Wirkung. 大枣含黄酮--双--葡萄糖甙A，有镇静催眠和降压作用；大枣中含有大量环磷酸腺苷，对人体细胞起着重要的生理调节作用，可增强心肌收缩力，扩张冠状血管，抑制血小板聚集，并有抗过敏作用；所含维生素P，能增强人 体细胞的粘着力，提高毛细血管韧性，降低毛细血管通 透性和脆性，具有降血脂、抗过敏、强心，利尿， 预防脑溢血和延缓衰老等作用；所含维生素C，具有解毒、 抗炎、抗过敏，增强机体抵抗力和保持皮肤弹性、延缓 衰老等作用；其所含维生素E，有抗氧化、抗衰老作用。

Bemerkungen:

Die Dattelpalme kann bis zu 30 m hoch werden und trägt nach acht bis zehn Jahren die ersten Früchte.
Die Blütezeit der Dattelpalme ist der Februar. Die Ernte der Früchte ist im November/Dezember möglich.

Chinesische Heilmittel – Einsatz in der Naturheilkunde

Nr.	Deutsche Bezeichnung	Chinesische Aussprache	Chinesische Zeichen	Inhaltsstoffe des Heilmittels	Naturheilkundliche Wirkungen des Heilmittels
2	Ginkgofrüchte, Ginkgosamen	Bai Guo, Yin Xing	白果，银杏	1. 100 g frische Ginkgofrüchte enthalten: Eiweiß 6,4 g, Fett 2,4 g, Kohlenhydrate 35,9 g, Ballaststoffe 0,3 g, Kalzium 10 mg, Phosphor 218 mg, Eisen 1,5 mg, Carotin 0,38 mg, Vitamin B1 0,22 mg, Vitamin B2 0,05 mg, Niacin 1,3 mg, Vitamin C 2,72 mg. 2. 100 g getrocknete Früchte enthalten: Eiweiß 13,6 g, Fett 3,00 g, Kohlenhydrate 71,2 g, Ballaststoffe 0,5 g, Kalzium 19,6 mg, Phosphor 427 mg, Eisen 2,9 mg, Carotin 0,22 mg, Vitamin B1 10,44 mg, Vitamin B2 0,10 mg, Niacin 2,6 mg. Ginkgosäure, hydrierte Ginkgosäure, Ginkgoalkohol, Ginkgo-Phenole, Polysaccharid. 3. Die Ginkgoblätter enthalten 35 Arten von Flavonoiden, Lacton, Ginkgolide, Bilobalid.	– Bilobalid wirkt bei Nervenkrankheit, Hirnkrankheit, Knochenmarkserkrankungen und Alzheimer; – Flavonoide erweitern die Venen, entlasten den Spasmus, heilen Herz-, Kreislauf- und zerebrovaskuläre Erkrankungen; – Antioxidans, antibakteriell, anti-aging; – stärkt das Immunsystem; – ist schleimlösend; – stoppt Husten; – stoppt Durchfall; – ist harntreibend; – ist pilzabtötend. 抗氧化，抗衰老，抗癌，抗菌，抗过敏，增强抵抗力，化痰，止咳，去湿，止泻。

Bemerkungen:

Der deutsche Forscher Engelbert Kaempfer bereiste Japan Ende des 17. Jahrhunderts und beschrieb dort den Tempelbaum.
Er wurde auch Silberaprikose genannt, was auf japanisch gin kyo heißt. Durch einen Druckfehler soll aus dem y ein g entstanden sein – Ginkgo.

Chinesische Heilmittel – Einsatz in der Naturheilkunde

Nr.	Deutsche Bezeichnung	Chinesische Aussprache	Chinesische Zeichen	Inhaltsstoffe des Heilmittels	Naturheilkundliche Wirkungen des Heilmittels
3	Ingwer	Shengjiang	生姜	Ingweralkohol, Zingibeeren, Phellandren, Citral, ätherische Öle, Harz, Gingerol, Ballaststoffe, Stärke 姜醇，姜烯，水芹烯， 柠檬烯，挥发油，树脂， 姜辣素，膳食纤维，淀粉。	– Ingwer fördert die Durchblutung und den Appetit; – reduziert das Völlegefühl und Magenschmerzen; – unterstützt die Heilung bei Erkältungen, akuter und chronischer Bronchitis, Asthma; – lindert Schwindel, Übelkeit, Erbrechen; – Prävention vor Reise- und Seekrankheit; – gurgeln mit Ingwersaft reduziert Mundgeruch; – zur äußeren Behandlung: bei Frostbeulen, Verstauchungen und Gelenkschwellungen. 炎热时节生姜有兴奋、排汗降温、提神等作用; 姜可缓解疲劳、乏力、厌食、失眠、腹胀、腹痛等 症状;姜亦可健胃,增进食欲，对胃病亦有缓解或止痛作用。 生姜还可杀灭口腔和肠道病菌， 用姜水漱口可治疗口臭和牙周炎。 食用生姜一次不可过多，否则可导致便秘，口干，上火，咽痛;烂姜冬姜不可食用，因姜变质后回产生致癌物。
	Bemerkungen: **Vorsicht:** Verfaulter und gefrorener Ingwer sollte nicht verzehrt werden, da er die Krebsbildung begünstigt.				

Chinesische Heilmittel – Einsatz in der Naturheilkunde

Nr.	Deutsche Bezeichnung	Chinesische Aussprache	Chinesische Zeichen	Inhaltsstoffe des Heilmittels	Naturheilkundliche Wirkungen des Heilmittels
4	Chinesische Wolfsbeere (Gemeiner Bocksdorn)	Go ji zi	苟杞子	Carotin, Thiamin, Riboflavin, Niacin, Vitamin C, Kalzium, Phosphor, Eisen und andere Nährstoffe 胡萝卜素，硫胺素， 核黄酸，尼克酸，维生素 C， 钙，磷，铁及其他营养素和 微量元素。	– senkt den Blutzuckerspiegel; – hemmt die Ablagerung von Fett in den Leberzellen; – fördert die Wiederherstellung der Leberzellen; – schützt die Leber; – senkt den Cholesterinwert im Blut; – verhindert die Bildung von Arteriosklerose; – fördert die Immunität und die hämatopoetische Funktion; – beugt Anämie vor; – stärkend bei schwachen Nieren; – mindert Rückenschmerzen. 枸杞可降低血糖，有利于糖尿病人的治疗和康复；可 抑制脂肪在肝细胞内的沉积，促进肝细胞新生， 保护肝脏，有降低血中胆固醇的作用，能防止动脉粥样硬化的形成，还能增强人体免疫力，促进造血功能，预防贫血，还可明目。枸杞补肾可与羊肾同炖，枸杞泡酒 可滋阴、明目。

Bemerkungen:

Zum Einnehmen: Meistens wird **Goji** in Tee gezogen oder in Brei gekocht eingenommen.

Chinesische Heilmittel – Einsatz in der Naturheilkunde

Nr.	Deutsche Bezeichnung	Chinesische Aussprache	Chinesische Zeichen	Inhaltsstoffe des Heilmittels	Naturheilkundliche Wirkungen des Heilmittels
5	Knoblauch	Da Suan	大蒜	Protein, Fett, Kohlenhydrate, Allicin, Vitamine A, B1, C, E, Kalzium, Eisen, Selen usw. Knoblauch enthält Nährstoffe wie Eiweiß, Fett, Phosphor usw. 大蒜含200多种有益于 身体健康的物质， 如蛋白质、维生素E、C 及钙、铁、硒等微量元素， S一烯丙基半胱氨酸 (SAC)，大蒜素。	Der Wirkstoff Allicin im Knoblauch wirkt antibakteriell, entgiftend und möglicherweise krebszellenabtötend – hat Anti-Oxidationsfunktion; – senkt Blutfette; – verhindert Bildung von Blutgerinnseln; – verringert das Risiko von Herzinfarkt und Schlaganfall; – schützt die Leber; – hemmt die Tumorbildung; – hält jung; – fördert die Insulinsekretion; – verbessert den Kreislauf; – stabilisiert den Blutdruck. 大蒜具有温中消食、行滞气、暖脾胃、消积、解毒、杀虫的功效；主治饮食积滞、脘腹冷痛、水肿胀满、 泄泻、痢疾、疟疾、百日咳、痈疽肿毒、白秃癣疮、蛇虫咬伤以及钩虫、蛲虫等病症。另外大蒜还能预防循环系统的一些疾病，如稳定血压、改善血液循环、抑制血小板聚集、防止血栓形成、调整糖代谢等。

Bemerkungen:

Knoblauch ist ein richtiges Kraftpaket. Er ist in der Lage, unerwünschte „Besucher" aus dem Körper zu vertreiben und somit Krankheiten vorzubeugen. Knoblauch findet seit Jahrhunderten sowohl für kulinarische als auch für medizinische Zwecke Verwendung.

Chinesische Heilmittel – Einsatz in der Naturheilkunde

Nr.	Deutsche Bezeichnung	Chinesische Aussprache	Chinesische Zeichen	Inhaltsstoffe des Heilmittels	Naturheilkundliche Wirkungen des Heilmittels
6	Löwenzahn	Pu gong ying	蒲公英	Lecithin, gelbes Furan-Hormon, Vitamin B2, Inositol, Asparagin, Saponine, Harz, Inulin, Pektin, Cholin, Kalium 蒲公英含叶黄呋喃素、维生 素B2，多种三帖醇，肌醇，天冬酰胺、苦味质、皂甙、树脂、菊糖，果胶、 胆碱等。	– entgiftend; – harntreibend; – heilt akute Mastitis, akute Bindehautentzündung, Tonsillitis, Bronchitis, Gastritis, Hepatitis, Gallen-, Blasenentzündung, Harnwegsinfektion; – wirkt antibakteriell; – unterstützt die Gallenblase. 蒲公英有清热解毒、消肿散结、利湿退黄之功效。还可治疗痈肿疔毒、淋巴腺炎，急性结膜炎，感冒发热，急性扁桃体炎，急性支气管炎，胃炎，肝炎，胆囊炎，尿路感染。肺痈咳痰、湿热黄疸、乳痈等。蒲公英煎剂对金黄色葡萄球菌有较强的抑制作用，对致病性皮肤真菌有抑制作用。水浸剂有利胆作用。另有抗肺癌之作用。 煎汤可内服；外用时捣碎敷伤处。
	Bemerkungen: Zum Einnehmen als Tee; mit dem weißen Pflanzensaft aus den Löwenzahnstängeln benetzt dient Löwenzahn auch zum Auftragen auf die Haut.				

Chinesische Heilmittel – Einsatz in der Naturheilkunde

Nr.	Deutsche Bezeichnung	Chinesische Aussprache	Chinesische Zeichen	Inhaltsstoffe des Heilmittels	Naturheilkundliche Wirkungen des Heilmittels
7	Feige	Wu hua guo	无花果	Protease, Amylase, Hefe und Spurenelemente, Vitamin C (20-fach mehr als Trauben), Selen (mehr im Blatt), Benzol, Formaldehyd, Psoralen, Cumarin, Furan-Aromaten, Terpenoide, Bergamotte 含有丰富的蛋白酶、淀粉酶、酵母素及多种微量元 素、维生素。维生素C的含量是葡萄的20倍。 另含苯甲醛、补骨脂素、香豆素类化合物、呋喃类芳香化合物、大环萜类化合物、佛手柑内脂等。 无花果含硒量很高,它的叶含硒量为0.189ppm,果含硒量为0.054ppm（为大蒜的二倍)。	– wirkt bei Hämorrhoiden; – chronischer Verstopfung; – chronischer Gastritis; – chronischer Enteritis; – Durchfall bei Kindern. Laut Untersuchung sind in den Ländern, wo viele Feigen gegessen werden, weniger Krebskranke zu finden. Dreimal am Tag Feigen essen hilft bei Pylorusstenose. Die Feigen enthalten mehrere Tumor-Suppressor-Wirkstoffe, wie z.B. Benzol, Formaldehyd, Psoralen, Cumarin-Verbindungen, Furan-Aromaten, Terpenoide, Bergamotte. Die Pflanze ist reich an Selen. Der Selengehalt in den Blättern liegt bei 0,189 ppm, in der Frucht 0,054 ppm (dreimal mehr als in Knoblauch). 无花果对痔疮,习惯性便秘、慢性胃炎、慢性肠炎、小儿腹泻等有良效；能抑制、破坏癌细胞蛋白酶的生成，每天食用无花果，可减少癌症的发病率。还可治胃弱，消 化不良；将无花果叶切细，烧酒浸泡，涂患部，可治白癜风。

Bemerkungen:

Die Feige kann man frisch oder getrocknet essen. Getrocknet kann man sie Hustenteemischungen beifügen. Der Tee wird dadurch leicht süß und trinkt sich angenehmer. Auch einen Sirup kann man aus Feigen herstellen. Äußerlich angewandt hilft die Feige auch bei verschiedenen Hauterkrankungen.

Chinesische Heilmittel – Einsatz in der Naturheilkunde

Nr.	Deutsche Bezeichnung	Chinesische Aussprache	Chinesische Zeichen	Inhaltsstoffe des Heilmittels	Naturheilkundliche Wirkungen des Heilmittels
8	Süßhölzer, Lakritze	Gancao	甘草	Glycyrrhizin, Flanovoide: Liquiritigenin, Isoliquiritigenin, Lakritz-Glykosid, Süßholz-Alkohol, Gelatine, Stärke, Spurenelemente 甘草甜素, 黄酮类化合物:甘草素, 异甘草素,甘草甙, 甘草醇等; 还含明胶,淀粉及微量 元素。	– hemmt Geschwürbildung und Entzündung; – wirkt entgiftend und antiallergisch; – fördert den Fettstoffwechsel bei Patienten mit hohem Blutdruck; – erhöht die Gallensekretion; – hemmt Husten, Tumorbildung und Aidsviren; – wirkt bei Nebennierenrindenhormonen entzündungshemmend; – fettstoffwechselfördernd bei Diabetes; – Prävention vor hohem Cholesterin, Virushepatitis; – krebshemmend und -heilend; – hemmt die Produktion von Magensäure; – hilft bei der Heilung von Magen-Darm-Geschwüren. Eingesetzt bei Magen- und Zwölffingerdarmgeschwür, bei Addison-Krankheit, Sheehan-Syndrom, bei Tuberkulose, bronchialem Asthma, infektiöser Hepatitis, akuter Bilharziose, Malaria, Thrombozytopenie Purpura, Gastrocnemiuskrampf, angeborener Myotonie, bei Gebärmutter-Erosion, Augenentzündungen, Hautrissen usw.

Bemerkungen:

In der Kombination mit Ammoniumchlorid und Anisöl wird Süßholzwurzelextrakt zu Salmiakpastillen verarbeitet. Heute werden sie als „traditionell angewendetes Arzneimittel zur Schleimlösung im Bereich der Atemwege" bezeichnet.

Chinesische Heilmittel – Einsatz in der Naturheilkunde

Nr.	Deutsche Bezeichnung	Chinesische Aussprache	Chinesische Zeichen	Inhaltsstoffe des Heilmittels	Naturheilkundliche Wirkungen des Heilmittels
9	Leinsamen	Ya ma zi	亚麻子	Lignane, Omega-3-Fettsäuren, Ballaststoffe, Protein 植物荷尔蒙， 不饱和脂肪酸， 膳食纤维， 植物蛋白质	– Lignane sind natürliche Hormone, die der Bildung von Krebszellen vorbeugen; – Lignane mit Omega-3 wirken zusammen und unterstützen das Immunsystem; – fördern die Durchblutung; – reduzieren den Cholesteringehalt im Blut; – machen die Blutgefäße elastisch; – vermeiden die Arteriosklerose; – wirken auf Blutzucker und Fettleibigkeit. 天然植物荷尔蒙，是一种抗氧化物质， 能减低癌病发病率， 抑制结肠癌、乳癌、皮肤癌及肺癌的形成， 抑制肥胖症及糖尿病。亚麻籽的 植物荷尔蒙和 Omega-3 多不饱和脂肪酸能增强我们的免疫系统。 亚麻籽含高度可溶及不可溶纤维。不可溶纤维增加肠蠕动， 可有效的减低便秘；可溶纤维能减低血糖，预防及控制糖尿病， 并能控制体重。

Bemerkungen:

Leinsamen enthält Schleimstoffe, die im Darm aufquellen und dadurch die Verdauung anregen.
Diese Wirkung ist intensiver, wenn die Samen aufgebrochen sind.

Chinesische Heilmittel – Einsatz in der Naturheilkunde

Nr.	Deutsche Bezeichnung	Chinesische Aussprache	Chinesische Zeichen	Inhaltsstoffe des Heilmittels	Naturheilkundliche Wirkungen des Heilmittels
10	Chinesischer Raupenpilz	Dong chong xia cao	冬虫夏草	18 Aminosäuren: Glutaminsäure, Arginin, Asparaginsäure, Leucin, Tryptophan, Tyrosin u.a. Polysaccharid: Mannose, Cordycepin, Adenosin, Galactose, Arabinose, Holz-Saccharin, Glucose. Antimikrobielle Wirkstoffe und Alkaloide. 18种氨基酸：谷氨酸、 精氨酸、天冬氨酸、亮氨酸、色氨酸、酪氨酸等。 多糖：甘露糖，虫草糖， 半乳糖，阿拉伯糖，木糖精等。 脂肪酸：不饱和脂肪占80%至82%。 抗菌活性物质及生物碱	– schützt Leber, Nieren; – stoppt Blutungen; – schleimlösend; – heilt hartnäckigen Husten, Impotenz, nächtliche Emission, Rücken- und Knieschmerzen; – stärkt das Immunsystem; – hemmt Leber-, Lymphdrüsen- und Lungenkrebsbildung; – reguliert den Fett- und Glukosestoffwechsel; – reduziert die Nebenwirkung der Chemotherapie, z.B. Strahlung bei einer Leberfibrose (Bindegewebserkrankung). 调节免疫功能、抗肿瘤、抗肺癌、淋巴癌、肝癌；护肾、 延缓衰老、抗疲劳； 调节脂代谢与糖代谢、抗肝纤维化和抗辐射。 促进新陈代谢，改善微循环， 预防与治疗脑血栓、 心肌梗塞；还可抑菌、镇咳、祛痰、利尿消肿、 改善心脑血液循环、防止心律失常，调节内分泌。 止血，降压，改善心肌缺血，抗血小板凝结。

Bemerkungen:

Am besten in Fleischbrühe gut köcheln lassen.
Kann auch als Pulver gemahlen werden, jeden Tag morgens und abends je 1 EL einnehmen.

Chinesische Heilmittel – Einsatz in der Naturheilkunde

Nr.	Deutsche Bezeichnung	Chinesische Aussprache	Chinesische Zeichen	Inhaltsstoffe des Heilmittels	Naturheilkundliche Wirkungen des Heilmittels
11	Gelée Royal	Feng wang jiang	蜂王浆	Aminosäuren, Eiweiß, Kohlenhydrate, Eisen, Kupfer, Magnesium, Kalium, Zink, Natrium, Vitamin A, B1, B2, B6, B12, C und D, Folsäure, Pantothensäure, Inositol, Nukleinsäure, Fettsäuren, wie Decansäure, Zucker, biologische Hormone: Östradiol, Testosteron, Progesteron, steroide Verbindungen 氨基酸，蛋白质，碳水化合物，铁，铜，镁，钾，钠，锌，维生素A，B1，B2， B6，B12，C，D；叶酸， 泛酸，肌醇，核酸； 脂肪酸：葵酸；糖类； 生物激素：雌二醇，睾酮，孕酮； 甾体类化合物。	– vermehrt Antikörper; – verbessert die Nahrungsaufnahme und die Verdauung; – beugt Herz-Kreislauf-Krankheiten vor; – heilt Anämien; – reduziert Schmerzen und Entzündungen; – unterstützt die Heilung bei Verletzungen; – hemmt die Verbreitung von Krebszellen; – wirkt antibakteriell; – weitere Funktionen im kosmetischen Bereich wegen des hohen Gehalts an Eiweißen und Vitaminen. 增强抵抗力，助消化、吸收，预防心血循环疾病，治贫血，去痛去炎，促进损伤治疗，抑制癌细胞增长，抗菌。由于高蛋白高维亦多用于化妆产品。

Bemerkungen:

In Deutschland gibt es zahlreich Produkte mit **Royal Jelly.** Auch Produkte aus China findet man hier, z.B. Peking Lingchih Royal Jelly, Peking Ginseng Royal Jelly.

Chinesische Heilmittel – Einsatz in der Naturheilkunde

Nr.	Deutsche Bezeichnung	Chinesische Aussprache	Chinesische Zeichen	Inhaltsstoffe des Heilmittels	Naturheilkundliche Wirkungen des Heilmittels
12	Kiwi	Mi hou tao	猕猴桃	Serum, natürliches Inosit, Ballaststoffe, Leucin, Phenylalanin, Isoleucin, Tyrosin, Alanin, Mineralien, wie Kalzium, Phosphor, Eisen, Chrom, Carotin, Vielzahl von Vitaminen 血清，自然肌醇 善食纤维， 亮氨酸， 苯丙氨酸， 异亮氨酸， 酪氨酸， 丙氨酸， 矿物质如钙，磷，铁，铬。胡萝卜素，多种维生素。	– hemmt Hitze im Körper; – harntreibend; – gut für die Durchblutung; – wirkt abschwellend; – hilft bei der Behandlung von Hepatitis, Ödemen, Blutergüssen, Rheuma, Gelenkschmerzen, Krebs, vaginalem Ausfluss, Furunkel, Filariose, Ruhr, Lymphknoten-Tuberkulose, Karbunkel; – senkt den Cholesterinspiegel; – fördert die Gesundheit des Herzens; – verhindert die Ansammlung von schädlichen Stoffwechselprodukten; – stabilisiert die Emotionen, hilft bei Depressionen. 去火，利尿；可促进血液循环，消炎；促进肝炎、水肿、止血、 风湿、关节疼痛，癌症、脓疮、丝虫病、痢疾、肺结核、疔疮的治疗；降低胆固醇；强心，防止有害代谢物的欲积，稳定情绪，减少抑郁。

Bemerkungen:

Achtung: nach dem Verzehren von Kiwis soll keine Milch mehr getrunken werden.

Chinesische Heilmittel – Einsatz in der Naturheilkunde

Nr.	Deutsche Bezeichnung	Chinesische Aussprache	Chinesische Zeichen	Inhaltsstoffe des Heilmittels	Naturheilkundliche Wirkungen des Heilmittels
13	Kürbis	Nan gua	南瓜	Trigonellin, Adenin, Arginin, Asparagin, Carotin, Vitamin B, C, Glukose, Saccharose, Pentosan, Celebroside, Myristinsäure, Linolensäure 葫芦巴碱，腺嘌呤， 精氨酸，天冬酰胺， 胡萝卜素，维生素B、C， 葡萄糖，蔗糖，戊聚糖，脑苷脂，肉豆蔻酸，亚麻酸。	– Adenine im Kürbis haben die Funktion, die Proliferation der weißen Blutkörperchen zu stimulieren, so dass einer induzierten Leukopenie z.B. durch Krebs-Chemotherapie oder Bestrahlung vorgebeugt bzw. diese kontrolliert werden kann; – das Trigonellin ist ein therapeutisches Wirkungsmittel bei Leberkrebs und Gebärmutterhalskrebs; – fördert die körpereigene Insulinsekretion; – geeignet für Diabetiker; – das Kürbisfleisch ist Nahrungsergänzungsmittel, hat antientzündliche und schmerzlinderde Wirkung, z.B. bei Diabetes, Malaria, Ruhr, Asthma, Vergiftung durch Opium, Interkostalneuralgie; – fördert weiße Blutkörperchen und Insulin-Sekretion; – hilft bei Behandlung von Leberkrebs und Gebärmutterhalskrebs, Diabetes; – äußere Anwendung: entzündungs- und schmerzhemmend. 腺嘌呤可刺激白细胞的生成，预防肿瘤放疗化疗引起的白细胞减少症；葫芦巴碱对肝癌、子宫癌有一定的治疗作用。 南瓜能促进人体胰岛素的分泌，对治疗糖尿病有效。 果肉为营养品，外用有消炎、止痛作用。

Bemerkungen:

Vorsicht: Kürbis sollte in einer Mahlzeit weder in Übermengen beigegeben werden noch mit Lammfleisch, Schweineleber und Buchweizen zusammen verzehrt werden, damit kein Völlegefühl und keine Verdauungsprobleme entstehen.

Chinesische Heilmittel – Einsatz in der Naturheilkunde

Nr.	Deutsche Bezeichnung	Chinesische Aussprache	Chinesische Zeichen	Inhaltsstoffe des Heilmittels	Naturheilkundliche Wirkungen des Heilmittels
14	Notoginseng	San qi	三七	24 Arten von Notoginsenosiden, Ginsenosiden, 77 Arten von ätherischen Ölen, 17 Aminosäuren, 37 Polysaccharide, Panax-Flavonoide, andere physiologisch aktive Substanzen, hämostatischer Wirkstoff, kleine Mengen von Flavonoiden, Stärke, Eiweiß, Fett, Quercetin, ß-Sitostero, Panax-Polysaccharide, Kalzium, Eisen, Kupfer, Chrom, Mangan, Zink, Saponine 三七含24种三七皂苷，占总量9.75%～14.90%，主要为人参皂苷Rb1、Rd、Re，Rg1、Rg2，Rh1，三七皂苷R1、R2、R3、R4、R6、R7； 含77种挥发油、17种氨基酸及三七多糖、三七黄酮等多种生理活性物质。 此外尚含止血活性成分三七氨酸、少量黄酮苷、淀粉、蛋白质、油脂、槲皮素、β-谷甾醇、三七多糖及钙、铁、铜、铬、锰、锌等多种微量元素，并有生物碱反应。	– erweitert die Blutgefäße; – senkt den Blutdruck; – verbessert die Mikrozirkulation; – erhöht die Durchblutung; – Vorbeugung und Behandlung von Ischämie und Hypoxie an Herz und Gehirn. 扩张血管、降低血压，改善微循环， 增加血流量，预防和治疗心脑组织缺血、缺氧症； 促进蛋白质吸收，强身健体； 促进平衡血液细胞新陈代谢； 调节中枢神 经，提高脑力，增强学习和记忆能力； 增强机体免疫功能，抗肿瘤； 调节血糖、降低血脂、胆固醇、抑制动脉硬化。

Bemerkungen:

San qi bedeutet in etwa „Berglack“. In der Literatur wird San qi Ginseng wertvoller als Gold beschrieben, da er sich während vieler Jahrhunderte kriegerischer Auseinandersetzungen als wirksames Mittel gegen im Kampf erworbener Wunden erwies.

Chinesische Heilmittel – Einsatz in der Naturheilkunde

Nr.	Deutsche Bezeichnung	Chinesische Aussprache	Chinesische Zeichen	Inhaltsstoffe des Heilmittels	Naturheilkundliche Wirkungen des Heilmittels
15	Buchweizen	Qiao mai	荞麦	Stärke, Proteine, Fett, Vitamine, Kalzium, Eisen, Phosphor, Kalium, Mangan, Zink, Magnesium, Ballaststoffe, Lysin, Flavonoide Der Gehalt an Spurenelementen ist 10-fach höher als bei raffiniertem Reis. 淀粉，蛋白质， 脂肪， 多种维生素， 钙，铁，磷，钾， 镁，锌，锰， 赖氨酸，黄酮类。 荞麦所含微量元素比 精制大米高十倍。	– entgiftend; – reinigt den Darm; – senkt den Blutdruck, Blutfettwert und Blutzucker; – die Nicotinsäure in Buchweizen fördert den Stoffwechsel des Körpers; – verbessert die Entgiftungsfähigkeit des Körpers; – erweitert die Blutgefäße; – senkt den Cholesterinspiegel; – verbessert die Sehkraft; – Prävention bei zerebralen Gefäßerkrankungen; – Magnesium in Buchweizen fördert die Auflösung von Ballaststoffen; – erweitert die Blutgefäße; – hemmt die Bildung von Blutgerinnseln; – der Flavonoidgehalt hat antibakterielle Funktion; – entzündungshemmende und schleimlösende Wirkung; – Lebensmittel aus Buchweizen sind für Diabetiker sehr geeignet.

Bemerkungen:

Der Buchweizen ist eine Knöterichpflanze, die im Laufe der Jahrhunderte ihren Weg von der Mongolei zu uns gefunden hat.

Chinesische Heilmittel – Einsatz in der Naturheilkunde

Nr.	Deutsche Bezeichnung	Chinesische Aussprache	Chinesische Zeichen	Inhaltsstoffe des Heilmittels	Naturheilkundliche Wirkungen des Heilmittels
16	Mais	Yu mi	玉米	Ethanol, Vitamin E, Carotin, Riboflavin, B-Vitamine 100 Gramm Mais enthalten 72,2 g Kohlenhydrate, 8,5 g Eiweiß, 4,3 g Fett, 120 mg Phosphor, 22 mg Kalzium, 16 mg Eisen Vitamin E, B1, B2, B6, Nikotinsäure, das Fett im Mais enthält mehr als 50% Linolsäure Ballaststoffe 脂肪油（其中50%为亚油 酸），卵磷脂，谷物醇，维生素B1、B2、B6、E，葫萝卜素，核黄素，烟酸，膳食纤维。 100克玉米中含： 糖类72,2克，蛋白质8,5克，脂肪油4,3克，磷120毫克，钙22毫克，铁16毫克。	– die Wirkung des Ballaststoffes setzt den Darm in Bewegung; – beschleunigt die Ausscheidung des Stuhlgangs, somit Prävention vor Verstopfung, Darmentzündung und Darmkrebs; – der reichliche Gehalt von Vitamin E im Mais schützt die Haut; – fördert die Durchblutung; – senkt den Cholesterinspiegel; – reduziert die Arteriosklerose und die Minderung der Gehirnfunktion. 玉米中含有的膳食纤维，具有刺激胃肠蠕动、加速粪便排泄的 作用，可防治便秘、肠炎、肠癌。 天然维生素E有保护皮肤、促进血液循环、降低胆固醇、防止皮肤病变、延缓衰老的功效，同时还能减轻动脉硬化和脑功能衰退。 核黄素可以有效地预防眼睛老化。 还可利尿降压、止血止泻、助消化。 玉米油可降低血液胆固醇含量，预防高血压和冠心病的发生。
	Bemerkungen: Vorsicht: Verschimmelter Mais darf nicht verzehrt werden, da er die Krebsbildung begünstigt. Mais darf ebenfalls nicht in Übermengen oder nur einseitig gegessen werden wegen seines Eiweißes, in dem Tryptophan fehlt.				

ML VERLAG

P. Germann · B. Hertling ·
U. Schlutt · W.-D. Storl · J. Beutel
Heilpflanzen und ihre geheimen Kräfte
Pflanzenporträts zwischen Mythos und Medizin
mit 100 stimmungsvollen Fotografien
1. Auflage 2025, Hardcover, 140 Seiten
ISBN 978-3-96474-759-4
29,95 Euro

20 Pflanzen – 20 Wege, Natur neu zu entdecken

Dieses Buch lädt dazu ein, 20 heimische (Heil-) Pflanzen in ihrer ganzen Tiefe zu erleben ihre mythologischen Wurzeln, ihre traditionelle Anwendung in der Volksmedizin und ihren heutigen medizinischen Nutzen.

Jede Pflanze wird in ihrer Vielschichtigkeit dargestellt: mit historischem Wissen, praktischen Rezepturen, naturheilkundlichen Hinweisen und fundierten Informationen zu Wirkung, Anwendung und Vorsichtsmaßnahmen. So entsteht ein wertvoller Begleiter für alle, die ihr Wissen über die Heilkraft der Natur vertiefen möchten.

Eine Schatzkiste für Kräuterfreunde, Naturheilkundler und alle, die mit Achtsamkeit und Neugier die Welt der Pflanzen erkunden möchten.

Unser Bestellservice

09221 949-311

09221 949-377

www.ml-buchverlag.de

kundenservice@mgo-fachverlage.de

mgo fachverlage GmbH & Co. KG
E.-C.-Baumann-Str. 5
95326 Kulmbach

Adressverzeichnis

VERLAG

Die Listung der Adressen erfolgt – wie auch die Nennung aller anderen Organisationen und Institute – ohne Anspruch auf Vollständigkeit und wertneutral.

Stand: 12/2025. Alle Angaben ohne Gewähr und Anspruch auf Vollständigkeit.

Kliniken und Krankenhäuser für Naturheilkunde

Klinik im LEBEN
Gartenweg 5–6
07973 Greiz (Vogtland)
Tel. 03661 4438210
kontakt@klinik-imleben.de
klinik-imleben.de

Deutsche Klinik für Integrative Medizin und Naturheilverfahren
Prof.-Paul-Köhler-Str. 3
08645 Bad Elster
Tel. 037437 75-0
info@dekimed.de
celenus-kliniken.de

Gemeinschaftskrankenhaus Havelhöhe Klinik für Anthroposophische Medizin
Kladower Damm 221
14089 Berlin
Tel. 030 365 01-0
info@havelhoehe.de
havelhoehe.de

Immanuel Krankenhaus Berlin – Abteilung Naturheilkunde
Am Kleinen Wannsee 5d
14109 Berlin-Wannsee
Tel. 030 80505 306
naturheilkunde.ambulanz@immanuel.de
naturheilkunde.immanuel.de

Universitätsmedizin Rostock Zentrum für Innere Medizin Lehrstuhl für Naturheilkunde
Ernst-Heydemann-Str. 6
18057 Rostock
Tel. 0381 4947413
naturheilkunde.med.uni-rostock.de

Klinik Graal-Müritz Fachklinik für Onkologie und Ganzheitsmedizin
Lindenweg 16
18181 Graal-Müritz
Tel. 038206 75-0
info@klinik-graal-mueritz.de
krebsrehaklinik.de

gisunt Klinik für integrative Medizin – Intern. Hypterthermie-Zentrum
Buchenstraße 6
26345 Bockhorn
Tel. 04421 77414-0
info@gisunt.de
gisunt-klinik.de

Krankenhaus St. Joseph-Stift Klinik für Naturheilverfahren
Schwachhauser Heerstr. 54
28209 Bremen
Tel. 0421 347-0
info@sjs-bremen.de
sjs-bremen.de

Darmklinik Exter
Detmolder Str. 264
32602 Vlotho
Tel. 05228 94940
info@darmklinik.de
darmklinik.de

Reha-Klinik Schloss Hamborn
Schloss Hamborn 85
33178 Borchen
Tel. 05251 3886-0
rehaklinik@schlosshamborn.de
schlosshamborn.de

Habichtswald Privat-Klinik
Krankenhaus für Psychosomatische Medizin und Psychotherapie
Wigandstr. 1
34131 Kassel
Tel. 0561 3108-0
info@habichtswald-privat-klinik.de
habichtswald-privat-klinik.de

Schlosspark Klinik von Rosen
Fachklinik für Naturheilkunde und Gesundheitsmedizin
Fritz-Stamer-Str. 11
36129 Gersfeld/Rhön
Tel. 06654 160
info@dr-von-rosen.de
klinik@dr-von-rosen.de

Gezeiten Haus
Private Fachkliniken für Psychosomatik und TCM
Standorte: Bonn, Wesseling, Oberhausen, Magdeburg
Tel. 0228 7488-101
info@gezeitenhaus.de
gezeitenhaus.de

KEM | Evang. Kliniken Essen-Mitte
Klinik für Naturheilkunde & Integrative Medizin
Universität Duisburg-Essen
Am Deimelsberg 34a
45276 Essen
Tel. 0201 174-25001
naturheilkunde@kem-med.com
kem-med.com

Klinik Blankenstein – Klinik für Naturheilkunde
Im Vogelsang 5–11
45527 Hattingen
Tel. 02324 396-72485
info@klinikum-bochum.de
naturheilkunde.klinikum-bochum.de

Gemeinschaftskrankenhaus Herdecke
Universität Witten/Herdecke
Gerhard-Kienle-Weg 4
58313 Herdecke
Tel. 02330 62-0
kontakt@gemeinschaftskrankenhaus.de
gemeinschaftskrankenhaus.de

Migräne- und Kopfschmerzklinik Königstein
Ölmühlweg 31
61462 Königstein im Taunus
Tel. 06174 29040
info@migraene-klinik.de
migraene-klinik.de

Die Filderklinik
Im Haberschlai 7
70794 Filderstadt-Bonlanden
Tel. 0711 7703 0
info@filderklinik.de
filderklinik.de

Klinik Öschelbronn
Am Eichhof 40
75223 Niefern-Öschelbronn
Tel. 07233 68-0
info@klinik-oeschelbronn.de
klinik-oeschelbronn.de

Paracelsus Krankenhaus Unterlengenhardt
Fachklinik für Innere Medizin und Anthroposophische Medizin
Burghaldenweg 60
75378 Bad Liebenzell
Tel. 07052 925-0
info@paracelsus-krankenhaus.de
paracelsus-krankenhaus.de

BioMed-Klinik
Tischbergerstraße 5–8
76887 Bad Bergzabern
Tel. 06343 705-0
info@biomed-klinik.de
biomedklinik.de

Universitätsklinikum Freiburg – Uni-Zentrum Naturheilkunde
Sir-Hans-A.-Krebs-Str.
79106 Freiburg
Tel. 0761 27082010
info@uni-zentrum-naturheilkunde.de
uniklinik-freiburg.de

KfN – Krankenhaus für Naturheilweisen
Seybothstr. 65
81545 München
Tel. 089 62505-0
info@kfn-muc.de
krankenhaus-naturheilweisen.de

Veramed Klinik am Wendelstein
Klinik für internistische Onkologie und Naturheilverfahren
Mühlenstr. 60
83098 Brannenburg
Tel. 08034 3020
info@veramed.de
veramed.de

Waldhausklinik Deuringen
Klinik für Naturheilkunde und ganzheitliche Medizin
Sandbergstr. 47
86391 Stadtbergen
Tel. 0821 43050
info@waldhausklinik.de
waldhausklinik.de

Panorama Fachklinik
Kurstraße 22
88175 Scheidegg
Tel. 08381 802-0
info@panorama-fachkliniken.de
panorama-fachklinik.de

Klinik Wollmarshöhe
Private Fachklinik für Psychosomatik
Wollmarshofen 14
88285 Bodnegg
Tel. 07520 927260
info@wollmarshoehe.de
wollmarshoehe.de

iTCM-Klinik Illertal
Krankenhausstr. 7
89257 Illertissen
Tel. 07303 9529260
info@itcm-illertal.de
itcm-illertal.de

Sozialstiftung Bamberg
Klinik für Integrative Medizin und Naturheilkunde
Buger Str. 80
96049 Bamberg
Tel. 0951 5030
info@sozialstiftung-bamberg.de
sozialstiftung-bamberg.de

Klinik am Steigerwald
Waldesruh
97447 Gerolzhofen
Tel. 09382 949-0
info@tcmklinik.de
tcmklinik.de

Malteser Klinik Dr. von Weckbecker
Fachklinik für Naturheilkunde
Rupprechtstr. 20
97769 Bad Brückenau
Tel. 09741 83-0
weckbecker@malteser.org
weckbecker.com

Hufeland Klinik für ganzheitliche immunbiologische Therapie
Löffelstelzer Str. 1–3
97980 Bad Mergentheim
Tel. 07931 536-0
info@hufeland.com
hufeland.com

Fachverlage

Access Marketing GmbH (Naturarzt), Alt Falkenstein 37a, 61462 Königstein im Taunus, Tel. 06174 9263-0, Fax 06174 9263-35, E-Mail: info@naturarzt-access.de

DT Praxis Verlag GmbH (Praxis Magazin), Max-Planck-Str. 27a, 50858 Köln, Tel. 02234 6016110, E-Mail: info@dt-praxisverlag.de

Forum Medizin Verlagsgesellschaft mbH (Die Naturheilkunde), Infanterieweg 30b, 26129 Oldenburg, Tel. 0441 9365458-0, Fax 0441 9365458-1, E-Mail: sekretariat@forum-medizin.de

Freie Heilpraktiker e. V., Berufs- und Fachverband **(wir.Heilpraktiker)**, Benrather Schloßallee 49-53, 40597 Düsseldorf, Tel. 0211 9017290, Fax 0211 90172919, E-Mail: info@freieheilprak tiker.com

Fulton Akademie GmbH (paracelsus), Widenmayerstr. 48, 80538 München, Tel. 08143 2419150, E-Mail: info@fulton-akademie.de

Karl F. Haug Verlag in Georg Thieme Verlag KG (Deutsche Heilpraktiker Zeitschrift), Oswald-Hesse-Str. 50, 70469 Stuttgart, Tel. 0711 8931-0, Fax 0711 8931-298, E-Mail: kundenservice@ thieme.de

mgo fachverlage GmbH & Co.KG (Der Heilpraktiker, CO.med, ML Verlag), E.-C.-Baumann-Str. 5, 95326 Kulmbach, Tel. 09221 949-311, Fax 09221 949-377, E-Mail: kontakt@ mgo-fachverlage.de

NATUR & HEILEN GmbH & Co. KG (Natur & Heilen), Nikolaistr. 5, 80802 München, Tel. 089 380159-10, Fax 089 380159-16, E-Mail: info@naturundheilen.de

Richard Pflaum Verlag GmbH & Co. KG (Naturheilpraxis), Lazarettstr. 4, 80636 München, Tel. 089 12607-0, Fax 089 12607-202, E-Mail: info@pflaum.de

HCP Publishing Group GmbH (NATURMED PRAXIS), Werner-Eckert-Str. 6, 81829 München, Tel. 089 419193500, Fax 089 419193555, info@hcp-publishing.de

Heilpraktikerverbände

Berufsverband Deutsche Naturheilkunde e. V. (BDN), Ulmenstr. 35, 09112 Chemnitz, Tel. 0371 9093888, Fax 0371 3899145, E-Mail: info@berufsverband-naturheilkunde.de

Berufsverband Saarländischer Heilpraktiker e. V., Hirzeckstr. 3, 66333 Völkingen, Tel. 06898 7065730, Fax 06898 7590254, E-Mail: info@ saar-heilpraktiker.de

Bund Deutscher Heilpraktiker e. V. (BDH), Südstr. 12c, 48231 Warendorf, Tel. 02581 61550, Fax 02581 61508, E-Mail: info@bdh-online.de

Bund Deutscher Heilpraktiker und Naturheilkundiger e. V. (BDHN), Landsbergerstr. 23, 82110 Germering, Tel. 089-437199850, Fax 089 6017913, E-Mail: info@bdhn.de

Die Heilpraktiker e. V., Franz-Joseph-Str. 36a; 80801 München, Tel. 089 21546221, E-Mail: info@dhp-ev.de

Europäischer Verband Naturheilkunde e. V. (EVN), Wiesbadener Str. 67, 47138 Duisburg, Tel. 0203 544250, Fax 0203 553328, E-Mail: info@euro-naturheilkunde.de

Fachverband Deutscher Heilpraktiker e. V. – Bundesverband (FDH), Maarweg 10, 53123 Bonn, Tel. 0228 6110-49, Fax 0228 6273-59, E-Mail: fdh-bonn@t-online.de

Freie Heilpraktiker e. V. (FH), Benrather Schloßallee 49-53, 40597 Düsseldorf, Tel. 0211 9017290, Fax 0211 90172919, E-Mail: info@freie heilpraktiker.com

Freier Verband Deutscher Heilpraktiker e. V. (FVDH), Weseler Str. 19–21, 48151 Münster, Tel. 0251 136886, Fax 0251 392736, E-Mail: info@fvdh.de

Heilpraktiker Verband Südwest e. V., Kaiser Friedrich Ring 30, 66740 Saarlouis, Tel. 06831 4870732, Fax 06831 4870836, E-Mail: info@hpvsw.de

Heilpraktikerverband Bayern e. V., Landesverband des Fachverbands Deutscher Heilpraktiker e. V., Baumkirchner Str. 20 / Rückgebäude, 81673 München, Tel. 089 4355260, Fax 089 43552650, E-Mail: info@heilpraktikerverband-bayern.de

Lachesis Berufsverband für Heilpraktikerinnen e. V., Erzhäuser Str. 41, 64291 Darmstadt, Tel. 06150 1709010, E-Mail: info@lachesis.de

Norddeutsche Heilpraktiker Vereinigung e. V., Weststr. 2, 30519 Hannover-Döhren, Tel. 0511 833030

Union Deutscher Heilpraktiker e. V. – Bundesverband, Peter-Hahn-Weg 5a, 42651 Solingen, Tel. 0212 47285, Fax 0212 42711, E-Mail: kontakt@udh-bundesverband.de

Verband der Heilpraktiker Deutschland e. V. (VHD), Am Stenshof 67, 44869 Bochum, Tel. 02327 788576, E-Mail: vhd67@vhd-heilpraktiker.de

Verband Deutscher Heilpraktiker e. V. (VDH), Ernst-Grote-Str. 13, 30916 Isernhagen, Tel. 0511 616980, Fax 0511 6169821, E-Mail: webmaster@vhd-heilpraktiker.de

Verband Freier Heilpraktiker und Naturärzte Schweiz (VFHN), Grünhaldenstr. 6, CH-8050 Zürich, Tel. +41 43 9602000, E-Mail info@heilpraktikerverband.ch

Verband Unabhängiger Heilpraktiker e. V. (VUH), Gördelinger Str. 47, Iduna-Haus, Ecke Neue Str., 38100 Braunschweig, Tel. 0261 13498000, E-Mail: info@heilpraktikerverband.de

Vereinigung christlicher Heilpraktiker (VCHP), Schlachthofstr. 6, 09366 Stollberg, Tel. 037296 549720, E-Mail: mitgliederverwaltung@vchp.de

Institute, Vereine, Verbände und sonstige Fachgesellschaften

Akademische Fachgesellschaft Indische Medizin e.V., Kliniken Essen-Mitte, Knappschafts-Krankenhaus, Am Deimelsberg 34 a, 45276 Essen,Tel. 0201 17425001, Fax 0201 17425000, E-Mail: info@afgim.de

Akademische Gesellschaft für Homöopathie und Komplementärmedizin (AGHK), Alte Landstr. 145, CH-8707 Uetikon, E-Mail: info@aghk.ch

Allgemeine Gesellschaft Anthroposophischer Heilpraktikerinnen und Heilpraktiker e. V. (AGAHP), Waldweg 11, 29336 Nienhagen bei Celle, Tel. 05085 9560105, Fax 05085 9560102, E-Mail: kontakt@agahp.org

Ärztegesellschaft für Erfahrungsheilkunde e. V., Hornweg 2 a, 79263 Simonswald, Tel. 07683 9195367, E-Mail: info@erfahrungsheilkunde.org, Internet: www.erfahrungsheilkunde.org

Ärztegesellschaft für Ozon-Anwendung in Prävention und Therapie e.V., Dr. Renate Viebahn-Hänsler Nordring 10, 76473 Iffezheim, E-Mail: infoozongesellschaft.de

Ärztegesellschaft für Präventionsmedizin und klassische Naturheilverfahren, Kneippärztebund e. V., Hahnenfeldstr. 21 a, 86825 Bad Wörishofen, Tel. 08247 90110, Fax 08247 90111, E-Mail: info@kneippaerztebund.de

Ärztegesellschaft Heilfasten & Ernährung e. V., Wilhelm-Beck-Str. 27, 88662 Überlingen, Tel. 0178 1395911, E-Mail: info@aerztegesellschaft-heilfasten.de

Association for Natural Medicine in Europe e. V. (ANME), Waldstr. 21, 61137 Schöneck, Tel. 06187 9928121, Fax 06187 9928074, E-Mail: office@anme-ngo.eu, Internet: www.anme-ngo.eu

Berufsverband der Ärzte für Naturheilverfahren Deutschlands e.V. (BAEN-D), Am Promenadenplatz 1, 72250 Freudenstadt, Tel. 07441 9185820, Fax 07441 9185822, E-Mail: info@baen-d.de

Berufsvereinigung für heilkundlich praktizierte Osteopathie e.V. (hpO), Schwanthalerstr. 5, 80336 München, Tel. 089 18956136, E-Mail: contact@hpo-osteopathie.de, Internet: www.hpo-osteopathie.de

Biochemischer Bund Deutschlands e.V., In der Kuhtrift 18, 41541 Dormagen, Tel. 02133 72003, Fax 02133 739138, E-Mail: mail@biochemie-online.net

Bund Klassischer Homöopathien Deutschlands e.V. (BKHD), Schrobenhausener Str. 8, 86554 Pöttmes, Tel. 033970 573488, Fax 033970 573489

Bundesverband Darmgesundheit und Colon-Hydro-Therapie e.V., Wilhelm-Leuschner-Str. 22, 55237 Flonheim, Tel. 0151 28062322, E-Mail: info@bcht.de

Bundesverband der naturheilkundlich tätigen Zahnärzte in Deutschland e.V., Postfach 30 02 71, 50772 Köln, Tel. 0221 3761005, Fax 0221 3761009, E-Mail: info@bnz.de

Bundesverband der Pharmazeutischen Industrie e.V., Friedrichstr. 148, 10117 Berlin, Tel. 030 279090, Fax 030 27909361, E-Mail: info@bpi.de

Bundesverband Patienten für Homöopathie e.V. (BPH), Am Eichenkamp 9, 33184 Altenbeken, E-Mail: info@bph-online.de

BVO Bundesverband Osteopathie, Markgrafenstr. 39, 95680 Bad Alexandersbad, Tel. 09232 881260, Fax 09232 8812620, E-Mail: info@bv-osteopathie.de, Internet: www.bv-osteopathie.de

Centrum für Kreative Homöopathie (CKH), Klingenweg 12, 63920 Großheubach, Tel. 09371 2059, E-Mail: info@ckh.de

Craniosacral Verband Deutschland e.V. (CSVD), Postfach 580639, 10415 Berlin, Tel. 030 86328584, E-Mail: info@cranioverband.org

Dachverband Anthroposophische Medizin in Deutschland (DAMiD) e.V., Kronenstr. 4, 10117 Berlin, Tel. 030 28877094, Fax 030 97893869, E-Mail: info@damid.de

Dachverband Geistiges Heilen e.V. für mehr Humanität im Gesundheitswesen (DGH), Boltensternstraße 157, 50735 Köln, Tel. 06043 519972, E-Mail: info@dgh-ev.de, Internet: www.dgh-ev.de

Deutsch-Amerikanische Gesellschaft für Chiropraktik e.V. (DAGC), Kitschburger Str. 236, 50933 Köln, Tel. 0221 9404439, Fax 0221 9404438, E-Mail: info@dagc.de

Deutsche Akademie für Chelat-Therapie e.V. (DACT), Frankfurter Str. 45, 63303 Dreieich, Tel. 06103 8700831, Fax 06103 9950140, E-Mail: office@chelat.biz

Deutsche Akademie für Homöopathie und Naturheilverfahren e. V. (DAHN), Kladower Damm 221, 14089 Berlin, Tel. 030 365011004, E-Mail: kontakt@dafim.info

Deutsche Akupunktur Gesellschaft (DGA), Gerhard-Schlegel-Sportschule, Priesterweg 4–6, 10829 Berlin, Tel. 0176 45295356, E-Mail: info@deutsche-akupunktur-gesellschaft.de

Deutsche Arbeitsgemeinschaft für Jugend- und Eheberatung e.V. (DAJEB), Neumarkter Str. 84c, 81673 München, Tel. 089 4361091, Fax 089 4311266, E-Mail: info@dajeb.de, Internet: www.dajeb.de

Deutsche Chiropraktoren-Gesellschaft e.V. (DCG), German Chiropractors' Association (GCA), Bardenbergerstr. 5, 52146 Würselen, Tel. 0176 23972480, E-Mail: buero@chiropraktik.de

Deutsche Gesellschaft für Akupunktur und Neuraltherapie e.V. (DGfAN), Mühlgasse 18b, 07356 Bad Lobenstein, Tel. 036651 55075, Fax 036651 55074, E-Mail: info@dgfan.de

Deutsche Gesellschaft für Alternative Medizin (DGAM), Großer Garten 4, 30938 Burgwedel, Tel. 05139 278101, E-Mail: info@dgam.de, Internet: www.dgam.de

Deutsche Gesellschaft für Angewandte Kinesiologie e.V. (DGAK), Am Fischerrain 1, 79199 Kirchzarten, Tel. 07661 980756, E-Mail: info@dgak.de

Deutsche Gesellschaft für Arbeitsmedizin und Umweltmedizin e.V. (DGAUM), Schwanthalerstr. 73b, 80336 München, Tel. 089 3303960, Fax 089 33039613, E-Mail: gs@dgaum.de

Deutsche Gesellschaft für Ayurveda e.V., Friedrichstr. 232, 10969 Berlin, Tel. 06541 5817, E-Mail: info@ayurveda-gesellschaft.de, Internet: www.ayurveda.de

Deutsche Gesellschaft für Chirotherapie und Osteopathie e. V. (DGCO), Pienzenauerstr. 14, 81679 München, Tel. 089 550522250, Fax 089 550522259, E-Mail: info@dgco.de

Deutsche Gesellschaft für Energie- und Informations-Medizin e.V. (DGEIM), Eugen-Bolz-Str. 42, 73525 Schwäbisch Gmünd, Tel. 07171 777079, E-Mail: info@dgeim.de

Deutsche Gesellschaft für Ernährung e.V., Godesberger Alle 136, 53175 Bonn, Tel. 0228 3776600, Fax 0228 3776800, E-Mail: webmaster@dge.de, Internet: www.dge.de

Deutsche Gesellschaft für Hyperthermie e.V. (DGHT), Infanterieweg 30b, 26129 Oldenburg, Tel. 0441 93654586, E-Mail: info@dght-ev.de

Deutsche Gesellschaft für Kardiologie – Herz- und Kreislaufforschung e.V. (German Cardiac Society), Grafenberger Allee 100, 40237 Düsseldorf, Tel. 0211 6006920, Fax 0211 60069210, E-Mail: info@dgk.org

Deutsche Gesellschaft für Kinderosteopathie e.V. (DGKO), Rabenberg 11, 22391 Hamburg, E-Mail: E-Mail: info@kinderosteopathen.de

Deutsche Gesellschaft für Klassische Homöopathie e.V., Saubsdorfer Str. 9, 86807 Buchloe, Tel. 08241 911680, Fax 08241 911702 (auch Schulsekretariat des Samuel-Hahnemann-Lehrinstituts in Heidelberg), E-Mail: info@dgkh-homoeopathie.de, Internet: www.dgh-homoeopathie.de

Deutsche Gesellschaft für Manuelle Medizin, Riedstr. 5, 88316 Isny-Neutrauchburg, Tel. 0 7562 97180, E-Mail: info@manuelle-mwe.de

Deutsche Gesellschaft für Mesotherapie e.V. (DGM), Amalienstr. 91, 80799 München, Tel. 0151 29030846, Fax 08641 696187, E-Mail info@mesotherapie.org

Deutsche Gesellschaft für Naturheilkunde e.V., Am Deimelsberg 34a, 45276 Essen, Tel. 0201 17425003, Fax 0201 17425000, E-Mail: info@gesellschaftnaturheilkunde.de

Deutsche Gesellschaft für Onkologie e.V., Rosenheimerstr. 6–8, 83043 Bad Aiblingen, Tel. 08061 398208, Fax 08061 398207, E-Mail: info@dgo.de, Internet: www.dgo.de

Deutsche Gesellschaft für Osteopathische Medizin e.V. (DGOM), Goethestr. 18, 68161 Mannheim, Tel. 0621 43630268, Fax.: 0621 43630269, E-Mail: kontakt@dgom.info

Deutsche Gesellschaft für Systemaufstellungen e.V. (DGfS), Von-Beckerath-Platz 7, 47799 Krefeld, Tel. 02151 6563128, Fax 02151 6566147, Internet: dgfs@systemaufstellung.com

Deutsche Gesellschaft minimalinvasiver Medizin für Ästhetik und Schmerz e.V. (DGMAS), Neusserstr. 265, 50733 Köln, Tel. 0221 37050611, Fax 0221 37050601, E-Mail: info@dgmas.de

Deutsche Medizinische Arbeitsgemeinschaft für Herd-, Regulations- und Matrixforschung e.V. (DAH), Katernberger Str. 76, 42115 Wuppertal, Tel. 0221 3406130, Fax 0221 3406132, E-Mail: info@dah-online.de

Deutsche Ophthalmologische Gesellschaft e.V. (DOG), Platenstr. 1, 80336 München, Tel. 089 55057680, Fax 089 550576811, E-Mail: geschaeftsstelle@dog.org

Deutsche Ärztegesellschaft für Akupunktur e.V., Würmtalstr. 54, 81375 München, Tel. 089 7100511, Fax 089 7100525, E-Mail: fz@daegfa.de

Deutsche Ärztegesellschaft für autologe Therapien e.V. (DAEGAT), Rheinstr. 7d, 76337 Waldbronn, Tel. 07243 66022, Fax 07243 65949

Deutsche Ärztegesellschaft für Ayurveda-Medizin e.V. (DÄGAM), Königstr. 63, 14109 Berlin-Wannsee, Fax 030 80505692, E-Mail: office@daegam.de

Deutscher Dachverband für Psychotherapie e.V. (DVP), Westenfelder Str. 202c, 44867 Bochum, Tel. 02327 3696540, E-Mail: office@dvp-ev.de

Deutscher Heilstollenverband e.V., Marktplatz 3, 75387 Neubulach, Tel. 07053 969555, Fax 07053 70536416, E-Mail: info@deutscher-heilstollenverband.de

Deutscher Medical Wellness Verband e.V., Heideläuferweg 75a, 12353 Berlin, Tel. 030 63419445, Fax 030 94873079, E-Mail: kontakt@dmwv.de

Deutscher Naturheilbund e.V. (DNB), Schloss Bauschlott, Am Anger 70, 75245 Neulingen, Tel. 07237 4848799, Fax 07237 4848798, E-Mail: info@naturheilbund.de

Deutscher Verband für Wechseljahresberatung e.V. (DVW), Lietzenburger Str. 107, 10707 Berlin, Tel. 0176 83744151, E-Mail: kontakt@dv-wechseljahreberatung.de

Deutscher Zentralverein homöopathischer Ärzte e.V. (DZVhÄ), Binzstr. 51, 13189 Berlin, Tel. 030 32597340, Fax 030 325973419, E-Mail: info@dzvhae.de

Deutsches Kompetenzzentrum Gesundheitsförderung und Diätetik e.V. (DKGD), Heckenstr. 36, 38226 Salzgitter-Lebenstedt, Tel. 0173 8530938, E-Mail: info@dkgd.de

Europäische Gesellschaft für Angewandte Immunologie e.V. (EGAI), Nordhäuserstr. 20, 37115 Duderstadt, E-Mail: r.zirbel@yahoo.de

Europäische Gesellschaft für Klinische Umweltmedizin e. V. (EGKU), Siemensstr. 26a, 12247 Berlin, Tel. 030 76904521, Fax 030 76904522, E-Mail: info@egku.eu

Europäische Heilpraktiker-Gesellschaft für Biokybernetische Medizin und verwandte Verfahren e.V., Im Tonrevier 27, 53347 Alfter, Tel. 0228 20726192, E-Mail: kontakt@ehpgbm.de

Europäischer Naturheilbund e.V. (ENB), Christophallee 21, 75177 Pforzheim, Tel. 07231 3140 81, E-Mail: info@naturheilbund-europa.de

Europäisches Shiatsu-Institut (ESI), Freystr. 4, 80802 München, Tel: 089 348673, E-Mail: esi-muenchen@shiatsu.de. Internet: shiatsu.de

Fachakademie für klinische & komplementäre Onkologie Deutscher Heilpraktiker (FAKODH), Frankfurter Str. 45, 63303 Dreieich, Tel. 06103 311310, Fax 06103 9950140, E-Mail: fakodh-buero@gmx.de

Fachgesellschaft für Komplexhomöopathie e.V. (FAKOM), Murgstr. 2–6, 68167 Mannheim, E-Mail: info@fakom.de, Internet: www.fakom.de

Fachverein für Traditionelle Europäische Medizin (TEM), Josefstädterstr. 5, A-1080 Wien, Tel. +43 699 14081404, E-Mail: office@tem-fachverein.com

Felke Institut e.K., Benzstr. 8, 70839 Gerlingen, Tel. 07156 927744, E-Mail: info@felke-institut.de

Forum Orthomolekulare Medizin in Prävention und Therapie e.V., Elvirastr. 29, 80636 München, Tel. 05224 994677, Fax 05224 994678, E-Mail: info@fom-online.de

Gesellschaft für angewandte Vitaminforschung e. V. (GVF), Dornburger Str. 25, 07743 Jena, E-Mail: info@vitaminforschung.org

Gesellschaft für BioEnergetische System-Diagnose/-Therapie e.V. (BESDT), Fachverband für Elektroakupunktur nach Voll, Hauptstr. 20, 77736 Zell am Harmersbach, Tel. 07835 6312277, E-Mail: info@besdt.de

Gesellschaft für Biofaktoren e.V. (GfB), Waldenbucher Weg 29/1, 72141 Walddorfhäslach, Tel. 07127 810608, E-Mail: daniela.birkelbach@gf-biofaktoren.de

Gesellschaft für Biologische Krebsabwehr e.V. (GfBK), Voßstr. 3, 69115 Heidelberg, Tel. 06221 138020, Fax, 06221 1380220, E-Mail: information@biokrebs.de, Internet: www.biokrebs.de

Gesellschaft für Evolutionäre Medizin und Gesundheit e.V. (EMG), Robert-Koch-Str. 10, 97422 Schweinfurt, E-Mail: info@gesellschaft-emg.com

Gesellschaft für Ganzheitliche Tiermedizin e.V. (GGTM), Mooswaldstr. 7, 79227 Schallstadt, Tel. 07664 40363810, Fax 07664 40363888, E-Mail: info@ggtm.de

Gesellschaft für manuelle Lymphdrainage nach Dr. Vodder und lymphologischen Therapien, Alleestr. 30, A-6344 Walchsee / Kaiserwinkl / Tirol, Tel. +43 5374 5245, Fax +43 5374 52454, E-Mail: m.kapfinger@wittlinger-therapiezentrum.com , Internet: www.gfmlv.at Gesellschaft für Medizinalpilz- und Apitherapie e.V., Am Dornfeld 12, 92442 Wackersdorf, Tel. 09431 742777, E-Mail: info@medizinalpilze.de

Gesellschaft für Ozon- und Sauerstoff-Anwendungen in Medizin und Technik e.V., Rheinstr. 7, 76337 Waldbronn, Tel. 07243 66022, Fax 07243 65949, E-Mail: gos@hsauer.de

Gesellschaft für Phytotherapie e.V. (GPT), Plittersdorfer Str. 218, 53173 Bonn, Tel. 0228 365640, Fax 028 351390, E-Mail: info@phytotherapie.de

Gesellschaft für Shiatsu in Deutschland e.V. (GSD), Eimsbütteler Str. 53–55, 22769 Hamburg, Tel. 040 85506736, Fax 040 85506737. E-Mail: info@shiatsu-gsd.de, Internet: www.shiatsu-gsd.de

Gesellschaft für Spagyrik e.V., Schmiedstr. 2, 82054 Sauerlach, Tel. 08104 8889889, Fax 08104 646317, E-Mail: info@spagyrik-gesellschaft.de

Gesellschaft für Vitalpilzkunde, Unterfeldstr. 15, 86405 Meitingen, Tel. 0821 90786322, E-Mail: info@vitalpilze.de

Gesellschaft zur Förderung der Heilpraktiker – Aus- und Fortbildung e.V., Alte Bahnhofstr. 26, 31515 Wunstorf, Tel. 05031 9778236, Fax 05031 9778906, E-Mail: post@rehberg-schule.de

Heilpraktikergesellschaft für Ozontherapie e.V. (HPGO3), Am Stadtgarten 2, 45883 Gelsenkirchen, Tel. 0209 42158; E-Mail: praxis@kaemper.info

Homöopathie Forum e.V., Reismühler Str. 4, 82131 Gauting, Tel. 089 89404240, E-Mail: info@homoepathie-forum.de, Internet: www.homoeopathie-forum.de

INFOMED Institut für Ganzheitsmedizin e.V., Melusinenstr. 8, 81671 München. Tel. 089 49053045, Fax 089 40908129, E-Mail: info@institut-ganzheitsmedizin.de, Internet: www.institut-ganzheitsmedizin.de

Institut für Humanistische Psychologie e.V. (IHP), (Gestalttherapie, Orientierungsanalyse, Supervision), Schubbendenweg 4, 52249 Eschweiler, Tel. 02403 4726, Fax 02403 20447, E-Mail: office@ihp.de, Internet: www ihp.de

Institut für Bachblütentherapie (Mechthild Scheffer), Pfeilgasse 29/14, A-1080 Wien, Tel. +43 1533 8640, E-Mail: info@bach-bluetentherapie.com

International Mitochondrial Medicine Association (IMMA), Am Wingertsberg 3b, 61348 Bad Homburg, Fax 06172 8 560562, E-Mail: info@imma-org.de

Internationale Gesellschaft für Ganzheitliche Zahnmedizin e.V. (GZM), Kloppenheimer Str. 10, 68239 Mannheim, Tel. 0621 4824300, Fax 0621 473949, E-Mail: info@gzm-org.de, Internet: www.gzm.org

Internationale Gesellschaft für Natur- und Kulturheilkunde e.V., Hohenzollernstr. 12, 14163 Berlin, Tel. 030 80584505, Fax 030 81054188, E-Mail: info@ignk.de

Internationale medizinische Gesellschaft für Neuraltherapie nach Huneke Regulationstherapie e.V. (IGNH), Am Promenadenplatz 1, 72250 Freudenstadt, Tel. 07441 91858-0, E-Mail: mail@ignh.de, Internet: ignh.de

Internationale Ärztegesellschaft für Bioinformationstherapie e. V., Sohlander Str. 13, 02689 Sohland an der Spree, E-Mail: info@aerztegesellschaft-bioinformationstherapie.de

Internationale Ärztegesellschaft für funktionelle Proteomik e.V. (IÄfP), Hauptstr. 75 a, 55481 Kirchberg, Tel. 06763 303290, Fax 06763 3032915, E-Mail: info@protein-docs.de

Internationaler Lehrerverband für Reflexzonentherapie am Fuß, Schule Hanne Marquardt e.V., Schwalbenweg 11, 87484 Nesselwang/Allgäu, Tel. 08361 3753, E-Mail: heidi-ebentheur@t-online.de

Karl und Veronica Carstens-Stiftung, Am Deimelsberg 36, 45276 Essen, Tel. 0201 5630550, Fax 0201 5630530, E-Mail: info@carstens-stiftung.de, Internet: www.carstens-stiftung.de

Kneipp-Bund e.V., Adolf-Scholz-Allee 6, 86825 Bad Wörishofen, Tel. 08247 3002102, E-Mail: info@kneippbund.de

Medizinische Gesellschaft für Qigong Yangsheng e.V., Colmantstr. 9, 53115 Bonn, Tel. 0228 696004, E-Mail: info@qigong-yangsheng.de

Naturärzte Vereinigung Schweiz (NVS), Schützenstr. 42, CH-9100 Herisau, Tel. +41 71 3539058, E-Mail: nvs@nvs.swiss

Natura naturans, Arbeitsgemeinschaft für Traditionelle Abendländische Medizin, Angerfeldstr. 10a, 82205 Gilching, Tel. 089 2725902, Fax 089 27349566, E-Mail info@natura-naturans.de, Internet: www.natura-naturans.de

Natur und Medizin e.V., Am Deimelsberg 36, 45276 Essen, Tel. 0201 5630570, E-Mail: info@naturundmedizin.de

Quellen des Lebens e. V., Volkartstr. 6, 80637 München, Tel. 089 14903431, Fax: 089 15704043, E-Mail: info@quellen-des-lebens.com

SMS – Internationale Gesellschaft für Chinesische Medizin e.V., Franz-Joseph-Str. 38, 80801 München, Tel. 089 20083691, E-Mail: sms@tcm.edu

Stiftung Homöopathie Zertifikat (SHZ), Frauengraben 24, 89073 Ulm, Tel. 0731 40772277, Fax 0731 40772240, E-Mail: info@homoeopathie-zertifikat.de, Internet: www.homoeopathie-zertifikat.de

Tierheilpraktiker Verband Schweiz, Grünhaldenstr. 6, CH-8050 Zürich, Tel. +41 4396 02000, Fax +41 4396 09015, E-Mail: info@tierheilpraktiker-verband.ch

Verband der Naturheilkunde Österreich (VNKÖ), Widerinstraße 5, A-3100 St. Pölten, Tel. +43 677 62056169, E-Mail: info@vnkoe.org

Verband der Osteopathen Deutschland e.V. (VOD), Wilhelmstr. 42, 65183 Wiesbaden, Tel. 0611 58089750, E-Mail: info@osteopathie.de, Internet: www.osteopathie.de

Verband Deutscher Kunsttherapeuten n.e.V. (VDKT), Waldweg 11, 29336 Nienhagen, Tel. 05085 9560104, Fax 05085 9560102, E-Mail: mail@vdkt.org, Internet: www.vdkt.org

Verband Deutscher Tierheilpraktiker e.V. (VDT), Pastor-Klein-Str. 17 e, 56073 Koblenz, Tel. 0261 13495200, E-Mail: info@tierheilpraktiker.de

Verband Europäischer Ayurveda-Mediziner & -Therapeuten e.V. (VEAT), An der Falkenwiese 9, 85128 Nassenfels, Tel. 08424 885758, E-Mail: veat@ayurveda-verband.eu

Verband Freier Osteopathen e.V., Barmbeker Str. 8, 22303 Hamburg, Tel. 089 244151460, E-Mail: info@vfo.de

Verband Freier Psychotherapeuten, Heilpraktiker für Psychotherapie und Psychologischer Berater e.V. (VFP), Friedrich-Ludwig-Jahn-Str. 14, 31582 Nienburg/Weser, Tel. 05021 8650320, E-Mail: service@vfp.de

Verband für Unabhängige Gesundheitsberatung e. V (UGB), Friedrich-List-Str. 21, 35398 Gießen, Tel. 0641 808960, Fax 0641 8089650, E-Mail: info@ugb.de

Verband klassischer Homöopathen Deutschlands e.V. (VKHD), Frauengraben 24, 89073 Ulm, Tel. 0731 4077220, Fax 0731 40772240, E-Mail: info@vkhd.de

Verband Netzwerk Heilpraktiker für aesthetische Medizin (NHAeM), Alt-Eschersheim 79, 60433 Frankfurt am Main, Tel. 069 96869809, E-Mail: info@degeuk.org

Vereinigung zur Förderung der Schwingungsmedizin e.V. (VFS), Schönefeldstr. 12, 57368 Lennestadt, Tel. 02721 9497975, Fax 02721/9539240, E-mail: kontakt@vereinigung-schwingungsmedizin.de

Verein zur Förderung der Augenheilkunde in Düsseldorf e.V., Kalkstr. 43, 40489 Düsseldorf, Tel. 0211 4790135, E-Mail: info@augenverein-duesseldorf.de

Wissenschaftliche Gesellschaft für Homöopathie e.V. (WissHom), Wallstr. 48, 06366 Köthen, Tel. 03496 3033596, Fax 03496 3033597, E-Mail: info@wisshom.de

Zentralverband der Ärzte für Naturheilverfahren und Regulationsmedizin e.V. (ZAEN), Am Promenadenplatz 1, 72250 Freudenstadt, Tel. 07441 918580, Fax 07441 9185822, E-Mail: info@zaen.org

Behörden, (berufs-)politische Institute und Organisationen

Arzneimittel-Kommission der deutschen Heilpraktiker (AMK), Maarweg 10, 53123 Bonn, Tel. 0228 96289900, Fax 0228 96289901, E-Mail: amk@amk-heilpraktiker.de

Berufsgenossenschaft für Gesundheitsdienst und Wohlfahrtspflege (BGW), Pappelallee 33/35/37, 22089 Hamburg, Tel. 040 202070, Fax 040 202072495, E-Mail: webmaster@bgw-online.de

Bundesinstitut für Arzneimittel und Medizinprodukte (BfArM), Kurt-Georg-Kiesinger-Allee 3, 53175 Bonn, Tel. 0228 993070, Fax 0228 993075207, E-Mail: poststelle@bfarm.de

Bundesinstitut für Arzneimittel und Medizinprodukte (BfArM), Waisenhausgasse 36–38a, 50676 Köln, Tel. 0228 993070, Fax 0228 993075207, E-Mail: poststelle@bfarm.de, Internet: www.bfarm.de

Bundesinstitut für Öffentliche Gesundheit (BIÖG), Maarweg 149–161, 50825 Köln, Tel. 0221 89920, Fax 0221 8992300, E-Mail: poststelle@bioeg.de , Internet: www.bioeg.de

Deutsche Gesellschaft für Hygiene und Mikrobiologie e.V. (DGHM), Medizinische Hochschule Hannover, Carl-Neuberg-Str. 1, 30625 Hannover, Tel. 0511 80096414, E-Mail: office@dghm.de, Internet: www.dghmorg.de

Paul-Ehrlich-Institut, Bundesinstitut für Impfstoffe und biomedizinische Arzneimittel, Paul-Ehrlich-Str. 51–59, 63225 Langen, Tel. 06103 770, Fax 06103 771234, E-Mail pei@pei.de, www.pei.de

Robert-Koch-Institut (RKI), Nordufer 20, 13353 Berlin, Tel. 030 187540, Fax 030 187542328

Gesundheitsbehörden der Bundesländer

Berlin: Senatsverwaltung für Wissenschaft, Gesundheit und Pflege, Oranienstr. 106, 10969 Berlin, Tel. 030 90280, Fax 030 90283102, E-Mail: pressestelle@senwgp.berlin.de, Internet: www.berlin.de

Brandenburg: Ministerium für Gesundheit und Soziales des Landes Brandenburg, Haus S, Henning-von-Tresckow-Str. 2–13, 14467 Potsdam, Tel. 0331 8660, Fax 0331 8665108, E-Mail: poststelle@mgs.brandenburg.de, Internet: www.mgs.brandenburg.de

Bundesministerium für Gesundheit (BMG), Rochusstr. 1, 53123 Bonn, Tel. 030 184410, Internet: www.bundesgesundheitsministerium.de

Freie und Hansestadt Hamburg: Behörde für Arbeit, Soziales und Integration, Hamburger Str. 47, 20148 Hamburg, Tel. 040 428630, Fax 040 427963030, E-Mail: poststelle@soziales.hamburg.de, Internet: www.hamburg.de/sozialbehoerde

Freistaat Bayern: Bayerisches Staatsministerium für Familie, Arbeit und Soziales, Winzererstr. 9, 80797 München, Tel. 089 126101, Fax 089 12611122, E-Mail: poststelle@stmas.bayern.de, Internet: www.stmas.bayern.de

Freistaat Sachsen: Staatsministerium für Soziales, Gesundheit und Gesellschaftlichen Zusammenhalt, Albertstr. 10, 01097 Dresden, Tel. 0351 5640, Fax 0351 56455060, E-Mail: poststelle@sms.sachsen.de

Freistaat Thüringen: Ministerium für Soziales, Gesundheit, Arbeit und Familie, Werner-Seelenbinder-Str. 6, 99096 Erfurt, Tel. 0361 573811000, Fax 0361 573811800, E-Mail: poststelle@tmsgaf.thueringen.de, Internet: www.tmasgff.de

Hansestadt Bremen: Die Senatorin für Arbeit, Soziales, Jugend und Integration, Bahnhofsplatz 29, 28195 Bremen, E-Mail: office@soziales.bremen.de, Internet: www.soziales.bremen.de

Hessen: Ministerium für Arbeit, Integration, Jugend und Soziales, Sonnenberger Str. 2/2a, 65193 Wiesbaden, Tel. 0611 32190, Fax 0611 327193700, E-Mail: poststelle@hsm-hessen.de

Mecklenburg-Vorpommern: Ministerium für Soziales, Gesundheit und Sport Mecklenburg-Vorpommern, Werderstr. 124, 19055 Schwerin, Tel. 0385 5880, Fax 0385 58819700, E-Mail: poststelle@sm.mv-regierung.de, Internet: www.regierung-mv.de

Niedersachsen: Niedersächsisches Ministerium für Soziales, Arbeit, Gesundheit und Gleichstellung, Hannah-Arendt-Platz 2, 30159 Hannover, Tel. 0511 1200, Fax 0511 1204296, E-Mail: poststelle@ms.niedersachsen.de, Internet: www.ms.niedersachsen.de

Rheinland-Pfalz: Ministerium für Arbeit, Soziales, Transformation und Digitalisierung des Landes Rheinland-Pfalz, Bauhofstr. 9, 55116 Mainz, Tel. 06131 162027, Fax 06131 162452, E-Mail: poststelle@mastd.rlp.de, Internet: www. mastd.rlp.de

Saarland: Ministerium für Arbeit, Soziales, Frauen und Gesundheit, Mainzer Str. 34, 66111 Saarbrücken, Tel. 0681 5013919, E-Mail: presse@soziales.saarland.de, Internet: www.saarland.de

Sachsen-Anhalt: Ministerium für Arbeit, Soziales, Gesundheit und Gleichstellung, Turmschanzenstr. 25, 39114 Magdeburg, Tel. 0391 5674612, E-Mail: ms-presse@ms.sachsen-anhalt.de, Internet: www.ms.sachsen-anhalt.de

Schleswig-Holstein:Ministerium für Soziales, Jugend, Familie, Senioren, Integration und Gleichstellung, Adolf-Westphal-Str. 4, 24143 Kiel, Tel. 0431 9880, Fax 0431 9885416, E-Mail: poststelle@sozmi.landsh.de, Internet: www.schleswig-holstein.de

Staatsministerium Baden-Württemberg, Richard-Wagner-Str. 15, 70184 Stuttgart, Tel. 0711 21530, Fax 0711 2153340, E-Mail: pressestelle@stm.bwl.de

Naturheilkundliche Selbsthilfegruppen und patientenorientierte Interessenverbände – Koordinationsstellen (für D, A, CH)

Deutschland

Nationale Kontakt- und Informationsstelle für Selbsthilfe (NAKOS), Otto-Suhr-Allee 115, 10585 Berlin, Tel. 030 31018980, Fax 030 31018970, E-Mail: selbsthilfe@nakos.de, Internet: www.nakos.de

Über NAKOS kann ein Adressverzeichnis regionaler und lokaler Selbsthilfegruppen und -vereinigungen bestellt werden.

Österreich

Fonds Gesundes Österreich (FGÖ), Aspernbrückengasse 2, A-1020 Wien, Tel. +43 1895 0400, Fax +43 1895 040020, E-Mail: fgoe@goeg.at, Internet: www.fgoe.org

Nationale Kontaktstelle für Selbsthilfevereinigungen in Österreich. Eine Broschüre mit Adressen regionaler und lokaler Selbsthilfevereinigungen kann über SIGIS bestellt werden.

Gruppen und Interessenverbände auf Bundesebene

Aktionskomitee Kind im Krankenhaus-Bundesverband e.V. (AKIK),Theobald-Christ Str 10, 60316 Frankfurt am Main, Tel. 0172 7843670, E-Mail: info@akik.de

Aktionskreis für Ess- und Magersucht Cinderella e.V., Gaßnerstr. 17, 80639 München Tel. 089 5021212, Fax 089 5022575, E-Mail: info@cinderella-beratung.de

Alopecia Areata Deutschland e.V. (AAD), Nordstr. 1, 47798 Krefeld, Tel. 02151 786006, Fax 02151 6535453, E-Mail: info@kreisrunderhaarausfall.de, Internet: www.kreisrunderhaarausfall.de

ANAD® Versorgungszentrum Essstörungen des AWO Bezirksverbands Oberbayern e.V., Poccistr. 5, 80336 München, Tel. 089 2199730, Fax 089 21997323, E-Mail: anad-info@awo-obb.de, Internet: www.anad.de

Anonyme Alkoholiker – Interessengemeinschaft e.V., Frankfurter Allee 40, 10247 Berlin, Tel. 030 20629820, E-Mail: aa-kontakt@anonyme-alkoholiker.de, Internet: www.anonyme-alkoholiker.de

Arbeitsgemeinschaft Allergiekrankes Kind (AAK), Hilfen für Kinder mit Asthma, Ekzem (Neurodermitis) oder Heuschnupfen e.V., Augustastr. 20, 35745 Herborn. Tel. 02772 92870, E-Mail: koordination@aak.de, Internet: www.aak.de

Arbeitsgemeinschaft Ethnologie und Medizin (AGEM), Institut für Ethnologie und Kulturwissenschaft, Enrique-Schmidt-Str. 7, 28359 Bremen, E-Mail: info@agem.de

Arbeitsgemeinschaft für Chiropraktik/Osteopathie und Neuraltherapie Deutscher Heilpraktiker e.V. (ACON), Im Lipperfeld 33, 46047 Oberhausen, Tel. 0208 69801021, E-Mail: info@acon-ev.de

Arbeitsgemeinschaft für Klassische Akupunktur und Traditionelle Chinesische Medizin e.V. (AGTCM), Halfmannstr. 6, 44143 Dortmund, Tel. 0231 98343999, E-Mail: sekretariat@agtcm.de

Arbeitsgemeinschaft für Klassische Akupunktur und Traditionelle Chinesische Medizin e.V., Sekretariat: Michael van Gorkom, Wisbacherstr. 1, 83435 Bad Reichenhall, Tel. 08651 7640076, E-Mail: vangorkom@agtcm-therapeut.de

Arbeitskreis für Augendiagnose und Phänomenologie Josef Angerer e.V., Kaiserstr. 51, 80801 München, Tel. 089 90547048, E-Mail: info@ak-augendiagnose.de

Arbeitskreis Down-Syndrom Deutschland e.V., Gadderbaumer Str. 28, 33602 Bielefeld, Tel. 0521 442998, E-Mail: ak@down-syndrom.org, Internet: www. down-syndrom.org

Arbeitskreis für Ernährungsforschung e. V., Niddastr. 14, 61118 Bad Vilbel, Tel. 06101 521875, E-Mail: info@ak-ernaehrung.de

Arbeitskreis für Mikrobiologische Therapie e. V., Im Enger 1, 35767 Breitscheid, Tel. 02777 912337

Atemwegsliga e. V. (Patienten mit Atemwegserkrankungen), Raiffeisenstr. 38, 33175 Bad Lippspringe, Tel. 05252 933615, Fax 05252 933616, E-Mail: kontakt@atemwegsliga.de, Internet: www.atemwegsliga.de

autismus Deutschland e. V., Bundesverband zur Förderung von Menschen mit Autismus, Rothenbaumchaussee 15, 20148 Hamburg, Tel. 040 5115604, Fax 040 5110813, E-Mail: info@autismus.de, Internet: www.autismus.de

Blaues Kreuz in Deutschland e. V. (BKD), Schubertstr. 41, 42289 Wuppertal, Tel. 0202 620030, Fax 0202 6200381, E-Mail: bkd@blaues-kreuz.de, Internet: www.blaues-kreuz.de
Bund diabetischer Kinder und Jugendlicher e. V. (BdKJ), Fackelstr. 24, 67655 Kaiserslautern, Tel. 0631 76488, E-Mail: kontakt@mein-bdkj.de, Internet: www.mein-bdkj.de

Borderline - Netzwerk e.V., Postfach 33 05 68, 80065 München, E-Mail: vorstand@borderline-netzwerk.info

Bundesarbeitsgemeinschaft Osteopathie e.V. (BAO), Römergasse 9, 65199 Wiesbaden, Tel. 0611 3418858, Fax 0611-3419073, E-Mail: info@bao-osteopathie.de

Bundesselbsthilfeverband für Osteoporose e. V., Kirchfeldstr. 149, 40215 Düsseldorf, Tel. 0211 3013140, Fax 0211 30131410, E-Mail: info@osteoporose-deutschland.de

Bundesverband der Angehörigen psychisch Kranker e. V., Oppelner Str. 130, 53119 Bonn, Tel. 0228 71002400, Fax 0228 71002429, E-Mail: kontakt@bapk.de, Internet: www.bapk.de

Bundesverband Psychiatrie-Erfahrener e.V., Herner Straße 406, 44807 Bochum, Tel. 0234 91790731, Fax 0234 6405103, E-Mail: kontakt-info@bpe-online.de, Internet: www.bpe-online.de

Bundesverband Deutsche Schmerzhilfe e. V., Rüdiger Fabian, Sietwende 20, 21720 Grünendeich, Tel. 04142 8104-24, Fax 04142 8104-35, E-Mail: info@schmerzhilfe.de

Bundesverband für körper- und mehrfachbehinderte Menschen e.V. (bvkm), Brehmstr. 5–7, 40239 Düsseldorf, Tel. 0211 64004-0, Fax 0211 64004-20, E-Mail: info@bvkm.de, Internet: www.bvkm.de

Bundesverband für Rehabilitation der Aphasiker e. V., Klosterstr. 14, 97084 Würzburg, Tel. 0931 2501300, Fax 0931 25013039, E-Mail: info@aphasiker.de

Bundesverband Neurodermitis e. V., Heerstr. 189–191, 56154 Boppard, Tel. 06742 87130, Fax 06742 871320, E-Mail: info@neurodermitis.net, Internet: www.neurodermitis.net

Bundesverband Selbsthilfe Körperbehinderter e. V., Altkrautheimer Str. 20, 74238 Krautheim, Tel. 06294 42810, Fax 06294 428179, E-Mail: info@bsk-ev.org, Internet: www.bsk-ev.org

Bundesverband Skoliose Selbsthilfe e. V. – Interessengemeinschaft für Wirbelsäulengeschädigte, Siegburger Str. 1 a, 51491 Overarth, Tel. 02206 9047956, E-Mail: verwaltung@bundesverband-skoliose.de

Bundesvereinigung Stottern & Selbsthilfe e. V., Koordinierungs-und Beratungsstelle, Zülpicher Str. 58, 50674 Köln, Tel. 0221 1391-106, -107, Fax 0221 1391-370, E-Mail: info@bvss.de, Internet: www.bvss.de

COPD - Deutschland e. V., Landwehrstr. 54, 47119 Duisburg, Tel. 0203 7188742, E-Mail: verein@copd-deutschland.de

Dachverband Gemeindepsychiatrie e. V., Richartzstr. 12, 50667 Köln, Tel. 0221 27793870, Fax 0221 27793877, E-Mail: dachverband@dvgp.org, Internet: www.psychiatrie.de/dachverband

Deutsche AIDS-Hilfe e. V., Wilhelmstr. 138, 10963 Berlin, Tel. 030 6900870, Fax 030 69008742, E-Mail: dah@aidshilfe.de, Internet: www.aidshilfe.de

Deutsche Alzheimer Gesellschaft e. V., Keithstr. 41, 10787 Berlin, Tel. 030 25937950, Fax 030 259379529, E-Mail: info@deutsche-alzheimer.de, Internet: www.deutsche-alzheimer.de

Deutsche Arthrosehilfe e. V., Neue-Welt-Str. 4–6, 66740 Saarlouis, Tel. 06831 946677, Fax 06831 946678 , E-Mail: service@arthrose.de, Internet: www.arthrose.de

Deutsche Fibromyalgie-Vereinigung e. V., Waidachshofer Str. 25, 74743 Seckach, Tel. 06292 928758, Fax 06292 928761, E-Mail: info@fibromyalgie-fms.de

Deutsche Gesellschaft der Hörbehinderten – Selbsthilfe und Fachverbände e. V., Schwanthalerstr. 76 / Rgb., 80336 München, E-Mail: info@deutsche-gesellschaft.de, Internet: www.deutsche-gesellschaft.de

Deutsche Gesellschaft für Muskelkranke e. V. (DGM), Bundesgeschäftsstelle, Im Moos 4, 79112 Freiburg im Breisgau, Tel. 07665 9447-0, Fax 07665 9447-20, E-Mail: info@dgm.org, Internet: www.dgm.org

Deutsche Gesellschaft für Suizidprävention (DGS), Klinik für Psychiatrie und Psychotherapie am Universitätsklinikum Jena, Philosophenweg 3, 07743 Jena, Tel. 03641 9390400, E-Mail: dgs.gf@suizidprophylaxe.de

Deutsche Gesellschaft Venen e. V., Generalsekretariat Dr.-Carlo-Schmid-Str. 186, 90491 Nürnberg, Tel. 0911 5988600, Fax 0911 591219, E-Mail: info@dgvenen.de

Deutsche Hauptstelle für Suchtfragen e.V. (DHS), Westenwall 4, 59065 Hamm, Tel. 02381 90150, Fax 02381 901530, E-Mail: info@dhs.de

Deutsche Herzstiftung e. V., Bockenheimer Landstr. 94–96, 60323 Frankfurt am Main, Tel. 069 9551280, Fax 069 955128313, E-Mail: info@herzstiftung.de, Internet: www.herzstiftung.de

Deutsche Ileostomie-Colostomie-Urostomie-Vereinigung e. V. (ILCO), Thomas-Mann-Str. 40, 53111 Bonn, Tel. 0228 33889450, E-Mail: info@ilco.de

Deutsche Kontinenz Gesellschaft e. V., Friedrichstr. 15, 60323 Frankfurt, Tel. 069 79588393, Fax 069 79588383, E-Mail: info@kontinenz-gesellschaft.de, Internet: www.kontinenz-gesellschaft.de

Deutsche Krebsgesellschaft e. V., Kuno-Fischer-Str. 8, 14057 Berlin, Tel. 030 32293290, Fax 030 322932966, E-Mail: service@krebsgesellschaft.de, Internet: www.krebsgesellschaft.de

Deutsche Leberhilfe e. V., Kieler Str 100, 50935 Köln, Tel. 0221 28299-80, Fax 0221 28 299-81, E-Mail: info@leberhilfe.org, Internet: www.leberhilfe.org Deutsche Leukämie-Forschungs-Hilfe (DLFH) – Aktion für krebskranke Kinder – Ortsverband Mannheim e.V.), Gemeinnütziger und mildtätiger Verein, Jakob-Trumpfheller-Str. 14, 68167 Mannheim, Tel. 0621 3382133, Fax 0621 3382134, E-Mail: info@krebskranke-kinder.de, Internet: www.krebskranke-kinder.de

Deutsche Hochdruckliga e.V. DHL® (Deutsche Gesellschaft für Hypertonie und Prävention), Berliner Str. 46, 69120 Heidelberg, Tel. 06221 588550, Fax 06221 5885525, E-Mail: info@hochdruckliga.de, Internet: www.hochdruckliga.de

Deutsche Morbus Crohn/Colitis ulcerosa Vereinigung, Bundesverband für chronisch entzündliche Erkrankungen des Verdauungstraktes e.V. (DCCV), Inselstr. 1, 10179 Berlin, Tel. 030 20003920, Fax 030 200039287, Email: info@dccv.de

Deutsche Multiple Sklerose Gesellschaft e. V. (DMSG), Bundesverband, Krausenstr. 50, 30171 Hannover, Tel. 0511 96834-0, Fax 0511 96834-50, E-Mail: dmsg@dmsg.de, Internet: www.dmsg.de

Deutsche Parkinson Vereinigung e.V. (DPV), Bundesverband, Moselstr. 31, 41464 Neuss, Tel. 02131 740270, Fax 02131 45445, E-Mail: kontakt@dpv-bundesverband.de

Deutsche Rheuma-Liga e. V., Bundesverband, Welschnonnenstr. 7, 53111 Bonn, Tel. 0228 766060, Fax 0228 7660620, E-Mail: bv@rheuma-liga.de, Internet: www.rheuma-liga.de

Deutsche Sarkoidose-Vereinigung e.V., Postfach 3043, 40650 Meerbusch, Tel. 02159 815300, Fax 02159 8153019, E-Mail sarkoidose@sarkoidose.de, Internet: www.sarkoidose.de

Deutsche Selbsthilfe Angeborene Immundefekte e.V. (DSAI), Hochschatzen 5, 83530 Schnaitsee, Tel. 08074 8164, Fax 08074 9734, E-Mail: info@dsai.de Deutsche Tinnitus-Liga e.V., Am Lohsiepen 18, 42369 Wuppertal, Tel. 0202 24652-0, Fax 0202 24652-20, E-Mail: dtl@tinnitus-liga.de, Internet: www.tinnitus-liga.de

Deutsche Vereinigung Morbus Bechterew e.V., Metzgergasse 16, 97421 Schweinfurt, Tel.: 09721 75508-0, E-Mail: dvmb@bechterew.de, Internet: www.bechterew.de

Deutsche Zöliakie-Gesellschaft (DZG) e.V., Geschäftsstelle, Kupferstr. 36, 70565 Stuttgart, Tel. 0711 459 459981-0, Fax 0711 4567817, E-Mail: info@dzg-online.de, Internet: www.dzg-online.de

Deutscher Allergie- und Asthmabund e.V., An der Eickesmühle 15-19, 41238 Mönchengladbach, Tel. 02166 6478820, Fax 02166 6478880, Mail: info@daab.de, Internet: www.daab.de

Deutscher Behindertensportverband und Nationales Paralympisches Komitee e.V. (DBS), Tulpenweg 2-4, 50226 Frechen-Buschbell, Tel. 02234 60000, Fax 02234 6000150, E-Mail: info@dbs-npc.de, Internet: www.dbs-npc.de

Deutscher Diabetiker Bund e.V., Landesverband Saarland, Wolfskaulstr. 43, 66292 Riegelsberg, Tel. 06806 953571, Fax 06806 953572, E-Mail: ddbsaarland@t-online.de, Internet: www.diabetiker-saar.de

Deutscher Neurodermitis Bund e.V., Baumkamp 18, 22299 Hamburg, Tel. 040 230744, Fax 040 231008, E-Mail: info@neurodermitis-bund.de, Internet: www.neurodermitis-bund.de

Deutscher Psoriasisbund e.V., Seewartenstr. 10, 20459 Hamburg, Tel. 040 223399-0, Fax 040 2233990, E-Mail: info@psoriasis-bund.de, Internet: www.psoriasis-bund.de

Deutscher Schwerhörigenbund (DSB) e.V., Sophie-Charlotten-Str. 23a, 14059 Berlin, Tel. 030 47541114, Fax 030 47541116, E-Mail: dsb@schwerhoerigen-netz.de, Internet: www.schwerhoerigennetz.de

Deutsches Zentrum für Herz-Kreislauf-Forschung e. V., Potsdamer Str. 58, 10785 Berlin, Tel. 030 346552901, E-Mail: info@dzhk.de

Dick & Dünn e.V., Beratungszentrum bei Ess-Störungen, Innsbrucker Str. 37, 10825 Berlin, Tel.030 8544994, Fax 030 8548442, E-Mail: info@dick-und-duenn-berlin.de

Elterninitiative HIV betroffener Kinder e.V. (EHK), Postfach 8133, 50344 Hürth, Tel. 02233 206946, E-Mail: info@ehk-kids.de

Förderkreis Herz- und Kreislaufhilfe e.V., Josef-Lutz-Weg 15, 81371 München, Tel. 089 7235333

Frauenselbsthilfe Krebs - Bundesverband e. V., Bundesverband, Thomas-Mann-Str. 40, 53111 Bonn, Tel. 0228 33889400, Fax 0228 33889401, E-Mail: kontakt@frauenselbsthilfe.de, Internet: www.frauenselbsthilfe.de

Freundeskreise für Suchtkrankenhilfe Bundesverband e.V., Käthe Körtel, Luisenplatz 3, 34119 Kassel, Tel. 0561 780413, Fax 0561 711282, E-Mail: mail@freundeskreise-sucht.de, Internet: www.freundeskreise-sucht.de

Hilfswerk für jugendliche Diabetiker gGmbH, Danziger Weg 1, 58511 Lüdenscheid, Tel. 02351 98910, Fax 02351 989150, E-Mail: zentrale@jugenddiabetes.de

Initiative Selbsthilfe Multiple Sklerose Kranker e.V. (MSK), Erich-Kästner-Str. 50, 69190 Walldorf, Tel. 06227 3983906, E-Mail: mskev-meixner@unity-mail.de, Internet: www.multiple-sklerose-e-v.de

Kindernetzwerk e.V. – Dachverband der Selbsthilfe von Familien mit Kindern und jungen Erwachsenen mit chronischen Erkrankungen und Behinderungen, Benzstr. 2, 63741 Aschaffenburg, Tel. 06021 454400, E-Mail: info@kindernetzwerk.de, Internet: www.kindernetzwerk.de

LERNEN FÖRDERN – Bundesverband zur Förderung von Menschen mit Lernbehinderungen e.V., Maybachstr. 27, 71686 Remseck am Neckar, Tel. 07141 9747870, Fax 07141 9747871, E-Mail: post@lernen-foerdern.de, Internet: www.lernen-foerdern.de

Lupus Erythematodes Selbsthilfegemeinschaft e.V., Luisenstr. 58/59, 10117 Berlin Mitte, Tel. 0202 4968797, Fax 0202 4968798, E-Mail: leshg@lupus-rheumanet.org, Internet: www.lupus.rheumanet.org

Bundesverband Schädel-Hirnpatienten in Not e.V., Deutsche Wachkoma Gesellschaft, Bayreuther Str. 33, 92224 Amberg, Tel. 09621 63666, Fax 09621 63663, E-Mail: zentrale@schaedel-hirnpatienten.de, Internet: www.schaedelhirnpatienten.de

Stiftung Deutsche Krebshilfe, Buschstr. 32, 53113 Bonn, Tel. 0228 72990-0, Fax 0228 72990-11, E-Mail: deutsche@krebshilfe.de, Internet: www.krebshilfe.de

Stiftung Syanon, Dorfstr. 9, 13051 Berlin, Postfach 770344, Tel. 030 550000, Fax 030 55000220, E-Mail: info@synanon.de, Internet: www.synanon.de Verein zur Förderung diabetischer Kinder und Jugendlicher e.V., Altenburger Straße 8, 04275 Leipzig, Mobil 015207908514, E-Mail: info@diabeteskids-leipzig.de, Internet: www.diabeteskids-leipzig.de

Verband für Ernährung und Diätetik e.V. (VFED), Eupener Straße 128, 52066 Aachen, Tel. 0241 507300, E-Mail: info@vfed.de, Internet: www.vfed.de

Giftinformationszentren der Bundesrepublik Deutschland

Standort	Adresse	Kontakt	Internet
Berlin	Giftnotruf der Charité Universitätsmedizin Berlin, Campus Benjamin Franklin Haus VIII (Wirtschaftsgeb.), UG Hindenburgdamm 30 12203 Berlin	Tel. 030 19240 (Notruf) Fax 030 450569901 giftnotruf@charite.de	giftnotruf.charite.de
Bonn	Informationszentrale gegen Vergiftungen Zentrum für Kinderheilkunde Universitätsklinikum Bonn Venusberg-Campus 1 Geb. 30 „ELKI“ 53127 Bonn	Tel. 0228 19240 (Notruf) Fax 0228 28733278 gizbn@ukbonn.de	gizbonn.de
Erfurt	Giftinformationszentrum – Giftnotruf Erfurt Gem. Giftinformationszentrum der Länder Mecklenburg-Vorpommern, Sachsen, Sachsen-Anhalt und Thüringen c/o HELIOS Klinikum Erfurt Nordhäuser Straße 74 99089 Erfurt	Tel. 0361 730730 (Notruf) Fax 0361 7307317 ggiz@ggiz-erfurt.de	ggiz-erfurt.de
Freiburg	Vergiftungs-Informations-Zentrale Zentrum für Kinder- und Jugendmedizin Universitätsklinikum Freiburg Breisacher Straße 86 b, 79110 Freiburg	Tel. 0761 19240 (Notruf) Fax 0761 27019249 giftinfo@uniklinik-freiburg.de	uniklinik-freiburg.de/giftberatung.html
Göttingen	Giftinformationszentrum-Nord der Länder Bremen, Hamburg, Niedersachsen und Schleswig-Holstein (GIZ-Nord) Universitätsmedizin Göttingen – Georg-August-Universität Robert-Koch-Straße 40 37075 Göttingen	Tel. 0551 19240 (Notruf) Fax 0551 3831881 giznord@giz-nord.de	giz-nord.de
Mainz	Giftinformationszentrum der Länder Rheinland-Pfalz und Hessen – Klinische Toxikologie – Universitätsmedizin der Johannes-Gutenberg-Universität Mainz Langenbeckstraße 1 / Gebäude 601 55131 Mainz	Tel. 06131 19240 (Notruf) Fax 06131 232468 mail@giftinfo.uni-mainz.de	unimedizin-mainz.de/giz
München	Giftnotruf München Abteilung für Klinische Toxikologie und Giftnotruf München Klinikum rechts der Isar der TU München Ismaninger Straße 22 81675 München	Tel. 089 19240 (Notruf) Fax 089 41404789 tox@mri.tum.de	toxikologie.mri.tum.de

Verzeichnis der Giftinformationszentren der Bundesrepublik Deutschland (von den Ländern gemäß Chemikaliengesetz 16e Abs. 3 bezeichnet), Quelle: Bundesamt für Verbraucherschutz und Lebensmittelsicherheit, www.bvl.bund.de

S. 277 RMS Biofrid Tropfen (Stoffwechselstörung)
S. 234 Selen 100 Biofrid (Nährstoffmangel)
S. 234 Selen-Biofrid (Nährstoffmangel)
S. 74 Thrombosol aktiv® (Durchblutungsstörung)
S. 235 Zink + Biotin (Nährstoffmangel)

C

Camassia
Camassia ECO s.l.
Calle V, Nave 26, Pol. Ind. La Redonda, 04710 Santa María del Águila, SPANIEN
Telefon: +49 800 5556190
E-Mail: kontakt@camassia-naturkosmetik.de
Internet: www.camassia-naturkosmetik.de
S. 340 Cremebasis BIO (Körperpflege & Naturkosmetik)
S. 340 Flüssigseifenbasis BIO (Hygiene)

Cellavent
Cellavent Healthcare GmbH
Am Trippelsberg 43, 40589 Düsseldorf, DEUTSCHLAND
Telefon: +49 211 78176980
Telefax: +49 211 78176981
E-Mail: info@cellavent.de
Internet: www.cellavent.de
S. 75 Acurmin® (Entzündungen)
S. 83 Cherry PLUS (Gicht)
S. 122 WHITE OMEGA® (Herz- und Kreislaufbeschwerden)

Ceres Heilmittel GmbH
Ceres Heilmittel GmbH
Schloss Türnich, 50169 Kerpen, DEUTSCHLAND
Telefon: +49 2237 638030
Telefax: +49 2237 6380329
E-Mail: info@ceresheilmittel.de
Internet: www.ceresheilmittel.de
S. 86 Ceres Echinacea-Erkältungs-Komplex (Grippe, grippaler Infekt, Erkältung)
S. 159 Ceres Taraxacum comp. Leber-Galle Tropfen (Lebererkrankung

China Purmed GmbH
China Purmed GmbH
Sophienstr. 13, 76133 Karlsruhe, DEUTSCHLAND
Telefon: +49 721 36040
Telefax: +49 721 36080
E-Mail: info@chinapurmed.de
Internet: www.chinapurmed.de
S. 338 China Purmed (Akupunktur)

D

Desma GmbH
Desma GmbH
Peter-Sander-Str. 41 B, 55252 Mainz-Kastel; DEUTSCHLAND
Telefon: +49 6134 210790
Telefax: +49 6134 2107924
E-Mail: info@desma-pharma.com
Internet: www.desma-pharma.com
S. 231 Neukönigsförder Mineraltabletten® (Nährstoffmangel)

Dr. Jacob's Medical GmbH
Dr. Jacob's Medical GmbH
Platter Str. 92, 65232 Taunusstein, DEUTSCHLAND
Telefon: +49 6128 97170
Telefax: +49 6128 9717350
E-Mail: info@drjacobs.de
Internet: www.drjacobs.de
S. 317 Dr. Jacob's Basenpulver (Übersäuerung)
S. 244 Dr. Jacob's Vitamin D3K2 Öl (Nährstoffmangel - Vitamine)

F

FF Förde Forschung
FF Förde Forschung GmbH
Lassenweg 13, 24220 Flintbek, DEUTSCHLAND
Telefon: +49 4347 7119282

Telefax: +49 4347 7119283
E-Mail: info@ff-foerdeforschung.de
Internet: www.ff-foerdeforschung.de
S. 174 Foerde f2M® (Magen-Darm-Beschwerden)

franconpharm Arzneimittel
franconpharm Arzneimittel UG
Alexandrinenstr. 1, 96450 Coburg, DEUTSCHLAND
Telefon: +49 9561 20615
Telefax: +49 9561 20617
E-Mail: strongus@t-online.de
Internet: www.strongus.de
S. 74 Strongus - Knoblauchkapseln (Durchblutungsstörung)

G

Genericon Pharma Gesellschaft m.b.H.
Genericon Pharma Gesellschaft m.b.H.
Hafnerstr. 211, 8054 Graz, ÖSTERREICH
Telefon: +43 316 9003
E-Mail: genericon@genericon.at
Internet: www.genericon.at
S. 308 MULTIprosti® (Urogenitalerkrankungen - Prostata)
S. 245 MULTIvitD3 Baby (Nährstoffmangel - Vitamine)
S. 246 MULTIvitDK® (Nährstoffmangel - Vitamine)

Grünwalder
Grünwalder - Gesundheitsprodukte GmbH
Moser-Säge 6, 83674 Gaißach, DEUTSCHLAND
Telefon: +49 8041 7944000
Telefax: +49 8041 7944007
E-Mail: info@gruenwalder.de
Internet: www.gruenwalder.de
S. 204 Grünwalder Sennalax® (Magen-Darm-Beschwerden - Verstopfung)
S. 206 Zintona® Kapseln (Magen-Darm-Beschwerden - Übelkeit und Erbrechen)

H

H2Ovital e.K.
H2Ovital e.K.
Postfach 2020, 65010 Wiesbaden, DEUTSCHLAND
Telefon: +49 611 9018784
Telefax: +49 611 9018783
E-Mail: info_2@pirin-quellwasser.de
Internet: www.quellwasserkampagne.de
S. 296 PIRIN – Hochgebirgsquellwasser (Umwelt- und Schwermetallbelastung)

I

Institut AllergoSan Deutschland (privat) GmbH
Institut AllergoSan Deutschland (privat) GmbH
Nördliche Münchner Str. 47, 82031 Grünwald, DEUTSCHLAND
Telefon: +49 800 5035086
Telefax: +49 800 5035089
E-Mail: info@allergosan.at
Internet: www.allergosan.com
S. 171 Caricol® (Magen-Darm-Beschwerden)
S. 190 Caricol® (Magen-Darm-Beschwerden - Blähungen)
S. 197 Caricol® (Magen-Darm-Beschwerden - Verdauung)
S. 172 Caricol®-Gastro (Magen-Darm-Beschwerden)
S. 197 Caricol®-Gastro (Magen-Darm-Beschwerden - Sodbrennen)
S. 57 OMNi-BiOTiC SKiN® Intensiv-Fußbad (Dermatitis & Hautbeschwerden)
S. 58 OMNi-BiOTiC SKiN® Intensiv-Hautbad (Dermatitis & Hautbeschwerden)
S. 58 OMNi-BiOTiC SKiN® Intensiv-Pflegesalbe (Dermatitis & Hautbeschwerden)

Iscador AG

Iscador AG
Spitalstr. 22, 79539 Lörrach, DEUTSCHLAND
Telefon: +49 7621 1622600
Telefax: +49 7621 1622601
E-Mail: info@iscador.de
Internet: www.iscador.com

J

Jarfood GmbH

Jarfood GmbH
Ohmstraße 22, 80802 München, DEUTSCHLAND
Telefon: +49 89 716723390
Telefax: +49 89 716723399
E-Mail: info@jarmino.de
Internet: www.jarmino.de

K

L

M

meta Fackler
meta Fackler Arzneimittel GmbH
Philipp-Reis-Str. 3, 31832 Springe, DEUTSCHLAND
Telefon: +49 5041 94400
Telefax: +49 5041 944049
E-Mail: kontakt@metafackler.de
Internet: www.metafackler.de

N

Neurolab GmbH
Neurolab® GmbH
Fischinger Str. 16, 5163 Mattsee, ÖSTERREICH
Telefon: +43 621 750722
Telefax: +43 621 75072299
E-Mail: info@neurolab.eu
Internet: www.neurolab.eu

NutraMedix Deutschland
NutraMedix Deutschland GmbH
Karl-Marx-Str. 1, 15926 Luckau, DEUTSCHLAND
Telefon: +49 3544 5576367
Telefax: +49 3544 5576435
E-Mail: info@nutramedix.de
Internet: www.nutramedix.de

nutrimmun GmbH

nutrimmun GmbH
Am Mittelhafen 56, 48155 Münster, DEUTSCHLAND
Telefon: +49 251 135660
Telefax: +49 251 1356622
E-Mail: info@nutrimmun.de
Internet: www.nutrimmun.de

P

Pflüger

Homöopathisches Laboratorium; Alexander Pflüger GmbH & Co. KG
Röntgenstr. 4, 33378 Rheda-Wiedenbrück, DEUTSCHLAND
Telefon: +49 5242 94720
Telefax: +49 5242 947220
E-Mail: info@pflueger.de
Internet: www.pflueger.de; www.homoeopathie.de

PlantaVis GmbH
PlantaVis GmbH
Am Sportplatz 3, 56291 Leiningen, DEUTSCHLAND
Telefon: +49 6746 8037853
E-Mail: info@plantavis.de
Internet: www.plantavis.de

Protina Pharmazeutische GmbH
Protina Pharmazeutische GmbH
Adalperostr. 37, 85737 Ismaning, DEUTSCHLAND
Telefon: +49 89 9965530
Telefax: +49 89 963446
E-Mail: info@basica.de
Internet: www.basica.com

Q

Q10 Magic Power
Q10 Magic Power Med UG (Haftungsbeschränkt) & Co. KG
Strandstr. 64, 23669 Timmendorfer Strand, DEUTSCHLAND
Telefon: +49 4503 707527
Telefax: +49 4503 707529
E-Mail: info@q10magicpower.de
Internet: www.q10magicpower.de

Queisser Pharma
Queisser Pharma GmbH & Co. KG
Schleswiger Str. 74, 24941 Flensburg, DEUTSCHLAND
Telefon: +49 461 99960
Telefax: +49 461 9996170
E-Mail: info@queisser.de
Internet: www.queisser.de

Queisser Pharma (Doppelherz Pharma GmbH)
Queisser Pharma (Doppelherz Pharma GmbH)
Schleswiger Str. 74, 24941 Flensburg, DEUTSCHLAND
Telefon: +49 461 99960
Telefax: +49 461 9996170
E-Mail: info@queisser.de
Internet: www.queisser.de

R

REGENAPLEX GmbH
Homöopathische Komplexmittel
Opelstr. 5A, 78467 Konstanz, DEUTSCHLAND
Telefon: +49 7531 8926930
E-Mail: info@regenaplex.de
Internet: www.regenaplex.de

Ruehe Healthcare GmbH

Ruehe Healthcare GmbH
Rudolf-Breitscheid-Str. 162, 14482 Potsdam, DEUTSCHLAND
Telefon: +49 331 23530554
Telefax: +49 3222 3946788
E-Mail: mail@ruehe-healthcare.com
Internet: www.ruehe-healthcare.de

S

Sanum-Kehlbeck

Sanum-Kehlbeck GmbH & Co. KG Arzneimittelherstellung
Hasseler Steinweg 9, 27318 Hoya, DEUTSCHLAND
Telefon: +49 4251 93520
Telefax: +49 4251 9352290
E-Mail: info@sanum.com
Internet: www.sanum.com

SonnenMoor

SonnenMoor Verwertungs- und Vertriebs GmbH
5102 Anthering bei Salzburg, ÖSTERREICH
Telefon: +43 6223 2278 0
Telefax: +43 6223 2278 8180
Internet: www.sonnenmoor.at

Swiss Med Analytics AG

Swiss Med Analytics AG
Alte Spinnerei 1, 8877 Murg, SCHWEIZ
E-Mail: info@colontherapie.de

Internet: www.swissmedanalytics.com
S. 340 Spekula für die Colon-Hydro Therapie (Gerätemedizin - Klistier, Einlauf, Irrigator)

SymbioPharm GmbH
SymbioPharm GmbH
Auf den Lüppen 10, 35745 Herborn, DEUTSCHLAND
Telefon: +49 2772 981300
Telefax: +49 2772 981301
E-Mail: info@symbio.de
Internet: www.symbiopharm.de
S. 46 SYMBIOFLOR® 1 (Atemwegsbeschwerden)
S. 186 SYMBIOFLOR® 2 (Magen-Darm-Beschwerden)
S. 186 SymbioLact Multi Kids (Magen-Darm-Beschwerden)
S. 187 SymbioLact Pro Darm* Multi (Magen-Darm-Beschwerden)
S. 203 SymbioLact® Baby Tropfen (Magen-Darm-Beschwerden - Verdauung)
S. 188 SymbioLact® Comp. (Magen-Darm-Beschwerden)
S. 289 SymbioLact® Mentale Balance* (Stress, Unruhe und Schlafstörungen)
S. 290 SymbioLact® Pro Schlaf* (Stress, Unruhe und Schlafstörungen)
S. 189 SymbioLact® pur (Magen-Darm-Beschwerden)
S. 280 SymbioLife® Blutzucker* (Stoffwechselstörung)
S. 281 SymbioLife® Cholesterin Control* (Stoffwechselstörung)
S. 282 SymbioLife® Satylia® (Stoffwechselstörung)
S. 305 Symbiofem® Intim (Urogenitalerkrankungen)

V

Volopharm GmbH Deutschland
Volopharm GmbH Deutschland
Münchener Str. 67, 83395 Freilassing, DEUTSCHLAND
Telefon: +49 8654 608730
Telefax: +49 8654 608930
E-Mail: office@volopharm.com
Internet: www.volopharm.com
S. 266 KaRaDol® (Schmerzen akut/chronisch)
S. 77 KaRazym® (Entzündungen)
S. 115 Natur-Nahrung™ (Herz- und Kreislaufbeschwerden)
S. 61 SanDermin®plus Kapseln (Dermatitis & Hautbeschwerden)

W

w. feldhoff & comp. arzneimittel gmbh
w. feldhoff & comp. arzneimittel gmbh
Hans-C.-Wirz-Str. 2, 99867 Gotha, DEUTSCHLAND
Telefon: +49 3621 306074
Telefax: +49 3621 306043
E-Mail: info@feldhoff-vital.de
S. 174 esto-gast® (Magen-Darm-Beschwerden)
S. 261 rheumamed® (Rheuma)

wandrey GmbH
wandrey GmbH
Motzener Str. 25, 12277 Berlin DEUTSCHLAND
Telefon: +49 30 72010220
Telefax: +49 30 720102219
E-Mail: bestellung@akunadeln.de
Internet: www.akunadeln.de
S. 338 Akunadeln Wandrey (Akupunktur)

Weber & Weber

Weber & Weber GmbH - Biologische Arzneimittel
Herrschinger Str. 33, 82266 Inning/Ammersee, DEUTSCHLAND
Telefon: +49 8143 9270
Telefax: +49 8143 927150
E-Mail: info@weber-weber.net
Internet: www.weber-weber.de

Weleda AG

Weleda AG
Möhlerstr. 3-5, 73525 Schwäbisch Gmünd, DEUTSCHLAND
Telefon: +49 7171 9190
E-Mail: dialog@weleda.de
Internet: www.weleda.de

Wellnest Pflanzenkraft

Wellnest Service Center
Allee 6, 22941 Jersbek, DEUTSCHLAND
Telefon: +49 40 40135600
Telefax: +49 40 40135599
E-Mail: info@wellnest.info
Internet: www.wellnest-shop.com

WH Pharmawerk Weinböhla GmbH

WH Pharmawerk Weinböhla GmbH
Poststr. 58, 01689 Weinböhla, DEUTSCHLAND
Telefon: +49 35243 3870
Telefax: +49 35243 38728
E-Mail: office@pharmawerk-weinboehla.de
Internet: www.pharmawerk-weinboehla.de